문재인 정부,
촛불 염원을
저버리다

이 도서의 국립중앙도서관 출판예정도서목록(CIP)은 서지정보유통지원시스템 홈페이지
(http://seoji.nl.go.kr)와 국가자료종합목록시스템(http://www.nl.go.kr/kolisnet)에서 이용
하실 수 있습니다. (CIP제어번호 : CIP2019016508)

차례

차례

머리말

문재인 정부에게 진보 개혁을
기대했던 마음은 안녕하십니까

문재인은 촛불 정부, 노동 존중 사회, 페미니스트 대통령, 적폐 청산, 한반도 평화 등을 내세우며 집권했다. 박근혜를 쫓아낸 촛불 운동을 의식했기 때문이다.

처음에 문재인은 이 운동이 하루 230만 명을 모으고, 연인원 500만 명 참가를 넘길 때(2016년 12월 초)까지도 박근혜 퇴진 요구를 지지하지 않았다. 그 때문에 오히려 민주당 대선 후보기 된 뒤로는 이미지를 만회하고자 촛불 친화성을 크게 강조했다.

문재인 정부가 촛불 계승을 표방하며 취임하자, 민주당이 야당이었을 때도 쓴소리를 아끼지 않던 진보 인사들조차 문재인 정부를 지지했다. 문재인 정부 자체가 진보 개혁 정부라거나 또는 진보 정부는 아니라 해도 촛불 운동 영향 때문에 어느 정도는 진보 개혁을 할 수밖에 없다는 진단이 많았다.

그런 생각의 결과는 문재인 정부를 지지하고, 우파의 공격에서 엄호하고, 문재인 정부와 보조를 맞추며 개혁을 성취하자는 실천으로 이어졌다. 문재인 정부에 조금만 쓴소리를 해도 "분별없이 선명성을 내세우느라고 우파의 부활만 돕는" 사람 취급 받기 일쑤였다.

그럼에도 문재인 정부의 기반과 문재인 개혁의 진정한 성격을 직시하며 노동자 이해관계의 관점에서 문재인 정부의 모순과 불충분성을 꾸준히 폭로하고 기록해 온 사람들이 있다.

그리고 문재인에 대한 기대에서든, 노동운동이 촛불 운동의 견인차였다는 자부심 때문에든 문재인에게 진보적인 노동 개혁과 처우 개선을 요구해 온 노동자들도 있다.

문재인 정부 2년이 지나 3년 차로 들어서는 지금, 문재인 정부에 대한 초기 열광과 지지가 속절없이 빠진 지금, 그동안 찌그러졌던 우파가 그 틈을 타 세력을 회복하는 지금, 누구의 진단과 실천이 옳았는지 살펴봐야 한다. 사기와 방향감각을 잃고 싶지 않다면 말이다.

문재인 개혁이 사실 처음부터 사용자 계급과 촛불 사이에서 줄타기를 한 것에 불과하다는 것은 첫 현장 방문이라던 인천공항 비정규직과의 즉석 대화에서도 드러났던 일이다. 거기서 문재인은 이런저런 노동조건 불만을 표현하는 노동자들에게 "기업 부담"도 생각해야 한다며 "노사정 고통 분담"을 답으로 내놨었다.

그래서 이미 집권 첫해에 진보 진영의 가장 온건한 지도자들에게 "촛불 개혁 이행률 2퍼센트"라는 진단을 받았었다. 물론 이 온건파 지도자들이 문재인 정부를 일관되게 비판한 건 아니었다.

문재인은 집권 2년 차에 평창올림픽을 시작으로 남북 화해 국면을 이끌어 내는 모양새를 연출했다. 국민 다섯 중 넷이 문재인을 지지했고, 그 덕에 전국 지방선거에서 압도적 승리를 거뒀다.

이런 힘 실어 주기는 남북 화해 국면에 대한 지지일 뿐 아니라, 높은 지지를 지체된 진보(촛불) 개혁의 동력으로 삼으라는 뜻이었다. 그래서 문재인은 지방선거 결과를 두고 "식은땀이 흐른다"며 부담감을 토로했던 것이다.

남북 문제만 봐도 그렇다. 미국 대통령 트럼프가 북한 김정은 위원장을 "로켓맨"이라고 부르며 핵 공격 불사의 태도까지 보일 때 문재인은 북미 대결 구도에 순응했다. 트럼프가 일시적으로 태도를 바꾼 덕에 문재인의 "한반도 평화 운전자" 행세가 가능했다.

문재인의 미온성은 남북 정상회담 날에도 사드 배치를 강행하고, 군비 증강이나 한미군사훈련 등을 멈추지 않는 것에서도 드러난다. 심지어 문재인 정부의 2019년 예산에는 "김정은 참수 부대"의 예산이 30배 가까이 증액됐다.

오히려 문재인은 남북 화해 국면으로 지지가 오르자 국민 화합 분위기를 이용해, 박근혜가 못 했던 노동 개악을 야금야금 재개했다. 더구나 2018년 경제 실적이 악화하면서 노동 개악과 친기업 규제 완화 정책은 급속도로 진행됐다.

준다고 했다가 뺏기(최저임금, 노동시간 단축), 줄 것처럼 하다가 입 씻기(공공 부문 정규직 전환) 엉뚱한 걸 주기(노동 개악을 의제에 올려놓고서야 사회적 대화 기구를 본격 가동) 등 신묘한 통치 기술도 많이 사용됐다.

걱정하는 개혁주의 진영에서 "역주행"이라는 비판도 나왔지만, 적어도 노동개악에 관한 한 1년 넘게 일관되게 한 길로 달려 온 것은 이제 "정주행"이라고 불러야 맞지 않나 싶다.

이처럼 문재인 2년 만에 매우 많은 노동자들이 기다려 보자던 기대를 거두고 있다. 최근 재보선에서 민주당 성적이 형편없었던 것은 이 때문이다. 창원 성산의 후보 단일화를 일각에서 (각자의 이유로) "여권 연대"라고 부르지만, 민주당이 단일 후보가 됐다면 참패했을 것이다. 조직 노동자들은 상당수가 집권 여당과 진보 야당의 차이, 민주당과 정의당의 계급적 차이를 구분할 줄 알기 때문이다.

문재인의 우경화와 촛불 염원 배신, 그로 인한 환멸은 그동안 찌그러졌던 우파에게 사기 회복의 계기가 됐다. 20~30퍼센트대의 지지를 되찾으며 목소리와 존재감을 꽤 회복했다. 물론 촛불 여파인 반우파 정서 때문에 이 과정이 아직도 우여곡절을 겪고 있지만 말이다.

최근 우파의 강경함과 공식 정치의 분열, 기대에서 실망과 분노로 바뀌어 가는 노동자·서민층의 정서 등 정치 상황이 문재인 초기와 급속히 달라지고 있다.

결국 이런 역사를 설명한다는 것은 현상들 이면의 동학을 규명한다는 것이다. 따라서 그 설명이 설득력 있으려면, 경제 상태, 지정학적 갈등, 사회적 세력균형 등에 대한 분석에 기초해야 하고, 아래의 질문에 일관되게 답할 수 있어야 할 것이다.

문재인은 왜 자신을 집권하게 해 준 운동을 배신하고 있을까? 대중의 지지를 잃고 반감의 대상이 됐던 우파는 어떻게 살아나게 됐을까? 여야 갈등이 심한데도 노동 개악이나 친기업 정책들에서는 여야 합의가 쉽게 이뤄지는 이유가 뭘까? 그러면서도 지배계급이 공식 정치에서 양분되며 심각하게 분열해 있는 이유는 뭘까? 문재인 개혁에 실망한 서민층 사람들은 장차 우파로 기울게 될까? 문재인 정부의 후반기는 노무현의 후반기와 다를까?

이 책에는 이런 질문에 대한 사려 깊지만 명쾌한 답변들이 담겨 있다고 자부한다. 여론이 아니라 물질적 현실에 발 딛고 서서 냉철한 관찰과 분석을 발전시키려고 노력해 온 결과물들이기 때문이다.

2019년 5월 1일
지은이들을 대표해 김문성

서론

문재인 정부를 둘러싼
환경과 모순

문재인 정부 앞에 놓인 전망

문재인 등장의 경제 환경은 나쁘다

문재인 정부 등장의 맥락을 노무현 정부 등장의 맥락과 비교해 보면 몇 가지 의미심장한 공통점과 차이점이 드러난다. 노무현 정부가 출범했을 때는 한국 경제가 중국의 경제 성장 덕분에 1997~1998년의 소위 'IMF 공황'에서 벗어나 회복되고 있을 때였다. 비록 회복은 제한적이고 불안정해, 2007년부터 위기에 직면하고, 2008년에는 공황에 빠지게 됐지만 말이다('위기'와 '공황'의 구분은 고故 김수행 교수에 따랐다).

반면 문재인 정부는 세계경제가 장기 침체 국면에 들어선 가운데 등장했다. 물론 20147년 4월 1일 정부는 반도체와 유기발광다이오드OLED 호황으로 3월 수출이 13.7퍼센트 증가했고 "4월에도 회복 기조가 유지될 것"이라고 전망했다. 이는 최근 몇 달 새 트럼프의 경기 부양 약속에

출처: 최일봉, 〈노동자 연대〉 209호(2017 5 23).

힘입어 미국의 주식시장이 상승하고 소비자 신뢰 지수(경기에 대한 소비자 견해를 보여 주는 지수)도 증가하고 있는 것에 대다수 자본가들이 재빠르게 반응한 결과인 듯하다.

그러나 미국의 **실물경제**는 전혀 다른 그림을 제시하고 있다. 1/4분기 미국의 국내총생산GDP은 겨우 0.5퍼센트 증가에 그쳐 지난 4년간의 추세를 답습했다.* 또한 제조업 활동(특히 자동차 판매)이 저하했고, 소매 판매도 (가계 부채 부담 때문에) 감소했고, 소비자 물가지수도 하락했다. 고용 관계 지수도 "실망스럽다."***

금융시장은 실물경제를 한동안 반영하지 않는 경우가 흔하다. 주가 수익률이*** 높아도 기대에 따른 것일 뿐이다. 그런데 금융시장의 인수·합병 활동도 감소한 걸 보면, 경제에 대한 불확실성이 크다는 걸 알 수 있다. 미국 재무부 발행 10년 만기 국채의 수익률(금리)도 사상 최저 수준인 2퍼센트대에 불과하다. 또한 국제통화기금IMF은 만일 트럼프 정부의 세금 감면이 경기는 부양하지 못하고 재정 적자와 차입 관련 재무 비용이 증가한다면, 미국 기업이 보유한 총자산의 22퍼센트에 해당하는 거의 4조 달러의 자산이 부실해질 것이라고 우려한다.

미국 정부가 설사 내수 증대를 위한 조처들을 취한다 한들 빈부 격차가 하도 심해 별 효과가 없을 것이다. 토마 피케티에 따르면, 미국민 하위 절반의 세전稅前 국민소득 비중은 1980년 20퍼센트에서 오늘날 12퍼센트로 하락했다. 반면 상위 1퍼센트의 비중은 12퍼센트에서 20퍼센트로 증가했다. 실질소득으로 말하면, 하위 절반 국민의 경우는 조금치도

---

* 미국 조지아 주 애틀란타 시 소재 연방준비은행의 보고.

** 같은 글.

*** 주가 수익률: 주식의 시가를 1주당 세후稅後 이익으로 나눈 것.

늘지 않은 채 저조했고, 상위 1퍼센트의 경우는 갑절 이상(205퍼센트)이 늘었다. 최상위 0.1퍼센트 국민의 경우는 636퍼센트가 늘었다.[*]

세계 자본주의는 구조적 위기를 겪고 있으므로 원만한 해결책은 없다

세계 자본주의는 루카치의 제자인 이쉬트반 메사로쉬가 말한 '구조적 위기'를 겪고 있다.[**] '구조적'이라 함은 경제의 세계화와 일국적(국민) 국가 사이의 기존 모순 심화가 위기의 근원이기 때문이다.

현재 구조적 위기의 증상을 일부만 열거하면 이렇다. 트럼프의 보호무역주의 방향 정책들이 탄력을 받지 못한 채 모순 속에 갇혀 있음, 브렉시트로 대표되는 유럽연합 와해 전망, 우익 포퓰리스트 정당들의 부상, 제국주의 열강들의 군국주의 부상, 그리고 물론 세계경제의 계속되는 침체 전망.

매우 잘 알려진 마르크스주의자와 급진주의자의 일부가 현재의 경제 위기를 구조적인 것으로 보지 않고 케인스적 해결책을 제안한다. 마르크스주의자 데이비드 하비는 "자본주의적 생산양식의 규칙들 내에서" "세계적 영향력을 가지는 새로운 뉴딜," 말하자면 좀 더 "시혜적인 '뉴딜' 제국주의"를 유일한 대안으로 거론한다. 비록 "일시적"이라는 단서를 달

---

[*]   Thomas Piketty, Emmanuel Saez and Gabriel Zucman, "Economic growth in the United States: A tale of two countries", December 6 2016.

[**]   István Mészáros, "Structural Crisis Needs Structural Change", *Monthly Review*, Volume 63, Issue 10, March 2012.

았지만 말이다.* 역시 마르크스주의자들인 뒤메닐과 레비도 케인스주의를 정치적 대안으로 여긴다.** 마르크스주의자가 아닌 급진주의자 나오미 클라인도 케인스가 "더욱 정의로운 사회를 위해 공공의 부를 공동 관리하려" 노력해 그의 사후인 1950년대에 선진국의 케인스 학파는 "눈부신 성공담을 뽐냈다"며 거듭 케인스를 우호적으로 거론한다.***

그러나 1930년대 초에 뉴딜과 케인스주의는 효과가 없었다. 사실 1930년대 내내 서구의 지배계급들은 경제의 회복을 위한 핵심 조건, 즉 경제 위기를 통해 비효율적인 자본들이 파괴돼 시스템이 정화되는 것을 성취하지 못했다. 1937~1938년에 다시금 심각한 공황에 빠진 사실이 이를 잘 예증한다. 마침내 군국화가 경제의 회복에 도움이 된다는 점이 드러났다. 소련과 일본과 나치 독일이 서방보다 먼저 경제가 활성화되는 것을 통해서 드러난 것이다. 세계경제가 이윤율을 회복하고 경제가 되살아나게 된 건 제2차세계대전으로 무기 생산이 급등해, 자본의 유기적 구성 증가율이 완만해지면서였다. 제2차세계대전 동안 이윤율은 급등했고, 이 높은 이윤율이 전후 장기 호황의 선행 조건 구실을 했다.

그러므로 메사로쉬 말대로 "구조적 위기에는 구조적 변화가 필요하"고 구조적 변화는 "가장 격렬하거나 폭력적인 격련도 배제될 수 없다."****

전후 장기 호황이 붕괴하던 1970년대 초에 미국 등 서구 정부들은 케

---

*   데이비드 하비, 《신제국주의》, 한울아카데미, 2005, pp 197~198.

**   제라르 뒤메닐, 도미닉 레비, 《신자유주의의 위기》, 후마니타스, 2014, pp 38, 349, 396~397, 459. 또한 같은 저자들의 《거대한 분기》, 나름북스, 2016, pp 66~82.

***   나오미 클라인, 《쇼크 독트린》, 살림Biz, 2008, pp 30, 76.

****   István Mészáros, 앞서 언급한 글.

인스적 경기 부양책을 사용했지만 아무 소용 없었다. 그래서 1976년, 맨 먼저 영국 노동당 정부가 신자유주의 정책들을 채택했던 것이다. 그리고 마침내 레이건과 대처 정부에 의해 신자유주의가 본격화됐다. 이를 두고 데이비드 하비는 "자본가계급의 전면적인 반격"이자 "계급 권력을 되찾기 위한 정치적 프로젝트"라고 했다.* 한국에서 이 프로젝트 추진은 김대중과 노무현 같은 자유주의적 중도파 정부가 시동을 걸고 이명박 근혜 같은 강성 우파 정부가 가속 페달을 밟았다.

하지만 세계 차원에서든 한국 차원에서든 변화가 충분히 '폭력적'이지 못했던 탓인지 구조적 위기는 아직도 해결되지 못했다.

한반도 주변 정세는
막간의 해빙이 있더라도 곧 긴장될 것이다

글로벌 경제 침체가 지정학적 갈등을 더욱 첨예하게 만들어, 동아시아 정세는 더욱 불안정해질 것이다. 특히, 남한에서 증대되는 미국이 군국주의는 문재인 정부의 최대 시험이 될 것이다. 낙방할 게 뻔하지만 말이다.

미국의 남한 내 군국주의는 또다시 한반도 전쟁 위기설을 만들어 냈을 정도로 급등하고 있다. 심지어 호사가들이 제3차세계대전 가능성 운운할 만큼 두드러지는 듯하다. 물론 이는 당장은 과장이지만, 한반도를 놓고 핵무기 경쟁이 점증하고 있는 것은 분명하다.

이 각축전이 미국 대vs 중·러 '신냉전'이라고 보는 것은 지나치게 단순

---

*   데이비드 하비, 《신자유주의: 간략한 역사》, 한울아카데미, 2007.

하다. 미국의 권력층 내에서는 중국이 주적인지 러시아가 주적인지를 놓고 견해가 엇갈리고 있는 가운데, 러시아에 "우호적인" 듯한 트럼프가 끼어들어 러시아 주적론자들은 트럼프를 맹비난하고 있다.

미국의 군국주의는 미국 국내 정치의 극단적 분열 때문에 더욱 혼란스럽다. 옛 소련 붕괴 직후 "역사의 종말"(즉, 부르주아 민주주의와 시장경제의 승리)을 선언하며 도취감을 만끽했던 그 유명한 우파 정치학자이자 헤겔주의자 프랜시스 후쿠야먀는 오늘날의 미국을 "실패한 국가"라고 부른다. 미국이 아프가니스탄이나 이라크, 시리아, 리비아 등을 가리켜 호칭했던 용어로 말이다. 미국의 정치 체제가 "제대로 기능을 하지 않고," "잘 조직된 엘리트 계층들이 자기네 이익을 지키려고 지난 수십 년 새 비토 정치를* 이용하는 바람에 퇴락을 겪었기 때문이다." 후쿠야마는 심지어 "우리가 한 세대 전의 공산주의 붕괴와 비교될지도 모를 정치적 붕괴를 겪고 있을 수도 있다"고까지 말했다.**

문재인의 개혁은
더 첨예한 정치적 양극화에 직면할 것이다

경제와 외교의 난관에 직면해 결국 문재인의 어정쩡한 중도 개혁은 좌우의 누구도 만족시키지 못하고 오히려 정치적 양극화를 심화시킬 것이다.

---

*   vetocracy: 경쟁 정파의 정책과 주장을 모조리 거부하는 극단적인 파당 정치를 가리키는 후쿠야마 자신의 신조어.

**   Francis Fukuyama, "America: the failed state", *Prospect*, January 2017.

우리는 정의당의 연립정부 참여에 매우 강력하게 반대해야 한다. 그 자체가 배신임을 분명히 해야 한다. 심상정을 지지한 사람들은 홍준표의 급부상과 사표 논리에 의해 압박 받으면서도 대부분 멀리 보아 진보 정당이라 해서 정의당을 지지한 사람들이기 때문이다.

한국에서도 양당 정치 밖에서 도전이 들어올 수 있다

문재인 정부가 양극화로 사면초가 신세가 될 때, 그때는 한국의 공식 정치도 유럽이나 미국처럼 기성 양당 체제의 와해로까지 나아갈까? 미국의 트럼프는 기존 양당제 바깥의 아웃사이더를 대표한다. 영국에서는 노동당 좌파 지도자 제러미 코빈이 기존 양당 구도의 아웃사이더여서, 노동당 주류인 당내 우파의 견제를 심각하게 받고 있다(우익 포퓰리스트 정당 영국독립당이 기존 양당제를 위협했지만, 얼마 전 지방선거에서 크게 패배해 보수당이 우파의 주도권을 되찾았다). 프랑스에서는 나치인 마린 르펜이 급부상했지만, 좌파적 개혁주의자 장뤽 멜랑숑도 부상했음을(아깝게 1차 투표에서 탈락했어도) 잊지 말아야 한다.

도널드 트럼프가 대선에 출마했을 때 한국경제신문사는 《또라이 트럼프》라는 제목의 책을 출판했다. 그런가 하면 강준만은 《도널드 트럼프: 정치의 죽음》이라는 책을 출판했다.* 한편, 독일의 〈디 차이트〉(2016년 10월 16일 자)는 이런 제목의 1면 톱기사를 실었다고 한다. "미국인들이 미쳤나?"

그렇지 않다. 미국인들은 미치지 않았고, 트럼프도 "또라이"가 아니

---

*   인물과사상사, 2016.

고, 트럼프의 부상浮上이 "정치의 죽음"을 뜻하는 것도 아니다. 빈부 격차가 격심하고 소외가 심화돼, 대중에게 절망감과 좌절감, 분노만을 안겨 주는 사회에서는 누군가가 대중의 그 심정을 대변한다면서 엉뚱한 방향으로, 애먼 대상에게로 분노와 좌절을 돌릴 수 있다. 특히, 이주자나 성소수자, 소수 인종 등에게로 말이다. 부르주아 민주주의가 착실하게 자리 잡은 이제 한국에서도 국가기구의 통제에서 벗어난 극우 정당이 성장하지 말라는 법은 없다. 더구나 "헬조선"이라는 말이 폭넓은 공감을 얻는 나라에서 왜 그럴 수 없겠는가?

물론 광범한 대중은 박근혜를 쫓아낸 성공적인 대중투쟁을 통해 자신의 잠재력과 자신감을 느꼈음직하다. 정말 "사이다 같은" 사건이었다. 그런데 박근혜 퇴진 운동을 통해 부르주아 민주주의가 다시금 착실하게 자리 잡았다는 점도 알아야 한다. 20세기 역사를 통틀어 부르주아 민주주의의 핵심 행위 주체는 노동조합 지도자들과 이들에 기반을 둔 개혁주의 정당이었다. 박근혜 퇴진 운동에서도 노동조합 지도자들이 중요한 구실을 했다. 특히, 철도 파업과 전국노동자대회, 실질적이지는 않았지만 정치적 상징 구실은 한 2016년 11월 30일 민주노총 하루 파업 등을 통해 노동자들은 박근혜를 탄핵시키는 데 결정적 구실을 했다. 그러나 2016년 12월 중순부터는 상층의 개혁주의 지도자들이 주도성을 발휘한 기간이었다. 그리고 이 힘을 공식 정치에서 대표할 수 있었던 건 문재인의 민주당과 심상정의 정의당이었다.

그러나 20세기의 역사는 또한 부르주아 민주주의가 착실하게 자리 잡는 순간부터 그 한계성과 본질이 드러나고, 심지어 매우 빠르게 위기에 직면하기도 한다는 점도 보여 준다. 1929년 대공황 직후 나치당과 공산당 사이에 양극화된 바이마르공화국의 운명이 이를 가장 극명하게 보여 줬다고 할 수 있다. 또한 현재 서구 나라들에서 부상하고 있는 파시스트들의 존재도 부르주아 민주주의의 위기를 반영한다. 경제와 사회의 위기, 지정학적 위기, 기성 정치의 위기 등으로 점철된 한국 상황도 비슷하다. 다른 나라에서처럼 이 나라에서도 자본주의의 위기 수준과 노동계급의 정치의식 사이에 격차가 있다.

개혁주의가 성장하겠지만, 동시에 그 "지도력의 위기"라는 문제가 있다

이 격차를 메우고자 각종 개혁주의 세력이 달려들고 있다. 이 격차를 다양한 개혁주의 세력이 메울 것이다.

그러나 그러자마자 그 지도력의 한계가 속속들이 드러난다. 가장 최근 사례는 시리자이다. 하지만 정부 수준에 한참 못 미치는 다양한 기층 투쟁에서도 트로츠키가 1930년대에 말한 노동계급 "지도력의 위기"는 거듭거듭 입증되고 있다. 물론 트로츠키는 개혁주의 "지도력의 위기"만을 말하지 않고 스탈린주의, 스페인의 마르크스통일노동자당POUM 같은 중간주의, 스페인 아나키즘 등 노동자 정당 일반의 "지도력의 위기"에 대해 말했다.

독일 혁명 패배(1923년 10월) 1년 뒤에 출판된 트로츠키의 《10월의 교훈》이 "지도력의 위기" 문제를 가장 잘 다루고 있다. 트로츠키는 독일 혁명 패배의 주된 요인이 혁명적 사회주의 정당들의 준비 부족이라고 지적했다. 패배의 결과는 재앙이었다. 노동자 운동이 붕괴했고, 파시즘 운동이 성장했다. 오늘날 《10월의 교훈》을 반드시 읽어야 한다.

자본주의의 위기가 구조적·유기적이 돼 있고, 지배계급이 노동계급을 더욱 쥐어짜려 하고, 핵무기 경쟁이 점차 심해지고, 서구에서 우익 포퓰리즘과 파시즘이 등장하는 한편, 한국에서는 우파 정권이 부패 스캔들로 무너지고, 사회민주주의 정당이 부상하고, 여성운동이 부상하고, 노동자들이 저항할 것임이 거의 틀림없는 상황이 펼쳐지고 있다. 그러나 지난 몇 년 동안만도, 그리고 한국에서만도 도대체 얼마나 많은 크고 작은 투쟁들이 지도력의 불충분함이나 부적절함 때문에 불가피하지 않은 패배를 겪었던가. 또는 더 큰 승리를 얻을 수 있었는데도 알뜰살뜰 조리차한 음식에 만족해야만 했던가.

정부의 공무원노조 불인정 공격에 뒤이은 연금 삭감 공격에 대처하는 노조 지도자들과 정치적 개혁주의자들의 회피 또는 기피는 가장 생생하게 기억나는 사례일 뿐이다. 도대체 그들은 알랭 쥐페 총리의 연금 공격에 저항해 1995년 말 분출한 프랑스 공공 부문 노동자 파업은 어떻게 볼까? 내가 기억하기로 그들은 당시에 그것을 신자유주의에 대한 저항으로 옳게 보고 크게 반겼었다. 20년 새 변한 것이다. 자유주의적 개혁 정부 10년과 매우 보수적인 수구 정부 10년을 겪으며 사기가 저하하고 고달픈 것이다. 시스템을 근본적으로 변혁한다는 희망을 잃고 오직 점진적인 변화를 통해 시스템을 다소 '인간적'으로 만든다는 실용주의와 (근시안적 의미에서의) '현실주의'에 안주하기로 한 것이다.

문재인 개혁이 시시하고 보잘것없다 해서
반드시 우익만 득 보는 것은 아닐 수 있다

파시스트나 우익 포퓰리스트는 개혁주의(그리고 개혁주의 노선을 걷는 스탈린주의 정치조직들도)의 약점과 부르주아 민주주의의 한계와 결함을 치고 들어온다는 점을 알아야 한다.(한국에서는 파시즘보다는 우익 포퓰리즘이 더 전도 유망하다. 역사적으로 정치 운동에 대한 국가의 간섭이 강력했기 때문이다.)

문재인 정부는 오래지 않아 그의 지지자들에게 실망과 환멸을 안겨 줄 것이다. 그러면 우익은 이 약점을 비집고 들어올 것이다.

그러나 개혁주의자들이 일면적으로 우려하는 것처럼 우익만 득을 보게 돼 있는 것은 아니다. 좌파도 문재인의 약점을 이용해 반자본주의적 노동자 운동을 키울 수 있다.

위에서 필자는 "경제와 외교의 난관에 직면해 결국 문재인은 자기 좌우의 누구도 만족시키지 못하고 오히려 정치적 양극화를 심화시킬 것"이라는 전망을 제시했다. 이 전망은 확실하다. 하지만 우익만이 그 수혜자가 될 것이라는 건 예정돼 있지 않다. 대중운동이 강력하면 진보·좌파 진영도 기회를 잡을 수 있다. 2004년 봄 우파의 노무현 탄핵 시도가 대중 항의로 좌절된 덕분에 열린우리당 같은 자유주의 중도 정당도 큰 수혜자가 됐지만, 당시 진보 정당 민주노동당도 10석이나 얻으며 크게 성장할 수 있었다.

문재인은 배신할 것이고, 노동자들은 결국 싸울 것이다

세계경제의 계속되는 침체 전망은 문재인이 자기를 지지한 다수 노동자들을 공격하고 배신할 것임을 예고한다. 노무현도 자기 지지자들을 배신했다. 둘 다 자본주의를 확고히 지키면서 자본주의를 더 효율적이고 더 생산적으로 만들고자 하는 **부르주아적** 개혁을 추구하기 때문이다.

물론 집권 초기에는 문재인은 비교적 덜 부담스런 약간의 개혁 조처를 실행할 수도 있다. 그러나 그런 개혁 조처들은 불충분한 것으로 드러나게 될 것이다. 그래서 문재인 시대도 개혁과 억압이 어설프게 혼합된 똑같이 모순된 상황으로 점철될 것 같다.

다음과 같은 식으로 추론해 볼 수도 있다.

노무현 정부와 문재인 정부는 모두 대선 직전에 분출한 대규모 운동의 결과로 등장했다. 하지만 그 운동의 사회적 구성과 성격이 사뭇 다르다. 노무현을 권좌에 올려 놓은 촛불 운동은 참가자 대다수가 청년·학생이었고 정치적 경험이 일천했다. 그들은 노무현에 대한 착각과 환상, 기대가 컸고, 대통령 취임 후 두 달도 채 안 된 때 노무현이 이라크 파병 계획을 밝히자 크게 환멸감을 느끼며 급속히 탈정치화했다.

반면 문재인의 부상浮上에 결정적으로 일조한 촛불 운동은 세대와 계급을 초월해 민중적(또는 심지어 국민적)이었지만, 그 다수는 (미조직·비정규) 노동계급 소속이었다. 그리고 조직 노동계급(특히 철도노조)이 운동의 초기 고양에 상당히 기여했다. 그러므로 노무현 초기보다 문재인 초기에 노동자들은 자신들의 저항 잠재력에 대해 좀 더 희망적일 가능성이 크다.

물론 노동계급과 그 지도자들이 견인차 구실을 했지만 정치적 헤게모니(주도권, 지도력)를 행사하지는 못했다. 그리고 이제 이들은 이명박·근혜의 강성 우파 정부를 10년 가까이 겪어서인지 문재인에 대한 약간의 환상과 착각, 기대를 갖고 있는 듯하다.

그럼에도 **노동자들이 다수를 차지한** 촛불 운동으로 박근혜 정권이 물러났고, 이는 분명한 승리다. 승리를 거둔 노동자들이 자기들 덕분에 권좌에 올라선 대통령이 자기들의 염원을 배신하는 것을 저항하지 않고 보기만 할 리는 만무하다.

물론 그 투쟁이 반드시 이기고야 말 것이라는 예측은 할 수 없다. 노동조합 지도자들의 불필요한 온건함 때문에 투쟁은 우여곡절을 겪을 것임이 분명하지만, 그렇다고 해서 투쟁의 패배를 예측하는 것도 불가능하다.

그람시는 이렇게 강조한다. 투쟁이 구체적으로 어떻게 전개될지 그리고 그 승패가 어떻게 갈릴지를 예측하는 건 불가능하다. 하지만 투쟁이 일어날 것임을 예측하는 건 가능하다. 그리고 예측 가능성보다 더 중요한 것은, 노동자들의 저항이 일어날 때 뒷짐 지지 않고 그 한가운데 있는가 하는 점이다. "실천의 철학[마르크스주의]은 헤게모니의 계기를 요청한다."**

맺음말: 문재인 정부에 대한 환상을 조장해선 안 된다

그람시는 또한 이렇게 지적한다. "헤게모니의 계기"는 단지 경제와 정치의 위기에서뿐 아니라, 또 단지 좁은 의미의 계급투쟁에서뿐 아니라 윤리적 쟁점이나 지적 쟁점을 둘러싼 논쟁으로부터도, 또 정치적 대표성과 정당 문제들과 관련된 논쟁으로부터도 등장한다.**

몇 달 전에만 해도 집권당이던 정당이 순식간에 쪼개진 상황, 군소 정당인 사회민주주의적 정의당의 차기 집권 가능성이 점쳐지는 상황, 성폭력 문제를 주제로 한 토론에도, 문재인의 동성애자 관련 발언에 대한 항의에도 수백 명이 스스로 동원되는 상황은 바로 그람시가 말한 "권위의 위기", "헤게모니의 위기" 상황이다. 이런 위기는 "유기적 위기"이

---

*   *Quaderni del carcere*, Torino, 1975, p 1404. Antonio A Santucci, *Antonio Gramsci*, Monthly Review Press, 2010, p 153에서 재인용.

**   같은 책.

므로 위로부터의 점진적 개혁으로 해결될 성격의 것이 아니다.*

그러므로 문재인 정부가 잘되길 바란다는 덕담 행렬에 동참해선 안된다. 물론 "문재인 정부가 실패하길 바란다"고 초좌파적으로 말해서도 안 된다. 하지만 잘되는 것이 불가능한 데다, 설사 잘돼 봤자 한국 자본주의가 노동계급을 더 효과적으로, 또 덜 낭비적으로 착취하는 것을 목적으로 삼는 정부를 격려하는 것은 옳은 일이 아니다.

물론 2004년 우파가 노무현을 국회에서 탄핵했던 것처럼 문재인을 우파가 공격할 때는 우파의 공격을 반대해야 한다. 당시든 지금이든 문재인은 민중주의자(물론 중도 포퓰리스트)로서 노동자 운동의 일부(물론 온건파 지도자들) 및 시민 단체 간부들과 연계가 있다. 그리고 이들은 그에게 기대를 걸고 있다. 그러므로 우파를 반대한다는 것은 노동자 및 피차별자 대중과 관계가 끊어지지 않으려면 반드시 필요한 일이다.

한국과 같은 압축 성장과 고속 산업화가 일어난 사회에서 조직 노동자 운동의 좌파는 노동조건과 생활 조건 문제에는 투쟁적인 자세(노동자주의)를 보이는 한편, 국가 권력과 사회 변화, 다른 형태의 천대 등의 문제에는 민중주의자들의 개념들을 (때로 약간 왼쪽으로 비틀어) 받아들이는 경향이 있다.

노동자주의와 민중주의의 이런 상호작용을 통해서 개혁주의 경향이 성장하기 쉽다(문재인을 무비판적으로 또는 비판적으로 지지하는 노동

---

*   그람시는 "유기적organic 위기"와 "국면적conjunctural 위기"를 구별한다. "국면적 위기"는 특정 맥락이나 특정 조건들 때문에 제 기능을 못 하는 상황인 데 비해, "유기적 위기"는 생산양식이라는 근본적 토대와 관련되고, 특히 "기본 계급들[가령 부르주아지와 프롤레타리아] 사이의 지배와 종속 관계와 관련된 상황을 말한다. "유기적 위기"는 위에서 언급된 이쉬트반 메사로쉬가 말한 "구조적 위기"와 대강 비슷한 개념이라고 할 수 있다.

운동가들은 과거 한때 전투적 노동조합주의자였으나 지금은 민주당이
나 정의당, 심지어 노동당을 지지하며 노조 안팎에서 활동하고 있다).

그런데 이런 상황에서는 여성주의 운동 같은 새로운 사회운동이 등
장해, 개혁주의 정치와 경쟁과 협력의 관계를 가지면서 성장(때로 급부
상)한다.

그래서 필자는 위에서 그람시 헤게모니 이론을 요약하면서 이렇게 말
했다. "'헤게모니의 계기'는 단지 경제와 정치의 위기에서뿐 아니라, 또
단지 좁은 의미의 계급투쟁에서뿐 아니라 윤리적 쟁점이나 지적 쟁점을
둘러싼 논쟁으로부터도, 또 정치적 대표성과 정당 문제들과 관련된 논
쟁으로부터도 등장한다."

새로운 사회운동들은 흔히 노동계급과 계급투쟁, 혁명적 좌파, 고전
적 마르크스주의에 부정적인 태도를 취한다.

그람시가 지적했듯이, 노동계급 투쟁의 결정적 중요성은 전제에 해당
한다.* 그러나 이는 노동계급 투쟁의 전제라는 뜻이지, 천대받는 다른 사
회집단의 차별 반대 투쟁에도 전제로 제시될 수는 없다.** 입증돼야 할
것을 전제로 제시하는 것은 대화를 원천적으로 불가능하게 만든다.

노동자 계급과 그 일상적 투쟁에 자리를 잡는 한편, 새로운 사회운동,
특히 여성운동과 성소수자 운동에 관여해야 한다. 그 리더들이 아무리
배척하려 해도 혁명적 좌파는 여성운동을 지지하는 다수 여성 노동자

---

* L'Ordine Nuovo 신문 1919년 6월 21일 자에 실린 그람시의 논설, "Workers'
  Democracy". Antonio Gramsci, *Selections from Political Writings 1910-1920*,
  London, 1977, pp 65~67에서 재인용.

** Daniel Bensaïd, "Working class, social movement, alliances — and
  the limits of radical democracy", 2007 8 27. http://danielbensaid.org/
  Hegemony-and-United-Front?lang=fr

에게 책임감을 느끼며 인내심을 발휘해야 한다.

물론 대세 추수주의는 근본적 사회 변혁을 위한 노력을 무無로 만드는 것이라는 점도 명심해야 한다.

경제 침체와 문재인 정부
그리고 노동자 투쟁

2017년 노동자 투쟁에 영향을 미칠 몇 가지 주요 요인들이 있다.

무엇보다 경제 침체다. 경제 침체의 구체적 형태는 각국에서 일어나는 투쟁의 성격에 영향을 미친다. 2008년 시작된 세계경제 침체가 장기화되고 있는데, 나라마다 전개 양상이 달랐다.

한국 경제는 이 침체의 초기 국면에서는 대중국 수출 덕분에 일정한 완충 효과를 누릴 수 있었다. 그래서 격심한 공황에 빠진 나라들처럼 노동자 투쟁의 수위가 높지 않았다. 반면 그리스는 심각한 재정 위기와 내핍 강요 속에서 노동자들이 수십 차례 하루 총파업을 하고, 심각한 정치 위기로 좌파적 개혁주의 (시리자) 정부가 등장했다.

그러나 몇 년 전부터 중국 경제의 성장 둔화로 한국 경제가 더는 이런 행운을 누리기 어렵게 됐다. 이에 더해, 트럼프 등장으로 미국과 중국

출처: 김하영, 〈노동자 연대〉 209호(2017 5 23).

간 무역 갈등과 지정학적 갈등이 심화하면서 불안정이 증대하고 있다.

그래서 기업들은 임금 삭감과 고용 축소 등으로 비용을 절감해야 한다는 압박을 크게 받고 있다. 이미 많은 노동자들이 고용 불안과 저임금으로 고통받고 있는 상황인데도, 기업주들은 어떻게든 노동자들에게 경제 침체의 대가를 치르게 하려 한다.

이미 2015~2016년 노동자 투쟁에는 이런 양상이 반영됐다. 2016년 근로 손실 일수가 1997년 이후 최대치를 기록했다. 여기에는 세 부문의 투쟁이 주된 영향을 미쳤다.

첫째, 현대차·기아차 노동자들이 비록 제한된 방식이기는 해도 각각 20여 차례 파업을 한 것이다. 쟁점은 임금 불만이었다. 현대차·기아차 노동자의 임금은 지난 2년 동안 3퍼센트가량 떨어졌다.

둘째, 공공 부문 노동자들이(그리고 은행과 보건·의료 노동자들도) 성과연봉제 반대 파업을 한 것이다. 철도 노동자들은 74일간이나 파업을 했다. 이것은 2014년 방만 경영 해소와 2015년 임금피크제 도입에 이은 공격에 맞선 것으로, 공공 부문 노동자들의 누적된 불만을 반영하는 것이었다.

셋째, 조선업 위기로 구조조정에 직면한 노동자들의 파업이다. 구조조정은 비정규직 노동자들은 물론이고 정규직 노동자들의 고용과 임금도 위협하고 있다.

이런 양상은 세계경제 침체가 장기화하고 대중국 수출에 의한 완충 효과도 줄어들면서 전에는 그럭저럭 보호받던 정규직 조직 노동자들의 노동조건이 위협받기 시작하고 있음을 보여 준다. 위기의 고통을 노동자들에게 넘기기 위한 구조조정과 임금 공격 등은 지속될 것이다.

문재인의 "사람 중심 경제"는 속빈 강정

경제 침체 중의 투쟁에 영향을 미치는 것은 흔히 정치적 요인들이다. 순전히 가능성으로만 보자면, 민주당으로의 정권 교체는 노동자 투쟁의 전개 양상에 두 가지 효과를 낼 수 있다.

하나는 변화된 정치 상황을 이용해 투쟁이 활성화되는 것이다. 박근혜가 아래로부터의 투쟁으로 쫓겨났다는 사실은 이런 가능성을 기대할 수 있는 이유다. 노동자들의 누적된 불만은 2016년 봄 총선 결과로 드러난 반박근혜 정서와 2016년 겨울 박근혜 퇴진 운동의 주요 축이었다. 비록 노동자들이 고유의 경제적 힘을 동원해(특히 파업) 투쟁하지는 않았지만, 퇴진 운동의 주요 구성 부분으로서 노동자들은 값진 승리를 거두며 자신감을 얻었다.

다른 하나는 새 정부가 개선을 가져다 주기를 기대하면서 상층 협상을 통해 자신들의 불만이 해결되기를 기다리는 것이다. 집권 초기인 현재 상황에서는 이런 분위기가 우세하다고 할 수 있다. 사실, 지난 9년이 너무 악몽 같았던 나머지 많은 사람들은 상징적인 조처나 그저 위인의 말에도 마음이 누그러지기도 한다.

그러나 머지않아 문재인 정부는 박근혜를 퇴진시킨 노동자들의 누적된 불만을 만족시키지 못하는 한계를 드러낼 것이다. 여러 난관이 있지만, 특히 장기화되고 있는 경제 침체는 결코 만만한 조건이 아니다.

이에 문재인은 "사람 중심 경제"를 비전으로 내세웠다. 하지만 이것은 속빈 강정이다. "공정과 혁신, 통합의 길'이 부제인 이 경제 비전은 기업 활동과 정의가 공존할 수 있다는 주장으로, 완전히 비현실적인 공상이다.

"사람 중심"은 또한 "사람에게 투자해 기업과 국가의 경쟁력을 살리"겠다는 것이다. 이런 문재인 주장의 근간에는 전과 달리 새로운 자본주의

하에서는 자본이 아니라 지식에 대한 접근에 경제의 성패가 달려 있다는 믿음이 깔려 있다. 그래서 누구나 소득에 관계없이 교육 등에 접근할 기회를 국가가 제공하면, 일자리를 창출하는 경제의 선순환을 이루고 불평등도 해소할 수 있다는 것이다.

그러나 고도의 숙련노동일수록 고도의 생산수단에 의존하는 게 현실이다. 또 신기술이 개발되면 고용이 늘기보다 일자리가 사라지는 경우가 더 흔하다. 문재인식 경제 비전으로는 노동에 대한 기계·설비류의 투자 비율이 높아져 고용이 줄어드는 문제와 이윤율 위기로 나아가는 경향을 결코 막을 수 없다.

"4차 산업혁명 시대에 스타트업이 혁신과 일자리 창출을 주도하고 있[다]"(《일자리위원회 보고서》)는 주장도 과장이다. '스타트업'은 신생 벤처 중소기업을 뜻하는데, 김대중·노무현 정부 시절에도 벤처와 지식 기반 경제 열풍이 불었다가 오래지 않아 거품처럼 사라졌다.

한 나라 경제가 침체에 빠지면 흔히 지배자들은 자본주의 자체가 문제는 아니라며 다른 나라 경제모델로 돌려막기를 하려 한다. "사람에 대한 투자"는 1970~1980년대에 먼저 경제 위기에 빠진 영국 등지의 개혁주의자들이 아직 건재해 보이던 독일과 일본 경제모델에 눈을 돌리면서 주목받았다. 그러나 이제는 누구나 알 듯이 1990년대 독일과 일본 경제도 위기를 피할 수 없었고, 그 대가를 노동자들에게 떠넘기고자 노동조건을 대대적으로 공격했다.

"유연안정성", "대기업 노동자 임금 양보론"

일자리위원회 부위원장 이용섭은 《성장과 행복의 동행: 이용섭의 한국경제 바로세우기》(2013)에서 경제가 성장과 분배 두 바퀴로 굴러가야 한다고 주장한다. 그는 독일을 성공 사례로 제시하면서, 대기업과 중소기업의 동반 성장을 으뜸으로 꼽는다.

그의 관심은 첫째도 둘째도 셋째도 재벌 개혁(경제력 집중 완화와 불공정 행위 규제)과 중소기업 지원에 있다. 물론 그러면서도 재벌을 없애자는 게 아니라며 "빈대 잡기 위해 초가삼간 태우는 일은 결코 일어나지 않을 것"이라고 다짐한다.

이용섭은 일자리 정책의 핵심도 중소기업 지원이라고 한다. 노동자를 위해서는 재교육·재취업 서비스를 지원하겠다고 한다. 하지만 이것은 "노동시장에서 고용과 해고를 유연하게" 하기 위한 조처다.

이용섭은 "높은 노동유연성"을 강조하면서 그와 함께 "소득의 안정성, 적극적인 고용 서비스"를 조합하는 것이 "황금 삼각형 모델"이라고 한다. 그러나 "유연 안정성"은 노동자들에게 결코 '황금' 모델이 아니다. 박근혜가 고용률 70퍼센트와 노동 개혁의 전거로 삼은 네덜란드 모델은 노무현 정부에 의해 "유연 안정성"을 보장하는 좋은 모델인 것처럼 처음 소개됐다. 하지만 박근혜 덕분에 이제 많은 노동자들이 그 본질을 잘 알게 됐다.

이용섭이 성공 사례로 제시한 독일에서도 노동자들의 처지는 지난 20여 년 동안 더 나빠졌다. 네덜란드 바세나르 협약이나 독일 하르츠 개혁은 모두 정규직 노동자들에게 양보를 강요하고 저임금과 불안정 노동을 확대한 노동 개악이었을 뿐이다.

청와대 정책실장 장하성은 "공정"과 "평등"을 들먹이며 노골적으로 대기업 노동자 양보론을 펴는 인물이다. 그는 《한국 자본주의》(2014)와 《왜 분노해야 하는가》(2015)에서 "정의로운 경제"를 위해 "공정한 분배"가 돼야 한다고 주장한다. 그가 말하는 "공정한 분배"는 사람들이 흔히 생각하듯이 부자와 빈자 사이의 부의 분배가 아니다. 그는 복지 예산 확대가 현실성이 없다고 늘어놓은 뒤, "복지를 통한 재분배"보다 "분배의 불평등"을 바로 잡아야 한다고 강조한다. 그러나 장하성이 말하는 "분배의 불평등"은 경영자와 노동자 사이의 불평등을 말하는 게 아니다. 노동자들 사이의 "임금 불평등"을 말하는 것이다.

장하성은 이 "분배 불평등"의 해결 방안 하나로 "대기업 노동자 임금의 일부를 중소기업 노동자 분배의 몫으로 분배"하는 것을 제시한다. 그는 노동계가 "대기업 노동자의 임금 인상분 일부를 중소기업 노동자에게 이전하는 방식"을 고민해 보라고도 했다.

장하성은 부의 불평등보다 소득 불평등이, 그중에서도 임금 불평등이 가장 중요하고 시급히 해결돼야 할 불평등이라고 강변한다. 소득 불평등보다 부의 불평등이 비할 바 없이 더 크다는 것을 모르지 않는 그가 이렇게 주장하는 것은 뻔한 목적 때문이다. 노동자들의 시선을 임금격차 쪽으로 유인함으로써, 불평등 완화의 재원을 자본가들에게 요구하지 않고 노동자들끼리 나누도록 만들려는 것이다.

노동조합은 문재인 개혁의 동반자가 돼야 하는가?

"사람 중심 경제"라는 경제 비전 공약을 보든, 일자리위원회와 청와대 정책실 책임자들의 지론을 보든 오랫동안 불만이 누적된 노동자들의 바람을 충족시키기 어렵다는 것은 분명하다. 문재인 정부는 장기화되고 있는 세계경제 침체 속에서 노동자들, 특히 대기업과 공공 부문 정규직 노동자들의 양보를 얻어 내는 것을 중요한 임무로 삼는 정부가 될 수밖에 없다.

그런데 박근혜 정부 내내 많은 노동운동가들이 한목소리로 주장했듯이, 정규직 노동조건이 악화되면 비정규직의 처지는 더 나빠지게 마련이다. 국제노동기구ILO도 이것이 정규직 보호 조항을 약화시킨 나라들의 한결같은 경험이라고 밝힌 바 있다.

그러나 이런 상황이 비교적 명백하다 해서 노동자 투쟁이 자동으로 촉진되는 것은 아니다. 국제 노동운동의 경험을 보면, 우파 정부가 추진하다가 실패한 노동 개악 정책을 사회민주주의 정당이 집권해 관철시키는 경우를 적잖이 볼 수 있다.

예를 들어, 1970년 6월에 취임한 영국의 히스 보수당 정부는 고소득 노동자들의 임금을 억제하는 '소득정책'을 추진하다가 노동자들의 저항으로 1974년 퇴진했다. 하지만 뒤이어 집권한 노동당 정부도 다시금 '소득정책'을 내놓았다. '고소득 노동자들의 임금을 억제해야 저임금 노동자들이 격차를 따라잡을 수 있다'는 논리로 포장했을 뿐, 보수당과 다르지 않은 정책이었다. 그러나 이번에는 노동조합 좌파 지도자들이 노동당과 "사회계약(협약)"을 맺어 이를 지지했다.

그러자 전투적 노동운동가들도 노동당의 장단에 맞춰 춤을 췄다. 처음에 노동자들은 대부분 침묵했다. 이를 거슬러 투쟁했던 선원들과 소방수들은 고립 속에 패배했다. 임금 억제가 계속되자 1978년 노동자들의 분노는 마침내 "불만의 겨울"로* 폭발했다. 그러나 노동자들의 환멸을 낳은 노동당의 배신은 대중의 환멸로 1979년 대처 집권을 낳았다.

심각한 위기의 시기에 노동조합 상근 간부층은 지배계급을 위한 강력한 충격 흡수장치 구실을 할 수 있다. 정부가 노동조합 지도자들을 사회적 대화의 파트너로 인정할 때 노동조합 지도자들은 노동자 투쟁을 자제시키거나 어느 수준 이하로 통제하면서 정부가 추진하는 '개혁'에 협력을 제공할 수 있다.

---

*   1978년 말부터 1979년 초까지 영국에서 거대하게 벌어진 임금 투쟁.

노무현 정부에서 청와대 빈부격차해소위원회 위원장을 지낸 이정우 교수는 '강하지만 힘을 쓰지 않는 것'을 노조의 미덕으로 강조한다. "무협 영화나 깡패 세계"가 그렇듯이 "힘을 쓰지 않는" 것이 "고수의 경지"라는 것이다. 그는 북유럽 노조들이 "임금 인상을 극도로 자제"한다며 이는 "항상 수출 경쟁력에 신경을 쓰는 책임감을 가지고 있기 때문"이라고 강조했다.

이런 류의 주장은 노무현의 실패를 노동자 투쟁 탓으로 돌리는 적반하장식 책임 전가와 함께 노동조합 운동을 향해 강력히 촉구하는 바가 있다. 노동조합이 걸핏하면 투쟁에 나서기를 그만두고 정부와 기업의 "협력자"가 돼야 한다는 것이다.

대표적인 친노 인사 유시민은 "집권 초기 화물연대 파업[부터] 분위기가 엉켰고 전교조의 네이스 반대 투쟁을 거쳐서 싸움이 끝이 없었다. 돌이켜 보면 악몽 같다"고 했다. 그러나 노무현은 집권하면서, "사회적 힘의 균형에서 노동계보다 경제계가 더 세다"며 "힘의 불균형을 시정하겠다"고 약속했다. 그렇게 집권한 정부가 너무도 당연한 노동기본권과 학생 인권 보호 요구를 악몽으로 여겼다는 것 자체가 그 정부의 본질을 보여 준다.

"힘의 불균형을 시정"하겠다던 노무현은 취임 3개월 만에 '힘센' 대기업 노조의 이기주의를 비난했다. 그리고 "손배 가압류 남용을 방지"하겠다더니 철도 파업에 97억 원 손배를 청구했다. 노사 관계 로드맵에서는 듣도 보도 못한 '사용자 대항권'이라는 개념을 도입해 노동조합의 단체행동권을 제약했다. "비정규직 눈물을 닦아 주겠다"더니 비정규직 사용 사유를 제한하라는 인권위 권고마저 수용하지 않았다. 노무현에 대한 기대가 금세 환멸로 바뀐 것은 당연했다.

문재인 정부가 취임하자 노동운동 안팎에서 '이번에는 정부를 투쟁으로 압박해서는 안 된다'는 주장이 금세 널리 퍼졌다. 노동이 '개혁의 동반자'가 돼야 한다고도 한다. 노동조합이 사회적 대화 파트너로서 인정받고 그에 합당한 협력도 제공해야 한다는 뜻일 것이다. 대립각만 세우면 얻어 낼 수 있는 것조차 얻을 수 없다며 말이다.

그러나 노무현 정부가 사용했던 "사회 통합적 노사 관계"라는 모토를 다시 들고 돌아온 문재인 정부가 노동자들에게 요구하는 '사회 통합'이 무엇일지는 뻔하다. 그것은 경제에 대한 "책임감"(이정우 교수의 표현대로)일 것이고, 그 구체적 형태는 노동자들의 양보일 것이다. 정부는 노동운동 내 대기업 정규직 양보론이 상당히 퍼져 있는 약점을 파고들며, '악어의 눈물'을 흘리며 노동자들을 이간질하려 할 것이다.

재벌 개혁이나 경제 민주화 같은 문재인 정부의 '개혁'에 노동자들의 요구를 종속시키려 한다면 경제 침체 시기 노동자들의 조건이 악화되는 것을 막을 수 없다. 이것은 노동자들을 다시금 불필요한 환멸과 사기 저하로 몰고 갈 뿐이다.

노동운동은 왼쪽 자리를 확고히 지키고, 오른쪽을 향해 불필요하게 타협하지 말아야 한다. 괜한 신기루와 허상을 좇거나 만들어 내지 말고 진실을 말해야 한다.

1부

정치

1장

개혁 염원 배신하고 우선회하다

문재인의 개혁 '선물'을 기다리지 말자

2017년 5월 23일 아침, 박근혜가 수갑을 차고 서울중앙지법에 도착하는 장면을 보고 진정한 개혁과 진보를 염원하는 많은 이들이 통쾌해했을 것이다. 박근혜 정권 퇴진 운동의 결과물이다. 그러므로 현 정부는 민중이 현직 대통령을 끌어내려 구속시킨 결과로 등장한 정부인 것이다. 이는 문재인에게는 양날의 칼이다. 민중의 자신감과 열망은 그에게 부담스런 압력이기도 하고, 잘만 수렴하면 공식 정치 내 경쟁자들을 제압할 동력일 수도 있다. 이 둘 사이에서 문재인은 줄타기를 해야 하는 것이다.

그래서 문재인은 일단 취임 2주 만에 세월호 참사 재조사, 국정교과서 폐지, 4대강 사업 정책 감사 등을 지시했다. 또한 박근혜·최순실 게이트 특검 수사를 맡았던 윤석열을 서울지검장으로 기용하고, 광주민중항쟁의 진실을 추가로 밝히고 왜곡을 차단하겠다고 하고, 아예 5·18 정

출처: 김문성, 〈노동자 연대〉 209호(2017 5 23).

신을 헌법 전문에 넣는 개헌을 하겠다고 했다. 새누리당 정권 9년의 적폐를 청산한다는 기치로 대중의 열기를 정권의 동력으로 수렴하려는 것이다.

이런 조처들 덕분에 문재인의 초기 국정 수행 지지율은 80퍼센트가 넘어 역대 정권 중 상위권에 속한다(1987년 이후, 취임 초 지지율이 가장 낮은 건 당연히 박근혜였다).

그런데 높은 기대치는 정권 초기에 민중이 다양한 개혁 요구들을 저마다 내놓는 것으로 표현될 수 있다. 특히 박근혜 정권 퇴진 운동 참가자의 다수가 미조직 노동자들이었고, 운동을 이끈 주요한 축이 노동운동 지도자들이었기 때문에 더욱 그렇다.

그러나 문재인 정부의 개혁은 경제·안보 위기에 처한 한국 자본주의를 더 효율적으로 재편하고, 박근혜가 대내외적으로 떨어뜨린 국가적 위신을 다시 세우는 것이다. 가령 윤석열의 서울지검장 기용은 박근혜 게이트 수사와 재판 때문인데, 이 문제는 지배자들의 위신과 관련 있을 뿐 아니라, 정권의 입지와 더 관계 있다.

노동계급에게 박근혜 적폐 청산은 그 이상을 뜻한다. 그런데 전교조 법외노조화를 철회한다는 언론 보도가 나오자마자, 문재인 청와대는 그럴 계획을 "한 번도 논의하거나 구체적으로 협의한 바 없다"고 즉각 부인했다. 국무총리 내정자인 이낙연은 대법원 판결을 기다린다고 했다. 그러나 법학자이기도 한 김승환 전북교육감은 노동부의 행정처분만 취소하면 될 일이므로 대법원 판결을 기다릴 필요가 없다고 했다. 대통령 지시 사항으로 해결 가능하다는 것이다.

노조 인정은 대단한 개혁도 아니고 소위 '시민권 회복'에 관한 것이다. 전교조는 가장 먼저 박근혜 퇴진 요구를 하고서 해직 등 징계 위협에 맞서 싸워 왔다. 그리고 그들이야말로 박근혜 촛불의 알맹이인데, 새 정부 아래서 단순한 기본권 회복이 논의조차 되지 않았다는 것이다.

대선에서 "한일 위안부 합의 재협상"을 언급했던 문재인이 일본에 특사로 보낸 문희상은 위안부 합의 해결의 "제3의 길"을 언급했다(중앙선거관리위원회에 제출한 민주당의 10대 공약에서는 '재협상'이라고 명확하게 표현하지 않았다). 문재인 정부가 홍석현 등을 통해 한미동맹을 기본 기조로 천명한 이상, 일본과의 선린 관계에 위협이 되는 행동을 하기는 어려울 것이다. 한미동맹의 연장선이 동북아의 한미일 동맹이기 때문이다.

노조 탄압을 불법적으로 자행한 사측의 대리인을 한 박형철을 반反부패 비서관으로 임명한 것도 마찬가지다. 현 정부와 노동자들이 생각하는 '적폐 청산'(부패 척결 또는 사회 정의)의 정치·사회적 의미가 다른 것이다.

최근 문재인 지지자들이 노동운동과 그와 연계된 좌파들에게 신경질적 공격을 퍼붓는 것은 이런 문재인 개혁의 (본질적) 성격 문제가 배경에 깔려 있기 때문이다. 노동자 대중의 합격점에 도달하도록 노력하기보다는 합격선을 낮춰 버리겠다는 것이다. 문재인 개혁을 대하는 태도는 개혁의 양적 차이나 시간에 대한 인내심 문제가 아니라, 목표와 지향의 차이 문제다. 그리고 계급 문제인 것이다.

2017년 5월 21일 발표된 경제·외교 인사도 문재인 개혁의 성격을 보여 주는 듯하다. 문재인 지지자들이 〈한겨레〉를 비판한 것에서 영향을 받았는지는 모르겠지만, 이 인사의 약점을 거론하는 주류 언론을 찾아보기는 힘들다.

그러나 기획재정부 장관이자 경제부총리 후보자로 지명된 김동연이 아무리 '흙수저' 출신이라 해도 그가 한 행적들을 노동계급 운동이 마냥 환영할 수는 없다.

그가 노무현 정부의 청와대 정책실장 변양균의 지휘 아래 참여한 '비전 2030' 문서는 개방형 선진통상국가를 지향하며 선제적 FTA 체결을 핵심 과제의 하나로 설정했다. 그 결과는 약화될 대로 약화된 노무현 정부의 남은 지지층마저 등돌리게 만든 한미FTA 추진이었다. '비전 2030'은 한미FTA 추진에 '이론적' 근거를 제시한 셈이다. 대화와 토론을 중시했다는 노무현 정부는 한미FTA를 전격적으로 추진했고, 그에 대한 저항에는 물대포로 답했다. 나중에 문재인은 자서전에서 그때 등용한 김현종을 참여정부가 발탁한 고급 인재라고 칭찬했다.

이 '비전 2030' 문서의 50대 핵심 과제에는 노무현 정부의 국민연금 개악, 박근혜 정부가 실행한 공무원연금 개악 계획도 담겨 있다. 이는 이 문서를 주도한 '변양균 라인'의 관료들이 전통적으로 국가 예산을 다뤄 온 이른바 '경제기획원' 출신인 점과 관계있을 것이다. 지금 이 라인의 주요 관료들이 문재인 정부의 청와대와 경제 부처 요직에 배치된 것이다(경제부총리 김동연, 국무조정실장 홍남기, 대통령 비서실 총무비서관 이정도).

청와대 정책실장으로 임명된 장하성의 소액주주 운동도 결국 기업 경영이 주주들의 이익에 맞춰지고 감시받아야 한다는 것이었다. 최근 20년 동안 주주 이익을 위한다는 명분으로 인력 감축 구조조정을 당해 온 노동자들에게는 뭐가 개혁인지 모를 인사로 썩 반기기 힘든 것이다. 그는 고려대 경영대 학장 시절에 성적이 낮은 학생들의 등록금을 두 배 올려야 한다는 발언으로 파문을 일으키기도 했다(결국 학생들의 항의로 말을 거둬들였다).

그동안 민주당과 유시민, 문재인 등 친노 정치인들은 우파의 압력뿐 아니라 진보·좌파와 노동운동의 투쟁도 노무현 정부의 실패 원인이라고 주장해 왔다. 그러나 노무현 정부의 실패는 스스로 자초한 것이다.

노무현 정부에 좌우의 압력이 동시에 작용했던 그때, 노무현 정부는 의식적으로 우파와 기업주들과 한편이 되기로 선택했다.

가령 2004년 노무현이 민주당과 한나라당(자유한국당의 전신)에 의해 국회에서 탄핵됐을 때, 탄핵 반대 여론은 노무현의 지지율보다 훨씬 높았다. 〈노동자 연대〉 같은 급진 좌파도 탄핵을 우파의 반동 공세로 보아 탄핵에 단호히 반대했다.

그런데도 노무현 정부는 2004년 이른바 4대 개혁 입법이 실패하자, 더 분명히 우경화했다. 그해 노무현 정부는 이라크 추가 파병을 강행하고, 공공 부문 노사 관계 개악안을 마련했으며, 비정규직 관련 법 개악, 평택 미군기지 합의 등을 준비하거나 실행하기 시작했다. 이후에도 노무현은 2005년 한나라당 대표 박근혜에게 대연정을 제안했고, 2006년 한미FTA 추진, 국민연금 개악, 비정규직 개악 입법 등을 끝내 추진했다. 바로 이런 노무현 자신의 선택 때문에 대선자금 차떼기 수사와 탄핵 역풍으로 찌그러졌던 우파가 사기와 지지를 회복한 것이다.

즉, 좌파가 우파와 함께 노무현 정부를 왕따시킨 것이 아니라 노무현 정부가 기업주·우파와 손잡고 노동계급 대중을 공격한 것이다. 이에 배신감을 느낀 지지층이 정권에 등을 돌리고 그중 일부가 저항에 나선 것이다. 또한 같은 이유로 다수가 2007년 대선에서 투표를 포기해 버린 것이다(2007년 대선은 1987년 이후 대선 투표율이 가장 낮은 해였다).

노무현 정부의 의식적 선택으로 자신감이 오른 우파와 기업주들은 정부에 더 많은 우경화를 재촉했다. 노무현 정부가 이에 타협할수록 지지자의 이반과 왼쪽에서의 반감은 더 강경해졌다. 오죽하면, 이명박 집권 초기 '노명박'이라는 평가까지 나왔겠는가(이런 강경함은 이명박의 우익적 정책에 맞서 노동운동과 진보정치세력, 자유주의 야당이 연합해야 한다는 포퓰리즘 전략, 즉 전략적 "야권연대"가 유행하면서 그리 오래가지는 못했다).

문재인 정부가 이런 과거를 반복할까 봐 걱정하는 것을 잘 보여 주는 것이 〈시사인〉 천관율 기자의 기사다.* 그는 이 기사에서 우파의 "적폐 청산이냐, 국민 통합이냐" 하는 "가짜 질문"에 넘어가면 안 된다면서 "합의 기반이 넓은 이슈를 다루는 전장에서는, 과감한 공세가 통합을 오히려 촉진한다"고 정부에 조언한다. 그러면서 "반대로 사회경제적 이해관계가 첨예하게 부딪치는 이슈도 있다. 예를 들어 최저임금 인상 문제 … 조세 개혁, 복지 자원 배분, 연금 개혁 등도 속성이 비슷하다"며 이런 쟁점에서 "적폐 청산하듯 밀어붙이기는 사실상 불가능하다"며 이 쟁점들의 개혁은 뒤로 미룰 것을 조언한다. 이 쟁점들을 섣불리 건들면, 우파가 다시 살아난다는 것이다.

이런 논리가 다다르는 논리적 결론은, 문재인 정부가 성공하려면 좌파와 노동운동도 이런 문제를 초기에 제기하면 안 된다는 것이다. 그러므로 문재인 지지 세력이 정권 초부터 〈한겨레〉, 〈경향신문〉, 〈오마이뉴스〉 같은 전통적인 친민주당 언론까지 겨냥해 비판하는 것은 이 친민주당 포퓰리스트 언론들이 좌파와 노동운동에게도 가끔 우호적으로 지면을 할애해 왔기 때문일 것이다.

진보 진영 일부가 반反새누리당(자유한국당의 전신) 연합 정치의 향수에서 빠져나오지 못한 반면, 영악한 친노 정치인들과 그 지지자들은 재빠르게 정권 방어 태세로 전환한 셈이다. 그래서 문재인 정부가 난처함을 겪을 수 있는 쟁점들에서 선제적으로 비판을 차단하는 공세를 벌이는 것이다.

누구보다 박근혜 퇴진을 바랐을 사드 배치에 반대하는 경북 성주 주

* 천관율, "'새 시대의 첫차'가 출발했다", 〈시사인〉 505호(2017 5 18).

민들이, 홍준표 지지율이 지역에서 50퍼센트 넘게 나왔다는 이유로 대선 직후 비난을 받은 것이나, 민주노총과 정의당, 노동계급 중심성을 표방한 좌파들이 비난의 초점이 된 것은 시사적이다.

그러나 대체로 인기가 높은 정권 초기에 개혁을 성공시키지 못한다면, 그나마 진정한 개혁은 갈수록 더 어려워진다는 것을 대중은 경험으로 안다. 그러므로 문재인 정부의 "기다리라"는 말은 개혁의 지체가 아니라 대중의 기대와 다른 종류의 개혁 추진임이 곧 드러나기 시작할 것이다.

"촛불 혁명"의 계승자임을 자처하는 정부가 추진하는 진정한 방향이 점차 드러나기 시작하는데도 진보 정치 지도자들 일부가 마치 '정신적 여당'이나 된 듯이 덕담 행렬에 동참하는 것은 안타깝다. 정의당의 노회찬 원내대표나 추혜선 의원이 문재인 정부의 행태와 인사에 칭송 일변도로 계속 논평하는 것은 특히 우려스럽다.

물론 노동자들이 지금 당장 행동할 태세는 아닌 듯하다. 끔찍한 9년이 이제 막 끝났고, 부수적이지만 퇴진 운동의 결과물로 탄생한 정권이니 지금 당장은 기다려 보자는 생각이 더 클 수 있다. 그러나 그런 현실을 인식하는 것과, 문재인 정부가 잘 하고 있으니 기다려 보자며 요구를 삭감하고 행동을 자제시키는 것은 다르다. 후자의 주장들은 노동계급 스스로 자기 요구를 위해 행동하며 계급의식을 발전시키는 일을 지체시키는 효과를 낸다.

그러나 노동계급이 스스로 싸우지 않으면 진정한 개혁을 얻을 수 없다. 최근 간접 고용 노동자들의 자회사 고용 방안이 '정규직화'라고 불리는 것은 명백한 후퇴다. 이런 유순한 태도는, 기껏해야 노동운동의 목표 달성 실패로 끝난 김대중·노무현 정부 하의 사회적 대타협주의의 재현으로 발전할 공산이 크다.

좌파는 영국 노동당 개혁주의의 100년 역사를 돌아보고 내린 영국 사회주의자 고故 토니 클리프의 다음 경고를 되새겨야 한다. "아래로부터 쟁취한 개혁은 계급 조직을 강화하고, 그리하여 미래의 진전 가능성을 보여 준다. 위에서 선사한 개혁은 수동성을 부추기고, 노동자들을 체제 내로 포섭시키는 경향이 있고, 따라서 사회주의를 위한 투쟁을 억제할 수 있다."

문재인 정부 한 달

대중의 개혁 염원에 못 미치다

부패 의혹 검증 때문에 정권 초, (인수위 과정이 없기에 더욱) 신속해야 할 내각 임명이 늦춰진다는 불평 때문에 문재인은 공약인 소위 5대 인사 원칙을 삭감해야 했다. 그럼에도 청와대 안보실 제1차장으로 내정됐던 김기정을 추문을 이유로 갑작스레 사퇴시켜야 했다.

강경화는 "공직자로서 판단이 매우 부족했다"고 인정하고 사과했다. 그럼에도 자신의 지위를 이용해 딸을 이화여고에 진학시키려 했다는 사실은 남는다. 이 사실은 문제가 특권층의 부패 문제임을 보여 준다. 이화여고는 아마 고위층 자녀들을 유치해 학교 위상 등을 높이려 했던 게 아닌가 싶다. 이 의혹은 밝혀져야 한다.

물론 부패로 말할 것 같으면 자유한국당·바른정당 등 새누리당 계승 정당들과 조중동 등 주류 언론이 딴지를 거는 건 가소로운 일이다. 불

출처: 김문성, 〈노동자 연대〉 211호(2017 6 7).

과 한 달 전에 그들 중 다수는 돼지 발정제로 강간을 공모한 작자를 편들며 대통령으로 뽑자고 했던 자들이다. 그들 대부분이 바로 부패 때문에 집권 여당의 지위에서 강제로 쫓겨나거나 야반도주하듯이 도망 나온 자들이다. 한때 박근혜에게 "아우라가 100개의 형광등이 켜진 것 같다"며 듣기에도 민망한 아부를 떨다가 그가 권력 투쟁에 밀리자 폭로 보도로 돌아선 것도 그들이다. 이런 자들이 "민주공화국"의 국회의원과 공공 언론이라고 하는 건 너무나 역겨운 일이다. 따라서 대다수 평범한 사람들이 구여권의 악취 나는 위선에 공감하지 않는 것은 당연하다.

그러나 그렇다고 우파의 방해가 이 정부의 알리바이가 될 수는 없다. 촛불 덕분에 집권한 정부가 가장 추진력이 있을 때인 정권 초에 촛불의 기대에 못 미치는 행태들을 슬금슬금 시작하는 것을 진보·좌파는 비판할 자격이 있다.

문재인 정부의 초기 인사를 보면 정말로 노무현 정부 시즌2 냄새가 난다. 특히, 한국 지배자들의 위기감이 큰 경제와 안보 분야에서 그런 듯하다.

경제 분야에서는 노무현 정부 시절 경제 정책의 얼개를 세우고 주도했던 관료들이 먼저 나서고 있다. 경제부총리, 청와대(총무비서관), 국무총리실(국무조정실장) 등은 노무현 정부에서 나란히 청와대 정책실장을 거친 박봉흠·변양균의 경제기획원 라인들이다.

외교·안보 라인도 그렇다. 외교부 장관 후보자 강경화는 김대중·노무현 시절 외교부에서 중용됐고, 노무현 정부가 당시 외교부 장관 반기문의 유엔UN 사무총장 선거 도전을 지원할 때, 외교부 간부로서 선거운동을 도왔다. 이후 반기문이 사무총장이 된 유엔으로 아예 자리를 옮겼다.

유임된 외교부 제1차관 임성남, 새로 임명된 국방부 차관 서주석 등이 모두 노무현(과 문재인) 시절 청와대를 거쳤고, 서주석과 국민안전처

차관 류희인은 대통령 자문 기관인 국가안전보장회의NSC의 실무진이기도 했다.

이런 인사는 문재인 정부의 경제·안보 노선과 기조가 노무현 정부 때와 그리 다르지 않을 것임을 시사한다. 즉, "자주"라는 포장지를 입힌 친제국주의, 복지와 친노동의 냄새는 피우지만 결국 기업주들을 위한 경제·노동 정책들 말이다. 노무현은 미국의 이라크 침략 지원 파병, 연금 개악, 비정규직 확대를 고착화한 법 개악, 한미FTA 추진 등을 민족주의적 언사와 모호한 진보적 미사여구와 함께 추진했다.

특히, 한미FTA의 전격적 추진은 (지금은 문재인 정부 지지에 올인하는 듯한) 온건 진보파들도 정권에 등돌리고 격하게 저항하게 만든 일이었다. 한미FTA는 대미 종속 문제가 아니었다. 시장 경제의 확대를 통한 국내 산업과 일자리의 친기업적 구조조정을 위한 것이었다.

노무현은 "권력이 시장으로 넘어갔다"며 이런 선택을 불가피한 것으로 정당화했다(선택과 불가피성은 양립 불가능하다). 그는 그때 심지어 한나라당에 대연정을 제안했다. 노무현은 대연정 제안을 "지역주의 타파를 위한 충정"이라고 변명했으나, 그 '진정성'은 좌우의 모두에게 의심받았다. 노무현 정부가 지역주의 타파를 중시한 것은 여당의 재보선 참패가 잇따랐기 때문이다. 그러나 2005년 이후 모든 선거에서 여당이 패배한 것은 배신당한 지지층의 실망과 환멸이 낳은 결과였다. 오히려 문재인이 2006년 부산에서 "노무현 정부는 부산 정권"이라고 해서 물의를 일으키기도 했다. 노동자·민중은 자신의 삶이 지역주의 때문에 악화된 것이 아님을 잘 알고 있었다.

결국 노무현은 정권 초 자신을 중심으로 한 여당을 만들려다가 첫해를 까먹고는 또다시 집권 여당을 강화하려는 꼼수로 대연정을 제안했다가 이번에는 더 큰 이반과 환멸에 직면했다. 이런 배신적인 선택의 결과로 자신감이 증대한 기업주들과 우파의 목소리가 커졌다. 이에 더해 노무현의 배신이 낳은 정치적 환멸이 이명박 정부, 더 길게는 새누리당 정권 9년으로 가는 길을 닦았다.

민주적으로 선출된 최초의 '흙수저' 대통령이라는 기대를 받았던 노무현 정부의 존재가 지배계급의 차선책이라는 본질에서 벗어나지 못했음은 노무현과 민주당의 확고한 친자본주의적 성격을 확인해 주는 것이다.

이는 민주당이 비록 지배계급의 전통적인 제1 선호 정당은 아니지만(그것은 단연 새누리당이었다), 제2 선호 정당이기 때문이다. 그래서 새누리당과의 차별화도 필요하지만, 한국 자본주의의 이해관계를 가이드라인 삼아 충실히 따르려는 것이다.

민주당은 이 가이드라인을 벗어나는 것에 늘 그 스스로 큰 두려움을 느꼈다. 가령 노무현은 퇴임 직후인 2008년, 이명박에 반대한 촛불 운동에 정권 퇴진은 지나친 요구라며 자제를 호소했다.

이 점은 새누리당 정권을 중도 퇴진시킨 대중운동 덕분에 운동의 후미 부위인 문재인과 민주당이 집권한 일과 관련해 꽤 시사적이다. 대중운동의 뒷받침을 받아 집권했다는 사실은 정권 초기에 개혁 동력일 수도 있지만, 지배계급의 가이드라인을 지켜야 한다는 압력과 충돌한다. 바로 이런 모순 때문에 문재인의 행보도 결국 어떤 한계를 돌파하지 못하는 것이다.

사드 발사대 4기의 추가 배치에 관한 허위 보고 색출 소동은 결국 국방부 정책실장이던 중장 위승호를 육군으로 돌려보내는 미봉책으로 끝났다. 이것도 위에서 말한 문재인 정부의 '가이드라인'과 연결 지어 볼 수 있다. 청와대 안보실장 정의용은 사드 배치 철회는 없을 것이라고 미국 정부에 약속했고, 우파가 반발하는 사드 배치 관련 환경영향평가도 이미 경북 성주에 배치된 사드 발사대 2기와 레이더가 계속 가동되는 상태에서 진행된다. 사드 배치는 한국 지배자들이 안보 위기를 미국과의 동맹을 강화해 돌파하겠다는 생각에서 강행한 것이기 때문이다.

우파는 역사적으로 미국이 해 주던 구실을 중국이 할 수 없다고 본다. 그러니 이런 때일수록 미국이 한국을 핵심 동맹의 지위로 삼도록 노력해야 한다고 본다. 그래서 박근혜가 탄핵돼 수감돼 있는 와중에도 사드 배치 기정사실화가 진행됐던 것이다.

문재인의 "전략적 모호성" 발언 등은 지배계급 다수의 이해관계와 의도를 파악하지 않고는 설명하기 힘들다. 강경화가 청문회에서 위안부 합의를 비판하면서도 현실적으로 존재하는 국가 간 합의는 지키는 것이 국제사회의 관행이라는 말도 덧붙여 모호하게 답변한 것도 그 연장선이다.

문재인은 진보든 보수든 모두 "애국"의 반열에 올려 한국의 "이념 갈등", "증오와 대립", "세대 갈등"을 끝내고 "애국으로, 대한민국을 통합[하자]"고 한다. 같은 날 오후 국정기획자문위원회(정권 인수위 구실을 대신하는 기구)는 문재인 정부의 국가 비전 키워드로 '정의'와 '통합'을 설정하고, 조만간 그에 맞는 5대 목표를 정해 발표하겠다고 밝혔다.

날카로운 갈등 속에 집권한 정부가 집권 초에 "국민 통합"을 강조한다는 것은 새 정부를 중심으로 국가적·국민적 단결을 하자는 것으로, 사실상 새 정부를 전폭 지지해 달라는 뜻이다. 이는 정부의 초기 공약 집행에 힘을 실어 주기도 하지만, "국민의 지지"를 표방하기 때문에, 지지층의 지지를 받은 정책을 일방으로 실행해선 안 된다는 자기 제한성도 함축하고 있다.

특히, 문재인 정부처럼 강력한 대중운동의 (썩 흡족하지 않은) 결과물로 등장한 정부의 '통합'론은 개혁(적폐 청산)이 그다지 날을 세우지 않을 것임을 구여권에게 안심시키는 것이기도 하다. 물론, 그럼에도 정권의 정당성 문제 때문에 적폐 청산과 정의를 완전히 배제할 순 없다.

그래서 문재인 정부의 통합론은 과거 박근혜가 대선과 정권 초에 내세운 "100퍼센트 국민 대통합"과 다르다. 박근혜는 반대자들의 입을 틀어막고서 자기 정부 뜻대로 하는 걸 "국민 대통합"이라고 우겼다. 그래서 주류 언론을 장악해 비판 목소리가 안 나오게 하고 민주적 권리를 무시하고 블랙리스트를 만들어 반발을 억눌렀다. "100퍼센트 통합"은 권위주의적 사고의 발로였다. 당시 유행한 "1 vs 99" 담론에 대항해 우파가 반박으로 내놓은 슬로건이었던 셈이다.

"1 vs 99" 슬로건은 미국 뉴욕 등지에서 벌어진 광장 점거 운동에서 유행해 한국에서도 노동자와 청년들에게 지지를 받았다. 사회가 부와 권력에서 1퍼센트 특권층과 99퍼센트 민중으로 구분돼 있다며 이런 불평등에 맞선 투쟁을 호소했다. "1 vs 99"는 포퓰리즘(피억압 민중의 계급 동맹)적으로 활용되기도 하지만, 한편에서는 계급 특권을 암시하는 것이기도 하다. 박근혜 정권 퇴진 운동에서도 "1 vs 99" 구호는 거듭 인용됐다. 퇴진 운동에 참가한 대중이 경제적·사회적 불평등에 크게 분노해 있다는 징표였다.

촛불 계승 정부를 표방하는 문재인은 이런 불만을 어느 정도 정치의 기조에 반영해야 한다. 박근혜는 정권 반대파를 "반反대한민국 세력"으로 취급했다. 문재인은 민주화 운동, 노동자들 모두 "애국자"라고 포용하자고 한다. "전쟁의 경험을 통치의 수단으로 삼았던 이념의 정치, 편 가르기 정치를 청산하겠[다]"고도 한다. 박근혜식 통치가 오히려 국민 분열이라는 것이다.

따라서 문재인 정부의 이런 (포퓰리즘적) 언행은 '국가 발전(경제·안보 등 국가적 위기의 극복)을 위한 계급 화해'라는 통치 기조의 일단을 보여 준다. 박근혜의 대결적 방식이 아니라 사회적 합의의 방식으로 화해하자는 것이다. 사회적 합의 형식을 통해 노동계급에게 고통 분담(사실은 고통 전담)을 요구하겠다는 것이다. 이는 포용의 형식을 띤 배제의 협박이다.

이는 친민주당계 지식인들이 특권층의 범주에 대기업 정규직 노동자들까지 포함시키는 식으로 "정의"와 "불평등"을 말하는 데서도 드러난다. 그 대표격이 청와대 정책실장으로 임명된 장하성이다. 사실상 조직 노동계급이 임금 등의 조건을 양보하는 것이 "애국"이라는 뜻이다.

그럼에도 문재인의 계급 통합이 실제로 성공할 것 같지 않다. 담론 상으로도 그렇다. 한국전쟁의 "호국 용사"들의 행위가 애국이면, 그들에게 짓밟힌 민간인 학살 피해자들은 무엇일까? 대한민국을 지키는 것이 애국이면, 결과적으로 대한민국 건국의 첫 선거였던 남한 단독 선거에 반대한 제주 4·3 항쟁의 정당성은 어떻게 인정될 수 있을까? 백남기 농민을 살인 진압한 경찰의 "애국"과 박근혜를 몰아내 나라를 바로잡자고 생각한 사람들의 "애국"은 공존할 수 있을까? 경제 위기 고통 분담을 명분으로 내세운 사회적 합의 강요를 노동자들이 거부하면 그것은 "비애국"일까?

'국민 통합'은 "계급 화해"를 강요한다. 그러나 이병철과 전태일을 하나로 묶는 "국민"은 부와 권력의 불평등 때문에 일상적으로 분열해 있다. 적대적 계급 관계는 잠시 봉합되거나 폭력으로 그 갈등이 억제될 순 있어도 영구 화해하거나 통합될 수 없다. 그러니 계급 화해는 봉합과 억제를 일시적으로 뜻하는 것일 수밖에 없다.(서구의 복지국가 체제는 제 2차세계대전 이후 세계경제의 장기 호황이 끝나고 1970년대 중엽 이후 위기로 가면서 지속적으로 해체와 공격의 대상이 돼 왔다. 바로 그런 시스템을 만든 당사자인 정부와 기업주들, 공식 정치를 지배하는 정당들에 의해서 말이다.)

실용주의자들에게 목적은 수단을 정당화하는 경향이 있다. 박근혜와 문재인 모두 "애국 vs 비애국"을 포용과 배제의 기준으로 삼는 것을 직시해야 한다. "애국"은 평범한 노동계급 사람들에게 끊임없이 국가와 체제에 '희생으로' 충성을 증명할 것을 요구한다.

박근혜 정권 퇴진 운동에 나선 수백만 노동계급 대중이 바란 적폐 청산은 지배계급의 기득권 구조를 개혁하는 것이다. 사실상 (약간일지라도) 계급 권력에 도전하는 것이다. 그러나 이는 문재인 정부의 "국민 통합"("계급 화해") 목적에 어긋나는 것이다. 자신의 계급 기반에 도전할 수는 없는 노릇이다. 노무현 정부가 비정규직의 눈물을 닦아 주겠다고 하고 참여(케 하는) 정부가 되겠다고 했지만, 노동자들의 노동조건뿐 아니라 파업권을 제약하고 집회·시위의 자유를 억압한 것도 마찬가지 이유에서였다.

두 정부에게는 지배계급을 위한 산업(노사 관계) 평화와 '팍스아메리카나'라는* 목적이 우선이었기 때문이다. 결국 대중에게 적폐 청산은 새누리당을 선거에서 심판하는 것(그 당과 대립하는 당에 투표하는 것) 이상의 것이다. 문재인 정부의 '정의'와 '통합'은 퇴진 운동에서 분출된 박근혜 정권 청산("적폐 청산") 염원에 미칠 수가 없다. 아무리 촛불 혁명 계승 정부, 6월 항쟁 계승 세력을 자처하며 자신들을 포장해도 그 과제는 일관되게 구현될 수 없는 것이다.

---

* 미국이 주도하는 세계 평화를 일컫는 말.

문재인 반 년은
임기의 나머지를 미리 보여 준다

〈조선일보〉와 함께 대표적인 보수 언론인 〈동아일보〉는 2017년 11월 10일 자 문재인 6개월 평가 기사의 제목을 "'미래-인권' 사라진 적폐 청산"으로 뽑았다. 〈동아일보〉의 기사는 문재인 정부의 첫 반 년이 '적폐 청산'으로 요약된다고 했다. 그리고 적폐 청산 수사는 국가기관의 정치 개입에 초점을 둔 것으로, 이명박과 박근혜를 겨눈 것이라고 덧붙였다. 적폐 청산에 '새 권력의 정치 보복' 프레임을 씌워 물타기하는 우파의 전형적 수작이다. 도대체 우익은 "미래"와 "인권"을 말할 자격이 없다. 굳이 이에 대한 설명은 필요 없을 것이다. 그럼에도 〈동아일보〉가 현 정부 반 년 동안 전임 정부 숙청하기용 '적폐 청산'만 두드러진다고 한 건 그 자체로는 맞는 말이다.

실제로 문재인 정부는 구여권 청산의 명분과 동력을 촛불의 적폐 청

출처: 김문성, 〈노동자 연대〉 228호(2017 11 11).

산 염원에서 빌려 왔다. 그러나 사회의 불평등과 부정의를 바꾸는 개혁에는 턱없이 못 미치거나 심지어 때로 배치된다. 인적 청산도 아주 미흡하다. 인사 개혁 문제에서도 송영무, 박성진(낙마), 박기영(낙마), 박형철, 탁현민 등 우익적이거나 부패한 인사들을 내각과 청와대에 등용하려고 해 실망을 샀다. 무엇보다, 문재인 정부는 불평등 해소 문제와 안보 문제에서 오히려 등을 돌리고 약속을 어기고 있다.

문재인 정부가 감히 촛불 정부를 자임하지만, 촛불 운동을 정권 교체의 동력으로만 제한해 이용하려 하기 때문이다. 지난해 민주당은 정권 퇴진에 반대하면서 박근혜와 물밑 거래를 하려 했다. 서울에서 100만이 넘는 정권 퇴진 시위가 벌어진 뒤에도 문재인은 "질서 있는 퇴진"(퇴임 후 안전 보장)을 주장했다.

민주당은 자신이 정치적 '혼란'을 해결할 수 있음을 지배계급에 보여 주려 했던 것이다. 비록 지배계급의 제2 선호 정당이어도 민주당은 명백한 친자본주의 정당이기 때문이다. 그래서 포퓰리즘이라고 비판받는 일자리·임금·부동산 정책 등에서 정작 친노동적인 면을 민주당 정부에서도 발견하기 힘든 이유다(오히려 경제팀은 노무현의 "좌파 신자유주의"를 계승하고 있다). 문재인 정부는 미국과의 협력을 강화하고 경제 위기의 대가를 노동계급에 떠넘겨 경제·안보 위기에 대처하려는 지배계급의 기본 프로젝트에서 이탈할 생각이 없다.

그래서 문재인은 대통령의 명령으로 즉시 이행할 수 있는 일도 미루고 피해 왔다. 퇴진 촛불 1주년 집회를 주최한 박근혜정권퇴진비상국민행동 기록기념위원회는 촛불 100대 과제 이행률이 2퍼센트라고 발표했다. 이 기구의 대부분은 문재인 정부와의 협치를 바라는 입장이었는데도 말이다.

특히 2017년 9월 초 6차 북한 핵실험 이후로는 정부는 미국의 강경 대북 압박에 더한층 찰떡 궁합으로 호응하고 있다. 9월 7일에는 경찰 폭력을 동반하며 사드를 전격 추가 배치했다. 11월 한미 정상회담에선 각종 첨단 무기 구매에 합의했다. 평화를 위협할 뿐 아니라 복지 확대에 차질을 줄 일인 것이다. 한일 '위안부' 합의는 파기는커녕 재론될 기미조차 없다.

국정원 등이 주도한 탄압으로 확인된 일들에서도 실질적인 변화는 없다. 민주노총 한상균 위원장 등 양심수 석방, 전교조·공무원노조의 인정 등이 그것이다. 백남기 농민이 경찰의 살인 진압 탓에 죽었다는 걸 인정하는 데 거의 다섯 달이 걸렸고 경찰 지휘부의 핵심 책임자들은 처벌받지 않았다.

박근혜의 대표 노동 개악이던 성과연봉제는 폐지했지만, 이번에는 직무·성과급으로 추진할 태세다. 최저임금 인상도 무력화하려 한다. 대통령이 직접 방문한 인천공항의 경우까지 포함해 비정규직 제로 공약은 누더기가 됐다.

정부가 국회에 제출한 예산안에 일자리와 복지 확대 예산이 충분히 반영된 것도 아니다. 예산안을 내면서 문재인이 한 국회 시정연설에서는 경제라는 말이 39번, 성장이라는 말이 15번 나왔으나 분배라는 말은 한 번도 나오지 않았다.

트럼프 방한 항의 집회에는 경찰 적폐의 상징인 차벽과 채증 카메라가 등장했다. 트럼프는 한국 국회에서 환영 박수를 받으며 미국이 이식한 자유 '민주주의'를 찬양했다.

박근혜 파면 이후 세월호가 인양되고 선체 조사가 시작됐지만, 금세 더디고 답답한 예전 상황으로 돌아갔다.

개혁 지지부진(과 외면)에 쌓이기 시작한 불만에 문재인은 국회로 공을 넘기는 것(정치적 대화)으로 대처한다. 전교조 등의 노조 인정은 국회가 국제노동기구ILO 협약을 비준한 이후에 하기로 미뤘다. 세월호는 정부 차원 조사기구를 설치하기로 한 공약을 취임 석 달 만에 철회하고는 국회로 공을 넘겼다. 하지만 2017년 11월에 통과될 거라고 정부가 장담한 '사회적 참사 진상 규명 특별법'(2기세월호특조위법)은 통과 가능성이 희박해졌다. 게다가 추가 의혹이 드러나는데도 검찰에 수사를 지시하지도 않는다.

분명 자유한국당 등 우파가 개혁을 반대하는 것은 사실이다. 그러나 여소야대인 상황에서 집권해 놓고 우파를 핑계 삼을 거면 애초에 '대통령' 선거에서 입법 공약은 왜 냈는가? 대통령 직권으로 당장 할 수 있는 일들도 안 하면서 우파 핑계를 대는 것은 군색한 책임 회피다.

문재인의 또다른 책임 회피 방식은 민감한 쟁점을 노사정 등 '사회적 대화' 방식으로 풀어 가겠다는 것이다. 이명박과 (특히) 박근혜 때처럼 개악을 일방으로 추진하지는 않겠다는 것이다. 이것이 소통으로 보일 수 있지만, 문제는 대화 테이블에 올라온 차림표가 구여권과 크게 달라 보이지 않는다는 것이다. 물론 안보 문제에서 촛불 염원을 크게 배신한 것 때문에 노동 개악을 서두르지는 못하고 있지만 말이다.

이는 아래로부터의 커다란 압력이 없다면, 지배계급이 동의하는 개악 어젠다를 정부가 언제든지 추진할 수도 있다는 걸 뜻한다. 마치 노무현이 노사정위원회에서 통과시키지 못한 비정규직 개악 법안 등을 한나라당과 협력해 통과시켰듯이 말이다.

그래서 노동운동이 독립적으로 세력을 구축하지 않고 정부와 협력해 개혁을 얻으려고 하면, 부르주아 민주주의의 한 방식일 뿐인 "숙의 민주주의"는 정권의 개혁 회피에 그럴듯한 외양을 부여할 뿐이다. 또한 이동통신 기본료 폐지나 신고리원전 중단처럼 기업주들이 반발하는 공약은 사회적 대화로 넘겨 공약 파기의 책임을 회피한다.

신고리 핵 발전소 관련 공론화위원회에 진보 엔지오들이 참여했다가 들러리만 선 것으로 끝난 일을 보라. 문재인에게 부담을 주지 않으려고 한반도 평화 운동을 분열시키면서까지 트럼프 방한 반대를 내걸지 않았던 엔지오들은 트럼프 방한 상황에서 정치적으로 부정적인 기능을 했다.

또 하나 문재인 정부의 책임 회피 방식은 〈한겨레〉, 〈경향신문〉 같은 친민주당 언론들의 도움을 받는 것이다. 이들은 하찮은 개혁 제스처를 포장해 주고, 개혁 배신은 상황 논리로 변명해 준다. 그들은 최근에도 퇴진 촛불 1주년 집회에 정부 비판 목소리가 클까 봐, 난데없이 여의도 촛불을 띄우며 힘을 빼려 했다.

퇴진 촛불의 교훈은 거대한 대중운동이 있을 때만 체제 수호 세력들의 방해를 뚫고 얼마간이라도 개혁을 이룰 수 있다는 것이다.

문재인 1년
촛불 염원과 자본주의 수호 사이에서 줄타기

2018년 4월 중순 김기식이 금융감독원장 자리에서 낙마하고 실세 김경수가 여론 조작 연루 의혹을 받으면서 문재인 정부는 위기를 맞았다. 둘 다 부패 문제이고, 마침 노동계 일각에서도 불만이 빠르게 자라고 있었다.

그러나 4월 27일 남북 정상회담이 큰 지지를 받으며 분위기가 바뀌었다. 2017년 "말폭탄"이 오가며 전쟁 분위기가 고조됐던 일을 생각하면 사람들이 격세지감을 느낄 만하다. 우파는 레드 컴플렉스 효과가 약화되는 것이 짜증스럽고, 코앞의 지방선거도 걱정이 돼 신경질을 부리지만 당장은 통하지 않는 분위기다. 문재인은 정상회담 결과를 국회에서 비준 동의를 받겠다며 우파 야당들을 압박했다.

그런데 정상회담 나흘 전 정부는 사드 기지 시설 공사를 위해 성주

출처: 김문성, 〈노동자 연대〉 246호(2018 4 29).

주민들을 폭력 진압했다. 사드는 박근혜의 대표 적폐로 여겨져 왔고, 정부는 사드가 북한 미사일 방어용이라고 밝혀 왔다. 전쟁이 끝났다는 정상회담 합의와 사드 배치는 배치된다.

사실 이런 식의 모순과 뒤집기가 집권 1년 동안 우리가 본 문재인의 진정한 모습이다. 김정은과 민족 화합의 아름다운 장면을 연출하면서도, 같은 민족의 노동자 구성원들에게는 냉정했다. 3월 말 한국GM, 금호타이어, STX조선소 등에서 노동자 구조조정이 줄줄이 문제가 됐을 때, "정부는 절대 정치적 논리로 [구조조정] 문제를 해결하지 않겠다"고 했다. 전경련 대변지인 〈한국경제〉는 사설에서 이 발언을 극찬했다. 일자리 대통령을 자임하며 취임 후 첫 업무로 일자리위원회를 만들었지만, 있는 일자리 수만 개가 날아가는 것을 외면한 것이다.

2017년 5월 10일 취임사에서 문재인은 이렇게 약속했다. "구시대의 잘못된 관행과 과감히 결별하겠[다.]" 촛불 운동의 적폐 청산 염원에 부응하겠다는 뜻이다. 그러나 동시에 이렇게도 말했다. "[오늘은] 진정한 국민 통합이 시작된 날로 역사에 기록될 것 … 보수와 진보의 갈등은 끝나야 … 야당은 국정운영의 동반자[다.]"

"적폐"는 정치적 용어로 바꿔 말하면 반노동·친기업·친제국주의 정책들과 특권층 우대 관행들이다. 그러므로 "적폐 청산"은 노동자·민중을 억압한 우파 통치자들을 응징해 그런 짓을 못하게 해야 한다는 요구다. 진정한 정의 실현인 것이다.

노동자·민중은 요구할 자격이 충분하다. 우리 스스로 우파 정권을 끝내 버렸기 때문이다. 다만, 2017년 봄 더 나은 현실적 대안이 공식 정치에 없었기 때문에, 촛불을 지지한다고 말한(말뿐인데도) 새 정부에 적폐 청산의 기대가 투영된 것이다.

그런데 우파는 위에 언급된 악행을 포기할 리 없다. 그러므로 적폐 청산과 국민 통합을 동시에 추구할 수는 없다. 한국 갤럽의 조사 결과를 봐도, 60퍼센트가 넘는 지지(긍정 평가)층에서 2017년 지지 이유 1순위는 줄곧 '적폐 청산'이었다. 반대로 부정 평가층에서 지지하지 않는 이유로는 "과거사 들춤, 보복 정치"가 많이 꼽혔다. 이를 뒤집어 보면, 문재인 정부가 계속 적폐를 청산하지 않고 적폐 세력과 타협하거나 스스로 적폐를 쌓으면 우파가 되살아나고 지지층이 급속하게 이탈할 수도 있다는 것이다.

문재인 정부의 첫 위기라고 할 2017년 9월이 바로 그런 상황을 미리 힐끗 보여 줬다. 그 시기에 문재인은 경북 성주에서 사드 배치를 완료하려 주민들을 폭력 진압했다. 국방 장관이 나서서 김정은 참수 부대 창설 운운했다. 또 여당은 헌법재판소 내 유일한 개혁파 김이수 재판관을 헌재소장에 임명하는 데 실패했다. 개혁 인사라고 헌법재판관에 추천된 이유정은 "비상장 주식 대박" 특혜가 드러나 사퇴했다. 국무총리·경제부총리 등이 나서서 이명박근혜 정부가 추진했던 규제 완화와 민영화 법안들을 통과시키려고 바람을 잡았다.

반면, 한상균 민주노총 전 위원장 석방과 이영주 전 사무총장 수배 해제, 쉬운 해고 등 노동부 2대 지침 폐기, 전교조·공무원노조 인정, 백남기 농민 살인 진압 처벌, 세월호 참사 진상 규명 등 대통령 권한으로 즉시 시행될 수 있는 일들이 취임 반년이 되도록 진척이 없는 상태였다.

적폐 청산이 지지부진해 노동자·민중의 염원에 역행한 것이 위기를 부른 것이다. 앞으로도 그러면 또 그럴 것이다.

과거 김대중·노무현 민주당 정부는 친제국주의·친시장 정책을 폈다. 지배계급 내에서 헤게모니를 쥐지는 못했지만, 자유한국당의 당시 전신들과 마찬가지로 기업주들과 국가 관료 등 지배계급의 지지를 받는 차선책 정당이기 때문이다. 더불어민주당이 부패에서 자유롭지 않은 이유다.

현 여당이 야당이었을 때는 다음 선거를 의식해 우파 정책들에 반대하곤 했다. 하지만 법안 통과 시점에 가면 기업주들(과 그들의 언론)의 압력에 은근슬쩍 꼬리를 내린 게 한두 번이 아니다(사실 수천 번도 더된다).

그래서 문재인 정부의 적폐 청산은 (우파의 엄살과 달리) 지나쳐서가 아니라 촛불의 염원에 크게 못 미쳐 문제다.

민주당이 지배계급 내에서 헤게모니를 쥐려면, 아래로부터의 압력을 효과적으로 관리하는 능력을 지배계급에 보여 줘야 한다. 문재인은 구여권을 공격하는 데는 촛불의 염원을 활용하지만, 행여나 적폐 청산이 실질적이 돼 노동계급의 자신감과 행동을 자극할까 봐 매우 조심스럽게 행동한다.

임금 개악 등 적폐로 지목된 정책들을 맵시있게 다시 추진해야 하는 문재인에게는 사회적 대화가 반발을 최소화할 방법으로 쓰이고 있다. 개혁 약속을 파기하면서도 민주주의의 외양을 갖추는 듯하기 때문이다. 그러나 무엇이든 반복될수록 약발은 떨어지게 마련이다.

남북 정상회담으로 문재인의 친미 행보가 재평가되는 분위기이지만, 그는 취임사에서 평화와 안보에 대해서도 모순된 약속을 했었다. "한반도의 평화 정착을 위해서라면 제가 할 수 있는 모든 일을 다 하겠습니다. 한미동맹은 더욱 강화하겠습니다. … 자주국방력을 강화하기 위해 노력하겠습니다."

한반도 위기의 배경이 동아시아에서 미국과 중국의 제국주의 경쟁에 있고, 한미(일)동맹은 군사동맹이기도 하므로, 한반도 평화와 한미동맹은 미국이 호전적일 땐 양립할 수 없다. 평화와 한미동맹의 결합은 군사주의, 즉 전쟁용 무기의 증강으로 나타난다. 한국 지배자들이 "평화"와 "번영"을 한미동맹의 공고화에서 찾으려 하기 때문이다. 문재인은 노무현의 청와대에 비서실장으로 있을 때부터 이런 국가 전략에 이견이 없었다.

2017년 유사시 파병을 약속했다는 이명박의 아랍에미리트UAE 원전 외교 의혹을 덮어 버리고 아랍에미리트 왕정과 협력을 강화한 것도 이런 맥락이다. 아랍에미리트는 친미 국가이고, 이런 군사 외교를 통해 한국도 중동에서 미국을 도우며 자체 이익을 증진시킬 수 있다는 게 노무현·문재인의 기본 접근법이다. 문재인 정부는 한국의 미사일 탄두 중량 해제에도 트럼프와 합의했다.

집권 1년이 된 시점에서 개혁 수행 평가를 해 보면 이런 모순들이 잘 드러난다. 처음부터 다 할 수는 없다며 작은 개혁을 제공하지만, 이내 그것을 상쇄할 개악에 손을 댄다. 저항이 거세면 개악을 미루지만, 그렇지 않으면 개악이 바로 집행된다.

2018년 2월 말 근로기준법 개악이 그런 경우다. 노동계 지도자들이 말로 반대는 하지만 투쟁을 실질적으로 조직할 의사는 없어 보이자, 개악이 강행됐다. 공공 부문 현장에서는 공공 부문 비정규직 제로 정책을 2017년부터 정규직 제로 정책으로 비꼬아 부른다.

문재인 취임 후 반년이 훌쩍 지나서야 노동부는 공식 사과를 하고 노동 개악 행정 지침과 공공 부문 성과연봉제 도입을 철회했다. 그러나 비슷한 직무·성과급제 도입을 준비하고 있다.

대통령 권한으로 할 수 있던 전교조·공무원노조 인정을 하지 않고 시간을 질질 끌더니, 뒤에서는 공무원노조에 (박근혜 정부처럼) 해고자 배제 규약 개악을 강요했다.

'소득 주도 성장론'을 내세워 최저임금을 평균보다 많이 올렸다. 그러나 얼마 안 가, 기업주들이 요구한 최저임금 인상 효과를 반감케 하거나 상쇄시킬 개악에 나섰다.

건강보험 보장성을 강화한다고 했다(문재인 케어). 하지만 시행 반 년도 안 돼 후퇴하고 있다. 보험료를 올려 노동계급에 대해서는 그 효과를 반감시켰다. 정부 예산을 소득과 복지 확대에 대폭 투입하는 것도 아니다.

소득 주도 성장론은 결국 이간질일 뿐인 듯하다. 대기업 노동자가 임금을 억제하고 고용 유연화를 받아들여야 영세 소득자에게도 일자리와 소득이 늘고 경제가 성장한다는 것이다.

물론 국정 역사 교과서는 전광석화처럼 폐기했다. 또한 4·3을 명예회복시키겠다고 했다. 내년에는 임시정부 수립을 대한민국 건국 100주년으로 기념하겠다고 한다. 우파 야당이자 구여권과 차별화함과 동시에, 진보적·중도적 민족주의 세력을 포섭하기 위한 제스처일 것이다.

개혁과 반동의 이런 배합이 치열한 권력 투쟁과 모순을 거치지 않고 이뤄질 수는 없다. 촛불의 여파가 지속되는 한, 문재인은 권력 투쟁 과정에서 촛불 정부라는 언사를 계속 활용할 것이다. 그러나 촛불의 진정한 주역을 주역 대접하지는 않을 것이다. 적폐 청산하랬더니 적폐 세력과 타협과 대화로 해결하자는 게 딱 그런 식이다. 믿고 기다려서는 얻을 것이 없다.

문재인이 촛불 염원을 대변하는 듯 말하는 것을 운동이 활용할 수 있는 경우는 오직 스스로 쟁취하려고 투쟁을 해 온 때만 가능하다. 비정규직 제로 정책이나 재벌 개혁 분위기를 이용해 공공 부문이나 삼성에서 새롭게 노조 조직화가 진전되는 것이 이런 사례일 것이다. 그렇지 않고 보수 세력 견제를 이유로 독자적인 행동을 자제한다면 운동은 기회를 놓치고 대중의 신뢰를 잃을 수도 있다.

우파가 다시 득세하는 일을 막겠다며 운동이 문재인 정부와의 협력에 매달릴수록 위험해질 것이다. 문재인은 지지자들을 결국 실망시킬 수밖에 없고, 그에 따라 보수 우파도 반사이익을 일시 얻을 수밖에 없다. 중요한 것은 진보·좌파 세력이 문재인과는 다른 대안으로 비쳐지도록 독립적인 세력과 저항을 구축하는 것이다.

6.13 지방선거로 드러난 진보 염원을
집권당은 못 채운다

우파 야당들이 대패했다. 파랗게 질린 우파 지도자들의 얼굴을 보니 고소하다.

대표적 우파 정당인 자유한국당은 17곳 광역 단체장 선거 중 겨우 2곳(대구와 경북)에서만 당선했다. 4년 전 8곳 당선에서 크게 줄었다. 자유한국당은 특히 수도권에서 기록적인 참패를 당했다. 광역 단체장 선거에서 전패했을 뿐 아니라, 기초 단체 66곳 중 겨우 3곳만을 차지했다. 전통적으로 보수의 아성이라던 부산·울산·경남(PK) 광역 단체장 선거에서도 전패했다.

또 다른 우파 정당인 바른미래당은 급전직하로 무너졌다. 광역 단체장은 물론이고 기초 단체장 선거에서도 한 명도 당선하지 못했다. 지난 대선에서 안철수와 유승민의 합계 득표는 920만여 표였다. 이번 지방선

출처: 김인식, 〈노동자 연대〉 251호(2018 6 15).

거에서 바른미래당의 정당 득표는 197만여 표다. 700만 표 이상이 빠져나갔다.

많은 사람들은 호전적인 대북 입장과 노골적인 친기업·반노동으로 일관하는 자유한국당 같은 우파 야당들에 분노했다. 일찍이 박근혜 퇴진 촛불 운동과 뒤이은 대선에서도 드러난 우파에 대한 강한 반감이다. 6.13 선거는 그 정서가 지속되고 있음을 보여 줬다.

이번 선거에서 많은 사람들이 우파 야당들을 물리치려고 민주당에 투표했다. 민주당은 광역 단체 14곳을 거머쥐었고, 정당 투표에서도 전국 평균 52퍼센트를 득표했다(1297만여 표). 국회의원 재보선에서도 12곳 중 11곳에서 당선했다. 우파들이 특히 빼앗기지 않으려고 기를 썼던 경기도지사와 경남도지사 선거에서도 민주당이 이겼다. 특히, 경기도지사 선거에서는 우파뿐 아니라 민주당 내 친문 세력이 먼저 나서 '여배우 스캔들' 등을 다시 점화시켜 (비문 세력으로서 유력한 차기 대권 주자 중 한 명인) 이재명을 견제하고자 했다. 그런데도 이재명이 56퍼센트를 얻어 여유 있게 당선했다. 대중의 반우파 진보 염원이 민주당으로 표현되는 역설적인 순간이다.

과거에 민주당은 진보 진영 축에 끼지도 못했다. 김대중·노무현 정부 시절 민주노동당 지도자들은 자신들과 민주당을 엄밀하게 구별해 각각 '진보'와 '개혁'으로 규정했다.(물론 이런 구별을 했다 해서 민주노동당 지도자들이 명확한 정치적 독자성을 한결같이 실행한 것은 아니었다. 민주노동당 지도자들은 흔히 냉전 우파에 맞서는 진보·개혁 세력의 계급 연합을 추구했다.)

그런데 이명박·박근혜 정부 9년을 거치면서 언제부터인가 민주당이 진보로 규정됐다. 자유주의가 진보로 여겨지게 된 것이다. 특히, 문재인 정부가 등장하자 대부분의 언론들은 아예 민주당이 진보를 대표하는 것처럼 보도하기 시작했다. 가령 국회 의석 분포를 따지면서 흔히 '진보 블록' 대 '보수 블록'으로 나누는 실정이다. 이런 상황 변화는 많은 사람들이 민주당을 진보 염원을 실현할 '현실적' 선택지처럼 보는 것을 반영한다.

사실 문재인 정부는 사회적 기반 문제로 유럽의 사회민주주의 정부와 구분돼야 하는, 자본가계급의 자유주의 정부다.

정부·여당은 지난 1년 동안 노동계급에 이로운 개혁을 거의 제공하지 않았다. 제공했다가 그 효과를 상쇄시키거나, 오히려 근로기준법 개악, 구조조정, 최저임금 삭감법 통과 등 나빠지는 경제 상황의 책임을 노동계급에 떠넘겼다. 이 때문에 노동자들의 불만과 항의가 쌓여 왔다. 최근 남북·북미 정상회담에 따른 한반도 유화 국면 형성은 노동계급의 반발을 잠시 달랠 수 있을지도 모른다.

혁명적 좌파는 이런 정부·여당의 계급적 본질을 들춰 내야 한다. 그리고 모순된 대중 의식의 발전 방향을 봐야 한다. 현재 한국의 운동 상황은 1968년 반란이 패배한 1980년대 서구처럼 노동계급 운동 침체기를 겪고 있지 않다. 그 시기 유럽의 노동계 공식 정당들은 급속히 우경화했다.

한국의 노동운동은 고양기는 아니다. 하지만 노동자들은 파업은 아니어도 꾸준히 항의하고 있다. 이런 조건 하에서는 노동 대중의 진보 염원과 기대가 깨질 때 행동을 자극할 수 있다. 물론 그 행동과 의식의 발전은 불균등하겠지만 말이다.

여성운동의 경우도 비슷하다. 문재인이 "페미니스트 대통령"을 자처하는 상황과 맞물려 최근에 몰카 범죄에 항의하는 대규모 여성 시위들이 서울 대학로에서 두 차례 있었다. 그 젊은 여성들은 압도적으로 평범한 계층에 속하는 것으로 보였는데, 오래지 않아 그들은 몰카 문제든 다른 많은 문제든 실질적인 변화가 없음을 깨달을 것이다. 그러면 그들의 일부는 더 급진적이 될 것이다.

문재인 정부에 대한 모종의 기대감을 갖고 대중이 행동에 나설 때, 좌파는 그들을 무조건 지지하고 나서야 한다. 그래서 더 큰 운동으로 나아갈 수 있도록 도와야 한다. 물론 혁명적 좌파의 정치적·이데올로기적 개입이 매우 중요하다.

이번 지방선거에서 정의당 등 진보 정당들이 광역 정당 비례 투표에서 획득한 표는 275만여 표다. 10퍼센트 약간 넘는다. 특히 정의당이 227만여 표를 얻었다(9퍼센트가량). 정의당은 바른미래당을 제치고 민주당과 자유한국당에 이어 제3당이 됐다. 2014년 지방선거에서 얻은 정당 득표율 3.6퍼센트에서 대폭 상승했다. 또 2017년 대선에서 심상정 후보가 얻은 200여만 표보다 20만 표 이상 늘었다. 지방선거 투표자 수가 대선 때보다 500만 명이 준 것에 비추면, 정의당의 절대 득표 증가는 의미심장하다.

문재인 정당 왼쪽에서 사회민주주의 정당이 전진하는 것은 긍정적인 일이다. 노동계급이 자유주의 자본가들의 정당으로부터 정치적으로 독립할 가능성이 커지기 때문이다.

물론 정의당은 이 정치 전략을 이번 선거에서 의식적으로 부각하지는 않았다. 그보다는 '오비이락'(5번 정의당을 찍으면 2번 자유한국당이 떨어진다)을 강조했다. 문재인 정부보다는 우파 야당 자유한국당을 핵심 타깃으로 삼은 것이다. 아마 향후 민주당과의 연립정부 구성 가능성을 의식해서일 것이다. 그래서 문재인 정부에 대한 태도 문제는 정의당에 늘 민감한 쟁점이다.

노동계급의 정치의식과 계급투쟁 측면에서 보면 이것은 바람직하지 않다. 정의당이 선거를 중시하는 정당이지만, 역설적이게도 민주노총 파업과 박근혜 정권 퇴진 촛불 운동 등 대중투쟁 덕분에 성장할 수 있었고 정의당은 이를 노동계급과 천대받는 대중의 운동에 되돌려 줘야 할 책임이 있다.

녹색당도 전진했다. 특히 신지예 서울시장 후보는 8만 표 넘게 얻었다(김종민 정의당 서울시장 후보보다 1200표를 더 얻었다). "페미니스트 후보"임을 당당하게 밝힌 후보가 '부통령 선거'라고 불리는 서울시장 선거에서 8만 표 넘게 득표한 것은 좋은 일이다. 페미니즘 도서가 쏟아지고 대규모 여성 시위가 벌어지는 등 페미니즘이 부흥하는 분위기를 일부 흡수한 것으로 보인다. 녹색당도 "가능성을 확인"했다고 자평했다. 그러나 그 가능성이 지속되려면 생태계 파괴 반대를 계급투쟁과 연결시켜야 할 것이다.

민중당은 24만 5000여 표(0.95퍼센트)를 득표했다. 민주노총 투쟁과 박근혜 정권 퇴진 촛불 운동을 경과하면서 진보당 해산 이후 약화된 지역 조직을 상당히 복구한 것으로 알려져 있는 민중당이 선거에서는 기대만큼 득표하지 못했다. 유화 분위기가 조성되는 듯해도 불안정성이 여전한 한반도의 현실이, 자민통 경향이 선거적 전진을 하는 데 제약을 가한 것 같다.

많은 사람들이 민주당을 진보 정당으로 착각하고 있다. 그러나 이렇게 개혁주의가 득세한다는 것은 노동자 운동이 동일하고 고르게 발전하지 않는다는 뜻이기도 하다. 러시아의 혁명가 레닌은 이렇게 말했다. "역사 일반과 특히 혁명의 역사는 최상의 당, 즉 최고로 선진적인 계급의 최고로 계급의식적인 전위가 상상하는 것보다 더 풍부한 내용을 가졌고 더 다채로우며 더 여러 형태이고 더 교묘하다."

투쟁이 어디에서 어떤 방법으로 어떻게 시작될지는 아무도 모른다. 미래는 예정돼 있지 않다. 역사는 인간이 만들어 가는 것이다. 그 방법에 제약이 있지만 말이다.

마르크스주의자들이 이렇게 모순으로 가득 찬 상황에 대처하려면 비판적 지지라는 전술 원리를 이해하고 적용해야 한다. 비판적 지지는 운동의 이데올로기를 먼저 따지는 것이 아니라 운동 참가자가 바리케이드의 이편이냐 저편이냐를 최우선으로 따진다는 것이다. 이데올로기가 뒤죽박죽일지라도 참여 주체가 노동계급과 피억압 대중이면 그 운동을 무조건 지지하는 데서 출발해야 한다. 노동계급은 오직 스스로의 행동을 통해서만 발전할 수 있기 때문이다. 물론 '입에 칼을 물고 웃으면서' 운동의 방향을 건설적으로 토론해야 한다.

왜 비판적 지지가 필요한가? 자본주의는 극소수가 대다수를 지배하는 사회다. 그만큼 현실은 매우 모순되고 불합리하다. 혁명적 원칙은 매우 중요하지만, 단지 원칙만으로 대중을 설득할 수는 없다. 특히, 노동계급의 의식은 균등하지 않다. 사람들이 정치적 각성을 하는 계기는 여러 경로다. 처음에는 부문적 쟁점으로 싸웠지만, 자본주의 위기 하에서는 다양한 요인과 상황에 따라 체제에 대한 전면적 반대로 변할 수도 있다. 우리는 언제나 대중 의식의 변화 가능성을 믿는다.

진보 시늉하며 우선회하다

대통령 국정(직무) 수행평가 여론조사에서 긍정적 평가가 문재인 집권 후 처음으로 60퍼센트 아래로 내려갔다(한국갤럽, 리얼미터 조사). 모든 여론조사에서 지지율이 두 달째 하락 중인 추세가 의미심장하다. 부정적 평가도 30퍼센트대로 늘었다. 남북 정상회담과 구여권 청산 염원 등이 더해져 2018년 6월 지방선거에서 유례없는 압승을 거둔 뒤부터 지지율이 하락해 온 셈이다.

물론 여권 일각의 변명처럼 같은 기간 역대 대통령의 지지율보다는 높다. 그러나 대선 득표율(41퍼센트)을 기준으로 볼 때 비정상적으로 높아졌던 지지율이 정상화하고 있는 거라는 변명은 어처구니없다. 지지율 40퍼센트면 2018년 5월 지지율이 반토막 난 것인데, 그 정도라면 아예 레임덕의 시작으로 봐야 할 것이다!

전통적 보수층의 일부가 자유한국당이 너무 무능하고 지리멸렬해 홧

출처: 김문성, 〈노동자 연대〉 255호(2018 8 14).

김에 민주당에 표를 주었던 것이거나(서울 강남, 부산·경남 등), 잠시 지지하다가 철회해서 생긴 변화라면 지지율의 정상화로 볼 수 있을 것이다.

그러나 지금의 지지율 하락에는 노동계급과 서민층이 염원한 개혁이 지지부진하거나 후퇴한 것이 영향을 미쳤다. 리얼미터 조사에서는 진보층의 이탈이 가장 많았고, 한국갤럽 조사에서는 정의당 지지가 늘어나면서 정의당 지지층의 대통령 국정 수행 긍정적 평가도 낮아졌다고 조사됐다.

군색한 변명은 어떤 이들이 왜 문재인 정부에게서 지지를 거두는지를 반성적으로 돌아볼 의지가 없음을 보여 준다. 그러니 청와대 대변인이 (고가의 외제차) BMW 화재에 둔감하게 대응한 것을 지지율 하락 요인의 하나로 꼽는 한가함을 보이는 것일 게다.

2018년 4월 판문점 정상회담에서 약속한 평양 정상회담을 9월에 개최한다고 서두르는 데는 지지율 걱정이 있을 것이다. 물론 북미 간 협상이 잘 진척되지 않기 때문이겠지만, 한반도 평화 진전의 답보도 지지율에 악영향을 준다고 볼 수 있다.

그래도 문재인의 지지율 하락은 그의 우선회로 일어난 왼쪽에서의 이탈이 주된 요인이다. 이를 방증하는 점으로, 〈조선일보〉와 〈매일경제〉 등 보수 언론들이 최근 며칠 새 "고독한 결단", "노무현이 생존해 있었다면" 운운하며 문재인을 걱정하고 격려하는 글들을 쏟아 낸 것이다. 노무현이 그랬듯이 지지층의 진보 염원에 역행하는 정책을 계속 추진하라는 것이다.

실제로, 문재인 정부가 지난 두 달간 벌인 일을 보면 보수 언론들의 격려를 받을 만도 하다. 여당 주도로 국회에서 최저임금 삭감법을 통과시켰다. 현재의 공공 부문 비정규직 정규직 전환 방식의 허구적 실체(자회사 방식 등)가 드러났는데도 강행하려고 한다. 장시간 노동을 근절한다더니 오히려 근로기준법을 개악해 장시간 노동 관행을 합법화했다. 그도 모자라 그조차 못 지키겠다는 기업들의 처벌을 유예해 줬다. 의료 영리화와 건강보험 약화를 앞당길 삼성 등의 규제 완화 요구도 "혁신 성장"의 이름으로 허용하려 한다.

이명박·박근혜 정부 하에서 청와대, 사법부(대법원 고위 판사 집단), 국회의원들 사이에 추악한 반反노동계급적 재판 거래가 있었음이 드러났는데도 문재인 정부는 그저 침묵이다. 쌍용차 노동자들, 위안부 할머니들, 강제징용 피해자들, 세월호 유가족들, 독재 정권 간첩 조작 피해자들, 진보당 당원들, 전교조 등의 당연한 원상 회복 요구든, 반성은커녕 구속·수색 영장을 계속 기각하며 수사를 방해하는 법원에 대한 것이든 정부가 나서야 하는데도 말이다. 문재인이 임명한 대법원장 김명수도 문제의 일부가 돼 가고 있다.

노무현 정부에 원죄가 있는 KTX 승무원들만이 그나마 다행이게도 (원직이 아닌 자리로) 복직됐다(그러나 지금 문재인 정부는 KTX 승무원 해고 문제의 결정적 원인인 자회사 채용 방식을 정규직화 방안으로 고집하고 있다).

문재인 정부는 그 간단한 '전교조 노조 아님' 통보 철회조차 거부하고는 청와대 앞 폭염 속에서 단식하던 전교조 위원장도 외면했다. 그 기간에 문재인은 휴가를 가서 신간 대하소설을 읽었고, 교육부총리 김상곤은 "대학이 혁신 성장의 토대가 되어야 한다"는 새 정책을 선전하고 다녔다. 결국 전교조 위원장은 단식 27일 만에 병원에 실려갔다. 이게 "노동을 존중"하고 "사람이 먼저"라는 대통령의 관저 앞에서 벌어진 일이다.

이는 삼성 총수 이재용을 정부의 최고위 인사들이 환대한 것과 대조

된다. 이재용은 제3자 뇌물죄 등 핵심 혐의를 재판부가 무죄로 봐줬는데도 2심까지 유죄 판결을 피하지 못하고 대법원에 계류 중인 부패 범죄자다. 이재용은 그룹 차원의 조직적 노조 파괴 혐의로도 수사 대상이 돼야 할 사악한 사용자이기도 하다.

그런데도 문재인은 삼성의 인도 공장에 가서 이재용을 만나 격려했다. 경제부총리 김동연은 2018년 8월 초 평택 공장에서 이재용을 만나 규제 완화 요구를 경청했다. 김동연은 "대기업도 혁신 성장의 파트너라는 정부의 일관된 메시지를 보내기 위한 방문"이라고 했다. 이쯤 되면 이재용 등 박근혜 정부에 뇌물을 준 재벌들을 다루는 재판부에게, 또는 현 정부 눈치를 보던 유성기업과 세종호텔 등 악덕 사용자들에게 주는 문재인 정부의 메시지가 무엇일지는 분명해 보인다. 문재인 정부의 과감한 호의가 어찌나 고마웠던지 "공짜 점심은 없다"는 주류 경제학의 격언처럼 이재용도 신규 투자 계획 발표로 화답하며 규제 완화를 꼭 해 달라는 신호를 보냈다.

정부 내에서 기업주들을 노골적으로 대변하는 김동연 등을 경질하라는 요구가 정당한 이유다. 그러나 문재인 정부에게는 혁신 성장과 마찬가지로 "노동 존중"조차 그 파트너는 기업인 것 같다. 말만 요란하고 알맹이는 없는 기만적 노동 '개혁'의 실체를 보면 말이다.

문재인 정부의 은산분리 완화 방침에 한국노총 금융노조는 정부가 (대선 당시 노조와 맺은) 정책 협약("금산분리 원칙을 준수한다")을 깼다며 반발했다. 산별 임단협 결렬로 쟁의행위 찬반 투표가 가결된 금융노조는 쟁의 조정 과정에서도 정부가 사측 눈치만 봤다며 비난했다.

금융감독원은 국민연금까지 동원된 삼성그룹의 경영권 승계와 연계된 삼성바이오로직스 분식 회계 판정을 회피해 이재용에게 특혜를 줬다.

누진제 전기료 걱정 때문에 서민층 다수는 이미 7월부터 에어컨 가동을 어려워했다. 그러나 문재인 정부는 8월 둘째주에 와서야 대책을 발표했다. 그조차 쥐꼬리만큼 깎아 주는 것이라 서민들은 화가 나는데, 정부는 국민연금 고갈론을 다시 꺼내며 개악을 예고했다. 핵심은, 국민연금 지급 개시 연령을 만68세까지 늦추고, 보험료를 인상하고, 받는 돈을 깎는 것이다. 연금을 내는 중년 노동자들에게 연금 지급 개시 연령의 반복된 개악은 "다가가면 뒤돌아 뛰어가고" 하는 노랫말을 떠올리게 할 것 같다(국민연금 지급 개시 연령은 처음 60세에서 65세까지 잇달아 늦춰져 왔다). 평범한 사람들의 마음에까지 잇달아 폭염을 선물한 셈이다.

대통령 직속 재정개혁특별위원회가 2018년 7월 발표한 종합부동산세 개편안은 온건한 진보 교수들에게서조차 비판을 받았다. 보유세를 대폭 올린 것도 아니면서 거래세도 건드리지 않아서, 이도 저도 아닌 방안이라며 말이다.

지지층 이탈을 최소화하려고 기무사 문건을 폭로한 듯하지만, 요란한 소동 뒤에 간판만 바꾸는 개혁안이 추진되고 있다. 진보당 등 정치수에 대한 광복절 특사를 거절한 문재인 정부는 최근 한 대북 사업가를 국가보안법 위반 혐의로 구속했다. 그런데 구속을 정당화하려고 경찰이 증거를 조작한 것이 드러났다. "시민이 곧 경찰"이라며 7월 하순에 취임한 새 경찰청장 민갑룡의 첫 작품이 이런 것이다.

연인원 십수만 명이 참가한 몰카 대책 요구 시위에는 미온적 대책만을 내놓고 있다. 법무부가 8월 7일 발표한 제3차 국가인권정책기본계획에서도 그동안 진보 진영이 요구해 온 차별금지법 제정 등은 후순위로 밀렸고, 사회적 약자 목록에서 성소수자 항목을 빼버렸다. 인권 변호사 출신 대통령을 믿은 사람들에게도 실망과 배신을 선물한 것이다.

지방선거 직후 문재인은 "등골이 서늘", "식은 땀", "두려움" 등의 단어를 쓰며 "높은 기대를 충족하지 못하면 기대는 금세 실망으로 바뀔 수 있다"고 우려했다. 결국 이후 두 달 간의 상황을 보면 문재인의 우려는 그 자신이 진보 염원층의 기대에 부응할 의사가 없었기 때문에 나온 것이었던 셈이다.

노동계급 대중이 절절한 마음으로 들었던 촛불에 비춰 보면, 이제 문재인 정부에게는 적폐 청산 의지가 없다는 게 보일 것이다.

개혁 염원 배신과 진보·좌파 세력 견제

문재인 정부는 2018년 8~9월에 심각한 지지율 위기를 겪었다. 다급하게 앞당겨 추진한 9월 평양 남북 정상회담 이후 하락세는 멈췄지만, 역전된 건 아니다. 상반기의 지지율 고공 행진을 이끈 핵심 동력은 4월의 판문점 남북 정상회담이었다. 반면, 나머지 쟁점들에서는 갈수록 큰 실망을 자아내는 일이 곳곳에서 반복되고 있다.

특히, 노동과 사회·경제적 쟁점이 그렇다. 줬다 뺏은 최저임금 개악, 줄 듯하다가 뺏기만 한 노동시간 개악, 있는 일자리만 날아가게 한 제조업 구조조정, 비정규직 제로를 하겠다더니 정규직화 제로로 드러난 비정규직 대책 등은 노동자들을 분노케 했다. 해당 사업장들에서 조직화와 투쟁이 등장하는 배경일 것이다. 부유층 눈치 보느라고 부동산 문제에 어정쩡하게 대처하고, 국민연금 개악의 운을 띄운 것도 서민들의 화

출처: 김문성, 〈노동자 연대〉 264호(2018 10 25).

를 돌았다. 박근혜가 하려던 신자유주의적 규제 완화를 추진했다. 제주 관함식과 주민 탄압도 감점 요인이다.

이런 상황은 지지층을 결집하고 정권을 안정시킬 카드가 문재인에게 별로 없음을 보여 준다. 판문점 선언 비준을 국회를 거치지 않고 국무회의에서 강행해 버린 것이 이 점을 상징적으로 보여 주는 듯하다.

앞으로 전망도 밝지 않다. 트럼프의 일방적 군축 조약 폐기 선언으로 거듭 확인된 불안정한 국제 정세와 미중 갈등 심화, 문재인이 유럽 순방 중에 각국 지도자들의 동조를 별로 못 얻은 일 등 사정이 썩 좋지 않다. 북미 간 물밑 협상도 크게 진척이 없어 보인다. 백악관은 북미 정상회담 예상 일시를 계속 뒤로 미루고 있다. 이 상태라면, 일각의 기대와 달리 트럼프가 중간선거에서 이긴다 해도 북미 간 화해 무드가 이어질지 미지수다.

남북 문제와 함께 지지율 고공 행진의 요인이었던 적폐 청산이 지지부진한 것에도 주목해야 한다. 정부가 갈수록 우파 눈치를 더 많이 보기 때문이다. 2018년 10월 초 이명박이 징역 15년을 선고받았는데, 그것 말고는 별 진척이 없다. 사법 농단 수사가 진척이 없으니, 국가가 그 피해자들에게 사과하고 배상하는 일도 진척될 리 없다. 기무사 수사, 5·18 발포 명령권자 수사, 심지어 세월호 참사 조사도 지지부진하다.

오히려 집권 1년 반을 넘기면서 민주당 인사들의 비리 연루 소식이 슬슬 나온다. 새로운 부패 고리가 형성되는 것이다. 이는 문재인 정부와 민주당도 적폐 구조와 그 수혜 세력에 유착돼 있음을 보여 준다. 그래서 재벌 총수들을 (그가 아무리 부패 범죄자라도) 계속 감옥에 가둬 두지도 못하고, 전임 정권 비리·부패 청산 운운하면서도 국가기관의 중·하급 관료까지 다 숙청하지도 못하는 것이다.

물론 적폐 청산에 지배자들의 저항이 거센 건 사실이다. 삼성 측의 무노조 공작에서 노조원이 피해자가 아니라거나, 증거를 제출했더니 증언이 없다며 구속영장을 기각하는 판사들의 뻔뻔함을 보면 기가 막힌다.

그러나 문재인 본인이 재판 중이던 이재용을 우대했다는 사실을 기억해야 한다. 문화체육부 블랙리스트 관련 관료 중 단 한 명도 처벌받지 않았다. 검찰은 자유한국당 권성동(검사 출신) 등이 연루된 강원랜드 취업 비리 수사 외압 의혹을 무혐의 처분했다. 청와대 스스로 전교조 인정하기를 기피하고 이석기 전 통진당 의원 등 양심수 석방 등도 노골적으로 기피한다. 삼권분립 운운하며 법원과 국회 탓만 하는 것은 핑계일 뿐이다.

친문 핵심 인사들은 좌파와 노동운동이 발목을 잡은 게 노무현 정부 실패의 최대 요인이라고 본다. 문재인 자신과 유시민이 대표적이다. 한나라당과 우파 언론이 노무현을 탄핵까지 하며 못 살게 굴었는데도, 노동운동 탓을 더 많이 하는 건 친노 진영의 계급적 성격을 드러내는 것이다.

노무현 정부는 파병, 노조법 개악, 한미FTA 체결, 제주 해군기지 건설 결정, 평택 미군기지 이전, 국민연금 개악, 비정규직법 개악 등 수많은 우파적 정책을 추진했다. 당시 진보 진영은 필요한 수위의 저항을 제기하지 못했고 그 틈에 우파가 노무현에 대한 대중의 환멸로부터 반사이익을 얻었다.

여권으로서는 지금의 반우파 정서를 계속 민주당 지지로 묶어 놓으려면 좌파가 이익을 얻는 걸 막아야 한다. 그런데 그 방식을 두고는 여권 내부에서 의견이 갈리는 듯하다.

여당 대표 이해찬은 진보·좌파 세력을 달래가며 단속하는 게 낫다고 보는 듯하다. 민주노총을 찾아가 경제사회노동위원회 복귀를 설득한 것도 그였다. 물론 이는 아슬아슬한 줄타기다.

친문 친위세력은 진보·좌파 세력을 아예 입 다물게 하고 싶어 하는 듯하다. 노무현 시절에 부동산 원가 공개, 국민연금 개악, 한미FTA 체결 등으로 여권 대선 주자들이 반발해 노무현이 고립된 일을 반면교사 삼아 미리 위험 요소를 제거하려는 것이다. 그러나 이것은 여권의 내분을 막으려다 되레 앞당기는 자충수가 될 수 있다.

친문 친위세력이 최근 노무현재단 이사장에 유시민을 추대해 사실상 정치 일선에 복귀시킨 것도 이와 무관치 않을 것이다. 노무현재단은 사실상 정치조직이다. 한명숙·문재인·이해찬 등 친노 그룹의 좌장격 인물들이 이사장직을 맡아 왔다. 햇병아리 초선 의원에서 일약 경남도지사로 올라선 김경수가 노무현재단 실무자 출신이고, 이재정 경기교육감, 정현백 전 여성부 장관 등이 재단 이사 출신이다.

유시민은 진보 연하면서 신자유주의 정책을 추진하는 데 달인이다. 노무현 정부 시절 복지부 장관을 할 때 국민연금 개악을 지휘했고, 한미FTA 등 신자유주의적 시장 개방에 적극 찬성했다. 유시민은 국민참여당·민주노동당 합당을 추진할 때(2011년 말) 이를 반대하는 참여당 당원들을 이렇게 설득했다. 합당은 진보 진영이 문재인·민주당 정부 아래서 정권에 대한 좌파적 반대로 나아가지 못하게 안에서 개입하려는 것이고 민주노동당 이정희 대표의 헌법 존중 의지를 이런저런 형식의 만남에서 확인했다고 말이다.

그런데 이와 대조적으로, 최근 이재명 경기도지사는 국토보유세를 신설해 기본소득 재원으로 삼자는 정책을 내놓고 국회의 법 개정과 민주당의 당론 채택을 요구했다. 성남시에서 호평받았던 청년 배당을 경기도 차원에서 확대 실시하기로 했다.

이재명 지사의 개혁 약속이 대중의 개혁 염원을 고무하고 기대를 부추기는 것은 우선회를 시작한 문재인 정부에게는 탐탁찮은 일일 것이다.

경찰은 거의 휴대폰 2대를 압수할 목적으로 이 지사에 대한 대대적 압수수색을 벌였다. 드루킹을 만난 적이 없다는 거짓말이 들통났던 김경수는 민주당 전체의 보호막을 얻었는데 반해, 이 지사가 수차례 해명된 사건으로 수사받을 때는 민주당의 누구도 편들며 나서지 않는다. 청와대의 의중이 작용했을 것이다. 문재인은 방북 수행단에 접경지 단체장인 이 지사를 포함시키지 않았다.(이 지사가 최근 자신이 지난 대선에서 문재인을 너무 심하게 공격했다고 한 건 친문에 대한 경고이기도 타협 신호이기도 하다. 결국 실패하고 우파만 고무하게 될 얼치기 개혁 정부와 타협하기보다는, 공언한 개혁을 한사코 실행해 대중을 고무하는 것이 이 지사 자신에게나 노동자·서민에게나 좋은 일일 것이다.)

문재인 정부의 개혁이 구두선에 불과함이 슬슬 드러나면서 지지율 위기를 겪자, 우파가 기운을 되찾고 있다. 우파는 박근혜 퇴진 이후 책임 공방과 돈 문제 등으로 사분오열했었다. 그러나 최근 보수대통합 운운하며 2020년 총선에 기대감을 키우고 있다. 물론 여기에는 자유한국당의 지지율이 좀처럼 회복되지 않는 것에 대한 위기감도 작용할 것이므로 복합적으로 봐야 한다.

민주당은 부패 폭로로 대응한다. 적폐 청산 프레임을 유지하려는 것이다. 유치원 비리 폭로도 이 맥락 속에서 벌인 일로 볼 수 있다. 임명 과정에서 상처받은 유은혜 교육부 장관을 돕는 것이기도 하다. 민주당 박용진 의원 개인은 상당한 용기를 발휘했지만 말이다. 유치원 운영자들은 교육공무원의 비리를 파헤치겠다고 엄포를 놓았다. 원생들을 안 받겠다고도 했다.

자유한국당과 보수 언론은 오보를 불사하며 서울교통공사 등의 정규직 전환 비리 등을 문제 삼는다. 전형적인 피장파장 전법이지만, 이 공격은 민주당 정부, 민주당 지자체, 공기업, 노조 등을 모두 겨냥한다.

문재인의 지지율이 떨어져도 우파가 곧바로 반사이익을 얻지 못하는 것은 아직까지 강력한 반우파 정서 때문이다. 특히 노동운동의 동향이 만만찮다. 승리한 박근혜 퇴진 운동에 조직 노동운동이 (초기에) 주도적으로 참여했던 덕분이다. 노동계 안팎의 개혁주의 지도자들이 문재인과 일전을 벌이기를 꺼리므로, 투쟁들이 보편화되는 데는 다소 어려움이 있지만 말이다.

중도파 정부는 구두선으로 표방한 개혁에 실패하면 좌우 양쪽의 공격을 받는다. 그런데 노무현 후반부와 달리 지금은 우파가 분열해 약화돼 있다. 노동자 투쟁에 유리한 요인이다. 그러나 임금과 노동조건 개악이 목적임을 분명히 한 문재인과 사회적 대화를 추구하는 건 잃을 게 더 많다. 자칫 노무현 후반부처럼 좌파적 대안을 건설할 기회를 놓치고 우파에게 기회를 줄 수 있다. 유리한 조건들을 이용해서 문재인의 신자유주의에 단호하게 반대하는 운동을 건설해야 한다.

우파는 어떻게 살아나고 있는가

구여권에 대한 정치 응징이
불충분한 것이 문제

　　다스 실소유주 의혹, 국가정보원의 정치 개입·공작, 국정원 특수 활동비 등에 관한 수사가 꽤 진척됐다(아직 수사 대상은 아니지만, 위험천만하게 군사적 자동 개입을 보장한 아랍에미리트UAE 군사협정도 드러났다).

　　그동안 좁혀 오는 수사망에도 이명박은 오불관언이었다. 그랬던 이명박이 2018년 1월 18일 질문도 안 받는 긴급 기자회견을 열고, 정치 보복을 중단하라고 갈라진 목소리로 항변했다. 김백준 등 측근들이 줄줄이 소환·구속되는 반면, 내부자 구실을 한 옛 심복 김희중에게는 구속영장 청구조차 되지 않는 걸 보고 위협감을 느낀 듯하다. 이 기자회견에서 이명박은 자신에게로 향하는 검찰의 적폐 수사를 "보수 궤멸"을 위한 "정치 보복"이라고 규정했다. 뻔뻔하기 그지없는 작자다. 부패한 파

출처: 김문성, 〈노동자 연대〉 236호(2018 2 1).

렴치범 주제에 보복 운운이라니? 군사 독재 정권이 물러난 뒤에 이명박과 박근혜 일당처럼 정치적 반대파를 야비하게 보복한 정권이 또 있었던가?

우파 야당들은 (진작부터) "정치 보복에 눈먼 정권"이라며 문재인 정부의 적폐 수사를 비난해 왔다. 구속 상태로 받은 2018년 1월 29일 재판에서 박근혜의 청와대 민정수석이었던 우병우조차 "정치 보복" 수사·재판이라고 강변했다.

가당치도 않은 이런 프레임 설정은 문제의 본질을 흐리고, 책임을 전가하며, 우파를 결집하고, 추한 비리 혐의를 물타기하며, 시간을 벌려는 책략일 뿐이다. 이런 저질 프레임 전쟁이 사람들에게 조금이라도 먹히게 하려고 우파는 집권 9년 동안 언론 장악에 그토록 힘을 들였을 것이다.

그러나 이미 박근혜 퇴진 운동 초기부터 청산돼야 할 적폐로 촛불 대중에 의해 지목된 것들은 이명박근혜 통치의 알맹이였다. 반노동·친기업 정책을 밀어붙인 것들이 적폐 청산의 핵심 목록 속에 있었다.

성과연봉제 등 노동조건 후퇴 정책과 이를 위한 노조 탄압, 세월호 참사 구조 실패와 진상 규명 방해와 모욕·탄압, 친일 부역과 독재·초착취를 찬양하는 역사 교과서 국정화 추진, 전교조와 전공노 탄압, 청와대·국정원이 중심이 되고 검찰과 법원이 협조해 벌인 전방위적 정권 비판 입막음 공작들(노동·좌파·언론 등에 대한), 국가 경영을 빙자한 이명박과 박근혜 일당의 부정 축재, 미·일 등 제국주의 강대국들과의 동맹을 위해 피해자와 주민들을 내쳐 버린 한일 '위안부' 합의와 사드 배치 등등. 그밖에도 쌍용차 투쟁 폭력 진압, 용산 살인 진압, 강정과 밀양에서의 폭력, 4대강 비리, 백남기 농민 살인 진압 등등.

이 문제들은 권력자들이 친자본주의·친제국주의 기득권 세력인 자신들을 위해 평범한 민중에게 횡포를 부린 사례였다. 경제 위기의 고통을 전가하고 정치·안보 위기에 직면해 노동자·민중을 잔인하고 야비하게 억누른 문제들이다.

따라서 애초에 적폐 청산은 피억압 계급의 정의를 실현하라는 요구였다. 우파 정권이 벌인 가혹한 통치의 적폐들을 바로잡고 그 범죄자들을 응징하라는 것이었다. 그러므로 지금 문제가 되는 것은 문재인 정부의 구여권 수사가 보복성이냐 아니냐가 아니다. 오히려 구여권의 계급적 야만성과 가혹함에 대한 노동자·민중의 응징·복수 의지가 충분히 문재인 정부의 적폐 청산에 반영되지 않고 있다는 게 진짜 문제다.

그러나 국정교과서 폐기 말고는 촛불이 앞 순위로 꼽은 적폐들이 제대로 청산되지 않고 있다. 세월호 참사만 해도 문재인은 해경 조직을 부활시켜 주면서, 세월호 참사 발생과 은폐에 기여한 자들을 다시 중용해 줬다(그 결과 유골 은폐가 벌어졌다). 이런 해수부와 해경에 무엇을 기대할 수 있겠는가? 성과연봉제를 폐기한다더니, 직무·성과급을 도입하려고 한다. 상징적으로 원세훈과 김기춘 등은 구속됐지만(출발로는 좋다), 아예 조직을 해체하고 파면시켜야 할 기무사, 사이버사, 국정원과 그곳들에서 보안경찰 노릇을 하던 자들은 그대로 자리를 지키고 있다.

새로운 통치자로서 문재인은 촛불의 눈치도 보지만, 지배계급 전체가 적폐 수사의 확대와 지속을 더는 바라지 않는다는 점도 고려한다. 특히 지정학적 위기를 두고 국민적 단합(사실은 지배계급의 단결)이 필요하다는 점도 그는 고려한다.

최초의 '민주' 정부를 자임한 김대중은 당선 직후 내란죄 등으로 구속된 학살자 전두환과 노태우를 사면해 줬다. 김대중은 우파 언론도 공격하는 듯하다가 멈추고 타협했다. 이런 패턴은 노무현 정부 하에서도 반복됐다. 이는 우파의 기만 살려 줬을 뿐이다. 전두환은 지금도 1980년 광주 학살에 북한이 개입했다는 등 고약한 헛소리를 지껄인다.

사실 1987년 이후 연이어 등장한 노태우 정부와 김영삼 정부 모두 과거 청산을 외쳤지만, 독재자들을 처벌하지 않으려 했다(노태우는 본인이 학살자다). 두 정부 모두 대중적 저항에 직면하고서야 비로소 전두환을 백담사에 보내고(노태우 정부), 전두환과 노태우를 구속해 실형을 선고케 했다(김영삼 정부).

'민주' 정부를 자처한 자들이 군사 독재자와 그 하수인들을 엄중 처벌하지 않고 결국 사면해 준 것이야말로 오히려 우파의 사기를 높여 주고, 재집권한 뒤 우파가 정치 보복을 할 수 있게 해 준 주요인의 하나다(더 중요한 다른 주요인은 군사 독재자와 마찬가지로 노동계급과 차별받는 다른 사회집단들을 천대하고 억압했다는 것이다).

대중의 바람대로 우파 정권의 만행들을 샅샅이 들춰내고 강력하게 응징할수록 그들이 설사 다시 집권하더라도 쉽게 반동적 행태를 다시 벌이지 못할 것이다. 지금 우파 야당들이 헛소리들을 해대며 적폐 청산에 저항하는 행태도 어정쩡한 과거 청산 경험에서 배운 것이다.

따라서 고통받으며 멸시당해 온 노동계급 운동과 투쟁의 관점에서 보면, 적폐 청산과 복수와 응징은 한 몸이다. 진짜 쟁점은 "적폐 청산 vs 정치 보복"이 아니라, 문재인 정부가 "정치 보복"을 매우 제한적으로 하고 있다는 것이다.

문재인 정부와 조선일보사의 드루킹 기싸움

남북 정상회담을 앞둔 2018년 4월 25일 경찰이 TV조선 사무실 압수수색을 시도했다가 포기했다. 혐의는 TV조선 기자가 드루킹의 느릅나무출판사 사무실에서 태블릿PC와 USB 등을 훔친 것이다. 우파의 기회가 될 수 있다는 생각에 TV조선이 '오버'한 데 이어 경찰도 '오버'한 듯하다.

TV조선 기자들은 '언론 탄압'이라며 반발하며 경찰과 대치했다. TV조선은 압수수색 전에 이미 절도 사실을 공개 인정하고 문제의 태블릿PC 등은 물론이고 해당 기자의 노트북, 휴대전화까지 경찰에 제출했었다. 그것만 가지고도 조직적 절도 여부를 알아내는 데는 그다지 큰 어려움이 없었을 것이다. 그런데도 경찰은 왜 TV조선 압수수색 시도 퍼포먼스를 했을까?

경찰청장 이철성은 이전 정권에서 임명된 권력기관 수장 중 거의 유

출처: 김문성, 〈노동자 연대〉 246호(2018 4 29).

일하게 자리를 지키고 있다. 경찰은 김경수·드루킹의 여론 공작 유착 수사에서 줄곧 여권 봐주기 수사로 여론의 지탄을 받았다. 경찰의 압수수색 퍼포먼스는 TV조선과 우파를 정치적으로 압박할 의도였던 듯하다. TV조선은 드루킹 사건을 최초 보도한 매체다. 압수수색 대치로 절도 혐의를 부각시켜 드루킹 사건이 우파의 문재인 정부 흠집 내기 공세로 비쳐지게 하고, 우파와 TV조선이 정부 비판과 폭로를 하기 부담스럽게 만들려 한 듯하다.

게다가 최근 검찰 내에서 고故 장자연 사건을 재수사하려는 움직임이 있다. 공교롭게도 고 장자연이 접대 강요를 받아 만났던 조선일보 쪽 고위 인사가 TV조선의 현 대표이사 방정오로 알려져 있다. 그는 〈조선일보〉 사장 방상훈의 아들이다. TV조선의 드루킹 사건 보도와 고 장자연 사건 재수사 움직임 중 어떤 게 원인이고 어떤 게 반작용인지는 분명치 않다. 그럼에도 최근 상황이 현 정부와 조선일보사가 기싸움을 벌인 것임은 알 수 있다. 지배계급 내 쟁투가 매우 치열한 것이다.

10년 넘게 친노 인사들은 노무현 정부가 언론 때문에 실패했다고 평가해 왔다. 문재인 정부도 여론 동향을 중시해 왔다. 그러므로 고 장자연 사건 수사는 보수 언론을 압박할 유용한 카드인 셈이다. 망자의 한을 풀어주기는커녕 고 장자연 씨의 죽음을 정치적 이해 다툼의 소재로 전락시킨 지배자들의 냉소가 메스껍다. 물론 조선일보사도 김경수 의혹을 쉽게 포기하지는 않을 것이다.

드루킹이 민주당이나 친문 정치 그룹들과 관계없다거나 심지어 둘의 관계는 중요하지 않다는 식의 쟁점 물타기 변호론이 유행하고 있다.

강경 친노·친문 인사들의 지지를 받는 한 팟캐스트 운영자는 드루킹이 노사모 시절부터 이상한 사람이었다고 폭로했다. 물론 드루킹이 도참(서)을 번역해 블로그에 올린 것은 기인스럽다. 그러나 그가 정치 블로

거로 명성을 얻은 것은 친노·친문 성향의 정치적 주장들이었다. 또한 기이함으로 말하면, 4년째 세월호 고의 침몰설을 유포하거나 좌·우가 합작해 친노 정부를 괴롭힌다는 음모론적 가짜 서사('피해자 코스프레')를 뻔뻔하게 유포하는 친노·친문 인사들도 막상막하다.

오히려 친문 진영에서 진짜 친문 감별을 하는 것 자체가 민주당 판 온라인 여론 공작에 여러 팀들이 경쟁적으로 임했음을 보여 주는 방증이다.

이들의 글을 보면, 가령 친노·비문 인사 안희정이나 비노·친문 인사 추미애에 대한 태도는 엇갈려도, 비노·비문 인사 박원순, 이재명, 정의당과 심상정 공격이나 좌파와 노동단체 공격에 대해서는 일치했고 그 양상은 (우파 못지않게) 야비했다.

이명박근혜 시절 정부 기관이 한 것과 다르다는 것은 형식 논리다. 정부 비판적 의견이나 진보·좌파에 대한 조직적 여론 공작이라는 본질에서는 우파가 벌인 일과 같다. 팟캐스트 등의 매체를 통해 담론과 지지층을 형성하고 카페 등을 통해 지침을 공유해 SNS에서 활용하는 패턴도 같다. 문재인 비판 글들에 "따역따"로 표현된 온라인 좌표 찍기(리더가 특정 기사에 평을 달아 띄우면 몰려가서 댓글을 달거나 특정 댓글에 공감·비공감을 집중해서 누르는 것) 공격이나 민주노총이나 좌파 노동단체들에 대한 음해("가짜뉴스" 유포 등) 등이 그랬다. 대선 직후 문재인 지지율이 낮게 나왔다며 난데없이 경북 성주 주민들을 비난 대상으로 삼은 것이나 민주노총이 이명박을 지지했다며 음해한 것이 그런 사례다.

물론 이런 온라인 공격이 기층 여론에 미친 영향을 과대평가하는 것은 분별력이 없는 것이다. 그러나 정부의 이후 행보를 보면 이런 공격이 정치적 고려에 의해 조직적으로 행해진 것임을 능히 간파할 수 있다. 매크로(동일 작업 반복 프로그램)는 기술적 수단일 뿐이다.

그러므로 친민주당 개혁주의 언론인 〈한겨레〉나 〈경향신문〉이 댓글 조작을 한 사람들보다 (광고 수익을 위해) 뉴스 포탈 기사 배치 등을 임의로 하고 댓글 조작이 가능케 방치한 네이버를 본질적인 문제로 취급한 것은 일면만 강조해 진실을 가리는 일이다.

여러 변호론이 무색하게도 소극적이기 짝이 없는 경찰 수사에서조차 김경수 측과 드루킹의 거래 관계가 입증되고 있다. 둘 사이에 온라인 관련 '주문'과 '보고'가 오갔음도 드러났다. 둘은 텔레그램보다 보안성이 더 높아 미국 국가안보국NSA의 전 세계 감시 활동을 폭로한 스노든도 사용한다는 시그널로 메시지를 주고받았다(그러니 김경수와 드루킹의 유착이 수사로 밝혀지지 않으면 '시그널'만 홍보해 준 셈이다!). 드루킹 측이 김경수의 보좌관에게 500만 원을 보낸 사실도 드러났다. 물론 이를 김경수가 알았는지 여부는 아직 알 수 없다. 그렇다면 오히려 김경수와 관련된 압수수색 등 수사를 강화하는 것이 필요한 절차일 텐데, 경찰과 검찰은 그렇게 하지 않고 있다.

김경수·드루킹 사건을 두고 검찰과 경찰이 최근 날카롭게 신경전을 펼쳤다. 둘 다 수사를 성의 없이 한 건 마찬가지인데도 말이다. 경찰은 김경수의 통신 기록과 금융거래 등에 대해 압수수색 영장을 신청했는데, 검찰이 기각했다고 폭로했다. 검찰은 경찰 수사가 부실하다고 반박했다.

서로 정권과 코드를 잘 맞추고 있는 두 권력기관 사이의 갈등은 근저에 수사권 조정 문제가 한 요인인 듯하다. 공교롭게도 수사권 조정 논란만으로도 검찰과 경찰은 일방 수사 지휘가 아니라 상호 견제하는 관계처럼 되고 있다. 경찰이 결코 검찰의 단순 하위 파트너가 아님을 시위하는 것처럼 보인다.

문재인 정부는 자본주의적 민주주의를 더 확립하는 개혁을 약속해왔다. 그 가운데는 자본주의 국가 권력기관 간 "견제와 균형"을 강화하는 것이 포함돼 있다. 그런데 이런 지향성이 최근의 여야 갈등과 맞물려 권력기관 간 쟁투로 표현된 듯하다. 이런 일은 장차 정치 위기로 나아갈 수 있다.

민주당 지지율이 높게 유지돼 지방선거 전망이 밝은 것처럼 보이자 공천을 둘러싼 갈등도 심하다. 가령 친문 진영 일부는 비노·비문 인사 이재명이 친문 핵심인 전해철을 제치고 경기도지사 후보가 되자 오히려 이재명 음해에 나서고 있다.

정부 지지율은 높지만, 김기식 사퇴, 김경수·드루킹 특검은 과반이 지지했다. 묻지마 지지가 아니라는 뜻이다. 문재인 정부의 지지율 고공 행진 밑에는 정치적 마그마가 있다. 좌파(진정한 진보파)는 여야 모두로부터 독립적인 좌파 정치, 계급 정치를 구현하려 애써야 한다.

친문 진영의 이재명 찍어 내기는
우파의 기만 살릴 뿐이다

민주당 당대표 선거 후보인 김진표 전 부총리 겸 재정경제부 장관은 2018년 7월 말 이재명 경기도지사에게 탈당을 촉구했다. '부정한 의혹이 많아 정부 지지율에 저해된다'면서 말이다. 친문 진영 후보로서 강성 문재인 지지자들의 표심을 잡으려는 행보다. 현재 이재명 지사에게 제기된 의혹들 대부분이 민주당 경기도지사 후보 경선 때 경쟁 후보였던 친문 핵심 전해철이 재생해 제기한 것들이기 때문이다.

당대표 선거가 중반을 지나자 전해철은 결국 김진표 지지 선언을 했다. 다소 무리수를 둔 듯하다. 2016년 총선을 앞두고 안철수·박지원·정동영 등과 갈라서면서 문재인 당으로 재편된 민주당이지만, 김진표의 당선 가능성이 경쟁 후보인 이해찬(노무현 시절 친노 좌장 출신이다)보다 높지 않기 때문이다.

출처: 김문성, 〈노동자 연대〉 255호(2018 8 14).

김진표는 그 화려한 경력답게 보수적인 인물이다. 김대중 정부 때 청와대를 거쳐 노무현 정부에서는 경제부총리와 교육부총리를 지내며 이라크 파병과 한미FTA 등을 적극 찬성하고 서울대 법인화 등을 추진했다. 노무현 정부의 일원으로 금산분리 완화를 지지하고 (불법 논란을 낳은) 론스타의 외환은행 매입을 지지한·것도 김진표였다. 김진표가 노무현 정부의 신자유주의 선봉장으로 승승장구하는 동안 전해철은 청와대에서 (문재인의 후임자로서) 민정수석을 지냈다.

따라서 문재인의 우선회와 친노·친문 진영의 김진표 지지 선언은 어색한 조합이 아니다. 김진표는 자기 저서에서 과거 재경부 관료 시절에 교육 문제 토론 그룹을 현 경제부총리인 김동연 등과 함께했다고 밝힌 바 있다.

최근 보수 언론은 노무현이 개인의 이념보다 국익을 우선했다며 문재인에게 노무현의 길을 따르라고 충고한다. 심지어 〈조선일보〉는 기존 지지층이 떠나는데 새 지지층이 형성되지 않을 수도 있다며 걱정까지 해준다. 그 길은 대연정 제안과 한미FTA 체결 등으로 노골적인 우경화를 하던 노무현 정권의 후반기 노선이었다. 자연히 지지층이 이반함에 따라 여권 내 반발도 심각했다. 법무부 장관 출신 천정배는 한미FTA에 반대해 단식 농성까지 했고, 좌파 출신인 당시 보건복지부 장관 김근태(2011년 사망)도 반발했다. 당시 통일부총리 정동영도 노무현을 비판했다. 결국 차기 대선 주자급 인물 중에서는 유시민만이 노무현을 지지해 남고 나머지가 연쇄 탈당해 당시 여당 열린우리당의 과반 지위가 붕괴했다.

친문 인자들이 이런 부끄러운 배신적 과거에서 얻은 나름의 교훈은 여당을 한층 더 문재인 친정 체제로 구축해 친문 재집권을 추구해야 한다는 것이다. 경제 위기 때문에 기업 편을 들어야 하는 문재인 정부가 위기에 빠지는 것을 미리 차단하려면 2020년 총선 공천권을 쥐어야 하고 당내 개혁파도 미리 숙청해야 한다. 이런 우경적인 동기가 친문 인자들이 민주노총이나 정의당 등을 모욕적 언사로 공격하고 이재명 지사 등 당내 개혁파 인사들까지도 공격하는 까닭이다. 특히 이재명 지사가 혹여라도 개혁 정책을 실행해, 우선회하는 문제인 정부와 대비돼서 반사이익을 얻는 일을 막으려면 임기 초부터 각종 공격으로 힘을 빼놔야 하는 것이다.

따라서 이재명 지사에게 제기된 의혹들이 사실인지 아닌지는 친문 인사들에게 중요하지 않다. 이재명 지사와 김경수 경남지사를 대하는 이중 잣대가 그 방증이다. 의혹설만 있고 그조차 대부분 개인 프라이버시에 해당하는 의혹을 받는 이재명 지사에게는 탈당을 촉구하는 반면, 민주당도 특검(드루킹 특검) 도입에 동의해야 했던 김경수의 구체적인 혐의(여론 조작)에 대해서는 "정치 공세"라며 적극 방어한다.

친문 인자들의 이중적 위선을 제쳐놓더라도, 이재명 지사에게 제기된 의혹들은 아직은 실체가 불분명하다. 조폭 연루 의혹을 보도한 SBS의 〈그것이 알고 싶다〉를 봐도 확신이 안 든다. 〈그것이 알고 싶다〉는 이재명 지사가 조폭과 유착했다는 '사실'이 그의 공적 의사 결정에 어떻게 영향을 미쳤는지를 꼼꼼하게 검증하기보다는, '뭔가 있긴 있나 보다'는 냄새만 풍기는 선정적 방식의 보도에 그쳤다.

그래서 오히려 이재명 지사의 기업 규제 방침에 불만을 품은 대기업들이 공작에 나선 것 아니냐는 의혹이 제기되고 있다. 예컨대, 이재명 지사는 경기도 내 관급 건설공사에서 원가 공개를 추진하는 등 건설사에 불리한 정책을 추진하려 한다. 2018년 8월 13일 이재명 경기도정 인수위는 남경필 전 지사가 추진한 사업 8개의 검증을 경기도에 요구했다. 공교롭게도 SBS의 대주주는 남경필이 경기도지사를 하던 시절에 경기

도청 신청사 건설을 수주한 태영건설이다. 한편, 백혈병 유발 삼성전자 공장이 있는 수원 영통구에서 3선을 했고 삼성 장학생으로 불리는 김진표가 이재명 찍어 내기에 앞장선 것도 시사적이다.

이런 우경적인 공격에 맞서 살아 남으려면 이재명 지사는 친문 인자들과 타협하는 게 아니라 본인이 약속한 진보적 개혁을 단호하게 실행하고, 의혹들은 투명하게 해명해 지지층에 책임지는 정치를 해야 할 것이다(우선회하는 문재인 정부를 보호할 민주당원으로서의 책임이 아니라).

문재인의 레임덕을 미리 방지하겠다는 친문 인자들의 행태는 우파에게도 사기를 회복할 자신감을 준다. 선거에서 남경필 지지는 한 에피소드다. 정권 초기부터 정권 퇴진을 주장해 온 우파에게 여권의 분열은 그 자체로도 고무적이겠지만, 여권 내 상대적 진보파 숙청 시도는 정권의 우경화를 재촉할 것이기 때문이다. 여러모로 지지층의 염원에 고약하게 찬물 끼얹는 친문 진영이다.

사법농단 비리와 민주당의 연루

검찰이 구속된 임종헌 전 법원행정처 차장을 추가 기소하면서 민주당 정치인들도 사법 농단의 일부였음이 드러났다. 검찰의 임종헌 추가 기소에는 민주당의 서영교(현역 의원, 1986년 이화여대 총학생회장 출신)와 전병헌(전 의원, 전 청와대 정무수석), 자유한국당의 이군현·노철래(전 의원) 등의 재판 청탁 건이 포함됐다. 이로써 양승태 치하 대법원의 사법 농단 실체가 더 분명해졌다. 법원의 위상과 권력 강화를 위해 법원이 조직적으로 입법 로비를 한 집단 범죄 행위인 것이다. 재판이 거래 대상이었다.

그동안 이 사건은 흔히 박근혜 정부가 삼권분립과 사법부의 독자성을 파괴한 권력 농단 범죄의 일부로만 여겨졌다. 물론 박근혜 처지에선 그렇게 활용한 측면이 있다. 양승태가 그와 호흡을 맞추는 데 전혀 불편함이 없을 정도로 각별히 우파적이기도 하다. 그러나 〈노동자 연대〉가 줄

출처: 김문성, 〈노동자 연대〉 274호(2019 1 24).

곧 주장해 왔듯이, 사법 농단은 법원 자체의 권력 강화를 위해 재판(대부분 우익적인 판결)을 거래 수단 삼아 권력 기관 내 로비를 한 범죄다.

법원의 최고위 인사들은 국가기관과 지배계급 안에서 법원의 위상을 높이려고 상고법원을 추진했다. 상고법원 설립은 3심제에서 3심을 맡는 법원을 현 대법원 말고 별도로 신설하자는 것이다. 대법관(장관급) 위상의 법관직을 늘리고, 기존 대법원은 더한층 높여 상징적인 재판만 수행하는 것이다. 이렇게 되면 양승태는 인사권을 가진 대법원장의 권력도 더 강화될 수 있다고 봤을 것이다.

이를 위해선 국회가 입법을 해야 한다. 당시 여당 설득은 박근혜 청와대와의 거래와 개별 거래를 통해, 야당인 민주당은 찬성론의 주요 거점이 될 의원들과의 개별적 접촉을 통해 집중 공략한 것으로 보인다. 이때 계급적 특권을 유지해 주는 우파적 판결을 주거래 수단으로 삼은 것이다. 임종헌은 이 과정을 실무적으로 총괄했다. 이번에 밝혀진 인물들도 모두 국회 로비에 필요한 인물들이었다.

민주당 서영교, 한국당 노철래는 19대 국회에서 법원·검찰을 다루는 법제사법위원회 소속이었다. 노철래는 골수 친박이기도 했다. 전병헌과 이군현은 로비 당시 각각 민주당 원내대표·최고위원과 새누리당 사무총장이었던 3선 중진 의원이었다. 국회 로비를 위해서는 중요한 인물들이었던 것이다. 전병헌은 특히 문재인 정부의 초대 청와대 정무수석(청와대의 대 국회 업무를 주도)을 맡았는데, 당시에 이미 민주당 내 친문 실력자였다.

이 모든 청탁이 임종헌으로 집중됐고, 임종헌을 거쳐 각 재판에 영향을 직접 미친 듯하다. 서영교는 지역구 측근 아들의 성추행 사건을 최소화시켰고, 전병헌은 정치자금법 위반에 걸린 자기 보좌관의 형량을 낮췄다.

서영교의 경우, 임종헌이 재판이 열린 서울북부지방법원 법원장에게 직접 연락을 했다. 그 뒤 북부 법원장은 해당 재판 판사에게 "상고법원이 꼭 필요하니, 미안하지만 들어 줘야겠다"며 서영교의 청탁을 전달(이행 지시)했다. 당시 서영교는 상고법원 설립 찬성파였는데, 유보 쪽으로 돌아서고 있었다고 한다.

전병헌의 경우는 이렇다. 지난해 폭로된 문건들에도 당시 국회 법사위 민주당 간사인 전해철을 설득하기 위해 "결정적 영향력 발휘할 수 있다고 자임하는 전병헌 의원 통한 우회 설득[을] 추진"한다는 내용이 나온다("9월 이후 입법 추진 전략"). 당시 전해철은 상고법원 설립 강경 반대파였다. 또 다른 문건에는 전해철이 강경 반대 입장인 이유가 당시 친노 좌장인 한명숙의 뇌물 사건에서 유죄가 나왔기 때문이라는 분석이 담겨 있다. 이 판결은 양승태 대법원이 내렸다.

검찰이 이름을 공개하지 않은 새누리당 한 의원은 의원직 박탈 위협에 직면한 이군현과 노철래를 도와 달라고 임종헌에게 청탁을 했고, 사실상 법률 자문을 받았다. 결과를 보자면, 노철래는 2016년 총선에서 낙선해 쓸모가 없어지자 그대로 유죄 실형을 받았다. 이군현은 박근혜가 쫓겨나고 정권이 바뀐 뒤에 불법 정치자금 수수로 의원직을 잃었다.

한편, 임종헌은 같은 시기에 양승태 대법원이 쫓아낸 서기호 전 판사(당시 정의당 의원)의 징계부당 인정 판결에 적극 개입해 징계의 정당성을 받아 내려 했다. 서기호 전 의원도 당시 법사위 소속으로 상고법원 설립에 반대하고 있었다. 결국 징계가 정당하다는 판결이 났다.

사법 농단의 실체가 다시 한 번 분명해지면서, 왜 지난해 문재인이 임명한 김명수 하의 대법원도, 문재인 정부의 검찰도, 민주당이 제1당인 국회도 모두 사법 적폐 척결에 소홀했는지 쉽게 짐작할 수 있게 됐다.

서기호 전 의원은 여러 매체에서 국회의원들의 청탁이 일종의 관행이었다고 밝혔다. 검찰·법원 모두 여러 명목으로 국회에 검사와 판사를 파견해 주류 정치권 동향 파악과 상호 간 청탁의 거래 루트로 삼아 온 것이다. 청탁을 하는 서영교가 도리어 판사를 자기 방으로 부른 것이나, 로비를 하러 온 임종헌에게 오히려 전병헌이 청탁을 한 것이 그 방증이다.

최근 한국당은 손혜원이 대통령 부인 김정숙 씨의 중·고교 동창이라며 "초권력형 스캔들"이라고 공세를 편다. 그러나 이와 재판 거래 문제를 비교하면, 거의 융단 폭격과 딱총 경고 사격 수준이다.

그런데도 공세의 수준이 이토록 다른 것은 지배계급 네트워크에 만연한 관행이었기 때문일 것이다. 양승태 치하 대법원의 사법 농단은 일부 개인들의 일탈이 아니라 지배계급 내 뿌리 깊은 유착 관행이 예외적으로 일부 폭로된 사건인 것이다. 가진 자들의 사법 농단과 굳어진 관행은 서민층 사람들에게 절망만 더해줄 뿐이다. 삼권분립 같은 자본주의적 민주주의의 강화가 노동자와 천대받는 사람들에게 이제는 근본적 대안이 될 수 없는 이유다.

재판 거래가 일상적 관행이라 함은, 달리 말하면, 가끔 서민들에게 유리하게 판결이 나오는 게 예외적 상황이라는 것이다. 물론 그 예외는 노동자와 천대받는 사람들의 대규모 저항으로 형성된 유리한 세력균형이 만들어 낸 결과물이다. 법원의 수장이었던 양승태가 재판을 받기도 전에 법원에 의해 구속된 기쁜 일도 그 사례의 하나일 것이다.

3월 국회 둘러싸고
격화되는 주류 정치권 갈등

자유한국당 원내대표 나경원이 국회 연설에서 문재인 대통령을 "김정은 수석대변인"이라고 부르는 도발을 해 국회가 다시 파행을 겪고 있다. 나경원의 막말은 계산된 것이다. 문재인 정부를 우파적으로 더 몰아붙이며 우파 결속을 촉진하자는 계산이다.

문재인이 지지층을 실망시키며 약화되는 과정에서 한국당은 반사이익을 얻으며 우여곡절 속에서도 시나브로 기력을 회복해 왔다. 한국당 등 우파는 트럼프가 비용 문제 때문에 줄이겠다고 한 한미 군사훈련 축소도 문재인 정부 탓에 한미 공조가 약화됐기 때문이라며 공세의 소재로 삼고 있다.

2019년 3월 12일 국회 환경노동위원회 소속 한국당 의원 임이자(한국노총 임원 출신)는 탄력근로제 적용 기간을 경사노위 개악안인 6개

출처: 김문성, 〈노동자 연대〉 278호(2019 3 13).

월의 갑절인 1년으로 하자는 법안을 내겠다고 밝혔다. 13일 공개적으로 중소기업단체연합회가 같은 요구를 했는데, 우연의 일치는 아닐 듯하다. 바른미래당 원내대표 김관영도 13일 국회 연설에서 최저임금 동결을 주장했다.

선거제 개혁 논의에서도 한국당은 반동적인 안을 내놓았다. 주로 진보 정당의 국회 진출에 기여해 온 비례대표제를 아예 폐지하자는 안을 낸 것이다. 합의가 목표가 아니고, 논쟁의 지형을 우경화시켜 의회 내 정치 협상에서 우위를 점하자는 의도인 듯하다. 또한 총선이 다가오면서 보수층이 한국당 쪽으로 더욱 결집하면, 바른미래당은 원심력이 더 강화돼 약화될 것이므로, 현재 민주당 주도의 국회 내 세력 관계도 다시 바뀔 거라고 보는 듯하다.

문재인 정부는 2018년 하반기에 본격적으로 진보 개혁 염원을 배신하며 노동자, 청년 등에서 지지가 급속히 줄어 왔다. 엎친 데 덮친 격으로, 기대를 걸었던 2019년 2월 북미 정상회담마저 결렬됐다.

남북 화해 국면 조성은 노동자들의 불만이 증대되는 속에서도 정부 지지율을 비교적 유지시킨 핵심 버팀목이었다. 북미관계가 틀어지면, 문재인 정부가 북미 사이에서 중재할 여지도 대폭 줄어든다. 포퓰리즘적으로 '민족 공조'를 내세워 노동운동 일부를 포섭해 왔던 책략에 균열이 날 수밖에 없다. 사실 야당 시절 약속과 달리 사드 배치를 밀어붙인 건 문재인 본인이었다.

"사회적 대화"를 통해 노조 지도자들의 양보를 받고 기업주들에게 인정받으려던 계산도 틀어지고 있다. 탄력근로제 개악을 통과시키려던 경사노위 전체 회의 전 날, 민주노총은 (상징적이지만) 하루 파업을 했다. 이는 실질적인 경제적 효과를 낸 파업은 전혀 아니었다. 하지만 여전히 경사노위 참가에 미련을 가진 민주노총 집행부가 파업을 선언한 것은 현장 분위기가 달라졌음을 반영하는 것이다. 이런 분위기 때문에 여성·청년·비정규직 등 계층별 노동위원들은 본 회의에 불참하는 방식으로 개악 동참을 거부했다.

문재인 정부와 민주당은 5·18 망언 규탄 등 우파를 겨냥한 나름의 권력 투쟁을 하겠지만, 중요한 문제들에서는 계속 우파적 선택을 하게 될 것이다(가령 2019년 3월 11일 홍영표의 원내대표 연설은 노동 개악 선전포고였다). 한국 자본주의가 처한 경제·안보 위기 때문에 지배계급도 최근 10여 년 동안 노동자들에게 좀체 양보를 하지 않으려 해 왔기 때문이다. 비록 촛불 운동으로 한 방 먹고 단기간, 사소한 양보를 했지만 말이다.

문재인 정부는 이미 5·18 진상 규명은 물론이고 재판 거래 의혹, 장자연 사건 재수사, 세월호 재조사(수사) 등 적폐 청산에서도 해 놓은 것 없이 시간만 보내 왔다. 이명박 석방에는 문재인이 임명한 김명수 대법원의 의지 박약이 큰 영향을 미쳤다. 재판을 독촉하기는커녕 2심 재판부를 재판 도중에 인사 발령으로 교체해 이명박의 재판 지연 전술에 결정적으로 도움을 줬다. 이명박 석방을 계기로 우파는 박근혜 사면론 등으로 더 결집할 것이다. 물론 박근혜 석방은 문재인 정부가 우경화 속에서도 쉽게 들어주지는 못할 것이다.

정부·여당은 김경수 경남도지사의 여론 공작과 민주당 의원들의 권력형 부패를 옹호하다가 적폐 세력 재판에 좋지 않은 영향만 미쳤다. 여권 내 개혁파인 이재명 경기도지사를 억지 혐의들로 옭아맨 것도 우파의 사기 회복에 기여했다.

결국 문재인 정부의 위기는 자신들을 권좌에 앉힌 대중의 진보 개혁 염원과 반우파 정서에 부합하지 못했기 때문에 오는 것이다. 그래서 우파의 사기가 살아난 것이다. 공안 검사 출신으로 박근혜의 총애를 받던 황교안이 수월하게 한국당 당대표가 된 것도 이런 추세의 반영이다. 우파는 문재인 정부의 위선을 꼬집으며 정부의 (더 강한) 계급 본색을 요구한다.

따라서 문재인 정부에 대한 비판을 삼가며 반우파 공조에만 치중하는 식(민중주의의 핵심 효과)으로는 우파의 회복을 막기가 어렵다. 문재인 정부의 각종 개악과 배신에 맞서 저항하고 투쟁하는 동시에 우파와 싸우는 것은 가능한 일이다. 한국당이 5·18 망언으로 역풍을 맞고 지지율이 일시 떨어진 것에서 보듯이, 우파의 회복은 아직 불안정한 반사이익 성격이 강하다. 아직 촛불 운동의 여파가 남아 있기 때문이다.

노동 개악에 저항하는 행동들이 곳곳에서 벌어지는 것도 이에 도움이 되고 있다. 문제는 이런 투쟁과 진정한 기층 여론들이 대중행동으로 표현되는 것이다.

물론 미래에 대한 불안감이 큰 20대 청년층은 다소 조급하고 정치 경험과 생활 경험이 적어서, 개혁 기대가 허물어지기 시작하자 문재인에게서 빠르게 이탈하고 있다. 촛불 운동의 효과로 이들 속에서 반우파 정서가 유지되고는 있지만, 경제 상황이 더 악화되고 진보·좌파의 본보기 제시가 지지부진하면 이들이 우파 쪽으로 가지 말라는 법도 없다. 우파도 경제·대북 문제 등으로 20대층을 포섭하려고 매우 공을 들이고 있다.

그러나 IT 분야 등 청년 노동자들의 민주노총 가입이 느는 것에서 보듯, 노동운동과 좌파에게도 기회가 있다. 베테랑 노동자들이야 문재인의 배신 때문에 20대 청년들 같은 혼란을 겪지는 않겠지만, 우파가 급속히 목소리를 키우는 상황이 곤혹스러움과 당혹감을 안겨 줘, 문재인에게 등을 돌리는 과정을 더디게 할 수 있다.

진보·좌파적 대안이 문재인에게서 독립적으로 단호하고 명확한 방식으로 제시돼야 하는 이유다. 박근혜 정권 퇴진의 견인차였고, 문재인 정부의 개혁 배신에 가장 먼저 행동으로 항의하기 시작한 노동운동이 다시 견인차 구실을 해야 한다. **투쟁적**이면서도 **정치적**이어야 한다. 운동의 지도력이 더 급진적이 돼야 하는 이유다. 무엇보다 노동자와 청년들 사이에서 반자본주의·반제국주의 사상이 성장해야 한다.

3장

개혁을 위해
문재인의 성공을 바라야 할까

문재인 정부와 개혁주의 — 평가와 전망

문재인 개혁의 성격과 딜레마

2018년에 두드러진 것은 문재인 정부의 우선회였다. 특히 노동정책과 친기업 규제 완화 문제에서 우선회가 두드러졌다. 신자유주의 '개혁'의 대표 상품인 국민연금 개악을 꺼내 놓은 것도 주목할 일이다. 최저임금 인상을 되돌렸고, 노동시간 단축을 빌미로 근로기준법을 개악했다. 박근혜 표 노동 개악이었던 성과·직무급도 살짝 바꿔서 추진하려고 한다. 비정규직의 정규직 전환도 변죽만 울리다가 사실상 중단됐다.

사실 지난 1년 반 동안 적폐 청산을 내세웠지만, 박근혜 노동 탄압의 원상 회복, 사법 농단 등 진정한 적폐 청산은 거의 시도하지 않았다. 심지어 세월호 참사 진상 규명도 도통 진척된 게 없다. 물론 적폐 청산 명목으로 박근혜, 이명박 등을 구속했다. 하지만 삼성 이재용, 롯데 신동빈

출처: 김문성, 〈노동자 연대〉 273호(2019 1 22).

등은 모두 문재인 정부 하에서 풀려났고 오히려 국정 동반자 대접을 받고 있다. 정적 제거에 적폐 청산 구호만 이용한 셈이다.

우파 정권 때에도 승승장구한 경제 관료들이나 부패 인사들도 중용됐다. 블랙리스트에 연루된 문화체육부 관리들이나 세월호와 연관된 해양수산부·해경 관리들은 손대지 않았다. 이들의 충성을 유도하려고 그랬을 것이다. 그럼에도 정권 초 우파 정부 청산에 대한 기대감으로 인한 높은 지지율 때문에 별 문제 없이 지나갔다. 예년 같으면 낙하산 인사라고 항의가 나올 법도 하건만, 오히려 박수를 받으며 정부 기관들의 요직을 자신들의 인사로 채웠다. 일부는 오히려 대중의 환호를 받기도 했다.

문재인도 이런 기대를 의식해 촛불 정부 이미지 유지에 각별히 신경을 썼다. 지배계급 다수가 꺼리는 일들은 하지 않았고 자신들의 국가 운영에 방해가 될 일들도 피했다. 집권 초 문재인 정부의 행보는 촛불의 진보 개혁 염원과 지배계급의 요구 사이에서 위태로운 줄타기였다. 그런데 2018년 들어서 미약한 약속마저 파기하며 급격히 우선회하기 시작한 것이다.

이는 경제가 나빠진 상황 탓이 크다. 본질적으로 문재인 정부와 민주당의 성격 자체가 지배계급 기반 정당으로 자본주의 수호에 이해관계가 있기 때문이다. 촛불 정부 코스프레는 오래갈 수 없었던 것이다.

민주당은 공공연히 기업주들의 돈으로 선거를 치른다. 돈을 내는 사람들이 이 당의 정책에 영향력을 행사하고 후보가 되고 선출직·임명직 공직자가 된다. 가령, 서민층이 모아 준 돈으로 대선을 치렀다는 노무현의 돼지 저금통 신화는 왜곡과 과장임이 이미 노무현 집권기에 드러났다. 돼지 저금통은 노무현 대선 자금의 작은 일부에 불과했다. 당시 노무현의 핵심 측근 안희정이 대선 자금 비리를 대표해 구속됐었다.

민주당은 이제 독재 시절과 달리 야당일 때도 국가기관 안에 자신들의 공공연한 관료 기반을 갖고 있다. 김대중, 노무현 정부 아래서도 전통적 국가 관료와 장군 출신들이 경제·행정·국방 요직을 맡았고, 재벌 출신 인사들이 장관과 선출직 정치인으로 영입됐다. 김용환, 임창열, 김진표, 진대제, 홍석현 등등.

그래서 민주당이 집권해도 지배계급의 전통적 국가 전략이 바뀌지는 않는다. 한미동맹에 대한 의존과 추구, 국가 재정 균형 노선, 증세나 적자재정 기피, 친기업 성장 노선, 노동계급 투쟁에 대한 두려움과 견제·적대, 군비 확대와 군국주의 우대 등등. 김대중, 노무현 그리고 문재인 모두 앞뒤의 우파 정권들과 똑같은 친기업·반노동 성격의 신자유주의 정책들을 폈다.

다만 워낙 큰 대중운동이 우파 정부를 중도 퇴진시키고, 그 운동에 맘에 없는 아부를 하면서 집권했기 때문에 문재인 정부는 촛불의 눈치를 봐야 했다. 그래서 문재인 정부는 집권 초부터 촛불 염원과 한국 자본주의의 경쟁력 제고 필요 사이에서 줄타기를 해 왔다.

민주당과 문재인 정부의 성격이 이렇다는 것은 애초에 문재인 개혁의 성격이 노동계급의 진보 개혁 염원과 거리가 멀었다는 뜻이기도 하다.

문재인 개혁은 한국 자본주의를 더 효율화해 위기를 극복하려는 지배계급의 목표와 다르지 않다. 박근혜의 두 가지 핵심 추진 목표인 노동 개악과 규제 완화는 문재인 개혁이 공유하는 목표다. 한국의 자본가들이 경쟁력 강화를 필요로 하기 때문이다. 특히 노동 개악은 수출 경제인 한국 자본주의가 경쟁력을 높여 수익성을 회복하려면 인건비 절감이 꼭 필요하다는 목표에서 나온 것이다. 그래서 소득 주도 성장은 처음부터 립서비스에 가까웠다.

민주당은 세계적으로 "제3의 길"이라 불리는 노선을 전통적으로 추구해 왔다. 1990년대 영국 토니 블레어의 신노동당 정부, 미국의 클린턴 민주당 정부가 유행시킨 노선이다. 이를 당시에는 생산적 복지, 사회 투자국가 등으로 불렀다. 문재인 정부는 "혁신적 포용 국가"라고 부른다. 풀어 설명하면, 시장경제에 강조점이 있는 '사회적 시장경제', 성장에 강조점이 있는 '소득 주도 성장론'이다.

성장을 위해서는 "혁신"(한국 자본주의의 새로운 먹거리 산업 육성)과 "공정(경쟁)"이 중요하다는 것이다. 바이오(의료 민영화) 등 신산업을 육성(투자 활성화)해야 하고, 중소기업도 경쟁에 끼게 해(경쟁 활성화) 한국 자본주의의 경쟁력을 다시 키우자는 것이다. 기업이 해고를 더 쉽게 하는 것도 "혁신"이다. 대신 국가가 실업보험이나 재취업 교육 지원 등을 늘리는 '적극적 노동시장 정책'을 실행해서 최소한의 사회 안전망을 강화해 주자는 것("포용")이다. 가령 기업 대신 국가가 교육 투자를 늘리는 것은 "혁신"과 "포용"의 결합이다. 복지이기는 하지만, 궁극적인 목표가 기업이 돈을 덜 들이고 양질의 노동력을 싸게 얻을 수 있게 하려는 것이기 때문이다. 결국 한국 자본주의의 생산성 "혁신"이 주된 것이고, "포용"은 그 사후 처리 같은 것이다. 그나마 경제주체들이 서로 포용하자는 것이니, 이는 노동자들이 사회적 대화에 참여해 경쟁력 강화를 위해 협조(양보)하라는 것이다.

문재인의 정치 개혁도 비슷하다. 자신들이 한국 자본주의를 더 효과적으로 통치할 수 있음을 지배계급에게 보여 주려는 것에 초점이 있다. 정치 구조를 시스템화(견제와 균형)해서 누가 집권해도 안정적인 통치를 하자는 것이다. 그럼으로써 민주당의 집권을 좀 더 용이하게 하고 지배계급의 제1선호 정당이 되려는 것이다.

이처럼 '개혁' 주체와 '개혁' 목표의 성격을 이해해야 촛불 염원과 기업주 사이의 어정쩡한 줄타기를 이해할 수 있다. 기업주를 만족시키면서 노동자들도 달래서 저항을 막아 보려는 것이다. 그동안 문재인 정부의 패턴은 대체로 돈 안 들고 자기들에게도 필요한 개혁은 들어주고, 돈 드는 요구는 들어주는 시늉만 하다가(최저임금 인상, 정규직화) 멈추거나 되돌리는 식이었다(최저임금 산입 범위 개악, 자회사 정규직). 탈원전 공약처럼 정부가 직접 강행하기 난처한 것들은 사회적 대화로 유도해 왔다.

이렇게 보면, 문재인 정부가 상징적이고 '돈 안드는' 적폐 청산 요구들 몇 개를 수용하지 않은 이유도 파악이 된다. 전교조와 공무원노조 노조 인정, 한상균 전 민주노총 위원장과 이석기 전 진보당 의원 석방·사면, 공무원 해고자 복직 등은 그 상징성 때문에 지배자들이 불쾌해할 것이기 때문이었다. 노동자들에게 잘못된 신호를 주는 것을 가장 걱정했을 것이다. 이런 것들이 문재인 개혁이 서 있는 자리와 가고자 하는 방향을 보여 준다.

이처럼 문재인 개혁은 결코 진보 개혁이나 노동계급이 마냥 지지할 만한 것이 아니다. 촛불 운동에 요령을 부려 올라 타 집권에 이용해 먹은 행태와 본질적으로 같다. 촛불의 진보 개혁 염원을 동력 삼아 정적을 제거하지만, 목표는 기성 정치체제 안정에 있다.

그러나 문재인 집권의 배경이 된 대중운동은 그 정도로는 만족시키기 어려운, 훨씬 더 만만찮은 운동이었다. 박근혜 정권 퇴진 촛불 운동은 1987년 민중항쟁 같은 위대한 항쟁 수준에는 못 미쳤어도 지배자들이 단결해 지지했던 우파 정권을 임기 도중에 물러나게 한 운동이었다.

이 운동의 촉발에는 이전부터 시작된 조직 노동자들의 부분적인 사기 회복이 배경으로 작용했다. 가령 몇 년 동안 정체해 있던 민주노총의 조직 확대 추세는 "[촛불 이전인] 2016년부터 목도되고 있는 경향"(민주노총)이다. 그 해 이미 4만 명가량이 가입했다. 부분적으로 활성화되던 노동자 투쟁이 촛불 운동보다 선행 요인이었던 것이다.

촛불 운동의 사회적 구성도 노동계급 성원들이 다수였다. 초기에는 철도노조가 이끈 공공 부문 파업이 선두에 있었고, 이들을 따라 미조 직 노동자들이 거리로 나왔다. 광장에서 표출된 분노의 저변에 계급 불 평등에 대한 불만이 크게 깔려 있었던 이유다.

촛불 운동에 이런 계급적 성격이 있었기 때문에 운동의 여파가 뒷심 있게 작동했다. 즉, 우파 야당들이 1년 넘게 지리멸렬한 상태에 머물고, 반면에 노동계 진보 정당의 득표와 당원이 늘고, 노동조합도 (특히 금속 제조업과 공공 부문에서) 신규 조직화가 잘 됐다. 촛불 이후로도 민주 노총 조합원 수는 10만 명 가까이 늘었다.

동시에 정치 문제에 새롭게 눈을 뜨고 노동조합에 가입하는 노동자 들은 문재인 정부의 초기 약속(비정규직 정규직화, 최저임금 인상 등)에 대한 기대감도 크게 가졌던 것 같다. 기대감이 오히려 노조에 가입하고 정부에 약속을 지키라고 요구하며 행동하는 동기가 됐을 것이다. 지금 은 그 기대감이 실망과 분노로 바뀌는 듯하다.

문재인 정부에게 크게 기대하지 않았던 전통적 선진 노동자들이 약 간은 관망조로 있던 것과 대조되는 부분이다. 문재인의 귀족 노조 프레 임이 실제로는 잘 먹히지 않는 것도 지난 2년 동안 분위기를 주도해 온 부문이 공공부문 비정규직 등 신규 조직 노동자들이기 때문일 것이다. 결국 귀족 노조 프레임은 조합원들보다는 여론을 중시하는 개혁주의 지 도자들을 압박하는 용도로 쓰이고 있다.

문재인 개혁의 딜레마는 여기에 있다. 문재인을 집권하게 한 동력이 된 사회 세력은 돈 안 드는 시늉 만 하는 개혁으로 만족하지 않는다. 문 재인도 그 정도는 알기에 이리저리 꼼수를 쓰지만, 촛불 대중은 그 수 준을 넘어서 문재인이 자신들에게 빚을 졌다고 생각한다.

그러나 경제가 안 좋은 상황 속에서 집권했고, 실제로 1년 만에 각종 경제 지표들이 악화된 상황에서 문재인이 진보 개혁 염원층을 말이 아니라 결과로 만족시킬 수가 없다. 이제는 본색을 서서히 드러내며 사용자 편을 들어야 한다. 문재인이 한때 좌파적 노동운동 지도자였던 문성현을 끌어들이며 사회적 대화에 공을 들였지만 정작 그 기구가 출범할 즈음까지도 기대감을 유지하기가 어려웠던 배경이다.

사실 전임 민주당 정부 모두 강도는 달라도 임기 도중 비슷한 딜레마를 겪었다. 집권 3년 차 김대중 정부의 반전 카드는 남북 정상회담이었고, 노무현의 집권 2년 차 카드는 국가보안법 폐지와 과거사 청산이었다. 그나마 노무현은 시도에 그쳐 몰락이 더 극적이었다. 두 정부 모두 소기의 목적을 달성하지는 못했고, 집권 후반기에는 존재감마저 약화된 상황에서 기업주와 우파의 총알받이처럼 그저 신자유주의 정책들을 강행할 뿐이었다.

여권과 그 핵심 인사들이 문재인 개혁의 딜레마에 대처하는 방식은 좌파 노동단체, 노동조합 그리고 이들의 지지를 받거나 연계된(또는 연계를 추구하는) 개혁파 정치인들에 대한 선제 공격이었다. 문재인이 당선한 다음 날부터 친문 세력은 민주노총, 노동자연대, 노동당, 변혁당 등을 비난하기 시작했다. 문재인 개혁의 실체가 드러나게 하거나 그 동력을 약화시킬 위험 요소들을 미리 제거하려는 노력이었다. 그 과정에서 기대치 자체를 낮추는 효과도 기대했을 것이다. 기대감을 행동으로 옮기게 할 세력도 좌파들이었기 때문이다.

문재인은 이제 진보 개혁 약속을 뒤집어야 할 뿐만 아니라 기대감 자체를 약화시켜야 한다. 민주노총에게 사회적 약자가 아니니(기득권의 일부이니) 양보에 나서라 말하고, 반재벌·반기득권 등을 내세워서 급부상했던 이재명을 필사적으로 제거하려고 시도한 배경이다.

반反기득권, 반反재벌, 반反부패 같은 포퓰리즘적 슬로건들 중 어떤 것은 활용돼야 하고 어떤 것들은 거둬들여야 한다. 유치원 비리 문제로 반

부패 슬로건은 이어가지만 반재벌, 반기득권 슬로건은 슬슬 꼬리를 내리고 있다. 그러나 민주당도 자본가 기반 정당일진대, 반부패조차도 일관되게 갈 수가 없다. 친문 진영의 신경질은 위기감의 표현인 것이다.

실제로 문재인이 노동 개악을 하고 노동운동을 공격할수록 지지율은 떨어진다. 레임덕을 막으려는 시도가 레임덕을 앞당기고 있다. 이는 애초에 문재인 개혁이 성공할 수 있는 길이 외줄타기 같은 것이었기 때문이다. "너무 많은 것을 바라다가는 정권 자체가 약화돼 우파에게만 득이 된다"는 메시지가 먹혀야 한다. 그러나 이 시도 자체가 문재인 정부를 초라하게 만든다.

가령 문재인 정부는 우파의 위협을 상기시키고 공격할 의도로 기무사 문건과 양승태 대법원 사법 농단 건을 터뜨린 듯하다. 그러나 얽힌 규모가 너무 크다는 점 또는 군부의 반발로 문재인은 스스로 감당하지 못하고 쩔쩔맸다. 결국 기무사 수사는 대충 덮었다. 양승태 건은 법관들 스스로 일부 판사 탄핵을 결의했지만, 대중의 눈엔 그저 미봉책으로 보일 뿐이다.

진보 염원 지지층의 자신감 상태가 만만찮다. 우파 정권을 무너뜨린 운동으로 사기가 오른 사람들이다. 적폐 청산과 개혁 약속을 저버리면서도 그들을 지지층으로 붙잡아 두기는 어렵다. 물론 실망이 곧바로 단호한 저항으로 발전하지는 않을 것이다. 따라서 문재인이 당장 노동계 개혁주의 지도자들의 소심함을 이용해 정국 주도권을 유지해도, 조만간 친문 진영은 어느새 정권의 발밑이 허물어지는 것을 목격할 것이다.

문재인 정부와 부르주아 민주주의

2017년 문재인이 당선하면서 1987년 대통령 직선제 이후 보수본당과 민주당이 2번씩 10년을 교대로 집권하는 패턴이 일단 유지됐다(박근혜의 중도 퇴진으로 최근 우파 집권 기간은 9년이다). 1987년에서 10년 후 민주당이 집권해 일당 국가가 해체되면서 시작된 패턴이다. 문재인 다음 정권을 민주당이 다시 잡아 그 패턴이 계속 유지될지는 미지수지만 말이다.

주류 양당이 선거로 번갈아 집권한 것은 한국에서도 부르주아 민주주의가 자리 잡아 왔다는 것을 잘 보여 준다. 이명박과 박근혜 정부 하에서 파시즘, 1987년 이전으로의 회귀, 유신 체제로의 회귀 같은 담론들이 유행하기도 했지만, 대부분 들여다 볼 가치가 없는 과장된(민주당 집권을 도우려는) 담론이었다. 물론 두 우파 정부 모두 핵심 인사들의 과거 전력과 이데올로기는 권위주의 국가에 대한 짙은 향수를 풍겼다. 하지만 한국 자본주의의 발전과 노동계급 운동의 성장을 배경으로 1987년 이후 새로 형성된 세력균형에 기초한 정치 구조를 바꿀 수는 없었다. 그 점에서 두 정권 모두 자유(민주)주의 정권이었다.

물론 박근혜 세력이 퇴진 운동에 탱크를 출동시키는 일을 따져본 것은 사실이다. 오판해서 그 계획이 실행됐다면, 순식간에 혁명적 상황이 조성돼 오늘날 개혁적 운동의 성장이 사회혁명의 가능성과 만리장성을 쌓고 있는 게 아님을 보여 줬을 것이다(물론 결과는 정해져 있지 않았다). 그러나 박근혜 세력이 결국 그런 선택을 하지 못했음도 봐야 한다. 거리 전투의 기세만이 아니라 노동계급이 파업 같은 방식으로 벌일 반격을 두려워했을 것이다. 여기서 민주주의의 진정한 동력이 노동계급임을 봐야 한다. 아마 헌재의 만장일치 탄핵도 군부의 오판을 막으려는 시도였을 것이다. 그 결과, 박근혜는 공교롭게도 '87년 헌법'에 근거한 절차로 파면됐다.

지배계급이 양보한 결과, 운동이 평온하게 정리됐고 집권한 민주당은

"촛불 혁명 계승 정부" 운운할 수 있게 됐다. 노동단체들 중에는 정의당과 민주노총이 수혜(선거 득표 증가와 노조 가입 증가 등 합법 지표들의 성장)를 입었다. 이 개혁주의 지도자들이 지금 다시 안정된 정국의 유지에서 비중 있는 구실을 한다. 이처럼 부르주아 민주주의는 지배계급이 노동계급의 성장한 운동과 타협하되, 그 나름의 방식으로 운동을 국가로 통합시키는 체제다(사회적 대화, 의회 진출 등).

이 체제에서 민주당이 번갈아 집권하는 것은 부르주아 민주주의와 맺는 관계가 다양한 종류의 노동단체들과 다름을 보여 준다(계급 분단). 거듭 강조하지만, 민주당은 명백히 지배계급의 정당이다.

물론 민주당이 한국 지배계급의 전통적 제1 선호 정당은 아니다. 대한민국 국가는 냉전 제국주의가 강제한 분단과 전쟁, 좌익 분쇄 과정을 거치며 탄생·성장했다. 태생부터 우익적이고 권위주의적이었다. 이 역사성이 한국 국가의 특성에 강하게 새겨져 있다. 이 국가 아래서 지배계급이 형성·재편돼 왔다. 한국 지배계급이 전통적으로 가장 선호하는 정당이 일당 국가의 집권당을 계승한 한나라당-새누리당-자유한국당인 역사적 배경이다(박근혜 탄핵에 맞서 대한민국을 구하자며 시작한 우파 집회가 '태극기' 집회인 것은 우연이 아니다).

그래서 한국의 공식 정치는 날카롭게 분열해 있는 것이 전통이고 특징이다. 주류 양당이 정책적으로 별 차이가 없는데도 첨예하게 분열해 서로 발목 잡는 일종의 "비토크라시"* 상태에 더 가깝다. 최근 여야 합의로 일부 노동 개악 법들이 통과됐는데도 두 당은 지금 사소한 꼬투리

---

* 《역사의 종언》으로 유명한 프랜시스 후쿠야마가 미국의 공식 정치를 묘사하며 2013년에 쓴 신조어로, 상대 정파의 정책과 주장을 모조리 거부하는 극단적인 파당 정치를 뜻한다.

하나라도 잡아서 상대를 위기로 빠뜨리려는 정쟁을 지속하고 있다.

한국 지배계급은 조직 노동계급의 저항에 걱정과 두려움을 갖고 있다. 수출을 통해 자본주의 세계시장에 통합되는 길을 추구해 왔다. 이 때문에 한국 자본가들은 끊임없이 경쟁력을 높여야 하는 처지에 있다. 노동운동에 타협적으로 굴기도 쉽지 않다. 그래서 소심하다. 쓸모 없어진 박근혜를 버리고 문재인을 선택했지만, 문재인의 온건한 개혁 시늉마저 노동자들의 기대를 부추겨서 행동을 고무할까 봐 걱정한다. 한국의 우파는 (남북 해빙 무드가 오래 지속되면) 억압적 반공주의 통치 수단들이 약화될까 봐 걱정한다.

이런 복합성들 때문에 한국의 부르주아 민주주의가 공식 정치 영역에서도 매우 불안정하고 치열한 갈등 속에서 발전해 왔다. 국가와 자본의 관계도 일관되지 못하고 (국가기관을 포함해) 내분이 일상화돼 있다. 여야 갈등이 거의 언제나 첨예한 배경이다.

그래서 보통 민주당이 집권한 시점은 투쟁이나 위기 때문에 지배계급이 전통적 집권당을 통해 안정적 통치를 유지하기 어려울 때다. 1997년 말과 2017년이 그랬다. 민주당 정부에게 강한 운동을 달래서 체제를 안정화시키고 지배계급의 필요들을 추구하라는 임무가 주어지는 것이다.

민주당도 지배계급이 가장 선호하는 정당의 자리를 차지하고 싶어한다. 현 민주당 대표 이해찬의 20년 집권론이 그런 것이다. 2019년에 임시정부 건립을 건국 원년으로 하는 건국 100주년 행사를 하려는 것은 민주당판 역사 바로 세우기다. 자신들에게 대한민국을 통치할 세력으로서 정통성이 있다는 것이다.

그러려면 자신의 계급 기반에서 그 효용을 인정받아야 한다. 자신들이 한국 자본주의의 경쟁력과 위상을 더 잘 높일 수 있다는 점을 보여줘야 하는 것이다. 대중의 반反우파 정서를 자신들에 대한 지지로 붙들어 놓으면서 말이다. 거의 가랑이 찢어지는 과제다. 여기에는 노동운동을 억제·자제시켜 경제의 생산성 제고에 협조하도록 만드는 데 민주당이 더 유능함을 보여 주는 과제도 포함돼 있다.

이 점에서 1998년 이후 민주당 정부는 확실히 우파 정부보다 나은 점이 있음을 보여 줬다. 경제 위기의 대가를 노동계급에게 떠넘기는 노동 개악에서 역대 민주당 정부의 성적이 더 좋다. 신한국당 김영삼 정부가 도입하려다 민주노총의 대중 파업에 일격을 받고 실패한 정리 해고와 파견 근로의 도입 등에 김대중 정부가 성공한 일, 노무현 정부가 비정규직법을 통과시키고 필수업무유지제 도입 등으로 공공 부문 파업에 제약을 가하는 데 성공한 일, 박근혜가 실패한 근로기준법 개악과 규제 완화들을 문재인 정부가 하나씩 성공시키고 있는 일 등.

민주당이 이런 일을 하는 데서 성공적이었던 데는 노동운동 개혁주의 지도자들의 구실이 있었다. 그들의 사회적 비중이 커졌기 때문이다. 이 점을 이해하려면 한국 사회에 정치·경제적 변화와 그 동력을 이해해야 한다.

한국 자본주의가 줄곧 성장하면서 경제·사회적으로 노동계급과 그 운동이 차지하는 비중에 큰 변화가 생겼다. 경제 성장으로 인구 전체에서도, 경제활동 참가 인구에서도 노동계급의 비중이 압도적이다(70~80%). 자본주의가 자라면서 그 무덤을 파는 사람들을 만들어 낸 것이다. 1987년에 노동계급 대중운동이 폭발적 쟁의 속에서 등장한 뒤로 30년 동안 부르주아 민주주의가 자리 잡았다. 부르주아 민주주의가 자리 잡는 동안 노동조합과 조직된 노동자 규모는 늘어 왔다.

그 결과 노동자 운동도 부르주아 민주주의 체제 아래서 자리 잡고 일부가 국가 안으로 통합된 것이다. 노동조합 상층 상근 간부층은 현장 노동자와 사용자들 사이의 협상을 전담하는 집단으로 자랐다. 노동조합 상근 간부층과 연계된 각종 정치적 구조물들이 운동을 건설하는 기반도 되면서 동시에 노동자 투쟁이 체제와 도전하는 수준으로 발전하지 않도록 가로막는 구실도 한다. 이 세력에 기반한 노동계 진보 정당들도 등장해 국회나 지자체 등 국가기관에 여럿 진출해 있다. 2017년 대선에서는 진보 정당 후보가 200만 표나 득표했다.

부르주아 민주주의가 자리 잡으면서 개혁주의도 성장했다는 것은 개혁주의의 성장이 현 체제에서 나름의 물질적 조건을 갖췄다는 것이다. 이는 운동 안에서 개혁주의의 성장이 부르주아 민주주의의 통념(상식)이 가진 헤게모니와도 연계돼 있다는 뜻이기도 하다. 온갖 합법주의, 교섭과 협상을 통한 해결, 정치와 운동을 별개의 것으로 보기, 아래로부터의 대중투쟁보다는 선거 대안을 중시하기, 정치를 지배계급과의 공존을 포함한 갈등 조정 기능으로 이해하기, 노동운동을 여러 다원적 운동의 하나로 취급하기 등등. 이런 현상을 잘 이해해야 하고, 이와 어떻게 맞설지도 알아야 한다(공동전선을 통한 개입과 정치투쟁, 이데올로기 투쟁).

한번 적응해 성장하는 개혁주의는 부르주아 민주주의의 안정을 추구한다. 또한 위로부터 조직된 개혁주의는 목적의식적으로 혁명에 반대하고 체제 내 개혁을 추구한다. 개혁주의 지도자들이 제공하려는 개혁의 성패가 궁극으로 자본주의 경제 상태에 달려 있는 이유다. 그래서 이들은 한국 자본주의가 위기에 빠졌을 때, 오히려 대중을 달래서 체제를 구하려고 한다.

1997년 1월 파업으로 일당 국가에 결정타를 가한 민주노총 지도자들이 국제통화기금IMF 경제 공황을 맞아 (파업으로 철회시켰던) 정리 해고와 파견 근로 등을 도입하는 데 김대중 정부와 합의했던 이유다. 2016년 말 촛불 운동이 가장 강력할 때, 철도노조 파업을 정리하려고 개혁주의 지도자들이 나섰던 이유도 부분적으로 이런 이해관계와 연결돼 있다. 국회 탄핵이 오히려 노동자들의 사기를 높여 운동이 계급 투쟁의 도화선이 되지 않게 하려면, 국회 탄핵 전에 노동자 투쟁의 헤게모니가 억제돼야 했던 것이다.

따라서 이상의 논의를 종합하면, 첫째, 오늘날 한국에서도 정치 논쟁의 잠복된 근본 프레임은 '개혁이냐, 혁명이냐'다.

둘째, 국가형태가 부르주아 민주주의로 전환한 동력은 노동자 투쟁이다. 그 결과, 노동자 투쟁이 국가로 통합되기 시작했다. 반자본주의적 혁명 좌파는 부르주아 민주주의를 활용하면서도 부르주아 민주주의도 계급 지배 국가형태로서 지양해야 한다.

셋째, 경제 성장과 부르주아 민주주의의 발전으로 노동계급 운동의 비중이 높아졌지만, 동시에 운동 안에서 개혁주의 구조물들이 성장해 자리 잡았다. 강력한 운동을 더 온건하고 실용적인 정치가 지배한다.

넷째, 이 때문에 혁명적 좌파는 대중운동을 건설하기 위해 개혁주의와 효율적으로 협력하는 방식을 잘 발전시켜야 한다. 동시에 전망과 영향력을 놓고 경쟁도 해야 한다.

다섯째, 지배계급의 분열은 투쟁에 유리한 기회를 제공할 수 있다. 이를 잘 활용해야 한다. 더 정치적이어야 하고, 참을성 있게 대중과 설득적으로 대화하는 법을 익혀야 하는 이유다.

부르주아 민주주의 국가에서 개혁주의가 득세하면 좌파가 실제로 주변화되거나 또는 주변화된 것처럼 보이기도 한다. 앞서 말한 변화와 문제들을 잘 이해하지 못해서 어떤 좌파들은 승리한 운동 이후 오히려 사기가 떨어지는 모습도 보였다.

한편, 한국에서 개혁주의의 헤게모니를 이해하려면 강력한 민중주의 전통의 영향력도 이해해야 한다. 한국의 진보 운동은 분단과 전쟁을 모태로 하는 냉전적 일당 국가에 맞서서, 그리고 자본주의 저발전 조건에서 성장해 왔다(전쟁으로 물리적으로 단절됐지만 그 이전에 민족해방 운동의 전통도 있다).

자립 경제, 민주주의, 통일 또는 반反독재 반反외세, 반反독점(재벌) 등 이 운동들의 전통적 강령이었다. 주체로는 민중 연합이 상정됐다. 자유한국당과 그 전신들에 맞서 민주당과도 협력해 온 맥락이다. 심지어 우파 정부가 추진하던 개악들이 민주당 정부 아래서는 지도자들의 협조를 얻거나 저항 없이 통과되기도 할 지경이다.

당시의 과제들이 대부분 해결돼 한국이 경제적으로 꽤 발전한 자본주의적 민주주의 국가로 변모해 왔는데도 여전히 민중주의의 유산이 강하다. 이는 운동의 역사성 탓도 있을 테고, 지배계급이 여전히 옛 일당 독재를 계승하는 정당을 제1 선호 정당으로 삼는 것과도 연계돼 있다. 혁명적 좌파가 (국가 탄압 등 여러 이유로) 취약해 "개혁이냐, 혁명이냐" 하는 근본 프레임이 "민중주의와 전투적 노동자주의"의 경쟁으로 비틀어진 탓이기도 하다.

민중주의 경향은 노동계급의 독자적 요구와 투쟁을 경시한다. 이들은 불가피한 전술로서가 아니라 단계 전략의 지향으로 민주당과의 연립정부 등을 지향한다. 그럼에도 (정치가 무엇이든) 노동계 개혁주의 지도부 층이 독자적 사회 세력임을 무시해선 안 된다. 이 말은 민주당과 협력을 바라면서도 노동계 개혁주의 지도자들이 일관되지 않고 모호하거나 모순되게 행동한다는 뜻이다.

개혁 시늉도 포기할 게 분명한 문재인 3년 차

진보 진영 안에서 개혁주의 지도자들은 이명박·박근혜 집권 시절을 너무 끔찍하게 여기는 대중 정서를 활용해 문재인 정부가 성공해야 우파의 재득세를 막을 수 있다고 대중을 설득해 왔다. 노동자 운동이 적당히 힘을 실어 줘서 우파도 견제하고 문재인도 촛불 염원을 실현하도록 견인하자는 것이었다. 문재인 집권 후 부르주아 민주주의가 다시 자리 잡는 외양을 취하면서 좌파가 주변화되고 문재인 지지가 압도적인 것처럼 보였던 이유다.

그러나 이런 상태는 오래 갈 수가 없었다. 경제·안보 위기 속에서 지배계급이 단결해서 강성 우익 박근혜를 대통령으로 지지했던 것이 불과 5년 전이었기 때문이다. 세계경제 상태가 좋지 않아 문재인의 개혁 시늉 자체가 오래 갈 수 없었다.

길게 보아, 한국 자본주의의 경제·안보 위기가 한국 정부의 어떤 정책 수단으로 해결될 수는 없다. 트럼프의 행보를 보건대, 북미 관계의 진전도 당장에 유력해 보이지는 않는다. 이런 상황은 문재인 개혁의 진정한 실체가 드러나게 할 것이다. 경제·안보 위기는 갈수록 공식 정치를 날카롭게 분열시킬 것이다.

그런데 문재인에게 일말의 기대를 가졌던 청년들(노동자와 대학생 모두)은 문재인에게 채권자 마인드는 있어도 채무자 마인드는 별로 없었다. 이제 이 모순이 현실화되고 있고, 갈등하기 시작했다. 여러 조사를 종합해 보면, 문재인의 진보 개혁 약속 폐기가 지지율 하락 추세의 가장 큰 요인이다.

이 때문에 지지율이 하락하면, 문재인은 돈 잃은 도박꾼처럼 더 기업주들과의 협력에 매달릴 것이다. 우파 숙청, 즉 인적 적폐 청산도 중단될 것이다. 노동 개악은 더 강화될 것이다. 이는 노동자들과 청년들의 불만을 자극할 것이다. 그래서 2019년에 운동은 활발할 것이다.

문재인 지지율이 하락하면서 우파도 사기를 조금씩 회복하는 듯하다.

문재인의 우경화는 그 자체로 우파를 기쁘게 하는 일이다. 여기에 여권 내분 조짐까지 드러나고 있다. 2018년 봄만 해도 보수 대혁신을 말하던 한국당이 이제 보수 대통합을 말하기 시작했다. 그러나 아직은 반反우파 정서가 강력하기 때문에 우파 회복 추세는 분명해도 과정에 우여곡절은 있을 것이다.

한국 공식 정치의 분열상과 부르주아 민주주의의 불안정성, 우파의 강경함은 최근의 서구의 그림과는 당장은 다를 수 있다. 서구 공식 정치에서는 주도적 중도 좌우파 당이 서로 신자유주의로 수렴되면서, 부르주아 민주주의에 대한 불신이 커지고, 이를 배경으로 좌우에서 포퓰리즘이 성장하고 있다.

결국 온건 개혁주의 세력의 문재인과의 협력(을 통해 개혁을 성취하겠다는) 전략은 실패로 입증되는 듯하다. 당연하다.

2018년 초만 해도 남북 화해와 민족 화합 분위기 속에서 사회적 대화 같은 걸 거스르기 어려워 보였다. 민주노총은 별 항의도 못 해보고 근로기준법 개악을 막지 못했다. 그러나 지금은 민주당과 조직적 연계를 맺고 있는 한국노총의 상층 지도자 입에서 사회적 대화를 재고하자는 말도 나온다. 양 노총이 일주일 간격으로 연 노동자대회는 둘 다 지난해보다 더 늘어난 규모로 열렸고, 문재인 규탄·성토 분위기가 압도적이었다.

그렇다고 문재인 개혁의 성공을 이용해 우파 재집권도 막고 개혁주의 세력도 성장하겠다는 개혁주의자들의 전략이 쉽게 바뀔 거라고 보기는 어렵다. 관성이 있다. 다만, 개혁주의 지도자들은 위상과 지지를 유지·확대하려고 대중 정서를 어느 정도는 수용해야 한다. 노동운동의 개혁주의 지도자들은 문재인의 친구가 되고 싶은 것이지 그의 부하가 되고 싶은 건 아니다.

그러나 개혁주의답게 운동을 자기 제한적 방식으로 이끌려 할 것이다. 개혁주의 지도자들은 대체로 문재인 정부에 대한 지지(또는 협력)와 정책 등에 대한 부분적 반대(또는 비판)를 결합시켜서 자신들 전략과 상황의 모순에 대처하려는 듯하다. 또는 한반도 평화 정책을 더 근본으로 보고 이를 지지하면서 부문적인 노동정책에 대한 비판을 곁들일 수도 있다.

첫째, 문재인의 특정 정책만 반대하거나 경제 관료 등의 문제로 축소시키기, 둘째, 2020년 총선으로 불만을 수렴하자는 식으로 당면 투쟁을 회피할 수 있다. 셋째, 파업 대신 거리 운동으로 운동의 잠재력을 제약하려 할 것이다. 넷째, 경제 위기가 더 심화되거나 하면, 위기 극복이나 남북 화해를 위해 국민적 단결에 협조하자고 할 것이다. 다섯째, 우파 재집권을 막으려면 문재인 정부를 과하게 비판하면 안 된다고도 할 것이다.

개혁주의 지도자들이 아직 문재인 정부에게 등을 돌리지 않았다는 것은 문재인이 여전히 개혁주의 지도자들에 대해 설득과 반전을 꾀할 기회가 있다는 뜻이다. 문재인이 개혁주의 지도자들을 포섭해 좌우 양극화를 여야 대결 프레임 안으로 흡수하려는 시도를 할 수도 있다. 김대중은 개혁 배신과 부진, 부패로 욕먹던 3년 차에 남북 정상회담을 추진했고 노무현은 같은 이유로 고생하던 2년 차 후반기에 국가보안법 폐지를 들고 나왔다.

문재인이 쥔 카드도 남북 화해와 적폐 청산 두 개이고, 둘 다 아직은 유효기간이 남았다. 2019년 3·1운동 100주년 기념이 포퓰리즘 카드가 될 수 있다. 가령 건국 100주년이나 반일 제스처, 또는 김정은 답방 등으로 민족주의 정서 고양하기 등을 예상해 볼 수 있다. 과거사 청산, 연립정부나 개헌 등이 카드가 될지도 모른다.

그럼에도 경제 위기, 문재인 개혁의 실체가 드러남, 우파의 사기 회복, 노동자들의 만만찮은 개혁 염원과 불만 등은 좌우 양극화라는 추세 자체를 억제하지 못할 것이다. 어정쩡한 중도파 정부가 양극화에 의해 압착되는 세계적 추세가 한국에서도 그다지 오래지 않아 나타날 수 있다. 계급간 세력균형은 전혀 비관적이지 않다. 좌파에게도 기회가 있다. 그러나 시간은 흘러간다. 운동이 기회를 잡지 못하면 (현재 몇몇 나라에서처럼) 우파에게 기회가 돌아갈 것이다.

운동 안에서도 좌우 양극화가 벌어질 것이다. 경제 양극화가 촉진하는 정치 양극화에는 정치적 통합을 추구하는 반작용이 생기기 마련이기 때문이다. 양극화와 그 반작용이 갈등하면서 운동 안에서 좌우 분열을 낳는 것이다.

따라서 개혁주의에 대한 이해가 매우 중요하다. 대중이 문재인의 배신에 불만을 가지기 시작해도 본격적인 행동으로 치고 나가기 전까지는, 문재인에 대한 개혁주의의 모호한 태도가 쉽게 안 바뀔 것이고 영향력도 어느 정도는 유지될 것이다. 그러나 대중 정서가 기대에서 불만으로 전환하는 그 맥락 때문에 공백이 있을 것이고 좌파에게도 개입의 기회가 있을 것이다.

따라서 개혁주의의 배신적 전략을 단지 폭로(문재인의 하수인이라는 식)만 한다고 현재 운동의 난점을 해결할 수 없다. 오히려 개혁주의 지도자들의 영향력 아래에 사람들을 방치하는 꼴이 될 것이다. 참을성을 갖고 대중을 설득해 더 큰 운동을 건설하려고 해야 한다. 2019년에는 운동들이 더 활발해질 것이기 때문이다.

그래서 개혁주의 담론들과 싸우는 것도 중요하지만, 공동전선을 잘하는 게 특히 중요하다. 공동전선 전술은 특정 쟁점에서 특정 목표에 동의하는 세력이 모두 협력해 운동을 강력하게 만들려는 것이다. 운동 건설

과정은 곧 누구의 주장과 실천이 운동의 요구 달성에 더 효과적인지를 입증하는 과정이기도 하다.

좌파에게는 공동전선을 구성하고 대중투쟁을 건설하는 과정이 곧 문재인과의 거래나 협력을 통해서가 아니라 아래로부터의 대중투쟁을 통해서 바라는 개혁을 성취할 수 있다는 점을 대중에게 설득하고 실천으로 입증하는 과정인 것이다.

그래서 첫째, 대중의 불만과 분노, 부문의 행동들을 대정부 운동으로 일반화하는 문제가 과제로서 중요할 것이다. 개혁주의 지도자들의 부문주의만이 아니라 기층 노동자들의 자생적 부문주의와도 인내심을 갖고 끈기있게 싸워야(설득하고 논쟁해야) 한다.(부문주의와 파업 방식을 사용하는 경제투쟁을 구분해야 한다. 경제투쟁은 노동자들의 조건을 방어하고 정치의식이 발전하는 경로로서 여전히 중요하다.)

둘째, 다양한 포퓰리즘 경향과 싸워야 한다. 때론 설득으로, 때론 투쟁으로. 최근의 개혁주의 득세에 발맞춘 민중주의 유행 추세에 맞서는 것은 곧 길게 보아 반자본주의·반제국주의 노동자 운동을 구축하려는 것이다. 정치 쟁점에서도 파업처럼 경제투쟁에서 주로 쓰이는 이윤 타격 방식이 효과적이다. 페미니즘의 정체성 정치에도 포퓰리즘 요소가 매우 강하다. 정체성 정치 경향은 정체성 분단을 위협하는 요소로 계급 정치를 꼽고 있기 때문에 견제도 강할 것이다. 여성해방을 위한 훌륭한 분석과 제안, 전망을 내놓으면서도 그들의 약점과 딱부러지게 논쟁해야 한다.

요컨대, 탄탄한 정치적 원칙과 분석에 바탕해 전략과 전술을 구체적 실천에 잘 적용하는 기예가 갈수록 중요할 것 같다. 이를 위해서는 부단히 개입하고, 경험을 잘 일반화하는 토론들이 활성화돼야 한다. 실수를 두려워하지 말고, 불필요한 비관주의 없이 자신있게 개입해야 한다.

인류 최초의 달 착륙 시도를 다룬 영화 〈퍼스트맨〉의 대사를 인용해 끝맺고자 한다. 달 착륙 실험 중 비행선이 폭발해 겨우 탈출한 주인공 이 달을 가리키며 내뱉은 대사다. "여기서 실패해야, 저 위에서 실패하 지 않는다."

2부

경제

색지는 정규직,
흰색 용지는
인턴 또는
계약직 공고 입니다.

1장

악화하는 경제와
문재인의 친기업 행보

일시적 반등이 끝나고
다시 불안정해지는 경제

2017년 회복세를 보인 세계경제는 올해 상승세가 지속되지 못하고 있다. 국제통화기금IMF은 최근 발표한 '세계경제 전망' 보고서에서 2018년과 2019년 세계 경제성장률 전망치를 3.9퍼센트에서 3.7퍼센트로 낮췄다. 3개월 전인 2018년 7월보다 0.2퍼센트포인트 낮춘 것이다. 국제통화기금이 세계경제 전망을 낮춘 것은 2016년 7월 이후 2년여 만이다. 세계경제 성장률이 다시 낮아지는 것은 최근 경기 반등을 가져왔던 힘들이 점차 약해지고 있기 때문이다.

우선, 2016년 하반기부터 늘어났던 전 세계 투자 증가세가 2018년 들어 꺾이기 시작했다. 최근 투자 증가세가 짧고 미진했다는 점은 최근의 투자 증가가 기업 수익성이 일반적으로 회복된 데 따른 것이 아니고, 그전 몇 년간(특히 2015~2016년) 투자 위축을 만회하는 정도의 일시적

출처: 강동훈, 〈노동자 연대〉 262호(2018 10 11).

증가였다는 점을 보여 준다. 즉, 최근의 경기 회복은 본격적인 상승 전환이 아니고 일시적인 반등이었던 것이다.

한편, 2008년 세계경제 위기 이후, 세계적인 저금리와 이에 따른 자산 가격 상승은 소비와 투자를 확대시키는 요인이었다. 그러나 이제 이는 세계경제의 주요 불안정 요소인 부채 급등 문제로 돌아오고 있다. 특히, 미국의 금리 인상이 본격화되고 유럽의 양적완화가* 축소되는 등 세계적으로 통화 긴축이 강화되고 있어 이 문제는 더욱 두드러진다.

높은 부채와 금리 인상 등으로 자산 가격 상승도 꺾였다. 미국 주가 상승세는 유지되고 있으나, 유럽·일본·중국 등 대부분 나라의 주가가 약세로 돌아섰다. 세계 주요 도시를 중심으로 부동산 가격 상승세도 멈춘 상황이다. 이는 주요국들의 민간 소비와 건설 경기 등에 타격을 줄 것이다.

더 큰 문제는 저금리가 만든 높은 부채 때문에 신흥국 외환 위기 가능성이 점점 커지고 있다는 것이다. 2018년 들어 아르헨티나와 터키에서 외환 위기가 터지면서 다른 여러 신흥국으로 위기가 퍼진 데 이어, 최근에는 파키스탄이 국제통화기금에 구제 금융을 요청했다. 이집트와 남아공을 비롯한 신흥국들도 단기 외채가 많아 매우 위험한 상태다. 미국의 금리 인상 등에 따라 신흥국 위기가 1997~1998년 동아시아처럼 연쇄적인 외환 위기로 터진다면 세계경제에 큰 타격을 줄 것이다.

한편, 미중 무역 전쟁으로 2019년 세계 교역이 더 위축될 수 있다. 그리고 미중 간 교역이 직접적으로 감소하면서 세계 두 경제 강국인 미국

---

* 제로 금리가 된 후에도 중앙은행이 국채나 주택 담보대출 채권 등을 매입해 금융시장에 돈을 주입하는 정책이다. 그러면 시중 금리가 더욱 떨어져 기업들이 투자하기 쉬워진다.

과 중국의 경기를 악화시키고 이에 따른 부정적 영향이 한국을 비롯한 다른 나라로 확산될 것이다.

중국 정부는 미국과의 무역 전쟁으로 인한 피해를 줄이기 위해 총력전을 펴고 있다. 최근 중국 중앙은행인 인민은행은 지급준비율을* 1퍼센트포인트 내려, 시중에 1조 2000억 위안(약 197조 원)을 공급할 계획이라고 발표했다. 이미 2018년에 3차례나 지급준비율을 낮춘 바 있는데도 말이다. 또 중국 정부는 올해 감세 목표액을 1조 1000억 위안에서 1조 3000억 위안(약 213조 원)으로 높이며 기업들을 지원하기 시작했다. 지방정부들에게는 인프라 투자를 확대하라고 촉구하고 있다. 그러나 중국 정부가 펴고 있는 전방위적인 경기 부양책은 더 큰 위험을 만드는 일일 수도 있다. 중국도 언제 터질지 모르는 막대한 부채가 큰 문제이기 때문이다.

지급준비율 인하로 이미 약세인 위안화는 더욱 큰 압력을 받을 것이다. 위안화는 이미 올해 9퍼센트가량 떨어져 달러당 7위안에 가까워졌는데, 최근의 경기 부양책으로 위안화 약세가 지속돼 조만간 환율이 7위안을 넘을 수 있다는 우려가 나온다. 위안화 약세는 중국 수출 기업이 관세 타격을 상쇄하는 데 도움이 되지만, 위안화 가치가 너무 많이 하락하면 자본 유출 우려가 커지고 달러 부채에 대한 부담이 커진다.

게다가 위안화 약세(환율 상승)는 미국 트럼프 정부나 유럽연합EU 등이 보호무역 정책을 강화하는 것으로 이어질 수 있다. 최근 위안화 환율이 상승하자, 트럼프 정부는 중국을 '환율 조작국'으로 지정하고 중국

---

* 은행이 고객에게서 받은 예금 가운데 중앙은행에 의무적으로 적립해야 하는 비율. 지급준비율을 낮추면 은행이 중앙은행에 적립해야 할 돈이 줄어들어 시중에 풀리는 돈이 늘어난다.

산 제품에 대한 관세를 더 올리겠다고 위협하고 있다.

한국은행은 한국의 대중국 수출(전체 수출의 4분의 1) 중 5퍼센트 정도만 미국으로 재수출된다면서, 미국과 중국의 무역 전쟁으로 중국의 대미 수출이 줄어도 한국은 큰 타격을 받지는 않을 것이라는 전망을 최근 내놓았다. 그러나 이는 뒤집어 말하면 한국 수출이 중국 경제 자체에 크게 의존하고 있다는 말이기도 하다. 격화하고 있는 미중 무역 갈등이 중국 경제 자체에 타격을 줄 공산이 크기 때문에 한국 경제도 큰 타격을 입을 수 있다.

국제통화기금IMF이 2018년 10월 9일 우리 나라의 2018년 경제성장률 전망치를 기존 3퍼센트에서 2.8퍼센트로, 2019년 경제성장률 전망치를 2.9퍼센트에서 2.6퍼센트로 각각 낮췄다. 이미 2018년 7월에 한국은행은 2018년 경제성장률 전망치를 3퍼센트에서 2.9퍼센트로 낮췄다. 미중 무역 갈등 심화 등에 따른 영향이 한국에 미칠 것으로 본 것이다.

이에 따라 한국의 투자도 감소하고 있다. 통계청이 2018년 10월 2일 발표한 '8월 산업 활동 동향'을 보면 기업 설비투자가 전월 대비 1.4퍼센트 감소했다. 기업 설비투자는 2018년 3월 이후 연속 6개월째 하락세를 거듭하고 있다. 이는 IMF 외환 위기 이후 최장 수준이다. 물론 2018년 투자 감소의 상당 부분은 2017년 급증한 반도체 투자가 감소했기 때문이다. 2017년에는 반도체 투자가 60퍼센트 이상 늘어나면서 전체 설비투자가 16퍼센트나 증가했으나, 올해 초 반도체 투자가 일단락되며 2분기 전체 설비투자가 감소세로 전환된 바 있다. 하지만 이를 뒤집어 보면 반도체를 제외하고는 마땅히 투자할 부문이 없다는 뜻이기도 하다.

이 같은 투자 감소 영향으로 고용 증가세도 크게 떨어졌다. 취업자 증가는 2017년에 32만 명 수준에서 2018년 1~8월 10만 명 수준으로 급격히 위축됐다. 7월과 8월에는 취업자가 2017년 같은 기간에 비해

5000명과 3000명만 증가하는 '고용 참사'가 벌어지기도 했다. 9월에는 취업자 수가 감소했을 것이라는 예측도 나오고 있다.

최저임금 인상 등에 따른 임금 상승 부담을 피하려고 기업들과 사용자들이 해고와 노동강도 강화 등으로 대응한 것도 '고용 참사'에 한몫한 듯하다. 2018년 7, 8월 고용 통계를 보면, 구조조정이 벌어진 제조업뿐 아니라, 저임금 청소 노동자 등이 속한 '사업 시설 관리, 사업 지원 및 임대 서비스업'에서 취업자가 10만 명 넘게 감소했다.(산업별 비중으로 보면 후자가 훨씬 크다. 이 외에 도소매, 음식·숙박업 등에서 많이 감소했다.) 임금 인상을 요구해야 할 뿐 아니라 '임금 삭감 없는 노동시간 단축'으로 일자리를 더 늘려야 하는 이유다.

한편, 미국의 금리 인상 등에 따라 한국도 기준 금리를 올려야 한다는 압박이 커지고 있다. 한미 간 금리가 2017년 역전된 데다, 최근에는 금리 차이가 더 벌어지고 있기 때문이다. 미국은 2018년에만도 세 차례 기준 금리를 인상해 기준 금리가 2.0~2.25퍼센트인 데 반해, 한국은 2017년 11월 기준 금리를 1.5퍼센트로 올린 이후 10개월째 동결 중이다. 이 때문에 한국도 2018년 11월에는 기준 금리를 인상할 것이라는 전망이 많다. 그러나 기준 금리 인상은 안 그래도 좋지 않은 기업 투자를 더욱 위축시킬 수 있다. 그리고 1500조 원이 넘은 가계 부채에 큰 타격을 주고, 특히 최근 몇 년간 한국 경제 성장을 이끌어 온 건설 경기에 타격을 줄 공산이 크다.

이처럼 투자 감소에 따라 성장률이 둔화하고, 고용 상황도 악화하자, 문재인 정부는 기업 투자에 도움을 주려고 친기업적 행보를 더욱 강화하고 있다.

2018년 9월 20일에는 사람들의 이목이 3차 남북 정상회담에 집중된 때를 이용해 규제프리존법을 일사천리로 통과시켰다. 자신들 스스로 이

법을 박근혜 정부의 적폐이고, '대기업 청부 입법'이라고 비난해 놓고는 말이다. 10월 들어서도 정부는 "혁신 성장을 가속화"하겠다며 규제 완화를 밀어붙일 태세다.

한편, 정부는 2018년 5월 '줬다 뺏는' 최저임금 제도 개악을 한 것도 모자라, 임금 인상을 억제하는 정책도 다시 꺼내 들고 있다. 노동시간 단축, 최저임금 등에 대한 "정책 수정·보완 필요성"이 있다며, 최저임금 차등 적용과 탄력근로제 확대를 추진하려 한다. 정부는 임금 억제를 위한 공공기관 직무급제 방안도 추진하고 있다. 고용 상황이 나쁘다고 거듭 우려하면서도 사회서비스공단 같은 공공 부문 일자리 창출 약속은 제대로 이행하지 않고, "좋은 일자리 만드는 건 결국 기업"(문재인 자신의 말)이라며 기업 지원에만 열을 내고 있는 것이다.

노무현 정부에 이어 문재인 정부에서도 통상 정책을 담당하고 있는 통상교섭본부장 김현종은 최근 "미국발 보호무역주의는 장기적이고 광범위한 조류"라며, 미국과 중국이 서로 막대한 관세를 물리는 와중에 한국 제품의 경쟁력을 올리려면 규제 완화에 박차를 가해야 한다고 말했다. "장기적" 위기에 대응하기 위해 정부가 앞으로도 친기업 행보를 강화해 갈 것이다.

따라서 정부가 노동조합 지도자들을 끌여들여 협상하려는 경제사회노동위원회(노사정위의 새 이름) 등도 노동계급을 위한 논의의 장이 될 수 없을 것이다. 오히려 정부의 친기업 정책 추진을 정당화하는 데 이용되고 노동운동의 발목을 잡는 구실을 할 것이다.

지금처럼 경제 위기가 장기화되는 상황에서는 변변찮은 개혁도 얻기가 쉽지 않고, 조건을 지키려 해도 큰 투쟁이 필요하다. 정부와 기업들의 위기 전가 정책에 맞서는 노동자들의 투쟁을 발전시키는 것만이 조건을 개선하고 사회 개혁을 이루는 유일한 방안이다.

위태로운 한국 경제

사용자들의 거센 공세에 대비하라

미중 무역 전쟁, 미국의 금리 인상, 신흥국 경제 위기 등 악화하는 세계경제 상황 때문에 한국 경제도 다시 위태로워지고 있다.

2018년 10월 한 달간 한국 증시는 폭락했는데, 그 하락 폭은 주요 국가 중 최대였다. 2018년 들어 아르헨티나·터키 등지에서 신흥국 경제 위기가 진행될 때 한국은 예외라는 말들이 있었는데, 사실이 아님이 입증된 것이다. 금융시장뿐 아니라 실물 경제도 침체하는 경향이 분명해지고 있다. 최근 국책 연구 기관인 한국개발연구원KDI도 경기가 "둔화"하고 있다고 발표했다. 3개월 전까지만 해도 "개선 추세"라고 하더니 말을 바꿔 침체로 접어들고 있음을 공식화했다.

2018년 들어 투자는 큰 폭으로 감소했다. 2018년 3분기 설비투자는 2017년보다 7.7퍼센트 줄었다. 건설 투자도 8.6퍼센트가 줄었다. 물론 투

출처: 정선영, 〈노동자 연대〉 266호(2018 11 10).

자 감소의 상당 부분은 2017년에 급증한 반도체 투자가 감소했기 때문이다. 2017년에는 반도체 투자가 60퍼센트 이상 늘면서 전체 설비투자 증가를 이끌었다. 그러나 이 말을 뒤집어 보면 반도체 말고는 마땅히 투자할 곳이 없다는 뜻이기도 하다. 게다가 외국계 기업 10곳 중 4곳이 2019년 한국 투자를 줄이겠다고 해, 2019년 투자 전망은 더 어두운 상황이다.

실업률도 증가했고, 고용률은 2018년 2월부터 8개월째 내리막을 걸었다. 특히 조선업 구조조정 등으로 2018년 3분기 제조업 노동자 수는 2017년보다 9만여 명 줄었다.

경기 부양책 등의 영향으로 소비는 증가세이긴 하지만, 경기 상황에 대한 우려 때문에 소비 증가세도 둔화하고 있다.

투자 부진 상황에서 수출 증가가 한국 경제 성장을 지탱해 왔다. 그러나 수출도 불확실성이 커지고 있다. 수출은 사상 최대이지만, 반도체를 제외하면 대체로 감소세다. 자동차, 선박, 철강 등 한국의 주요 수출 품목들의 상황이 악화하고 있기 때문이다. 특히, 한국 수출은 신흥국 비중이 58퍼센트나 되기 때문에, 중국을 포함한 신흥국 경제 악화의 영향은 크다.

게다가 2016년 중반부터 이어 온 반도체 호황이 머지않아 끝날 것이라는 전망이 다수다. D램과 낸드플래시의 가격은 2018년 1분기 이후 하락세를 보이고 있다. 세계경제 악화의 여파로 스마트폰 판매는 감소 추세이고, 컴퓨터 시장도 정체 상태이기 때문이다. 게다가 중국이 반도체에 투자해, 2018년 하반기부터 본격적으로 메모리 반도체 생산을 시작한다. 이에 따라 경쟁이 심해질 것이다. 최근 한국 경제 성장이 주로 반도체 수출에 의존해 온 상황에서 반도체 산업이 위기에 빠지면 그 타격이 상당히 클 것이다.

이런 상황에서 문재인 정부는 친기업 정책을 강화하고 있다. 문재인은 부자·기업 증세를 하겠다고 공약했지만 오히려 감세 계획을 내놨다. 정부는 세법 개정을 통해 향후 5년간 12조 6000억 원을 감세할 계획이다. 정부는 '서민 감세'라고 포장했지만, 실상은 법인세 감세 등 대기업 감세도 포함됐다.

문재인은 2018년 11월 1일 국회 시정연설에서 소득 주도 성장의 핵심 정책으로 꼽히던 최저임금 인상과 관련해서는 단 한마디도 하지 않았다. 비정규직 정규직화, 공공 부문 일자리 창출에 대해서도 마찬가지다. 대신 규제 "혁신"(완화·해제)과 경제 성장(자본 축적)은 여러 차례 말했다.

문재인 정부는 최근 경제 악화의 책임을 물어 경제부총리 김동연과 청와대 정책실장 장하성을 해임했다. 그러나 새 경제부총리 후보 홍남기는 박근혜 시절 미래창조과학부 1차관을 지내며 규제 완화, 노동 개악 등 신자유주의 경제 정책을 추진한 정통 경제 관료 출신이다. 새 정책실장 후보 김수현은 문재인 정부의 청와대 사회수석을 하며 핵 발전소와 대학 입시 문제 등에서 개혁을 배신한 데 책임이 있는 자다. 결국 새로운 경제 수장들의 임명도 친기업 정책을 계속하겠다는 신호로 봐야 한다.

실제로 2019년 예산안에서 가장 큰 증가를 기록한 분야도 산업·중소기업·에너지 분야다(14.7퍼센트). 박근혜 정부의 '창조 경제'와 별 다를 바 없는 '혁신 성장'을 추구하며 기업을 지원하기 위한 예산을 대폭 늘린 것이다.

두 번째(12.1퍼센트)로 많이 늘어난 보건·복지·고용 부문 예산도 실제로는 기업 지원책인 경우가 많다. 예를 들어, 고용장려금이 56.3퍼센트나 늘었는데, 시간선택제 노동자를 고용하거나 전일제 노동자를 시간제로 전환하거나 유연근무제 도입을 해도 지급한다. 정부가 노동 유연화를 적극 권장한다.

반면, 정부가 직접 늘리겠다는 사회 서비스 일자리는 대부분 임금이 월 100만 원 수준이거나 그 이하인 최저임금 수준의 열악한 일자리다. 공공 부문 일자리의 질 개선을 위해 사회서비스공단을 설립하겠다고 공약했지만, 내년 예산에는 사회서비스원의 시범 사업으로 고작 14억 원을 배정하는 데 그쳤다.

보건 예산에서도 건강보험 지원 예산은 법정 의무 조항에 비해서도 2조 원 이상 부족하게 책정했다. 하지만 박근혜 정부 때부터 추진하던 의료 영리화 사업 등을 위해서는 많은 예산이 배정됐다. 공공 병원 설립 공약을 위한 예산은 책정되지 않았다. 하지만 보건 산업 시장 부양을 위한 정책 예산은 145퍼센트나 증가했다. 복지 지출은 증가했지만 기초 연금, 아동 수당 등 의무 지출이 크게 증가한 것이고 실질적인 개선세는 미약하다.

그에 비해 국방비는 8.2퍼센트나 증가해 2008년 이후 최고 증가율을 기록했다. 특히 킬체인, 한국형미사일방어체제KAMD 등 미국의 미사일 방어 체제와 관련한 예산은 16.4퍼센트나 증가했다.

이처럼 정부 예산은 기업 지원과 국방력 강화에 방점이 찍혀 있다. 결국 문재인이 국회 시정연설에서도 소득 주도 성장 운운한 것은 노조 지도자들을 사회적 대화에 끌어들여 투쟁의 발목을 잡으려는 미사여구일 뿐인 듯하다.

악화하는 경제 상황에서 정부와 기업들의 공격은 앞으로 더 거세질 것이다. 기업주들과 우파 언론들은 문재인 정부의 대책이 부족하다며 더 강력한 친기업·반노동 정책을 주문하고 있다.

이미 문재인 정부는 탄력근로제 단위 기간 확대, 반값 일자리인 '광주형 일자리', 국민연금 개악, 최저임금 추가 개악 같은 임금 삭감 계획과 온갖 신자유주의적 규제 완화 등을 추진하고 있다. 이에 더해 2019년에는 구조조정(실제로는 고용 '조정'에 초점이 맞춰져 있다)도 더 강화될 듯하다. 한국개발연구원은 '2018 하반기 경제 전망 보고서'에서 경제가 어려워지는 상황에서 구조조정을 적극 추진해야 한다고 강조했다. 이를 위해 노동 유연성을 높이고 해고에 대비한 "사회 안전망 확충"을 해야 한다고 주문했다. 실제 이런 상황에 대비해 이번 예산안에서는 실업 급여 확대 등 고용 안전망 강화 예산이 26.7퍼센트 증가했다.

이런 때 정부와의 사회적 대화에 미련을 갖는다면 정부의 개악에 들러리만 서 주는 꼴이 될 것이다. 투쟁의 태세와 준비를 분명히 해야 한다. 경제 위기 상황에서는 작은 양보를 따내기 위해서도 단호한 투쟁과 연대가 사활적으로 중요하다. 문재인 정부에 대한 배신감이 쌓여 가고 노동자들의 자신감이 증대하는 상황에서 노동계급의 단결과 계급투쟁의 전진을 도모할 혁명적 좌파의 구실이 더욱 중요해지고 있다.

말만 요란하고 실행은 안 된
'소득 주도 성장'

최근 통계청의 두 발표가 여론의 주목을 끌었다. 하나는 2018년 4분기 소득 격차가 역대 최악이라는 것이고, 다른 하나는 2019년 1월 실업자 수가 19년 만에 최대라는 것이다.

2018년 4분기 가계동향조사(소득 부분) 결과를 보면(그림 참조), 소득 하위 20퍼센트(1분위)의 소득은 전년 동기보다 17.7퍼센트 감소했다. 1분위에서 '근로자 가구'의 비율은 2017년 4분기 42.6퍼센트에서 2018년 4분기 28.5퍼센트로 줄었고, 근로 소득은 가구당 월 68만 원에서 43만 원으로 36.8퍼센트나 감소했다. 즉, 실업 증가의 직격탄을 맞은 것이다. 반면 상위 20퍼센트(5분위)의 소득은 10.4퍼센트 증가했다. 상위 20퍼센트로 뭉뚱그려져 있지만, 그중 최상위층의 소득 증가 폭

출처: 정선영, 〈노동자 연대〉 277호(2019 2 27).

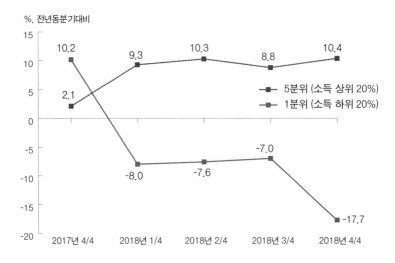

1분위와 5분위 가구당 월평균 소득 증감률 추이

%, 전년동분기대비

이 특히 크다. 예컨대 2018년 10대 재벌 총수의 배당금은 42.4퍼센트나 늘었다. 이건희는 병석에 누워 있으면서도 배당금이 55퍼센트 증가해 4748억 원을 가져갔다.

자산 격차는 소득 격차보다 훨씬 더 크다. 정준호 강원대 교수의 조사 결과를 보면, 자산 격차 지수는 소득 격차의 3배 수준이다. 예컨대 10대 재벌의 자산은 2011~2018년 사이에 70퍼센트나 증가했다.

지난 20년간 한국의 노동소득분배율(총소득에서 임금이 차지하는 몫)은 10퍼센트 줄었다. 일각에서는 소득 격차 증대를 두고 노동자 내 임금 격차를 강조한다. 그러나 실상은 계급 간 격차 증대가 불평등을 낳는 핵심 원인인 것이다. 이런 불평등 증대에서 실업 문제가 큰 몫을 차지하고 있다. 2019년 1월 15~64세 취업자 수는 전년 동월 대비 12만 5000명이나 줄었다.

이를 두고 보수 진영은 문재인 정부의 최저임금 인상과 소득 주도 성장 정책이 낳은 결과라며 제 논에 물 대기 식 해석을 하고 있다.

그러나 문재인 정부의 소득 주도 성장 정책은 소리만 요란했지, 제대로 시행된 적이 없다. 최저임금 인상은 줬다 뺏기 식으로 개악해 인상 효과를 무력화했다. 문재인 정부가 사용하지 않고 남긴 세금이 2017~2018년 매해 10조 원이 넘었다는 것에서 보듯, 정부는 신자유주의적 균형재정 논리에 입각해 사실상 긴축재정을 폈다.

게다가 임금 인상 때문에 곧장 일자리가 감소한다는 주장은 참말이 아니다. 예를 들어 미국은 지난 수년간 최저임금이 올랐지만 취업자는 증가하고 있다. 고용 상황은 전체적인 경기 상황과 이윤율, 그리고 이에 따른 자본가들의 투자로 결정된다(임금은 이윤율에 영향을 미치는 한 요소일 뿐이다). 2018년 한국 기업들의 설비투자는 4.2퍼센트 감소해, 2008년(-4.8퍼센트) 이후 최대였다. 지난해 평균 제조업 가동률도 72퍼센트대로 2008년 위기 이후 최저 수준이었다.

조선업과 한국GM 구조조정에서 보듯 자본가들은 경제 위기의 고통을 노동자들에게 떠넘겼고, 정부는 이를 뒷받침했다. 즉, 전 세계적인 불황과 경제 위기의 고통을 노동자들에게 전가하려는 지배자들의 정책이 '고용 참사'의 핵심 이유다.

양극화와 실업이 심각해지고 있는 상황은 자본주의에서 "한편에서는 부의 축적이, 다른 한편에서는 빈곤의 축적"이 이뤄지고 있다고 한 마르크스의 말이 옳았음을 보여 준다.

마르크스는 자본주의가 성장함에 따라 노동자들의 '상대적 빈곤'이 커진다는 점을 지적했다. 흔히 마르크스의 주장을 노동자들의 '절대적 빈곤'이 커진다는 식으로 오해한다. 그러나 마르크스는 노동자들의 임금이나 생활수준이 상승할 수 있다는 것을 부정하지 않았다. 그러나 그때조차 상대적 빈곤은 커질 수밖에 없다는 점을 지적했다. 자본가들이 이윤 경쟁을 위해 노동생산성을 높이려 애쓰고, 이는 노동자를 고용하는 것보다 기계 등 생산수단에 대한 투자를 더 빨리 늘리는 것으로 나타나기 때문이다. "따라서 노동생산성의 향상은 … 생산수단의 양에 대비한 노동량의 감소로" 나타난다. 그래서 자본가들의 손에 축적된 자본이 늘어날수록 고용된 노동자는 상대적으로(절대적이 아니다) 감소한다. 마르크스는 이를 "자본주의적 축적의 일반 법칙"이라고 말했다.

이 과정을 통해 형성된 "상대적 과잉인구" 또는 "산업예비군"이 취업자에게 압박을 강화해 "취업자는 과도노동을 하지 않을 수 없다." 이 말처럼 오늘날 한편에 거대한 실업이 존재하지만, 다른 한편에서는 김용균 씨처럼 부족한 일손으로 무리하게 일하다 죽거나 다치는 산업재해가 끊이지 않는다.

문재인 정부는 양극화를 낳은 신자유주의에 대처하겠다면서 소득 주도 성장을 공약했다. 그러나 얼마 되지 않아 내팽개쳤다. 최저임금 제도를 개악했을 뿐 아니라, '주 52시간 노동시간 제한'을 하자마자 탄력근로제를 도입해 또다시 장시간 노동을 강요하고 있다. 공공 부문 비정규직의 정규직화를 말했지만, 실상은 이를 위한 정부 지원을 거의 하지 않아 '허울뿐인 정규직화'라는 비판을 받고 있다.

이번에 소득 분배가 악화했다는 통계가 나온 이후 열린 긴급회의에서도 정부 관계자는 "민간 활력 제고에 최우선 방점을 두고 규제 혁신, 대규모 프로젝트 추진 등"에 총력을 기울이겠다고 했다. 또다시 경제 성장을 통해 저소득층의 소득을 끌어올린다는 '낙수 효과'론을 가지고 나온 것이다. 그러나 이런 신자유주의 정책은 이미 지난 수십 년간 실패로 드러났다.

불평등과 실업을 완화하려면, 양질의 공공 부문 일자리 확충, 임금 삭감 없는 노동시간 단축을 통한 일자리 늘리기, 부자에게 세금을 걷어 제대로 된 복지 확대 등을 해야 한다. 자본주의 시장 논리를 거부할 때 이런 대안을 더 일관되게 추구할 수 있다. 이윤이 아닌 노동자와 가난한 사람들의 삶을 위한 투쟁과 연대가 강화돼야 한다.

신자유주의적 규제 완화를
이어받다

신자유주의 규제 완화 + 노동 유연화

문재인 정부가 2018년 6·13 지방선거 직전부터 '혁신 성장'에 강조점을 두기 시작했다. 정부는 "3개월 내에 혁신 성장을 위한 돌파구를 찾겠다"며, "당분간 규제 완화와 이를 통한 혁신 성장 가속화에 정부 역량을 집중할 것"이라고 밝혔다.

2018년 6월 26일에는 '소득 주도 성장론'의 주창자인 청와대 홍장표 경제수석을 해임했다. 최근 취업률, 청년 실업률 등이 악화하자, 이 책임을 물어 경질된 것이라는 게 중론이다. 대신 문재인 정부는 윤종원 주경제협력개발기구ᴏᴇᴄᴅ 대사를 경제수석으로 임명했다. 신임 경제수석 윤종원은 기획재정부 출신으로 "'혁신 성장'을 내걸고 노골적인 친기업, 친재벌 행보를 노골화하고 있는 김동연 라인과 연결하는 인사"다(민주노총 성명).

출처: 강동훈, 〈노동자 연대〉 252호(2018 6 29).

그동안 우파들은 홍장표 경제수석의 경질을 요구해 왔다. 최저임금 인상, 노동시간 단축 같은 소득 주도 성장 정책이 오히려 저임금 노동자들의 일자리를 빼앗고, 영세 자영업자들을 어렵게 만든다고 공격하며 말이다. 결국 우파들의 바람대로 된 것이다. 이런 상황은 문재인 정부가 '소득 주도 성장'을 내팽개치고 '혁신 성장'으로 옮겨 갔음을 보여 준다.

물론 문재인 정부는 개혁 염원 지지층이 이탈할 것이 두려워, "소득 주도 성장, 혁신 성장, 공정 경제라는 현 정부 3대 경제정책 기조는 유지"하는 것이라고 말하고 있다. 또 〈한겨레〉, 〈경향신문〉 등의 사설도 이를 그대로 받아 적었다. 그러나 정부의 말을 곧이곧대로 믿는 것은 문재인 정부를 방어해야 한다는 생각에 눈이 멀어 현실을 직시하지 않는 것이다. 오히려 많은 사람들은 문재인 정부가 노무현 정부의 전철을 밟는 것 아닌지 의심하고 있다. 노무현 정부도 출범 열 달 만에 진보적 교수 출신인 이정우 청와대 정책실장을 경질했고, 이후 급속하게 노골적인 신자유주의로 전향하면서 개혁 염원 대중을 실망시킨 바 있다.

물론 문재인 정부가 소득 주도 성장을 추진하기는 한 것인지, 과연 추진할 의사는 있었는지도 따져 물어야 한다.

문재인 정부는 2017년에 최저임금 인상이 결정된 직후부터 '줬다 뺏는' 제도 개악(산입 범위 확대)을 추진했고, 2018년 5월 말에는 이를 밀어붙였다. 정부가 최저임금 인상 무력화라는 판을 깔아 주자 사용자들도 제도 개악 전부터 성과급·복리후생비를 기본급으로 바꾸고, 노동시간을 축소하고, 노동강도를 강화하는 방식으로 최저임금 인상을 무력화했다. 정부 안에서 최저임금 인상 '속도 조절론'이 공공연하게 나온 지 오래라서, 내년 최저임금 인상률을 기대하기도 어렵다.

대표적인 일자리 정책인 공공 부문 비정규직 정규직화 정책도 "쭉정이"가 됐다. 전환 제외자가 많았고, 전환된 노동자들도 대부분 제대로 된 정규직이 아니라 무기계약직이나 자회사로 고용된 것이라 임금·노동 조건 개선은 거의 없었다. 게다가 정부는 전환자들을 저임금에 고착시키는 임금 체계를 제시했다.

이처럼 문재인 정부는 개혁을 추진하면서 사용자들이 빠져 나갈 길도 함께 만들어 줬다. 결국 문재인 정부가 임금과 일자리를 늘려 노동소득 몫(특히 저임금 노동자들의 소득)을 끌어올릴 의지도 없었다는 것을 보여 준다.

더 근본에서 보자면, 소득 주도 성장론 자체가 모순을 갖고 있었다. '소득 주도 성장'론은 노동자들의 소득이 늘어나면 소비가 증가하고, 생산성이 향상돼, 수요가 늘고 경제가 성장할 수 있다고 주장했다. 여기서 중요한 점은 소득 주도 성장론이 단지 신자유주의로 심화된 불평등을 해소하자는 정책이 아니라 '성장론'이라는 점이다. 다시 말해, 노동소득을 늘렸는데도 경제가 성장하지 않으면, 노동소득 증대를 계속할 수 없다는 점을 깔고 있는 것이다.

그러나 자본주의 사회에서 노동소득 몫이 늘어나면 자본소득 몫(즉 이윤)은 줄어야 한다. 지금과 같은 장기 불황기에 임금을 늘려 이윤에 타격을 주면, 투자가 줄면서 경기 침체가 벌어지기 쉽다. 게다가 최근 미중 무역 갈등, 중동 내 갈등 등으로 한국의 수출 확대 전망이 점점 불확실해지고, 석유값 상승과 신흥국 통화 위기 등으로 세계경제가 요동칠 가능성이 커졌다. 문재인 정부가 집권 1년여 만에 더 확실하게 사용주들의 이윤을 보호하는 편에 선 것은 이 때문일 것이다.

2018년 6월 27일 청와대는 여러 정부 부처가 참여하는 규제 혁신 점검 회의를 돌연 취소했다. 대통령이 여러 차례 강조했는데도 준비가 미흡하다는 이유로 말이다. 문재인은 규제 혁신 회의를 취소하면서 "국민이 체감할 수 있는 규제 개혁의 성과를 반드시 만들어 보고해 달라"고 거듭 강조했다고 한다. 그러면서 정부는 대한상공회의소 등 사용자 단체들과 간담회를 하며 그들의 요구를 듣고 있고, 적폐로 지목돼 해체 논란이 벌어진 전경련과도 간담회를 추진하고 있다. 문재인·김동연 등이 "국민이 체감할 수 있는"이라고 말할 때 국민은 바로 이런 기업들을 뜻하는 것이다.

때마침 경총은 혁신 성장을 위한 규제 개혁 과제라며 9가지 과제를 최근 내놨는데, 이 중 4가지가 영리 병원과 원격의료 허용을 포함해 의료 영리화·민영화와 관련된 것들이다.

게다가 문재인 정부 주요 인사들은 박근혜가 추진해 온 규제 완화 법률인 서비스산업발전기본법·규제프리존법 통과를 공공연히 주장해 왔다. 국무총리 이낙연과 경제부총리 김동연은 이미 규제프리존특별법 찬성 견해를 밝혔고, 공정거래위원장 김상조는 서비스산업발전기본법 통과를 공공연히 주장했다. 서비스산업발전기본법은 의료 민영화를 열어 주는 것으로, 이미 박근혜 정부의 대표적인 '적폐'로 지목된 바 있다. 규제프리존법은 박근혜 정부 시절 기업주들의 규제 폐지 청원을 집대성한 '최순실법'으로 알려져 있다.

한편, 문재인 정부는 '쉬운 해고'도 혁신 성장 과제 중 하나로 포함했다. 박근혜가 추진했던 '저성과자 해고제'와는 다른 방법이긴 하지만 말이다. 경제부총리 김동연은 혁신 성장을 위해 "'혁신형 고용 안정 모델'을 구체화해 조만간 발표할 계획"이라며, "고용 시장에 신축성을 제고할 수 있는 방안을 마련하겠다"고 밝혔다. 결국 문재인 정부는 그동안 추진해 온 임금 체계 개편, 유연근무제 확대에 더해, '쉬운 해고'도 추진하겠다는 것이다.

기재부에 따르면 '혁신형 고용 안정 모델'은 덴마크 모델을 염두에 둔 것이라고 한다. 덴마크는 기업들의 해고를 쉽게 할 수 있게 풀어 주되

(유연성), 해고된 노동자들에게 직전 급여의 최대 90퍼센트까지 실업수당을 지급하고 있다는 것이다(안정성). 또 재교육·재취업을 위한 서비스(적극적 노동시장 정책)를 제공한다고 한다.

최근 문재인 정부는 사회 안전망 강화를 위해 자발적 실업자라도 6개월 이상 일자리를 구하지 못한 사람에게는 실업 수당을 지급하는 방안을 검토하겠다고 밝혔는데, 이것도 '혁신형 고용 안정 모델'을 염두에 두고 추진하는 듯하다. 대신 구직 활동 입증을 강화하겠다고 한다.

그러나 덴마크 모델은 신자유주의 시기에 실업수당을 줄이고 그 수급을 까다롭게 만든 것으로 유럽 복지국가가 후퇴하면서 나타난 정책이다. 1970년대 말과 1990년대 초 경제 위기로 덴마크에서 실업이 급증하자, 1993년 집권한 사민당은 실업수당을 받으려면 적극적 노동시장 정책(구직, 직업훈련 등)에 참여할 것을 의무화했다. 실업자가 소개받은 일자리나 직업훈련을 거부하면 실업수당 지급을 중단한 것이다.

1970년대에 거의 무제한에 가까웠던 덴마크의 실업수당 수급 기간은 꾸준히 단축돼 4년으로 줄었는데, 이를 다시 2년으로 줄이는 방안이 검토되고 있다. 그러나 실제 이렇게 오랫동안 실업수당을 받는 경우는 거의 없다. 실업수당을 받을 수 있는 조건이 점점 더 까다로워졌기 때문이다. 주당 최소 사용자 4명과 인터뷰해야 하고, 직업훈련을 받아야 하며, 취업 설계사와 면담을 해야 하고, 거주지와 직종을 바꾸는 것도 받아들여야 한다. 결국 덴마크 모델은 "실업자들이 까다롭게 굴지 않으면서 가능한 한 빨리 재취업하도록 하려는 술수인 것으로 판명됐다."

4차 산업혁명이라는 법석을 떠는 이유

"4차 산업혁명" 운운하는 법석이 도무지 식을 줄 모른다. 과장된 언론 보도들이 줄을 잇고, 관련 도서가 넘쳐난다. 대통령 직속 "4차산업혁명 위원회"가 설립됐고, 경제사회노동위원회도 산하에 "디지털 전환(4차 산업혁명)과 노동의 미래 위원회"를 설치했다.

"4차 산업혁명"이라는 말은 이세돌과 인공지능 바둑 프로그램 알파고 의 대결 이후 크게 유행했다. 알파고 승리의 과대 선전 속에서 인공지능 에 대한 관심이 급증하면서 디지털 기술이 경제는 물론 우리의 삶 전체 를 근본적으로 바꿔 놓을 것이라는 신화가 널리 퍼졌다.

한국정보통신학회는 4차 산업혁명을 이렇게 정의했다. "첨단 정보통 신기술ICT이 경제와 사회 전반에 융합돼 혁신적인 변화가 나타나는 차 세대 산업혁명." 사물 인터넷, 빅데이터, 인공지능 등 디지털 기술에 의 해 자동화와 연결성이 극대화되면서 급격한 경제·사회 변화가 일어난

출처: 김하영, 〈노동자 연대〉 262호(2018 10 11).

다는 것이다.

4차 산업혁명 옹호자들은 "과학기술과 디지털화가 모든 것을 완전히 바꿀 것"이고 "앞으로 펼쳐질 혁명의 속도와 깊이는 상상도 할 수 없을 정도일 것"이라고 주장한다. 기존 경제 질서는 종언을 고하고 산업과 노동 모두의 근본적인 변화가 불가피하다고 한다.

그러나 디지털 기술 발전에 "혁명"이라는 낱말을 붙이는 것에 회의적인 사람들도 많다. 2010년 독일이 발표한 "하이테크 전략 2020"의 하나인 "인더스트리 4.0"이 4차 산업혁명이라는 말의 기원이라고 하는데, 여기서 보듯이 "혁명"이라는 낱말이 붙어 있지 않다. 도대체 "디지털 혁명"(또는 "3차 산업혁명")이라고 불리는 컴퓨터와 정보통신기술의 발전과 무엇이 다르냐는 지적이 있어서다(뒤에서 살펴보겠지만, 정보통신기술의 발전도 결코 "혁명"이라고 할 만한 경제·사회 변화를 가져오지는 않았다).

인더스트리 4.0이 발표되고 몇 년 뒤인 2016년 세계경제포럼은 4차 산업혁명 화두를 다시 꺼냈는데, 그것을 받아 살린 일등 공신이 아마 한국일 것이다. 한국은 4차 산업혁명 열풍이 유난한 곳이라고 많은 사람들이 꼬집는다. 세계경제포럼 회장인 클라우스 슈밥의 책 《제4차 산업혁명》이* 전 세계에서 100만 부가 팔렸는데 그중 30만 부 이상이 한국에서 팔렸다니, 그런 말이 나올 법하다. 이는 한국인들이 유별나서가 아니라, 한국 정부가 "4차 산업혁명"을 띄우고 언론과 학계 등이 요란스럽게 장단을 맞춘 결과다.

알파고 대국 직후 당시 대통령 박근혜는 "4차 산업혁명의 도래"를 선언하고 그것을 자신의 선전 구호인 "창조 경제"와 연결시켰다. 그리고 디지

---

* 클라우스 슈밥,《제4차 산업혁명》, 새로운현재, 2016.

털 전환에 필요하다는 명분을 내세워 서비스발전기본법을 추진했고, 노동 "개혁"(적폐)을 정당화했다. 박근혜가 탄핵 재판을 앞두고 읽고 있던 책으로 언론에 공개한 것도 클라우스 슈밥의 《제4차 산업혁명》이었다.

4차 산업혁명에 열을 올리기는 문재인 정부도 마찬가지다. 대통령직속 "4차산업혁명위원회"를 만들었고, 그것을 자신의 선전 구호인 "혁신성장"과 연결시키고 있다. 박근혜의 청와대에 초대됐던 클라우스 슈밥은 주인이 바뀐 문재인의 청와대에도 초대됐다.

박근혜 정부 시절과 달라진 것이 있다면 문재인 정부가 "4차 산업혁명" 앞에 "사람 중심"이라는 수식어를 붙였다는 것 정도다. 그러나 수식어는 수식어일 뿐, 문재인 정부는 박근혜 정부 시절 정보통신 관련 부처의 계획들을 거의 그대로 이어받고 있다.

한국 정부가 4차 산업혁명 법석을 떠는 이유는 한국 경제를 저성장의 늪에서 구할 대안이 있다고 믿게 만들려는 것이다. 4차산업혁명위원회 출범식에서 문재인은 "지능정보화의 물결"을 기회로 새로운 성장 동력을 확보해 "활력 넘치는 경제"를 만들겠다고 힘주어 말했다. 4차 산업혁명으로 "한국 경제의 미래 먹거리"를 발굴하겠다는 것이다.

그러면서 그는 그것이 가능하려면 규제 완화가 이뤄져야 한다고 강조했다. 한국이 4차 산업혁명 시대에 뒤떨어지고 있는 이유는 "과도한 규제" 때문이라고 말이다. 문재인 정부와 민주당은 신기술 관련 산업 분야에 규제를 완화 또는 면제하는 "규제 혁신 5법"을 추진해 왔다. 그중 3개가 2018년 9월 하순 국회를 통과했다. 이와 함께, 은산분리 규제 완화도 통과됐다. 이 일도 인터넷전문은행이 4차 산업혁명의 첨병이라는 명분으로 추진됐다.

요컨대 정부는 4차 산업혁명 신화를 앞세워 신자유주의적 규제 완화 정책을 정당화하고 있는 것이다. 규제프리존법이 국회를 통과하는 과정에서 민주당과 한국당이 손발이 척척 맞은 것은 문재인 정부의 "규제 혁신"이 박근혜 정부의 "규제 개혁"을 고스란히 이어받고 있음을 잘 보여 줬다.

이제 그들은 또다시 합심해, 노동자들도 4차 산업혁명 시대에 적응할 줄 알아야 한다며 노동 "개혁"(적폐의 재연)도 추진할 것이다. 4차 산업혁명에 걸맞은 고용 관계의 변화를 받아들이고, 생산성 향상을 위해 노사가 협력해야 한다면서 말이다.

규제 샌드박스 시행

경제 활력은커녕 사고 위험만 키운다

2019년 1월 17일부터 '규제 샌드박스' 제도가 일부 시행됐다. 규제 샌드박스는 미국에서 만들어진 용어로 기업의 투자를 유도하기 위해 규제가 아예 없는 영역을 만든다는 뜻이다. 박근혜 정부 시절 '규제프리존'이라고 부르던 제도를 이름만 바꾼 것이다. 정부 여당은 이를 위해 2018년말 법안 5개(정보통신융합법, 산업융합촉진법, 금융혁신법, 지역특구법, 행정규제기본법)을 국회에 상정해 그 가운데 4개를 통과시켰다. 그중에 정보통신융합법과 산업융합촉진법이 17일부터 시행됐다. 금융혁신법과 지역특구법은 4월 시행 예정이다. 행정규제기본법은 국회 계류 중이다.

규제 샌드박스 제도는 첫째, 국내의 다른 법률에 구체적으로 명시되지 않은 새로운 사업은 일단 허용하는 것을 원칙으로 한다. 둘째, 이미 다른 법률에 규제가 명시돼 있는 경우에도 기업들이 스스로(!) 안전성

출처: 장호종, 〈노동자 연대〉 274호(2019 1 31).

을 평가해 보고하면 이를 바탕으로 규제 적용에 예외를 둘 수 있도록 했다. 셋째, '신기술'의 경우 안전성이 입증되지 않아도 효용성만 증명하면 일단 사업을 승인한다.

정부는 현대차·KT·카카오 등 대기업들이 신규 제품·서비스 허가를 신청했다며 금방이라도 투자가 크게 늘 것처럼 말한다. 문재인은 "그동안 규제로 인해 꿈을 현실로 구현하지 못한 모든 분에게 즐거운 출발점이 되길 바란다"며, "기업은 신나게 새 제품을 만들고 신기술, 신산업이 활성화되면 우리 경제의 활력도 돌아올 것"이라고 기대를 부풀렸다.

그러나 실제 내용을 조금만 들여다보면 고개를 갸우뚱할 만한 것들뿐이다. 먼저 KT와 카카오가 신청한 '신산업'은 경찰청이나 국민연금공단이 과태료 고지서를 휴대전화 메시지로 "쉽고 빠르게" 보내는 '서비스'다. 언뜻 보기에도 여느 정부 관료의 머릿속에서나 나왔을 법한데, 경제 활력은커녕 사람들의 반발을 살 수 있다. 경찰청이나 국민연금공단이 보유한 개인 정보를 정보통신 기업이 이용할 수 있도록 하는 조처이기 때문이다.

현대차는 서울 시내 5개 지역에 수소 가스 충전소를 짓겠다고 신청했다. 지금까지는 가스 충전소를 함부로 짓지 못하도록 규제해 왔다. 가스를 다루는 작업은 본질적으로 폭발의 위험이 있는데, 인구가 밀집한 지역에서는 피해가 커질 수 있기 때문이다. 2010년 서울시내 버스에 장착된 CNG 가스통이 폭발하는 사고가 벌어져 우려를 낳았는데, 비슷한 일이 훨씬 큰 규모로 벌어질 수 있다.

유전자 검사 업체 마크로젠은 '유전자를 분석해 건강 관리를 해 주는 서비스' 허가를 신청했다. 유전자를 분석해서 질병을 예방하거나 치료한다는 개념 자체가 매우 섣부른 것이다. "암 유전자가 있다고 해도 반드시 암이 생기는 것이 아니다. '유방암 유전자BRCA1'를 가진 유방암 환자는 약 5퍼센트밖에 되지 않는다. 조현병 유전자도 유전 변이는 100개가 넘지만 유병률은 전체 인구의 1퍼센트에 불과하다. 더욱이 설령 '이상 유전자'가 발견된다고 해도 현재의 과학기술로는 할 수 있는 일이 거의 없다. 이 유전자를 가지고 있다고 통보받으면 평생을 얼마나 큰 공포 속에 살아야 할지 생각해 보라."(신영전, 한양의대 예방의학 교수) 그럼에도 불구하고 수십 년 동안 주류 과학계의 정설처럼 유포된 '유전자 결정론' 때문에 적지 않은 사람들이 이 '서비스'를 이용할 듯하다. 유전자 분석 업체나 '유전자 치료'를 내세운 사이비 병원·제약업체는 이를 악용해 돈을 벌 수 있을 것이다.

규제 완화로 경제 위기에서 벗어날 수 있다는 것은 전형적인 신자유주의 논리다. 제2차세계대전 이후 세계경제의 장기 호황이 1970년대에 끝나고 경제 위기가 찾아왔을 때 기업주들과 주요 선진국 정부는 규제를 그 원인 중 하나로 지목했다. 각종 규제 때문에 새로운 산업에 투자하려는 의욕이 떨어진다는 것이다. 특히 후발 주자들이 대기업들과의 경쟁에서 살아남거나 이기려면 다소 불완전한 상품이라도 만들어 팔아 볼 수 있게 해야 한다는 것이다.

그러나 이런 가정 하에 지난 수십 년 동안 규제를 완화했어도 경제 위기는 해결되지 않았다. 오히려 2008년 이래로 길고 긴 경기 침체가 이어지고 있을 뿐이다. 대기업으로의 집중도 가속됐다. 구글, 애플, 페이스북 등 '혁신'을 내세운 새로운 대기업의 등장도 이 추세에는 거의 영향을 주지 못했다. 반면, 각종 규제 완화는 안전 조처를 약화시켜 크고 작은 사고가 빈발했다. 양극화도 더욱 심화했다.

애당초 진단이 잘못됐기 때문이다. 경제 위기는 자본가들이 투자를 꺼리는 상황인데, 이는 단지 규제가 많아서 만은 아니다. 호황기에는 규제가 아무리 많아도 투자가 활발하고 심지어 투기를 막기 위해 각종 규제가 신설되기도 한다. 규제가 아니라 경쟁적 축적이라는 자본주의의 작동 원리 자체가 경제 위기를 낳는다. 자본주의 사회에서 이윤의 원천은 인간의 노동력인데, 경쟁에서 이기려면 경쟁자보다 짧은 시간에 이윤을 더 많이 얻어야 한다. 그래서 모순이게도 인간의 살아 있는 노동력보다 기계 등 설비투자에 더 많이 투자한다. 경쟁의 압력은 이윤율이 낮은 부문에서 높은 부문으로 자본이 이동하게 하는데, 앞선 과정의 반복으로 오히려 경제 전체의 이윤율이 낮아지는 결과를 낳는다.

그런데 규제 완화는 시장에서 자국 기업의 경쟁력을 높이겠다는 것이니 위기 해결은커녕 오히려 위기를 심화하고 가속할 위험을 안고 있다. 이런 기업들의 탐욕스런 이윤 추구를 아이들이 '맘껏 뛰어노는 놀이터'에 비유하니 씁쓸함을 느끼는 사람도 많을 것이다.

설사 규제 완화로 일부 벤처 기업이 성장하거나 대기업이 투자를 늘리더라도 노동자들 입장에서는 전혀 환영할 일이 못 된다. 기업들이 '자유롭게 뛰어노는' 놀이터에서 생기는 일자리는 저질 저임금 일자리일 가능성이 크다. 무엇보다 앞서 지적한 대로 그런 일자리가 안전 규제 완화로 생겨나는 피해보다 우선시될 수는 없다.

각종 대학 연구 보고서가 조작됐던 가습기 살균제 사건, 기업의 자체 안정성 평가 외에 믿을 만한 정부의 평가 자료가 없고 그조차 공개하도록 강제할 수 없었던 삼성반도체 백혈병 사건, BMW 화재 사건 등이 그 사례다. 이 사건들은 하나같이 정부 자신의 안전성 검증 없이 기업 측의 평가만 믿고 사용을 허가한 경우다. 사고가 나도 정작 정부는 뭐가 문제였는지도 알지 못했고, 이런 방식을 인정해 둔 터라 기업 측의 내부 연구 자료를 요구해도 기업주들이 이를 손쉽게 거부할 수 있었다.

규제 샌드박스는 경제 위기를 해결하지도 못하고, 일자리 대안이 될 수도 없다.

3장

의료 영리화 추진, 철도 민영화 유지

노골적으로 의료 영리화 추진하는
문재인 정부

문재인은 2018년 7월 9일 이재용을 만난 데 이어 같은 달 19일 '혁신 성장 확산을 위한 의료 기기 분야 규제 혁신 및 산업 육성 방안'(이하 '의료 기기 규제 완화 방안')을 발표했다. 핵심은 의료 기기 인·허가에 필요한 절차를 대폭 축소하는 것이다. 문재인 정부답게 쇼도 빠뜨리지 않았다. 문재인은 발표 현장에 김미영 씨와 그의 아들을 초대했다. 김미영 씨는 소아 당뇨를 앓는 아들을 위해 의료 기기를 해외에서 구매하고 앱을 개발해 배포하다가 의료 기기법 위반으로 고발당한 바 있다. 문재인은 규제가 이들을 고통에 빠뜨렸다면서 자신의 정책을 정당화하려 한다.

그러나 문제는 자본가들이 이처럼 사람들에게 필요한 의료 기기를 개발·수입하지 않는 데 있다. 이런 상황에서 김미영 씨처럼 국내에서 시

출처: 장호종, 〈노동자 연대〉 255호(2018 8 14).

판되지 않는 의료 기기를 활용하려 하는 경우, 필요한 것은 정부가 그 안전성을 신속히 확인해 주는 것이지 검증 절차를 건너뛰는 게 아니다.

많은 경우 규제 당국이 안전성 검증 과정을 신속히 하지 않는 것은 규제 자체 때문만도 아니다. 한국 정부가 후발 주자인 한국 자본가들의 경쟁력을 고려해 수입 절차를 지연시키는 경우가 많다는 것은 공공연한 비밀이다. 수입·판매 업체가 없을 경우 개인이 절차를 밟기는 더 어렵다.

문재인은 규제를 완화하면 투자를 고무해 필요한 의료 기기가 잘 보급될 것처럼 말하지만, 자본가들의 우선순위는 언제나 대중의 필요보다 이윤에 있다. 따라서 규제를 완화한다고 해도, 김미영 씨 사례처럼 수요가 적은 의료 기기 개발·보급이 수월해질지는 불확실하다. 그나마 황우석의 줄기세포 연구처럼 안전성을 희생시킨 위험한 개발을 부추길 공산도 크다.

매우 효과적이고 간단한 해결책이 있다. 정부가 책임지고 직접 공공 병원 확충, 공공 제약 개발, 공공 의료 기기 개발을 하는 것이다. '착한 적자'를 감수할 수 있는 정부 지출만이 수요가 작을지라도 꼭 필요한 의약품, 의료 기기, 치료를 책임질 수 있다.

문재인 정부는 '체외 진단 기기'는 안전성이 큰 문제가 되지는 않는다며, 특히 이 분야에서 규제 완화를 서두르겠다고 밝혔다. 체외 진단 기기란 체온계·혈압계·혈당계 등 사람 몸에 상처를 내는 과정 없이 진단을 돕는 기구를 뜻한다. 그러나 "안전성 문제란, 기기 자체의 안전성이 아니다. 예를 들어 당뇨병 환자 혈당 검사라면, 혈당이 낮은데 낮지 않다고 하거나 높은데 높지 않다고 하는 등 측정을 잘못해서 처치를 거꾸로 할 경우 소아 환자는 심하면 죽을 수도 있다."(우석균 보건의료단체연합 정책위원장)

문재인이 체외 진단 기기를 특별히 강조한 이유는 다른 데 있는 듯하다. 복지부 장관 박능후는 문재인의 발표가 있던 날 원격의료 허용 방침을 밝혔는데, 체외 진단 기기는 원격의료의 핵심 장비이기 때문이다. 원격진료의 핵심은 진단에 있고(치료는 대개 만나야 한다), 진단 기기를 대량 판매하고자 하는 것이 원격의료 추진의 핵심 동기다.

박근혜식 의료 민영화의 상징이던 원격의료 도입 방침에 반발이 거세자 며칠 만에 꼬리를 내렸지만, 정부가 이 방향으로 나아가려 한다는 점은 분명해 보인다.

문재인 정부는 취임 이후 보건·의료 빅데이터 활성화 정책을 추진해 왔는데, 각 병원들과 특히 건강보험 심사평가원에 축적돼 있는 수천만 명의 건강 정보(빅데이터)를 기업들이 활용할 수 있도록 하겠다는 것이다. 그 활용 분야의 하나는 민간 보험사들이 그 정보를 활용해 개인 '맞춤형' 보험 상품을 개발하도록 돕는 것이다. 누구나 예상할 수 있듯이, 이 조처로 이익을 얻을 것은 보험사이지 개인 가입자들이 아니다. 보험사들은 질병에 걸릴 가능성이 큰 사람들의 보험료를 올릴 것이고, 보험금을 지급하지 않을 명분을 찾기도 쉬워질 것이다. 그런데 이에 대한 반발과 법 개정 절차의 번거로움 때문에 추진이 지연되자, 정부는 원격의료 기기(체외 진단 기기)를 활용해 그 데이터를 민간 기업들이 직접 축적·활용할 수 있도록 하려 한다.

물론 개인 건강 정보를 축적·활용하는 것은 질병 예방과 치료에 도움이 될 것이다. 그런데 왜 정부가 그 일을 하지 않고 기업들에게 맡기려 할까?

보건복지부는 2018년 3월 30일 '2018년 제약, 의료 기기, 화장품 산업 육성 지원 시행 계획'도 확정·발표했다. '첨단 바이오' 의약품 허가·심사를 신속히 처리해 시판 후 안전 관리를 하겠다는 것이다. 신약의 경우

식약처의 승인 없이도 임상 시험을 할 수 있는 예외를 늘려 나간다고 한다. 필요한 비용은 건강보험에서 지원된다. 즉, 아직 효과와 안전성이 입증되지 않은 약품을 쓰도록 해 주고, 그 결과에 대한 데이터는 정부가 모아서 가져다주니(빅데이터) 그야말로 전 국민 대상 임상 시험이라 할 수 있다. 2018년 8월 6일에는 경제부총리 김동연이 이재용을 만나 바로 이 '바이오' 시밀러(복제약) 가격을 올려 달라는 부탁을 받고 전향적으로 검토하겠다고도 답했다. 요컨대, 개인 질병 정보 활용의 주체는 당사자가 아니라 제약, 의료 기기, 보험회사들이고 평범한 사람들은 그들의 실험 대상이자 판매처로 여기는 게 문재인 정부의 방향이다.

문재인 정부 의료 기기 규제 완화 방안의 마지막 부분은 대형 병원들이 '산업·병원 협력단'을 만들고 그 아래 의료 기기를 개발·판매할 수 있는 지주회사를 설립할 수 있도록 하는 것이다. 박근혜의 영리 자회사 설립 방안과 비슷하다. 당시 많은 이들이 영리 자회사가 병원을 더욱 이윤에 따라 움직이도록 할 것이라고 우려해 반대했다.

이처럼 문재인의 의료 기기 규제 완화 방안은 박근혜의 '투자 활성화' 정책을 이름만 바꾼 것에 지나지 않는다. 문재인은 제주도에서 논란이 되고 있는 영리 병원(국제녹지병원) 개원 문제에 대해서도 침묵하고 있다. 무책임하게도 제주도는 영리 병원 개원 여부를 공론화위원회에 회부해 찬반 논란이 벌어지고 있다.

마지막으로 민주당은 서비스산업발전기본법과 규제프리존특별법을 2018년 8월 임시국회에서 통과시키겠다고 밝혔다. 서비스산업발전기본법은 제조업과 광공업을 제외한 거의 모든 분야에서 일사천리로 규제를 완화할 수 있도록 하는, 대표적 의료 민영화 법안으로 지목돼 왔다. 규제프리존특별법은 서비스산업발전기본법이 없애려 한 규제들을 일일히 나열한 법으로 그 효과는 비슷할 것으로 여겨져 왔다.

공교롭게도 문재인의 발표가 있은 지 나흘 뒤에 JTBC에서 방영을 시작한 드라마 〈라이프〉는 이런 정책들이 결국 누구를 위한 것인지 꼬집는다. 이 드라마를 보면, 대형 대학 병원에 부임한 신임 사장은 병원의 수익성 증대를 위해 환자들의 의료 정보(빅데이터)를 보험사에 팔아넘기려 하고, 제약 자회사를 설립해 이윤을 늘리려 한다. 이 자는 수익성이 낮지만 필수적인 진료과를 구조조정하려 하는데, 박근혜 정부 하에서 홍준표가 추진한 진주의료원 폐업 사태나 영리 병원 설립 논란을 떠올리게 한다. 신임 사장은 병원의 관료주의를 타파하고 진료의 '투명성'을 제고한다는 명분을 내세워 이런 정책을 추진한다. 수익성을 높이기 위한 노력이 결국 모두에게 이롭다는, 전형적인 신자유주의 논리다.

〈라이프〉는 2011~2012년 삼성에서 실제로 벌어진 일을 주요 소재로 삼은 듯하다. 그리고 이번에 발표된 정책을 입안한 것으로 알려진 4차 산업혁명위원회 헬스케어특별위원회 위원장이 삼성유전체연구소 소장 박웅양이라는 사실은 의미심장하다.

한편, 목표가 너무 낮다는 비판을 받아 온 문재인의 건강보험 보장성 확대 정책(문재인 케어)은 그 낮은 목표조차 달성 여부가 불확실해지고 있다. 3600개가 넘는 비급여 항목의 급여화가 계속 지연되고 있다. 이런 상황에서 '의료 기기 규제 완화'와 삼성의 약값 인상 요구 등을 들어주겠다니, 목표 달성은 더욱 어려울 듯하다.

비정규직, 최저임금, 일자리 공약 등에서 배신을 거듭해 온 문재인은 이제 의료 민영화 등 더욱 노골적인 신자유주의 정책을 추진하려 한다. 이런 조처들은 문재인이 추진한 다른 쥐꼬리만 한 '개혁' 조처들조차 빛이 바래도록 할 것이다. 이를 단순한 실수로 여기는 것은 순진함을 가장한 문재인 편들기에 지나지 않는다. 예컨대, 장하준 교수는 의료 산업이 그렇게 크지 않다며 차라리 제조업에 투자하라고 조언한다. 그러나 2000년대 초 이래로 의료 산업이 자본가들에게 각광을 받아온 이유 중 하나가 제조업에서의 이윤율 하락이라는 점을 고려하면 하나마나한 얘기다. 문재인 정부 내 일부 인사들이 잘못된 정책을 내놓아 정책의 일관성이 흔들린다는 지적도 명백한 현실을 못 본 척하는 것에 지나지 않는다.

문재인의 의료 영리화를 저지해야 한다.

철도공사-SR 통합 약속에서도
후퇴하는 문재인 정부

문재인, 국토교통부 장관 김현미, 2018년 초 취임한 철도공사 사장 오영식은 철도공사와 (주)SR(수서발 KTX 운영 회사)의 통합을 약속했다. 많은 사람들이 2018년 안에 통합이 확정될 것으로 기대했다.

그러나 국토부는 오히려 SR 운영 노선 확대를 추진했다. 최근에도 국토부는 2018년 6월 발주한 '철도 공공성 강화를 위한 철도 산업 구조 평가' 연구 용역 완료 시한을 2018년 12월 19일에서 2019년 3월로 연기하는 방안을 검토 중이라고 한다.

그동안 보수 언론과 우파들은 용역을 맡은 연구진이 통합 찬성파들이라며 공정성 시비를 걸었다. "처음부터 기울어진 운동장", "불공정한 연구 조사", "연구 부실과 정치적 입김 작용" 운운하며 말이다. 우파들은 연구 용역 완료 시한을 연기하라고 요구해 왔다. 결국 국토부가 연구 용

출처: 최영준, 〈노동자 연대〉 269호(2018 12 6).

역 완료를 2019년 3월로 연기한다면, 우파의 통합 반대 목소리에 힘을 실어 주는 꼴이 될 것이다.

최근 국토부 장관 김현미는 대부분 SR 분리를 지지해 온 전현직 국토부 관료들을 만나 관련 논의를 했다고 한다. 문재인도 더는 철도공사와 SR의 통합은 언급조차 하지 않는다. 국토부와 국토부 장관의 행보가 문재인의 의중과 다른 것이 아님을 보여 준다.

철도공사와 SR의 통합은 그동안 계속된 규제 완화, 민영화 추진 흐름에 제동을 거는 계기가 될 수 있다. 우파들이 통합을 반대하는 핵심 이유다.

그래서 친기업·반노동으로 돌아선 문재인 정부가 통합 약속에서도 후퇴하려는 것이다.

4장

포용 국가, 말로만 복지 강화

문재인의 '포용 국가'는
노동자를 진짜로 포용할까?

문재인 정부가 복지를 강화하는 포용 국가 추진을 강조하고 나섰다. 그러나 그 모순 때문에 전망이 밝지는 않다.

문재인은 2018년 9월 6일 포용 국가 전략 회의를 열어 직접 주재하며 "국민 단 한 명도 차별받지 않고 함께 잘 살아야 한다 … 국민의 삶을 전 생애 주기에 걸쳐 국가가 책임져야 한다"고 말했다. 당장은 경제·사회 정책의 우선회에 따른 지지율 하강을 늦추고 반등해 보려는 계산일 것이다. 문재인은 고용 지표 등이 악화하고, 투자 부진이 예상되자 소득 주도 성장론 등에서 후퇴하고 있었다.

소득 주도 성장이 진실된 목표라면, 적자를 감수하고 서민층 소득 향상에 돈을 대폭 풀었어야 했다. 그러나 2019년도 예산에서도 그런 낌새를 보이지 않았다. 지출을 억제하는 (한국 국가의 전통적 기조인) 균형

출처: 김문성, 〈노동자 연대〉 259호(2018 9 13).

재정을 유지한 것이다. 오히려 경제가 어렵다고 하니, 곧바로 최저임금 인상이 지나치다는 기업주와 우파의 볼멘 소리를 수용했다. 그러면서 혁신 성장을 강조했는데, 이는 우파 정부들의 낙수 효과론과 규제 완화로 돌아가는 것에 불과하다.

그러나 소득 주도 성장이나 포용 국가론이 나온 배경은 그 주창자들 스스로 인정하듯이 점점 심해지는 불평등 문제였다. 실질임금이 수년간 노동생산성 향상보다 낮게 인상됐다.

이렇게 보면, 최저임금 인상을 무력화시키는 제도 개악을 해 놓고도 복지 강화 포용 국가론을 들고나온 것은 경제가 안 좋은 상황에서 개혁 염원과 기업주들 사이에 낀 문재인 정부의 갈팡질팡을 보여 주는 일이다.

애초 문재인이 대선에서 내세운 국가 비전은 '혁신적 포용 국가'였다. 당시 대선 캠프에 포용국가위원회를 만들었고, 노무현 청와대 정책실장을 지냈던 성경륭 한림대 교수가 이끌었다(현 자유한국당 비상대책위원장 김병준도 나중에 정책실장 자리에 앉았다). 2017년 성경륭 교수는 포용국가위원회에 참가한 교수들과 함께 포용 국가론을 종합적으로 설명하는 《새로운 대한민국의 구상 ― 포용국가》를* 발간한 바 있다.

이 책은 포용 국가를 한국형 사회적 시장경제, 즉 시장 혁신과 복지 국가의 결합이라고 요약한다. 즉, 문재인의 포용 국가론은 애초부터 '혁신적 포용 국가'였다. 문재인 정부가 혁신 성장과 소득 주도 성장, 공정 경제가 서로 대립되는 게 아니라 한 몸을 이루는 세 요소라고 할 때, 그 세 요소의 종합이 바로 '혁신적 포용 국가'였던 것이다. 한국 자본주의의 시장 경쟁력을 경제, 고용, 교육 등의 측면에서 제고하되(혁신), 사회

---

* 성경륭 외, 《새로운 대한민국의 구상 ― 포용국가》, 21세기북스, 2017.

통합을 위한 복지를 강화하자(포용)는 것이다. 포용을 위해서 사회적 협치(대화)가 방법으로 강조된다.

이는 1997년 경제 공황 이후 한국 국가의 큰 방향과 다르지 않으며, 특히 노무현 정부의 사회투자국가와도 별 다를 게 없다.

그 핵심은 복지가 더는 노동자들의 필요가 아니라 자본의 필요(경쟁력 강화와 수익성 향상)에 부합하도록 재편돼야 한다는 것이다. 가령 노인 연금은 줄이고 미래 노동력에 대한 투자인 아동수당(교육 투자)은 늘리는 식이다. 물론 사회의 급속한 노령화 국면에서 실제 정책 집행이 그토록 단순하지는 않다.

국가와 시장(기업), 사회(노동)가 국가로 표상되는 공동체에 서로 책임을 다해 상생을 하자는 것인데, 그러려면 셋 사이에 공정(정의)이 유지돼야 한다. 그래서 구체적인 정책 실행은 사회적 협치(대화)로 진행돼야 한다.

하지만 그 원리는 분명하다. 기업 혁신(경쟁력 증진)을 중심에 두고 국가와 사회(노동), 기업이 권리와 의무를 교환하는 것이다. 노동자들도 자신을 쥐어짜기 여념 없는 기업주들을 포용해야 하는 것이다. 시장의 규율에 복종해야 한다는 뜻이다. 복지는 생활의 필요가 아니라 노동력 판매의 대가다(근로 연계 복지). 포용 국가론이 가정하는 패턴은 대략 다음과 같다. 기업은 투자(생산성 향상과 일자리 늘리기)를 늘려야 한다. 노동자들은 고용 유연화를 받아들이고 임금을 적정 수준에서 억제해야 한다. 정부는 재벌 개혁, 규제 개혁(완화)으로 시장을 활성화하고 복지의 효율적 확대를 추구해야 한다. 복지 확대는 기업의 인건비 부담을 줄여 주고 노동자들이 고용 유연성을 수용할 수 있게 해 줄 것이다. 부동산 가격 억제도 생활비를 줄여 임금 인상 압력을 줄이려는 것이다.

이로써 한국 자본주의의 경쟁력이 강화돼 경제가 좋아지고 고용률이 늘면 세수도 늘어나 이 메커니즘은 선순환할 것이라는 것이 그들의 전망이다. 다른 각도에서 보면, 포용적 복지를 하려면 의료·바이오 산업(의료 민영화), 환경·에너지 산업(원전 수출) 같은 일들이 성공해야 하는 것이다.

결국 포용 국가의 핵심은 한국 자본주의의 경쟁력 강화를 위한 포용이다. 포용을 해야 성장한다고 하지만, 경쟁력 강화에 도움이 안 되면 포용 기제는 작동하지 않을 수 있다. 따라서 사회적 약자를 포용하기를 바라서 포용 국가를 지지하는 사람들에게는 포용 국가론은 이율배반일 것이다. 실제로도 문재인 정부의 말과 행동은 모순된다. 투쟁하는 노동자들, 여성, 성소수자, 이주민, 난민, 장애인 등은 포용 대상이 못 되거나 노골적으로 배제되고 있다. 남북 화해 국면에서 국가보안법 구속자가 나오고 있다. 우파를 안심시키려고 말이다(우파 포용). 부동산 가격을 억제하는 게 노사 모두에게 좋다지만, 필요한 조처를 회피해 부동산은 폭등하고 있다. 부자들을 억제해야 하기 때문이다.

게다가 경제가 더 나빠지는 상황에서 기업주들은 더 노골적인 개악을 바란다. 비유하자면, '혁신'은 최대한 하고 싶어하지만, 모순투성이인데도 '포용'은 가능한 최소화하고 싶어 한다. 더 근본적으로는 계급으로 예리하게 분단된 사회에서 자본주의 국가가 모든 구성원을 진짜로 포용하거나 그런 공동체를 만들 수는 없다. 우리가 우파와 사법 농단 판사들, 노조 파괴 기업주들을 포용해야 하겠는가?

〈조선일보〉는 2018년 9월 7일 재원 대책도 없는 "무책임한 포퓰리즘"이라고 비난했는데, 그 다음 날에는 아예 "포용 국가 얘기하기 전에 눈앞에 닥친 일이나 제대로 하라는 것이 국민 심정"이라고 비아냥댔다. 최근 문재인의 우선회로 기가 산 우파들은 일단 복지 확대에 반대하고 볼 것이다.

노동자들의 삶을 개선하거나 악화시키지 않도록 하려면, 포용 국가 담론에 기대를 걸 게 아니라, 정부와 기업주를 상대로 대중투쟁을 건설해야 한다. 노동자들을 단결시키고 연대를 건설할 계급 정치가 중요하다.

문재인의 기만적인
국민연금 개악에 반대해야

문재인 정부가 2018년 12월 14일 국민연금 개편 정부안을 확정, 발표했다. 정부는 한 달 전에 정부안을 확정해 발표하려 했었다. 하지만 관계 부처가 마련한 개편안을 본 문재인이 '국민의 눈높이에 맞지 않다'며 재검토를 지시해 발표가 연기된 것이다.

그러나 개편안은 아무리 좋게 보려 해도 개선된 안으로 보기 어려운 것들이다. 네 개 안을 요약하면 ① 그대로 내고 덜 받기, ② 그대로 내고 조금 덜 받기, ③ 더 내고 그대로 받기, ④ 훨씬 더 많이 내고 조금 더 받기 중 하나를 고르라는 것이다. 죄다 나쁜 것들 중 그나마 덜 나쁜 것 하나를 고르라고 하는 셈이다. 그러므로 사실은 개악이라 해야 정확하다.

첫째, 정부와 주요 언론들이 현행 유지라고 부르는 ①안은 사실 연금 삭감안이다. 현재 국민연금은 자기 평균 소득의 45퍼센트를 연금으로

출처: 장호종, 〈노동자 연대〉 271호(2018 12 14).

지급하는데, 2028년까지 매년 0.5퍼센트씩 삭감되도록 돼 있다. 노무현 정부 시절 연금을 3분의 1이나 삭감하는 개악이 이뤄진 바 있다. 그후 반발을 약화시키려고 매년 조금씩 깎도록 했다. 이 삭감을 멈추지 않고 그냥 내버려 둔다는 뜻에서 '현행 유지' 안이라고 부르는 것이다. 그러나 정작 연금을 받는 사람 입장에서 보면, 연금이 앞으로 계속 삭감된다는 사실은 달라지지 않는다.

둘째 안은 국민연금의 경우 지금처럼 연금을 계속 삭감하되, 2022년 이후 기초 연금을 40만 원으로 인상하는 것이다(기초 연금은 2021년 30만 원으로 인상하도록 돼 있다). 그러나 국민연금 삭감 폭이 5퍼센트나 된다. 다른 한편, 인상되는 기초 연금 10만 원은 평균 소득의 3퍼센트로, 삭감분에 못 미친다. 기초생활 수급자처럼 최하 소득층의 경우 애당초 국민연금이 매우 적거나 거의 없어, 개선 효과가 일부 있겠지만 말이다.

셋째 안은 국민연금을 더 삭감하지 않되, 보험료를 33퍼센트(소득의 9퍼센트에서 12퍼센트로) 인상하는 안이다.

넷째 안은 국민연금을 지금보다 11퍼센트 인상하고(소득의 45퍼센트에서 50퍼센트로), 보험료는 44퍼센트(소득의 9퍼센트에서 13퍼센트로) 인상하는 안이다.

셋째 안과 넷째 안은 연금을 삭감하지 않거나 조금 인상하지만, 보험료를 그보다 훨씬 많이 인상하는 것이다. 그러므로 이 경우에도 단순히 개선이라고 말하기 어렵다. 게다가 기업주들에게 유리하고 노동자들에게 불리한 보험료 부담 비율 때문에 보험료 인상은 노동자들의 부담을 더 늘린다. 소득의 대부분이 생계비인 노동자들의 처지에서는 그 부담이 결코 작지 않다. 정부나 기업으로부터 한 푼도 지원받지 못하는 저소득층의 경우 국민연금을 탈퇴하겠다는 얘기가 나올 법하다. 따라서 노동자들과 저소득층에게 사회적 부양 부담을 떠넘기는 보험료 인상에 반대하고 정부와 기업주들의 부담을 늘리라고 주장해야 한다.

요컨대, 이번 정부안은 2018년 8월 국민연금제도개선위 등이 발표해 큰 반발을 샀던 안에서 별로 나아진 게 없다. 당시 문재인은 '나도 못 받아들이겠다'며 몇 가지 방향을 제시했다. 하지만 그 방향이 신자유주의적 연금 삭감이라는 점은 달라지지 않았다. 그러니 애당초 개선된 안이 나오리라 기대하기는 어려웠다. 국가의 "지급 보장"은 하나마나한 소리다. 장기적으로 공적 연금은 "최저 노후 생활 보장"을 담당하고 "적정 노후 생활비"는 사적 연금에 내맡기는 조처는 전형적인 신자유주의적 개악이다. 사적 연금은 보험사들의 배만 불릴 뿐 진정한 복지 제도라고 하기 어렵다.

이번에도 문재인은 단지 경우의 수만 늘려 국회 논의를 거치도록 함으로써 정부가 초점이 되지 않게 하려고 공을 들이는 듯하다. 정의당 정책위원회는 "정부가 정책 조합 나열로 정부 책임을 회피했다"고 비판했다(다만, "보험료를 인상한다면 정부도 인상분만큼 재정 부담을 확대"하라고 해, 조건부 보험료 인상 허용 입장을 낸 것은 아쉽다). 민주노총 등이 포함돼 있는 '공적 연금 강화 국민 행동'도 정부의 의지와 책임성이 보이지 않는다고 비판했는데, 노동자들의 보험료 인상을 분명히 반대하지는 않은 것이 아쉽다.

문재인은 경제사회노동위원회 산하에 '국민연금개혁과 노후소득보장특별위원회'(국민연금 특위)를 설치하고 민주노총을 여기에 끌어들여 개악의 정당성을 확보하려 한다. 민주노총 지도부가 국민연금 특위에 참여하려 한다면, 이런 시도에 단호히 맞서 싸우고자 하는 노동자들의 투지를 꺾는 효과를 낼 것이다. 국민연금 개편은 국회 법 개정을 거쳐야 하는데 국민연금 특위에서 조그마한 개선안을 내더라도 국회에서 다시 삭감될 수도 있다.

연금 개악에 반대하고 진정한 연금 개혁을 위한 투쟁을 해야 한다. 이는 최저임금 줬다 뺏기, 노동시간 줄이는 시늉하다 늘리기 등 문재인 정부의 배신과 기만에 맞선 투쟁의 일부로 자리 잡아야 한다.

'문재인 케어'가 실현될 수 있을까?

문재인 정부가 2019년 4월 10일 국민건강보험종합계획(이하 종합계획)을 발표했다. 핵심은 2017년에 발표한 '문재인 케어'(건강보험 보장률[*] 70퍼센트 달성) 실현을 위해 6조 원가량의 재원을 추가로 마련, 투입하겠다는 것이다.

당연히 건강보험 보장률을 높이는 것은 좋은 일이다. 건강보험료는 해마다 오르는데 병원비는 여전히 비싸 노동자들이 민간 보험에 추가로 가입해야 하는 상황이니 말이다. '문재인 케어'로 초음파, 자기공명영상MRI 등 그동안 보험 적용이 안 돼 비싸던 검사에 건강보험이 적용되며

출처: 김재헌·장호종, 〈노동자 연대〉 282호(2019 4 13).

[*] 건강보험 보장률은 환자가 내는 진료비 중에 건강보험이 적용되는 비율을 뜻한다. 예컨대 보장률이 60퍼센트라면 환자는 전체 병원비의 40퍼센트를 직접 지불해야 한다.

일부 부담이 줄어든 측면도 있다.

그러나 문재인 케어 발표 당시에도 건강보험 보장률 70퍼센트 달성이라는 목표가 지나치게 낮다는 지적이 있었다. OECD 평균이 80퍼센트인데 그에 한참 못 미치는 수준이기 때문이다.

또 보장률 상향을 위한 수단도 직접적인 가격 규제나 공공 병원 확충 등이 아니라 보험 적용 대상을 차츰 늘려가는 방식이다 보니 밑 빠진 독에 물 붓기가 되지 않겠냐는 우려도 컸다. 예컨대, 보험 적용 대상이 늘어나는 속도보다 새로운 비보험(비급여) 항목이 늘어나는 속도가 더 빠르면 보장률은 높아지지 않을 것이다. 의료 기기와 제약 업계는 하루가 멀다하고 새로운 제품들을 내놓으니 얼마든지 그런 상황이 벌어질 수 있다. 실제로 2017년 건강보험 보장률은 2016년보다 고작 0.1퍼센트포인트 늘어난 62.7퍼센트에 머물렀다.

게다가 문재인 정부의 각종 규제 완화는 문재인 케어의 실현 가능성을 더욱 떨어뜨리고 있다. 문재인 정부는 규제 샌드박스, 혁신의료기기법 등 규제 완화 정책을 추진했는데 그 결과 효과가 충분히 입증되지 않은 의료 기기와 약품을 시장에 내놓을 수 있게 됐다.

따라서 앞으로도 이렇게 출시된 신의료 기기와 신약에 보험을 적용할지 여부가 논란이 될 것이다. 적용한다면 보장률은 높일 수 있겠지만 효과도 없는 약에 건강보험 재정을 써 기업주들 배만 불리는 일이 될 수 있다. 적용하지 않는다면 보장률은 높아지지 않을 것이다.

지나치게 낮은 목표와 그것의 실현 가능성 말고도 문제는 더 있다. 정부는 추가로 투입하는 재원의 대부분을 보험료 인상으로 마련할 계획이다. 종합계획을 보면, 2022년까지 '2019년도 인상 수준'을 적용해 보험료를 매년 3.49퍼센트 인상하겠다고 한다. 2019년 인상 수준은 지난 2012년 이후 가장 높은 인상률이다. 4년 동안 15퍼센트 가까이 인상하는 셈이다.

반면, 국고 지원은 2019년부터 2022년까지도 현행 13.6퍼센트를 유지한다고 한다. 이는 보험료 예상 수입의 20퍼센트를 정부에서 지원하도록 정한 건강보험법조차 지키지 않겠다는 것이다. 전임 정부들과 마찬가지로 문재인 정부도 재정 지원에 인색하다.

그동안 비싼 의료비로 이익을 얻어 온 병원들에게는 무척 관대하다. 정부는 '비급여의 급여화' 과정에서 "의료계의 손실이 발생하지 않도록 기존 비급여 수익의 총 규모[를] 보전"해 준다. 사려 깊게도 병원이 하는 일들 중 '저평가'된 부분들에 대해 보험료를 올려 '적정 수가'를 보장해 주겠다고도 한다.

물론, 건강보험의 재정 안정성을 우선시하는 정부의 관료주의적 태도 때문에, 꼭 필요하지만 건강보험에서 제외돼 온 치료·약물도 있다. 이런 것들에 보험을 적용해 부담없이 사용할 수 있도록 하는 것은 필요한 일이다. 정부는 공공 의료 기관들이 '착한 적자'를 유지할 수 있도록 직접 지원도 아끼지 말아야 한다.

그러나 보험 진료비가 원가에도 못 미친다는 의사와 병원의 주장은 과장된 것이다. 비보험 진료로 벌어들인 수익을 모두 제외하고도 전문의들의 평균 소득이 노동자 평균 임금의 서너 갑절 이상 된다는 사실은 잘 알려져 있다. 그런데 노동자들의 보험료를 올려 이들이 비급여 진료로 벌어들이던 수입까지 모두 보전해 주겠다니 평범한 사람들의 눈높이에서는 납득할 수 없는 일이다.

종합계획에는 건강보험 보장성을 높이는 것과 아무 관계없이 기업들의 이익을 위한 조처들도 포함됐다. 심지어 역행하는 조처들도 있다.

개인의 민감한 건강 정보가 포함된 건강보험 빅데이터도 산업계에 제공해 '스마트 건강 관리' 등에 활용할 수 있게 한다. 개인을 알아볼 수 없도록 비식별 처리를 한다지만 완벽한 비식별 처리법은 없다는 의견이 많다.

병원과 의료 자본들에 퍼 주다 보니 건강보험 재정이 견뎌낼 수 있을까라는 문제가 제기되는 것도 당연하다. 이를 해결한다며 문재인 정부가 내놓은 대책은 노인들에게 주던 혜택을 축소하는 것이다. 65세부터 적용되던 외래 진료 정액제를 70세부터 적용한다고 한다. 수명이 연장돼 이제 70세부터 노인이란다. 변변한 복지시설 하나 없는 나라에서 그나마 저렴하게 치료받으며 노년을 보낼 수 있는 요양병원 이용도 제한하겠다고 한다. "불필요한 입원 방지"를 위해 본인 부담금을 올리겠다는 것이다. 이는 '문재인 케어'의 취지 자체를 역행하는 것이다.

OECD 최장 노동시간으로 평생을 착취당하고 60세도 되기 전에 퇴직당한 노동자들은 노인이 돼 온갖 질환에 시달릴 수밖에 없다. 그런데도 노인들의 '의료 쇼핑', '도덕적 해이'를 들먹이는 것이다. 이는 더 이상 이윤에 보탬이 되지 않는 노인들에게 쥐꼬리만 한 혜택도 아깝다는 매몰찬 신자유주의 논리를 보여 준다. 한국의 노인 빈곤율은 (다른 많은 지표와 함께) OECD 1위다.

사실상 절도에 가까운 병원들의 허위·부당 보험 청구는 병원이 '스스로' 점검하도록 두려 한다. 자율 점검제의 "적용 항목과 기관을 단계적으로 확대"하겠다는 것이다. 가난한 노인들에게 제공되던 쥐꼬리만 한 혜택에는 인색하면서, 병원에서 줄줄 새는 건강보험 재정에 대해서는 관대하다.

입원 환자들에게 호평을 받고 있는 간호간병통합서비스도 애초 계획보다 축소하려는 듯하다. 애초 2022년까지 10만 병상으로 확대하겠다고 했는데, 슬그머니 2023년 누적 '250만 명 입원'으로 축소했다. 연 250만 명 입원을 채우는 데는 5만 병상으로도 가능하다.

2023년부터는 보장률 70퍼센트를 유지(더 올리는 게 아니라)하면서도 누적 적립금 10조 원을 유지한다고 한다. 건강보험은 개념상 매년 필요 재원을 거둬서 그해에 모두 지출하는 '부과식' 사회보험이다. 따라서 비상시를 대비한다고 해도 10조 원은 지나치게 큰 규모다. 박근혜가 추진했던 건강보험 기금화처럼 금융 투자 등 기업들을 지원하는 데 사용하기 위한 게 아닌가 의심이 드는 것도 무리가 아니다.

앞으로 5년간 적용될 건강보험 계획을 세우면서 건강보험 재정의 대부분을 부담하는 가입자들의 의견은 거의 듣지 않았다. 공청회를 단 한 번 열고는 이틀 뒤 건강보험정책심의위원회에서 심의하고 끝난다. 졸속이 아닐 수 없다. 종합계획 내용의 본질이 널리 알려지기 전에 처리해버리고자 하기 때문일 것이다.

종합계획대로라면 '문재인 케어'는 보장률 70퍼센트라는 약속도 지키지 못할 공산이 크고, 보험료만 올려 대중의 반감을 사게 될 것이다.

규제 완화와 보험료 인상이 아니라 정부가 직접 재정을 투여해 공공의료를 획기적으로 강화하는 것만이 '병원비 걱정 없는 사회'로 한 걸음이라도 나아가는 길일 것이다.

문재인의 치매 국가책임제 공약 후퇴

문재인 정부는 '고령화' 시대에 발맞춰 치매만큼은 국가가 책임지겠다고 공약했다. 당선 이후에도 비정규직, 미세 먼지에 이어 치매 대책을 세 번째 '찾아가는 대통령' 이벤트로 홍보했다. 핵심은 '치매 지원 센터'를 현재 47곳에서 250곳으로 늘리는 것이다. 이를 위해 2017년 추경에 2000억 원가량을 배정하고 이 재원으로 요양 보호사, 간호사 등 인력도 늘린다는 방침이다.

노인들뿐 아니라 가족들, 심지어 당장 치매 환자를 돌봐야 하는 처지가 아닌 사람들조차 치매에 대한 부담은 엄청나게 크다. 기억력과 인지 능력의 장애를 낳는 병이라 스스로 문제를 인식하지 못하고 따라서 도움도 요청하지 못하는 상태가 되기 때문이다. 이런 상태에서 각종 성격

출처: 장호종, "문재인 정부의 '국가치매책임제': 요란한 홍보에 비해 매우 알량하다", 〈노동자 연대〉 214호(2017 6 27)와 장호종, "문재인의 치매 국가책임제 공약 후퇴: 공공 요양 시설을 대폭 늘려야 한다", 〈노동자 연대〉 219호(2017 8 23)를 종합.

변화, 우울, 불안, 망상, 환각, 배회, 공격성, 이상 행동, 수면 장애 등 정신 행동 증상을 보이는 환자를 돌봐야 하는 가족의 고통은 이루 말할 수 없다. 문재인이 2012년 대선에 견줘 부족한 공약을 내놓으면서도 치매에 관해서는 '국가책임제' 같은 개혁적 공약을 들고 나온 배경이다.

그러나 요란한 홍보와 달리 문재인이 내놓은 대책은 '국가책임제'라 부를 만한 게 전혀 못 된다.

치매 지원 센터는 치매와 관련된 도움이 필요한 사람에게 각종 정보를(진단을 포함해) 제공하는 것을 주업무로 하는 기관이다. 물론 중앙 정부와 지자체가 제공하는 치매 지원 복지가 있지만 그 존재를 알지 못해 마땅히 누려야 할 서비스조차 누리지 못하는 사람이 많다. 따라서 치매 지원 센터가 지금보다 늘어야 하는 것은 당연한 일이다.

그러나 실제 치매 환자 지원 수준이 형편없는 상태에서 정보 제공만으로 개선을 기대하기는 난망하다. 치매 환자가 가족이 아닌 정부나 의료 기관의 도움을 받는 경로는 크게 두 가지다. 하나는 노인 장기 요양 제도의 적용을 받아 집에서 돌봄 서비스를 받는 것이고, 다른 하나는 요양 기관에 입주(입원)해 보호를 받는 경우다.

그런데 집에서 받는 서비스(재가 서비스)는 특별한 예외를 제외하면 주 5일 하루 4시간 이상 정부 지원을 받을 수 없다. 가족이 있는 경우라면 누군가 집에 머물러야 하는 셈이고, 없는 경우 종종 사고가 난다. 독거노인의 경우 불안 증상 때문에 밤에 집 밖에 나섰다가 길을 잃거나 경찰의 신세를 지는 경우가 흔하다.

현재 치매 노인이 입원할 수 있는 시설은 '요양원'과 '요양 병원'이 있다. 요양원은 장기 요양 보험 제도의 적용을 받는 시설로 의료진이 없고 요양 보호사들이 노인의 일상생활을 도와주는 시설이다. 요양 병원은 건강보험 제도의 적용을 받는 의료 기관으로 의료진이 상주한다. 그러나 환자들의 일상생활을 도와주는 '간병'은 건강보험 급여 대상에서 제외돼 있어서 요양원에 비해 더 많은 돈을 내야 한다. 요양원의 경우 대략 매달 40~100만 원, 요양 병원은 50~200만 원 정도가 드는 것으로 알려져 있다.

경증 치매 환자는 장기 요양 보험 제도의 혜택을 받지 못한다. 그러다 보니 마지못해 특별한 절차가 필요 없는 요양 병원에 입원하는 경우가 적지 않다. 요양원이 상대적으로 규모가 작고 낙후된 경우가 많아, 돈을 더 내고라도 요양 병원에 입원시키는 경우도 많다. 제법 괜찮은 시설을 갖춘 요양원은 입원비가 장기 요양 보험이 지원하는 최고액을 훌쩍 넘겨 부유층이 아니고서는 사실상 이용하지 못한다. 비싼 간병비 때문에 요양원에서 요양 병원으로 옮기지 못하고 제때 치료를 받지 못하는 치매 환자도 수만 명이나 된다.

따라서 장기 요양 보험 제도의 적용 범위를 대폭 늘리고 건강보험처럼 소득에 따라 본인 부담금 상한제를 둬야 한다. 필요한 경우 언제든 병원 치료를 받을 수 있도록 간병비도 건강보험이나 정부 예산에서 지원해야 한다. 사실 병원이라면 마땅히 간병을 지원해야 하지만, 문재인의 건강보험 '개혁'은 이조차 해결하지 못한다. 간병비는 여전히 건강보험 적용 대상에서 제외돼 있다. 간호·간병 통합 서비스를 10만 병상으로 확대하겠다지만 현재 요양 병원에 입원한 치매 환자만 50만 명이 넘는다.

요양 기관 중 공공 부문이 차지하는 비율이 2.2퍼센트밖에 안 된다. 국공립 비율이 6퍼센트 정도인 어린이집보다 못한 셈이다. 문재인이 방문한 서울요양원은 건강보험공단이 유일하게 직영으로 운영하는 시설인데 정원 150명에 대기자만 2016년 기준 800명이었다.

민간 시설은 대부분 영세한 업체들로 가족의 처지에서는 그야말로

'죽거나 나쁘거나' 중에 선택해야 하는 일이 흔하다. 그조차 수익을 내야 하는 민간 업체들이어서, 당연히 온갖 부정 수급이 끊이질 않는다. 낸 비용만큼도 못 받는다는 뜻이다. "건강보험심사평가원이 2015년 전국 장기 요양 기관 1028곳을 골라 조사했더니, 대상의 75.3퍼센트인 774곳에서 235억 원의 요양 급여 비용을 부당 청구한 것으로 나타났다."* 의사·간호사 등 의료 인력이 아예 없는 경우가 많고, 실제 환자를 돌보는 50~60대 여성 요양 보호사(간병인)의 노동조건은 무척 열악하다. 보건복지부 통계를 보면, 방문 요양 보호사 27만여 명이 2016년 한 달 평균 76시간을 일하고 57만 원을 받았다.

그나마도 치매가 얼마나 심한지를 스스로 증명해야 이런 정부 지원을 받을 수 있다. 독거노인의 경우 지원에서 완전히 배제되기 일쑤라는 뜻이다. 고독사가 늘어나는 까닭이다.

이런 식이니 치매 지원 센터를 늘려도 일자리는 일부 늘어나겠지만 '국가 치매 책임'은커녕 작은 개선도 기대하기 어려운 것이다.

이 엄청난 비극을 멈추려면 정부가 제대로 된 요양 시설을 대폭 확대해야 한다. 포로 수용소나 감옥을 연상시키는 시설이 아니라 적어도 북유럽 복지국가들을 다루는 다큐멘터리에서 볼 수 있는 정도의 시설이 필요하다. 많은 독거노인들에게 생활수준의 하락이 아니라 보호를 제공하는 시설이어야 한다. 가족과 함께 지내길 원하는 환자와 가족들에게는 1년 365일, 대부분의 시간을 돌봐 주는 지원이 필요하다. 당연히 이를 위해서는 많은 재원이 필요하겠지만 불가능한 수준은 아니다. 현재 치매 환자 한 명을 돌보는 데 정부가 지출하는 재정(보험료를 따로 걷는 노인 장기 요양 보험을 포함해)은 연간 2000만 원가량인 것으로 알려

---

* 〈한겨레〉 2017년 6월 4일 자.

져 있다. 2016년 현재 치매 환자 수는 72만여 명이니 이들 모두에게 서비스를 제공해도 필요 재원은 14조 원가량으로 훨씬 더 늘릴 수 있는 수준이다.

노동자들을 착취해 거대한 부를 축적한 자본가들에게 세금을 부과하면 필요한 재원을 마련하는 것은 어려운 일이 아니다.

문재인 정부는 아직 이런 해법에 조금도 다가가지 않고 있다. 문재인 정부의 '국가책임'을 조금치도 믿기 어려운 까닭이다.

사회 서비스 강화 약속,
생색내기에 그치고 있다

지난 대선에서 문재인 정부는 '사회서비스공단' 설립을 공약으로 제시했다. 광역 지자체 17곳에 사회서비스공단을 설립해, 어린이집, 요양 시설 등 국공립 사회 서비스 시설을 사회서비스공단이 직접 운영하는 체계를 만들겠다는 것이었다. 현재 우리 나라 사회 서비스 시설의 대다수가 민간 소유다. 예를 들어, 보육 시설 중 국공립 비중은 7퍼센트, 요양 기관은 2퍼센트에 불과하다. 국공립 시설조차 대부분 민간 위탁으로 운영되고 있다. 이에 따라 사회 서비스의 90퍼센트 이상이 민간에 의해 소유·운영되고 있는 실정이다.

그동안 한국 정부는 사회 서비스를 새로운 성장 동력으로 만들겠다

출처: 강동훈, "문재인의 사회서비스 강화 약속: 생색내기에 그치고 있다", 〈노동자 연대〉 247호(2018 5 10)와 김은영, "남인순 사회서비스원 법안: 여성의 삶, 노동조건 향상과 거리가 멀다", 〈노동자 연대〉 270호(2018 12 12)를 종합.

는 산업적 목표에 따라, 시장 확대 방향으로 사회 서비스 확대를 추진해 왔다. 시장 경쟁이 서비스 효율과 질을 높일 수 있다는 논리였다. 반면 정부는 사회 서비스 제공 주체가 아니라, 재정 지원이나 소극적인 관리를 하는 것으로 책임을 최소화했다.

그러나 '시장의 효율'은 실패한 것으로 드러났다. 영리 사업자들이 수익 추구를 목적으로 운영하다 보니 사회 서비스 노동자의 임금과 노동 조건 악화로 나쁜 일자리가 양산됐다. 사회 서비스 노동자들은 대표적인 저임금 노동자들이다. 이는 서비스 질의 하락으로 이어졌다. 또한 돈 되는 분야에만 민간 사업자들이 몰리는 공급 불균형 문제도 발생했고, 수익 확대를 위해 민간 사업자들이 온갖 불법·부당 행위까지 하면서 노동자들의 조건과 서비스 질의 악화가 심화했다. 그래서 "국공립 어린이집에 가려고 출생신고와 함께 대기 신청을 한다"는 말이 있을 정도로 많은 사람들이 민간 시설들에 대해 불만을 토로하고 국공립 어린이집 확충을 바란다. 이런 상황은 사회 서비스 시장화 정책의 문제를 여실히 보여 준다.

문재인 정부는 사회서비스공단을 통해 기존 국공립 사회 서비스 시설을 직접 운영할 뿐 아니라, 국민연금 기금을 활용해 국공립 시설을 새로 만들고 민간 시설을 인수하는 방식으로 국공립 비중을 늘리겠다고 약속했다. 예를 들어, "국공립 어린이집 비율을 이용 아동 수 기준으로 40퍼센트 수준까지 끌어올리겠다"고 공약한 바 있다. 이 공약은 또한 양질의 일자리 창출 공약이기도 했다. 문재인 정부의 '공공 부문 81만 개 일자리 창출' 공약 중 34만 개는 사회 서비스 분야에서 만드는 것이고, 이 중 17만 개는 사회서비스공단이 직접 고용하는 방안을 제시한 것이다.

2017년 7월 국정기획자문위원회는 대선 공약을 반영해 사회서비스공단 추진 계획을 발표했고, '문재인 정부 국정 운영 5개년 계획'도 포함돼, 사회서비스공단 설립이 실행될 것이라는 기대가 컸다. 실제 사회서비스공단 공약이 실행됐다면, 사회 서비스 질을 개선하고 노동자들의 노동 조건을 개선하는 데 효과를 냈을 것이다. 물론 상당수 시설들이 여전히 민간에 맡겨져 있기 때문에 민간 시설들의 문제가 완전히 사라지지는 않았겠지만, 비중이 확대된 국공립 시설들이 사회 서비스의 기준 구실을 하면서 민간 사회 서비스의 질과 그곳에 고용된 노동자들의 노동조건에도 좋은 영향을 미칠 수 있기 때문이다.

그러나 문재인 정부의 사회서비스공단 공약은 준비 단계에서부터 후퇴하기 시작했다. 정부가 제시한 사회 서비스 관련 법안은 사회서비스공단이 아니라 '사회서비스진흥원'으로 바꿔 설립하려 한다는 게 알려져 논란이 일기도 했다. 이는 단순히 명칭만 바꾸는 게 아니다. 정부가 극구 '공단'이라는 명칭을 거부한 것은 사회 서비스를 정부가 전적으로 책임진다는 점을 피하려는 것이다. 그리고 2018년 5월 4일 민주당 남인순 의원이 대표 발의한 '사회 서비스 관리 및 지원에 관한 법률안'을 보면, 결국 사회서비스공단이 아니라 '사회서비스원'을 설립하는 것으로 후퇴했다.

내용도 명칭을 따라 후퇴했다. 공공 시설 확충을 위한 계획과 이에 걸맞는 예산이 제시되지 않은 것이다. 정부가 내놓은 계획을 보면, 앞으로 5년간 공공시설 1837곳을 신축하는 것을 포함해 시설 3400곳을 직영한다. 이를 통해 일자리 7만 4163개를 만든다. 전국에 어린이집만 4만 3000곳이 넘는 상황에서 사회서비스원이 직영하는 시설이 3400곳밖에 안 될 뿐 아니라, 애초 사회서비스공단 설립으로 일자리 17만 개를 늘린다는 계획에도 한참 못 미치는 것이다.

또 사회서비스원의 사업 종류와 범위 등을 지자체 재량에 맡기는 것으로 돼 있어, 지자체의 재정 부족 등을 이유로 계획보다도 못한 결과가 나올 공산도 있다.

더 큰 문제는 정부가 사회서비스원 소속 시설들을 '독립채산제'로 운영하려 한 것이다. 남인순 의원 법안에서는 독립채산제가 빠졌지만, 여전히 다른 공공 기관들과 마찬가지로 '경영 평가'를 실시한다고 돼 있어서 사회서비스원이 수익성 위주로 운영이 될 가능성도 열려 있다.

이런 상황에서 사회서비스원에 고용된 노동자들의 처우가 개선될 것이라 기대하기도 어려울 것이다.

사회 서비스가 노동계급 여성에게 특히 중요한 문제라는 점에서도 남인순 법안은 문제적이다. 보육과 요양 등의 사회 서비스는 여성들의 삶과 노동조건에 커다란 영향을 미친다. 국가가 투자하고 책임지지 않으면 그 부담은 고스란히 그 가족들(특히 여성들)에게 떠넘겨진다. 여성들은 아이들을 돌보느라 경력이 단절되고, 마땅한 공공 요양 시설이 없어 갖은 수고를 들여 노인을 부양해야 한다.

더구나 사회 서비스 분야에 종사하는 노동자의 다수도 여성이다. 수익성이 잣대가 되면 이들이 저임금과 고용 불안정에서 벗어나기 어렵다. 남인순 의원은 한국여성단체연합 대표를 지낸 바 있고, 오랫동안 주류 여성 운동에 몸담아 왔다. 여성운동 출신 국회의원이 여성의 삶에 큰 영향을 끼치는 사회 서비스 문제에 관해 이토록 불충분한 법안을 내놓다니 매우 실망스럽다.

이 모든 문제가 정부가 재정 지원을 최소화하려 하면서 생기는 것들이다.

게다가 보육, 요양 등 민간 사업자들의 반발도 만만찮다. 예를 들어, 한국민간어린이집연합회 등 51개 단체는 반대 성명을 발표했고, 한국어린이집총연합회는 사회서비스공단에 반대하기 위해 '특별위원회'까지 구성했다. 자유한국당 국회의원들 역시 공공시설 확대가 "민간 복지 서비스 시장의 질서와 기능을 훼손시킬 수 있다"며 반대하고 나섰다. 문재인 정부도 민간 사업자들의 반발을 의식해, "우수한" 민간 위탁 사업자에게는 공공시설을 계속 위탁할 수 있다고 열어 두기도 했다. 이런 압박들 때문에 법안 처리 과정에서 사회서비스원은 누더기가 될 공산도 크다.

문재인 정부에 기대는 것이 아니라, 사회 서비스 분야에서 확대되고 있는 노동자 투쟁을 더욱 강화해야만 질 좋은 공공서비스 확대와 노동 조건 개선도 가능할 것이다.

5장

주거 안정은커녕
부동산 투기를 키우다

투기 과열 잡기에 여전히 부족하다

2018년 9월 13일 문재인 정부는 새 부동산 대책을 발표했다. 2017년 8·2 부동산 대책을 시작으로 이런저런 부동산 투기 대책들이 발표됐지만 고삐 풀린 듯한 서울 집값 상승세는 계속됐다. 이 때문에 서민들의 주거 불안이 심화하고 투기 세력에 대한 분노가 커진 것은 정부 지지율 하락의 한 요인이었다. 그래서 이번 9·13 부동산 대책에는 과거보다 얼핏 과감해 보이는 조처들도 섞여 있다. 9·13 대책이 발표되기 전에 민주당 대표 이해찬은 새삼스레 '토지 공개념'을 언급했다.

그러나 결론적으로 말해, 이번 부동산 대책은 호들갑에 견줘 실체는 초라하다. 대표적으로 종합부동산세(이하 종부세)가* 그렇다. 이번 대책

출처: 김종현, 〈노동자 연대〉 259호(2018 9 19).

* 일정한 기준을 초과하는 토지와 주택의 소유자에 대해서 국세청이 별도로 누진세율을 적용해 부과하는 조세.

에서 가장 대표적인 내용이 종부세의 과표 구간을 늘리고 최고세율을 3.2퍼센트까지 올린 것이다. 명목세율만 보면 노무현 정부 시기의 최고 세율보다 높다.

자유한국당 등 우파는 일찍부터 '세금 폭탄'이라고 비난하고 나섰다. 우파는 종부세를 강화하면 선량한 서민들까지도 거액의 세금을 물게 될 것이라며 서민을 걱정하는 시늉을 했다. 그러나 이번 조처로 과세 부담이 실질적으로 무거워질 사람은 집 있는 국민의 1.5퍼센트에 불과하리라는 예측이 벌써부터 주요 언론에 보도되고 있다.

요컨대 지금은 노동자와 서민이 '세금 폭탄'을 맞을 걱정을 할 때가 아니다. 세금이 몇 백만 원 오르더라도 집값이 몇 억 원씩 오르면, 투기가 계속해서 기승을 부릴 가능성이 있다. 실제로 최근 리얼미터가 수행한 여론조사 결과, 9·13 대책이 "과도하다"는 의견은 19.8퍼센트에 그쳤고 "미흡하다"고 대답한 사람이 39.4퍼센트로 가장 많았다.

종부세의 명목세율이 3.2퍼센트로 역대 최고치가 됐더라도, 투기꾼들에게 실질적 부담이 될지는 따져 봐야 할 문제다. 한국도시연구소 최은영 소장이 지적한 대로, 노무현 정부 당시 종부세는 세금 납부 기준이 되는 소유 부동산을 '가구별 합산'으로 계산했지만 현재는 '개인별 합산'으로 계산한다. 따라서 명목세율이 더 높더라도 투기꾼들이 실질적으로 낼 세금은 노무현 정부 때보다 적을 가능성이 크다. 당시의 종부세도 투기를 진정시키지 못했음을 고려하면, 지금의 종부세는 다르리라 기대하기 어렵다.

또한 과세의 기준이 되는 공시가격은 고가 주택의 경우 실거래가의 절반 수준인 경우도 많다. 온건 진보 성향의 경제학자인 정태인조차 이번 세율 인상이 턱없이 부족하다고 지적한다. "현재의 실효세율[부동산 총액 대비 보유세의 비율]은 0.16퍼센트에 불과하다. 종부세 최고 명목세율이

3퍼센트를 넘는다며 최강 정책인 듯 발표한 이번 대책이 실행된다 해도 실효세율은 0.2퍼센트에도 미치지 못할 것이다. 일본의 실효세율은 0.5퍼센트가 넘고 캐나다나 미국은 0.9퍼센트 부근이다.”

시장 원리를 부르짖는 우파는 종부세 '강화'가 감세라는 '전 세계적 트렌드'에 역행한다고 역정을 낸다. 그러나 정작 신자유주의의 모국 격인 미국에서조차도 부동산 보유세는 한국보다 훨씬 많다!(물론 국제통화기금 세계주택가격지수를 보면, 미국 수준의 실효세율로도 투기를 붙잡기는 부족하다. 미국의 주택가격지수는 한국보다 높다.) 부동산 보유세는 더 강화돼야 한다.

종부세와 더불어 투기 수요 억제의 양대 축으로 작용하는 대출 규제도 한계가 분명해 보인다. 물론 은행권 대출 관련해서는 규제가 강화된 면이 있다. 무주택 가구에 대한 대출 규제는 과거와 차이가 없지만(LTV* 60퍼센트, DTI** 40퍼센트), 1주택 이상을 보유한 가구는 서울에서 주택담보대출을 받는 것이 사실상 금지됐다. 또한 다주택자들이 전셋집에 살면서 전세 자금 대출을 받아 투기에 쓰는 것 역시 원천 차단하겠다고 한다. 임대 사업자들에 대한 신규 대출의 LTV 역시 40퍼센트로 줄였다.

다주택자들이 돈을 쉽게 융통해서 투기에 쓰는 일이 근절된다면 좋을 것이다. 그러나 문제는 시중의 유동자금이 1000조 원 이상이라는 것

---

* LTV(Loan To Value, 주택 담보대출 비율): 담보 가치 대비 대출 비율. 예를 들어, 주택의 담보 평가 금액이 1억 원이고 LTV가 60퍼센트일 경우, 대출을 6000만 원으로 제한하는 것을 말한다.

** DTI(Debt To Income, 총부채 상환 비율): 소득에서 부채의 원리금 상환액이 차지하는 비율. 예를 들면, 연간 소득이 5000만 원이고 DTI가 40퍼센트일 경우, 총부채의 연간 원리금 상환액이 2000만 원을 초과하지 않도록 대출을 제한하는 것을 말한다.

이다. 각국의 금융 당국은 세계적 불황에 대처하기 위해 수년간 확장적 금융정책을 펼쳐 왔다. 그 결과 세계적으로 과잉 화폐가 발생해 투기적 자산 시장으로 흘러들어 가고 있다.

특히 한국은 외환 위기 이후로 1990년대 평균 수준의 이윤율을 회복한 적이 없다. 마땅한 생산적 투자처를 찾지 못한 과잉 화폐가 투기 시장으로 흘러들어 가고 있다. 따라서 대출이 규제되더라도 투기꾼들은 규제의 틈새를 발견해 시중의 자금을 부동산 투기로 조달하고자 애쓸 것이다. 지금 당장은 대출 규제 등의 효과로 시장이 관망세에 접어들 수 있겠지만, 얼마나 오래갈지는 지켜봐야 할 것이다

예컨대 최근 들어 대출 규제 강화로 은행권 대출이 막히니 P2P(개인 간) 대출이 급증하고 있다. P2P 대출은 지금까지의 부동산 대책에서 규제 대상이 아니었다. 그래서 이 방식으로 투기 자금을 끌어모을 수가 있다. 이는 또 하나의 '풍선효과'가 될 것이다.

시중의 과잉 화폐를 억제하는 데서는 금리 인상이 가장 정석적인 해결책이다. 하지만 가계 부채가 1500조 원에 육박하는 지금 상황에서 금리가 오르면 노동계급·서민의 생활고도 가중될 것이다. 침체 국면에 접어든 한국 경제 역시 적잖은 부담을 안게 될 것이다.

이처럼 9·13 부동산 대책은 미흡한 정책이 대부분이다. 게다가 노동자·서민을 위한 저렴한 주거 공간을 마련하기 위한 실질적 방안은 없다. '토지 공개념' 운운에 걸맞으려면, 단지 부동산 불로소득에 대한 (미흡한) 과세 강화뿐 아니라 그렇게 거둬들인 세금을 주택 복지를 위해 사용할 방안도 구체적이고 충분해야 한다.

물론 정부는 "서민 주거 안정 목적의 주택 공급 확대"를 말한다. 수도권과 도심의 유휴지를 모색해서 개발하겠다는 것이다. 그러나 공공 주택 건설이 아니라 민간 업체 주도의 개발이라면, 오히려 집값 상승이 부

추거질 수도 있다. 더군다나 정부는 아주 온건한 개혁인 분양 원가 공개조차 하지 않고 있다. 언제나 그랬듯이, 건설업자들이 공공 택지를 싸게 사들여서 높은 분양가로 폭리를 취하고, 주변의 집값마저 뛰는 일이 벌어질 것이 불 보듯 뻔하다. "신규 주택은 로또가 되지 않게 하겠다"는 이해찬의 말을 믿을 수 없는 까닭이다. 게다가 정부·여당은 공급 확대를 위해 신자유주의 이윤 논리를 강화할 도심 내 규제 완화까지 추진해야 한다는 입장이다.

이와 달리 정의당 심상정 의원은 최근 인터뷰에서 다음과 같이 옳게 주장했다. "그린벨트를 해제하는 것은 반대하지만 꼭 필요하다면 … 철저히 공영 개발을 해서 공영주택으로 공급"을 해서 "반값 공급"을 해야 한다. 이에 더해 심상정 의원은 "토지 임대부 분양* 정책 같은 걸 병용"하면 주택을 "반의 반 값"으로 공급할 수도 있다고 사이다처럼 속시원하게 말했다. 정부의 '공급 확대론'과는 과연 대조되는 알맹이 있는 '공급 확대론'이다.

최근 화제가 된 이재명 경기도지사의 '국토 보유세 방안' 역시 좌파적 입장에서 환영할 만하다. 국토 보유세는 토지만을 과세 대상으로 삼고 건물에 대한 과세를 포기한다는 점에서 아쉬운 면이 있다. 그러나 상위 5퍼센트에 조세를 부과하고 나머지 95퍼센트는 재분배 혜택을 받게 설계돼 있다는 점, 기본 소득 등 불평등 해소를 위한 정책의 예산을 15조 원 이상 확보할 수 있다는 점 등은 지지할 만하다.

이와 관련해, 최근 청와대 국민 청원 게시판에 올라온 용산 미군 기지터를 임대주택 부지로 활용하자는 호소도 긍정적으로 생각해 볼 필

---

* 토지 임대부 분양 주택: 토지는 공공이 소유·임대하고 지상의 건물은 일반인들에게 분양하는 방식.

요가 있다. 물론 부족한 녹지 확보를 위해 애초대로 용산 미군 기지터를 생태 공원으로 조성하는 것도 의의가 있다. 그러나 안진걸 민생경제 연구소장이 지적했듯이, 그만한 넓이의 부지라면 절반은 공원이나 유적으로 이용하고 나머지 절반은 공공 주택이나 공공 기숙사를 짓는 데 이용할 수 있다. 무엇보다 그 땅을 상업적으로 이용하는 것에 반대해야 한다. 최근 민중당이 논평을 발표해 지적했듯이, "미군 기지터만 공원화되고 주변 토지는 고층 아파트와 상업 시설로 민간 개발한다면 어떻게 될까? '주변 토지 소유 부자들의 정원이 될 판이다.'"

물론 용산 미군 기지터에 공공 임대주택을 짓는다고 곧바로 투기를 잡거나 서민의 주거 안정을 이루지는 못할 것이다. 주택 문제를 해결하려면 더 급진적인 해결책이 필요하다.

또한 평범한 사람들의 '집 없는 설움'을 궁극적으로 해결하려면 더 근본적인 대안을 추구해야 한다. 프리드리히 엥겔스는 《주택 문제에 대하여》에서 부자들이 가진 주택을 몰수해 노동자들이 그 주택을 수용한다면 주택 문제는 쉽게 해결될 것이라고 지적했다. 그런 변화를 이루려면 자본주의 자체를 전복하는 투쟁이 필요할 것이다. 엥겔스가 지적했듯이, 주택 문제의 근원은 이 사회가 계급으로 분열돼 있다는 점에 있기 때문이다.

3부

외교·안보

1장

집권 초기, 한반도 불안정이 심화하다

'문재인 잘하라' 응원할 때가 아니다

문재인 정부는 노무현 집권기에 견줘 훨씬 더 어려운 대외환경에 처해 있다. 먼저 이 점을 살펴봐야 한다. 2008년 세계 공황 이후 경제 침체가 장기화한 가운데 한반도 주변 강대국들의 경쟁은 계속 점증해 왔다.

트럼프 정부의 등장은 동아시아에서 불확실성을 더 키운 요인이 됐다. 취임 직후 트럼프는 국방비 10퍼센트 증액안을 내놓으며 군비 증강에 박차를 가했다. 증액분만 해도 한국 국방예산보다, 북한 GDP(국내총생산)보다 많다.

2017년 봄에 트럼프의 군국주의는 한반도 전쟁 위기설이 돌 만큼 긴장을 일으켰다. 북한 '위협'론을 부각시켜 항공모함을 한반도 인근에 추가 배치하는 등 긴장을 높였고, 그 틈에 자신이 원하는 바를 관철시키려 했다. 항모 칼빈슨 호가 동해로 진입할 때 사드가 성주로 반입된 건

출처: 김영익, 〈노동자 연대〉 209호(2017 5 23).

우연의 일치가 아니다.

사드 배치 외에도 트럼프는 한국의 MD(미사일방어체계) 편입 공식화 같은 동맹 강화, '사드 10억 달러'로 대표되는 군비 분담 요구를 관철시키려 한다. 아마도 2017년 6월 말 한·미 정상회담에서 문재인은 한미FTA 재협상을 비롯한 트럼프의 여러 요구를 받아 오게 될 것이다. 진보·좌파가 문재인에게 한·미 정상회담을 이용해 "한반도 위기 해소의 돌파구 마련하라"고 (비현실적으로) 주문할 것이 아니라, '미국에 가지 말라'고 해야 하는 까닭이다.

현재 트럼프가 대선 때보다는 중국을 향해 덜 위압적으로 말하지만, 머지않아 미·중 간 긴장 악화 상황은 재발될 것이다. 미국의 군국주의에 관한 중국의 대응이 지속·강화되는 등 핵무기 경쟁까지 포함한 군비 경쟁이 악화돼 왔고, 미국·일본의 중장기적 정책 방향이 긴장 재발을 예고한다.

러시아도 동북아에서 영향력 확대를 꾀하고 있다. 과거 북한과 일본을 오가던 북한 여객선 만경봉 호가 이제 북한 라선과 러시아 블라디보스토크를 정기 운항한다. 미국의 안보 전문 정보분석업체 '스트랫포'는 러시아가 최근 북·중 관계가 소원해진 것을 틈타 북한과의 관계를 강화하고 있음을 지적했다. 러시아는 북한을 서방과의 협상력을 높이는 지렛대로 삼고자 한다. 이는 미국의 "최대한의 압박과 관여" 기조와 어긋나는 것이고, 러시아가 중국과 별개로 한반도에 독자적 입지를 확보하려는 시도이기도 하다.

북·러 관계만 봐도, 이른바 '신냉전론'보다 현 동아시아 질서가 훨씬 더 유동적이고 불안정해지고 있음을 알 수 있다.

이런 상황에서 문재인이 집권했다. '안보 위기' 때문에 한국 지배계급이 받는 압력이 매우 크고, 내부 견해차로 갈등이 끊이지 않고 있다. 이런 가운데 문재인은 중국을 되도록 자극하고 싶지 않아 고심하겠지만, 결국 미국과의 협력을 선택할 것이다. 그 자신이 '한미동맹은 외교·안보의 근간'이라는 데 동의하기 때문이다.

한동안 망설일 테지만, 결국 성주에 들어온 사드 배치를 인정할 것이다. 문재인의 대미 특사 홍석현은 미국에 가 사드 배치의 절차적 정당성이 결여됐다고 설명했지만, 동시에 "한미동맹의 정신에 기초한 해결"도 언급했다. 결국 사드 배치를 철회하지 않은 채, 타협을 모색하려는 것이다.

자유한국당 등 우파들이 사드 배치의 국회 비준을 강하게 반대하지만, 설사 국회 비준 동의 절차를 밟더라도 이는 배치를 사후 정당화하는 수단이 될 것이다. 노무현 정부 때도, 평택미군기지 확장과 이라크 파병 모두 국회 비준을 거쳐 노무현이 실행한 배신 행위였다.

유엔에서 '위안부' 문제를 다뤘던 강경화가 외교부 장관으로 지명돼 기대감이 일 수 있겠지만, 이미 문재인 정부는 '위안부' 문제에서 조금씩 후퇴해 왔다.

대일 특사 문희상은 '위안부' 합의 재협상·파기가 아니라 제3의 길을 생각해야 한다고 했다. 그리고 "군사적으로 한·미·일 공조를 기본으로 한다면, 군사적 문제와 경제 협력 등에서 미래 지향적으로 생각할 문제가 여러 가지 있다"고 했다. "미래 지향"은 역대 한국 정부가 '과거사' 문제를 접고 한·일 유착을 강화할 때마다 동원한 용어다.

문재인은 남북관계 개선 의지를 밝혔지만, "특정한 상황"이 될 때에야 남북 대화를 하라는 트럼프를 상대해야 한다. 그간 강화돼 온 대북 제재 구조 때문에 문재인의 공약인 개성공단 재개조차 만만치 않은 난관이 앞에 놓여 있다.

게다가 문재인은 미국 특사단을 만나 "제재와 대화를 포함한 모든 수단을 동원한다"고 합의했다. "모든 수단"은 미국이 북한을 압박할 때 즐겨 쓰는 특수 용어다. 거기에는 군사적 옵션이 늘 포함돼 있다. 따라서 문재인도 미국의 대북 정책에 보조를 맞추며 대북 군사 압박 강화에 협력한다는 얘기다.

서재정 일본 국제기독교대 교수도 문재인이 미국과의 합의로 대북 정책 면에서 "명백히 후퇴했다"고 비판했다. 미국과 보조를 맞춰 대북 제재와 대화를 병행하겠다는 것을 두고 서재정 교수는 이렇게 지적했다. "최대의 제재를 가해서 '대화'의 장에서 북의 굴복을 받아내겠다는 것이라면 외교도 아니고 대화는 더욱 아니다. 협박의 다른 표현일 뿐이다." 이런 기조로는 문재인 정부 자체가 남북 관계 속의 모순에 봉착해 좌충우돌할 것이다.

진보·좌파는 문재인 정부가 대외 정책에서 민중의 바람을 결국 배신할 것임을 일찌감치 경고하고, 정부의 본질적인 친제국주의·친군국주의 정책을 반대해야 한다. 미국의 군비 분담 압력을 받으며 문재인 정부는 대대적인 군비 증강을 공언한다. 그러나 현 경제 침체 상황에서 군비의 대폭 증강은 정부의 노동자 공격 시도와 뚜렷하게 대비될 것이다.

근래 한국 정부의 친미 외교·국방 정책에 반대하는 데 앞장서 온 것은 사드 배치 반대 운동이었다. 성주·김천 현지의 주민 운동은 상당한 정치적 파장을 낳았다. 그러나 주민 운동만으로는 중앙 정부의 핵심 정책을 저지하는 데까지 힘이 미치기는 어려웠다.

서울에서 주요 진보 단체들은 여러 쟁점에서 이견이 좁혀지지 않아 사드 반대 운동 내에서 굳건한 행동 통일을 하지 못했다(짐작하겠지만 그 근본에는 북핵 문제에 관한 첨예한 이견이 자리 잡고 있다). 주요 진보 단체들은 이 문제의 '정치적 해결', 즉 국회 설득에 주력했다. 그러나 민주당이 전혀 반응을 보이지 않아 여의치 않았다.

그러나 위기와 함께, 기회도 다시 찾아올 것이다. 좌우 양쪽이 문재인 정부의 대외정책을 불만족스러워하게 될 것이다. 때로 남북 대화나 교류·협력으로 노동자 운동의 시선을 돌리려 할 테지만 말이다. 정부 안팎에서 지배계급 성원들이 대외정책을 놓고 논쟁하고 쟁투를 벌일 가능성도 크다.

따라서 진보·좌파들은 지금 문재인 정부를 향해 한반도 평화를 위한 대화의 촉매가 되라고 고무할 게 아니다. 훈수 둘 일도 아니다.

고전적 마르크스주의자들의 제국주의론이 주는 가장 중요한 정치적 결론은 제국주의 문제의 해결이 노동계급의 자력 해방을 고무하는 데 있다는 것이다. 그 잠재력이 미래에 실현될 가능성은 분명 있다. 따라서 고전적 마르크스주의자들은 앞서 설명한 중장기적 전망 하에 지정학적 갈등이 낳을 이데올로기적·정치적 문제들에 효과적으로 개입해야 한다.

2장

외교로 평화가 올까

정상회담과 제국주의

냉전 종식 이래 한국인들은 한반도에서 긴장 고조와 유화 국면이 극적으로 뒤바뀌는 일을 자주 겪었다. 최근 상황도 훗날 그런 사례로 기록될지 모른다.

2017년에는 내내 갈등이 높아졌는데, 2018년 3월에 잇달아 남북·북미 정상회담 개최가 발표돼 많은 사람들이 놀랐다. 5월에는 트럼프와 김정은이 마주 앉아 햄버거와 콜라를 먹는 모습을 진짜로 볼 수 있을지도 모른다(물론 트럼프는 4월 17일 벌써 말을 바꿔, 상황에 따라 김정은과 정상회담을 하지 않을 수도 있다고 말했다).

2017년은 "화염과 분노"에 관한 말이 무성했던 해였다. 트럼프의 대북 전쟁 위협이 한반도 주변 정세의 불안정성을 한껏 높였던 것이다. 트럼프는 대북 대화는 부질 없는 일이라고 거듭 떠들었다. 많은 사람들이 전쟁 위기를 우려했다.

출처: 김영익, 〈노동자 연대〉 245호(2018 4 18).

물론 그 와중에도 북한과 미국은 물밑 접촉을 유지했던 듯하다. 2017년 9월, 지금은 해고된 당시 미국 국무장관 렉스 틸러슨이 북한과의 대화 채널을 2~3개 열어 두고 있다고 밝혔다. 미국도 북한의 의중을 파악할 필요가 있었던 것이다.

그러나 시리아를 비롯한 중동 상황이 더욱 혼돈에 빠지면서, 미국이 북핵 문제에 오롯이 집중하기가 어려워지고 있었다. 그래서 대화로 북한의 핵·미사일 개발 상황을 파악하며 잠시 시간을 버는 것도 필요했을 것이다. 남북 정상회담의 성사도 이런 맥락에서 가능했을 것이다.

트럼프와 김정은의 정상회담은 많은 사람들이 예상한 것 이상이었다. 아마 부시나 오바마 같은 지배계급 주류 출신 대통령이라면 이렇게 정상회담 제안을 덥석 물지는 않았을 것이다. 트럼프가 미국 국내에서 여러 사건으로 공격받아 정상회담 같은 대형 이벤트가 필요하기도 했겠지만, 동시에 북·미 정상회담 개최는 트럼프가 기존의 미국 외교·안보 노선과 관습에 그다지 연연하지 않는다는 점도 보여 준다.

극적 변화 때문에, 사람들 사이에서 한반도에 항구적 평화 체제를 구축할 수 있다는 기대감이 꽤 있는 듯하다. 지난 10년 내내 북한과 미국, 한국 등이 공식 외교 협상 한 번 제대로 하기 어려운 시절이다 보니, 지금 정세가 근본적으로 바뀌고 있는 것 아닌가 하는 생각이 들 수도 있겠다.

그러나 지난 30년 가까운 시기를 되짚어 보면, 한반도 상황은 긴장 국면에서 대화 국면으로 갔다가, 얼마 안 가 정반대로 휙 바뀌는 일이 잦았다.

남북·북미 정상회담이 항구적 평화를 우리에게 가져다 주기에는 그 앞에 너무 많은 변수와 난관이 도사리고 있다.

정상회담을 반대하는 우익의 위선

남북 정상회담을 (그리고 내심으론 북·미 정상회담도) 반대하는 우익의 행태는 실로 위선적이고 꼴사납다. 자유한국당 대표 홍준표는 남북 정상회담이 북한의 시간 벌기를 위한 "위장 평화쇼"라고 비난한 데 이어, 심지어 문재인 대통령이 '이적 행위'를 한다고도 말했다.

자유한국당 등 우익의 이런 망언은 남북 화해와 평화를 바라는 대중의 공감을 얻지 못하고 있다. 대다수 국민은 오래 지속된 대결과 긴장의 연속에 염증을 느끼고 있다. 그래서 남북·북미 정상회담을 환영하고, 남북 화해와 평화의 문이 열리길 바랄 것이다.

이런 바람은 단지 일시적인 일이 아닐 것이다. 한국인들은 제국주의 강대국들에 의해 강제로 분단돼 전쟁까지 겪었다. 남북의 분단과 대결은 이산가족, 탈북민 등 희생자들을 만들어 왔고, 거듭 반복되는 긴장 고조나 전쟁 위기에 따른 인적·물적 부담을 평범한 한국인들이 짊어져야 했다.

이런 역사적 경험에서 나온 남북 화해와 평화 염원 정서를 냉전 시대에 기원을 둔 한국 우익이 어떻게 이해할 수 있겠는가.

우익은 문재인 정부가 "정략적으로"(즉, 지방선거 승리를 위해) 남북 정상회담을 이용한다고 주장한다. 물론 그럴 것이다. 그러나 남북관계의 악화든 개선이든, 이것을 정략적으로 이용해 온 원조는 바로 우익 자신이다. 예컨대 1997년 대선을 앞두고 당시 한나라당 이회창 후보 측 인사들은 북한에 무력 시위를 요청했다(이른바 '총풍 사건'). 남북 간 긴장을 선거에 이용하려는 의도였다. 이명박 정부도 남북 정상회담을 추진하면서, 북한 측 인사에게 돈봉투까지 찔러넣으려 했다. 이런 자들이 정상회담을 비난하는 건 말 그대로 '내로남불'이다.

남북 두 정상의 만남은 영구 평화의 길을 열까?

2018년 4월 27일 김정은 북한 국무위원장이 직접 군사분계선을 넘어 남측(판문점 평화의집)으로 내려온다면, 이는 11년 만의 남북 정상회담 개최 사실 자체와 함께 상당한 이데올로기적 효과를 낳을 것이다. 5월 말~6월 초로 예고된 북·미 정상회담도 마찬가지다.

남북·북미 정상회담 성사를 계기로 문재인 대통령은 다시 한 번 한반도 '운전자'론을 꺼내 들었다. 한국이 한반도 문제를 해결하는 데서 적극적인 중재자 구실을 자임해야 한다는 구상이다. 4월 11일 문재인 대통령은 남북 정상회담이 북·미 정상회담 성공의 길잡이가 돼야 한다고 강조했다.

2017년 문재인 대통령은 베를린에서 북핵 폐기와 평화체제 구축을 포괄적으로 해결하자고 제안했다. 그래서 이번 남북 정상회담에서 비핵화의 목표·계획을 큰 틀에서 확인하며 종전 선언 제안 등을 거론할 것으로 보인다.

그러나 한반도는 갈수록 불안정해지는 국제 관계의 한복판에 있다. 따라서 한반도를 둘러싼 국가 간 협상도 이 국제 관계에 연동될 수밖에 없다. 한국이 한반도 불안정을 둘러싼 제반 문제들을 풀어가는 데는 근본적 제약이 있는 것이다.

문재인 대통령 자신도 남북 정상회담으로 북핵 문제가 다 해결될 것이라고 기대하지 않는다고 했다. 그도 남북 관계는 결국 북·미 관계의 진전 여부에 달려 있다고 인정한다.

북한도 마찬가지로 본다. 진보진영 일각에는 김정은 국무위원장이 핵무력 완성 선언 이후 대화로 태세를 전환한 게 지금의 국면 전환을 낳았다는 설명이 있다. 일부 친민주당 이데올로그들도 김정은은 아버지 김정일과 다르게 핵무기에 집착하지 않고 북한을 (친서방) 시장 개혁·개방으로 이끌 지도자라고 기대를 치켜세운다. 2013년 장성택이 처형됐을 때 자기들이 김정은을 향해 쏟아낸 비난이 무색하게도 말이다.

그러나 김정은 국무위원장의 태도 변화는 항구적 긴장 해소의 주된 요인이 되지 못한다. 이 점은 2018년 3월 초 김정은 위원장이 남측 특사단에게 한 말이 보여 주는데, 이런 약속이나 제안은 새로운 게 아니었다. 그는 이렇게 말했다. "북한에 대한 군사적 위협이 해소되고 북한의 체제 안전이 보장된다면 핵을 보유할 이유가 없다.""비핵화는 선대의 유훈[이다.]" 대화가 지속된다면 핵·미사일 실험 등을 하지 않겠다고도 했다.

북한 체제의 안전 보장과 비핵화는 북핵 협상 테이블 위에 오랫동안 올려져 있었다. 체제 안전을 보장받으면 비핵화하겠다는 것은 북한의 오래된('유훈통치'이기도 함) 약속이자 요구였다.

북한은 냉전 종식 이후 고립에서 벗어나 경제 회복에 필요한 자금과 자원을 확보하려고 서방 국가들과 관계 개선의 길을 모색해 왔다. 그래서 이미 1992년 김일성은 김용순 조선로동당 국제비서를 미국에 보내, 북한에 적대적이지만 않다면 주한미군 주둔을 용인할 수 있다는 의사를 밝혔다.

김정은 집권 후에도 북한은 수소폭탄·대륙간탄도미사일 실험을 하면서도 비핵화 가능성을 닫아 두지 않았다. 최근 북·중 정상회담에서도 김정은 위원장은 비핵화 의사를 언급했다(물론 조건부로).

그러나 지난 30년 동안 북핵 문제는 비핵화와 체제 안전 보장을 둘러싼 숱한 합의와 합의 파탄, 긴장 악화를 도돌이표마냥 반복했다. 북한이 대화에 적극 나서고 합의를 성실히 이행한다고 풀리는 성격의 문제가 아니었던 것이다.

왜 북핵 협상은 늘 어그러져 왔는가

북핵 협상이 오랫동안 실패를 반복한 주된 책임은 미국에 있다. 미국에게 북핵 문제는 단순히 비확산 문제, 즉 북한 핵을 제거하는 문제만은 아니었다. 미국은 제국주의 세계 체제에서 자국의 지배력을 유지하는 문제, 즉 다른 제국주의 강대국들과의 경쟁이라는 맥락 속에서 북핵 문제를 다뤄 왔다. 그래서 북한 '위협'론은 미국이 동아시아에서 동맹을 규합하고 중국을 겨냥한 군사력 전진 배치를 합리화하는 데, 즉 미국의 패권을 다지는 데 이용됐다.

미국은 북한과 합의를 해도 합의 이행 의지를 보이지 않았고, 새 꼬투리를 잡아 합의를 무용지물로 만들어 왔다. 그 대표 사례가 바로 2005년 9·19 공동성명이다. 2005년 6자회담 참가국들(남·북한, 미국, 중국, 일본, 러시아)은 9·19 공동성명을 내놓았다. 이 합의는 지금도 일각에서 한반도 비핵화와 평화 체제 정착을 위한 가장 바람직한 합의로 거론된다. 그러나 합의 직후에 열린 한 토론회에서 고(故) 리영희 교수는 "50년 동안 국제관계를 연구하는 사람으로서 미국이 조약을 지킨 일을 한 번도 본 적이 없다"고 단언했다. 그리고 "북경회담의 종이조각[9·19 합의] 몇 마디에 상황을 판단"해서는 안 된다고 경고했다. 그 이후 상황은 리영희 교수의 예측대로 전개됐다.

이처럼 비핵화, 평화협정 체결 등 한반도 평화를 정착시키려는 국가 간 합의가 없었던 게 아니다. 9·19 합의 외에도 1994년 북·미 제네바 합의, 2000년 6·15 남북공동선언, 2000년 북·미 공동 코뮈니케 등이 있었다. 그러나 모두 얼마 안 가 휴지조각 신세가 돼 버렸다. 제국주의적 경쟁과 관여 속에 합의들이 유지되지 못한 것이다.

냉전 종식 이후의 주요 평화 합의들

합의	내용	결과
1991년 남북기본합의서 한반도비핵화선언	·남북이 상호 체제 인정하고, 무력 침략하지 않겠다고 약속. ·남북 모두 핵에너지를 평화적 목적에만 이용하고 핵무기 관련 시설을 보유하지 않기로 약속.	미국이 북핵 의혹을 제기하며 대북 군사 위협을 가하면서 1994년 한반도에 전쟁 위기 고조.
1994년 북·미 제네바 합의	·북한은 기존의 흑연감속로를 포기하고 관련 핵시설을 동결하기로 약속. ·대신에 미국은 경수로를 제공하고, 대북 군사 위협 중단과 관계 정상화까지 약속함.	·북한은 이 합의에 기대를 걸었지만, 미국은 처음부터 합의를 이행할 의향이 없었음. ·미국은 금세 새 의혹을 제기하며 대북 압박을 지속함.
2000년 6·15 남북공동선언	·최초의 남북 정상회담. ·남북 각각의 통일 방안의 공통점에 근거해 통일을 지향하고, 경제 등에서 남북 협력을 활성화하기로 함.	·2001년 집권한 미국 부시 정부가 대북 압박을 강화하며 새로운 북핵 의혹을 제기하자 긴장 고조. ·이 맥락에서 2002년 6월 서해에서 남북 간 해상 교전 발생.
2000년 10월 북·미 공동 코뮈니케	미국과 북한은 정전협정을 평화보장체제로 바꾸고, 관계를 개선하기로 약속.	·2002년 부시 정부가 북한을 "악의 축"의 하나로 지목하며 휴지조각이 됨. ·미국의 위협에 반발해 2003년 북한은 핵동결을 해제하고 핵무기 개발로 나아감.
2005년 9·19 6자회담 공동성명	·비핵화와 반대급부의 단계적 이행을 약속. ·별도의 포럼에서 한반도 평화체제를 논의하기로 합의.	·미국이 새로운 대북 금융 제재를 단행하면서, 바로 합의가 위기에 빠짐. ·결국 2006년 10월 북한이 처음으로 핵실험 감행.

결국 문제는 제국주의적 경쟁에 있다

안타깝게도 오늘날 동아시아 상황은 과거보다 훨씬 더 악화돼 있다. 미국과 중국이 서로 관세 부과로 "무역 전쟁" 가능성을 높이는 와중에, 처음으로 군함 40척을 대동한 중국 항공모함과 미국 항공모함이 남중국해에 나란히 진입하는 지경에 이르렀다.

이처럼 미국, 중국 등 제국주의 국가들 간에 지정학적 경쟁과 경제적 경쟁이 줄곧 점증해 왔다. 트럼프 하에서 미국 정부는 중국, 러시아를 전략적 경쟁자라고까지 지목하기 시작했다.

트럼프와 시진핑이 관세 폭탄을 주고받다가, 지금 시진핑이 시장 개방 확대를 약속하며 양측이 잠시 숨을 고르고 있는 것 같다. 그러나 미국과 중국의 제국주의적 경쟁은 유화 국면을 잠시 오가겠지만, 중장기적으로 한 쪽이 굴복할 때까지 싸우는 것이다.

정상회담을 한다고 하니 일부 여권 인사들은 트럼프가 노벨평화상을 받게 해 주자고 벌써부터 호들갑이다. 그러나 트럼프가 우익 포퓰리즘의 국제적 부상이라는 맥락 속에서 대선에서 승리한 매우 반동적인 자임을 잊어선 안 된다. 그는 미국 우선주의와 인종차별 등을 버무려, 경제 위기로 좌절한 중간계급과 후진적인 일부 백인 노동계급 사람들의 지지를 얻어 대통령이 됐다. 때에 따라 그는 지배계급 주류가 감히 하기 어렵고 위험한 도박을 선택할 수 있다.

트럼프는 중국과의 경쟁에 관세 같은 경제적 수단을 동원해야 한다고 주장해 왔다. 그리고 보호무역 정책을 강화하며 국제 생산 사슬을 미국 국내로 옮기길 바란다. 즉, 그가 좀 변덕스런 기질이 있으나, 그에게 전략이 없는 게 아니다. 문제는 그 전략이 세계를 더 위험하게 만든다는 것이다.

트럼프의 견해를 정부 정책으로 구현하는 그의 측근 중에는 백악관 무역제조업정책국장 피터 나바로가 있다. 피터 나바로가 그동안 쓴 책의 제목만 훑어 봐도 그들이 얼마나 중국을 제압하는 데 골몰해 왔는지를 알 수 있다. 《100년 마라톤: 미국을 제치고 글로벌 슈퍼파워가 되려는 중국의 비밀 계획》, 《웅크린 호랑이: 중국의 군사주의는 세계에 어떤 의미인가》, 《중국에 의한 죽음: 용에 맞서기 - 세계적 행동 호소》, 《다가오는 중국과의 전쟁들: 그들과 어디서 싸우고 어떻게 승리할 수 있을 것인가》.

중국도 국가주석 시진핑이 주석 임기 제한을 없애면서(사실상 종신집권의 길을 열면서) 대외 정책을 더 강경하게 추구하겠다고 선언했다. 중국은 미국의 압박에 대응해 경제적 촉수를 뻗어 지정학적 요충지와 동맹국을 확보하려고 애써 왔다.

이런 사태 전개는 앞으로 둘의 갈등이 더 위험한 형태로 발전할 가능성을 가리킨다. 제국주의 국가들의 지정학적·경제적 경쟁이 교차하면서 남중국해, 대만, 무역, 군사 정책 등 동아시아에서 강대국 간 갈등이 터질 잠재적 폭탄이 너무 많아졌다. 이 모든 문제가 한반도에, 그리고 북핵 문제를 둘러싼 외교 협상에 직접·간접으로 영향을 줄 것이다.

최근 트럼프가 내각 인사를 단행하면서, 매우 호전적이면서 자신의 생각을 충실히 지지해 줄 만한 인물들을 외교·안보 책임자 자리에 앉혔다. 국무장관으로 지명된 마이크 폼페이오는 공화당 우익 분파인 티파티의 지지를 받았던 자로, 보호무역주의를 지지하고 중국뿐 아니라 북한과 이란에도 매우 적대적인 정책을 선호해 왔다. 새 백악관 안보보좌관 존 볼턴은 더 심한 자다. 미국의 한 칼럼니스트는 그를 가리켜, "두 번째로 위험한 미국인"이라고 했다(첫 번째는 트럼프). 볼턴은 북한과 이란의 정권 교체를 주장하며, 최근까지도 이란과 북한을 선제 공격해야 한다고 설파해 왔다.

트럼프에게 이른바 북한 문제는 중국을 제압하고 패권을 유지하는 문제와 분리되지 않는다. 그가 중국을 향해 이빨을 드러내면서 북한을 위협하는 이유다.

물론 워싱턴이든 평양이든 트럼프와 김정은이 만나 비핵화와 평화협정 등을 큰 틀에서 합의할 수도 있다.

그러나 진정한 문제는 그 이후부터 시작될 것이다. 일각에서는 이번에는 과거와 달리 북·미 간 협상이 "탑 다운 방식", 즉 정상들이 포괄적으로 합의를 도출하고 실무 라인이 단계적으로 이를 이행할 것이어서 과거처럼 "디테일에 숨은 악마"에 걸려 넘어질 일은 없을 것이라고 주장한다. 그러나 북한처럼 미국의 적성국이면서 이미 핵무기를 보유한 국가를 상대로 "완전하고 검증 가능하며 돌이킬 수 없는 비핵화"에 합의하고 이를 끝까지 이행하는 과정은 어떤 방식이든 험난하고 중도에 좌초될 위험이 클 수밖에 없다.

그런 점에서 폐기될 위험에 처한 이란 핵합의는 시사적이다. 이란은 핵무기도 보유하지 않았고 플루토늄과 농축 우라늄 보유량도 북한에 비교가 안 될 만큼 소량이지만, 트럼프는 이조차 불만족스럽다면서 합의를 폐기하겠다고 협박한다. 트럼프 정부로서는 이란이 중동에서 갈수록 영향력을 높이고 있다는 점이 큰 불만일 것이다. 이처럼 미국이 이란과 이미 맺은 약속조차 뒤집겠다고 달려드는 판국에 북한과의 협상은 오죽하겠는가.

존 볼턴은 북한이 핵무장 완성의 시간을 벌게 놔두지는 않겠다며, 이른바 리비아식 해법을 주장한다. 북한이 먼저 핵 포기를 하면 그때 가서 관계 정상화 등을 논의할 수 있다는 것이다. 그러나 이는 북한이 정말로 받아들이기 힘든 요구다. 북한 지배 관료의 처지에서는 리비아는 반면교사일 뿐이다. 체제 안전 보장 없이 핵무기를 포기하면 독재 정권이 서방의 군사 개입으로 망할 수 있음을, 그리고 독재자가 죽을 수도 있음을 보여 준 게 바로 리비아의 사례다. 그래서 북한은 언제나 '리비아'라는 단어에 알레르기 반응을 보였다. 북·중 정상회담에서 김정은이 말한 단계적·동시적 비핵화는 바로 볼턴의 주장에 대한 우회적 거부 표시다.

물론 포괄적 합의 이후에 단계적으로 비핵화 절차를 밟아도 각 단계마다 우여곡절이 많을 것이다. 대북 제재 완화 등 북한이 원하는 반대급부를 미국이 제공할 의지가 있는지가 의문이다. 정상회담 이후의 협상은 살얼음을 걷는 듯한 불안정한 과정이거나, 오랫동안 뚜렷한 성과가 없는 지루한 절차가 될 수 있다.

핵무기 문제가 아니더라도 미국이 북한을 압박할 카드는 더 있다. 2018년 4월 10일 미국 국무부 대변인은 북한 인권 문제도 정상회담 의제에 포함될 수 있다고 밝혔다. 이 밖에도 북한과 시리아의 화학무기 커넥션 의혹도 미국이 쥐고 있는 패다. 미국이 마음만 먹으면 북한에 들이밀 패는 계속 나올 것이다.

지금 미국은 시리아 문제를 의식하며 북한과의 협상에 임하겠지만, 그런 상황이 영구히 가지는 않을 것이다. 무엇보다, 미국은 다른 제국주의 국가(특히 중국과 러시아)와의 경쟁 속에서 자국의 필요에 따라 북한과의 협상을 중단시킬 수 있다. 남북 관계도 이 과정에 연동될 것이다.

자본주의에서 영구 평화란 없다. 특히, 1930년대 대불황 이후 가장 큰 경제 침체의 여파와 미국 제국주의의 상대적 지위 하락 속에 불안정이 점증하는 상황이기에 더더욱 그렇다. 한반도도 예외는 아니다. 북·미 정상회담이 실패한다면 지난해보다 더 큰 위기를 맞을 공산이 있다. 그리 되면 미국이 북한을 상대로 더 공세적인 조처를 취하면서, 볼턴 같은 전쟁광들이 바빠질 수 있음을 경계해야 한다.

무엇을 해야 하는가?

자본주의 지배자들 간의 협상과 타협으로는 제국주의가 낳는 불안정이 항구적으로 해소될 수 없다. 제국주의는 자본주의 강대국들 간의 경쟁 체제이고, 이 세계 체제와 경쟁은 자본주의 지배자들도 근본적으로 통제하지 못하는 실체이고 경향이다. 이미 100여 년 전부터 레닌과 부하린 등 고전 마르크스주의자들이 지적해 온 이 통찰은 지금도 유의미하고 적절하다.

제국주의적 경쟁, 그리고 이것이 한반도에 주는 압력은 근본적으로 남북 두 정상들이 통제할 수 없는 문제다. 한반도 평화 실현 또는 이를 위한 안정적 조건 마련조차 남북 대화로, 심지어 북·미 정상회담으로도 이루기 어렵다.

따라서 남북·북미 정상회담을 우익처럼 반대해서는 안 되겠지만, 그렇다고 정상회담을 지지할 수도 없다(지지냐 반대냐가 아니라 분석하고 들춰 내고 그 여백을 아래로부터의 투쟁으로 메우는 것이 필요하다).

정부 당국 간 대화에 기대를 걸고 그 성공을 바라게 된다면, 기층 운동의 구실은 "남·북·미 당국이 이 길을 끝까지 가도록 뒷받침하고 감시하는 것"에 국한될 것이다. 실제로, 기층 운동이 협상 당사국들에게 "합의를 확고하고도 충실히 이행할 것을 촉구"하는 데 주력하자고 주장하는 사람들이 있다.

그리 되면 기층 운동은 협상 주체인 정부의 위력을 인정한 채 그저 구경꾼으로 전락할 것이다. 그저 협상 과정에 제시될 만한 의제(가령 쌍 중단 같은)를 정부에 조언하고 응원하는 구실에 머물게 될 것이다. 그렇다면 운동은 정부 당국 간 대화의 향방에 따라 사기가 올랐다 떨어졌다 할 것이다.

미국이 언제 변심할지 모르니, 우리 민족 대 미국과의 대결을 위한 민족대단결을 촉진해 이 상황을 돌파해야 한다고 주장하는 사람들도 있다. 그러나 제국주의는 민족 단결을 촉진하는 게 아니라, 계급 분단을 더 선명하게 하는 동인이다. 당장, 단결을 촉구하는 대상일 문재인 정부는 남북 관계 개선에 나섰으나 한국 자본주의의 이해관계에 충실하며 한·미·일 공조의 틀에서 벗어나려고 하지 않는다. 따라서 문재인 정부는 남북 관계 개선에서도 일관성을 보이지 못하고 오락가락할 것이다.

문재인 정부는 군사적 긴장을 해소하는 데 진짜 필요한 조처를 단행할 생각이 없다. 비록 규모를 "축소"했다고 발표했으나 대북 침략 연습인 한미연합훈련을 지속했다. 사실 지난 7~8년 동안 한미연합훈련의 규모가 나날이 확대돼 온 것을 감안한다면, 이게 진정한 "축소"인지도 의문이다.

지난해 사드 배치를 용인한 데 이어 정부는 사드의 영구 배치를 위한 기지 시설 공사를 강행할 태세다.

또한 대대적인 군비 증강에 나섰다. 이미 한국은 매년 지속적으로 군비를 늘려 육중한 군사력을 자랑하는 국가이지만, 문재인 정부는 이에 만족하지 않고 국방비 증가율을 대폭 높이겠다고 공언해 왔다.

이런 점들은 모두 불안정의 요인이 되고 북한을 자극할 테지만, 문재인 정부가 이런 데서 양보할 것 같지는 않다. 그렇다면 종전 선언은 말 그대로 '선언'에 그칠 공산이 크다.

진정한 평화를 바라는 사람들은 정부 당국 간 대화를 지켜보고 이를 뒷받침하는 데 주력하는 게 아니라, 독립적으로 평화운동의 기초를 놓으려고 애써야 한다. 미국의 패권 정책과 그에 대한 한국 정부의 협력 문제에 항의하는 독립적인 운동이 필요하기 때문이다. 군비 증강, 인공지능을 이용한 무기 개발 등 노동자와 서민에게 더 큰 고통을 안기는 위험에도 반대해야 한다.

노동자 운동의 구실이 중요하다. 레닌이 지적했듯이 제국주의는 자본주의의 최신 단계이고, 이를 쓰러뜨리는 데서 노동계급의 힘만한 것은 없다.

제국주의를 위협할 만한 노동계급의 잠재력은 자신의 계급적 이익을 지키려고 싸우는 과정에서 발현될 수 있다. 당연히 문재인 정부와의 협력을 추구해서는 이런 과제를 제대로 수행할 수 없다. 오히려 정부와 기업의 구조조정에 맞서 자신의 일자리와 임금을 방어하고, 최저임금 인상 효과 상쇄에 맞서 투쟁하는 노동자들에게 연대를 하는 과정에서 그런 잠재력이 실현될 가능성이 커질 것이다.

따라서 한반도의 항구적 평화를 바란다면, 우리는 궁극적으로 노동계급의 반제국주의·반자본주의 운동을 건설해야 한다. 그리고 이 임무를 수행할 수 있는 혁명적 좌파 건설이 필요하다.

4·27 남북 정상회담과 국제 정세

남북 정상회담이 열리기 사흘 전인 2018년 4월 24일, 미군 전략 폭격기 B-52H 2기가 대만 인근 해역과 남중국해 일대를 돌았다. 회담 전날인 26일에는 중국 폭격기 편대가 미군 폭격기가 지나간 곳과 같은 지역에 출현했다. 중국 공군은 이것이 "국가주권과 영토보전의 유지 능력을 단련"하기 위한 "대만섬 일주 비행"이라고 했다.

이 일은 트럼프 집권 이후 미국과 중국의 갈등이 더 커지고 있음을 보여 준 사례의 하나다. 미국과 중국의 제국주의적 경쟁은 대만 문제뿐 아니라, 무역, 군사 등 다방면에서 악화하고 있다. 트럼프 정부는 중국을 "전략적 경쟁자"로 지목하며 보호무역 정책 강화로 중국과의 경쟁에서 우위를 차지하려고 한다.

미국의 보호무역 정책 때문에 중국뿐 아니라 유럽, 북미, 동아시아 모두에서 갈등이 커지고 있다. 그러나 미국과 독일·일본 등의 무역 갈등

출처: 김영익, 〈노동자 연대〉 246호(2018 4 29).

과 달리, 미국과 중국의 무역 전쟁은 지정학적 경쟁과 맞물리면서 훨씬 더 위험한 형태로 발전할지도 모른다.

그런데 트럼프가 신경 써야 할 곳은 단지 동아시아만이 아니다. 미국의 제국주의적 지위가 상대적으로 약해지면서, 중동, 유럽 등지에서도 미국은 새로운 도전에 직면해 있다.

특히, 중동 상황은 혼란 그 자체다. 2018년 4월 13일 미국은 영국, 프랑스와 함께 시리아를 공습했다. 그러나 오바마처럼 트럼프도 중동에 대한 대규모 군사 개입을 꺼린다. 그에게는 중국의 부상에 대처하는 게 제일 중요하다. 그래서 중동에 발을 더 깊숙이 넣을 수도 없지만 완전히 뺄 수도 없다.

물론 트럼프 자신이 중동 상황을 더 악화시키고 있다. 그는 미국 대사관의 예루살렘 이전을 강행하려 한다. 또한 이란의 영향력 제고를 막겠다면서 프랑스, 독일의 반대를 무릅쓰고 이란 핵합의를 폐기할 것 같다.

트럼프의 이런 행동이 이스라엘과 이란의 충돌 가능성을 높이는 듯하다. 서방이 무장시킨 국가인 이스라엘은 전통적으로 중동에서 서방, 특히 미국을 대신해 전쟁을 하는 구실을 맡았다.

지금 이스라엘은 이란을 제압하고 싶어 안달이다. 4월 26일 미국 국방장관 제임스 매티스는 이스라엘과 이란이 시리아에서 부딪힐 확률이 커졌다고 했다.

중동의 불안정은 동아시아의 갈등이 급격히 대화 국면으로 바뀌는 데 직접·간접으로 영향을 준 듯하다. 트럼프 정부는 북한이 남한·일본에게 보복을 할 가능성 때문에 대북 선제 타격이 쉽지 않다는 점을 고려했겠지만, 중동 문제로 한반도에 오롯이 집중하기 어려운 상황도 있었을 것이다.

트럼프가 미국의 기성 안보 기구들의 노선과 관습에 얽매이지 않는다는 점은, 그가 파격적으로 북·미 정상회담을 받아들인 데서도 확인된다.

그의 이런 급전환 때문에 일본 총리 아베가 뜻밖의 타격을 입었다. 아베는 그동안 트럼프와 함께 대북 강경론을 펴 왔는데, 지금 그는 미국의 무역 공세 대처에 실패한 데 이어 북핵 외교에서마저 소외됐다는 비판 여론에 직면해 있다. 이와 맞물려 각종 부패 추문이 다시 폭로되면서 트럼프의 "훌륭한 친구" 아베는 궁지에 몰렸다.

그러나 남북·북미 정상회담을 둘러싼 국제 정세는 매우 불안정하다. 특히, 앞서 언급한 미·중의 제국주의적 경쟁이 불안정을 높이고 있다. 2018년 4월 10일 〈파이낸셜 타임스〉 수석경제논설위원 마틴 울프는 이렇게 지적했다. "만약 두 국가가 협력적 관계를 유지하는 데 실패한다면 그들은 상대방뿐 아니라 전 세계를 파괴하게 될 것이다."

한반도는 이 경쟁의 한복판에 있다. 그래서 미국이 중동의 혼란을 의식하며 북한과 대화하는 상황이 영구히 가지 않을 것인 데다 중국과의 경쟁이 악화할수록 패권을 위해 한반도에서 군사적 모험을 하기를 선택할 수도 있다.

따라서 남북·북미 정상회담들은 한반도에 항구적 평화 체제를 보장해 주리라 기대할 게 못 된다. 노동자 운동은 정치적으로 독립적인 반제국주의적 한반도 평화 운동의 기초를 놓아야 한다.

판문점 선언

2017년 11월, 한 북한 군인이 판문점에서 군사분계선을 넘어 남한에 오려고 목숨을 걸어야 했다. 그만큼 남북의 평범한 사람들에게 군사분계선은 정말 넘기 어려운 분단 장벽이다.

그러나 2018년 4월 27일 남북의 두 정상은 두 손을 맞잡고 그 선을 쉽게 넘나 들었다. 적잖은 사람들이 그 장면을 보며 "평화, 새로운 시작"을 염원했을 것이다.

대결과 적대보다 남·북한이 서로 화해를 다짐하는 것이 더 좋은 일임은 두말할 나위가 없다. 이에 반대할 자는 홍준표 같은 한 줌의 우익들밖에 없다.

그러나 안타깝게도 문재인 대통령과 김정은 국무위원장이 합의한 "한반도의 평화와 번영, 통일을 위한 판문점 선언"(이하 판문점 선언)은 "평화의 시대"를 여는 데는 충분하지 않은 것 같다. 판문점 선언의 문구들을 찬찬히 뜯어보면, 남북 당국들이 합의에 이르기보다 그 합의를 이행하는 게 훨씬 더 어려운 일임을 실감하게 된다.

그리고 남북 화해·협력 문제에서도 주변 강대국 간의 관계를 의식해야 하는 엄중한 현실도 눈에 들어온다.

판문점 선언에서 합의된 주요 내용 상당수는 과거 남북이 약속한 바를 재확인하거나 이를 좀 더 구체화한 것이다(표 참조). 그중 남북이 서로 무력을 사용하지 않는다는 불가침 의무는 1991년 '남북기본합의서'에 이미 언급됐고, 그 후에도 남북이 주요 회담에서 거듭 다짐한 것이다.

그러나 다짐은 늘 지켜지지 않았다. 거슬러 올라가면, 남북은 1953년 정전협정 체결 직후부터 대결과 적대 과정에서 협정을 번번이 어겼다. 사실, 판문점 선언에서 합의된 '비무장지대 평화지대화'는 남북이 지난 65년 동안 정전협정의 비무장지대 설정을 완전히 무시해 왔음을 웅변해 준다.

2018년 판문점 선언과 2007년 10·4 남북 선언의 문구 비교

2018년 판문점 선언	2007년 10·4 남북 선언
남과 북은 … 각계각층의 다방면적인 협력과 교류, 왕래와 접촉을 활성화하기로 하였다.	남과 북은 … 양측 의회 등 각 분야의 대화와 접촉을 적극 추진해 나가기로 하였다.
남과 북은 … 불가침 합의를 재확인하고 엄격히 준수해 나가기로 하였다.	남과 북은 … 불가침 의무를 확고히 준수하기로 하였다.
남과 북은 서해 북방한계선 일대를 평화수역으로 만들어 우발적인 군사적 충돌을 방지하고 안전한 어로활동을 보장하기 위한 실제적인 대책을 세워 나가기로 하였다.	남과 북은 서해에서의 우발적 충돌방지를 위해 공동어로수역을 지정하고 이 수역을 평화수역으로 만들기[로 하였다.]
남과 북은 … 올해에 종전을 선언하고 정전협정을 평화협정으로 전환하며 항구적이고 공고한 평화체제 구축을 위한 남·북·미 3자 또는 남·북·미·중 4자회담 개최를 적극 추진해 나가기로 하였다.	항구적인 평화 체제를 구축해 나가야 한다는 데 인식을 같이하고 직접 관련된 3자 또는 4자 정상들이 … 종전을 선언하는 문제를 추진하[기로 하였다.]
남과 북은 완전한 비핵화를 통해 핵 없는 한반도를 실현한다는 공동의 목표를 확인하였다.	남과 북은 한반도 핵문제 해결을 위해 6자회담 '9·19 공동성명'과 '2·13합의'가 순조롭게 이행되도록 … 노력하기로 하였다.
남과 북은 … 동해선 및 경의선 철도와 도로들을 연결하고 현대화하여 활용하기 위한 실천적 대책들을 취해 나가기로 하였다.	남과 북은 개성–신의주 철도와 개성–평양 고속도로를 공동으로 이용하기 위해 개보수 문제를 협의·추진해 가기로 하였다.

합의보다 이행이 더 중요하다는 점은 남북 두 정상도 의식하고 있다. 그래서 청와대는 판문점 선언의 국회 동의 절차를 밟겠다는 의사를 피력해 왔다.

그러나 역대 남북 합의가 거듭 휴지조각이 된 주된 배경에 주변 제국주의 국가들의 관여와 경쟁이 만드는 국제 정세의 변화, 즉 남북 두 국가가 통제하기 어려운 문제가 있었다. 그래서 국회 동의는 판문점 선언의 이행을 근본적으로 보장하지 못할 것이다.

약속조차 제대로 되지 않은 것이 있다. 이번 정상회담에서 김정은 위원장은 '실향민, 탈북자, 연평도 주민의 상처'를 언급했다. 그러나 판문점 선언에는 8·15 이산가족·친척 상봉 외에 자유 왕래 문제에서 명시된 게 없다. 자유 왕래 문제는 남북 두 정상에게 우선순위 문제가 아닌 것이다.

또, 문재인 대통령과 김정은 위원장은 1991년 '남북기본합의서'에 명시된 군축 문제를 다시 끄집어냈다. 한반도는 치열한 군비 경쟁의 장이고, 특히 남한은 매년 엄청난 규모의 군비 증강을 해 육중한 군사력을 보유하고 있다. 이것이 주는 부담을 고려한다면, 군축 언급은 많은 사람들이 반길 만하다.

그러나 문재인 정부가 진정으로 군축에 의지가 있는지는 따져볼 일이다. 우선, 판문점 선언의 '군축' 선언에는 구체적 이행 계획이 없다. 그저 의지를 확인했을 뿐이다. 사실 문재인 정부는 당장에 첨단 전투기 F-35를 도입하는 등 대규모 군비 확장 계획을 실행하고 있다.

물론 문재인 정부가 북한만을 의식해 군비 증강에 열을 올리는 것은 아니다. 남한도 동아시아에서 점증하는 군비 경쟁의 압력을 받고 있다. 그러나 남한의 군비 증강은 북한을 자극하는 일이기도 하다.

정상회담을 앞두고 북한은 풍계리 핵실험장을 폐쇄하고 추가 핵실험은 없다고 선언했다. 반면 남한은 대북 침공 계획을 반영한 대규모 한미 연합훈련인 키리졸브 연습을 실시했다. 그리고 경찰력을 동원해 사드 기지 공사를 강행했다. 미국이 동아시아에서 제국주의적 공세를 강화하는 시기에는 어떤 것보다 한미동맹 자체가 한반도 평화를 위협하는 요인일 텐데, 문재인 정부는 이 점에서 물러설 태세를 보이지 않고 있다.

군비 확장과 한·미 군사협력 강화가 지속되는 한, 연내에 종전 선언에 이른다 한들 이는 말 그대로 선언에 그칠 수 있다.

종전 선언을 거쳐 항구적 평화 체제로 나아가는 데서 중요한 것으로 사람들에게 여겨지는 것은 북·미 관계의 진전 여부다. 그래서 이번 남북 정상회담이 북·미 정상회담의 "길잡이"로 여겨진다. 판문점 선언의 성공 여부도 결국 여기에 달렸다.

트럼프가 김정은을 만나기로 하면서, 사람들은 남북 합의를 불안하게 만들던 "미국 변수"가 줄어들기를 기대한다. 그러나 종전 등이 미국 등의 추인에 달렸음을 인정한 남북 정상회담 합의만 봐도 미국 변수는 늘면 늘었지, 줄지 않고 있다. "완전한 비핵화"와 "체제 안전 보장"이라는 미국과 북한의 줄다리기는 이제 시작이다. 게다가 아직 핵무기도 없는 이란과의 핵합의가 미국에 의해 일방적으로 중도 파기 위험에 처한 것은 북핵 협상도 앞으로 우여곡절이 많을 것임을 예고한다.

트럼프는 북·미 정상회담 개최가 "최대한의 압박" 덕분이라고 주장한다. 그리고 폼페이오, 볼턴 같은 대중·대북 강경 인사들을 외교·안보 책임자로 임명했다. "[이런 임명을 통해] 김정은과의 협상에서 '상생을 위한 주고받는 협상'이 아니라 최소한을 내주고 최대한을 얻기 위한 '찍어 누르기 협상'을 하겠다는 의지를 대내외에 천명하고 과시하려는 것이다.*"

무엇보다 미국에게 '북한 문제'는 중국·일본 등 다른 제국주의 강대국들을 단속하는 문제에 종속돼 있다. 미국도 스스로 완전히 통제할 수 없는 제국주의적 경쟁을 벌인다는 점을 감안한다면, 북·미 협상의 미래는 기본적으로 불투명하다.

물론 트럼프와 김정은이 만나 큰 틀의 합의에 이를 수는 있을 것이다.

---

* 이삼성, 《한반도의 전쟁과 평화》, 한길사, 2018, 703쪽.

그러나 합의 이행과 검증은 매 단계마다 엎치락뒤치락할 것이다. 이와 연동된 한반도 평화체제 논의도 가늘고 긴 불확실한 과정이 될 공산이 크다.

이번 남북 정상회담은 "더 이상 전쟁은 없는 새로운 평화의 시대"를 향한 한국인들의 열망을 확인하는 계기가 됐다. 그러나 그 열망을 실현하는 동력은 정상 간 약속에서 나오지는 않을 것이다.

한편, 2018년 4월 27일 남북 정상회담에서 남북 두 정상은 "평화" 못지않게 "번영"을 강조했다. 이 점은 두 정상의 연설과 판문점 선언 곳곳에 반영됐다.

문재인 대통령은 이번 정상회담을 자신이 공언해 온 '한반도 신경제 구상'을 진전시킬 계기로 삼고자 하는 듯하다. 경제 발전을 강조해 온 김정은 위원장에게도 경제협력은 환영할 만한 일이다.

문재인 정부는 지난 10·4 선언에서 합의된 경협 사업을 적극 추진하기로 하면서, 경제협력이 평화 정착에 기여할 것이라고 한다. 개성에 남북공동연락사무소를 설치하는 것도 우선 남북 경협 사업 재추진을 위해서인 듯하다.

이처럼 이종석 전 통일부장관을 비롯한 많은 여권 인사들이 시장을 통한 번영을 강조하는 데는 경제적 상호 의존이 평화를 보장한다는 개량주의적 환상이 깔려 있다.

그러나 경제적 상호 의존이 전쟁을 방지하고 평화를 보장한다는 생각은 역사적으로도 제1차세계대전 등으로 반증됐고, 이론적으로도 설득력이 없다. 당장 미국과 중국처럼 경제적으로 서로 크게 의존하는 최대 규모 경제들이 전쟁으로 치달을지도 모를 갈등을 빚는 것을 보라. 지정학적 경쟁을 자본주의 경제와 별개의 것으로 보는 통속적인 경향이 있는데, 그렇지 않다. 경제적 상호 의존이 경제적 경쟁을 배제하는 것도 아니고, 지정학적 경쟁도 자본주의 경쟁의 다른 형태일 뿐이다.

과거 남북 경협의 경험을 돌아봐도 경협 확대가 평화를 보장해 주지 못했다. 동쪽에서 금강산 관광이 진행되는 와중에, 서쪽에서는 서해교전이 일어나곤 했다. 개성공단이 2010년 공단의 지척에서 연평도 상호 포격 사태가 일어나는 것을 방지하지 못했다.

미국과 얽힌 정치·군사적 문제가 풀리지 않는 한, 경협이 평화를 보장해 주기는커녕 그 자체도 크게 진전되기 어렵다. 경협 사업 중에 국제 대북 제재에 걸려 넘어지지 않을 게 거의 없다시피 하다.

김정은 위원장의 도박은 성공할 수 있을까

북한의 김정은 국무위원장은 그의 부친이 그랬듯이 핵무기를 미국과의 협상 테이블을 여는 지렛대로 활용한다. 일각에서는 이를 두고 "북한이 핵무력 완성 선언으로 자신감을 갖고 상황을 주도한다"고 여긴다.

그러나 북한이 핵탄두와 대륙간탄도미사일 발사를 과시적으로 공개한다고 해서, 북한이 주변의 막강한 제국주의 국가들에 둘러싸였고 국내총생산이 남한의 2퍼센트 남짓한 국가라는 점을 가릴 수는 없다. 최근 강화된 대북 제재는 북한 경제를 더 어렵게 한 듯하다. 김정은 정권은 자본주의 세계 체제 속에서 여전히 생존을 위해 몸부림쳐야 하는 처지다.

북·미 정상회담 개최가 발표된 후, 김정은 위원장은 베이징을 방문해 중국 국가주석 시진핑의 환대를 받았다(종신 집권의 길을 연 시진핑으로서는 같은 독재자의 방문을 환영할 만한 정치적 이유도 있었을 것이다). 베이징을 오가면서 김정은은 소련·중국 사이의 등거리 외교로 실리를 얻으려 했던 할아버지 김일성의 경험을 곱씹었을 것이다.

미국의 적대 정책 때문에 북한은 중국에 경제적으로 의존해야 했다.

그러나 중국에 대한 경제적 의존은 북한에 대한 중국의 정치적 입김을 키울 우려가 있다.

김정은 위원장은 무역 활성화, 기업 자율화 같은 시장 개혁 조처로 경제 발전을 도모해 왔다. 그러나 국제 대북 제재 문제를 해결하고 서방과의 관계를 개선하지 않으면 경제 성장에는 한계가 있을 수밖에 없다.

따라서 김정은에게 트럼프와의 만남은 이 모든 고민을 해결할 수 있는 한판 도박으로 여겨질 듯하다.

북한이 문재인 대통령을 통해 주한미군 철수를 요구하지 않겠다는 메시지를 전하고, 경제 건설에 총력을 기울이겠다고 선언한 일도 이런 맥락 속에서 이해할 수 있다. 즉, 미국이 북한을 인정하고 북한에 적대적이지 않다면 북한은 주한미군을 "군사적 균형자"로 인정할 의사가 있다는 것이다.

그러나 미국의 셈법은 이와 사뭇 다를 것이다. 북한의 핵·미사일이 일본 등의 핵무장을 자극할까 우려하긴 하지만, 그간 미국은 북한 '위협'론을 중국 견제 수단으로 활용해 왔다. 동맹을 강화하고 대對중 군사 행동을 합리화하는 명분이 됐다. 당장 사드가 어떤 명분으로 한국에 들어왔는지를 떠올려 보라.

북한과 미국의 두 정상은 서로 다른 생각을 갖고 만날 것이고, 그 결과가 어찌될지 속단하기는 어렵다. 그러나 제국주의 강대국 미국이 여전히 북한보다 더 많은 선택지를 갖고 있는 것 같다.

문재인 정부의 외교·안보 정책

"평화의 새 시대" 열까?

2018년 4월 27일 남북 정상회담에 이어 6월에 북·미 정상회담도 열리게 되면서, 문재인 정부의 최대 성과로 외교·안보 부문이 꼽히고 있다.

문재인 정부 1년의 외교·안보 정책을 평가하기 위해, 지난해 대통령 취임사를 다시 상기할 필요가 있다. 2017년 5월 10일 문재인 대통령은 취임사에서 우파 정권 9년의 외교·안보 정책과는 다른 방향을 천명했다. 당시 최대 이슈는 사드 배치 문제였는데, 그는 이렇게 약속했다. "사드 문제 해결을 위해 미국 및 중국과 진지하게 협상하겠다." 미국 일변도 외교로 치달아 위기를 자초한 박근혜 정부와는 다를 것이라고 강조한 것이다.

그리고 "북핵 문제를 해결할 토대를 마련"하고 "동북아 평화 구조를 정착시켜 한반도 긴장 완화의 전기를 마련하겠다"고도 했다.

출처: 김영익, 〈노동자 연대〉 248호(2018 5 17).

그러나 그 취임사에는 앞의 말과 근본에서 충돌하는 요소들이 있었다. 그는 "한미동맹은 더욱 강화하겠다"고 분명히 했다. 대대적인 군비 증강도 공언했다.

취임사에서 드러난 문재인 정부의 지향점은, 사실 과거 노무현 정부를 연상시킬 정도로 비슷했다. 문재인 대통령 자신이 《문재인의 운명》(가교출판)에서 노무현 정부의 주요 외교·안보 노선을 이렇게 설명했다. "전통적인 한미 동맹관계를 중시하되 지나친 대미 편중 외교에서 벗어나 균형외교를 지향한다."

그러나 제국주의 간 갈등이 점증하는 한반도와 그 주변 정세 속에서 이런 노선은 근본에서 좌충우돌을 예고한다. 2006년에 노무현이 어느 연설에서 "헷갈리지요? 저도 헷갈립니다"고 말했을 만큼 노무현 정부는 균형외교와 한미동맹 사이에서 줄타기를 했다. 그래서 "친미적 자주"라는 앞뒤 안 맞는 말을 만들기도 했지만, 결국 이라크 파병, 주한미군 전략적 유연성 합의, 한미FTA 체결 등 한미동맹 강화로 나아갔다.

그런데 지금은 미·중 갈등이 그때보다 훨씬 더 노골화돼서, 문재인 정부가 안게 될 잠재적 모순과 한계는 10여 년 전 노무현 정부보다 더클 수밖에 없다.

문재인 정부 외교·안보 정책의 특징이 집권 1년간 실제 어떤 양상으로 전개됐는지 몇 가지 핵심 이슈 중심으로 보자. 우선, 사드 배치 문제가 있다. 문재인 정부는 사드 배치에 절차상 문제가 있다고 했지만, 결국 사드 배치를 밀어붙였다. 북한의 핵·미사일 '위협' 때문에 불가피하다고 강변했지만, 완전한 비핵화와 종전 선언을 북한과 추진하기로 한 지금도 사드 기지 시설 공사를 강행하고 있다.

문재인 정부는 트럼프의 새 중국 견제 전략인 '인도·태평양' 전략에 명시적 지지를 표하지는 않았다. 중국의 반발을 의식해서다. 그러나 사드 배치에서 드러나듯이, 그 전략의 중요 요소에 대한 협력을 모두 마다하는 게 아니다. 지난해 정부는 사드 문제로 반발하는 중국과 화해하며 미국 미사일방어체계MD에 편입할 일은 없다고 했다. 그러나 미국이 주도하는 연합 해상 MD 훈련에는 공식 참여하고 있다.

한·일 '위안부' 합의 문제에서도 같은 형태의 문제가 드러났다. 주일 한국 대사 이수훈의 표현을 빌리자면, 문재인 정부는 이른바 "사드식 해법"을 추진했다. 일본과 위안부 문제로 대화는 계속하되, 이미 벌어진 일(위안부 합의)을 애써 뒤집지는 않겠다는 것이다.

그래서 정부는 위안부 합의가 위안부 문제의 최종적 해결이 아니라고는 발표했지만, 합의를 파기하거나 무효화하지 않았다. 합의 이행을 적극적으로 하진 않겠으나, 그렇다고 위안부 문제의 진정한 해결을 위해 노력하는 것도 아니다. 한·미·일 동맹 구축을 요구하는 미국과 일본에 타협한 결과다.

일각에는 사드, 위안부 합의 등에서 문재인 정부가 내린 문제적 결정들이 모두 지금의 정상회담 정국을 열기 위한 신의 한 수였다는 호평이 있다. 이런 칭찬에는, 정부의 외교·안보를 좌파적 견지에서 비판하는 것은 선무당이 사람 잡듯이 나대는 꼴이란 메시지가 함축돼 있다.

분명 지난해 "화염과 분노" 상황에 견줘, 지금 대화 국면으로 상황이 바뀐 것은 맞다. 그러나 앞으로 사람들이 진정으로 원하는 안정적 평화가 성취될 수 있는지는 따로 따져봐야 할 물음이다.

2018년 남북 정상회담 합의문을 보면, 2007년 10·4 남북 공동선언의 거의 판박이다. 컴퓨터에서 복사해서 붙여넣기를 했나 싶을 정도다. 이런 사실은 남북 관계에서 합의보다 그 이행이 훨씬 더 어렵다는 방증이다.

정상회담 합의의 이행이 가능할지, 한반도 평화를 위한 안정적 합의가 향후 남북·북미 대화에서 도출될지는, 근본적으로 제국주의 국가들 간의 경쟁을 핵심 특징으로 하는 국제 정세에 달려 있다. 그러나 이것은 문재인 정부가 통제할 수 있는 수준을 넘고, 제국주의적 경쟁이라는 측면에서는 미국마저도 근본적으로 완전히 통제할 수 없는 변수다.

따라서 비핵화와 항구적 평화 체제를 향한 길은 가늘고 긴, 무엇보다 불확실한 과정이 될 공산이 크다.

그런 점에서 문재인 대통령이 주한미군 철수 문제에서 취한 태도는 시사적이다. 그는 평화협정이 체결돼도 주한미군은 중국과 일본 등 강대국 사이의 "중재자"로서 한반도에 남아야 한다고 했다. 어떤 경우에도, 설사 평화협정이 체결되더라도 한미동맹을 유지해야 한다는 친제국주의적 태도다.

이런 주장은 문제적이다. 2017년 트럼프가 방한했을 때 문재인 대통령이 평택 미군기지로 가서 트럼프를 만난 적이 있다. 한국 정부가 한미동맹을 위해 엄청난 돈을 들여 그 기지를 지었음을 부각시키려는 의도였다. 그런데 평택 미군기지는 중국 수도 베이징에 가장 가까운 해외 미군기지다. 이 기지가 북한뿐 아니라 중국에게도 커다란 위협임은 두말할 나위가 없다.

평택 미군기지 같은 미국의 대중국 발진 기지와 3만 명에 가까운 주한미군이 주둔하는 '평화 체제' 하에서 진정한 평화가 보장될 수 있을까?

이런 점을 봐도, 노동자 운동이 문재인 정부의 외교·안보 정책에 기대를 품지 말고 그 정부에 정치적으로 독립적인 평화운동 건설을 지향해야 할 필요성은 분명하다.

열강 간 갈등 심화 속에 열리는
싱가포르 북·미 정상회담

2018년 6월 12일 싱가포르에서 북·미 정상회담이 열린다고 발표된 지 얼마 안 돼, 북한과 미국·남한 사이에서 불협화음이 표출되기 시작했다.

5월 16일 북한 정부는 한·미연합공군훈련인 맥스선더 훈련 등을 이유로 남북 고위급회담에 나오지 않았다. 북한 정부는 이 훈련을 "판문점 선언에 대한 노골적 도전"이라고 규정했다.

일각에서는 이 훈련이 예년 수준이라며 북한이 괜히 호들갑을 떤다고 본다. 그러나 F-22 같은 첨단 전투기를 동원한 일련의 한·미연합훈련이 북한에 상당한 군사적 위협임은 명백하다. F-22 전투기는 유사시 미군이 북한 수뇌부를 제거하는 이른바 "참수 작전"에 적합한 기종으로 알려졌다. 그게 8대나 한국에 들어왔다.

출처: 김영익, 〈노동자 연대〉 249호(2018 5 24).

2018년 4월 27일 남북 두 정상은 판문점 선언에서 분명 이렇게 약속했다. "지상과 해상, 공중을 비롯한 모든 공간에서 … 일체의 적대행위를 전면 중지하기로 하였다." 그런데 그 "잉크가 마르기도 전에" 남한이 미국과 이런 훈련을 시작한 것이다. 북한 정부의 행동은 자국에 위협적인 연합 훈련이 진행 중인데 아무렇지 않게 남북 관계를 진전시킬 수는 없다는 메시지다.

더 중요한 메시지는 같은 날에 북한 외무성 제1부상 김계관의 담화에서 나왔다. 그는 1990~2000년대에 북·미 협상 무대에서 북한을 대표했던 고위 인사다. 김계관은 백악관 국가안보보좌관 존 볼턴을 비롯한 "백악관과 국무부의 고위관리들"이 '리비아식 비핵화', CVID(완전하고 검증 가능하며 돌이킬 수 없는 비핵화), 핵무기 외에 북한의 미사일·생화학무기 완전 폐기 등을 거론하는 것을 문제 삼았다. 미국이 북한에게 "일방적인 핵포기만을 강요하려 든다면" 정상회담을 "재고려"하겠다고 못 박은 것이다. 미국의 요구가 패전국에게나 강요할 만한 수준이라는 메시지다.

김계관의 담화 발표 전에 이미 북한과 미국 간에는 비핵화 방식, 대상, 일정 등을 놓고 이견이 표출됐다. 2018년 5월 7~8일 김정은 국무위원장은 중국을 다시 방문해 중국과의 "전략적 협동"을 약속했고 비핵화도 단계적·동시적으로 해야 한다고 했다. 이런 말과 행동은 모두 미국을 향한 불만을 담고 있었다. 그래서 최근 트럼프가 시진핑을 만난 후 북한 태도가 바뀌었다고 거듭 말하며 민감하게 반응하는 것이다.

물론 지금 최근의 불협화음만을 두고 북·미 정상회담이 무산된다고 단정할 수 없다. 여전히 6월에 싱가포르에서 김정은과 트럼프가 만나서 함께 사진을 찍을 가능성이 높다.

그러나 최근 상황은 오히려 6월 북·미 정상회담 이후 비핵화와 평화

체제로 가는 길이 온갖 변수로 가득 찬 험로일 수 있음을 예시적으로 보여 주는 것 같다.

4월 27일 남북 정상회담은 전쟁이 아니라 평화, 남북 갈등이 아니라 화해·협력을 바라는 한국민들의 염원이 확인되는 계기였다. 그러나 엄밀히 말해, 남북 정상회담 지지 여론은 그것이 성취한 것에 대한 지지라기보다 이를 계기로 실질적인 변화를 성취했으면 하는 기대에 더 가깝다. 그리고 그 기대감은 2000년 남북 정상회담 직후만큼에는 못 미치는 것 같다.

2000년 남북 정상회담은 (비록 1994년 김영삼 정부 때 김일성의 급작스런 사망으로 무산된 바 있지만) 분단 이래 최초의 남북 정상회담이었다. 그만큼 지금과는 비교할 수 없는 커다란 기대를 불러일으켰다.

또한 2000년 당시 많은 좌파들이 세계화론의 여러 좌파적 버전들을 수용해, 제국주의 국가들 간의 전쟁은 과거지사라고 봤다. 이런 견지에서 보면, 제국주의 국가들 간의 경쟁은 한반도 문제의 핵심 원인이 아니었다. 제3세계에 신자유주의 세계화를 강요하는 미국과 이에 저항하는 북한 간의 대립이 핵심이었다.

그러므로 당시 맥락 속에서는 남북(민족) 공조로 미국의 압력을 이겨내고 한반도 문제를 해결할 수 있다는 주장이 진보·좌파적 대중에게 설득력 있게 들릴 수 있었다.

그러나 그 뒤에 20년 가까이 시간이 지나면서, 남북 두 정상이 만난다고 해서 한반도에 긴장이 항구적으로 해소되고 평화가 달성되는 게 아니라는 점이 분명해졌다. 무엇보다 한반도를 둘러싼 제국주의 국가들, 특히 미국과 중국 간의 갈등이 완연하게 발전했고 이 점이 한반도 상황에 결정적 영향을 미친다는 점은 삼척동자도 다 아는 사실이 됐다.

이 점은 문재인 대통령을 비롯해 여권 인사들도 인정하는 바다. 그래서 청와대는 처음부터 4월 남북 정상회담은 6월 북·미 정상회담으로 가는 "길잡이"라고 강조해 왔다. 이 점 때문에라도 지금 많은 사람들의 시선이 북·미 정상회담의 성사와 그 성공 여부에 쏠리고 있다.

트럼프는 자신의 측근인 국무장관 마이크 폼페이오를 평양에 두 차례나 보냈다. 이를 보아, 트럼프 정부는 북·미 협상에 한동안 집중하려는 것 같다. 게다가 최근 더욱더 혼란해진 중동 상황을 의식하며 협상 테이블에 앉아 있을 것이다.

진보·좌파 일각에서는 "북한이 핵무력 완성 선언으로 자신감을 갖고 상황을 주도한다"고 여긴다.

분명 북한 정부는 핵무기를 미국과의 협상 테이블을 여는 지렛대로 활용한다. 그리고 이를 위해 지난해 수많은 미사일 발사와 핵실험을 과시적으로 진행해 왔다.

그러나 그렇다고 해서 북한이 주변의 막강한 제국주의 국가들에 둘러싸인 처지임을 가릴 수는 없다. "북한 국내총생산은 한국의 2퍼센트 정도다. 북한 전체의 경제 규모가 대전시의 '지역내총생산GRPD'에도 약간 못 미친다."*

북한 경제는 최근에 강화된 대북 제재로 어려움이 가중되고 있었다. 2017년 12월 조선로동당 대내 기관지《근로자》는 제재 때문에 무역 거래가 어렵다고 토로했다. "[외국의 무역상이] 일절 식료 생산 설비 및 자재들을 수출할 수 없으므로 무역 거래를 할 수 없다는 태도를 취했다." 원유 수급이 어렵다고도 밝혔다. "연유 판매소[주유소]만 보아도 다른 단위들은 적들의 제재로 [판매가] 멎었다."

따라서 이런저런 상황을 감안한다면, 여전히 북한 김정은 정권의 목

----

* 이종태,《햇볕 장마당 법치》, 개마고원, 2017, 7쪽.

적은 생존일 수밖에 없다. 그래서 냉전 종식 이후, 그리고 지금도 북한이 이른바 "벼랑끝 전술"을 동원하는 것이다.

북한 정권 같은 제3세계 민족주의 정권은 제국주의의 협박에 저항하지만, 그 저항의 목적은 세계 자본주의 체제 내에서 주권을 온전히 행사할 공간을 확보하는 데 있다. 그래서 과거에 많은 민족주의 정권들이 체제 안전 보장, 서방 경제에의 접근 등을 조건으로 결국 제국주의와 타협했다.

김정은도 체제 안전을 약속받고 경제 회복에 필요한 서방 자본 유치가 가능해진다면 미국이 주도하는 국제 질서에 타협할 의사가 있을 것이다. 비핵화를 대가로 얻어내고자 하는 미국과의 관계 정상화는 중국에 대한 과도한 경제적 의존으로 북한에 대한 중국의 정치적 입김이 커질 우려를 완화시킬 균형추로도 여겨질 것이다.

그러나 미국과 북한의 협상 테이블은 병원 무균실처럼 외부와 완전 차단된 조건 속에서 열리는 게 아니다. 예컨대, 4월 남북 두 정상이 종전선언에서 중국을 빼기로 했다는 소식에 중국 정부는 불편한 심기를 숨기지 않았다. 5월 4일 중국 국가주석 시진핑은 문재인 대통령에게 직접 이렇게 말했다. "한반도 문제의 정치적 해결을 위해 적극적인 역할을 할 준비가 돼 있다." 중국이 한반도 문제에 관여하겠다는 의지를 분명히 하는 데서 드러나듯이, 북·미 협상은 제국주의 국가들의 치열한 각축전이라는 맥락 속에서 열린다. 그리고 이 협상 테이블 바깥의 일들이 협상 자체에 영향을 미친다.

지난 사반세기 동안 미국이 패권 유지의 수단으로서 북한을 집요하게 악마화하며 괴롭혔듯이, 트럼프 정부는 북·미 협상 중에도 제국주의 국가들의 경쟁이 낳는 국제 정세의 변화를 주되게 고려할 것이다. 이런 점에서 북·미 협상의 장래는 근본에서 불투명하다.

트럼프는 북·미 정상회담 개최가 "최대한의 압박" 덕분이라고 주장해 왔다. 그리고 폼페이오, 볼턴 같은 대중·대북 강경 인사들을 외교·안보 책임자로 임명했다. 최소한을 내주고 최대한을 얻기 위한 '찍어 누르기 식 협상'을 하겠다는 의지를 천명하고자 한 것 같다.

이란 핵협정의 운명도 북·미 협상의 미래에 시사하는 바가 많다. 폼페이오는 국무장관에 취임하면서 미국 이익을 우선하는 "거친 외교"를 하겠다고 공언했다. 그 거친 외교의 첫 행보가 바로 이란 핵협정 탈퇴였다.

트럼프 정부는 이란 핵협정을 던져 버리면서, 이것이 북한에 주는 메시지라고 했다. 즉, 이란 핵협정을 파기한 트럼프로서는 북한과의 새 합의가 그것보다 훨씬 더 강력하고 포괄적인 내용을 포함해야 한다. 트럼프는 북한을 상대로 이란 핵협정보다 더 확실하고 급속한 핵물질·핵탄두의 반출을 원한다. 트럼프 정부가 북한의 "영구적 비핵화"를 강조해 온 것도 10~15년 후 이란의 핵개발 제한을 풀어 주는 이란 핵협정의 "일몰 조항"을 의식해서다.

트럼프 정부의 강경한 입장을 대변해 온 자가 바로 백악관 국가안보 보좌관 존 볼턴이다. 그는 일관되게, '선 핵 포기와 후 보상'이라는 이른바 리비아식 비핵화를 요구했다. 먼저 북한 핵탄두를 비행기에 실어 미국으로 보내라고까지 말했다. 대량살상무기 프로그램 폐기 외에 인권 문제도 테이블 위에 올리겠다고 했다. 북한에 백기 투항을 요구하는 셈이다.

오랫동안 미국의 약속 불이행과 생트집을 경험한 북한으로선, 트럼프 정부의 말만 믿고 비핵화부터 할 수는 없는 노릇이다. 계속 단계적 조처를 강조하는 까닭이다.

그래서 미국의 한반도 전문가 존 페퍼는 이란·북한 같은 "불량국가"의 정권교체를 원하는 볼턴이 내심 북·미 협상 결렬을 원하는 게 아니냐는 합리적 물음을 던졌다.*

일각에서는 볼턴 같은 강경파와 트럼프를 애써 구분한다. 그러나 트럼프가 리비아식이 아닌 트럼프식 비핵화 모델을 제시한다고 하지만, 2017년에 "화염과 분노" 같은 무시무시한 말을 쏟아낸 당사자였다. 그리고 비핵화의 핵심 내용(CVID 등)이 볼턴의 주장과 크게 다르지도 않다. 2018년 5월 18일 트럼프는 북·미 정상회담이 열리기를 희망한다고 말하면서도, 김정은을 향해 협상을 하지 않으면 리비아 카다피와 같은 운명을 맞을 것임을 암시하기도 했다. 22일에는 여건이 안 맞으면 정상회담을 하지 않을 수도 있다고 말했다.

북·미 협상이 잘 되기를 바라는 전문가들 중에는 이란식이나 리비아식 비핵화가 아니라 우크라이나 비핵화 방식, 즉 "선 안전 보장과 후 비핵화"를 추천한다. 그러나 이조차 2014년 러시아가 안전 보장 약속을 깨고 크림 반도를 병합한 사실 앞에 빛이 바랜다.

어떤 절차와 방식이 됐든, 핵실험을 6차례나 실시하고, 대륙간탄도미사일 시험 발사까지 단행한 북한의 비핵화는 이란, 리비아와는 비교도 안 될 만큼 어렵다. 북한 핵사찰이 역사상 최대 규모일 것이라는 얘기가 나오는 이유이다.

따라서 2018년 현재 북한과 미국이 맺을 새 비핵화 합의는 합의 도달, 이행, 검증 등 모든 면에서 길고도 불확실한 과정이 될 것이다.

우여곡절 끝에 비핵화와 평화협정 체결에 이르러 한동안 긴장이 가라앉고 전쟁이 일어나지 않게 돼도, 근본적인 문제는 남는다. 강대국 미국의 약속 또는 선의를 믿고 핵무기를 포기한 이후, 그 약속(선의)이 계속 지켜질 수 있느냐는 물음이다. 자본주의 국가들의 외교 관계에서 이

---

* https://fpif.org/the-bolton-administration-has-already-begun(검색일: 2018 5 17).

점을 완전히 보장할 수단은 전혀 없다.

자본주의가 워낙 역동적인 체제인 탓에, 각국 국력에 비례한 국제 질서는 안정적이지 못하다. 특히 제국주의 국가들의 경쟁이 낳는 국제 정세의 변화 때문에, 미국이 평화협정을 지키지 않는 경우가 다반사였다.

예컨대, 1953년 한국전쟁을 마무리하면서 맺은 정전협정이 있다. 정전협정상 한국에는 새로운 무기 반입이 금지돼 있었다. 그러나 정전협정이 체결되자마자, 미국은 이것부터 어겼다. 한국에 전술 핵무기까지 배치했다. 1991년 공식 철수를 선언할 때까지 한때 한국에는 미국 전술 핵무기가 최대 1000기 가까이 배치돼 있었다. 이것은 북한에게도 위협이었지만, 주로 중국 등과의 냉전 제국주의 경쟁을 의식한 조처였다.

남북 공조만으로 미국의 약속 이행을 담보할 수 없음을 알기 때문에, 많은 전문가들이 미국만이 아니라 중국 같은 주변 강대국, 심지어 유럽연합이나 유엔까지 포함된 평화협정안을 제기한다. 즉, 한반도를 비핵(지대)화하는 대신에 평화협정을 체결하고 강대국들이 한반도의 안전을 집단적으로 보장한다. 그리고 강대국들의 상호 감시·견제 하에 평화협정의 약속 이행을 보장받는다는 발상이다.*

결국 이런저런 버전의 평화협정 구상들 모두 현존 제국주의 세계체제와의 타협을 모색하는 것이고, 주요 강대국들의 이해관계 조정과 합의라는 기반 위에 한반도 평화를 이룩하려는 것이다.

그러나 미국이 다른 제국주의 국가들과의 약속도 번번이 어겼다는

---

* 이삼성, 《한반도의 전쟁과 평화》, 한길사, 2018, 785~786쪽 참조. "한반도 평화협정이 발효된 뒤 … 협정을 위반한 일로 분쟁이 발생할 때 이를 평화적으로 해결하기 위한 4국간 기구가 필요하다. … 이런 기구를 운영해서 미국은 중국을 견제하고, 중국은 미국을 견제하는 가운데 남북한이 분쟁의 평화적 해결을 주관할 수 있도록 해야 한다."

점에서 이런 구상의 한계가 드러난다.

예컨대 1989~1990년 독일 통일 당시, 미국은 소련에게 서방의 군사 동맹체인 나토가 동유럽으로 확대돼 소련 코앞까지 갈 일은 없다고 약속했다. 이 약속을 받고 소련은 독일 통일 이후에도 미군이 독일에 주둔하는 것을 용인했다. 하지만 1990년대 후반에 미국은 이 약속을 파기했다. 1999년 헝가리·폴란드·체코를 시작으로 미국은 동유럽 국가들을 속속 나토에 가입시켰다.

이 사례는 중국이 눈여겨볼 반면교사 사례다. 평화협정 체결 이후에도 주한미군이 한국에 남아 있을 가능성 때문에라도 말이다.

이종석, 문정인 등 친여권 전문가들은 한반도 평화 체제를 안정적으로 유지하려면, 동북아 국가들과 미국이 모두 참가하는 다자안보체제를 구축해야 한다고 주장한다. 그러나 이런 안보기구가 동북아에 세워진다고 해도, 미국과 중국이라는 두 거인이 그 기구 안팎에서 충돌하는 것을 방지할 수 없을 것이다.

남·북한과 미국 등이 경제적으로 상호 의존하는 게 평화협정 유지의 또 다른 보장책이라고 주장하는 전문가도 많다. 대표적으로, 문정인 청와대 외교안보특보가 2018년 4월 25일 한 독일 일간지와의 인터뷰에서 이렇게 말했다. "도널드 트럼프 미국 대통령이 대동강변에 트럼프 타워를 세우거나 미국 대기업들이 북한에 투자하는 것이 미국이 북한 정권에 취할 수 있는 중요한 체제 안전보장책[이다.]"[*]

그러나 경제적 상호 의존이 전쟁을 방지하고 평화를 보장한다는 생각은 역사적으로도, 이론적으로도 설득력이 없다. 지정학적 경쟁을 자본주의 경제와 별개의 것으로 보는 통속적인 경향이 있는데, 그렇지 않

---

[*] 〈연합뉴스〉 2018년 4월 27일 자 보도.

다. 경제적 상호 의존이 경제적 경쟁을 배제하는 것도 아니고, 지정학적 경쟁도 자본주의 경쟁의 다른 형태일 뿐이다.

당장 미국과 중국처럼 경제적으로 서로 크게 의존하는 최대 규모 경제들이 전쟁으로 치달을지도 모를 갈등을 빚는 것을 보라. 하물며 중국과는 비교도 안 되게 경제 규모가 작은 북한을 상대로 훗날 미국이 평양의 트럼프 타워 때문에 전쟁을 주저하리라 장담할 수 있을까?

제2차세계대전 당시 미군은 미국 대기업들의 공장이 있는 독일 대도시들을 폭격하는 데 주저하지 않았다. 오히려 같은 시기에 미국은 경제적으로 밀접한 관계였던 일본과 태평양의 주인 자리를 놓고 격돌했다.

따라서 그 어떤 방식과 수단을 동원하든지 간에, 현존 제국주의 체제 안에서 평화협정은 항구적 평화를 보장하지 못한다. 미국과 중국 등의 제국주의 갈등이 지속되는 한, 미국의 동맹, 핵전력은 그대로 동아시아에 남아 있을 것이다. 그런 상태로 한반도와 그 주변에서 항구적 평화는 요원하다.

일부 여권 인사들은 내심 평화협정을 맺으면 미·중 갈등이 한반도가 아니라 대만과 남중국해 등지에서 벌어질 것이라고 기대하는 것 같다. 그러나 한반도가 그 자장에서 벗어나기는 불가능하다. 게다가 1930년대 대불황 이래 세계경제가 가장 심각한 경제 위기에서 10년째 헤어나오지 못한 와중에, 미국과 중국의 갈등이 앞으로도 더 악화할 가능성이 높은 상황에서는 더더욱 그렇다.

정부 당국 간 협상이 진행되면서, 진보·좌파 내 많은 사람들이 그 협상에 기대를 건다. 그러다 보니 협상 상황에 따라, 기층 활동가들도 일희일비하게 되는 것 같다.

또한 이런 상황은 평화 협상에 반대하는 소수 강경파들에 맞서 국민 다수가 단결해 평화 협상을 뒷받침하자는 생각이 강해지는 쪽으로 발전하기 쉽다. 〈한겨레〉 2018년 5월 17일 자 사설이 이런 경향에 호소하는 것 같았다. 제목이 "강경파 제지해야 '북-미 정상회담' 성공한다"였다. 주로 미국과 북한 내 소위 강경파들이 문제라는 주제였지만, 이는 쉽게 한국 내에서도 한 줌의 반동에 맞서 평화를 위해 계급을 가로질러 단결하자는 주장과 연결될 수 있다.

역사적으로 이런 발상의 가장 발전된 형태가 바로 1930년대 스탈린주의 공산당의 인민전선 전략이었다. 당시 나치 독일이 유럽에서 전쟁을 준비하는 게 명백해지자, 소련 독재자 스탈린은 영국·프랑스와 군사동맹을 맺고자 애썼다. 그 결과, 1935년 소련은 프랑스와 상호방위조약을 체결했다.

스탈린은 프랑스와의 상호방위조약을 공고히 하려고 각국에서 정치적 동맹자를 확보하고 싶었다. 그래서 스탈린은 각국 공산당에게 인민전선, 즉 파시즘에 대항해 부르주아 정치 세력까지 포함한 모든 민주 세력의 대연합을 이루라고 촉구했다. 그게 파시즘과 전쟁을 막을 현실적 방도라고 했다.

분명, 인민전선은 선거에서는 성공을 거뒀다. 1936년 프랑스와 스페인에서 인민전선이 승리해 정부를 구성했다. 그리고 인민전선의 성공에 열광한 일부 자유주의적 지식인과 사회민주주의자들은 스탈린의 소련 내 대량 숙청에까지 눈을 감았다.

그러나 부르주아 정당과 동맹하는 정책은, 결과적으로 노동계급이 반동에 저항할 능력을 충분히 발휘하지 못하게 마비시켰다. 1936년 프랑스 역사상 가장 큰 규모의 파업 물결이 일어났지만, 프랑스공산당은 파업 노동자들을 향해 "파업을 끝낼 줄도 알아야 한다"고 윽박질렀다. 스페인에서는 파시스트와의 내전이 벌어졌지만, 공산당은 부르주아 공화 정부의 재건과 방어를 우선하면서 노동자들의 혁명적 투쟁을 억눌렀다.

결국 스페인에서 히틀러와 무솔리니가 지원한 파시스트가 승리했다. 프랑스와 스페인 등지에서 인민전선은 실패로 끝났고, 노동계급의 사기는 결정적으로 떨어졌다. 이후 제2차세계대전이 발발하면서 더 끔찍한 재앙이 닥쳤다.

같은 일이 오늘날에 재현될 것이라고 주장하고자 하는 건 아니다. 그러나 역사적 경험에서 교훈을 이끌어내야 한다. 노동자 운동의 많은 지도자들이 문재인 정부가 노동 문제에서는 많이 불만족스럽지만, 평화 문제에서는 정말 잘한다고 여긴다. 이런 인식이 어떤 실천으로 귀결될지를 생각해 봐야 한다.

그런데 부르주아적 개혁주의 정부인 문재인 정부가 과연 평화 문제에서 잘하고 있는 게 맞을까? 최근, 평화협정을 맺어도 주한미군은 철수할 수 없다는 그의 얘기를 떠올려 보자. 그는 여전히 대중의 항구적 평화 염원과 한미동맹 강화 필요 사이에서 줄타기를 하고 있다.

2018년 5월 14일 민주노총이 주최한 정세현 전 통일부 장관의 초청 강연회가 열렸다. 그 자리에서 그는 참석한 민주노총 간부들을 향해 북한도 주한미군 철수를 요구하지 않고, 통일 이후에도 주한미군은 중국을 견제하는 구실을 해야 하니 주한미군 철수를 요구하지 말라고 강조했다. 평화 문제에서 문재인 정부에 협력해야 한다고 여기는 한, 기층 운동은 이처럼 불필요한 타협 압박을 계속 받게 된다.

많은 사람들이 지금 미국과 북한 사이에서 문재인 정부가 중재자 구실을 하길 기대하지만, 서로 대등한 상대방 사이를 중재하고 있는 게 아니다. 중재자로서 문재인 정부는 한쪽으로 기울어 있다. 한미동맹의 틀 속에서 미국의 대북 제재 유지에 보조를 맞춰 가며, 한·미연합훈련도 지속하고, 때로는 북한에 자중하라고 미국과 함께 소리치는 구실을 할 것이다.

물론 혁명적 좌파는 한반도 평화 운동에서 평화를 바라는 여러 세력과 기꺼이 함께할 수 있다. 이를 위해 평화협정 요구를 비판적으로 지지할 수 있다. 평화 운동의 실천 속에서 항구적 평화를 이룰 혁명적 마르크스주의의 대안을 설명할 기회와 공감대를 얻기 위해서다.

그러나 그것만이 전부일 순 없다. 제국주의는 자본주의 체제의 동역학에서 비롯했고, 따라서 제국주의를 끝장내려면 자본주의의 이윤 체제를 마비시킬 수 있는 노동계급의 계급투쟁이 전진해야 한다. 이것이 노동계급의 반제국주의·반자본주의 운동으로 나아가야 한다.

그러려면 민족 화해를 위한 국민적 단결을 중시하는 민중주의가 아니라 계급과 계급투쟁을 중시하는 혁명적 좌파가 제 구실을 해야 한다.

싱가포르 북·미 정상회담의 불확실한 앞날

2018년 6월 12일 전 세계의 이목은 싱가포르로 쏠렸다. 거기에서 북한과 미국의 두 정상이 역사상 처음으로 악수를 했다. 북·미 정상회담에서 김정은 위원장은 트럼프 대통령한테 이렇게 말했다고 한다. "많은 사람들이 이번 회담을 일종의 판타지나 공상과학영화로 생각할 것이다."

분명 낯선 장면이었다. 미국과 북한은 70여 년 동안 대치해 왔다. 게다가 2017년 긴장이 한껏 높아져 서로 적개심을 노골적으로 드러냈다. 2018년 1월에만 해도 트럼프는 "더 크고 강력한 핵 버튼이 있고 내 버튼은 작동도 한다"고 김정은을 위협하고 있었다.

그러나 6월 12일 싱가포르에서 트럼프는 김정은을 향해 엄지손가락을 들어 올리고, 그와 "특별한 유대 관계"를 맺었다고 했다. 부시나 오바마에게선 볼 수 없었던 모습이었다. 이런 극적인 상황 전개를 보면서 많

출처: 김영익, 〈노동자 연대〉 251호(2018 6 15).

은 한국인들은 다행으로 여겼을 것이다. 회담이 어떤 합의를 도출하는지를 떠나, 북·미 정상들이 만났다는 것만으로 2017년의 긴장 국면이 끝난 걸로 보이기 때문이다.

이제 세간의 관심은 앞으로 북·미 대화가 당장의 긴장 완화를 넘어 핵 없는 한반도와 항구적 평화 체제 수립에 이를 수 있는지에 쏠리고 있다.

정상회담 결과에 격노한 미국 주류와 한국 우파

그러나 북·미 정상회담을 모든 사람들이 반긴 것은 아니었다. 한국의 우익들은 일제히 회담 결과를 성토했다. 홍준표는 북·미 정상회담은 미국이 김정은에게 놀아난 대실패라고 맹비난했다. 〈조선일보〉도 북·미 정상회담이 "손해 보는 거래"였고 "최악의 결과"를 냈다고 혹평했다. 그러나 냉전 우익의 본성을 드러낸 모습에 다수 대중의 반응은 차가웠다. 이것이 지방선거에서 자유한국당이 참패한 주된 이유가 됐다.

그런데 많은 미국 지배자들도 이번 정상회담을 비난한다. 그들의 감정에 대해 탐사 보도 전문 기자 팀 셔록은 〈네이션〉에 이렇게 전한다. "트럼프가 한·미 연합훈련을 하지 않기로 한 것, 트럼프가 김정은과 새로 친분 관계를 튼 것, 북한과의 합의가 구체성이 떨어진다는 것 때문에 미국 정치인과 전문가들이 격노했다."

미국 민주당 하원 원내대표 낸시 펠로시는 북한이 변하지 않았는데도 북한을 미국과 대등한 수준으로 올려 줬다고 트럼프를 비난했다. 공화당 내에서도 정상회담을 비판하는 얘기가 많다. 대외 정책 면에서 민주당과 공화당을 각각 비둘기파(온건파)와 매파(강경파)로 구분하는 게 잘못임이 새삼 확인된다. 호전적 제국주의자라는 점에서 민주당·공화당 정치인들이나 트럼프는 오십보백보다.

미국 지배자들은 정상회담에서 비핵화의 구체적 목표, 즉 "완전하고 검증 가능하며 돌이킬 수 없는 비핵화"(이하 CVID)와 비핵화 시기, 검증 방식 등 구체적 이행 계획이 적시되지 않았다고 비판하는 것이다.

그러나 CVID는 애당초 북·미 대화에서 쉽게 합의할 수 있는 게 아니었다. 조지 부시 2세 정부가 고안한 개념인 CVID는 북한이 핵확산금지조약NPT 가입국들의 권리인 '평화적 핵 이용' 즉, 민간용 핵 발전과 그런 목적의 연구 등을 할 수 있다는 점 자체를 부정한다. "돌이킬 수 없는"을 제대로 충족하려면 핵 시설을 모두 파괴하는 것에서 더 나아가 관련 핵심 연구자들 전원을 북한 밖으로 강제 구인해야 할 수 있다. 북한이 CVID는 패전국에게나 강요할 법한 일이라며 강하게 거부해 온 까닭이다. 그래서 과거 6자회담의 합의문들에도 CVID는 온전히 명시된 적이 없다.

북한과 '터무니없는 협상'을 했다는 비난을 넘어, 미국 주류 정치권 다수는 트럼프가 미국 대외 정책의 기존 지향을 흔드는 것 자체에 우려의 눈길을 보내고 있다.

트럼프는 서방 동맹국들의 회의인 G7 정상회담을 망쳤고, 동맹국 캐나다의 총리 트뤼도를 매우 부정직하고 나약한 자라고 직접 비난했다. 그 직후 트럼프는 김정은과 악수했고 김정은을 신뢰한다고 말했다. 이런 점에서 미국 지배자 다수가 당혹해하는 것이다.

미국은 오랫동안 북한 '위협'론을 동아시아에서 중국을 견제하고 동맹을 강화하는 정교한 패권 전략의 하위 전술로 자리매김시켜 왔다. 이점은 전 국무장관 힐러리 클린턴이 2013년 6월 골드만삭스가 주최한 행사에서 한 비공개 연설로 드러난다. "북한이 주기적으로 문제를 일으키고 있지만 이는 굳이 나쁘게 볼 필요가 없으며 오히려 미국의 입장에서는 반길 만하다."

그래서 미국 지배자 다수는 북·미 정상회담이 끝나고 한·미 연합훈련 중단과 주한미군 철수 가능성까지 말한 트럼프 때문에 자칫 동아시아에서 미국의 패권이 약화되지 않을까 예민하게 반응한다.

부시 정부의 국가안전보장회의NSC 아시아 문제 수석담당관 마이클 그린이 2018년 5월 《포린 어페어스》에서 다음과 같이 지적한 것은 시사적이다. "트럼프는 자신이 이 협상들 속에서 체스 게임 2개를 동시에 하게 될 것임을 기억해야 한다. 이것이 결정적으로 중요하다. 또 다른 플레이어인 중국은 더 큰 그림을 그리며 체스를 둘 것이 확실하다."

미국 대통령이라면 북한과의 체스를 둘 때 중국·러시아 등과의 체스, 즉 제국주의적 경쟁이라는 더 크고 중요한 문제를 우선시해야 한다는 훈수다.

그러나 트럼프는 믿을 수 없는 협상 상대

트럼프의 북·미 정상회담은 실로 파격이었고, 그만큼 그가 미국의 전통적인 외교·안보 정책과 관행에 연연하지 않았기 때문에 가능했다. 그는 지금 북한과의 협상에 나름 진지하게 임하고 있다.

그러나 북·미 대화의 앞날에는 대화를 불안정하게 만드는 요인들이 여전히 많다.

우선, 미국 주류 정치권 못지않게 트럼프도 결코 안심할 수 없는 자다. 2018년 6월 11일 이란 외무부 대변인(바흐람 가세미)은 같은 "불량 국가"인 북한에게 이렇게 충고했다. "미국의 상습적인 약속 파기와 의무

불이행을 바짝 경계하고 상당히 현명하게 대처해야 한다." 그는 트럼프가 "믿을 수 없고 돌출적인 협상 상대"라고 말했다. 싱가포르 북·미 합의가 이란 핵 협정의 운명을 밟을 수 있다는 경고였다.

미국의 상습적인 약속 파기는 북한이 지난 30년 가까이 미국의 민주·공화 정부들을 상대하며 숱하게 경험했다. 그래도 2018년 5월 24일 북한은 정상회담 취소라는 트럼프의 돌출적인 결정에 당황했을 것이다. 이는 문재인 정부에게도 곤혹스런 일이었다. 문재인 정부의 "조정자" 구실에 명백한 한계가 있음이 드러났기 때문이다.

남·북한 정부들이 종전 선언에서 중국을 배제하겠다고 명시적으로 밝히고 나서야, 정상회담은 다시 추진될 수 있었다. 그러나 앞으로 이런 일은 또 일어날 수 있다.

미국 주류 정치인들의 비난이 역겹기는 하지만, 이번 북·미 공동성명에 비핵화와 평화 체제 구축에 관한 구체적 내용이 없는 것은 사실이다. '앙꼬 빠진 찐빵'에 비유되는 이유다.

정세현 전 장관을 비롯한 친여권 전문가들은 정상 간 합의에 구체성이 결여됐다는 비판은 무식한 사람이나 할 소리라고 일축한다.

그러나 트럼프 정부는 정상회담 직전까지 실무 협상에서 북한의 비핵화 이행 계획을 정상회담 공동성명에 구체적으로 반영하려고 애썼다. 정상회담 전날인 6월 11일 미국 국무장관 폼페이오는 "CVID만이 우리가 수용할 수 있는 유일한 결과"라며 북한을 압박했다. CVID 중에서도 V, 즉 검증 문제가 가장 중요하다고도 했다.

6월 12일 기자회견에서 트럼프는 "시간이 없어서 [CVID를] 공동성명에 담지 못했다"고 말했다. 이것은 미국과 북한 간에 여전히 핵심 쟁점에서 이견이 좁혀지지 않았음을, 그럼에도 일단 합의 가능한 (추상적인) 선에서 공동성명을 작성했음을 시사한다.

물론 한국의 친여권 전문가들이 지적하듯이, 북·미 간에 공개하지 않은 추가 합의가 분명 있었을 것이다. 그래서 트럼프는 북한이 미사일 엔진 시험장을 폐기하기로 했다고 단언했을 것이다.

그럼에도 '디테일에 숨은 악마' 문제가 다 해결된 것은 아니다. 당장에, 공동성명에 적시된 "조선 반도의 완전한 비핵화"를 놓고 미국과 북한이 달리 해석할 여지가 있다는 지적이 나온다.

트럼프 정부는 북한이 비핵화를 신속하게 이행해야 한다고 강조한다. 폼페이오는 아예 트럼프의 남은 임기인 2년 반 안에 주요 비핵화 조치가 이뤄져야 한다고 못 박았다.

그러나 앞서 언급된 문제들 때문에 향후 실무 협상과 이행·검증 과정에서 온갖 우여곡절이 벌어질 공산이 크다. 즉, 좁고 길며 끝이 불확실한 길이 될 것이다.

국내의 많은 전문가들은 북·미 공동성명의 합의 사항 순서에 주목해야 한다고도 주장한다. 과거 북·미 합의에서는 북한의 비핵화 약속이 먼저 제시되고 다음에 평화 체제 구축과 북·미 관계 정상화를 후순위에 배치했는데, 이번에는 그 순서가 바뀌었다는 것이다. 이를 두고 그들은 트럼프 정부가 북·미의 적대적 관계가 풀리고 관계가 정상화돼야 완전한 비핵화를 달성할 수 있음을 인정한 것이라고 풀이한다.

그러나 이번 정상회담을 앞두고 북한이 먼저 선제적인 비핵화 조처를 내놓았음을 상기해야 한다. 북한은 핵과 미사일 시험을 하지 않겠다고 약속했고, 상징적 성격이 강하지만 풍계리 핵실험장을 폐쇄했다. 트럼프의 말대로, 같은 기간에 미국이 북한에게 반대급부로 해 준 것은 거의 없었다.

따라서 "순서"는 얼마든지 달리 해석될 수 있다. 북한 〈조선중앙통신〉은 정상회담 후 미국이 조·미(북·미) 관계 개선 진척에 따라 제재를 해제할 의향을 표명했다고 보도했다. 그러나 정작 트럼프 정부는 북한의 비핵화 조처가 언제나 한발 앞서 진행돼야 한다고 말하고 있다. 6월 14일 국무장관 폼페이오는 이렇게 말했다. "북한의 완전한 비핵화를 입증하기 전까지는 제재가 해제되지 않는다." 이처럼 아직 공동성명 서명의 잉크가 다 마르지 않았는데도 벌써 해석상의 미묘한 차이가 드러나고 있다.

트럼프는 한·미 연합훈련을 중단한다고 선언했다. 대화를 하기로 한 이상 당연한 조처이지만, 이것이 "돌이킬 수 없는" 결정이 아님도 알아야 한다. "북한이 약속을 안 지킬 경우, 유엔 제재를 완화했다가 재개하는 것보다 군사훈련을 재개하는 게 훨씬 쉽다."(전 백악관 국가안전보장회의NSC 부보좌관 제임스 제프리)

1차 북핵 위기를 돌이켜 봄 직하다. 1992년 미국은 팀스피리트 훈련을 중단했지만 북한과의 협상이 어그러지자 불과 1년 만인 1993년 훈련을 재개했다. 이 때문에 한반도에서 긴장이 엄청나게 높아져 이듬해 여름 심각한 위기로 치달았다.

김정은은 싱가포르로 가면서 자국 항공기가 아니라 중국 정부가 제공한 전용기를 탔다. "에어 차이나Air China" 로고가 선명하게 찍힌 전용기에서 내리면서 김정은은 미국과의 협상력 제고를 노렸겠지만, 트럼프 정부 인사들은 그것을 보며 한반도 문제에서도 중국과 주도권 경쟁을 벌여야 함을 새삼 확인했을 것이다.

트럼프 정부는 이란 핵 협정 문서를 찢어 버리면서, 이것이 이란과의 핵 협정 바깥의 정세 변화 때문에 내린 조처임을 숨기지 않았다.

미국과 북한의 협상도 궁극적으로 협상 테이블 바깥의 변수들이 더 결정적일 것이다. 특히, 미국과 중국 사이의 점증하는 제국주의적 경쟁이 있다. 그런 점에서 궁극적으로 트럼프가 원하는 바(중국 제압)는 미국의 다른 주류 지배자들과 같다. 다만 그 전술이 다를 뿐이다.

트럼프에게도 북한과의 협상은 핵무기 비확산뿐 아니라 더 넓은 전선에서 중국과 벌이는 경쟁과 분리되지 않는 문제다. 그리고 그 경쟁 상황이 북핵 협상 테이블 자체에 큰 영향을 미칠 것이다.

만약 북한과의 협상이 실패한다면, 또는 중국과의 갈등이 악화돼 미국이 동아시아에서 힘을 과시할 필요가 심각하게 대두한다면, 상황이 2017년의 "화염과 분노"보다 더 악화할 개연성은 살아 있다. 우리가 트럼프의 미소를 보고 마냥 안심할 수 없는 까닭이다.

물론 한반도의 상황은 2017년 가을 무렵에 견줘 분명 바뀌었다. 그때는 머지않은 미래에 미국이나 북한 어느 한쪽의 계산 착오로 엄청나게 심각한 상황이 벌어질 수 있다는 우려가 컸다. 한반도 평화 운동을 건설해야 한다는 위기의식도 강했다.

그러나 2018년 긴장이 완화하고 정부 당국 간 대화가 시작하면서, 많은 사람들에게 한반도 평화 운동 건설은 시급하고 당면한 과제로 여겨질 것 같지 않다.

그럼에도 불구하고 노동자 운동 일각에서 북·미 정상회담이 "되돌릴 수 없는 한반도 평화 시대를 열었다"며 정부 당국 간 회담을 지지하고 그것의 성공을 뒷받침하는 데 주력하자는 주장이 제기되는 것은 문제적이다. 자본주의적 경쟁 속에서 항구적 평화 실현은 불가능하다.

따라서 항구적 평화를 바라는 사람들은 경계해야 하고, 미래를 준비해야 한다. 이를 위해 고전적 마르크스주의자들은 제국주의 체제의 현 상황을 분석하고 설명하며, 자본주의·제국주의 체제에 도전할 아래로부터의 투쟁을 강조해야 한다.

9·19 평양공동선언과 한반도 평화

평양 방문을 하루 앞둔 2018년 9월 17일, 문재인 대통령은 청와대 수석·보좌관 회의에서 이렇게 말했다. "제가 얻고자 하는 것은 평화입니다. … 국제 정세가 어떻게 되든 흔들리지 않는 그야말로 불가역적이고 항구적인 평화입니다."

이 말은 4월 남북 정상회담과 6월 북·미 정상회담 이후 후속 협상의 진전이 더딘 주된 원인이 무엇인지를 드러냈다. 바로 제국주의 국가들 간의 경쟁이 심화하는 국제 정세 때문이다.

협상의 돌파구를 내기 위해 문재인 대통령은 이번 남북 정상회담에서 남·북 간 무력 충돌 가능성 해소, 비핵화를 위한 북·미 대화 촉진에 주력하겠다고 했다. 북·미 사이 중재자 구실을 하겠다고 다시 한 번 밝힌 것이다.

물론 우파들은 애초부터 3차 남북 정상회담이 탐탁지 않았다. 우파

출처: 김영익, 〈노동자 연대〉 259호(2018 9 19).

의 몽니에 저절로 눈살이 찌푸려진다. 그럼에도 문재인 대통령과 김정은 북한 국무위원장이 합의한 2018년 9월 평양 공동선언(이하 평양선언)이 대통령이 앞서 밝힌 회담 목적을 달성했는지는 따져 볼 일이다.

가장 큰 관심사는 아무래도 북·미 간 협상을 진전시킬 충분한 돌파구를 마련하느냐 여부이다.

이번 선언에서 북한은 동창리 엔진시험장과 미사일 발사대를 영구 폐기하겠다고 밝혔다. 미국의 "상응조치"에 따라 영변 핵시설의 영구 폐기 같은 추가 조처도 할 수 있다고 말했다.

이번 평양선언에서 확인되듯이, 남북 정상회담은 결국 북·미 간 협상의 진전을 위해 "접점"을 찾으려는 과정이었다. 남북 정상이 무엇을 확인하고 약속하든, 결국 미국이 동의하느냐가 관건이다.

이 점에서 문재인 대통령의 중재 시도는 성공하기 쉽지 않아 보인다. 미국 대통령 트럼프가 2차 북·미 정상회담을 추진하겠다고 말했지만, 트럼프 정부의 전체적인 노선은 여전히 북한에 선 비핵화 조처를 압박하는 데 있다.

남북 정상회담 전날 유엔 주재 미국 대사는 유엔 안보리를 소집해 러시아 측이 대북 제재를 조직적으로 위반하고 있다고 공격했다. 러시아 측이 반발하면서 미국 측과 회의장에서 논쟁을 벌였다. 이 일은 평양으로 떠나는 문재인 대통령에게도 미국이 보내는 메시지였을 것이다.

평양선언에 적시된 대로, 미국이 충분한 상응 조처를 내놓아야 북한도 추가적인 비핵화 조처를 이행하려 할 것이다.

그러나 미국의 유력 언론들은 트럼프를 제외한 미국 정부 내 고위 참모들 사이에서 대북 협상 회의론이 커져 간다고 지적한다. 미국 시사 주간지 《뉴요커》는 최근 미국 국무장관 폼페이오와 대화를 나눈 한 전직 관리를 인터뷰해, 폼페이오가 대북 대화가 효과를 발휘할 가능성은

100분의 1이라고 말했다고 보도했다.

일각에서는 미국 정가의 이런 분위기를 우려해 남·북한이 트럼프의 원군이 돼야 한다고 주장한다. 그러나 트럼프는 미국 역사상 대외정책의 일관성이 가장 떨어지는 대통령이다. 2017년에 그는 참모들의 우려를 무시하고 "화염과 분노"로 치달았던 바 있다.

이는 2018년 11월 미국 중간선거 이후 트럼프의 대북 협상 의지도 언제든 뒤집힐 수 있음을 뜻한다. 남·북한이 합심해 매력적인 제안을 내놓느냐는 이 가능성을 미연에 방지할 근본적 해법이 되지 못할 것이다.

가장 중요한 북·미 간 접점 찾기가 쉽지 않다는 사실은 평양선언의 나머지 합의 사항에도 영향을 미친다.

남·북한은 군사분야 이행합의서에 서명했지만, 합의 내용은 대부분 역대 남북 간 회담에서 언급되거나 합의된 것들이다. '남북군사공동위원회' 설치는 1991년 남북기본합의서에 서로 약속된 것이다. '서해평화수역' 조성은 2007년 노무현-김정일 남북 정상회담에서 합의된 것이다. 결국 합의 자체보다 이행과 유지가 더 어려움을 방증한다.

남북 간 무력 충돌 가능성 해소도 남북 당국 간 합의로 이룰 수 있는 게 아니다. 예컨대 그동안 서해상에서 벌어진 남북 무력 충돌은 주로 제국주의 간(특히, 미·중 간) 갈등이 낳은 한반도 주변 정세의 악화를 배경으로 일어났다.

이런 경험을 잘 기억해야 한다. 제국주의 간 경쟁과 갈등 상황에 따라 남북 간 군사 합의가 무색해지는 일이 얼마든지 벌어질 수 있다는 얘기다.

남·북한은 군사분야 이행합의서에서 다시 한 번 "단계적 군축"을 위해 노력하겠다고 했다. 그러나 2018년 9월 14일 문재인 대통령은 3000톤급 잠수함 진수식에서 "힘을 통한 평화"를 역설했다. 문재인 정부는 이런 첨단무기 도입이 대북 위협용은 아니라고 말할지 모르겠으나, 북한도 그럴지는 모르겠다. 이렇게 문재인 정부는 말과 실천이 어긋나는 경우가 많다.

남북 두 정상은 평양선언에서 경협 관련 약속도 했다. 철도와 도로 연결을 위한 착공식을 열고, 개성공단과 금강산관광 사업을 정상화하기로 했다.

1999년 이후 서해상에서 벌어진 남북 간 주요 교전 사태

교전(또는 사건)	배경
1999년 제1연평해전	1999년 나토의 세르비아 공습 이후 '다음 차례는 북한'이라는 불안감. 금창리 의혹 제기 등 미국의 대북 압박 지속.
2002년 제2연평해전	미국 조지 부시 2세 정부, 북한을 "악의 축"의 하나로 지목. '핵태세검토보고서'에도 북한을 핵무기 선제공격 대상으로 적시.
2009년 대청해전	2008년 미국의 새 의혹 제기로 6자회담 결렬. 미국, 북한 장거리 로켓 발사를 이유로 추가 대북 제재 주도.
2010년 3월 천안함 사건 11월 연평도 상호 포격 사태	미국 오바마 정부의 '아시아로의 중심축 이동'(중국 견제 강화). 천안함·연평도 사건을 계기로, 미국은 서해에 항공모함 진입시킴. 한미·미일 동맹을 강화하고 오키나와 주일미군 기지 이전 문제도 유리하게 해결함.

그러나 개성공단·금강산관광 사업 정상화 약속 앞에는 "조건이 마련되는 데 따라"라는 문구가 있다. 그 "조건"이 북·미 간 협상의 진전 여부라는 것은 삼척동자도 다 알 만하다. 문재인 정부가 여전히 미국 주도의 국제 대

북 제재를 의식하고 있고 거기에 저항할 생각이 없음을 보여 준다.

지금 한반도를 둘러싸고 진행되는 협상들은 미국과 중국의 무역전쟁 등으로 주변 정세의 불확실성이 커지는 가운데 열리고 있다. 무역전쟁은 단지 트럼프 개인의 돌출적 선택이 아니다. 미국 기성 정치권에서도 중국의 경제 성장과 그로 말미암은 미국 패권의 상대적 약화를 더는 좌시할 수 없다는 분위기가 팽배해지고 있다. 미국과 중국 간의 대결 분위기가 점증하는 것이다.

이런 상황과 미국 내의 정치 위기(트럼프를 겨냥한 특검 사태로 대표되는)가 맞물리면서, 한반도를 둘러싼 협상 테이블에도 불확실성이 커지고 있다. 이런 상황 때문에 진보계 지도자 상당수는 민족 공조가 더욱더 중요해졌다고 주장한다. 민주노총 위원장은 삼성 이재용까지 포함된 이번 방북단에 들어가 평양에 갔다. 판문점 선언 이행이 '모든 계층과 계급이 힘을 합쳐' 이행할 과제라고 봤기 때문이다(한국의 개혁주의는 이처럼 진보 포퓰리즘, 즉 민중주의가 가장 두드러진 특징이다).

그러나 과거 경험을 돌아보면 민족 공조로는 제국주의가 낳는 불안정을 해결하기 어렵고, 이를 뒷받침하기 위해 계급을 가로지르는 연대 구축을 시도하는 것은 외려 노동계급의 사회 변화 잠재력을 약화시킬 수 있다.

사드, '위안부' 문제, 한일군사협력 문제 등에서 보았듯이, 문재인 정부는 한반도 평화(와 제국주의) 문제에서도 결코 믿을 수 없는 정치 세력이다. 문재인 대통령은 제국주의 세계 체제와 얽혀 있는 남한 지배계급의 이해관계를 거스르는 선택을 하지 않을 것이다.

일각에서는 '우리'가 트럼프의 원군이 되자고 주장함으로써, 트럼프가 세계를 엉망진창으로 만드는 틈바구니에서 '우리' 한반도만이라도 안전지대로 빠져나가자는 민족 이기주의적 발상을 드러낸다. 그러나 지독하게 반동적인 트럼프가 활개치는 것을 좌시하는 것은 결국 부메랑이 돼 한반도로 돌아올 것이다. 트럼프 같은 노골적인 제국주의자들이 만드는 위험한 세계에서 한반도만 홀로 항구적으로 안전할 수는 없기 때문이다.

자본주의 체제에서 "불가역적 평화"는 없다. 불가역적이고 항구적인 평화를 쟁취하려면, 노동계급의 연대와 투쟁이 필요하다. 더 나아가 노동계급이 장차 뒷받침할 반자본주의·반제국주의 운동을 건설해야 한다.

미국 중간선거 이후 동아시아와 한반도

미국 중간선거가 끝난 후에 나온 2018년 11월 9일 자 〈한겨레〉 헤드라인 기사 제목은 "중간고사 끝낸 트럼프 '북미대화 시간표' 꺼내"였다. 제목만 보면, 트럼프가 교착 상태에 빠진 북·미 대화를 다시 진전시켜 줄 카드나 계획을 꺼낸 것처럼 보인다. 이 기사는 서두에 중간선거 직후 열린 트럼프의 기자회견 발언을 소개하며 이렇게 썼다. "[트럼프가] 중간선거가 끝나자마자, 북-미 대화 동력을 유지해 나가겠다는 의지를 다진 셈이다."

그러나 기사를 끝까지 읽어 보면, 제목과는 영 딴판인 진술들이 있다. "조속한 제재 완화를 요구하는 북한과 '선 비핵화, 후 제재 해제'를 고수하는 미국의 간극이 [크다.] … 두 나라가 접점을 찾지 못하면 회담이 계속 미뤄지면서 동력이 약화될 것이라는 우려가 나온다."

"북-미 고위급 회담이 늦어지면서, 남북 합의사항 이행도 영향을 받

출처: 김영익, 〈노동자 연대〉 273호(2019 1 16).

을 수밖에 없다. … 남북관계가 앞서 나가면 안 된다는 미국의 입장을 고려하면, 남북 합의 이행이 쉽지 않아졌다는 지적이 나온다."

그러니까, 북·미 협상 상황을 낙관하는 일면적 제목을 뽑고는, 관련한 걱정거리들은 기사 뒷부분에 슬쩍 넣은 것이다. 요즘 〈한겨레〉나 〈경향신문〉 등 친정부 중도진보계 언론이 한반도 평화 문제를 다루는 주된 방식이다. 요즘 이런 일면적 보도가 너무 많다.

부풀리기식이거나 일면적인 보도가 중도계 언론에서 많이 보이는 까닭은, 사실은 전망에 대한 낙관이 강하지 않아서일 수 있다. 내심 불안해서 소망을 말하는 것이다. 이런 확신 결여는 2000년 6·15 남북 정상회담 때와는 사뭇 다른 점이다.

그런 불안감의 실체는 바로 한반도 바깥의 국제 정세에 있다. 문재인 정부와 중도진보계 언론 모두 한반도 평화 프로세스가 성공하려면 이른바 "국제 사회"의 협력이 필요하다고 본다. 그런데 평화 프로세스를 보장해 줄 국제 사회 주요 강대국들의 사이가 갈수록 험악해지고 있다. 이 갈등의 파고가 언제 지금의 협상 테이블을 덮칠지 모르기에 불안한 것이다.

우리는 중도진보계 언론의 일면적 보도(나 심지어는 '가짜 뉴스') 이면의 맥락을 이해하고, 그것이 자아내는 환상과 대결해야 한다.

중간선거 전후로 트럼프 정부가 한 것 중에 주목할 일이 두 개가 있다. 첫째, 중간선거가 끝나자 미국 상무부는 중국산 알루미늄 판재에 반덤핑·반보조금 관세를 부과하기로 했다고 발표했다. 중간선거 전에 트럼프가 무역 문제에서 중국과의 합의 가능성을 시사했지만, 그것이 중간선거용 제스처에 불과했음이 금세 드러난 셈이다.

앞서 2018년 10월 말에 상무부는 미국 기업들이 중국 국유기업인 푸젠진화반도체에 소프트웨어와 기술 등의 수출을 제한하는 조처를 내렸다. 그러면서 해당 반도체기업의 활동이 미국의 국가 안보에 반하는 심대한 위협이라고 했다. 미국 국가 안보 때문에 중국 기업을 제재한다는 얘기다. 이 사례는 무역전쟁의 진정한 성격이 무엇인지를 보여 준다.

둘째, 중간선거 날 북·미 고위급회담이 개최 직전 취소됐다. 미국과 북한 양측 모두 일정이 분주해서 일단 회담을 연기하기로 했다는 설명이 나왔다. 그러나 그 설명을 곧이곧대로 믿는 사람은 거의 없었다. 추후에 언제 열린다는 말 없이 회담이 취소되면서, 미국 주류 언론들은 일제히 북·미 대화가 교착 상태에 빠져들었다고 보도했다. CNN은 "북한이 미국한테 진짜 화났다"고 했다.

앞에서 언급했듯이, 중간선거 이후에도 무역전쟁은 계속된다. 트럼프는 중간선거 직후 후반기 임기 동안 자신의 주요 정책들을 더욱더 밀어붙이겠다고 못 박았다.

물론 미국은 중국 말고도 일본·유럽연합·한국 같은 전통적 동맹국들도 겨냥해 무역전쟁을 벌이고 있다. 미국의 1등 지위에 도전하지 말고 굴복하라는 신호를 내면서 말이다. 그럼에도 트럼프 정부의 가장 중요한 타깃은 중국이다. "전략적 경쟁자"로서 중국을 미국 제국주의 패권의 가장 큰 위협으로 여기기 때문이다.

중국에 대한 트럼프 정부의 총체적 인식은 2018년 10월 4일 부통령 마이크 펜스가 허드슨연구소에서 한 연설에서 드러났다. 그는 중국이 "[불공정] 관세, 수입 제한, 환율 조작, 기술이전 강제, 지적재산권 절도" 같은 정책들을 동원해 미국의 이익을 훼손하고, 미국의 막대한 무역 적자를 초래하고, '중국제조2025' 같은 계획을 세워 첨단 군사 지식을 포함한 미국의 첨단 기술을 훔쳐 간다고 비난했다. 펜스가 보기로 중국은 국제 질서를 자국에 유리하게 바꾸려고 시도하는 것은 물론이고 "중국은 훔쳐 간 기술을 이용해 보습(쟁기 같은 농기구에 끼우는 쇳조각)을 대대적으로 칼로 바꾸고 있다."

펜스의 연설이 보여 주는 바는, 무역전쟁의 목표가 비단 대중국 무역 적자를 줄이는 데만 그치는 게 아니라는 것이다. 중국 첨단 제조업의 성장을 억제하고 미국의 제조업 경쟁력을 유지하겠다는 의지도 드러낸다. 그리고 그것이 미국의 군사 우위를 유지하고, 패권을 지키는 데서도 중요하다고 본다.

요컨대, 트럼프 정부는 모든 수단과 방법을 동원해 "중국 무릎 꿇리기"를 시도하는 것이다. 따라서 무역전쟁은 제국주의 간 경쟁의 맥락 속에서 봐야 한다.

트럼프 정부의 대중국 무역전쟁에 대해서는 미국 지배자들 사이에서 초당적 지지가 형성돼 가고 있다. (물론 동맹국들과의 무역 마찰 문제 등에서는 견해차가 해소되지 않았다. 그리고 무역전쟁 같은 근린궁핍화(이웃 나라 거지 만들기) 정책이 미국 경제의 위기를 제대로 해결해 주지 못한다는 점이 명백해지면, 미국 지배계급 내 갈등과 혼란이 크게 증폭될 수 있다.)

중간선거가 끝난 후 2018년 11월 9일 〈파이낸셜 타임스〉는 사설에서 트럼프가 국내에서 좌절을 많이 겪을수록 보호무역주의와 이란 같은 적과의 대결을 강화하는 것을 배출구로 삼을 가능성이 크다고 지적했다. 중국과 타협하기보다 대중국 관세를 올릴 공산이 크다고도 진단했다. 관세를 높이는 것이 자신의 정치적 기반뿐 아니라 민주당 지지자들에게도 인기가 좋다고 했다.

2018년 3월 민주당 하원 원내대표 낸시 펠로시는 무역전쟁과 관련해, "미국의 노동자와 상품을 수호하기 위해 더 많은 것을 하라"고 트럼프 정부에 주문했다. 11월 8일 〈로이터 통신〉은 중간선거 결과로 하원에서 다수당이 된 민주당이 대중국 무역 전쟁을 지지할 뿐 아니라 트럼프를 부추길 것이라고 전망했다. 미국 민주당 정치인들도 중국한테 본때를 보여 줘야 한다고 벼르는 점에서는 트럼프 못지 않다.

트럼프는 2670억 달러어치 추가 대중국 관세를 예고했고, 기존 2000억 달러에 대한 관세율도 2019년 초에 10퍼센트에서 25퍼센트로 높일 예정이다. 이에 그치지 않고 환율조작국 지정 등 더 많은 수단을 동원할 여지가 있다.

그러나 중국은 결코 호락호락한 도전자가 아니다. 미국의 공세와 중국의 대응이 맞물리면서, 전보다 훨씬 더 불확실하고 유동적인 상황이 펼쳐질 것이다. 우선, 중국은 미국의 동맹 체제 바깥에서 성장한 도전자다. 이 점에서 중국은 일본과 유럽연합 등 수십 년간 미국의 동맹 체제에 종속돼 있는 다른 서방 강대국들과는 처지가 다르다. 유럽 강대국들도 경제적·지정학적 문제로 미국과 갈등을 빚곤 하지만, 미국의 동맹 체제에서 벗어나 미국에 정면 도전하기는 앞으로도 쉽지 않다. 그러나 중국은 그런 동맹 구조에 의존하지 않고 성장했다. 그래서 중국의 성장 자체가 미국 주도의 국제 질서와 이러저러하게 충돌할 수밖에 없다.

중국공산당 정권은 민족해방혁명으로 권력을 잡은 한족 민족주의 정권이다. 국가주석 시진핑은 "중화민족 대부흥", "중국몽" 등을 표방하며 내부적으로 민족주의 이데올로기를 강화해 왔다. 대내외 위기에 대응하고 내부 불만을 단속하기 위해서다. 따라서 시진핑과 중국 고위 관료들은 미국 같은 "외세"의 압력에 굴복하는 모습을 대중에게 보이고 싶지 않을 것이다. 그러면 자칫 공식 이데올로기와 통치 정당성이 훼손될 수 있다.

무엇보다, 중국 지배자들은 지난 30년간 고속 성장을 통해 쌓아 온 중국 국가의 위상과 이익을 지키려고 사력을 다할 것이다. 최근 시진핑이 미국이 기술 장벽을 쌓는 것에 대응해 국유기업들이 첨단 기술을 자체적으로 발전시키라고 독려하며 마오쩌둥 시절의 "자력갱생" 구호를 언급하기 시작한 것은 시사적이다.

트럼프 정부는 군사력에서도 도전자들을 압도하려고 한다. 30년간 유지돼 온 러시아와의 중거리핵전력조약INF에서 탈퇴할 계획을 세웠다. 이 조약에서 탈퇴하면 미국은 자유롭게 중거리 지상발사 탄도미사일·순항 미사일의 생산·실험·배치에 돌입할 수 있다.

미국의 중거리핵전력조약 탈퇴를 주도하는 것은 백악관 국가안보보좌관 존 볼턴이다. 그는 오래 전부터 이 조약에서 탈퇴하자고 주장했다. 이것도 주로 중국 등을 염두에 둔 조처이다.

볼턴은 이미 2011년 〈월스트리트 저널〉에 칼럼을 써서 중거리핵전력조약 탈퇴를 주장했다. 냉전 해체 이후 전략적 환경이 바뀌었다는 게 핵심 이유였다. "[조약 당사국이 아닌] 중국은 순항미사일과 탄도미사일 전력을 급격히 성장시키고 있다. 특히 중국이 남중국해 같은 곳에서 점차 적대적이고 정치적으로 단호하게 나옴에 따라, 이 무기들은 대만뿐 아니라 [역내] 미군의 기지와 해상 전력도 크게 위협한다." 볼턴은 여기에 북한과 이란 같은 "불량국가"의 미사일 '위협'도 추가했다.

그래서 미국에서는 중거리핵전력조약 탈퇴 후 "일본이나 필리핀 등 중국 인근에 [지상 발사] 순항 미사일을 배치하는 방안" 등도 거론되고 있다. 미국의 신형 핵무기가 서태평양 일대에 전진 배치되고, 평택 미군기지에도 베이징과 상하이 등지를 겨냥한 중거리 핵미사일이 배치될 수 있다는 뜻이다. 트럼프는 아시아·태평양에서 핵군비 경쟁의 불씨를 댕길 위험한 시도를 하는 중이다.

무역전쟁을 비롯한 제국주의 경쟁의 악화는 미래에 벌어질 더 큰 충돌에 대한 우려를 키우고 있다. 저명한 자본주의 변호론자 프랜시스 후쿠야마조차 최근 인터뷰에서 다음과 같이 지적했다. "[미·중 전쟁 가능성을]

배제하는 것은 어리석은 일이다. 전쟁이 일어날 여러 시나리오를 생각할 수 있다. 그 시작이 한 국가의 다른 국가에 대한 고의적 공격은 아닐 듯하다. 대만이나 북한을 둘러싼 지역 분쟁, 또는 남중국해에서의 대립이 확대되면서 시작될 가능성이 더 크다."

이런 사태 전개 때문에 양안 문제(중국-대만 간 분쟁) 같은 해묵은 갈등이 폭발할 개연성도 높아진다. 최근 대만을 놓고 미국과 중국이 날선 공방을 주고받는 일이 빈번해지고 있고, '하나의 중국'에 관한 미중 합의가 흔들리고 있다. 그러자 중국 정부는 전쟁을 불사해서라도 대만의 현상 변경 시도를 막겠다고 공언하고 있다. 이에 자극받은 대만이 첨단 무기 수입에 힘을 쏟고 있다.

민진당의 재집권과 트럼프 정부의 등장 등으로 대만 내에서 대만 독립 선언을 요구하는 목소리도 커지고 있는 듯하다. 2018년 10월 하순에 대만 독립 선언을 국민투표로 결정하자고 요구하는 시위에 8만 명이 참가하는 일이 있었다.

미·중 갈등이 점증하는 가운데, 우발적 충돌이 그 갈등의 전개 속도를 급격히 높일 수 있다. 2018년 9월 30일 남중국해에서 중국 군함과 미국 군함이 41미터까지 접근한 사건은 그 위험성을 보여 줬다.

트럼프가 처음 등장했을 때, 우리는 세계가 (초)불확실성의 시대로 접어들 것이라고 예측했다. 그리고 불확실성이 자아내는 위험이 서서히 발톱을 드러내고 있다.

세계 제국주의 체제의 상황은 한반도의 중장기적 미래에 큰 영향을 끼치고 있다. 북·미 협상은 이런 상황과 맞물려 있다. 따라서 우여곡절 끝에 2차 북·미 정상회담이 열려 트럼프와 김정은이 다시 손을 잡더라도, 그 전망이 근본에서 밝아진다고 보기 어렵다.

트럼프 정부는 지난해 내내 한반도에서 긴장을 높이다가, 2018년 들어 방향을 바꿔 북한과 대화에 들어갔다. 미국의 유명 언론인 밥 우드워드가 쓴 책《공포》에 따르면, 2017년 12월 초 트럼프는 주한미군 가족들을 한국에서 철수시키겠다는 내용의 트윗을 작성하려고 했다. 그래서 트럼프의 측근들이 그를 심각하게 말려야 했다. 주한미군 가족 철수령은 북한과 전쟁을 시작한다는 신호로 여겨질 게 뻔했다. 트럼프가 김정은과 정상회담을 하겠다고 밝힌 것은 그로부터 불과 3개월 후다. 그만큼 극적인 변화였다.

그러나 냉전 해체 이래, 한반도에서 긴장 국면이 급격히 해빙 국면으로 바뀐 일은 여러 번 있었다(그 역도 마찬가지이다). 지난 30년 동안 미국은 북한 '위협'을 부풀려 동아시아에서 자신의 전략을 관철시키는 수단으로 삼아 왔지만, 상황을 관리하고 시간을 벌 필요가 있으면 북한과의 대화에 나서곤 했다.

트럼프는 2018년 정상회담까지 열어 김정은을 만났다. 그리고 2차 북·미 정상회담 개최까지 공언했다. 그러다 보니 미국 중간선거를 앞두고, 국내 진보 일각에서는 민주당보다 트럼프의 공화당이 승리하는 게 한반도 평화에 이롭다는 얘기가 나왔다. 트럼프가 미국 국내외에서 저지르는 온갖 악행에는 눈 감는 이기주의적 발상이다. 자유주의자들은 이렇게 위선적이다. 그런데 한반도 상황을 보더라도, 중간선거 전후로 벌어진 여러 일들을 보면, 그런 기대가 과연 타당한지 의문을 품을 수밖에 없다.

연내에 열릴 것 같던 2차 북·미 정상회담은 2019년 초로 미뤄졌다. 2018년 6월 정상회담 이후 북한의 비핵화와 미국의 "상응 조치"를 둘러싼 북·미 협상이 큰 진전이 없다. 6월 싱가포르 합의 이행의 순서와 내용에 대한 해석 등에서 양측에 첨예한 견해차가 있다. 예컨대, 미국은 북한에게 핵물질·무기·운반수단 목록을 신고하라고 요구했다. 그러나 북한은 신뢰 회복 전에는 못 준다고 거절했다. 현 상태로는 미국에게 북한 내 폭격 지점만 알려 주는 꼴임을 알기 때문이다. 실제로 1990~1991년 이라크 전쟁 당시, 이라크가 미국한테 그렇게 당했다. 북한은 그 일을 잊지 않았다.

그 와중에 트럼프 정부는 대북 제재는 지속된다고 강조했다. 2018년 9~10월에 국무부가 나서서, 한국 정부와 기업들한테 자신들이 그은 선을 넘지 말고 대북 제재를 지키라고 경고했다. 미국과 한국은 대북 정책 조율을 위한 공동의 실무 그룹을 설치하기로 했다. 미국이 이를 통해 한국 정부의 남북 관계 속도를 제어할 것으로 보인다.

그러자 북한이 불만을 터뜨렸다. 이번엔 김정은 국무위원장이 직접 나섰다. "적대 세력들이 악랄한 제재 책동에만 광분한다." 북한 외무성은 미국의 협상 태도에 변화가 없다면, 핵무력·경제 병진노선을 부활시켜 핵무기 개발을 재개할 수 있음을 시사했다. 김 위원장은 낙후한 경제 재건에 필요한 제재 완화(더 나아가 해제)를 절실히 원한다.

그러나 트럼프 정부의 태도가 바뀔 기미는 보이지 않는다. 중간선거가 끝난 직후 트럼프는 북·미 관계에서 "서두를 것 없다"고 강조했다. 그 직후에 미국 재무부는 북한의 해외 자산 6300만 달러를 추가로 동결했다. 미국이 2018년 들어서만 대북 독자 제재 조처를 취한 게 11건에 이른다. 이것이 북·미 고위급회담이 갑자기 연기된 배경일 것이다.

미국 민주당을 비롯한 미국 주류 지배자 다수가 여전히 기존의 대북 정책인 "전략적 인내"를 선호하는 것도 북·미 대화의 또 다른 변수다. 〈뉴욕 타임스〉를 비롯한 미국의 자유주의 언론들이 앞장서서 북한의 미사일 활동 은폐 의혹을 터무니없이 왜곡·과장해 보도하는 것은 미국 주류 다수의 생각이 무엇인지를 보여 준다.

북·미 협상이 지지부진해지고 미국 민주당 등이 협상을 강하게 공격하자, 한국의 친여권 전문가와 언론 쪽에서는 "북한[이] 미국의 유연성을 끌어내기 위해 좀더 진전된 추가 제안을 내놓을 필요"가 있다는, 즉 북한이 먼저 양보해 트럼프의 미국 내 입지를 넓혀 줘야 한다는 주장이 나온다. 그러나 이것은 미국 제국주의의 대북 압박에 사실상 편승하는 주장인 데다가, 북한 처지에서 결코 받아들일 수 없는 것이다. 이 협상은 결코 대등한 당사자들의 대화가 아니다. 북한은 세계 최강 미국을 상대로 너무 쉽사리 양보했다가 자칫 모든 것을 잃을 수 있는 처지이니 말이다.

물론 트럼프가 당장 협상장을 박차고 나가 다시 "화염과 분노" 시절로 돌아갈 것 같지는 않다. 양측은 정상회담 성사의 조건을 두고 줄다리기에 들어가 있다. 그 과정에서 다시 한 번 잠정적 합의가 도출될 수 있다.

그러나 중장기적으로 협상의 진전을 가로막는 변수들이 협상장 안팎에 너무 많다. 당장 2019년 2~3월 키리졸브 한미합동군사훈련 재개 여부가 걸림돌로 부상할 것 같다. 2018년 9월의 3차 남북 정상회담이 열린 지 몇 달 되지 않았는데도 그 효과가 반감돼 보인다. 그리고 앞으로도 북·미 협상은 계속 엎치락뒤치락할 공산이 크다.

문재인 정부가 올해 지지층 결집을 유지한 비결은 남북 관계의 해빙에 있었다. 2017년 문재인 정부의 아킬레스건이 되는 듯했던 대외 정책과 남북 관계가 지금은 이 정부의 강점으로 꼽히고 있다.

그러나 국제 정세의 불안정은 이 강점을 언제든 다시 문재인 정부의 약점으로 바꿔 버릴 수 있다.

2018년 9월 문재인 정부는 미국과의 마찰을 감수하면서 남북 군사합의를 맺었고, 남북 상호 간 적대 행위 종식을 선언했다. 〈한겨레〉 등은 이 합의와 평양공동선언을 묶어서 남북 간의 "사실상 종전선언"이라고 극찬했다.

그러나 남북 군사합의와 평양공동선언의 주요 내용은 과거의 남북 주요 합의에도 포함돼 있던 것들이다. 예컨대 남북군사공동위원회 설치는 1992년 남북기본합의서에, 서해 북방한계선(NLL) 일대의 평화수역화는 2007년 남북 정상회담의 합의 사항에 있었다. 즉, 평양공동선언 등이 남북 종전선언이라면, 우리는 이미 두 번 세 번의 남북 종전선언을 경험한 셈이다. 그런데 그 '종전선언'들은 다 파탄 났다. 따라서 그런 합의들이 왜 매번 휴지 조각이 됐는지를 물어야 한다.

남북 군사합의에 따라 서해상 훈련을 중단하고 휴전선에서 GP를 철수한다고 해도, 남북 간 재래식 충돌 가능성이 영구히 봉쇄되는 건 아니다. 남북 관계의 역사에 조금이라도 관심 있는 사람이라면 능히 알 수 있다. 남북 간 충돌을 방지하려는 시도의 성패도 결국 한반도를 둘러싼 제국주의 간 긴장과 적대가 어찌되느냐에 달렸다.

문재인 정부는 북·미 협상의 중재자 구실을 자임해 왔다. 그러나 중재의 성공 여부는 정부가 뛰어난 중재술을 발휘하느냐로 결정되지는 않을 것이다. 오히려 문재인 정부는 대북한·대중국 정책에서 보조를 맞추라는 미국의 지속적인 압력에 직면해 있다.

북·미 회담이 다소 불확실해지면서 김정은의 연내 서울 답방은 어려워지고 있다. 청와대가 김정은의 서울 방문에 관한 얘기를 계속 흘리고 있지만 말이다.

북·미 협상 상황이 여의치 않자, 2018년 11월 6일 청와대 국가안보실장 정의용은 종전선언도 정상이 아닌 실무급 선언으로 격을 낮출 수 있다고 했다. 사실, 평화협정 체결에서 종전선언 채택으로 물러선 것 자체가 커다란 후퇴였다. 혁명적 마르크스주의자들이 보기에 평화협정은 항구적 평화를 보장해 주지 못하는 수단이지만, 평화협정 자체는 한반도 평화 실현에 관한 나름의 완결적 내용을 담고 있는 문서이다(또는 적어도 '그래야 한다'고 많은 사람들이 주장한다). 그러나 종전선언은 국제법 상의 지위마저 분명하지 않아 언제든 무효화될 수 있는 "정치적 상징"일 뿐이다. 그런데 이제 이 상징적 조처마저 '정상 간' 종전선언에서 '실무급' 종전선언으로 또 후퇴하는 셈이다. 그마저도 연내 합의는 불가능해 보인다. 이런 일은 제국주의와의 타협으로 평화를 보장받으려는 구상이 근본에서 불안하고 지속 불가능한 시도임을 보여 준다. 그리고 문재인 정부의 중재가 갖는 한계도 확인할 수 있다.

문재인 정부는 박근혜 정부와 달리 친미 쪽으로 확 내달리지는 않고 있다. 그러나 많은 문제에서 미국과의 타협을 모색한다는 점도 주목해야 한다. 국방장관 정경두는 현재 임시 배치된 사드를 정식 배치하겠다고 못 박았다. 문재인 정부는 미국 미사일방어체계MD 편입 논란 때문에 한국이 오랫동안 주저해 온 SM-3 미사일 도입도 이미 진행하고 있다. 이것은 2017년 정부가 중국한테 한 '3불'* 약속을 스스로 깨는 것이고, 중국을 엄청 자극해 사드 갈등이 재연될 수도 있는 일이다.

또, 2018년 12월 유엔 총회에서 북한인권결의안이 새로 채택될 예정이다. 북한 인권 문제는 역대 미국 정부와 현재의 트럼프 정부가 북한을 압박하는 소재의 하나다. 문재인 정부는 유엔 북한인권결의안 작성에 동참했다. 미국의 제국주의적 대북 인권 공세에 협력하겠다는 뜻이다.

이런 점들은 문재인 정부가 노동 분야에서는 문제가 많으나, 평화 문제에서는 협력할 바가 많다는 노동자 운동 일각의 견해가 옳지 않음을 보여 준다. 문재인 정부는 평화 문제에서도 전혀 신뢰할 수 없는 대상이다.

어떤 사람들은 문재인 정부를 압박해 견인하는 게 가능할 것이라고

---

* "사드 추가 배치 없고, 한·미·일 군사동맹 없고, 한국이 미국 MD에 참여하는 일 없다."

보는 듯하다. 그러나 어불성설이다. 자본주의·제국주의 세계 체제에 얽히고설킨 한국 지배계급의 이해관계를 넘어 문재인 정부가 그렇게 견인되지 않을 것이다.

과거 경험을 돌아보면, 이런 견해는 투쟁이 어느 수준 이상으로 발전하는 것을 제약하거나 외려 정부의 협조 압력에 노동자 운동이 견인되는 결과를 낳을 공산이 크다.

트럼프의 선거 승리를 바라거나 문재인 정부의 중재에 기대를 거는 것은 모두 국가 간 협상으로 항구적 평화가 가능하리라는 기대에서 비롯한다.

그러나 자본주의에서 항구적 평화는 없다. 자본주의의 장기화된 구조적 위기 속에 강대국 간 전쟁 가능성을 배제하기가 갈수록 어려워지는 오늘날에는, 더더욱 이 문구를 잊지 않는 게 중요하다. 오로지 노동계급 자신의 투쟁만이 항구적 평화를 실현시킬 것이다.

앞으로도 2018년 같은 분위기가 지속되리란 보장은 없다. 불확실성의 시대답게 상황이 급격히 달라질 수 있고, 그것에 따라 머지않은 미래에 우리 자신의 방향을 바꿔야 하는 상황이 올 수 있다. 그럴 때 신속하게 행동할 만반의 태세가 갖춰져 있어야 한다.

3장

문재인은 평화·통일의 동반자일까

노동운동이 문재인을 평화·통일의
동반자로 삼아야 할까?

2018년 봄부터 남북·북미 정상회담이 잇달아 열리면서, 많은 노동 조합 지도자들이 "평화·번영·통일 시대가 왔다"는 기대감을 품게 됐다. "화염과 분노"로 점철된 2017년에 견줘 분명 극적인 변화다.

많은 노조 지도자와 활동가들은 남·북(정부들)의 협력, 즉 민족 공조 가 한반도에서 대화 국면을 지속케 할 가장 주된 동력이라고 믿는다. 그 리고 문재인 정부가 촛불의 힘으로 탄생한 덕분에 한반도 평화의 운전 자 구실을 할 수 있다고 본다.

이런 시각은 노동자 운동의 실천에 직접·간접으로 영향을 미친다. 예 컨대, 노동자 운동 내에서 다음과 같은 주장을 하는 사람도 있다. "노동 존중, 노동기본권 보장에서 우유부단한 문재인 정권에 한편으로 저항하 고 비판하면서도 평화번영, 통일의 길에서는 협력을 아끼지 말아야 [한

출처: 김영익, 〈노동자 연대〉 267호(2018 11 20).

다.]", "계급적, 계층적 이해관계를 뛰어넘어 … 각계 민중이 하나로 뭉치는 길[에] 민주노총은 확고한 전략을 가지고 있어야 한다."

그러나 기본적으로, 민족 공조로 제국주의의 위협에서 벗어나 한반도의 항구적 평화를 이룰 수 있다는 생각은 환상이다. 한반도의 항구적 평화는 남·북한 당국의 의지로 실현되는 것이 아니다. 심지어 북·미 관계에 전적으로 좌우되는 것도 아니다.

한반도 상황은 세계 제국주의 체제의 상황과 연동돼 있기 때문이다. 제국주의 체제의 정치·경제 상황과 제국주의 국가들 사이의 관계가 한반도 상황에 훨씬 중요한 요인으로 작용한다.

지금 세계는 장기 불황에서 헤어나오지 못하면서 강대국 간 경쟁과 갈등이 점증하고 있다. 특히, 미국과 중국의 경쟁이 머지않은 미래에 매우 위험하게 전개될 가능성이 커지고 있다.

이런 상황이 한반도 정세를, 그리고 트럼프의 대북 정책을 좌우하는 주요한 변수다. 따라서 지금은 트럼프가 북한과 대화하고 있지만, 상황 변화에 따라 그 기조는 언제 다시 바뀔지 모른다.

게다가 문재인 정부는 제국주의에 일관되게 저항할 정치 세력이 아니다. 문재인은 남·북 군사합의, 대북 제재 문제 등에서 트럼프 정부와 견해가 다소 다르지만, 미국과의 공조를 근본에서 흔들 선택은 하지 않으려 한다.

문재인 정부는 촛불 정부를 자임하면서도 2017년 내내 평화 문제에서 촛불의 바람과는 전혀 다르게 행동했다. 사드 임시 배치, 위안부 문제 등이 그런 사례다. 트럼프 정부가 국내 정치적 이해관계 등으로 대북 정책의 방향을 바꾸지 않았다면, 문재인 대통령의 남북 정상회담 추진도 실현되지 못했을 가능성이 높다.

최근에도 문재인 정부는 문제 있는 결정들을 내리고 있다. 국방장관

정경두는 현재 임시 배치된 사드를 정식 배치하겠다고 못 박았다. 정부는 미국 미사일방어체계MD 편입 논란 때문에 주저해 온 SM-3 미사일 도입도 이미 진행하고 있다.

2018년 12월 유엔 총회에서 북한인권결의안이 새로 채택될 예정이다. 북한 인권은 분명 문제이긴 하지만, 트럼프 정부가 북한을 압박하는 수단의 하나다. 그럼에도 문재인 정부는 유엔 북한인권결의안 통과에 동참하고 있다. 북한처럼 인권 문제가 심각한(불법 월경 이민자에 대한 발포, 트랜스젠더 천대, 여성 비하 등등) 미국의 제국주의적 대북 공세에 협력하는 것이다.

일각에는 문재인 정부를 압박해 견인하는 게 가능하다고 보는 견해가 있다. 그러나 그런 견해는 어불성설이다. 문재인 정부는 자본주의·제국주의 세계 체제에 얽히고설킨 한국 지배계급의 이해관계를 (그 나름으로) 표현하려 하고 있기 때문이다.

과거 경험을 돌아보면, 외려 문재인 정부의 협조 압박에 조직 노동자 운동 지도층이 견인될 공산이 크다.

세계경제의 불확실성이 다시 커지는 가운데, 정부는 노동계급을 향한 공격을 멈추지 않고 있다. 그 와중에 남북 관계 개선을 노동자들의 불만을 달래는 카드로 이용한다. 노동조합 지도자들이 남북 화해·협력을 중시함을 잘 알기 때문이다.

2018년 11월 5일 여·야·정 협의체에서 문재인 대통령과 여야는 평화체제 구축을 위한 초당적 협력에 합의했다. 동시에 규제혁신, 탄력근로제 확대, 광주형 일자리 등도 꺼내들었다.

이런 상황 속에 실제로 김정은 북한 국무위원장의 연말 서울 답방이 성사된다 해도, 외형적으로는 평화 프로세스의 진전으로 보이겠지만 동시에 청와대는 김 위원장의 답방을 탄력근로제를 비롯한 연말 노동 개악 시도에 대한 분노를 희석시키는 데도 이용할 것이다.

그런데 노동자 운동 내 일각에는 연말에는 판문점 선언 비준을 위해 정부·여당과 공조해 자유한국당을 압박하는 데 주력해야 한다는 주장이 있다. 그리 되면 정부·여당의 노동악법 통과에 맞서 효과적으로 투쟁하기 어려워질 수 있다.

이처럼 노동자 운동이 남북 화해·협력을 위한다며 계급을 초월한 단결을 노동계급의 이익보다 중시하면(심지어 동등하게 여기더라도), 지배자들의 공세에 대처해 자신의 힘을 제대로 발휘하기 어려워질 것이다. 개별 사업장의 경제 투쟁에는 어느 정도 열의를 보일지라도, 투쟁이 어느 수준 이상으로 발전하고 확산돼 정부를 흔들 만큼 되는 것은 주저할 테니 말이다.

한반도는 남북 민중의 의사와 무관하게 제국주의 두 열강에 의해 분단됐다. 따라서 남북은 남북의 주민 다수가 원하는 방식으로 통일할 수 있어야 하고, 혁명적 마르크스주의자들은 이를 지지한다.

그런데 분단된 후 남북에는 각각 독립적인 국가가 건설됐고, 산업 성장에 성공했다. 이것은 남북 각각의 내부에 선명한 계급 분단이 생겼다는 것을 의미한다. 즉, 계급투쟁이 더 중요해진 것이다. 노동계급에게 통일은 그보다는 분명 부차적인 과제다.

제국주의 열강에 맞서 평화와 통일을 쟁취하는 데서는 민족 전체가 단결할 수 있지 않느냐고 생각할 수 있다. 그러나 제국주의의 압력은 민족 구성원들이 계급을 초월해 단결하는 외적 압력으로 작용하기보다는, 내부에서 계급투쟁을 뚜렷하게 만드는 동력으로 작용해 왔다.

통일을 최우선 과제로 여기고 계급투쟁을 그에 종속시키려 한다면, 제국주의 세계 체제에 맞서 한반도의 항구적 평화를 실현할 진정한 동력을 약화시킬 것이다. 바로 노동계급의 사회 변화 잠재력 말이다. 노동자들이 자신의 계급적 요구를 위해 투쟁해야, 반자본주의·반제국주의 투쟁도 동력을 얻을 수 있다.

한국 현대사를 돌아봐도, 노동계급의 거대한 진출이 있을 때 남북 자유 왕래 등을 요구하는 대중적 통일 운동이 일어날 수 있었다.

반자본주의·반제국주의 투쟁을 통한 항구적 평화 실현이 당장에는 비현실적이고 이상적으로 보일 순 있다. 그러나 종전선언 한다면서 제주에서 관함식을 열고 무기 수입에 열 올리는 모순투성이 정부에 기대를 걸고 그 정부와의 협력을 추구하는 것보다는 훨씬 현실적이고 효과적인 대안이다.

김정은 답방은 "역사적 분수령"이 될 것인가

북·미 정상회담이 가시화되면서 김정은 북한 국무위원장의 서울 답방도 머지않았다는 기대가 커졌다. 북·미 정상회담 이후 2019년 3~4월 김정은 답방을 추진한다는 얘기가 청와대에서 나온다. 2019년 3·1절 서울에서 문재인 대통령과 김정은 위원장이 손을 맞잡는 그림도 실현 가능하다는 것이다.

물론 김 위원장의 서울 답방은 반대할 일이 아니다. 답방 실현은 노동계급이 정치적 교훈을 배우는 계기가 될 것이다. 세계 제국주의 체제 속에서 부차적인 플레이어인 남북 정부 당국 간 협상으로 항구적 평화 실현이 가능하지 않음을 배우는 정치적 경험이 될 것이다.

많은 노동운동 활동가들이 서울에서 열릴 4차 남북 정상회담이 "역사적 분수령"이 되기를 기대한다. 남북 정상 간 외교로 한반도의 평화 체제 진입이 대세가 됐다는 믿음이 이런 기대의 저변에 깔려 있다.

출처: 김영익, 〈노동자 연대〉 274호(2019 1 24).

그러나 남북 정상 외교보다 제국주의 세계 체제의 상황이 한반도 상황에 훨씬 결정적인 요인이다. 지금도 북·미 관계가 풀릴 듯하니까 답방 성사 가능성이 커지고 있는 것이다. 남북 정상들의 의지로 한반도에서 항구적 평화를 실현할 수 있다고 믿는 것은 무망하다.

민주노총 김명환 집행부를 비롯해 많은 노동운동 지도자들이 문재인 정부가 미국의 동아시아 정책 틀에서 벗어나지 못한다고 옳게 비판한다. 그럼에도 한반도 평화 문제에서 노동운동이 문재인 정부의 국정과제와 "부분적으로 공존"하는 바가 있다고도 말한다.

남북 정상회담이 "역사적 분수령"이라고 믿고 그 한 축인 문재인 정부와 (평화 문제에서 부분적으로라도) 공통점이 있다고 여긴다면 노동운동이 평화 문제에서 문재인 정부와 동반자가 될 수 있다는 생각이 자연스런 논리적 귀결이 될 것이다. 이 논리대로라면 문재인 정부가 추진할 가능성이 낮은 일, 즉 "분단 적폐"(한미동맹, 국가보안법 등) 청산을 위한 투쟁은 이와 별개로 벌이면 될 일이다.

그러나 문재인 정부는 한국 지배계급의 이해관계를 가장 능률적으로 구현하려 애쓰는 정치 세력이다. 따라서 문재인 정부를 평화 문제에서 전혀 신뢰할 수 없다. 사드, '위안부' 문제에서 드러나듯이 말이다. 정부는 전임 우파 정부가 세운 대북 선제 타격 계획을 이름만 바꾼 채 거의 그대로 계승했다. 심지어 그 예산을 대폭 늘렸다.

평화 문제에서 문재인 정부와의 협력을 추구하는 것은 "분단 적폐" 청산을 위한 투쟁과 근본적으로 상충할 수밖에 없다. 당장 주한미군 철수 요구는 (그것을 단지 말이 아니라 진지하게 추구하려 한다면) 평화협정 후에도 주한미군이 남아야 한다고 믿는 문재인 정부와 정면으로 충돌한다. 근본적으로 다른 방향을 지향하는 두 힘을 모으려 한들 그것으로 힘이 배가되는 것이 아니라 0이나 마이너스가 되는 꼴이다.

역사적 경험을 돌아보건대, 이런 상황에서는 노동운동이 자본주의 개혁 정부를 견인하기보다 정반대로 견인당하는 일이 벌어져 왔다. 그리고 정상회담에서 다뤄질 만한 것(경협 등)을 중시하면 할수록, 정작 노동계급에게 중요한 문제(자유왕래, 주한미군 철수 등)는 후순위가 될 공산이 크다.

따라서 노동운동은 평화 문제에서 문재인 정부와의 (부분적) 협력을 추구할 게 아니라, 그 정부와는 독립적으로 아래로부터의 반제국주의 운동 건설에 주력해야 한다.

4부

노동

1장

노동 존중? 실체를 드러내다

문재인의 '노동 존중', 점점 실체를 드러내다

문재인 정부가 "노동 존중"을 표방했을 때 많은 사람들은 촛불 운동으로 태어난 정부답다고 여겼다. "일자리 대통령"이나 "소득 주도 성장" 같은 말은 우파 정부 하에서 저질 일자리, 임금체계 개편을 통한 임금 억제 정책에 신물이 난 노동자들의 기대를 자극했다. "사람 중심 경제"라는 표어도 '이윤보다 사람'이라는 오랜 반신자유주의 운동의 구호와 같은 뜻인 듯했다.

그러나 시간이 흐를수록, 듣기 좋은 말로 포장된 문재인 노동정책의 실체가 드러나고 있다. 특히, 양질의 일자리 창출, 공공 부문 비정규직의 정규직 전환, 최저임금 1만 원 같은 핵심 약속과 정책이 실망과 분노를 자아내고 있다.

출처: 김하영, 〈노동자 연대〉 242호(2018 3 24).

최저임금 인상 무력화, 노동시간 단축 미루기

문재인은 노동시간 관련 근기법 개정 후, "노동시간 단축으로 인간다운 삶을 향한 대전환의 첫걸음을 내디뎠다"고 말했다. "OECD(경제협력개발기구) 최장 노동시간과 과로 사회에서 벗어나"게 됐다면서 말이다.

그러나 주 52시간 노동의 단계적 적용, 5개 특례 업종 존치와 5인 미만 사업장 적용 제외, 휴일수당 중복 할증 폐지에 따른 휴일노동 장려, 탄력근로시간제 확대 논의 명시 등을 보면, 대부분의 노동자들이 최장 노동시간과 과로 사회에서 벗어나기는 글렀다. 문재인은 "끈질긴 논의와 타협"도 칭찬했지만 이 논의에서 노동조합은 완전히 배제됐다.

똑같은 겉치레와 위선이 지금 최저임금 산입 범위 문제에서도 나타나고 있다. 최저임금 대폭 인상은 문재인 정부가 "일자리의 질 제고"나 "소득 주도 성장"의 핵심 정책으로 표방해 온 것이다((2018년 정부 업무보고), 〈2018년 고용노동부 업무계획〉).

그런데 정부·여당은 최저임금 산입 범위 개악으로 최저임금 인상 효과를 최소화하려 한다. 중소기업 사용자와 자영업자의 부담이 이유다. 김유선 한국노동사회연구소 이사장에 따르면, 2018년 최저임금 인상에 따른 임금 인상액은 전체 노동자 임금 총액의 1퍼센트도 되지 않는다. 민주당 정부는 사용자들에게 이 정도의 부담도 지우지 않으려 한다.

민주노총 새 집행부는 위의 두 쟁점, 즉 최저임금과 노동시간의 일방적 개악을 노사정대표자회의 참가 재논의 조건으로 제시했다. 이 문제가 어그러지면 노사정대표자회의에 남아 있을 명분을 잃게 된다는 신호를 문재인에게 보낸 셈이지만, '노동 존중'에 걸맞은 화답은 없었다.

국회 환노위는 한국노총이 제안한 최저임금 노사정소위를 거부했다. 민주노총도 비슷한 논의 틀을 요구했다. 지금 최저임금 산입 범위 결정은 국회의원들의 손에 달려 있다. 흡혈귀의 친구들에게 혈액은행이 맡겨져 있는 격이다.

공공 부문 비정규직 제로?
공공 부문 저임금 직군의 탄생

문재인이 인천공항공사를 찾아 "공공 부문 비정규직 제로 시대"를 선언한 후, 공공 부문 비정규직 정규직화는 이 정부의 대표적 노동정책이 됐다. 그러나 1단계 실행을 보면, 전환 대상과 전환 방법 모두에서 '제대로 된 정규직화'가 못 된다.

우선, 수많은 노동자들이 전환 대상에서 제외됐다. 4만 명이 넘는 기간제 교사들이 대표적 사례이다. 시간이 지날수록 전환 제외 대상자들이 늘어나면서 최근 발전소 비정규직 노동자 등도 투쟁에 나섰다.

둘째, 직접 고용이 아닌 자회사 방안도 흔히 포함했다. 공공기관들은 경영 부담을 줄이고자 자회사를 적극 활용했다. 정부는 '일차적으로 고용 안정, 이차적으로 처우 개선' 원칙을 표방했지만, 자회사 전환은 고용 안정도 보장할 수 없는 방안이다.

셋째, 직접 고용으로 전환된 노동자들도 제대로 된 정규직이 아니라 대부분 무기계약직 또는 별도직군이 됐다. 처우 개선도 미미했다. 게다가 무기계약직 전환자에 적용되는 임금 표준모델(직무급)을 만들었다. 이는 해당 직종을 저임금 집단으로 고착화시킬 게 뻔하다.

이런 문제점들은 문재인 정부가 공공 부문 비정규직 제로 정책을 펴겠다면서도 "과도한 비용" 또는 "국민 부담 발생" 없는 방식을 추구하는데서 비롯한 것이다. 게다가 정부는 충분한 예산 지원 없는 정규직 전환 정책이 정규직 노동자들의 불안감을 자극하는 상황을 은근히 이용했다. 마치 공공 부문 정규직 전환 정책 시행 상의 난점이 정규직 노동자들의 반발 때문인 것처럼 암시한 것이다. 물론 정규직(이 다수인) 노동조합들이 충분한 예산 지원과 '제대로 된 정규직화'를 요구하면서 비정규직과 연대했다면, 그럴 여지를 봉쇄할 수 있었을 것이다.

일자리 대통령? 구조조정 칼을 휘두르다

한국GM 군산 공장 폐쇄, 성동조선소 법정관리와 STX 구조조정, 금호타이어 해외 매각 등으로 수많은 노동자들이 한꺼번에 일자리를 잃을 위험에 처했다. 일자리 대학살이라고 할 만한 수준이다.

그런데도 문재인 정부가 노동자들의 일자리 보호를 위해 하는 일은 거의 없다. 기업 위기에 노동자들의 책임이 전혀 없는데도 오히려 대량 해고와 임금 삭감 같은 희생을 강요하고 있을 뿐이다. STX에는 기업 회생 자구책으로 생산직 노동자의 무려 75퍼센트 감원을 요구했다.

'친노동이자 친기업'이라며 '더불어 성장'을 하겠다더니, 취임 몇 달 만에 '기업 살리자고 노동자 내쫓는' 본색을 드러내며 일자리 대학살을 진두지휘하고 있는 것이다. 문재인 정부가 노동자 일자리를 위해 내놓은 것이라고는 고용지원대책 같은 박근혜 정책의 재탕뿐이다. 그런 정책이 효과가 없었음은 이미 드러났다. 정부는 고용과 해고가 유연해도 재취업 훈련을 잘 지원하면 일자리 문제를 해결할 수 있다고 주장한다. 이런 말은 일터에서 쫓겨나게 생긴 노동자들에게는 한가한 헛소리일 뿐이다. 해고 위험에 놓인 노동자들은 이렇게 말한다. "정부는 일자리 창출하겠다는데, 있는 일자리부터 지켜라!"

정부가 할 수 있는 일이 없는 게 아니다. 기업(결국 이윤!)을 살리는 데 돈을 쏟아부을 게 아니라 노동자들의 일자리를 보호하는 데 돈을 써야 한다. 대량 해고와 폐쇄 위기에 놓인 사업장을 국유기업화하는 것이 기업에 책임을 묻고 노동자들의 일자리를 보호하는 길이다.

잘 알려지지 않은 '노동자 뒤통수 치기' 3종 세트

앞에서 다룬 네 가지 쟁점에서 나타난 문재인 정부의 겉치레와 위선은 비교적 알려져 있다. 노동자들 자신이 항의와 투쟁에 나선 덕분이다. 특히, 학교 비정규직 노동자들을 비롯한 공공 부문 비정규직 노동자들은 공공 부문 비정규직 제로 정책의 문제점을 들춰냈다. 마트 노동자와 청소 노동자들을 비롯한 저임금층 노동자들의 항의로 최저임금 인상 무력화의 꼼수가 알려졌다.

이와 달리 몇몇 사안은 잘 알려져 있지 않다. 특히 주목할 만한 세 가지 쟁점은 아래와 같다.

첫째, 문재인 정부는 전국공무원노조에 박근혜 정부가 반려한 설립 신고를 내주기는커녕 박근혜 정부와 마찬가지로 규약 시정을 압박하고 있다. 앞에서는 헌법에 노동3권 보장하겠다면서, 뒤에서는 해고자의 조합원 자격 인정으로 해석될 조항을 규약에서 없애라고 강요하는 것이다. 문재인 정부가 문제 삼는 조항은 박근혜 정부가 문제 삼았던 바로 그 조항이다. 물론 그것을 규약에서 삭제하고 규정으로 옮기면 눈감아 주겠다고 한다. 노조와의 협상 자리에서는 이 꼼수를 제안하며 우파 평계를 댔을 수 있다.

그러나 규약과 모순되는 규정은 효력이 문제될뿐더러, 다음번엔 정부가 규정마저 문제 삼고 나올 수 있다. 또다시 우파 평계를 대면서 말이다. 게다가 규정 수정은 규약보다 훨씬 쉬워, 노조 내 세력관계에 따라서는 규정으로 옮겨진 단서 조항이 규정에서마저 사라질 수 있다.

문재인은 '노동 존중' 정책의 하나로 결사의 자유 등에 관한 국제노동기구ILO 핵심 협약 비준을 약속했다. ILO가 오랫동안 "해고 노동자의 조합원 자격 금지"를 비판한 것의 결과이기도 하다. 공무원 노동자들은 겉으로는 협약 비준 약속하면서 뒤로는 쉬쉬하며 위선 자행하는 문재인 정부의 규약 시정 압박에 저항해야 한다.

둘째, 공공 부문 성과연봉제 재추진 시도가 있다. 공공 부문 성과연봉제 폐기는 문재인 정부가 가장 잘한 일이자 박근혜 정부와의 차이를 극명하게 드러낸 쟁점으로 평가받았다. 그래서 공공운수노조 등은 그에 대한 화답으로 노동자들에게 성과연봉을 반납하도록 해 '공공상생연대기금' 재단까지 설립했다. 그러나 2018년 3월 초 문재인 정부가 공공기관 '경영 및 혁신에 관한 지침'을 제시하면서 성과연봉제 시행안을 포함하려 했음이 드러났다. 정부가 끼워넣은 성과연봉제 권고안은 박근혜 정부가 발표했던 것 그대로였다.

이 사실을 알게 된 양대노총 공공 부문노조 공대위의 항의로 권고안은 일단 삭제됐지만, 정부가 성과에 따른 보수체계를 추진한다는 점은 변함이 없다. 단지 성과연봉제를 각 기관 특성과 여건을 반영해 시행하라고 하는 점만 다를 뿐이다. 이것은 문재인 정부가 2018년 2월에 발표한 공무원지침에 성과연봉제를 포함했다는 것에서도 확인할 수 있다.

박근혜를 끌어내린 촛불 운동은 초기에 철도 파업 노동자들이 불씨를 댄 덕을 톡톡히 봤다. 그 핵심 쟁점이 바로 성과연봉제 반대였다. 촛불 운동 덕분에 집권한 문재인이 노동자들 몰래 슬그머니 성과연봉제 재추진을 시도하고 있는 것이다.

셋째, 민주노총은 최근 일자리위원회가 발표한 청년일자리대책 자료 초안에 "노동시장 구조 개선"에 관한 언급이 있었다고 밝혔다(2018년 3월 15일자 성명). 위원회의 본회의 자료에서는 빠졌다지만 "우려되고 심각한 내용"이라고 했다. 민주노총은 이렇게 규탄했다. "노동시장 구조 개선은 박근혜 정권이 노동 개악을 포장했던 '노동시장 구조 개혁'에서 딱 한 글자 바꾼 판박이에 불과하다." 박근혜 정부는 비정규직·청년·여성 고용 문제가 노동시장 이중구조(양극화)에서 비롯한다며, 대기업·정규직·조직 노동자의 조건 개악에 열을 올렸었다.

그러나 문재인 정부에 포진한 노동정책 브레인들도 대개 노동시장 이중구조라는 프레임을 공유한다. 2018년 1월 문재인이 주재한 청년 일자리 점검회의에서 배규식 한국노동연구원장은 "노동시장 이중구조 개선을 통해 청년 일자리 문제를 해결해야 한다"고 주장했다. 문재인은 이 제안을 충실히 반영하라고 했다. 배규식 씨는 〈매일노동뉴스〉 좌담(2017년)에서도 같은 주장을 편 바 있다. "[노조는] 보호받는 노동자만 대변하다 보니 의도하지 않은 결과로 노동시장 이중구조 심화에 기여한 면이 있다. … 노동시장 이중구조를 개선하려 해도 노사정 대화 없이는 불가능하다. 노동시장을 개혁하는 과정에 노동계도 참여해야 한다. 사회적 책임을 다하지 않으면 계속 고립될 수 있다."

민주노총 집행부는 정부 방안을 비판했다. "사회적 대화를 통한 고용안정유연모델 구축 등 노동시장 구조 개선'은 다시는 재론되지 않아야 [한다.]"

그런 정부 정책 안은 느닷없이 불쑥 나온 것이 아니다. 문재인 정부의 진정한 계급 기반, 따라서 그들이 추진하려는 개혁의 진정한 성격에서 비롯하는 것이다. 한국 자본주의를 더 효율적으로 만드는 것을 목적으로 하는 개혁 말이다.

또한 그에 맞서려면 단지 엄포가 아니라 단호한 대중투쟁이 필요하다
는 뜻이다.

문재인 정부 개혁의 성격, 누구를 위한 어떤 개혁인가?

문재인 정부와 그 충실한 지지자들은 "대전환"이라는 말을 쓰길 좋아한다. 우파 정부 9년간 추진한 정책을 지속할 수 없다는 뜻이다. 그들은 기업이 잘 되고 수출이 늘어도 일자리는 만들어지지 않는 문제점을 지적하고, 사회적 양극화(빈부 격차)가 심화됐다고 개탄한다.

얼핏 보면 이런 비판은 진보적인 듯하다. 그러나 그들은 한국 사회의 문제를 주로 이명박근혜 정부 탓으로 돌리면서, 한국 경제의 새로운 성장 대안(새로운 자본축적 방식!)을 제시하려는 데 진정한 관심이 있다. 가령 그들은 양극화 문제를 노동자들의 삶이라는 관점에서 걱정하는 게 아니라 지속 가능한 경제성장을 저해한다는 점 때문에 걱정한다. 문재인 정부의 사명은 저성장(낮은 자본축적 효율) 문제를 해결하는 것이다. 문재인 정부는 사람들이 양질의 일자리를 갖게 돼 소비가 증가하면,

출처: 김하영, 〈노동자 연대〉 242호(2018 3 24).

내수가 활성화돼 경제가 성장할 수 있다고 주장한다. 이른바 '소득 주도 성장'론이다.

그러나 한국 경제의 저성장은 과소(아주 적은) 소비 때문이 아니다. 국제적으로 잘 알려진 임금 주도 성장론자들은 2008년 세계경제 위기의 주요 원인을 소득 불평등에서 찾았다. 그러나 소득 불평등은 오늘날 자본주의의 한 주된 양상이기는 하지만 경제 위기의 원인은 아니다. 한국 경제의 성장 둔화는 기본적으로 이윤율이 하락하는 경향이 근저에 있기 때문이다.

문재인 정부의 말대로라면 노동자들의 소득이 늘면 경제도 살아난다. 마치 노·사·정이 공동 운명체 같은 느낌을 준다. 그러나 노동소득 몫이 늘려면 자본소득 몫이 줄어야 한다. 물론 경제 확장기에는 자본소득이 많이 늘어나는 동안 노동소득도 조금 늘어날 수 있다. 하지만 장기불황기에는 얘기가 다르다.

그래서 문재인과 그 충실한 지지자들이 벌이는 말잔치는 현실과 다르다. 그들은 성장과 분배 두 바퀴론(일자리위원회 부위원장 이용섭), 혁신과 복지의 결합(J노믹스의 입안자라는 변양균), 심지어 친기업이자 친노동(문재인 자신)을 말하지만, 현실은 늘 전자로 기울어 있다. 문재인 정부가 나서서 한국GM과 성동조선·STX에서 노동자들에게 퇴직과 임금 삭감을 강요하는 것만 봐도 정부의 실천은 친기업이다. 공공 부문 비정규직의 정규직화에 예산을 많이 쏟지 않는 것도 마찬가지다.

사실, 문재인 정부가 주장하는 '상생'과 '동반성장'의 주된 관심 대상은 중소기업이지 노동자들이 아니다. 정부가 중소기업과 자영업자의 부담을 이유로 노동시간 단축의 적용을 미루고 최저임금 산입 범위 개악을 추진하는 것만 봐도 이를 알 수 있다. 노동자와 중소기업 사용자가 대기업의 횡포로부터 같은 이해관계를 갖는다는 (민중주의자, 즉 진보적 포퓰리스트들의) 주장은 이런 현실 앞에 무기력하다.

문재인 정부가 대기업보다 중소기업에 실제로 더 친화적인 것은 아니다. 자본은 덩치가 커질 수밖에 없다는 축적 법칙 때문에 자본주의 정부는 친대기업으로 기울게 돼 있다. 김대중 정부도 벤처 중소기업 육성을 강조했지만 자본의 대규모화가 도도한 실제 흐름이었다. 문재인 정부의 정책들을 보면 한국은 변함없이 대기업 하기 좋은 나라다. '고용 없는 성장'을 비판하면서도 고용 확대도, 비정규직 정규직화도, 해고 자제도 대기업에 강제하지 않는다. 법인세 인상이 미온적이었던 데서 보듯이 재원을 내놓으라고도 하지 않는다. 청년 일자리 대책으로 창업, 해외 취업, 신서비스 창출 같은 뜬구름 잡는 얘기를 하는 것도 마찬가지로 대기업 이윤을 보호하기 위해서다.

문재인의 "사람 중심 경제"는 평범한 사람들의 필요에 따라 경제가 운영돼야 한다는 말이 전혀 아니다. 사람('인적 자원')에게 투자하겠다는 것인데, 노동자의 삶 향상이 아니라 노동생산성(즉, 착취) 향상에 자원이 사용되도록 하기 위해서다.

문재인 정부는 '평생 직장은 옛말'임을 전제한다. 고용과 해고가 유연해야 한다는 것이다. 대신에 국가가 복지와 재교육·재취업을 위한 서비스를 제공하면 된다고 한다. 일자리위원회가 발표한 청년일자리대책 자료 초안에 담겼다는 "고용안전유연모델" 또는 유연안정성 모델이 그것이다.

여기에는 유연화 말고도 또 다른 혹독한 논리가 담겨 있다. 그냥 퍼주는 복지(소비 지원)가 아니라 '인적 자원'(사람) 개발에 투자하는 복지가 돼야 한다는 것이다. 이것은 복지를 고용과 연계시키겠다는 것이고, 기회를 줬으면 결과의 불평등은 개인 탓이라는 것이다.

노동계급 사람들이 삶을 향상시키려면 계속 일을 하면서 노동시장에서 유리한 위치를 차지하려 애쓰는 수밖에 없다. 그러나 이런 상황은 미국과 영국 등지의 경험으로 알 수 있듯이 사회적 양극화를 완화시키기는커녕 오히려 심화시킨다.

게다가 문재인 정부는 사회적 양극화를 노동계급 내부의 격차 문제로 흔히 바꾸어 놓는다. 〈2018년 정부 업무 보고〉는 "그간 성장의 과실이 국민 모두에게 골고루 분배되지 못[했다]"며 대기업과 중소기업의 임금 격차를 제시했다.

그러나 경영자와 노동자 사이의 임금 격차가 대기업의 경우 수십 배에 이르는 데다, 임금보다 사업·금융 소득의 격차가 소득 불평등에 미치는 영향이 더 커지고 있다('2016년까지의 소득분배 지표', 한국노동연구원). 자산 불평등은 이보다 크다는 점을 굳이 말하지 않아도 될 것이다.

이렇게 계급 간 격차를 노동계급 내 격차로 치환하는 것은 저임금 해소와 일자리 창출의 재원을 대기업·정규직 노동자들에게서 뜯어 가려는 포석이다. 문재인 정부 안팎의 정책 브레인들은 지나치게 낮은 임금은 높이고 지나치게 높은 임금은 낮춰 임금 격차를 줄여야 한다고 주장해 왔다. 임금 격차를 해소하겠다며 정부가 추진하는 정책 하나가 임금체계 개편이다. 문재인 정부는 호봉제에서 직무급으로 임금체계를 개편해야 한다고 주장한다. 직무급이 "동일가치노동 동일임금"을 보장하는 "공정 임금"이라면서 말이다.

그러나 정부와 사용자들이 직무급으로 임금체계를 개편하려는 주된 목적은 인건비 부담을 낮추는 것이다. 임금이 또박또박 올라 유연성이 떨어지는 호봉제를 없애, 임금 상승 폭을 제한하고자 하는 것이다.

직무급제 도입이 비정규직 노동자의 조건 개선과 차별 시정에 도움이 된다는 주장도 참말이 아니다. 무기계약직이 된 많은 노동자들은 정규직과 똑같은 호봉제 적용을 원한다. 정부가 무기계약직 전환자에 대한 직무급제(임금 표준모델)를 서둘러 마련한 것은 이들이 기존 정규직만큼의 임금 인상을 꿈도 꾸지 못하게 하려는 것이다.

정규직 노동자들이 임금 인상을 자제하면 비정규직 조건 개선에 도움이 되기는커녕 전체 노동계급의 임금 상승이 억제되는 효과를 내기 쉽다. 정부가 정규직 임금 인상을 억제시키려는 것도 주로 이런 목적을 위해서다. 예를 들어, 김대중 정부는 고임금 업종과 대기업의 임금 인상 자제를 촉구했다. 그 이유는 "기업 규모 간 임금 격차 확대가 저임금 업종의 임금 인상 압박과 사회적 갈등을 야기하는 요인"임을 걱정했기 때문이다.*

사회적 대화와 노·사·정 파트너십

문재인 정부의 말이 아니라 그 실천을 보면, 노동정책이 점점 더 노동자들의 불만을 사게 될 것임을 짐작할 수 있다. 개혁 염원에 힘입어 집권한 정부가 그 염원을 충족시킬 의지도, 능력도 없다는 것이 문재인 정부의 핵심 모순이다.

정부 측 자료를 봐도 공공연한 걱정이 묻어난다. 노동부는 〈2018년 고용노동부 업무 계획〉에 "노동정책 추진 과정에서 갈등[이] 예상"된다고 썼다. 그리고 그런 쟁점으로 근로시간 단축, 최저임금 인상, 공공 부문 비정규직 정규직 전환을 꼽았다. 여기에 한국GM 공장 폐쇄, 중형조선소 구조조정, 금호타이어 매각, 공공 부문 무기계약직 전환자에 대한 임금 표준모델 도입, 직무급제 도입 등 임금체계 개편 등을 추가할 수 있다.

---

* 《고용노동정책의 역사적 변화와 전망》, 서울대학교출판문화원, 2017, 127쪽.

노사관계 연구자들은 노사 및 노정 갈등 유발 요인으로 노동자들의 기대감이 상당하다는 점도 꼽는다. 실제로 노동자들은 촛불 운동 덕분에 집권한 정부에 더 나은 것을 요구할 자격이 있다고 본다. 게다가 박근혜를 퇴진시킨 승리 경험 덕분에 비록 불균등하지만 싸울 자신감도 증대하고 있다.

그래서 문재인 정부는 노동정책을 추진하는 일에서 노동조합 지도자들의 도움을 받으려 한다. '사회적 대화'와 다양한 수준의 교섭에 그들을 참여시켜 그들이 불만의 관리자, 중재자 구실을 하도록 하려는 것이다.

일자리위원회 부위원장 이용섭은 문재인 정부의 고용·노동정책은 "사회적 대화와 국민적 합의를 통해서만 달성할 수 있다"고 강조한다. 흔한 착각과 달리, 노사정위원회만이 사회적 대화 기구는 아니다. 노사정위는 지금 체계 개편을 논의 중이지만 이미 많은 사회적 대화 기구들이 산업·업종과 지역 수준에서도 가동되고 있다. 예를 들어, 일자리위원회 산하에 공공·제조업·건설 등 업종별 특위가 운영되고 있다. 보건의료노조가 2017년 보건의료 분야 일자리 창출 선언을 한 것도 업종별 노사정 협의의 결과물이다. 지역 노사민정 협의체들도 있다.

문재인 정부는 노동조합 지도자들을 사회적 대화에 참여시켜 고용창출이나 사회적 양극화 같은 현안을 다루고 그들로부터 양보를 얻어내어 정책 추진의 정당성을 확보하려 한다. 사회적 대화의 주요 의제는 임금, 고용, 복지 등이다.

경제 침체에 직면한 나라들의 사회적 대화 경험을 보면, 주로 임금 삭감과 고용 유연화를 일자리 창출과 맞바꿨다. 일자리위원회의 청년일자리대책에 포함됐다가 민주노총의 항의로 빠졌다는 구절, 즉 "사회적 대화를 통한 고용안정유연모델 구축 등 노동시장 구조개선"은 문재인 정부가 사회적 대화를 통해 하고 싶은 것도 다른 나라 정부들과 다르지 않음을 잘 보여 준다.

문재인 정부의 충실한 지지자들은 사회적 대화를 통해 지역과 업종의 일자리 창출도 모색해야 한다고 강조한다. 그들이 꼽는 대표적 사례는 광주형 일자리다. 광주형 일자리는 문재인 대선 공약에도 포함됐고, 문재인 정부는 이 모델이 실현되면 전국으로 확산시키겠다고 한다.

광주형 일자리는 현대차·기아차 노동자의 반값 임금(약 4000만 원)으로 광주에 전기차 공장을 만든다는 계획이다. 이것은 독일 폭스바겐의 아우토5000을 모델로 삼은 것이다. 2001년 폭스바겐은 새로운 차종인 투란의 생산 공장을 동유럽에 짓기로 하면서 비난에 휩싸였다. 그러자 폭스바겐 사측은 볼프스부르크 지역에 폭스바겐 자회사 아우토5000을 세워 투란을 생산할 테니, 대신 노동자 월급을 5000마르크로 해달라고 볼프스부르크 시와 금속노조에 요구했다. 5000마르크는 폭스바겐 본사 노동자 월급보다 20퍼센트 이상 낮은 액수였다.

광주형 일자리 추진자들은 약 4000만 원이 "적정 임금"이라고 주장한다. 광주 기아차 노동자 임금보다 낮지만 광주시 평균임금 수준이라는 것이다. 또, 직무급, 노동시간 단축과 유연 3교대 등을 추진하겠다고 한다.

이것이 실현되면 자동차 노동자 전체의 임금과 노동조건을 끌어내리는 효과를 낼 것이다. 자동차 노동자들이 밤샘 노동을 없애기 위해 얼마나 분투했던가만 생각해도 이런 양보 강요의 심각성을 알 수 있다.

사회적 대화를 추진하는 기본 관점은 노·사 또는 노·정 또는 노·사·정이 지역사회나 국가 경제의 공동 번영을 함께 추구하는 '파트너'라는 것이다. 그러나 해외의 사회적 대화·협약 사례나 1998년 한국의 경험은 타협의 결과가 노동자들에게 공동 번영을 가져다주지 않았음을 보여 준다.

게다가 파트너십 추구는 노동자들을 수동적으로 만들고 계급 협조주의를 부추겨 아래로부터의 투쟁을 약화시킬 수 있다. 실제로 사회적 대화나 초기업 단위 교섭을 중시하는 사람들은 그것을 통해 노동현장의 갈등과 투쟁을 억제할 수 있다는 데 주목한다. "사업장 바깥에 존재하는 교섭기구"가 "노사 갈등[을] 외부화"한다는 것이다. 그러면 노동현장에서는 경영참가를 통해 노사 협력 관련 쟁점에 집중하고 생산성 향상을 도모할 수 있다고 한다. 중층적 사회적 대화 지지자들이 작업장 수준의 경영참가도 중시하는 이유다.

노동자 투쟁과 연대

정부가 노동조합 지도자들을 대화 파트너로 인정할 때 이들은 정부가 추진하는 개혁에 불필요하게 타협하면서 노동자 투쟁을 자제시키는 구실을 할 수 있다.

문재인 집권부터 최근까지 많은 노동조합 지도자들이 그런 태도를 취했다. 노동운동이 한꺼번에 너무 많은 것을 얻으려 정부를 밀어붙이면 '공멸'한다는 문재인 지지자들의 위협도 그들에게 영향을 미쳤을 것이다. 많은 노동조합 지도자들(과 노동조합 추천 인사들)은 노사 양측이 받아들일 만한 해법을 중재자로서 찾는 데 골몰했다. 그들은 노동자들의 요구를 일관되게 대변하면서 투쟁을 이끌려 하기보다는 '현실적인' 안을 마련해 정부·사측과 타협하고, 타협안을 받아들이도록 노동자들을 설득하려 했다.

이런 접근법의 바탕에는 문재인 정부와 노·사의 이해가 서로 절충 가능하다는 생각이 깔려 있다. 그러나 우리가 앞에서 보았듯이, 불필요한 타협이 누이 좋고 매부 좋은 공동 번영을 가져오지 않는다. 오늘날처럼 경제 침체가 장기화되고 있는 시기에는 지배자들이 약간의 양보도 꺼리고 오히려 전에 줬던 것도 회수해 가려 하므로 특히 그렇다. 문재인 정부의 노동정책은 듣기 좋은 말로 포장돼 있지만 결국 노동자들의 양보나 자제를 요구하는 것들이다.

이런 실체가 점점 드러나면서 노동자들의 불만도 커지고 있다. 특히, 공공 부문 비정규직의 정규직 전환에서 배제됐거나 전환은 됐지만 조건이 그다지 개선되지 못한 노동자들, 공장 폐쇄와 부도로 직장을 잃거나 노동조건 악화에 직면한 노동자들, 최저임금 인상으로 조금 나아지려나 했다가 인상 효과 상쇄나 노동강도 강화로 일이 한층 힘들어진 노동자들이 그렇다.

이런 때 문재인 정부와의 협력을 추구하느라 시간을 까먹고 기회를 날려 버려서는 안 된다. 지금 같은 장기 불황기에 노동자들의 조건을 지키거나 작은 개선이라도 얻으려면 대규모 투쟁이 필요하다. 연대가 관건이다.

여기서 혁명적 좌파의 구실이 중요하다. 최근 주요 노동조합들이 연대를 회피하는 일들이 많았다. 공공 부문 비정규직 정규직화 문제가 제기됐을 때 정규직 기반 노조 집행부들이 비정규직의 요구를 온전히 지지하지 않았던 것이 대표적 사례다.

혁명적 좌파는 노동자들을 성, 인종, 직무에 따라 각개격파하고자 이간질하는 주장들과 대결해야 한다. 또, 노동조합 조직의 보존을 앞세워 연대를 기피하는 것에도 맞서야 한다. 안타깝게도 많은 좌파 활동가들이 자기 부문 기반을 보존하려는 데 급급한 노동조합 지도부의 연대 기피에 타협했다.

연대의 중요성을 알고 헌신하는 혁명적 좌파가 기층에 굳건하게 조직돼 있어야 한다. 침체가 장기화하고 있는 오늘날 이 점이 더욱 중요해지고 있다.

문재인 정부 노동정책 1년 평가

노동자들의 삶은 나아지지 않았다

2017년 가을까지만 해도 문재인 정부에 대한 실망과 불만이 한반도 주변 정세 문제에서 비롯하는 듯했다. 사드 문제를 둘러싼 갈등이 그런 사례였다. 당시에만 해도 노동 문제는 많은 사람들이 판단을 내놓기 조심스러워했다. 촛불로 등장한 정부이므로 지난 민주당 정부들과는 다를 거라는 기대가 노동조합 운동 안에 상당했고, 문재인 정부에 대한 비판을 자체 규율하는 분위기도 있었다.

그러나 몇 달 만에 적잖은 변화가 생겼다. 남북 정상회담이 성사돼 문재인 정부의 지지율을 떠받치고 있음에도, 노동 문제 관련해서는 실망이 커지고 분위기가 냉랭해졌다. 문재인 정부 1년을 평가하는 민주노총 논평의 제목은 이렇다. "노동 존중 사회를 위한 발걸음은 더뎠고 전진하지 않았다." 민주노총은 노동 개혁이 가시적 행정조치에 멈췄고, '노동

출처: 김하영, 〈노동자 연대〉 248호(2018 5 17).

존중'이라는 기치에 걸맞은 개혁은 없었다고 평가했다.

물론 노동운동 내에는 문재인 정부 1년 평가를 둘러싸고 온도 차이가 있다. 최근 몇몇 노동운동 단체들이 문재인 정부 노동정책을 평가하는 토론회를 개최했는데, 여기서도 이 점이 드러났다.

예를 들어, 김유선 한국노동사회연구소 이사장은 문재인 정부 노동정책 1년의 "종합 평점"을 후하게도 A를 줬다. 특히, "1년 동안 일자리(노동) 공약의 성실한 이행을 위해 노력"했다고 평가했다. 사실상의 정의당 싱크탱크 구실을 하는 노중기 한신대 교수는 문재인 정부의 노동개혁이 "급진적"이라고 높이 사면서 노동운동 측의 변화를 촉구했다. "노동조건 개선" 같은 "단기적 경제적 이해"를 앞세우지 말고 "정치적 과제"들을 전략적 의제로 삼으라거나, "사회적 대화 참여 자체에 시비를 거는 것은 생산적이지 않다"는 등의 조언이 그런 것이었다.

그러나 이런 토론회에 참석했던 노동조합 측 패널들의 뉘앙스는 조금 달랐다. 이주호 민주노총 정책실장은 노동 현실에 "근본 변화(가) 없"고, 문재인 정부의 노동정책이 "노동 존중에서 점점 멀어지"고 있다고 비판했다. 그는 원래 노동운동 노선에서 김유선 한국노동사회연구소 이사장과 가까운 입장이지만, 문재인 노동정책에 대해서는 훨씬 비판적인 평가를 내놓은 것이다. 안재원 금속노조 노동연구원장은 금속 노동자들이 맞고 있는 현실은 노중기 교수의 인식과 전혀 다르다고 비판하면서, 금속노조는 '문재인 규탄 농성'에 들어갈 예정이라고 했다. 특히, 문재인 정부의 구조조정 정책이 "박근혜 정권과 똑같이 '노동자 자르기'" 식이라고 규탄했다.

이 같은 온도 차이는 개혁주의 정치인, 학자, 전문가보다 **노동조합** 상근 간부들이 현장 노동자들의 압력을 더 받고 있다는 것을 보여 준다. 물론 노동조합 상근 간부들은 때로 실천에서는 결국 개혁주의 정치인, 학자,

전문가와 같은 입장을 취할 수 있다. 그럼에도 정부에 대해 그렇게 비판적으로 말하지 않을 수 없게 된 것은 노동자들이 불만을 드러내고자 투쟁을 했기 때문이다.

예를 들어, 최저임금과 공공 부문 비정규직 정책은 문재인 정부 초기에 가장 높이 평가받은 노동정책이었다. 그러나 학교 비정규직 노동자들이 '믿고 기다리지' 않고 스스로 투쟁에 나섬으로써, 정규직 전환 제외 문제와 해고 위험 등을 들춰냈다. 또, 청소 노동자와 마트 노동자도 항의에 나서면서, 최저임금 인상을 상쇄하려는 사용자들의 꼼수와 이를 뒷받침하는 문재인 정부의 제도(산입 범위) 개악 의중이 드러났다.

이 과정에서 노동조합 내 의견 분포나 지도부의 입장도 일부 바뀌었다. 최근 민주노총 집행부가 정규직 전환 대상에서 기간제 교사 등이 제외된 것은 문제라며 "기준 재검토"를 주장한 것이 하나의 사례다. 공공운수노조 내에서 자회사 방안에 관한 비판이 증가한 것도 그런 사례라고 할 수 있다.

요컨대 몇 달 전까지만 해도 많은 사람들이 조심스러워하며 좀 더 지켜보자고 했던 노동 문제에서 문재인 정부 비판이 두드러지게 된 것은 노동자들이 투쟁에 나섬으로써 많은 사람들이 현실을 직시할 수 있도록 불빛을 비춰 줬기 때문이다.

문재인 정부 1년 동안 지속적으로 투쟁에 나선 사회집단은 노동자들이 거의 유일했다. 노동자들을 투쟁으로 불러낸 것은 진정한 변화에 대한 염원이라고 할 수 있다. 노동자들이 촛불 투쟁과 정권 교체라는 여파 속에서 더 나은 삶을 기대한 것은 당연하다. 그러나 "사람 중심", "노동 존중" 같은 그럴듯한 기치와는 달리 실제 정부 정책은 기대에 미치지 못하자 적잖은 노동자들이 투쟁에 나섰다. 이제 세 가지 대표적 분야를 살펴보자.

첫째, 문재인은 "일자리 대통령"을 자처했는데, 이 분야 성적표는 형편없다.

대표적 일자리 정책인 공공 부문 비정규직의 정규직 전환 정책은 처음에는 큰 기대를 모았다. 하지만 기대가 실망으로 바뀌고, 큰 불만과 저항에 부딪혔다. 무엇보다 전환 제외 대상이 많았고, 전환된 노동자들의 조건도 '정규직화'라는 이름에 걸맞게 개선되지 않았다. 자회사 방식이 널리 이용됐고, 차별이 온존했고, 전환자들을 저임금에 고착시키는 임금체계가 부과됐다.

일자리 문제와 관련된 또 다른 주요 쟁점은 제조업 구조조정이다. 한국GM과 조선업 구조조정은 문재인 정부 일자리 정책의 문제점을 적나라하게 보여 줬다. 일자리 창출은커녕 이윤 논리에 따른 구조조정 정책으로 노동자들을 괜찮은 일자리에서 몰아낸 것이다. STX 같은 중형 조선소 노동자들은 임금이 깎이는 것은 물론이고, 일감이 빤히 있는데도 무급휴직되고 그 자리를 비정규직이 대체했다. 사용자들은 악화된 노동조건을 조선업 빅3 사업장에도 적용하려 한다.

둘째, 문재인은 '노동 존중'을 얘기했지만, 민주노총은 노동 배제가 여전하고 약속이 이행되지 않고 있다고 불만을 터뜨리고 있다.

약속 불이행의 대표 사례 하나는 노동기본권 문제다. 전교조는 여전히 노동조합을 인정받지 못하고 있다. 공무원노조가 설립신고증을 받았지만, 해고자를 조합원에서 제외하도록 규약을 고친 대가였다. 문재인 정부는 박근혜 정부와 마찬가지로 공무원노조에 규약 시정을 요구했는데, 혁명적 좌파를 비롯한 극소수 활동가들만이 이에 반대했다. 이런 반대가 없었다면 문재인 정부의 야비하고 수치스런 규약 개정 압박이 알려지지도 않았을 것이다.

문재인 정부는 특수고용 노동자들의 노조 할 권리도 인정하지 않고 있다. 최근 특수고용 노동자들이 "문재인 정부 출범 1년, 약속 불이행 규탄 결의대회"를 개최한 핵심 이유다.

또, 민주노총은 '노동 존중' 약속과 관련해 장기 투쟁 사업장 문제를 해결하라고 요구하고 있다. 하지만 지지부진한 곳이 여전히 많다. 예를 들어, 세종호텔 측은 노조의 핵심 요구인 김상진 세종호텔노조 전 위원장의 복직을 거부하고 있다.

셋째, 무엇보다 노동자들의 삶이 전혀 나아지고 있지 않다. 문재인은 소득주도 성장을 제시하면서, 그것이 가능하도록 저임금과 고용 문제를 해결하겠다고 했다.

그러나 정부연구기관인 한국노동연구원의 최근 발표를 보면, 최저임금 인상 이후 "임금 상승 효과가 크지 않았다." 사용자들이 임금을 올려 주기보다 노동시간을 축소하고 노동강도를 강화하는 방식으로 최저임금 상승에 대응했기 때문이다.

문재인 정부와 민주당은 이런 문제를 해결하려 하기보다 최저임금 인상 효과를 상쇄하는 제도 개악(산입 범위 확대)을 추진 중이다. 또, 공공 부문에서 무기계약직으로 전환된 노동자들을 저임금으로 묶어 두는 임금체계도 제시했다. 저임금 노동자들의 소득 수준을 끌어올릴 의지가 없다는 뜻이다.

또, 고용 상황을 보면, 고용 증가가 둔화되고 실업률이 높아졌다. 2018년 3월 실업률이 4.5퍼센트로 나타났는데, 17년 만의 최고치라고 한다. 청년 실업률은 11.6퍼센트까지 치솟았다. 정부 출범 직후 발표된 '일자리 100일 계획'은 성과가 없었다는 게 중론이다. 민주노총도 참여하고 있는 문재인 정부 일자리위원회에 대해서도 무용론이 제기되는 실정이다.

문재인 정부는 출범하면서 노동계를 향해 성급하게 요구하지 말고 1년만 참아 달라고 했다. 그러나 1년이 지난 지금 노동자들의 삶이 개선되고 문제점이 해결되기는커녕 불만과 갈등이 누적되고 있다. 최저임금 인상과 제도 개악, 공공 부문 비정규직의 정규직 전환이 여전한 쟁점인 한편, 구조조정 문제가 지속되고 있다. 또, 임금 인상을 억제하려는 임금체계 개편도 점점 중요한 쟁점으로 떠오를 것이다.

문재인 정부의 노동정책이 왜 실망스런 수준인가에 대해 여러 해석이 있다. 개혁주의자들은 한국 사회 노동 문제가 누적된 게 많기 때문에 '비현실적인' 기대를 품고 한꺼번에 개선하려고 정부를 압박하기보다 정부와 협력해야 한다고 주장한다. 그러지 않고 '투쟁 일변도'로 나아가면 소탐대실한다는 것이다.

그러나 이들이 놓치고 있는 것이 있다. 지금은 경제 침체가 장기화하고 있는 상황이고, 문재인 정부는 한국 자본주의를 효율화하고 저성장 문제를 해결하는 것을 최우선 과제로 삼고 있다는 것이다. 이것이 뜻하는 것은 지금 사용자들은 양보를 꺼리고, 줬던 것도 빼앗아 가려 한다는 것이다. 문재인 정부의 개혁이 아무리 그럴듯한 말로 포장돼 있을지라도 그 친자본주의적 성격을 분명하게 알아야 한다.

문재인 정부는 노동조합 운동이 사용해 온 용어를 차용하면서 본질을 가리려 하지만, 장기 불황 상황에서 노동자들의 조건 개선을 억제하고, 일부 부문에게는 조건 악화마저 강요하려 한다. 가령 문재인 정부는 "동일노동 동일임금"을 표방하며 직무급제를 도입하려 한다. 그러나 이것은 차별적 저임금에 반대하고 임금 수준을 공정하게 끌어올리려는 것이 아니라, 호봉 상승에 따른 임금 인상을 억제하려는 것이다. 저임금 노동자들도 예외가 아니다. '공공 부문 표준임금 모델안'을 보면 그 목적은 무기계약직 전환자의 임금이 인상되지 않도록 하는 데 있다.

그러므로 혁명적 좌파가 문재인 노동정책의 친자본주의적 본질을 들춰내는 것이 매우 중요하다.

지금 같은 장기 불황기에는 노동자들의 조건을 방어하거나 조금이라고 개선하려면 대규모 투쟁이 필요하고, 연대가 관건이다.

그러나 문재인 정부 1년 동안 많은 노동조합 지도자들이 문재인 정부와의 협력을 추구하면서, '지켜보고 기다리기'를 선택해 시간을 까먹고 스스로 불리한 상황에 내몰린 경우가 적지 않았다. 또, 불가피하지 않은 타협을 해서 노동자들의 조건 개선에 걸림돌이 되거나 심지어 조건 악화를 불러온 경우도 적지 않았다. 한국GM과 중형 조선소 구조조정 과정에서 노동조합 지도자들의 양보 교섭이 그런 사례다. 공공 부문 비정규직의 정규직 전환 과정에서 자회사 방안 합의도 또 다른 사례라고 할 수 있다.

안타깝게도 노동조합 내의 좌파들 상당수가 여기에 타협하기도 했다. 이 점에서도 혁명적 좌파의 구실이 중요하다. 즉, 연대의 중요성을 알고 헌신하면서 대안을 제시할 줄 아는 혁명적 좌파가 기층에서 조직돼 있어야 한다.

노동조합 지도자들의 정부와의 협조 강화 때문에 실망할 필요는 없다. 최근 민주노총은 조합원이 빠르게 늘고 있다고 발표했는데, 이는 촛불 투쟁 전후로 노동운동이 새로운 활력을 얻고 있음을 보여 준다. 전에 보지 못했던 새로운 노동자 부문이 투쟁에 나서는 것도 이를 입증한다. 예를 들어, 한국오라클 노동자들의 파업은 IT업계 노동자들이 새로 조직되고 투쟁에 나설 조짐을 보여 준다. 얼마 전에는 특수고용 노동자인 탠디 노동자들도 단호하게 투쟁해 승리할 수 있음을 보여 줬다.

앞서 다룬 주요 쟁점들에서도 노동자들의 불만이 커지고 그중 일부는 투쟁에 나설 공산이 그다. 혁명적 좌파는 이런 투쟁들을 지지하고 연대를 확대하고자 애쓰면서 세력을 구축해 나아가야 한다.

노동 존중 말하며
신자유주의 추진하는 정부

　문재인 정부는 민주노총이 참여하는 경제사회노동위원회(이하 경사
노위)를 출범시켜 2018년 노동자대회가 뜨뜻미지근하게 치러지고 연말
도 조용히 지나가기를 바랐을 것이다. 그러나 정부의 구상은 크게 어그
러지고 있다. 오히려 노동자대회를 앞두고 문재인 정부와 노동자들은 어
느 때보다 날카롭게 대립하고 있다. 임종석 청와대 비서실장과 〈경향신
문〉 데스크의 노골적 민주노총 비난, 이에 대한 노동조합들의 반발은 그
런 갈등의 단면을 보여 준다.

　이것은 단지 경사노위 참여 여부를 둘러싼 신경전이 아니다. 문재인
정부의 공약 파기와 노골적 우선회가 근본적 쟁점이다. 민주노총 정책
대의원대회에서 경사노위 참가 결정이 불발된 것도 바로 이에 대한 적잖
은 조합원들의 불만 때문이었다. 문재인 정부 첫 1년을 관망하던 노동자

출처: 김하영, 〈노동자 연대〉 266호(2018 11 10).

들은 불만이 증대하면서 일부가 투쟁에 나서기 시작했고, 특히 2018년 여름 이후에는 항의 수준을 넘어 파업도 하기 시작했다. 정책대의원대회 이후에는 불만이 한층 증폭되고 있다. 정부가 친기업 본색을 노골화하고 노동자들의 요구를 매몰차게 외면해서다. 탄력근로제 단위 기간을 확대하기로 정부와 여야 정당이 합의한 것이 대표 사례다.

그래서 민주노총의 경사노위 불참에 대한 정부·여당과 중도진보 언론들의 압박이 민주노총 내 경사노위 참여파에게 힘을 실어 줄 법도 했는데, 그렇게 되지 못했다. 오히려 경사노위 참여를 지지하는 인사들조차 "이러면 노동계 반발은 불가피하다"고 할 정도다. 심지어 한국노총조차 정부가 "사회적 대화에 찬물을 끼얹"고 있다고 규탄했다.

이름만 바꿔 계속되는 규제 완화, 노동 개악

문재인 정부 우선회의 배경에는 경제 위기 심화가 놓여 있다. 2018년 한국 경제는 전해에 비해 두드러지게 나빠졌다. 투자가 급감하고 고용 사정도 악화했다. 그러자 문재인 정부는 "일자리를 만드는 건 결국 기업"이라는 논리로 친기업 정책을 노골화하고 나섰다. 〈최근 고용·경제 상황에 따른 혁신성장과 일자리 창출 지원 방안〉(2018년 10월 24일 발표)에서 정부는 기업들에 금융·세제 지원과 규제 완화 등을 약속했다.

규제 완화(문재인 정부 용어로는 "규제 혁신")는 두루 알다시피 대표적인 신자유주의 정책으로, 노동조건은 물론이고 서민층 일반의 삶을 악화시킨다. 가령 정부는 "연구가 부족해도" 기술혁신성이 높으면 신의료기술로 인정하고 "시장 진입을 지원"하겠다고 한다. "4차 산업혁명"을 명분으로 한 이런 규제 완화는 노동자와 서민층의 안전을 크게 위협할 수 있다. 또 다른 예로, 정부는 "공유경제 확대"를 위해 규제를 완화하겠다고 한다. 이것은 "디지털 특고" 양산과 연결된다. 노동자를 개인사업자로 둔갑시켜 사용자들이 고용에 따른 책임을 지지 않도록 해 주겠다는 것이다.

한편, 문재인 정부는 노동자들의 임금과 노동시간을 정조준해 공격하고 있다. 임금 억제와 장시간 노동은 착취율을 높여 자본가들이 수익성을 회복하기 위한 수단이다.

"광주형 일자리"는 임금 격차 해소 방안으로 그럴듯하게 포장되고 있다. 문성현 경사노위 위원장은 이렇게 말했다. "임금 스펙트럼 가운데 중간 어디쯤으로 사회적 합의를 해야 한다." 그리고 그 방법으로 광주형 일자리처럼 "[임금] 세팅을 같게 하는 방식"을 언급했다.

그러나 "광주형 일자리" 추진은 대표적인 임금 공격 사례다. 기존 임금의 절반을 주고 소형차 생산공장을 돌린다는 계획이다. 이를 위해 정부와 여야가 초당적 협력을 다짐했다.

산별 표준임금률을 정하는 것은 노동운동 상층에서도 유력한 연대임금 방안으로 제안돼 왔다. 이 점에서 금속노조 기아차지부 광주지회장 출신이자 전 광주시 경제부시장인 박병규 씨가 원탁회의 의장으로 광주형 일자리 추진에 주도적으로 참여해 온 것은 의외가 아니다.

그러나 광주형 일자리는 고임금 노동자 임금 삭감 정책일 뿐이다. 정부와 사용자들은 대기업 노동자들의 임금이 다른 노동자들보다 높으므로 양보해야 한다고 주장한다. 하지만 이것은 결코 저임금 노동자들을 위해서가 아니다. 최근 교육청들이 거의 삭감 수준으로 정해진 공무원 기본급 인상률(2.6퍼센트)을 근거로 학교 비정규직 노동자들의 임금도 그 이상 올려 줄 수 없다고 버티고 있는 것이 이를 잘 보여 준다.

최저임금을 연거푸 개악하려는 것도 마찬가지다. 산입 범위 확대로 이미 한 차례 줬다 뺏는 개악에 이어, 이번 국회에서는 차등 적용 개악안이 논의될 가능성이 크다. 이것은 영세 업종 노동자나 이주 노동자처럼 저임금 개선이 가장 필요한 노동자들의 임금마저 억제하겠다는 뜻이다.

탄력근로제 확대 추진은 노동시간 공격인 동시에 임금 공격의 사례다. 정부와 여야는 이를 위해 근로기준법을 개악하기로 합의했다. 탄력근로제 단위 기간을 현행 3개월에서 최대 1년으로 연장하겠다는 것이다.

탄력근로제는 사용자들이 원할 때 별도의 연장근로 수당 없이 장시간 노동을 시킬 수 있는 제도다. 단위 기간 동안 평균 노동시간(52시간)을 맞추면 되기 때문에, 일이 많을 때는 64시간까지 일할 수 있다. 2018년 7월 주당 최대 노동시간을 68시간에서 52시간으로 줄인 건 말짱 도루묵이라는 뜻이다. 게다가 수당마저 못 받게 된다. 수리 노동자들은 탄력근로제 확대를 이렇게 우려했다. "성수기 전체인 5개월간 주 60~70시간 일해야 한다. 장시간 노동과 살인적 노동강도로 산재 위협에 놓인다. 그나마 손에 쥐었던 시간외 수당도 빼앗아 가려 한다."

이것은 일거리가 늘어도 사용자들이 인력을 충원하지 않고 장시간 노동에 의존할 수 있게 해 주는 것으로, 정부의 일자리 창출 정책과 모순된다. 또, 정부는 탄력근로제를 "사회적 대화"로 추진하자더니 이마저도 내던져 버렸다.

이런 공격을 저지하려면 노동자들이 단호하게 싸워야 하고 투쟁을 확대해야 한다. 그럴 잠재력은 있다.

노동자들은 2008년 촛불의 경우와 달리 2016년 박근혜 퇴진 투쟁의 주요 참가자들이었기 때문에 사기가 괜찮다. 공공 부문 비정규직 노동자들은 제대로 된 정규직화를 요구하며 문재인 정부 출범 초기부터 투쟁에 나섰다. 그런 투쟁은 문재인 정부 노동정책의 한계를 드러냈고, 시간이 지나면서 다른 부문의 노동자들 일부도 투쟁 대열에 합류해 왔다.

노동자들이 크고 작은 투쟁에 나섰는데도 분산돼 싸워 투쟁이 보편화하는 데 어려움을 겪었다. 이는 주로 노동운동의 상층 지도자들 다수가 문재인 정부와 맞서기를 주저하기 때문이다. 가령 2018년 상반기에 8만 명에 이르는 비정규직 철폐 전국노동자대회(6월 30일) 이후 김명환 민주노총 집행부는 투쟁을 확대하기는커녕 청와대 면담을 추진하면서 대결보다는 대화로 방향을 선회했다.

노동자대회 이후에는 이런 일이 반복돼선 안 된다. 지금은 상반기보다 문재인 정부에 대한 불만이 더 많이 쌓여 있고 확대 잠재력도 더 크다. 단지 비정규직뿐 아니라 더 많은 노동자들이 공약 파기와 임금 삭감과 유연 근무 같은 공격에 직면해 있다.

이런 상황에서는 잘 조직된 대규모 노조들도 투쟁에 나설 수 있다. 이런 노조들은 몸집이 커 움직이는 데 시간이 걸리지만, 일단 움직이면 정부를 압박하는 데 큰 힘을 발휘할 수 있다. 물론 그러려면 "상대적으로 나은 조건의 노동자들이 양보해야 한다"며 정규직과 비정규직을 이간질하는 정부와 사용자들의 거짓말들을 잘 반박해야 한다.

사회적 대화의 목적

문재인 정부와, 노동운동 안팎의 친정부 온건파들은 민주노총이 경사노위에 참가하지 않으면 정부 정책 결정에 영향을 미칠 수 없고 주변화될 뿐이라고 여전히 압박하고 있을 것이다. "교섭장 바깥을 기웃거리다가는 얻는 게 없을 것"이라면서 말이다.

그러나 정부와 사용자들이 양보할 기미도 없는 지금, 민주노총 지도부가 대화에 미련을 두고 투쟁을 협소한 개별 부문들에 가둔다면 그것이야말로 영향력을 잃고 주변화되는 길이다. 민주노총 지도부는 단지 민주노총 조합원뿐 아니라 노동계급 전체의 조건이 걸린 문제인 정부의 공약 파탄과 탄력근로제 개악 등에 맞서 잠재된 힘을 실제로 사용해야 한다.

문재인 정부와 각계의 친문적 인사들이 민주노총을 사회적 대화에 참여시키려는 목적은 분명하다. 첫째, 임금 억제 등 조건 삭감 양보를 얻어 내는 것이다. 둘째, 노사갈등을 줄이고 '산업 평화'를 이루는 것이다(도대체 누구의 평화이고, 누구에게 득이 되는가?). 이해찬 민주당 대표는 이런 목적을 감추지 않는다. 그는 민주노총의 총파업 계획을 비난하면서, "갈등을 빚고 있는 문제를 대화로 해결하자"고 강조했다. 그러면서 "임금 수준이 오르면 사회적 대타협을 해야 할 국면이 온 것"이라고 주장했다.

이런 점에 비춰 보면, 김명환 민주노총 위원장이 문재인 정부 하의 사회적 대화는 전과 달리 경제 위기 시 양보를 압박하려는 게 아니고 진정한 사회 개혁을 위한 것이라고 보는 것은 다소 순진하다.

문재인 정부는 민주노총 지도자들을 국가 정책을 논의하는 테이블에 끼워 주겠다고 한다. 혹자는 이것을 "권력 공유"라고도 한다. 하지만 한국 자본주의를 위기에서 구한다며 노동조건을 양보해야 하는 그런 "노동 존중"은 보통 노동자들에게 전혀 달갑지 않다.

노동조합 투사들은 현 상황의 잠재력을 알아야 한다.

김명환 민주노총 집행부는 경사노위 참가 뜻을 거듭 밝혀 왔지만, 그 길은 순탄하지 않았고 앞으로도 그럴 것이다. 정부의 노동자 공격이 점점 노골적이 돼서, 기층 노동자들의 불만이 점증하고 있어서다.

노동자들은 정부 정책뿐 아니라 노동조합 지도자들이 사회적 대화 테이블에서 취한 후퇴에도 불만이 있다. 특히, 보건의료노조 지도부의 공공병원 표준임금제 합의, 민주노총 지도부가 경사노위 노사관계위원회 공익위원 안에 명확하게 반대하지 않은 것 등이 그런 사례다.

위아래 모두로부터의 이런 압력 때문에 노동조합 지도자들은 경사노위 문제에서 합심하고 있지 못하다. 일부 노조 지도자들은 사회적 대화보다 투쟁에 힘을 실으라는 아래로부터의 압력을 좀 더 받고 있다.

투사들은 이런 분위기가 투쟁 확대로 이어질 수 있도록 노력해야 한다. 여기서 노동자들을 단결시키는 정치가 매우 중요하다. 노동계급을 더욱 분열시키는 갖가지 주장들을 못 들은 척하지 말고 반박해야 한다. 그리고 지도자들에게 투쟁과 연대투쟁을 촉구해야 한다.

2장

일자리 대통령,
구조조정으로 있는 일자리도 없애다

한국GM 구조조정

노동자들에게 고통을 전가했지만
위기는 계속되고 있다

2018년 4월 27일 산업은행과 GM 본사가 한국GM에 자금을 투입하기로 잠정 합의했다. 이에 따라 올해 한국GM, 금호타이어, STX조선·성동조선 등에서 벌어진 구조조정 국면이 일단락되는 것처럼 보인다.

한국GM에 대한 최종 실사 보고서가 나오는 5월까지 산은과 GM이 자금 투입 방법 등을 구체적으로 합의해야 하지만, 큰 변화는 없을 듯하다. 산은과 GM은 한국GM에 총 70억 5000만 달러를 투입하는데, 이 중 63억 달러(6조 8000억 원)는 GM이, 나머지 7억 5000만 달러(8100억 원)는 산은이 분담하기로 합의했다. 그 대신 GM은 부평 공장과 창원 공장에 신차 두 종을 배정하는 등 한국GM의 생산시설을 10년 이상 유지하기로 약속했다. 그리고 산은은 GM의 한국 철수를 막을 '비

출처: 강동훈, 〈노동자 연대〉 246호(2018 4 29).

토권'을 다시 얻기로 했다.

이번 구조조정으로 한국GM 노동자들은 또다시 고통을 전담하게 됐다.

이미 한국GM 노동자들은 수년간 조업 단축 등으로 임금이 대폭 삭감된 상태였다. 그래서 매출액 대비 인건비 비중이 국내의 다른 완성차들보다 낮았다. 여기에 군산 공장 폐쇄와 2500여 명 '희망퇴직', 임금 동결과 성과급 삭감, 복리후생 축소가 더해졌다. 한평생을 바쳐 온 직장에서 '희망퇴직'으로 밀려난 절망감 때문에 한국GM 노동자 3명이 스스로 목숨을 끊었다.

GM 사측은 이번 구조조정으로 매년 4000억~5000억 원의 비용을 절감하게 됐다고 발표했다. 반면, 자신의 책임은 최대한 회피했다. 한국GM 경영 실패에 대한 최소한의 책임인 '대주주 차등 감자'를 GM은 한사코 거부했다. GM은 한국GM에서 받아야 할 차입금 27억 달러를 출자 전환 한다고 밝혔지만, 이는 GM이 그동안 한국GM에서 빼 간 돈을 되돌려놓는 것일 뿐이다. 앞으로 10년간 36억 달러를 투자하겠다는 것도 '약속'일 뿐이다. GM은 2013년에도 신규 투자 8조 원을 약속했지만 그동안 투자는커녕 빚만 늘었다.

산업은행은 경영 실사를 통해 한국GM의 원가구조 등을 살펴보려고 했지만, GM은 관련 자료 제출을 거부하고 있다. 결국 앞으로도 한국GM에서 돈을 빼 가는 구조는 바뀌지 않을 가능성이 크다.

GM은 2019년 말부터 소형 스포츠유틸리티차량SUV을 부평 공장에서, 2022년부터 크로스오버유틸리티차량CUV을 창원 공장에서 생산하겠다고 발표했지만, 불확실한 계획일 뿐이다. 특히, 창원 공장에서 생산하겠다는 CUV는 4년 뒤에 생산할 예정이라 아직 차체 디자인조차 완성되지 않은 '상상 속의 차'다.

과거에도 GM은 신차 투입을 약속했다가 말을 뒤집은 적이 있다. 2014년 8월 임단협을 통해 군산 공장에서 크루즈를 생산하겠다고 합의했으나, 불과 몇 달 뒤인 2014년 말 '교대제를 개편해야 신차 투입이 가능하다'고 말을 바꾸었다. 결국 비정규직 700여 명이 해고됐다. 부평 2공장에는 현재 생산 중인 말리부 후속 모델 물량을 확보하기 위한 '미래발전위원회'를 설치하기로 합의했는데, 이 과정에서도 추가적인 구조조정이 추진될 가능성이 있다.

불안정한 세계경제 변화에 따라 GM을 비롯한 세계 자동차 기업들의 경영 전략도 몇 년 만에 바뀌곤 한다. 경영 전략 변화에 따라 GM의 약속은 얼마든지 공수표가 될 수 있다.

노동자 양보만 강요한 문재인 정부

'일자리 대통령'을 자처하는 문재인 정부는 이번 구조조정 과정에서 노동자들의 희생만 강요했다. 성동조선·STX조선 구조조정에서는 정부가 나서서 해고와 임금 삭감을 추진했다. 성동조선의 법정관리를 신청해, 성동조선 노동자 1200여 명이 일자리를 잃을 위험에 처하게 됐다. STX조선에 대해서도 생산직 75퍼센트를 해고하지 않으면 법정관리가 불가피하다고 협박해, 결국 노동자 임금이 최저임금 수준으로 삭감됐다. 게다가 해고는 하지 않겠다는 합의서에 잉크가 채 마르지도 않았는데 STX조선 사측은 최근 외주화 계획을 다시 실시하겠다고 밝혔다.

금호타이어 매각 때도 마찬가지였다. 노조가 계속 버티자 산은은 "청와대가 와도 (파산은) 못 막는다"며 양보를 종용했다. "금호타이어가 쌍용자동차의 고통과 슬픔을 되풀이해서는 안 된다"던 대선 때 약속을 손

바닥 뒤집듯 뒤집어 버리고, 노동자 일자리가 아니라 기업을 살리는 방향으로 나아가겠다는 것을 분명히 한 것이다.

한국GM 구조조정 과정에서 정부는 임단협에 개입할 수 없다고 말해 왔다. 산은 회장 이동걸은 노조가 만나자고 요청하면 어떻게 하겠느냐는 질문에 "내가 노조를 만날 자격이 없다"고 거듭 얘기한 바 있다.

그러나 실제로는 정부·여당이 GM 사측과 구조조정에 대해 긴밀하게 협의해 왔음이 드러났다. 임단협 막바지에 산은 회장 이동걸은 아예 교섭 자리에 노사와 함께 참석하겠다고 나섰다. 노조는 이동걸이 교섭장에 참석하려 하는지도 몰랐는데, GM 사측은 이미 정부와 얘기를 마치고 교섭장에 홍영표 더불어민주당 의원, 이동걸 산업은행 회장의 명패까지 준비해 올려 놓았다고 한다.

반면, 정부는 GM 사측의 책임을 묻는 데는 열의가 없었다.

애초에 정부는 '대주주 책임론'을 내세우며 GM 소유의 한국GM 주식에 대해 차등 감자를 요구했지만, GM이 완강하게 거부하자 슬그머니 거둬들였다. 더 나아가 산업은행은 한국GM의 실사보고서가 완료된 2018년 5월에 지원 여부를 확정한다는 계획이었으나, 중간 실사 결과가 긍정적이라며 지원 약속을 4월 말로 앞당겼다. GM이 실사 자료 제출을 계속 거부하고 있는데도 말이다.

이러니 산업은행이 '비토권'을 다시 얻는다 한들, GM을 제대로 감시하고 일자리를 지키는 데 나설 것이라고 기대하기도 힘들다.

양보 교섭으로는 일자리를 지킬 수 없다

그동안 한국GM 노조 지도부가 임금 동결 등을 약속하고, '희망퇴직'

실시에 강하게 맞서 싸우지 않으면서 거듭 후퇴해 온 것은 안타까운 일이다. 한국GM 노조 지도부는 교섭에 들어가면서 이미 임금 동결과 성과급 반납을 양보했고, '희망퇴직'에도 강하게 맞서지 않았다. 그러나 사측은 복리후생비 1000억 원 삭감이라는 더한층의 양보를 요구했다. 결국 한국GM 노조 지도부는 군산 공장 노동자의 일자리를 지켜야 한다며 군산 공장 폐쇄와 복리후생비 추가 삭감까지 동의해 줬다.

금호타이어 노조 지도부도 일자리와 임금을 지키는 투쟁을 일으키려 애쓰기보다 국내에서 인수할 기업을 찾는 데 힘을 쏟았다. 노동자들의 조건이 어느 정도 희생되더라도 국내 매각이 대안이라는 입장이었다. 그러다가 물밑에서 인수 의향을 밝힌 국내 기업이 인수를 포기하자 곧바로 속절없이 무너져 버렸다.

그러나 GM이 세계 곳곳에서 노동자들에게 고통을 전가해 온 방식을 보면 알 수 있듯이, 노조가 거듭 양보해도 고용 불안이 사라지기는커녕 오히려 불안을 가중시킨다. 지난 수십 년간 GM은 세계 곳곳에서 노동조건 악화를 강요하며 노동자들을 서로 경쟁시켜 왔다. 미국이나 유럽, 호주 등지에서 노조 지도자들은 일자리를 지키려면 임금 삭감과 노동강도 강화 등을 수용할 수밖에 없다고 했다. 호주 노조 지도자들도 GM의 "생산성 향상" 요구를 충족시켜야 공장 폐쇄를 막을 수 있다는 논리로 양보를 거듭했다.

그러나 거듭된 양보는 노동자들을 더 열악한 조건으로 내몰았고, 조건 하락과 인원 감축으로 노동자들은 싸울 자신이 점점 없어진 경우가 많았다. 절정기에 2만 4000여 명이었던 호주 GM 노동자 수는 계속 감소했고, 결국 GM이 2013년 공장 철수를 결정했을 때는 이미 거듭된 양보로 조직력과 저항력이 약화돼 제대로 맞서 싸울 수 없었다.

사용자의 비용 절감 추진에 협조해 회사부터 살리는 게 결코 일자리를 지키는 길이 아니라는 것이 지난 수십 년 동안 구조조정을 겪은 전 세계 노동자들이 경험한 진실이다. 일자리를 지키려면 사용자의 공격에 맞서 싸워야 한다.

열심히 일했을 뿐인 노동자들이 공장 폐쇄·철수의 대가를 치르지 않고 일자리를 지킬 대안이 없는 것은 아니다. 그것은 '일자리 대통령'을 자처한 문재인 정부가 부도·파산 위기에 처한 기업을 국유기업화 해서 노동자들의 일자리와 지역 주민들의 삶을 지키는 책임을 다하라고 요구하며 싸우는 것이다.

국유기업화는 결코 비현실적인 방안이 아니다. 정부는 현재 실업 수준이 "국가 재난 수준"이라며 수조 원의 추경예산을 추진하고 있다. 또, GM에 8100억 원을 지원하고, 외국인투자지역 지정 등 여러 특혜를 고려하고 있다. 그러나 이런 돈은 기업주들을 지원하는 데가 아니라 '있는 일자리'를 지키는 데부터 쓰여야 한다.

국유기업화를 쟁취하려면 점거파업 같은 단호한 투쟁과 연대가 뒷받침돼야 한다. 점거파업은 부도 위기에 처해서 파업이 생산에 가하는 타격이 덜한 조건에서도 노동자들의 결속력을 높이고 정치적 연대의 초점을 형성하는 데서 탁월한 효과를 낼 수 있다.

구조조정은 대안이 아니다

약간의 수주 회복, 그러나 여전한 위기와 불안정성

조선업은 장기 불황의 여파로 가장 큰 타격을 입은 산업이다. 2008년 이후 중소 규모 조선소 20개 이상이 문을 닫았고, 2015년부터는 현대중공업·대우조선·삼성중공업 등 조선업 빅3도 본격적인 위기에 처하게 됐다.

조선업 인력 규모는 2014년 20만 3000여 명에서 2017년 11만여 명으로 거의 반토막 났다(조선해양플랜트협회). 사용자들이 위기의 책임을 노동자들에게 전가했기 때문이다. 특히, 현대중공업은 빅3 중 인력 감축이 가장 극심했다. 2014년 말 6만 9000여 명에서 2017년 말에는 절반 이하인 3만 2000여 명으로 줄었다. 2018년에도 해양플랜트 부문에서만

출처: 박설, 〈노동자 연대〉 262호(2018 10 11).

비정규직 수천 명이 해고되고, 희망퇴직·조기정년 등이 이어졌다.

물론 최근에는 조선업이 회복세에 접어들고 있다는 관측이 나온다. 영국의 조선해양 분석기관인 클락슨은 "다시 호황이 시작됐다"고까지 전망했다. 2017년 세계 발주량이 2016년의 갑절가량으로 늘었고, 2020년부터 시행될 환경 규제로 선박 교체가 급증할 것이라는 등의 근거가 제시됐다. 이는 국내 일부 언론과 전문가들뿐 아니라 노동조합 지도자들에게도 일정한 기대를 불러일으키고 있다.

2017년부터 수주가 조금씩 늘고 있는 것은 사실이다. 그중에서도 유조선, LNG선, 컨테이너선 등 한국 조선업체들의 주력 선종이 많아, 조선업 빅3는 2018년 들어 최근까지 선박 189척을 수주했다.

그러나 회복의 수준은 아직 불황을 타개하기에 역부족이다. 클락슨이 비교 대상으로 삼은 2016년은 수주 절벽이 극심했던 때다. 당시 세계 수주량은 이전 5년 평균의 30퍼센트에도 못 미쳤고, 2008년 세계경제 공황 직전에 견주면 12퍼센트밖에 안 됐다. 2018년에는 상황이 좀 나아졌다지만 여전히 낮은 수준이다. 물론 이 속에서도 한국 조선업 기업들은 중국 기업들을 제치고 수주량을 늘리고 있지만, 그것이 지속될 수 있으리라는 보장도 없다.

더구나 2012년 이래로 상당한 수익을 내다 급격히 축소된 해양플랜트 부문은 신규 수주는 물론 수주 잔량도 바닥난 상태다. 현대중공업은 최근 4년 만에 해양플랜트 한 척을 수주했는데, 실제 일감을 확보하는 데는 1년 이상 걸린다. 최근 유가가 상승세이지만 해양플랜트 발주량은 좀체 늘지 않고 있다. 산업 자체가 크게 위축된 데다, 미국 셰일오일에 밀려 힘을 못 쓰고 있다. 그마저도 저가 수주 경쟁이 치열해 한국 조선업 기업들은 중국 기업들에 밀리고 있다.

무엇보다 조선업 경기는 세계경제 상황과 긴밀히 연동돼 있다.

2008년 세계경제 위기의 직격탄을 맞아 수주량이 급속히 줄어들었고, 불황이 지속되는 동안 소폭의 등락을 함께 해왔다.

현재 세계경제는 침체가 장기화하고 불안정성도 커지고 있다. 트럼프 발 무역 전쟁은 불확실성을 더 키우는 요인인데, 그로 인해 해상 물동량이 줄어들면 조선업은 직접 타격을 입는다. 이미 철강 관세로 선박의 후판* 가격이 올라 수익성을 제약하고 있기도 하다.

이런 점들 때문에 조선업 경기 회복을 전망하는 사람들도 시황 자체의 변화보다는 환경 규제 강화로 인한 발주 증가에 기대를 건다. 국제해사기구IMO가 예고한 대로 2020년에 선박 연료의 황산화물 함유량을 규제하는 조처가 시행되면, 적어도 8000~9000척의 선박 교체가 예상된다는 것이다.

그러나 그조차 경제 상황의 영향을 크게 받는다는 점을 봐야 한다. 예컨대, 국제해사기구는 2017년 9월 선박의 평형수 처리 장치 설치를 의무화하는 협약을 발효했다. 이 규제는 노후 선박 교체 주기를 앞당겨 발주를 늘릴 것으로 기대를 모았다. 그러나 막상 협약이 발표됐을 때 국제해사기구는 해운사들의 비용 부담을 걱정하며 장치 설치 기한을 2024년 9월까지 연장해 줬다. 7년간 시행을 유예한 것이다. 지금의 세계 경제 상황을 볼 때 황산화물 함유량 규제의 운명도 그렇게 되지 말라는 보장이 없다.

경기 침체가 지속되는 것은 노동자들에게 정말 달갑지 않은 소식이다. 조선업 노동자들은 지난 수년간 임금이 깎이고 노동조건이 후퇴하고 일자리를 잃는 등 끔찍한 고통을 겪었다.

정부와 사용자들은 경제 불황 때문에 구조조정이 불가피하다고 말한

---

* 선박 제작 등에 사용되는 '두께 6mm 이상의 철판'.

다. 개혁주의적 노조 지도자들도 경제 불황 상황에서는 노동자들도 고통을 어느 정도 분담할 수밖에 없다고 체념하곤 한다.

그러나 구조조정은 결코 경제 불황의 자연스런 결과가 아니다. 정부와 사용자들이 목적의식적으로 불황의 책임을 노동자들에게 떠넘기는 것이다. 2018년 상반기 구조조정 과정에서 봤듯이, 문재인 정부는 중소 규모 조선소들과 한국GM 등에서 구조조정을 밀어붙인 장본인이다. 사용자들은 정부의 '시장 중심 구조조정' 방침에 힘입어 노동자들을 쥐어짜 왔다.

이런 공격에 맞서려면 현재의 불황 상황을 현실로 직시해야 한다. 그래야 정부와 사용자들이 밀어붙이는 공격의 배경과 수준을 가늠할 수 있고, 그에 적합한 투쟁과 대안도 제시할 수 있을 것이기 때문이다.

예컨대, 그동안 현대중공업 노조 지도부는 '현대중공업은 위기가 아니고 구조조정은 경영 승계를 위한 것일 뿐'이라고 주장했다. 최근에도 울산지역의 일부 활동가들은 '(현대중공업 사측이) 위기의 끝자락에서 마지막 발악을 하고 있다'고 진단했다. 그러나 이런 접근은 노동자들에게 조금만 버티면 좋은 날이 올 수 있다는 헛된 기대를 낳고, 저항의 태세를 흐트러뜨릴 위험이 있다.

정부와 사용자들은 수익성 악화에 직면해 구조조정에 사활적으로 달려들고 있다. 그런 만큼 노동자들도 단호하게 저항해야 일자리와 삶을 지킬 수 있다.

문재인의 조선업 구조조정 — 노동자 말려 죽이기

조선업 사용자들은 적어도 2019년 하반기까지, 어쩌면 그 이상까지 "노는 일손", "잉여 인력"이 많다고 보고, 인력 감축, 임금 삭감, 노동조건 악화 공격을 지속하고 있다. 사실 이들은 일감이 있는 상황에서도 노동 비용을 줄이려고 외주화를 추진해 왔다. 이에 더해, 2018년 들어서는 무급휴직 시도가 크게 늘었다. 2018년 4월 STX조선에서, 얼마 전 성동 조선에서 그것이 관철됐고, 현대중공업과 삼성중공업 등에서도 공격이 시작됐다. STX·성동조선에서는 문재인 정부의 관장 하에 노사합의로 무급휴직이 추진됐다. 그로 인한 노동자들의 고통이 이만저만이 아니다. 합의에 따르면 각각 5년간 6개월씩, 2년 4개월간 무급휴직을 하게 된다. 이에 노동자들은 "손가락 빨면서 지내라는 것이냐? 그냥 죽으라는 얘기냐?" 하며 분통을 터뜨리기도 했다.

이런 구조조정은 노동자들뿐 아니라 지역 경제와 지역민의 삶에도 악영향을 미친다. 2017~2018년 현대중공업 군산 조선소와 GM 군산 공장이 문을 닫으면서 군산 경제는 "파탄 직전"의 위기로 치달았다. 지역 산업단지의 협력업체 수백 곳이 줄도산 했고, 많은 노동자와 가족이 그 지역을 떠났다. 조선소가 밀집해 있는 거제·통영·울산 등지도 실업률이 갑절 이상으로 치솟고 부동산 가격이 폭락했다. 구조조정이 단지 노사 간의 문제가 아니라 정치권과 지방정부, 중앙정부 등이 얽히고설킨 정치 이슈로 대두되는 이유다.

특히, 경제 불황 상황에서 구조조정은 국가적 차원의 정치 문제다. 정부는 어떤 산업을 축소할지 말지, 그 속에서 또 어떤 기업을 죽이고 어떤 기업을 살릴지, 인력 규모를 어떻게 조절하고 노동비용은 어떻게 절감할지 등의 정책 방향을 제시하고 추진한다.

박근혜 정부뿐 아니라 문재인 정부도 조선업 구조조정의 정책적 방향을 세우고 관장하며 기업주들의 이해관계를 뒷받침하고 있다. 두 정부는 모두 시장 중심의 구조조정을 표방하며 노동자들에게 고통을 떠넘기려 한다는 점에서 꼭 닮았다.

문재인 정부는 2018년 4월 발표한 '조선산업 발전전략'에 기본적인 정책 구상을 담았다. 핵심은 시황이 회복될 때까지 구조조정을 추진해 경쟁력을 갖춰 놓자는 것이다. 빅3는 기존의 자구계획을 이행하고, 그중 대우조선은 중장기적으로 매각을 검토하고, STX·성동조선 등은 구조조정을 원활히 추진하면서 업계 자율의 합병을 통해 중견조선사들을 육성하겠다는 내용이다.

다만, 문재인 정부는 박근혜 정부와 달리 조선업을 살리는 정책을 표방한다. 박근혜가 조선산업을 축소시키는 다운사이징을 추진했다면, 현 정부는 나중에 시황이 회복돼 다시 기회가 왔을 때 국제 경쟁에서 밀리지 않도록 조선업을 지키고 숙련 노동력을 유지하겠다고 한다.

그런데 문재인 정부가 살리겠다는 게 고통에 내몰린 조선업 노동자들이 아니라, 한국 조선산업과 기업주들이라는 것이 문제다. 이를 위해 숙련 노동력을 유지하겠다지만, 그것은 소리 소문 없이 잘려 나가는 비정규직 노동자들은 보호할 수 없다는 것이고, 정규직의 고용은 (웬만하면) 유지하더라도 임금을 대폭 깎고 노동조건을 크게 악화시켜 기업 경쟁력을 위한 제물로 삼겠다는 것이다.

박근혜 정부가 노동자 십수만 명을 일터에서 밀어내어 그중 일부를 얼어 죽게 만들었다면, 문재인 정부는 노동자들에게 보릿고개를 강요하며 말려 죽이려는 셈이다.

실제로 경사노위 위원장 문성현은 그 실체를 명확히 제시했다. 즉, 2018년 상반기 STX조선, 한국GM, 금호타이어 등의 구조조정이 "과거와 사뭇 다른 양상"의 "고무적인 현상"이라고 극찬한 것이다. 노조는 임금과 복지를 양보하고, 기업은 해고 대신 무급휴직이나 전환배치를 추진한 "고용친화적 구조조정"이었다면서 말이다.

그러나 위에 언급한 사례들에서도 볼 수 있듯이, 상반기 구조조정은 노동자들의 삶을 파괴하고, 고용률을 추락시키고, 지역 경제를 황폐화 시켰다. 해당 기업과 연관 협력업체 노동자 수천 명이 일자리를 잃었고, 그 고통을 견디다 못해 일부 노동자들이 스스로 목숨을 끊기까지 했다. 고용을 지킨 노동자들은 수년의 무급휴직과 임금 삭감으로 심각한 생활고에 처했다.

문성현은 특히 상반기 구조조정이 노사 합의를 이뤘다는 점을 높이 산다. 노사가 함께 "고통을 분담"하기로 했다는 것이 이유다. 이 말은 문재인 정부가 추진하는 사회적 대화가 노리는 바가 무엇인지를 다시금 선명히 보여 준다. 즉, 노조 지도자들을 대화의 장으로 끌어들여 양보를 압박하는 것이다.

친문 인사인 울산시장 송철호는 최근 구조조정 문제를 두고 현대중공업 노사와 함께 지역 차원의 사회적 대화를 시작했는데, 그 목적도 다르지 않다. 송철호는 그동안 '희망퇴직' 등 현대중공업 사측의 인력 감축에 우려를 표하기도 했지만, 기업 살리기를 위해 노동자들도 임금을 양보해야 한다고 거듭 주장했다. 안 그래도 임금이 대폭 줄어 신음하는 노동자들에게 더한층 고통을 강요하겠다는 의미이다.

울산시는 조선업 노동자들의 고용 문제 해결의 한 방안으로 풍력발전 단지 조성 계획을 제시하기도 했다. 하지만 이는 노동자들의 당면 고통을 해결할 대안이 되기 어렵다. 아직 첫 삽을 뜨지도 못하고 2020년까지 연구 '개발'을 완료하겠다는 것이기 때문이다.

경제 불황에서 누구를 구할 것인가

다시 위 논점으로 돌아가면, 경제 불황에서 시행되는 구조조정은 국가적 차원의 정치적 문제로 접근해야 한다. 어느 한 부문·사업장의 구조조정도 단지 노사만의 문제가 아니다.

오늘날 흔히 '정치' 하면 정부와의 사회적 대화나 민주당과의 협조로 생각하기 일쑤인데, 앞서 봤듯이 그것은 노동자들의 일자리와 조건을 지키는 데 오히려 방해가 된다. 문재인 정부가 구조조정을 지속 추진하고 있는 지금, 금속노조와 현대중공업지부 등의 노조 지도자들이 사회적 대화에 기대를 거는 것은 부적절하다.

마르크스주의의 의미에서 정치는 이런 개혁주의 정치와 완전히 다르다. 국가권력을 파트너로 삼는 게 아니라 대중투쟁을 조직해 그에 정면 도전하는 것을 뜻한다. 조선업 구조조정에 맞선 투쟁에서도 정부를 링위에 세워 놓고 책임을 물어야 한다. 경제 불황 상황에서 정부는 누구를 구할 것인가? 예산을 어디에 책정할 것인가? 탐욕스러운 기업주들의 이윤이 아니라 노동자들의 일자리와 삶을 지켜라!

지금 문제는 돈이 없는 게 아니다. 불황 속에서도 기업주들은 막대한 부를 쌓고 있다. 현대중공업 노동자들이 구조조정으로 고통받는 동안, 정기선은 3000억 원의 주식을 증여 받으며 최대 주주가 됐고, 현대중공업그룹은 1년 새 사내유보금을 12조 원 이상 늘려 사내유보금 보유 순위 7위에 올랐다.

노동운동은 이런 사용자들을 비호하는 문재인 정부에 오히려 항의를 확대해야 한다. 그리고 사측뿐 아니라 정부에게도 일자리 보장의 책임을 물어야 한다. 부도·파산 기업의 경우 국가가 그 기업을 인수·운영해 노동자들의 일자리를 보장하라고 요구해야 한다.

조선업은 한국 경제를 일으킨 "효자 산업"으로 여겨져 왔다. 그만큼 조선업 노동자들은 한국 경제의 부와 생산 능력을 늘리는 데 크게 이바지해 왔다. 더구나 정부는 조선산업의 정책 방향을 제시하고 지금은 애물단지가 된 해양플랜트산업을 육성시키는 과정에서 불황을 만드는 데 일조한 장본인의 하나이기도 하다.

그런 만큼 정부는 조선업 노동자들을 구하는 데 재정을 사용해야 한다. 정부는 그래야 할 의무가 있거니와, 그만한 능력이 있다. 기업주·부자에게 더 많은 세금을 거둬 일자리 보장에 사용할 수 있다. 단지 그러려고 하지 않고 있을 뿐이다.

그간의 상황을 돌아보면, 조선업 구조조정 문제는 정치 영역에서 지배자들의 분열과 갈등을 낳을 만큼 뜨거운 쟁점으로 부상했다. 그리고 그 속에서 노동운동은 정부를 압박하며 노동자들의 희생이 아니라 다른 대안이 있음을 보여 줄 기회도 있었다. 특히, 2015년 말과 2016년 박근혜 정부가 경제 위기와 구조조정의 해법을 둘러싸고 심각한 정치 위기에 빠져 있을 때, 그래서 정권 내에서조차 분열이 생겨나고 그 속에서 노동자들도 투쟁해 볼 자신감이 높아졌을 때가 절호의 기회였다.

당시 현대중공업 노조 백형록 집행부는 "옥쇄 파업"(점거파업)을 약속하며 조합원들의 기대를 불러일으키기도 했는데, 아쉽게도 집행부는 단호하게 투쟁을 밀어붙이지 못하고 임금 동결 등 양보를 거듭했다. 지도부가 조합원의 고용과 임금, 조건 등을 공격할 수밖에 없는 노동조합의 경영참가도 강조했다.*

금속노조와 현대중공업 등의 노조 지도자들이 조선업 육성 전략을 내세우면서 기업 경쟁력 논리에 단호히 맞서지 못했던 것도 기회를 날려 보내는 데 큰 몫을 했다. 경쟁력을 키우려면 노동자들도 임금 삭감이나 노동조건 후퇴를 수용해야 한다는 압력을 스스로 불러들이기 때문이다.

---

* 2015년 12월 21일 〈매일노동뉴스〉.

그동안 정부와 사용자들은 어느 한 기업에서 구조조정을 관철하고 그것을 지렛대 삼아 다른 기업 노동자들의 조건 후퇴를 압박하는 각개격파 식으로 '바닥을 향한 양보' 압박을 지속해 왔다. 여기에는 국내 조선사들뿐 아니라 중국·일본과의 경쟁에서 이겨야 한다는 논리가 강조됐다. 아쉽게도 노조 지도자들은 이런 압력을 수용해 양보에 양보를 거듭하며 노동자들의 고통을 방치했다.

이런 양보의 악순환을 끊으려면, 시장의 경쟁 논리에 도전하며 저항과 항의를 건설해 나가야 한다. 현대중공업 노조 등의 좌파적 활동가들은 기층 조합원들 사이에서 이를 설득하고 영향력을 넓힐 수 있도록 애써야 한다. 특히, 사회 전체와 국가권력 문제를 언제나 심각하게 고려하는 데서 출발해야 한다.

이를 위해서는 시야를 사업장 안으로만 가두지 않고 반자본주의적 계급 정치에 입각해 투쟁을 건설하려 애쓰는 혁명적 조직 건설 노력이 우선시돼야 한다.

대우조선 민영화

죄 없는 노동자에게 고통을 전가하는 것

현대중공업-산업은행이 2019년 3월 8일 대우조선 매각을 놓고 본 계약을 체결했다. 정부 방침이 발표된 지 한 달여 만이다. 이전 대우조선 민영화 시도(2005년, 2008년, 2014년)와 비교해도 매우 빠른 속도다.

문재인 정부는 강력한 민영화 의지로 이를 뒷받침하고 있다. 청와대와 금융 당국은 2018년 10월부터 막후에서 직접 현대중공업 사측을 만나 비밀리에 협상을 조율했다. 엄청난 특혜도 제공했다. 인수 가격은 2008년 한화그룹이 제시한 6조 3000억 원의 3분의 1도 안 된다(2조 원). 그조차 현물 출자를 대가로 한 주식이다. 현대중공업 측이 실제로 부담할 금액은 대우조선에 약속한 투자금 4000억 원뿐이다.

이번 민영화는 대우조선 노동자뿐 아니라 지역의 협력·부품업체 노동자와 가족 수십만 명의 삶을 위협하는 문제다. 안 그래도 지난 몇 년

출처: 박설·김하영, 〈노동자 연대〉 278호(2019 3 13).

간 일자리 수만 개가 사라졌다. 또한 임금이 깎이고, 부동산 가격이 폭락했다. 이렇게 생활고에 시달려 온 이들이 또다시 불안과 고통으로 내몰리게 될 것이다.

문재인 정부는 이번 민영화로 세계 1위의 초대형 조선소를 만들어 국제 경쟁력을 높이려 한다. 그리고 이를 위해 노동자들을 희생시키려 한다. 오랫동안 국가가 소유해 온 기업을 민간에 팔아넘겨 정부의 책임과 부담을 덜려는 의도도 있을 법하다.

요컨대 대우조선 민영화는 신자유주의 노동 개악 공세의 일부다.

비록 본 계약이 체결됐지만, 결코 사태가 끝난 게 아니다. 국내외 기업결합심사(독과점 심사) 등의 절차가 남아 있다. 그 기간에 저항을 확대해 민영화를 철회시킬 기회가 있다.

물론 국내외 기업결합심사에 기대를 걸며 결과를 기다리는 것은 위험하다. 해외 경쟁당국 심사에서 제동이 걸릴 수 있다는 가능성이 있긴 하지만, 각국 정부들의 서로 다른 손익계산 속에 뒷거래와 타협이 이뤄질 수도 있다. 국내 공정거래위원회가 정부의 뜻을 거스르리라 기대하기도 어렵다. 김상조 공정거래위원장은 "재벌 개혁"은커녕 재벌 봐주기만 한다는 비판을 받고 있다.

노동운동은 문재인 정부의 대우조선 민영화에 강력하게 항의하고 이를 정치적 이슈화해야 한다. 이것이 대우조선 노동자들 자신의 단호한 저항과 맞물리면, 지지와 연대를 확대하고 대우조선 매각 추진에 제동을 걸 수 있다.

문재인 정부는 박근혜 정권 퇴진 운동 덕분에 집권했는데, 그 운동은 성과급 도입 같은 노동자 간 경쟁 강화, 외주화, 비정규직 확대 등 신자유주의 정책에 대한 노동자들(특히 공공 부문)의 저항에서 시작했다. 지금 문재인 정부는 민간위탁 유지, 노동시장 개악 등 이전 정부들의 신자유주의 정책들을 이어받고 있다. 그래서 이에 대한 실망과 분노가 증대하고 있다. 노동운동은 이런 문제들을 서로 연결시켜야 한다. 그래서 문재인 정부에 대한 전반적 저항으로 운동이 확대되도록 해야 한다.

"고용과 지역 경제 지키겠다"는 정부의 거짓말

현대중공업과 산업은행은 본 계약을 체결하면서 〈공동발표문〉을 내놓았다. 노동자들과 지역민의 반발을 의식한 것인데, 거짓말투성이다.

첫째, 〈공동발표문〉은 대우조선의 "자율 경영체제"를 유지하겠다고 약속했다. 생산량 조절이나 인력 감축은 없을 거라는 얘기다.

그러나 현재 자율 경영체제로 운영되는 현대삼호중공업이나 현대미포조선에서도 기업의 운영 방침은 현대중공업 본사의 결정에 좌우된다. 특히, 이곳 노동자들은 그룹사 차원에서 추진된 구조조정으로 고통을 겪었다. 더구나 〈공동발표문〉에는 인수합병의 시너지 효과를 극대화하기 위한 "협업", "자원 배분" 등의 "경쟁력 제고"를 추진할 것이라는 단서가 달렸다. 말이 좋아 "협업", "자원 배분"이지, 노동자들이 걱정하는 것처럼 동일 사업·부문에 대한 구조조정을 하겠다는 뜻이다.

둘째, 〈공동발표문〉은 대우조선 노동자들의 고용 안정을 약속했다. 그 기준은 현대중공업그룹과 동일한 조건이라고도 했다.

그러나 위에서 언급했듯이, 사측이 인수합병을 통한 "경쟁력 제고"를 우선하는 한 고용 안정 약속은 공염불이 될 공산이 크다. 더구나 현대중공업과의 "동일 조건"이라는 미명 하에, 지금 대우조선에서는 찾아보기 힘든 대규모 순환휴직 같은 공격이 벌어질 수도 있다. 〈공동발표문〉에는 "생산성"의 유지·개선 노력이라는 단서도 달렸다. 생산성이 떨어지거나 개선되지 않으면 해고도 할 수 있다는 얘기다.

셋째, 〈공동발표문〉은 대우조선이 기존에 갖고 있던 협력·부품업체와의 거래선을 유지하겠다고 약속했다.

그러나 그 대상은 "대외 경쟁력이 있는" 업체들로 한정했다. 그 기준도 모호하다. 실제로 엔진·변압기 등의 부품은 현대중공업이 직접 제공하려 들 수 있다. 설사 기존의 업체 대부분이 거래선이 유지된다고 해도 대우조선에서 인력을 줄이고 일부 사업을 축소하면 또 말짱 도루묵이된다.

'슈퍼 빅1'의 탄생? 노동자에게 고통만 가하는 인수합병

정부는 지금이야말로 대우조선을 민영화하고 조선업을 살릴 절호의 기회라고 주장한다. 특히 세계 1위, 2위 기업을 합병해 슈퍼 빅1을 만들어야 한다고 말한다.

첫째, 정부는 현대중공업-대우조선의 합병이 저가 수주 경쟁 압력을 없애거나 크게 완화할 것이라고 주장한다. 그러면 선박 가격도 오를 것이라고 한다.

그러나 조선업 시장에서 달리는 선수는 현대중공업과 대우조선만이 아니다. 물론 기업들 간 격차가 큰 게 사실이다. 하지만 특히 삼성중공업이 무시 못 할 경쟁자로 남아 있는 한, 선박 가격 인상과 수주량 증대라는 두 마리 토끼를 다 잡기는 어려울 수 있다.

더구나 세계 신조선 발주량은 늘고 있지만 여전히 제한적이다. 그만큼 선박 가격 인상도 제한적일 수밖에 없다. 최근 수출입은행의 한 연구원은 2018년 한국의 조선업 빅3를 먹여 살린 LNG선 시황에 "호황이라는 착시"가 일고 있다며, 지금은 오히려 "과잉을 걱정해야 할 단계"이므로 머지않아 거품이 꺼질 수 있다고 지적하기도 했다. 이것이 현실화되면 또다시 저가로라도 수주를 따내야 한다는 압력이 커질 수 있다.

둘째, 정부는 인수합병을 통해 기업의 덩치를 키우면 세계시장 장악력을 높일 수 있다고 주장한다. 인수합병의 성공 사례로 꼽히는 1999년 현대차의 기아차 인수처럼 말이다. 현대중공업 사측은 자신들이 2002년 삼호중공업을 인수했을 때 기업이 잘나갔다고 홍보한다.

그러나 지금처럼 세계경제 상황과 조선업 경기가 불안정할 때는 인수합병의 성공을 장담하기 어렵다. 오히려 업황이 회복되지 못하면 동반 부실 가능성이 커질 수도 있다.

지금은 1999년이나 2002년과는 상황이 많이 다르다. 현대차가 기아차를 인수한 시기는 세계적으로 자동차 기업들이 너도나도 몸집을 키우며 생산량을 늘리던 때였다. 현대중공업이 삼호중공업을 인수했던 때도 중국 경제의 성장으로 전 세계 물동량이 크게 늘면서 한국 조선업이 한창 성장세를 구가하고 세계시장을 제패하던 시기였다. 반면, 지금은 조선업 수주가 늘었지만 회복이 미약하고 불확실성이 매우 큰 상황이다. 조선업은 경기에 특별히 민감한 업종이라 세계경제가 추락하면 함께 꺼질 수도 있다.

바로 이런 점 때문에, 지금과 같은 경기 상황에서는 인수합병이 인력 구조조정과 임금·조건 후퇴 등의 고통을 동반한다.

대우조선의 부실·비리에 노동자 책임 없다

"13조 원의 공적자금 투입, 수조 원대의 분식회계." 대우조선 얘기만

나오면 정부와 기업주 언론이 혀를 끌끌 차며 한탄하는 레퍼토리다. 노동자들이 저항하면 그들을 "천문학적 부실 쌓아 놓고 정신 못 차리는 한심충" 취급한다. 진보진영의 일부 사람들도 대우조선이 "주인 없는 기업"이어서 부실·비리가 생겼다고 주장한다. "노동자들도 민영화를 반대만 할 수 없지 않느냐"고 주장하기도 한다.

그러나 그저 묵묵히 일해 온 노동자들은 부실·비리에 아무런 책임이 없다. 노동자들은 2015~2017년에 자금이 지원될 때마다 혜택을 보기는커녕 매번 허리띠를 좀 더 졸라매라는 강요를 당했을 뿐이다. 노조 지도자의 거듭된 양보 동의서 제출 속에 한 번 제대로 싸워 보지도 못하고, 회사에서 잘리고 임금 깎이고 좌절감도 쌓였다. 부정부패를 일삼고 비리를 저지른 것은 낙하산 사장들과 산업은행 사용자 측과 정부 인사들이었는데도 분식회계 문제가 터졌을 때 애먼 노동자들이 구조조정 공격을 받았다.

그러나 대우조선의 부실·비리를 만든 장본인은 바로 정부와 사용자 측이다. 그들은 맹목적인 이윤 추구 속에서 위기의 씨앗을 키워 왔다. 대우조선이 저유가로 손실이 커진 해양플랜트 사업에 뛰어든 것도, 또 분식회계 관리를 제대로 하지 못한 것도 다 정부 책임이다.

따라서 책임은 노동자들이 아니라 정부가 져야 한다. 대우조선을 민영화하는 것은 아무 죄 없는 노동자들에게 또다시 고통을 전가하는 것일 뿐이다.

'민영화 철회!'를 전면에 걸고 정부에 책임 묻기

대우조선은 1999년 대우그룹 부도 이후 지금까지 20년간 산업은행이 소유하고 있는 사실상의 국유기업이다. 이 기업을 매각하는 것은, 정부가 자기 소유 기업을 사기업에 팔아넘겨 일자리 보호의 책임을 저버리겠다는 뜻이다.

대우조선 매각은 위기에 빠진 민간 기업을 다른 민간 기업에 팔아넘기는 것과는 성격이 다른 문제이다. 정부 소유의 국유기업을 사기업에 팔아넘기는 것이기 때문이다. 평범한 많은 사람들은 민간 기업이야 이윤을 좇아 행동하더라도 정부는 '공공의 이익'을 우선하고 노동자들이 제대로 된 조건에서 일할 권리를 보호해야 마땅하다고 생각한다.

대우조선 매각 정책은 이명박 정부가 추진한 민영화 정책의 신호탄이었다. 노동운동은 문재인 정부가 이전 정부들을 계승하며 추진하고 있는 신자유주의 민영화 정책을 반대하고, 정부가 노동자들의 일자리와 노동조건을 보호하라고 요구해야 한다. 정부가 국가 소유·관리 기업을 민간에 팔아넘기는 것은 일자리 보호의 책임을 회피하는 것이다.

일자리 보호를 위한 대안 ─ 영구 공기업화

노동자들의 일자리를 보호할 수 있는 대안은 자본주의 하에서 하나밖에 없다. 정부가 민영화를 중단하고 대우조선을 영구적으로 소유·운영하는 것, 즉 영구 공기업화하는 것이다.

이것은 현재의 '일시 국유기업' 상태와는 다른 것이다. 현재 대우조선은 민영화를 위한 정부의 임시관리 체제다. '일시 국유기업'의 경영 목표는 민영화를 위한 "경영 정상화"이고, 이를 위해 노동자들을 해고하고 노동조건을 악화시킨다. 노동운동은 민영화 방침을 철회하고 대우조선을 영구 공기업으로 전환해 정부가 일자리를 보호하라고 요구해야 한다.

첫째, 정부는 그렇게 할 능력이 있다. 대우조선은 이미 국가 소유 기업이고, 정부는 지금까지 13조 원의 자금을 투입했다. 1997년 IMF 공황 때도, 2008년 월스트리트발 세계 공황 이후에도 정부는 기업의 파산을 막기 위해 막대한 자금을 지출해 왔다. 이런 돈은 기업주가 아니라 수십만 개 일자리를 지키는 데 사용돼야 한다.

둘째, 정부는 그렇게 해야 할 의무도 있다. 정부는 자국민의 고용과 생존을 보호할 의무가 있다. 게다가 문재인 자신도 '일자리 대통령'을 공약했다. 무려 20년간 사실상 정부가 소유·운영해 온 공공 자산을 민영화하는 것은 이런 책임과 의무를 방기하는 것이다.

물론 공기업화로는 충분하지 않다. 현재의 공기업들도 노동자들의 조건을 끊임없이 압박한다. 단지 국가 소유를 넘어 노동자 통제의 문제가 제기된다. 그렇다고 해서 지금 공기업화 요구가 쓸모없는 것은 결코 아니다. 정부가 대우조선을 영구 공기업화한다면, 당면 일자리 위기에서 노동자들을 보호할 수 있다. 그것은 경제 구조조정으로 신음하는 많은 노동자들에게 대안이 있음을 보여 주는 길이기도 하다. 그리고 이런 투쟁이 자본주의 시장 논리에 타격을 가하며 전진한다면, 새로운 사회를 위한 저항의 밑거름이 될 수도 있다.

문재인 정부와 주류 정당들은 영구 공기업화하는 대안을 아예 생각지도 않을 것이다. 아래로부터의 거대한 저항에 부딪히지 않는다면 말이다.

2008년 가을 대불황이 시작되고 공장 폐쇄 위험에 직면한 유럽과 미국 등지의 일부 노동자들은 일자리를 지키고자 공장 점거에 들어갔다. 이것이 바로 대우조선 노동자들이 할 수 있는 가장 효과적인 투쟁이다. 공장 점거가 단행되면 민영화와 구조조정을 둘러싸고 정치 위기가 심화되는 한편, 노동자들의 연대가 모이는 초점이 될 것이다. 그런 투쟁은 자본주의의 냉혹한 이윤 논리에 삶이 송두리째 망가질 위기에 놓인 노동자들에게 생존을 위한 대안이 될 수 있다.

고용을 지키는 '바람직한 매각'은 불가능

대우조선 매각을 반대하는 지역 여론이 높아지자, 경남도와 거제시, 민주당 등이 '고용과 지역 경제를 살리는 매각'을 제안했다. 정부에게 노동자와 지역민의 고충을 들어 달라고 청원한 것이다. 이 지역의 NGO들도 같은 주장을 한다. 노동운동 내에도 현재 추진되는 매각의 일방성과 졸속성을 비판하면서도, 매각 자체에는 반대하지 않는 흐름이 있다. 노조가 참여하는 매각협의체를 구성하자거나 고용을 지키는 바람직한 매각을 해 보자고도 한다.

그러나 경제 위기 하의 매각은 어떤 식으로든 노동자의 희생을 동반한다. 노동 친화적인 매각은 없다. 특히, 국유기업을 민간에 팔아넘기는 민영화의 경우, 비용 절감과 수익성 제고가 목표로 설정된다. 이런 상황에서는 노조가 매각 협상에 참여하더라도 강한 양보 압박을 받게 될 것이다. 실제로 지난해 STX·성동조선 구조조정에서 봤듯이, 민주당은 "사회적 대화"를 한답시고 노동자들에게 희생을 설득·압박했다. 대우조선 민영화 문제에서도 민주당이나 민주당 지자체는 충분히 그런 구실을 할 수 있다.

이런 상황에서 정의당이 2019년 4월 창원 성산구 보궐선거에서 민주당과의 후보 단일화에 합의한 것은 안타까운 일이다. 이 선거의 핵심 쟁점 하나가 대우조선 매각이고, 이를 추진하는 민주당 정부에 맞서 싸워야 하는데, 오히려 동맹을 구축하다니 말이다.

지금의 조건은 노동자들에게 불리하지 않다

정부가 강력하게 대우조선 민영화를 추진하고 있지만, 지금의 조건은 노동자들에게 불리하지만은 않다.

첫째, 연대를 확대할 잠재력이 충분하다.

2018년 상반기 한국GM 군산 공장 폐쇄 문제가 불거졌을 때, 문재인은 "정부가 할 수 있는 게 없다"고 거듭 변명했다. GM이라는 사기업이 하는 일에 정부가 뭘 할 수 있겠느냐, 구조조정을 지원하는 게 최선이지 않겠느냐는 것이었다.

그러나 이번에는 상황이 다르다. 정부는 노동자들의 일자리와 지역민의 삶을 위해 할 수 있는 일이 있는데도 오히려 책임을 내팽개치며 거꾸로 가고 있다.

노동운동이 민영화 철회, 영구 공기업화를 요구하며 선명하게 정부의 책임을 드러낸다면, 정치적 지지와 연대를 확대할 수 있다. 이런 투쟁은 고용 불안과 실업에 신음하는 수많은 사람들, 문재인 정부의 우경화에 실망한 많은 사람들을 결집시킬 수 있는 잠재력이 있다.

둘째, 민영화의 명분도 떨어진다.

지난 4년간 정부와 사용자들은 "기업이 살아야 노동자도 산다"며 조선업 노동자들에게 혹독한 희생을 강요했다. 나중에 좋은 날 오면 그때 다 보상해 주겠다면서 말이다. 대우조선 노동자들이 혹독한 구조조정 속에 피땀 흘려가며 일한 결과, 자본 잠식 상태였던 적자 기업 대우조선은 지금 흑자로 돌아섰다. 산업은행이 파견한 낙하산 사장이 '일손이 모자라 인력 감축을 못 하겠다'며 2018년 말 정부와 갈등을 빚었을 정도로 수주 잔량도 늘었다.

그런데 상황이 호전된 지금, 도리어 노동자들을 다시 불안정으로 내몰다니, 정당성이 없다. 더구나 그 기업을 재벌 기업에 거의 공짜로 넘겨 주겠다니, 정치적 명분도 없다.

셋째, 지배계급의 내분을 이용해 투쟁할 수 있다.

2018년 4월 창원 성산구 보궐선거와 2019년 총선을 앞두고 경남·거제 지역의 정치권이 분열하고 있다. 이 지역의 진보정당들뿐 아니라 거제시 자유한국당 국회의원들과 시의원들조차 '매각 반대'를 천명해야 했다. 민주당과 지자체장들은 민영화 반대를 주장하지 않지만, 여론의 눈치를 보며 시민대책위에 참여하거나 우호적인 듯한 자세를 취하고 있다.

노동운동은 정치권의 이런 분열을 이용할 수 있다. 정치인들이 중대한 문제를 놓고 분열하는 상황은 노동자들에게 자신감을 줄 수 있다.

물론 이것은 정치권에 기대어 투쟁을 미뤄도 된다는 뜻은 결코 아니다. 그런 방식은 오히려 노동자들에게 해롭다. 2018년 한국GM 사태 때 노조 지도층이 민주당 국회의원·지자체와의 협조에 기대를 걸며 투쟁을 미루고 양보를 거듭하다 무기력하게 무너졌던 것을 반면교사로 삼아야 한다.

주류 정치인들에게 기대는 게 아니라, 오히려 그들이 여론의 눈치를 보고 분열하는 상황을 이용해 그들로부터 독립적으로, 단호하게 투쟁해야 한다.

대우조선의 수주 회복은 노동자들에게 상당한 투쟁 잠재력이 있음을 뜻한다. 그동안 조선업 노동자들은 경제 위기 하에서 싸울 힘을 잃었다는 비관론도 있었지만, 조건이 훨씬 더 나아진 것이다. 특히, 상선 수주가 늘어난 조건을 이용해 파업과 점거 등 단호한 투쟁에 나서면 상당한 타격을 가할 수 있다.

대우조선 노동자들은 2018년 하반기에 좀 더 좌파적인 노조 집행부를 선출하고 파업에 나서는 등 조금씩 자신감을 회복하는 모습을 보였다. 노동자들은 지난 한 달간 매각 반대 투쟁에서도 아주 오랜만에 수천 명이 파업 집회에 참가하는 등 투쟁 의지를 보여 줬다. 2018년 말 웰리브 식당 노동자들도 파업에 나섰고, 최근 파워 그라인더 하청 노동자들이 임금 인상 등을 요구하며 파업을 했다.

노동운동은 이런 변화를 주목해야 하고, 잠재력을 현실화하도록 노력해야 한다.

우파 정부 답습하는 청년 일자리 정책

문재인은 당선 후 국회 첫 시정연설에서 "특단의 대책이 시급히 마련되지 않으면 청년 실업은 국가 재난 수준으로 확대될 것"이라고 했다. 그러면서 청년을 33번, 일자리를 44번 언급했다.

그러나 집권 1년 반이 지난 지금, 청년 실업은 완화되기는커녕 여전히 심각하다. 2018년 8월 공식 청년 실업률(15~29세)은 10퍼센트까지 치솟았다(2017년 8월 9.4퍼센트). 청년들의 체감 실업률(불완전취업자, 취업준비자, 구직단념자 등 포함한 수치)은 더 심각해, 2017년 9월 21.5퍼센트에서 2018년 9월엔 22.7퍼센트로 상승했다.

이런 상황에서 자유한국당과 보수 언론들은 '고용 세습' 운운하면서, 공공 부문 비정규직 정규직화 정책이 청년 '취준생'의 일자리를 빼앗는다며 비난에 열을 올린다.

그러나 이런 비방은 근거가 없다. 게다가 지난 우파 정부 시절의 행태

출처: 양효영, 〈노동자 연대〉 266호(2018 11 10).

를 보면 이들의 주장은 위선적이기 짝이 없다.

이명박 정부는 공공 부문 신규채용을 대폭 줄이고, 구조조정과 외주화를 밀어붙여 청년층 고용 악화에 한몫했다. 서울교통공사는 한나라당(현 자유한국당) 소속 오세훈이 시장이던 2008년부터 2010년 사이에 인력을 대폭 줄였다. 서울교통공사로 통합되기 전 서울메트로와 서울도시철도공사는 각각 정원의 11퍼센트(1134명), 10퍼센트(690명)를 줄였다. 바로 이런 인력 감축이 외주화를 동반했고, 구의역 청년 노동자 사망 비극의 씨앗이 뿌려졌던 것이다.

이런 점에서 공공 부문 비정규직 정규직 전환은 양질의 일자리를 늘려서 비정규직 간접고용 등에 시달리는 청년들의 처지를 개선하는 것이기도 하다.

문재인이 진짜로 비판받아야 할 지점은, 공공 부문의 좋은 일자리를 확대하지 않고 있다는 것이다. 문재인의 공공 부문 일자리 81만 개 창출 공약으로 늘어나는 괜찮은 일자리는 30만 개 수준인데, 그마저도 대부분 집권 말기에 채용하겠다는 계획이라 집행될지 의심스럽다. 공공 부문 비정규직을 정규직화 하겠다더니 차별을 유지하는 '자회사' 꼼수를 부리고 있다.

이런 상황에서 청년 실업이 나아질 기미를 보이지 않자, 문재인 정부는 저질의 비정규직 일자리를 늘려 일시적으로 고용률 지표를 올리려 한다. 최저임금 수준인 청년인턴 등 단기 일자리를 5만 9000개 가량 확대하겠다는 것이다.

그러나 이렇게 만들어진 일자리 중에는 근무기간이 1일에서 2주밖에 안 되는 '알바'도 많다. 우파 정부가 '삽질' 사업, 청년인턴 확대로 청년들을 기만한 것과 뭐가 다르냐는 비판이 나올 만하다.

문재인 정부는 이처럼 공공 부문에서 좋은 일자리 창출 책임을 방기하면서, "민간 부문의 청년 일자리 수요 창출에 중점"(3·15 청년 일자리 대책)을 두겠다고 밝혔다. 일자리 공급이 아니라 수요를 창출하겠다는 것은 정책의 초점을 민간 기업 지원으로 이동시키는 것이다. 예컨대, 문재인 정부는 중소기업이 종업원 1명을 전일제 정규직으로 신규채용 하면 연봉의 3분의 1을 지원해 준다는 고용장려금 정책을 추진하고 있다.

그러나 경제 위기 상황에서 이 지원금을 받으려고 기업이 고용을 늘린다는 보장은 없다. 실제로 중소기업중앙회가 올해 5~7월 전국 중소기업 2010곳을 대상으로 설문조사 한 결과, 올해 하반기에 채용 계획이 있는 중소기업은 17퍼센트밖에 되지 않았다. 올해 고용장려금 예산 집행률은 절반에도 못 미치고 있다.

정부는 청년들의 "선호 쏠림"이 문제라며 중소기업 취직 유도 정책들도 추진한다. 청년내일채움공제 등으로 중소기업에 취업한 청년의 소득을 지원해 준다지만, 액수가 턱없이 부족할 뿐 아니라 그마저도 3~5년 후엔 끊긴다. 이직을 하면 재가입도 불가능하다. 노동조건이 열악하더라도 버티라는 식이다.

청년 창업 지원도 일자리 대책이 못 된다. 정부는 "모험정신" 운운하며 청년 창업 지원정책을 내놓고 있지만, 30세 미만 청년 창업의 경우 5년 이상 생존율은 겨우 15.9퍼센트다(통계청). 고용원이 없거나 매우 적은 자영업자의 경쟁력은 점점 약화돼 전반적으로 규모가 감소하는 추세다. 이런 상황에서 청년 창업을 하라고 떠미는 것은 낙하산도 없이 뛰어내리라는 것과 다를 바 없다. 개인에게 책임을 떠넘기는 것이다.

이제 문재인 정부는 "과도한 정규직 보호"를 탓하며 노동유연화를 강요한다. 그러나 전 세계적으로 노동유연화를 추진해서 양질의 일자리가 청년들에게 제공된 사례는 없다. 존재하던 좋은 일자리의 질이 떨어지는 것은 청년들이 구할 좋은 일자리가 줄어든다는 뜻일 뿐이다.

그러므로 기존 노동자들의 양보가 양질의 청년 일자리 증대로 연결되는 것은 아니다. 오히려 가구 내의 청년과 장년 중 한 쪽의 조건이 악화되면 가구 구성원 전체의 부담이 증가된다. 경제 위기로 청년들의 분가 비중이 계속 낮아져 부모에 대한 경제 의존도가 높아진 것은 한 사례. 2010년 기준 30~34세 청년의 '캥거루족' 비율은 2000년의 갑절이 넘는다.

청년 실업자의 고통을 줄이려면 국가가 나서서 질 좋은 공공 부문 일자리를 대폭 창출해야 한다. 그리고 이런 요구를 내걸 때 청년 실업자와 기존 노동자가 단결할 수 있다.

광주형 일자리
저임금 일자리 확산 정책

2019년 1월 31일 광주시와 현대차가 '광주형 일자리' 투자 협약을 체결했다.

2018년 12월에 협약 체결 직전까지 갔다가 무산된 것은 현대차 사측이 '누적 생산 35만 대까지(약 5년 동안) 임금과 단체협약 유예'를 강력히 요구했기 때문이었다. 당시 한국노총은 '임금과 단체협약 유예'가 노조 할 권리를 무시한 것이라며 반발했다. 광주시가 현대차 사측과의 협상에서 이 조항을 빼 한국노총을 달래려 하자, 현대차 사측이 강하게 반발해 합의가 무산됐던 것이다.

이번 합의에서 '임금과 단체협약 유예' 조항이 되살아났다. 일부 협의할 수 있는 여지를 뒀다고는 하지만 본질은 달라지지 않았다. 그런데도 한국노총은 이에 합의해 줌으로써 노동자들을 배신하고 양보를 강요하

출처: 강동훈, 〈노동자 연대〉 275호(2019 2 13).

는 구실을 했다.

'광주형 일자리'가 저질 일자리라는 문제는 여전하다. 정부는 평균 연봉 3500만 원이니 나쁘지 않은 일자리라고 말하지만, 실제 노동자들의 임금은 연봉 3500만 원이 안 된다. 매월 16시간 초과근무수당을 포함한 것인 데다, 임금이 높은 관리자들을 포함해 평균을 낸 것이므로 생산직 노동자들의 실제 임금은 2000만 원대 초반으로 떨어진다. 사실상 최저임금보다 약간 높은 수준에 그치는 것이다.

정부는 광주형 일자리가 고용난에 허덕이는 청년을 위한 일자리 모델이라고 선전한다. 그러나 정부가 실업으로 고통받는 청년들에게 제시하는 일자리가 왜 고작 저질 일자리여야 하는가?

2018년에 정부 예상보다 세금이 25조 원 더 걷혔고, 세금이 10조 원 넘게 남았다. 2017년에도 세금 10조 원이 남았다. 정부가 세금 수입 예상을 매우 인색하게 하는 방식으로 사실상 긴축 정책을 펴 온 것이다.

그러나 문재인 정부는 이런 돈을 사용해 공공 부문에서 양질의 일자리를 늘리는 정책은 쓰려고 하지 않는다. 문재인 정부가 공약한 공공 부문의 양질의 일자리 창출과 비정규직 정규직화가 빈 껍데기에 그치고 있다는 비판이 강해지고 있는데도 말이다. 또, 정부는 임금·조건 하락 없는 노동시간 대폭 단축을 추진해 일자리를 늘릴 수도 있다. 그런데 되레 탄력근로제 단위 기간 확대를 2월 중에 합의하라고 경사노위를 압박하고 있다.

이처럼 저질 일자리 확대 정책을 두고 정부가 임금 격차 해소를 말하는 것은 위선이다. 정부는 광주형 일자리 모델을 확대해 노동시장 전반의 임금·조건을 하향평준화하려고 한다. 벌써부터 '구미형 일자리', '군산형 일자리' 등이 구체적으로 언급되고 있다. 경제 위기에서 기업주들의 이윤을 회복하려고 제조업 전반에서 노동자들의 임금을 삭감하려고 하는 것이다.

보수 언론들은 광주형 일자리를 확대해야 한다고 주장하면서, 자동차 산업 위기를 노동자들 탓으로 돌리고 있다. '노동자들의 고임금·저생산성 때문에 한국 제조업 경쟁력이 떨어진다', '한국의 자동차 생산이 감소해 2018년 자동차 생산량이 멕시코에도 밀렸다', '르노삼성의 임금 투쟁 때문에 닛산 로그 위탁 생산이 연장되지 않을 것이다' 등등의 주장을 하면서 말이다.

그러나 자동차 산업 위기는 노동자들 탓이 아니다. 자동차 산업 위기는 경기 침체와 이에 따른 세계 각국의 관세 전쟁, 그리고 세계적인 자동차 산업 과잉 설비 문제에서 비롯한 것으로, 자본주의 체제와 자본가들의 이윤 경쟁의 결과이다. 이런 책임을 노동자들이 져야 할 이유는 없다.

한편, 정부와 사용자들은 이번 합의가 임금은 양보하고 대신 일자리를 늘리자는 노사민정 합의의 성과라고 치켜세우고 있다. 2019년 1월 28일 민주노총 대의원대회에서 민주노총의 경사노위 참여가 무산된 직후 정부가 광주형 일자리 합의를 이끌어 낸 것은, 앞으로도 사회적 대화를 이용해 노동자들에게 조건 양보를 강요하겠다는 의지를 밝힌 것이다.

금속노조와 현대·기아차지부 지도자들은 정부의 '광주형 일자리' 추진을 맹비판했지만, 실제 행동에서는 그것의 추진에 제동을 걸 만한 투쟁 계획을 내놓지 않고 있다. 그 부문의 노동자들은 사측에 압박을 가하고 정부의 저임금 일자리 양산 정책에 제동을 걸 힘이 있는데도 말이다.

현대차·기아차지부 집행부는 협약이 체결된 직후 사측에게 '광주형 일자리 관련 특별고용안정위원회' 소집을 요구했다. 그리고 사측이 고용안정위원회 소집에 응하지 않으면 투쟁에 나서겠다고 밝혔다. 이는 시간을 끌어 투쟁의 김을 빼는 일일 뿐 아니라, 고용 안정만 보장되면 임금·노동조건 하향평준화에 대해서는 사실상 눈감아 줄 수 있다고 밝힌 셈이다.

지금 문제인 정부는 '광주형 일자리' 확대, 최저임금 개악 등으로 저임금 일자리 양산을 추진하고, 탄력근로제 확대 등의 노동 개악도 추진하려고 한다. 이런 전반적인 친기업·반노동 정책에 맞서 민주노총 차원의 투쟁이 시급히 조직돼야 한다.

3장

공공 비정규직 제로,
1호 공약 1호 배신

공공 부문 비정규직 대책

온전한 정규직화와 거리가 멀다

문재인 정부의 핵심 노동정책인 공공 부문 비정규직 정규직 전환 정책은 추진 4개월 만에 별 볼 일 없음이 분명해졌다.

2017년 7월 20일 정부가 내놓은 공공 부문 정규직 전환 가이드라인은 "상시·지속 업무의 정규직 전환"과 간접고용 비정규직 대책을 포함한 점이 핵심이었다. 그런데 10월 하순 발표된 '공공 부문 비정규직 특별실태조사 결과 및 연차별 전환계획'은 소문난 잔치에 먹을 게 없다는 말이 꼭 들어맞았다.

첫째, 정부는 2020년까지 20만 5000명을 "정규직으로 전환한다"고 발표했다.

그러나 말이 정규직이지, 전환 대상의 대다수는 무기계약직이거나 자회사로 채용된다. 온전한 정규직화와는 거리가 멀다. 더구나 그 대상은

출처: 이정원, 〈노동자 연대〉 228호(2017 11 11).

정부가 스스로 집계한 공공 부문 비정규직 41만 6000명 중에서도 49퍼센트에 불과하다. '비정규직 제로'는 근처에도 가지 못한 것이다. 정부가 상시·지속 비정규직이라고 인정한 14만 1000명(60세 이상 고령자, 기간제 교사, 영어회화전문강사 등)을 대상에서 제외했다.

그래 놓고 정부는 이번 계획이 "상시·지속적 업무에 대한 정규직 채용 관행을 확립"한 것이라고 자화자찬한다. 그러나 온갖 예외 사유를 두어 무기계약직화조차 최소화하고 새로운 기간제 채용을 지속해 온 이전 정부들과 비교해 봐도, 별로 나은 수준이 못 된다.

둘째, 이번 대책에서 가장 주목받은 간접고용 비정규직의 정규직 전환은 거의 사기에 가깝다는 것이 드러났다. 파견·용역의 40퍼센트가 제외됐을 뿐만 아니라, 전환 대상 대부분이 자회사 고용이기 때문이다.

그 결과 간접고용 문제 해결의 시금석으로 여겨진 인천공항공사에서 사측은 1만 명 중 고작 500~800명만 직접고용하고, 대다수는 자회사로 전환하는 안을 내놓았다. 철도공사도 간접고용 9187명 중 고작 15퍼센트인 1337명만 무기계약직으로 전환하는 방안을 내놨다. 이 두 곳 모두 정부가 선정한 정규직 전환 '전략기관'인데도 이 모양이다.

셋째, 이런 전환조차 비정규직 고용 승계가 아니라 공개 채용을 한다고 하니, 일부 노동자들은 해고가 될 수도 있다. 채용되더라도 신규채용이라는 이유로 기존의 경력과 근속을 제대로 인정해 주지 않는 경우가 흔하다.

정부와 공공기관들은 '형평성' 잣대를 들이대 이를 정당화하지만, 완전한 위선이다. 정부는 비용 절감을 압박해 공공 부문에 비정규직을 양산해 온 주범으로, 비정규직의 열악한 조건에 책임이 있다. 이 노동자들을 고용 승계하고 처우 개선하는 것은 불공정한 '특혜'가 전혀 아니다.

넷째, 비정규직 대책에서 고용 안정 못지않게 중요한 것이 처우 개선이다. 그런데 정부는 기존의 무기계약직 노동자들에 대한 처우 개선은 아예 대책에 포함하지 않았다.

학교비정규직 노조들은 처우를 개선하기 위해 근속수당 인상을 요구하고 집회, 농성, 단식까지 하며 싸웠다. 노동자들의 저항으로 교육부가 일부 인상안을 내놓았지만, 최저임금 인상 효과를 무력화하는 공격이 함께 벌어졌다.

새롭게 무기계약직이 되거나 자회사로 고용되는 이들의 처우 개선도 미미할 것이 분명해 보인다. 정부가 "재정 부담 최소화"를 거듭 밝히고 있어서다. 그에 대한 예산도 아예 책정하지 않았다. 그래서 각 기관들은 '기재부가 여전히 돈줄을 죄고 있다'며 알아서 규모를 최소화하고, 처우 개선도 극히 미흡한 계획을 내놓고 있다.

정부는 2017년 11월 중에 청소·시설관리 등 주요 직종의 '임금체계 표준모델'을 내놓을 계획인데, "일률적인 호봉제 적용을 지양"한다고 못 박고 있다. 연구용역을 맡은 한국노동연구원 측은 비정규직의 임금체계로 직무급제를 제시해 왔다. 이는 '직무 차이'를 명분으로 비정규직의 저임금을 정당화하고, 호봉에 따른 인상을 없애 임금을 억제하겠다는 의미다.

한편, 철도공사 사측은 "기존 직원 인건비 조정"을 해야 한다고 주장하고 있다.

정부도 비정규직에 대한 매우 미흡한 수준의 처우 개선에 머물고는, '노동자 사이에 격차가 줄지 않고 있다'며 정규직 노동자들의 임금 억제를 위한 임금체계 개편을 추진하려 한다. 전반적인 상향평준화가 아니라, 바닥을 조금 끌어올리고 위를 끌어내려 전반적 임금 비용을 줄이려 하는 것이다. 정부가 '공정임금 체계 확립' 운운하는 것은 바로 이런 목적이다.

그 점에서, 노동자 간 격차 축소에 주목하는 일부 노동운동 지도자들과 학자들이 '정규직 노조의 기득권 유지가 비정규직의 정규직화에 걸림돌'이라고 비판한다든가, 정규직 노조가 직무급제 도입을 수용하는 '사회적 대타협'에 나서는 것이 "연대성"이고 "계급성"이라고 주장하는 것은 위험하다.

서울지하철노조 집행부가 일부 보수적 노동자들의 비정규직 정규직화 반대를 추수해 온전한 정규직화에서 후퇴한 입장을 공식으로 채택한 것은 유감이다. 정부는 이런 반발을 조장하고 키운 책임이 있다. 재원을 책임지지 않아 정규직의 임금·조건이 압박받는 상황을 만들었기 때문이다.

따라서 정부에게 정규직화와 처우 개선을 위한 재정을 내놓으라고 요구하며 투쟁해야 한다. 그래야 노동자들이 반목하지 않을 수 있고, 무엇보다 제대로 된 정규직화를 쟁취할 수 있다.

그러려면 문재인의 개혁이 좌초할까 걱정하며 '비판적 협력자'로 자리매김할 것이 아니라, 정부와 독립적으로 노동자들의 투쟁을 고무하고 확대하려고 노력해야 한다.

비정규직 제로 선언, 무색해지다

무더기 전환 제외

출범 1년이 된 문재인 정부의 노동정책 성적표는 그리 좋지 못하다. 노동자들의 기대에 부응하지 못한 탓이다. 특히 공공 부문 비정규직의 정규직 전환 정책은 시작부터 실망을 줘 1년간 노동자들의 항의가 계속됐다.

정규직 전환 대상에서 제외된 노동자들이 절반이 넘어 문재인의 '비정규직 제로 시대' 선언은 무색해졌다. 학교 비정규직의 단 7.5퍼센트만이 전환 결정됐다. 기간제 교·강사 전부, 지자체 비정규직과 파견용역 노동자 상당수가 전환에서 제외됐거나 그렇게 될 위기에 처해 있다. 정부가 제시한 '상시업무 정규직 전환' 원칙도 거의 지켜지지 않았다(그림 참조).

출처: 이정원, 〈노동자 연대〉 246호(2018 5 1).

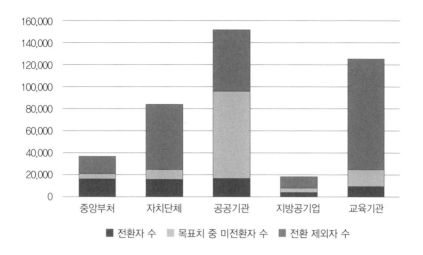

160,000

140,000

120,000

100,000

80,000

60,000

40,000

20,000

0

중앙부처   자치단체   공공기관   지방공기업   교육기관

■ 전환자 수   ■ 목표치 중 미전환자 수   ■ 전환 제외자 수

　　전환 방식도 무기계약직과 자회사 고용이 대다수라 차별과 열악한 처우 문제는 해결되지 않을 것이다. 정부는 무기계약직 노동자들의 임금체계인 표준임금모델도 내놓았는데, 저임금과 차별을 고착시키는 내용이다.

'비정규직 제로 선언' 무색케 한 인천공항 모델

　　민주노총은 "더디기만 하고 미봉적인 개혁"이라며 문재인 정부를 비판한다. 공공운수노조는 전환 대상이 대폭 누락되고, 전환 방식도 무기계약직과 자회사 '중규직화' 정도라고 평한다. 이런 문제들이 해결하지 않으면 "정책 자체의 의미가 실종될 수밖에 없다"고 비판했다.

　　2018년 5월 9일 공공운수노조 인천공항지역지부는 '인천공항 정규직 전환 선언 1주년 기자회견'을 열어 현재 전환 과정에서 드러나는 여러 문제점을 폭로했다. 용역 회사 계약 종료는 진전이 없어 전환이 지연되고, 승객보안검색 노동자들은 12조8교대 시행으로 노동조건이 더 후퇴했다.

무엇보다 임금과 처우 개선 문제가 난항을 겪고 있다. 사측은 비정규직의 근속도 일체 인정하지 않고, 처우 개선 비용에 용역회사의 이윤과 관리비 일부만 사용할 수 있다고 버티고 있다. 사측은 정부가 내놓은 '표준 임금모델'을 명분으로 애초 합의보다 더 형편없는 처우를 강요하고 있다.

그런데 모순적이게도 공공운수노조 지도부는 인천공항을 의미 있는 성과를 거둔 사례로 언급하기도 한다. 인천공항 사측이 처음 내놓았던 것보다 직접고용 규모가 늘었고, 자회사는 공공기관으로 지정되며, 자회사 노동자들의 조건을 직접고용 노동자들과 동일하게 하기로 한 합의 등을 근거로 말이다. 이렇게 자회사의 문제점을 보완했다는 것이다.

그러나 온전한 정규직 전환을 바라는 비정규직 노동자들의 입장에서 보면, 인천공항의 정규직 전환의 성과를 부각하는 것은 부적절하다. 문재인이 당선 직후 방문해 '공공 부문 비정규직 제로 시대'를 선언했던 상징적인 곳에서 진행된 정규직 전환이 고작 자회사 방식과 미미한 처우 개선에 머물렀기 때문이다. 그것이 다른 사업장의 정규직 전환에도 기준선이 됐음은 물론이다.

인천공항의 정규직 전환은 대상자의 무려 70퍼센트를 자회사로 고용하는 방식이다. 직접고용은 30퍼센트 수준이다. 공공기관들이 한사코 직접고용을 피하고 자회사 고용을 고집한 것은 구조조정이 쉽고, 직접고용보다 비용이 절감되기 때문이다.

자회사를 공공기관으로 지정한다고 해서 처지 개선이 보증되는 것도 아니다. 공공기관인 철도공사 자회사 노동자들이 직접고용 정규직화를 요구하며 투쟁하는 이유다.

인천공항공사 측은 직접고용 전환자들과의 동일 처우를 약속했지만,

그 방법은 아직 나오지 않고 있다. 자회사 노동자들이 동일 처우 방안을 마련하기 위해 원청과의 직접 교섭을 요구했지만, 공사 측은 그것도 끝내 받아들이지 않았다.

조합원 찬반투표에서 합의안이 통과됐지만, 노동자들이 흠뻑 지지해서 그렇게 된 것은 아니다. 사측의 강경한 태도와 '다른 대안은 없다'는 노조 지도자들의 설득 속에서 많은 노동자들이 실망과 불만족을 삼키며 어쩔 도리 없이 합의안을 수용한 것이다.

지금 대다수 공공기관 사용자들은 파견용역 노동자들을 자회사로 전환하려고 하고 있다. 인천공항 모델을 자회사의 문제점을 보완한 사례라고 본다면, 자칫 공공기관 사용자들의 자회사 전환 시도에 무기력할 수 있다.

정부가 조만간 발표할 공공 부문 자회사 운영모델(안)에 인천공항에서 합의된 보완책들과 유사한 내용들을 담을 것으로 알려졌다. 이 운영모델(안)에 노동이사제도 포함될 예정이라고 하는데, 이사진 중 소수인 데다 권한도 미약한 노동이사제로 고용 안정과 처우 개선을 이루는 것은 쉽지 않다.

인천공항 방식의 자회사 전환이 노동자들의 바람에 턱없이 부족하다는 점을 분명히 하고, 철도·발전 등에서 자회사 전환에 반대하는 노동자들의 투쟁을 확고하게 지지해야 한다.

정규직화 반대 논란에 대처하기

공공 부문 비정규직의 정규직 전환 문제에서 돌아볼 또 다른 이슈는 일부 정규직 노조 지도부의 태도다. 일부 정규직 노조 지도부가 보수적인 조합원들을 추수하면서 제대로 된 정규직 전환에 반대한 것이다. 인천공항공사 정규직 노조 지도부가 비정규직의 정규직 전환에 반대한 것, 전교조 지도부가 기간제 교·강사의 정규직 전환에 반대한 것, 서울지하철노조 지도부가 임금·승진 등에 차별을 두는 방안을 추진한 것 등이 그런 사례다.

그런데 최근 공공운수노조 집행부는 서울지하철 무기계약직의 정규직 전환을 긍정적으로(모범 사례로) 평가했다. 임금·승진 차별이 유지된 점이나 그 과정에서 노조 지도부가 취한 태도를 돌아봤을 때, 이 평가는 그런 문제점을 덮는 효과를 낼 수 있다.

물론 정부가 무기계약직을 정규직화에서 아예 제외한 것과 비교하면, 서울시가 서울지하철 무기계약직 노동자들을 정규직화한 것은 진전이다. 그러나 한계가 없었던 것은 아니다. 서울시는 정규직 전환을 위한 재정 지원은 전혀 책임지지 않았고, 사측은 정규직화를 추진하되 별도의 직급을 만드는 방식을 제시했다. 그러면 임금과 승진 등에서 차별이 생기는데 말이다.

유감스럽게도 서울지하철노조 집행부는 정규직화에 반대하는 일부 보수적인 조합원들의 압박을 추수해 이를 인정하는 합의를 했다. '차별 없는 정규직 전환'을 요구한 비정규직 노동자들의 간곡한 촉구를 외면하면서 말이다. 공공운수노조 지도부는 당시에 이 비정규직 노동자들의 투쟁을 외면했다.

최근 철도노조 내에서도 일부 조합원들이 비정규직의 정규직화에 반대하는 주장을 하고 나섰다. 철도노조가 서울지하철노조, 전교조 등의 사례를 반복하지 않으려면, 현장의 투사들이 원칙 있게 정규직화 요구를 지지하고 정규직-비정규직의 단결을 구축해 나가야 한다. 현재 진행되고 있는 철도 비정규직 노동자들의 투쟁에 연대를 조직하고 확대해야 한다.

한편, 얄궂게도 정부는 일부 노조 지도자들의 부적절한 태도를 빌미로 자신의 부실한 정책을 정당화 한다. 2018년 4월 10일 '공공 부문 비정규직 제로 시대' 평가 토론회에서도 교육부 인사는 전교조 지도부가 기간제 교사 정규직화에 반대하는 것을 들먹이며 기간제 교사 전환 제외를 정당화했다.

정부와 사용자들이 위선적인 책임 떠넘기기를 못 하게 하려면, 민주노총 등이 확고하게 예외 없는 제대로 된 정규직 전환 요구를 방어해야 한다. 예를 들어, 기간제교사노조는 민주노총에게 "기간제 교사 정규직화를 대정부 요구로도 제시해 주길 바란다"고 촉구하고 있다. 민주노총은 최근 기간제교사노조의 여러 기자회견에 참가해 정규직화 지지를 표명한 바 있는데, 대정부 요구로도 채택하는 것이 일관된 태도일 것이다.

정부는 2018년 5월 중에 2단계 '정규직' 전환 가이드라인을 발표하고 6월부터 전환 논의를 시작할 예정이다. 2단계 전환 대상은 자치단체 출자·출연기관과 공공기관·지방공기업의 자회사들이다. 그 규모는 1만 6000여 명에 이른다.

2단계 전환 대상 기관의 92퍼센트는 자치단체의 출자·출연기관이다. 그런데 자치단체들은 1단계 전환에서도 재정 부족을 이유로 정규직 전환에 가장 미온적이었다. 온갖 꼼수를 부렸다. 1단계 전환에서 나타난 문제들이 개선되지 않으면, 앞으로 진행될 2단계 전환에서도 같은 문제가 반복되거나 더 심각해질 것이 분명하다. 대규모 전환 제외와 '무늬만' 정규직화, 처우 개선 미비 등이 예상된다.

따라서 현재 진행되고 있는 비정규직 투쟁에 적극 연대하며 노동자들의 투쟁을 연결시키기 위해 노력해야 한다. 민주노총과 공공운수노조가 분명한 입장을 취해야 하고, 무엇보다 기층 활동가들의 구실이 중요하다.

공공 부문 비정규직의 정규직 전환은 민간 부문에도 영향을 미친다. 그동안 역대 정부들은 중요한 노동 정책을 공공 부문에 관철해 전체로 확산하려 해 왔다. 실제 자회사 방안은 곧바로 파리바게트, SK브로드밴드 같은 민간 대기업들로 곧바로 이어졌다. 대기업 사용자들은 저임금 고착화 방안인 '표준임금모델'도 비정규직 임금의 기준선으로 삼으려 할 것이다.

공공 부문의 제대로 된 정규직 전환을 위해 노동운동 전체가 함께 대응하는 것이 중요한 이유다.

공공 부문 비정규직 정규직화

사기로 드러난 처우 개선 약속

문재인 정부의 정규직 전환 정책은 시간이 지날수록 노동자들의 불만을 키우고 있다. '비정규직 제로' 약속처럼 정규직 대비 80퍼센트 수준의 임금을 보장하겠다는 공약도 사기였다.

정부는 무기계약직으로 전환되는 노동자들에 대해 "별도의 직군을 신설하고 별도의 임금체계를 설계"할 수 있도록 했다. 그리고 "임금체계 표준모델(정부안)"(이하 표준모델안)을 만들었다. 내용의 핵심은 무기계약직으로 전환된 노동자 대다수에게 최하위 직무를 부여해 최저임금에서 크게 벗어날 수 없도록 하는 것이다. 저임금을 고착화하려는 목적이다. 정부는 비정규직 차별 해소를 위한다며 최소한의 식대, 명절상여금, 복지포인트 개선을 약속했지만, 최저임금 삭감 개악으로 이조차 사라질 판이다.

출처: 이정원, 〈노동자 연대〉 266호(2018 11 10).

최근에는 무기계약직 전환자에게 퇴직금 누진제를 적용하지 말라는 공문을 공공기관들에 내려보냈다. 일부 공공기관들이 퇴직금 누진제 적용을 고려하는 것은 그만큼 전환자 처우 개선이 미미하다는 것인데, 그조차 과도하다며 말리는 것이다.

심지어 일부 기관에서 전환자들은 처우가 개선되기는커녕 임금이 삭감되고 있다. 서울교육청 청소·경비·시설 노동자들은 서울시 생활임금(2018년 시급 9211원)을 받다가, 전환 후에 오히려 최저임금(2018년 시급 7530원) 수준으로 깎였다. 국민연금공단은 무기계약직으로 전환된 노동자 중 일부에게 임금피크제를 적용하겠다고 한다.

처우 개선과 차별 중단을 위해 정규직화를 요구해 온 노동자들을 우롱하는 것이다. 요컨대, 전환자들의 임금·처우는 거의 개선되지 않거나 심지어 일부 후퇴하고 있다. 노동자들이 제대로 된 정규직화를 요구하며 투쟁하는 이유이다.

한편, 고용노동부는 2018년 10월 〈정규직 전환자 임금체계 관련 안내〉 공문을 공공기관들에 내려보냈다. 여기에는 철도를 비롯해 여러 공공기관에서 도입된 다양한 형태의 직무급제가 소개됐다.

그동안 정부는 자신들이 표준모델안을 만들기만 했지 공표는 하지 않았다고 발뺌해 왔다. 그러나 이미 공공기관들이 정부안을 토대로 직무급제 모델을 도입해 왔음을 알 수 있다. 이번에 "주요 사례"가 담긴 공문을 내린 것도 사실상 표준모델안 도입을 적극 주문하는 것이다.

공문에 담긴 내용을 보면 무기계약직뿐 아니라 자회사로 전환된 노동자들도 이 모델의 적용을 받았다. 무기계약직이나 자회사로 전환된 노동자 대다수는 최하 직무등급에 해당하고, 임금은 최저임금 수준이다. 정부가 말하는 '동일가치노동 동일임금'은 저임금을 정당화하는 수사에 불과한 것이다.

공문에는 보건의료노조가 합의해 준 "공공병원 표준임금체계 가이드라인"도 주요 참고 사례로 제시됐다. 이를 보면 미화, 주차, 경비, 식당, 콜센터 업무는 최하 직무 등급에 속하고 최저임금으로 시작해 18년이 지나 최고 단계에 도달해도 기본급은 고작 27만 3000원 오른다. 정부가 제시한 표준모델안과 거의 차이가 없다.

보건의료노조 집행부가 이 가이드라인이 보건의료노조 소속 병원에만 적용된다고 주장하는 것은 눈 가리고 아웅하기 식 회피일 뿐이다. 정부는 그렇게 생각지 않고 있기 때문이다.

정부의 "바람직한 자회사 설립·운영 모델안"

고용 안정도 처우 개선도 없다

문재인 정부의 "공공 부문 비정규직 근로자 정규직 전환 관련 바람직한 자회사 설립·운영 모델안"(2018년 12월 31일, 이하 자회사 모델안)의 구체적 내용이 알려졌다.

정부는 그동안 노동자들의 반발 때문에 자회사 모델안을 공식적으로 내놓지 못했다. 그러나 정부는 발표를 미뤘을 뿐이지, 2018년 내내 이를 관철하는 데 기를 썼다.

그 결과 2018년 9월 기준 중앙행정부처 산하 공공기관 334곳에서 자회사 소속으로 전환됐거나 전환될 예정인 비정규직 숫자는 3만 2514명 (33곳)이었다(2018년 10월 이용득 의원). 이 기관들이 정규직으로 전환하겠다고 밝힌 용역 노동자 약 7만 명 중 절반에 가까운 숫자다.

그러나 2018년 내내 공공 부문 비정규직 노동자들은 자회사 추진에

출처: 이정원, 〈노동자 연대〉 273호(2019 1 16).

맞서 격렬하게 반대해 투쟁을 벌였다. 잡월드 파업이 대표적이다. 또 노동자들은 수차례 대규모 공동 집회와 파업까지 벌이며 문재인이 직접 나서 책임지라고 요구했다.

공공 부문 비정규직의 자회사 전환은 문재인 정부의 비정규직 제로 정책의 허구성을 가장 잘 보여 주는 지표가 됐다.

정부는 자회사 모델안이 기존 공공기관 자회사들의 문제점을 극복하는 내용을 담고 있다고 주장한다. 그동안 "공통된 기준 없이 자회사가 설립"된 것이 문제라며, 모회사 100퍼센트 출자, 법령으로 자회사 설립 근거 마련 등의 조처를 하면 자회사 운영의 '안정성과 공공성'을 확보할 수 있다는 것이다.

그러나 자회사 모델안의 내용을 고스란히 반영하고 있는 인천공항 사례를 보면 이것이 거짓말임을 알 수 있다.

첫째, 자회사 모델안에는 '공정 채용 절차'를 따라야 한다는 내용이 명시돼 있다. 이는 기존 노동자들의 정규직 전환을 보장하는 게 아니라 '경쟁 채용' 과정에서 해고될 위험이 있는 방안이다. 실제 인천공항공사 사측이 전환 채용한다는 노조와의 합의를 파기하고 경쟁 채용을 도입하는 바람에, 무려 2000명의 전환 채용이 불확실하게 됐고, 일부는 해고로 내몰릴 위험에 처했다.

둘째, 처우 개선 역시 미미하기 짝이 없다. 자회사 모델안은 "전환 이전 임금수준" 등을 고려하도록 돼 있는 데다, 직무급제 도입을 주문하고 있기 때문이다.

노동조건 개선에 관해서는 '모회사의 사내근로복지기금 공동 활용' 문구 정도가 포함돼 있는데, 이는 정부의 부담은 늘리지 않은 채 정규직 복지에 사용될 재원을 나눠 쓰라며 정규직과 비정규직의 갈등을 조장하는 것이다.

인천공항공사에서도 사측은 "정부 가이드라인에 따라 추가로 투입되는 예산 없이" 자회사 전환을 한다고 결정했다. 2017년 당기 순이익이 무려 1조 원이 넘는데도 말이다. 심지어 기존 용역업체에 지급되던 일반 관리비와 이윤을 노동자 처우 개선에 쓰라는 노조의 요구도 거부했다. 그 결과 노동자들은 고작 평균 3.7퍼센트의 임금 인상과 일부 수당을 받을 뿐이다. 게다가 정부는 직무급제까지 도입해 앞으로도 임금이 거의 오르지 않는 체계를 만들려 한다.

이처럼 정부가 내놓은 자회사 모델안은 기존 자회사 문제를 "극복"하는 "바람직한 모델"이 전혀 아니다.

게다가 공공기관들이 자회사에게 일을 맡기는 것에 대해 벌써부터 '독점, 일감 몰아주기'라며 불공정 논란이 제기되고 있다. 이를 빌미로 다시 경쟁 입찰이 도입되면서 노동자들의 처우를 압박하는 상황이 벌어질 수 있다. 지금 정부는 공공 사업의 민간 개방을 확대하겠다고 하는데, 이는 경쟁 입찰 압력을 더 키울 것이다.

최근 정부가 자회사 모델안을 내놓은 것은 여전히 난항을 겪고 있는 공공기관들의 자회사 추진에 힘을 실어 주며 자회사 전환을 못 박기 위한 것이다. 따라서 정부의 자회사 모델안의 내용을 폭로하고, 자회사 고용 자체에 분명하게 반대하며 정부에 맞서야 한다.

이런 점에서 2018년 12월 민주노총, 공공운수노조 등이 자회사 문제로 노정협의에 참가한 것은 부적절했다. 그리고 이 자리에서 민주노총과 공공운수노조 등은 직접고용을 요구하면서도 자회사의 조건 요구안도 내놓았는데, 이것도 문제다. 그동안 민주노총과 공공운수노조는 "자회사 전환 중단, 직고용 정규직 전환"을 요구해 왔는데, 자회사 조건안을 제시함으로써 '어떤 자회사 방식이냐'를 논의하는 길을 열어 준 것이기 때문이다. 결국 이 노정협의는 정부가 노조들과 충분히 상의했다는 명분을 얻는 데 이용됐고, 정부는 자회사 모델안 강행을 최종 통보했다. 그런데도 민주노총과 산하 공공 부문 노조들은 이에 어떠한 항의도 표하지 않고 있다.

사실 2018년 잡월드 파업을 정점으로 자회사 반대 요구가 부상했을 때, 민주노총과 공공운수노조는 이 투쟁을 전체 공공 부문 비정규직 투쟁으로 확대하는 데 전력을 쏟아야 했다. 그러나 민주노총 집행부는 경사노위 참가를 비롯한 정부와의 협상을 성사시키는 데 주된 관심이 있었다. 공공운수노조 지도부도 경사노위 중재에 기대며 문재인 정부에 단호하게 맞서지 않았다.

따라서 2018년 투쟁으로부터 '자회사 반대를 내걸고 싸워 봐야 소용없고, 더 나은 자회사 방안을 추구하는 게 현실적'이라는 잘못된 교훈을 이끌어 내서는 안 된다. 노동자들의 투쟁 동력이 부족한 게 문제가 아니었다.

여전히 노동자들은 자회사 전환에 반감이 크다. 투쟁도 계속되고 있다. 발전, 가스, 마사회, 서울대병원, 산업은행 등이 그렇다. 인천공항 노동자들도 다시 투쟁에 나설 채비를 하고 있다. 2019년 1월 11일에는 과학기술 분야 정부출연연구기관들이 자회사 추진에 나서 해당 노동자들이 투쟁에 나섰다. 고 김용균 동지 사망에 항의하는 운동이 지속되고 있고 2월 탄력근로제 확대, 최저임금 결정 구조 개악 등의 현안이 코앞에 있는 상황이다.

기층의 활동가들은 민주노총과 공공운수노조가 단호하게 이런 공격에 맞서 투쟁에 힘을 쏟도록 촉구하며 아래로부터 노동자들이 투쟁에 나서도록 해야 한다. 민주노총은 이런 때 또다시 경사노위 참가를 추진하다 투쟁 시기를 놓쳐서는 안 된다.

문재인 정규직화 정책의 파탄

2017년 12월 26일, 인천공항 노사는 전체 파견·용역직 노동자 중 30퍼센트를 공사로 직접고용하고 나머지 70퍼센트는 자회사로 고용하기로 합의했다. 임금 등 구체적 처우 개선은 노·사·전문가협의회에서 추후 합의해 나가기로 했다.

그러나 지난 1년간 공사는 합의를 제대로 이행하지 않았다. 하청업체 계약이 만료된 노동자들은 임시 자회사에 고용됐다. 그런데 임시 자회사 노동자들은 하청업체 때와 같은 임금을 받으며 일했다. 심지어 임시 자회사가 공사가 준 인건비의 일부를 떼먹는 일까지 벌어졌지만, 공사는 이런 상황을 방치했다. 애초부터 공사 측이 자회사 전환을 통해 노동자 처우를 개선하는 것에 관심이 없었음을 보여 주는 사례다.

2018년 10월부터 11주 동안 사측은 이런저런 핑계를 대며 노·사·전

출처: 양효영, 〈노동자 연대〉 272호(2018 12 26).

문가협의회를 회피해 왔다. 그러더니 12월 26일, 기존 합의보다 후퇴한 내용을 담은 '자회사 임금체계 등 정규직 전환 세부방안 합의서' 발표를 강행했다. 공공운수노조 인천공항지역지부가 기존 합의에서 후퇴하는 것에 반발했는데도 말이다. 사측은 한국노총 정규직, 비정규직 노조를 압박·회유해 이번 합의서를 만들었다. 그러고는 "타 공공기관에 있어 모범이 될 만하다"며 자화자찬했다. 공공운수노조 인천공항지역지부는 이번 합의안이 "야합"이라고 규정했다.

내용을 보면, 사측은 2017년 5월 12일 이후 입사자들에게는 경쟁 채용 방식을 적용하겠다고 한다. 기존 합의에서는 이미 자회사 채용이 정해진 사람들이었다. 사측의 합의 파기로 무려 2000명의 자회사 전환 채용이 불확실하게 됐고, 일부는 해고로 내몰리고 있다. 노동자들이 격하게 반발하는 이유다.

사측은 이런 합의 파기가 2018년 11월 정부가 내린 '공정 채용' 지침 때문이라 말한다. 그러나 소위 '채용 비리'는 보수 언론들의 근거 없는 추측성 비난이었음이 드러나고 있다. 근거도 없이 비정규직 노동자들의 고용을 불안정하게 만들면서 "일자리 질 개선"을 운운하는 건 위선이다.

또한 사측은 기존 합의문에서 자회사 2곳을 설립하겠다고 했지만, 이번 '야합안'에선 3곳 이상으로 늘릴 수 있는 여지를 남겨 놨다. 자회사 수가 많아질수록 노동자들은 서로 상이한 노동조건을 요구받기 쉽고, 단결하기 어려워진다. 노동자들은 '여러 개로 쪼개진 자회사는 실상 과거 하청업체와 다르지 않다'고 반발하고 있다.

자회사 전환 대상자들의 임금과 처우 수준도 별 볼 일 없다. 사측의 주장으로만 봐도 임금이 고작 3.7퍼센트 오르는 데 불과하다. 인천공항 비정규직 노동자들의 평균 기본급은 179만 원밖에 되지 않는다(2017년 기준). 수당 등을 합치면 총임금은 평균 276만 원가량 되지만(한국 평균

283만 원), 노동시간은 국내 평균보다 11.7퍼센트 높다. 비정규직 중 많은 비중을 차지하는 보안방재, 환경미화의 경우에는 임금이 낮은 최저직급의 비율이 압도적이다. 이처럼 저임금 상황에서 겨우 3.7퍼센트 인상하겠다는 건 제대로 처우 개선을 하지 않겠다는 것과 마찬가지다.

이는 사측이 "정부 가이드라인에 따라 추가로 투입되는 예산 없이"(사측 보도자료) 자회사 전환을 추진했기 때문이다. 공공운수노조 인천공항지역지부는 기존 용역업체에 지급되던 일반관리비, 이윤 전액을 노동자 처우 개선에 쓰라고 요구해 왔다. 그러나 사측은 이를 무시하고 용역업체에 지급하던 돈 중 69억 원을 자회사 운영비로 사용하겠다고 밝혔다. 이 때문에 임금 인상이 미미해진 것이다.

또한 사측은 자회사 임금체계로 직무급제를 추진하겠다고 밝혔다. 사측의 안은 근속에 따른 임금 상승을 억제하는 정부의 표준임금모델과 다르지 않다. 동일 직무 내 승급은 평가를 거쳐야만 가능하게 하고 임금 인상 상한선을 두어 임금 인상을 억제하고 있다. 평가를 빌미로 사측의 통제력을 강화할 여지를 남긴 것이다. 자회사에 경영목표를 부여해 성과급을 지급하겠다고도 밝혔다. 이런 성과급은 노동자들 사이에서 경쟁과 노동강도 강화 압력으로 작용하기 쉽다.

이처럼 인천공항 비정규직 노동자들의 정규직화 바람을 짓밟는 안에 한국노총 정규직, 비정규직 노조가 합의해 준 것은 매우 문제다. 사측의 문제적인 안을 '노사 합의'로 포장할 수 있게 들러리를 서 준 것이다.

인천공항은 문재인 정부의 '공공 부문 정규직화 1호 사업장'으로 꼽힌 상징적 사업장이다. 그러나 문재인이 인천공항에 다녀간 이후 지난 1년 반 동안 정부는 정규직이 아니라 자회사를 강요하고, 자회사 전환자들의 임금·처우 또한 거의 개선하지 않아 도로 '파견·용역'이 돼 버린 것이다. 이번 야합 강행 또한 문재인 정부의 정규직화 정책의 파탄을 상징적으로 보여 준다.

합의안 발표 당일 공공운수노조 인천공항지역지부 조합원 500명은 공항 로비에 모여 '해고 위협, 졸속·일방 강행으로 정규직 전환 역행하는 인천공항공사'를 규탄하는 항의 기자회견을 진행했다. 이 기만적인 야합은 즉각 폐기돼야 한다. 사측은 즉각 '야합안'을 철회하라!

4장

최저임금 1만 원, 줬다 뺏기

최저임금, 줬다 뺏기 개악

문재인 '노동 존중'의 위선

2018년 5월 28일 최저임금법 개악안이 국회 본회의를 통과했다.

상여금뿐 아니라 식대, 숙박비, 교통비 등 복리후생비도 최저임금 산정에 포함하는 개악이다. 2019년부터 월 최저임금의 25퍼센트를 초과하는 상여금, 7퍼센트를 초과하는 복리후생 수당이 최저임금으로 포함되고, 산입 범위를 매년 늘려 나가 2024년에는 모든 상여금과 복리후생 수당이 최저임금에 포함되도록 했다. 즉, 최저임금을 올려도 무용지물로 만드는 '줬다 뺏기' 개악인 셈이다.

2018년 최저임금(월 157만 3770원)을 기준으로 하면, 당장 2019년부터 월 상여금 중 39만 원, 복리후생비 중 11만 원을 뺀 나머지를 최저임금에 산입할 수 있다. 예컨대, 월 기본급 157만 원, 상여금 50만 원, 복리후생비 20만 원으로 월 227만 원을 받는 노동자의 경우, 상여금 11만

출처: 〈노동자 연대〉 250호(2018 5 30).

원, 복리후생비 9만 원이 최저임금에 산입돼, 기본급 20만 원이 깎이더라도 최저임금법 위반이 아니게 된다.

기본급은 최대한 적게 주고 그 대신 상여금을 지급하는 방식으로 연장근로수당 등을 삭감해 온 대기업들은 앞으로 몇 년간 최저임금이 올라도 기본급을 올리지 않아도 되는 것이다.

정부와 국회는 연소득 2500만 원 안팎의 저임금 노동자를 최대한 보호했다며, 저임금 노동자 중 최대 21만 6000명(6.7퍼센트)만 최저임금 인상 혜택을 못 볼 수 있다고 주장했다.

그러나 고용노동부가 내놓은 근거는 2016년 임금 자료와 2019년에 인상될 것으로 예상되는 최저임금액을 비교한 것이다. 2017~2018년 최저임금이 오르는 동안 이미 임금이 오른 저임금 노동자가 꽤 될 것이라는 점을 고려하면, 2019년 최저임금 인상분만큼 임금이 오르지 않을 저임금 노동자는 훨씬 더 늘어날 것이다.

민주노총이 조합원을 대상으로 조사한 결과를 보면, 산입 범위 확대로 저임금 노동자의 30퍼센트가 임금 인상에서 손해를 본다. 교육공무직본부는 교육공무직 노동자 14만 명 중 절반 이상이 2024년까지 임금 인상에서 손해를 볼 것으로 내다봤다. 실제로 현재 매월 급식비 13만 원, 교통비 6만 원을 받는 학교 비정규직 노동자들은 매월 8만 원, 연간 96만 원 상당의 최저임금 인상 효과를 빼앗기게 된다.

저임금 노동자들이 최저임금 수준의 기본급만으로는 턱없이 부족한 임금을 식비, 교통비 등 각종 복리후생수당과 상여금으로 충당해 온 현실을 감안할 때 노동자들의 주장이 더 설득력이 있다.

또, 고용주가 3개월 혹은 6개월 단위로 지급하던 상여금을 1개월 단위로 나눠서 지급하려 할 때, 노조나 과반수 노동자의 동의를 받지 않아도 되는 부칙도 덧붙였다. 취업규칙을 노동자에게 불리하게 변경하려면 과반수 노조 내지 노동자 과반수의 동의를 얻어야 한다는 근로기준법 상 최소한의 방어조항조차 무력화한 것이다.

이렇게 되면 사용자가 일방적으로 '상여금 쪼개기'를 할 수 있을 뿐 아니라, 여기에 더해 임금을 삭감하려는 온갖 불법과 편법이 난무할 가능성도 높아진다.

문재인 정부는 "노동 존중", "소득 주도 성장" 등을 표방하면서, 최소한 저임금 노동자들의 처지는 개선해 줄 것처럼 주장해 왔다. 그러나 문재인 정부는 공공 부문 '비정규직 제로', 노동시간 주 52시간 단축 등을 누더기로 만들더니, 최저임금마저 개악해 임금 인상 효과를 무력화해 버렸다.

이런 개악을 밀어붙이는 것은 지방선거에서 중소 상공인을 비롯한 사용주들의 지지를 얻기 위한 의도가 있을 것이다. 개악은 찰떡 궁합으로 해 놓고도 보수 야당의 개혁 방해 프레임은 유지하는 것은, 개혁 염원 지지층이 이탈하지 못하게 하려는 술책이다.

더 근본에서는 2017년에 회복되는 듯했던 한국 경제가 최근 다시 '침체 논란'이 벌어질 정도로 악화했기 때문이다. 미·중 무역 갈등, 중동 내 갈등 등으로 한국의 수출 확대 전망이 점점 불확실해지고, 석유값 상승과 신흥국 통화 위기 등으로 세계경제가 요동칠 가능성이 커졌다. 그래서 더 확실하게 사용주들의 이윤을 보호하는 편에 선 것이다.

특히, 북미정상회담에 대한 대중의 지지 분위기가 고조된 상황을 틈타 밀어붙이면 큰 저항 없이 노동 개악을 이룰 수 있다고 봤을 것이다. 남북 화해 국면에서 노동운동 지도자들이 포퓰리즘 정치 때문에 문재인의 개악에 일관되게 반대하지 못할 것도 계산에 넣었을 것이다.

정부와 사용자들은 저임금·비정규직의 임금 인상을 억제했기 때문에 고임금 노동자들을 고립시키는 공격도 더 강화할 수 있다. 개악안이 통과되자마자 〈한겨레〉는 다음 날 사설에서 금융 공기업의 고임금을 문제 삼았고, 경총은 직무급제 도입에 매진하겠다고 밝혔다.

노동자들은 배신감을 느끼며 분노를 드러내고 있다. 민주노총은 노사정대표자회의와 경사노위, 최저임금위원회 참가 중단을 선언했다. 그리고 2018년 6월 초 규탄대회, 100만 서명운동, 6월 30일 전국노동자대회 등의 투쟁 계획을 공표했다. 한국노총도 개악안 통과 다음 날 최저임금위원회의 소속 노동자위원 전원이 항의하며 사퇴했다.

양대 노총과 진보정당들은 문재인에게 대통령 거부권 행사를 요구한다. 그러나 문재인 정부가 적극 나서 최저임금 개악을 촉구하고 집권당이 국회에서 밀어붙인 지금, 이는 실현 가능성이 희박해 보인다. 지금 중요한 것은 민주노총이 노사정대표자회의 등에 불참을 선언한 만큼, 그에 걸맞게 투쟁을 조직하는 것이다.

그동안 민주노총 집행부는 사회적 대화 성사에 집착하면서 예상되는 최저임금 개악에 맞선 투쟁을 조직하는 데 소홀했다. 개악이 임박해서야 민주노총은 파업 지침을 내리고 2018년 5월 28일 전국에서 5만여 명 규모의 집회를 열었다. 아쉽게도 그 파업은 2시간 파업에 그쳤다.

문재인 정부의 최저임금 개악과 '노동 존중' 정책 폐기에 대한 노동자들의 분노가 커진 지금, 실질적인 투쟁을 벌여야 한다.

정부, 최저임금 또 개악 예고

2019년 3월 7일 임시국회 개회를 앞두고 최저임금 개악이 예고되고 있다. 정부가 2월 27일 결정 구조 개악안을 발표하자, 곧바로 더불어민주당 의원들이 정부안을 반영한 개악안(대표발의 신창현)을 발의했다.

최저임금 결정 체계 개악의 핵심은 최저임금 결정 구조를 이원화하는 것이다. 전문가들로 구성된 구간설정위원회가 먼저 최저임금 인상 구간을 정하면, 결정위원회가 이 구간 내에서 최저임금을 결정하도록 하는 것이다.

정부는 결정 구조 이원화가 그동안 최저임금위원회에서 노사 간에 반복돼 온 소모적 논쟁을 줄이고 공정성을 높이기 위한 것이라고 설명한다. 그러나 인상폭을 둘러싼 논쟁은 매년 최저임금조차 동결해야 한다는 사용자들의 억지 때문이었지 결정 구조에서 비롯한 것이 아니다. '전문가'들로 구성된 구간위원회가 '절충'구간을 정하도록 하는 것은 최

출처: 장우성, 〈노동자 연대〉 278호(2019 3 6).

저임금 인상 억제 효과를 낼 가능성이 크다. 노동자들의 필요보다 협소한 자본주의 사회·경제 이론의 기초 위에서 논의될 가능성이 크기 때문이다.

정부는 최저임금 결정 기준으로 '고용에 미치는 영향'과 경제성장률을 추가하기로 했다. 최저임금 인상이 고용 감소로 이어진다거나 경제성장률과 비례해야 한다는 기업주들의 주장을 반영한 것으로 보인다. 경제 위기 하에서 기업주들의 이해관계를 반영해 최저임금 인상 속도를 조절하겠다는 의지를 분명히 한 것이다.

국회의 입법 논의 과정에서 차등 적용 같은 개악이 더해질 가능성도 크다. 이미 자유한국당, 바른미래당의 의원들이 관련 개악안을 20개 가까이 내놓은 상황이다.

정부·여당도 결코 믿을 수 없다. 정부는 기업별 최저임금 차등 적용을 염두에 두고 '기업지불능력'을 최저임금 결정 기준에 포함하려 했었다. 이것은 '고용에 미치는 영향'으로 대체됐지만, 이 또한 업종·규모별로 상이하기 때문에 차등 적용의 근거가 될 가능성을 배제할 수 없다.

한국의 최저임금 미만율(전체 임금근로자 중 최저임금보다 적은 임금을 받고 일하는 노동자의 비율)은 15퍼센트로, 이들 중 압도 다수가 미조직·영세사업장·비정규직 노동자들이다. 이 때문에 최저임금을 두고 이들의 생명줄이라고 한다. 그런데 정부의 거듭되는 최저임금 개악은 이 생명줄을 썩은 동아줄로 만들어 왔다.

2019년 최저임금은 시급 8350원, 월 174만 5150원이다(10.4퍼센트 인상). 그래서 최저임금에 맞춰 기본급을 받던 노동자들은 지난해보다 17만 1380원을 더 받아야 한다. 그러나 학교비정규직 노동자들의 경우, 2018년보다 10만 원 정도밖에 임금이 오르지 않았다. 2019년 초 전국의 시도교육청들이 기본급은 동결한 채, 급식비와 교통비 중 6만

7840원을 최저임금 계산에 포함시켰기 때문이다.

2018년 '최저임금 삭감법'이 통과된 뒤, 연봉 2500만 원 이하 저임금 노동자의 피해가 없도록 대책을 마련하겠다고 한 정부의 약속은 지켜지지 않았다.

한국지엠 부평공장 하청업체인 태호코퍼레이션에서 일하는 한 노동자의 2019년 1월 월급은 215만 1067원으로 2018년보다 고작 1만 7050원 올랐다. 사측이 기본급을 동결하고 각종 수당을 올려 최저임금에 맞추면서, 성과급은 10만 원 이상 줄였기 때문이다.

홈플러스의 경우, 사측이 상여금과 수당을 산입해 기본급을 올해 인상률의 절반인 5퍼센트만 인상하려 했지만, 노동자들이 투쟁으로 이를 막아 냈다. 그러나 이처럼 노동조합으로 조직되지 못한 미조직 노동자들은 사측의 시도를 저지하는 것이 거의 불가능하다.

이런 상황에서 결정 구조 개악으로 인상률마저 묶이면, 저임금 개선이라는 최저임금 제도의 효과는 더 유명무실해지게 된다.

2019년 2월 21일 통계청이 발표한 '2018년 4분기 가계동향조사(소득부문)' 결과를 보면, 소득하위 20퍼센트 가구의 소득이 전년 동기 대비 17.7퍼센트나 줄었다. 경제 위기가 지속되면서 사회 양극화가 더욱 심화되고 있음을 보여 준다. 이를 개선하려면, 양질의 일자리를 늘리고 저소득층 소득을 끌어올려야 하지만, 문재인 정부는 오히려 이에 역행하고 있다.

여기에 경사노위 노사관계제도관행개선위원회에서 논의 중인 단체행동권 제약(대체근로 허용, 직장점거 금지 등)까지 추가되면 노동자들은 지금보다 더 많은 족쇄에 묶인 채로 저항에 나서야 한다. 이처럼 정부의 노동 개악은 사용자들이 경제 위기 고통 전가를 더 쉽게 하도록 하는 데 초점이 맞춰져 있다.

노동조합으로 조직된 노동자들이 이를 저지하지 못한다면, 미조직·저소득 노동자들을 포함한 전체 노동계급의 삶이 더욱 나락으로 내몰릴 것이다. 민주노총이 투쟁에 전력으로 매진해야 하는 이유다.

5장

공정 임금,
격차 해소 탈을 쓴 하향 평준화

직무급제는 공정한 임금체계인가?

2018년 6월 19일 김동연 기획재정부 장관은 공공기관 호봉제를 폐지하고 직무급제를 도입하겠다고 밝혔다. "직무급 중심 보수체계 개편 등 공공기관 관리체계를 전면 개편해 공공기관 혁신을 뒷받침하는 작업을 진행 중[이다.]" 8월 31일에는 정향우 기획재정부 제도기획과장이 공공운수노조 등이 주최한 토론회에서 "인사혁신처가 공무원 직무급제 도입을 검토 중"이라고 밝혔다.

김동연 장관은 "공공기관은 직무가치·성과·능력 등에 기반을 둔 보수체계로 가야 한다"고 2017년부터 공공연히 주장해 왔다. 그는 박근혜 정부 시절 추진되던 성과연봉제에 대해서도 "성과연봉제 시행은 필요하지만 일방적으로 밀어붙인 게 문제였다"며 성과급 지속 추진 의지도 숨기지 않았다. 이미 2018년 3월 초 정부가 '공공기관 경영 및 혁신에 관

출처: 김하영, 〈노동자 연대〉 260호(2018 9 27).

한 지침'을 제시하면서 성과연봉제 시행안을 포함시키려 했음이 드러난 바 있다. 그 한 달 전인 2월 '공무원보수 등의 업무지침'을 발표했을 때도 마찬가지였다.

김동연 장관은 정부 내의 우향우 선두주자로 알려져 있지만, 직무 중심의 임금체계 개편 추진은 결코 그와 기재부 관료들만의 의지가 아니다. 문재인 정부의 핵심 친문 인사들은 임금체계 개편 방향이 직무성과급제임을 분명히 해 왔다. 가령 이용섭 전 일자리위원회 부위원장은 2017년 7월 대한상의 회원기업 CEO들에게 이렇게 말했다. "오래 근무하면 무조건 봉급이 늘어나는 시스템을 지양하고, 업무 난이도와 성과를 따지는 직무성과급제로 바꿔 가겠다." 이 부위원장은 박근혜 정부가 추진한 성과연봉제가 "방향은 맞지만 절차상 문제가 있었다"고 주장했다.

무엇보다 문재인 대통령 자신이 이 같은 성격의 임금체계 개편이 필요함을 강조해 왔다. 이미 대통령 선거 운동 과정에서 문재인 후보는 이렇게 주장했다. "단순히 연공서열대로 임금이 올라가는 구조는 옳지 않고, 직무급제를 도입하는 것이 중요하다." 또, 2017년 10월 18일 일자리위원회 모두발언에서도 "직무와 능력에 따라 [보상받고] 노력·성과·보상 간 연계성을 강화"하는 방식으로 임금체계를 개편하겠다고 밝혔다.

'평등'을 문제 삼는 '공정'

문재인 정부는 임금 공정성을 강화하겠다고 한다. 문재인 정부가 말하는 "공정성 강화"는 바로 직무의 가치에 따라 기본급을 정하고, 노력과 성과에 따라 보상을 차별화하는 것이다.

공정성 강화를 강조하는 것은 기존 임금체계가 공정하지 못하다는 것을 함축한다. 공격의 주된 대상은 연공급제(호봉제)다. 연공급제는 "주로 근속이라는 연공적 요소에 의해 임금이 결정되는 체계"다. 재직 기간에 따라(더 오래 근무할수록) 더 많은 임금을 받는다.

임금체계를 변화시키려는 정부와 기업들의 시도가 그동안 꾸준히 있었지만 연공급제는 여전히 한국 임금체계의 근간이다. 한국노동연구원의 2015년 조사 결과를 보면, 한국 임금체계의 호봉제 비중은 65퍼센트 이상으로 여전히 지배적이다.

문재인 정부는 연공급제가 저성장 시대에 적합하지 않고, 일자리 창출과 임금 격차 해소를 위해서도 바람직하지 않다고 강조한다. 특히, 연공급제 하에서 고용형태별(정규직과 비정규직), 기업규모별(대기업과 중소기업) 임금 격차가 커졌다고 비판한다. 연공급제가 지배적 임금체계라지만 그 이점은 노동조합이 있는 대기업 정규직 노동자들이나 누릴 수 있지, 비정규직과 중소기업 노동자와 경력 단절 여성에게는 해당사항이 없다는 것이다.

그러면서 정부는 같은 직무를 수행하면 나이, 근속연수, 성별, 고용형태 등과 관계없이 동일한 기본급을 받는 직무급제가 더 공정한 임금이라고 주장한다. 직무급은 직무평가에 의해 직무의 상대적 가치를 정하고 그에 따라 직무 등급을 매겨 임금 수준을 결정하는 임금체계다.

그러나 여기서 "공정"성이 "평등"함을 뜻하는 것은 아니다. 오히려 "공정임금" 옹호자들은 "지나친 평등을 강조하[면] 공정성에 문제가 발생한다"고 본다.* 직무급 지지자들이 말하는 "공정 임금"은 과실물이 만들어지기까지 각자가 기여한 것에 따라 임금을 분배하는 것이다. 능력이니 노

---

* 유규창, '공정한 임금체계와 직무평가', 《월간 노동리뷰》 2018년 9월호, 한국노동연구원.

력 등이 기여의 기준이 된다. 능력이나 노력과 관계없이 똑같은 임금을 주는 것("평등 임금")은 공정하지 못하다는 것이다.

문재인 정부는 동일노동을 하는데도 동일임금을 주지 않는 것은 공정하지 못하다고 강조한다. 이 말에는 동일하지 않은 노동을 하는데도 동일한 임금을 주는 것은 공정하지 못하다는 의미도 담겨 있다. 그래서, 능력이 없는데도 단지 나이가 많다고 해서 능력 있고 성과를 내는 사람과 동일한 임금을 받아서는 안 된다며 연공급제를 비판한다.

일반으로 자유주의자들은 "결과의 평등"이 기여나 노력을 무시한다고 본다. 그러나 능력과 노력에 따른 보상을 강조하는 것은 사실상 능력과 노력을 근거로 임금 불평등을 정당화하는 셈이다(문재인 정부가 추진하는 직무급에서 이것이 어떻게 나타나는지는 뒤에서 살펴볼 것이다).

직무급을 대안적 임금체계로 제시한 것이 문재인 정부가 처음은 아니다. 일찍이 1990년대 초부터 사용자들은 직무급 도입을 주장했다. 박근혜 정부도 〈합리적 임금체계 개편 매뉴얼〉에서 직무급제를 제시했다. 그뿐 아니라 〈비정규직 종합대책(안)〉에서도 비정규직 차별의 근원적 해소 방안으로 직무성과급제의 확대 도입을 제시했다.

얼핏 보면 문재인 정부의 임금체계 개편은 박근혜 정부가 추진했던 성과연봉제를 직무 중심 체계로 대체하려는 것처럼 보인다. 하지만 실제로는 연속성이 훨씬 강하다. 둘 사이에 차이점이 있다면 문재인 정부가 직무급제에 진보적 색칠을 하고 있다는 것이다. 동일한 노동(직무)을 하는데도 비정규직이라는 이유로, 중소기업에 다닌다는 이유로, 근속연수가 적다는 이유로 더 적은 임금을 받는 것은 공정하지 못하다며 차별받는 사람들의 편인 것처럼 말하면서 말이다.

그리고 문재인 정부가 직무급제에 진보적 색깔을 입혀 홍보할 진보계 인사들을 많이 확보하고 있다는 점도 이전 우파 정부들과의 차이다. 문재인 정부는 이런 인사들을 활용하면 노동조합이 차별과 임금 격차 해소라는 명분을 거부하기 어려울 것이라는 점을 파고들어 직무급제를 수용하게 만들려고 한다. 노동조합과의 협상 또는 공공기관 인사 운영에 노조 지도자들을 참여시키기는 또 다른 당근책이 될 수 있다.

실제로 노동계 고위간부층 일부는 정규직과 비정규직 차별의 대안으로 직무에 따라 임금을 정하는 직무급을 검토해 왔다. 특히, 산업 또는 전 사회적으로 합의된 직무 가치에 따라 임금을 정하는 사회적 직무급은 대기업과 중소기업, 원청과 하청의 임금 격차도 줄일 수 있는 대안으로 여겨지며 검토돼 왔다.

사용자들은 왜 임금체계를 개편하는가?

그렇다면, 과연 직무급제는 공정한 임금일까? 직무급제는 노동자들의 입장에서도 연공급제보다 더 나은 임금체계일까?

공정한 임금이란 노동자가 제공한 노동만큼 그 대가를 받는다는 의미일 것이다. 친자본주의 경제학자들은 노동세계에서 "자유롭고 공정한 교환"이 이뤄진다고 주장한다. 그러나 노동자는 자신이 생산한 가치만큼 임금을 받지 못한다. 사용자는 노동자가 생산한 가치의 일부만 임금으로 주고 나머지는 자기가 가져간다. 마르크스는 이를 착취라고 불렀다. 이것이 바로 자본가들이 노동자들을 고용해 이윤을 얻는 비결이다. 그래서 마르크스는 '공정한 노동에 대한 공정한 임금' 같은 것은 없다고 주장했다.

그러나 (노동자들이 일하고 받는) 임금은 마치 노동의 대가인 것처럼 보인다. 이 외관은 착취를 은폐한다. 어느 만큼이 유급노동이고 어느 만큼이 무보수 노동인지가 드러나지 않는다. 농노는 가령 사흘은 자기 토지에서 일하고 사흘은 지주의 토지에서 무상으로 일하기 때문에 시간적으로나 공간적으로 자신을 위한 노동과 지주를 위한 무보수 노동이 명확하게 드러나지만, 자본주의 임금 제도는 그렇지 않다. 자본가들은 노동의 대가를 지불한다는 외관을 전제로, 임금 지불 방식의 변화를 이용해 착취의 증대를 꾀한다.

예를 들어, 시간급 하에서 사용자는 노동자에게 생존 유지에 필요한 노동시간조차 보장하지 않고도 잉여 노동을 짜낼 수 있다. 일감이 없을 때 단시간만 일하는 노동자들이 최저 생계 수준도 벌지 못하는 것을 책임지지 않아도 되고, 일감이 많을 때 노동자들을 과도한 노동으로 내몰 수 있는 것이다. 낮은 시급은 노동시간의 연장을 자극하지만, 오래 일한 만큼 많이 주는 공정한 규칙인 것처럼 보인다.

또, 성과급 하에서 사용자는 임금이 생산자의 업무 수행 능력에 따라 결정되는 것처럼 보이게 만들어, 노동자 개개인이 스스로 더 열심히, 더 오래 일하도록 만들 수 있다. 그 결과 성과급은 표준 노동강도 강화, 노동일 연장, 임금 인하를 위한 지렛대로 작용한다.

그러나 특정 임금체계가 어떤 조건 하에서도 사용자에게 유리한 것은 아니다. 사용자와 노동자 사이에는 언제나 임금 수준, 즉 노동자들이 생산한 가치 가운데 얼마만큼을 가져갈 것인지를 둘러싸고 투쟁이 벌어진다. 이런 투쟁은 (특정 조건과 결합되면) 애초 사용자가 특정 임금체계에 기대한 효과를 다소 뒤틀어 버릴 수 있다.

가령 개수임금(생산량에 따른 임금체계)은 사용자들이 착취율을 높이기 위해 오랫동안 이용한 방식이었다. 19세기 중반부터 19세기 말까지 영국 노동자들은 개수임금 도입에 반대해 싸웠다. 그러다 19세기 말 개수임금 도입 반대 투쟁이 패배하면서 개수임금 방식이 확대됐다. 개수임금에 대한 노동자들의 반대는 제1차세계대전 이후까지도 이어졌다.

그러나 제2차세계대전 후에는 상황이 변했다. 완전고용으로 노동자들이 협상에서 우위를 점하고 직장 조직(노동조합의 사업장 단위 조직)이 강력해진 덕분에 오히려 개수임금은 임금 수준을 대폭 올리는 효과를 냈다. 한 예로, 1964~1967년 영국의 전국 협약임금 인상률은 4.7퍼센트였지만, 사업장별 협상으로 실제 임금 인상률은 17.1퍼센트에 달했다.

애초 개수임금은 착취율을 높이기 위해 도입됐지만 제2차세계대전 종전 후 20여 년 동안 노동자들에게 더 높은 임금과 생산 과정에 대한 일정한 통제력을 제공했던 것이다. 개수임금이 임금 유동(사업장별 협상에서 전국적 임금협약 이상의 임금 수준을 얻는 것)을 촉진해 임금 수준이 높아지자 사용자들은 임금체계 개편(생산표준에 기초한 고정급으로)을 모색했다.

임금 억제를 노린다

지금 문재인 정부가 임금체계 개편을 추진하는 것도 마찬가지 맥락이다. 즉, 여러 조건의 변화로 연공급제를 도입하던 시대에 기대했었던 더 높은 착취 효과를 더는 거둘 수 없게 됐기 때문이다.

연공급제는 노동자들의 평균 연령이 낮았던 시절 사용자에게 유리한 제도였다. 그때, 사용자들은 저임금을 강요하고 승진과 미래 보장을 미끼로 노동자들의 충성을 얻어 낼 수 있었다. 그러나 노동자들의 연령이 높아지면서 임금 부담이 커졌다. 게다가 현재의 연공급제는 애초에 사용자들이 원했던 제도라기보다는 1987년 노동자 투쟁 이래 초임이 대폭 인상되고 인사고과가 무력화된 것으로, 사용자들은 오랫동안 임금체

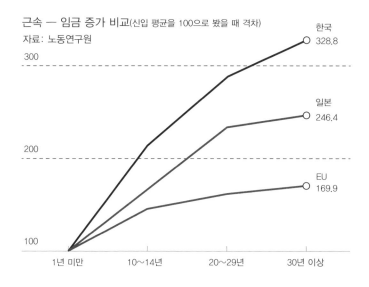

근속 — 임금 증가 비교(신입 평균을 100으로 봤을 때 격차)
자료: 노동연구원

한국 328.8
일본 246.4
EU 169.9

300

200

100

1년 미만　　10~14년　　20~29년　　30년 이상

계 개편을 바라 왔다.

　문재인 정부 하에서든 이전 정부들 하에서든 사용자들이 직무급제를 도입하려는 가장 중요한 이유는 임금 억제다. 호봉제는 근속연수에 따라 임금이 자동으로 오르기 때문에 노동자들의 평균 연령이 높아지고 정년 연장마저 된 상황에서는 기업들의 부담이 크다는 것이다. 그래서 이들은 직무 가치나 성과에 연동되지 않은 임금 인상에 제동을 걸려 한다.

　직무 중심 임금체계의 옹호자들은 초임 대비 30년 근속자의 임금이 유럽은 1.69배인 데 비해 한국은 3.28배나 된다며, 동일 직무 내 임금 격차를 줄여야 한다고 주장한다(그림 참조).

　그러나 유럽의 30년 근속자 임금이 보여 주는 것은, 직무 중심 임금 체계에서는 같은 직무에 20~30년 종사해도 임금이 거의 오르지 않는다는 것이다. 유럽에 비해 한국의 초임이 매우 낮은 현실을 감안하면, 노동자들의 임금이 오랫동안 낮은 수준으로 묶인다는 뜻이다.

직무급제를 도입하면 직무 등급 내 임금상한선을 둬 임금 상승을 억제하기가 쉽고, 상위 직무 등급으로의 이동도 어렵다. 그래서 많은 공공 부문 노동자들은 직무급 도입을 성과연봉제 확대보다 더 불리한 것으로 받아들이고 있다. 직무급이 도입되면 승진 가능성이 줄고 지속적인 임금 상승도 어려워지기 때문이다. 직무급이 도입되면 대부분의 산업에서 기본급이 15퍼센트가량 하락한다는 연구 결과도 있다.[*] 특히, 남성(21퍼센트), 중장년층(22퍼센트), 대졸자(26퍼센트)의 임금이 대폭 하락하는 것으로 나타났다.

그러나 임금 억제 효과가 정규직·남성 노동자들에게만 미치는 것은 아니다. 문재인 정부가 직무급제를 도입하려는 이유 하나는 무기계약직으로 전환된 공공 부문 비정규직 노동자들이 기존 정규직의 임금을 넘보지 못하게 하려는 것이다. 무기계약직이 된 공공 부문 비정규직 노동자들은 기존 정규직과 차별 없는 호봉제를 원하지만, 정부는 이를 거부하고 이들에게 적용할 새로운 임금체계를 만들었다. 표준임금모델(안)이 그것이다.

표준임금모델(안)은 무기계약직 전환자인 청소, 식당, 경비, 시설관리, 사무보조 등의 노동자들에게 적용될 직무급제인데, 가장 낮은 직무 등급의 월급을 최저임금 수준에 맞추고 있다. 15년 걸려 최고 단계로 승급해도 1단계의 임금보다 고작 10퍼센트 더 받을 수 있을 뿐이고, 30년을 일해도 9급 공무원 1호봉의 급여 수준을 넘지 못한다.

직무급제는 낮은 직무 등급에 속한 노동자들이 저임금에 고착되기 십상인 임금체계인 것이다. 그런데, 이처럼 낮게 평가된 직무들은 여성들이 많이 담당하고 있다.

---

[*] 윤진호, '한국의 임금체계', 《일의 가격은 어떻게 결정되는가1》, 한울, 2010.

문재인 정부는 직무급제가 고용형태(정규직과 비정규직), 기업 규모(원청과 하청), 성별에 따른 차별과 임금 격차를 해소하는 방안이라고 주장한다. 그러나 표준임금모델(안)은 직무급제가 차별 해소가 아니라 차별을 정당화하는 방안임을 보여 준다.

조건을 개선해 주기는커녕 여전히 차별적 조건을 유지한 채 이를 합리화하는 근거를 마련한 것이다. 직무가 다르다는 것을 근거로 차별을 정당화하는 수법이다. '당신의 저임금은 차별이 아니라 당신의 직무 가치가 낮은 데서 비롯한 공정한 결과입니다.' 이 같은 분리직군과 직무급은 2007년 비정규직법 시행을 전후로 은행과 마트 등의 여러 기업들이 이미 애용한 방식이다.

문재인 정부는 '동일가치노동 동일임금' 원칙을 강조하지만, 실제로는 직무 분리를 통해 '동일가치노동'의 근거를 없앰으로써 임금 차별이라는 비난을 모면하려 하는 것일 뿐이다. 또, 점심값이나 통근비 차등 지급처럼 한눈에 부당한 것으로 보이는 차별은 없애는 대신, 직무 관련성이 커서 차등 지급이 합리적으로 보이는 성과급을 추진하려 한다.

'합리적' 차별의 기준을 세운다

직무 중심 임금체계의 옹호자들은 근속연수, 고용형태, 기업 규모에 따른 임금 격차가 불공정하다고 주장한다. 그러면서, 직무 가치를 분석해 직무 등급에 따라 '공정'하게 임금 차등을 두어야 한다고 주장한다. 그러나 직무에 따라 "능력과 노력·성과"와 연계해 임금을 정하는 것은 공정하기는커녕 또 다른 방식의 임금 차등을 합리화하는 것일 뿐이다.

지금 직무 가치를 평가한다면 어떤 직무의 가치가 높게 매겨질지는 뻔하다. CEO와 임원들이 부와 일자리를 창출해 사람들을 먹여살린다는 자본주의 '상식'에 따라 그들의 직무 가치가 최고로 인정될 것이다. 관리자들은 더 많은 '책임'을 지고 '전문성'이 있다고 해서 높은 직무 가치를 인정받을 것이다. 이런 사람들의 수억, 수십억 대 연봉과 스톡옵션은 정당한 것이 된다.

그러나 CEO와 임원들이 부를 만들지는 않는다. 가치를 생산하는 것은 그들이 고용한 노동자들이다. 노동자들을 더 많이 일 시키고 임금을 더 적게 줘서 결국 더 효과적으로 착취하는 것이 그들의 일이다. 노동자들은 자신이 생산한 가치만큼 임금을 받지 못한다. 노동의 가치에 따라 임금을 받는다는 것은 신화일 뿐이다.

이 같은 신화는 능력주의에 의해서도 부추겨진다. 즉, 개개인의 능력에 따라 노동시장에서의 위치가 결정되고 보상받는다는 것이다. 그러나 소수인종과 여성의 임금이 내국인과 남성에 비해 낮은 것은 차별이지 능력 탓이 아니다. 사용자들은 노동자들을 이간하고 분열시켜 득을 보려고 노동자들의 일부를 의도적으로 차별하는 것이다.

직무 중심 임금체계에서는 기업 임원과 노동자들 사이의 임금 격차가 더 커질 수 있을 뿐 아니라 노동자들 사이의 임금 격차도 커지고 굳어지기 쉽다. 예를 들어, 연공 성격이 강한 한국의 경우 하위 직급 노동자의 근속연수가 올라가면 상위 직급 평균임금 수준에 다다를 수 있다. 반면, 직무급 전통이 강한 영국의 경우는 하위 직급 노동자의 임금 분포가 끝나는 지점에서 한 단계 상위 직급 노동자의 임금 분포가 시작된다(그림 참조).

문재인 정부의 직무 중심 임금체계의 관점에서 보면, 직무 등급 간 임금 차이가 큰 것이 "공정"한 임금이다. 그러나 1987~1989년 이전에 노동자들은 이런 차별을 철폐하기를 원했고 마침내 1987년 노동자 대투쟁

직무·직급 간 임금 격차 비교(연공급 한국과 직무급 영국)

(단위: 천 원)

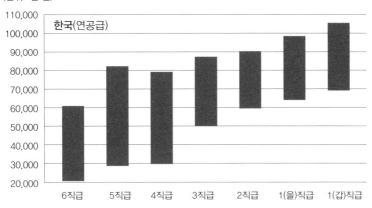

(단위: 파운드)

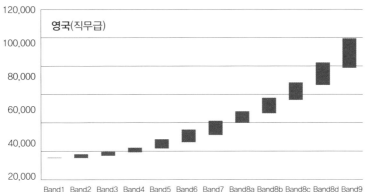

으로 염원을 이뤘다. 생산직 노동자들은 사무직과의 임금 차별을 폐지했고, 차등 승급이 아닌 일률적 자동승급을 쟁취했다. 생산직 노동자들에게도 정기승급제가 확대 적용된 것이다.

현대중공업 노동자들은 전 사원 호봉제, 상여금 차등제 폐지를 쟁취했다. 기아자동차 노동자들은 인사고과에 의한 특호봉제를 폐지하고 실질적인 단일호봉제를 쟁취했다. 당시 노동조합 지도부는 승격 평가를 절대평가 방식으로 하고 평가위원회에 노조 참여 보장을 요구했지만, 노동자들은 노조의 안을 거부하고 인사고과 자체를 반대했다.

요컨대 문재인 정부는 '직무 가치'라는 잣대로 1987~1989년 투쟁을 통해 대공장 생산직 노동자들이 확립한 매우 연공적이고 평등주의적인 임금 관행을 공격하고 있는 것이다.

문재인 정부는 대공장 생산직 노동자들이 더 많은 보상을 받을 객관적 근거(직무 가치)도 없이 그저 규모가 큰 기업에 근무한다는 이유로 임금을 더 많이 받는 것은 공정하지 못하다고 주장한다. 그러나 최근 발표된 한 통계는 흔한 편견과 달리 대기업 노동자들의 보상 수준이 그리 높지 않다는 것을 보여 줬다. OECD가 발행한 《한눈에 보는 기업가정신 2017》을 보면, 한국 대기업(제조업)은 부가가치의 단지 28퍼센트만을 노동자 임금으로 주고 있다. 프랑스가 76퍼센트, 독일이 73퍼센트인 것에 비하면 이것은 매우 낮은 수치다. 한국은 32개국 중 30위다.

일부 노동자들이 임금을 너무 적게 받고 있다는 것은 전적으로 옳은 말이지만, 그것이 다른 일부 노동자들(공공 부문·대기업 정규직 노동자)이 너무 많이 받기 때문은 아니다. 저임금층이 늘고 빈곤이 증대하는 동안 기업주, 기업 임원, 은행가, 고위 정치인의 부는 엄청나게 늘었다. 재산은 차치하고 임금소득만 보더라도 2000년대 초반 이후 한국에서는 오로지 상위 1퍼센트만이 소득 상승 가도를 달렸다.

진정으로 심각한 불평등과 격차는 바로 이것이다. 이런 문제의 해결은 뒷전인 채, '공정'(또는 '적정') 임금 논리로 대기업 정규직 노동자들의 임금을 공격하는 것은 진정한 불평등을 감추고 바닥을 향한 경쟁을 부추기는 것일 뿐이다.

최근 '광주형 일자리'의 임금 논란은 이런 문제를 적나라하게 드러냈다. 애초 광주형 일자리는 '공정'(또는 '적정') 임금 적용을 내세우면서 추진됐는데, 초임 연봉이 2100만 원으로 논의되고 있음이 최근 폭로된 것이다.

완성차 공장 노동자의 임금이 최저임금 수준이라니 한국노총조차 분노를 감추지 못했다. 현재 현대·기아차 평균 연봉은 9000만 원 수준이고, 초임은 4000만 원인 것으로 알려졌다. 광주형 일자리의 임금 논란은 직무급제 도입이 공정성 논리를 내세워 '내부노동시장'(임금 수준이 높은 대기업)을 깨려는 목적도 있음을 보여 준다.

노동자들을 이간질한다

직무급제에서는 직무 평가가 매우 중요하다. 이에 따라 직무 등급이 매겨지고 임금이 책정된다. 직무 평가는 해당 직무의 특성에 따라 평가 기준(기술, 노력, 책임, 작업조건 등)을 나열하고 각 항목에 점수를 부여하는 등의 방식으로 이뤄진다.

직무급제 옹호자들은 직무 평가가 과학적이고 객관적인 것처럼 포장한다. 하지만 실제로는 전혀 그렇지 않다. 평가 요소를 선정하는 것부터 어떤 기준으로 점수를 부여하고 가중치를 매기는지에 이르기까지 분명한 기준이 없다. 평가자 개인의 자의적 판단이 결과를 좌우할 가능성이 매우 높다. 직무 평가가 과학적이라는 것은 사기다.

무엇보다 직무 평가는 사용자의 관점에서 이뤄지므로 공정성을 기대하기가 어렵다. 수익 창출 기여도가 큰 직무가 상대적으로 높은 평가를 받고 높은 임금 단가가 매겨질 것이다. 기업의 핵심·주요 업무 외의 직무는 직무급제에서 높은 임금률을 적용받기 어렵다. 직무 중요도는 사용자의 사업 재편 등에 따라 언제든 뒤바뀔 수 있다.

많은 연구자들은 직무 평가에 구조적인 편견이 끼어든다고 지적해 왔다. 가령 직무 평가자들이 남성 중심의 직무보다 여성 중심의 직무를 더 낮게 평가하는 경향이 있고, 정신적인 노력이 많이 드는 직무보다 육체적인 노력이 많이 드는 직무를 더 낮게 평가하는 경향이 있다. 또, 직무 평가는 대체로 외부와의 공정성을 조정해야 한다는 논리로 시장임금 수준을 반영하려 하는데, 이는 기존의 임금 차별을 반영하게 된다는 뜻이다.

결국 보통 사람들이 정말 중요하다고 여기는 일(가령 간호나 보육 등), 청소처럼 육체적으로 힘든 일, 여성이 다수 종사하는 일은 직무 가치가 낮게 정해지기 십상이다.

이런 논란을 의식해 직무 평가에 노동조합이 참여하는 대안이 제시되기도 한다. 이것은 단지 노동조합 지도자들 측에서 요구하는 것일 뿐 아니라 직무에 대한 평가 결과를 일반 노동자들이 수용하도록 만들기 위해 사용자 측도 고려하는 바다.

그러나 노조 지도자들이 참여하더라도 노동자들의 직무에 상대적 중요도를 매기고 임금 차등을 수용해야 한다는 근본 문제점은 여전히 남는다.

직무 평가와 직무급은 노동자들의 지위와 임금에 등급을 매기는 사용자들의 게임이다. 그래서 직무 평가는 사용자와 관리자의 통제력을 강화하고, 노동자들 사이의 경쟁을 부추기고 분열을 조장해 약화시킨다.

직무 평가는 유연한 노동 재배치(전환배치)를 쉽게 만들고, 승급과 임금 인상을 어렵게 만든다. 또, 노동자들을 이간질해 각개격파하려는 사용자들의 전략에 도움을 준다. 가령 노동자들 사이에서 직무 등급을 나누기 시작하면 숙련 노동자들은 반숙련 노동자들과 구분되는 새로운 상위 등급을 만들어 달라고 요구할 수 있다. 또, 단일 임금체계에서는 모든 노동자들이 임금 인상을 요구하며 함께 싸우지만, 직무급 아래서는 배관공 수십 명이 배관 직무의 임금 인상을 요구하고 용접공 수십명이 용접 직무의 임금 인상을 요구하는 식으로 투쟁이 전개될 수 있다. 노동자들이 소규모로 각자 도생하는 양상으로 말이다.

이런 점에서 노동조합이 노동자들의 지위와 임금 등급을 매기는 게임에 뛰어드는 것은 위험이 매우 크다. 물론 직무 평가가 도입되더라도 노동자들이 싸울 수 없는 것은 아니다. 노동자들은 임금 수준이 높은 노동자 집단을 준거로 해 자신들의 임금 인상을 요구하는 등 직무 평가가 사용자들에게 더 부담이 되도록 만들 수 있다.

그러나 사용자들이 고안한 무기로 사용자들을 겨냥하려면 노동자들은 직무 평가가 전혀 과학적이지 않다는 것을 분명히 알고 행동해야 한다. 노동조건에 가장 큰 영향을 미치는 요인은 노동자들의 행동, 단결력, 단호함이다.

임금 격차 해소는 어떻게 가능한가?

그동안 노동조합이 임금 극대화 정책에서 벗어나지 못했다는 비판들이 노동운동 안팎에 꽤 있다. 고용형태와 기업 규모에 따른 임금 격차가 확대된 현실은 기업 내 임금 평등화에 머문 기존 임금정책의 한계를 보여 준다고 한다.

물론 노동조합은 임금 격차 해소에 관심을 기울여야 한다. 그러나 대기업·공공부문 노동자들의 기업 내 임금 평등과 임금 수준을 무너뜨리는 것이 임금 평등화로 나아가는 길이 되지는 못한다.

문재인 정부 인사들은 비정규직, 하청, 여성 노동자들이 적정임금을 받으려면 대기업과 공공 부문의 정규직 남성 노동자들의 양보가 필요하다고 주장한다. 그러나 대기업·공공부문 노동자들의 임금이 공격받는다면 다른 많은 노동자들의 임금도 그에 이어 공격받으면 공격받았지, 개선되지는 않을 것이 뻔하다. 이것은 계급투쟁 동역학의 기본 중 기본이다.

가령 현대자동차 사측은 2015년부터 직무성과급을 뼈대로 신임금체계를 추진해 왔는데, 올해 초 기본급 비중을 확대하는 대신 기본급의 일부를 개인별로 차등화하는 방안을 내놓았다. 신입사원들의 임금테이블을 아예 따로 만들어 임금을 낮추는 이중임금제도 제안했다. 이중임금제는 미국 자동차기업들이 노동자 임금을 반토막 내는 데 사용한 수단의 하나였다.

애초 사측은 노동자들도 기본급 비중이 너무 낮은 기형적 구조를 바꾸고 싶어 한다는 점을 파고들었다. 하지만 결국 임금 수준과 평등주의적 임금체계 모두를 공격하는 안을 내놓은 것이다. 이 안은 일단 폐기됐다. 하지만 만약 다시 추진된다면 완성차와 부품업체들은 물론이고 다른 민간 기업들에도 악영향을 미칠 것이 분명하다.

임금 격차의 해소가 하향 평준화가 아니라 저임금 노동자들의 임금 수준 개선으로 이어지려면, 노동조합으로 잘 조직돼 있는 노동자들이 자신의 임금을 방어할 뿐 아니라 저임금 노동자들의 조건 개선을 위해서도 연대해야 한다. 가령 공공 부문 노동자들은 공공 부문 비정규직의 온전한 정규직 전환을 지지하면서 표준임금체계 도입 반대와 정규직 임금테이블로의 통합을 요구해야 한다. 그리고 정부가 이런 데 예산을 쓰도록 압박하는 데 힘을 발휘해야 한다.

직무급제를 도입한다고 해서 임금 격차와 사회 양극화가 해소될 것이라고 기대하기는 어렵다. 직무급이 정착된 서유럽과 미국에서 임금 격차와 소득 불평등은 지난 수십 년 동안 더 심화돼 왔다. 특히 미국의 경우, 바로 기업 고위임원·관리자와 일반 노동자 사이의 임금 격차가 소득 불평등의 주요 요인이었다. 그런데 국제노동기구ILO가 지적하듯이, 한국이 추종하고 있는 것이 바로 미국의 보상 모델이다.*

직무급이 된다고 해서 "직무와 능력"에 따라 보상받으며 다른 차별 요소가 사라지는 것도 아니다. 직무급이 정착된 서유럽과 미국에서 여전히 남녀 간, 인종 간 임금 차등이 유지되고 있다. 이것은 능력과 아무 관계없는 순전한 차별일 뿐이다. 가령 영국에서 흑인 대졸자 임금은 백인 대졸자보다 평균 24퍼센트 낮고, 런던의 남녀 임금 격차는 약 23퍼센트이다.

임금체계를 특정 방식으로 바꾼다고 해서 임금 평등을 이룰 수 있는 것도, 임금 공정성을 높일 수 있는 것도 아니다. 진정으로 중요한 것은 이윤을 위해 노동자들을 이간·분열시키려고 일부 노동자를 차별하는 사용자들에 반대해 투쟁하는 것이다.

유럽에서도 남녀 동일임금에 한 걸음 다가간 것은 1968년부터 1970년대 전반부까지 노동자 투쟁의 고양 속에서였다. 당시 영국 등지에서 수많은 동일임금 파업이 벌어졌고, 남녀 노동자들이 성공적으로 연대한 경우 큰 성과를 거뒀다.

그러나 오히려 동일임금법 효력이 발효된 1975년 이후로는 노동조합 지도자들이 동일임금 판단을 투쟁 대신 노동법원에 맡기면서 노동자들은 이전만큼 성과를 거두지 못했다. 아래로부터의 대중 행동이라는 진정한 강제력이 없었기 때문이다. 이런 경험은 우리 한국 노동자들에게 가장 중요한 교훈을 준다.

---

* 《Global World Report 2016/17》.

6장

노동시간 단축?
저임금·장시간 그대로

노동시간 단축 약속은 어디로?

문재인은 "과로를 당연시하는 사회가 계속돼선 안 된다"고 말했다. 그러나 말과 달리 실제로는 시급한 최소한의 조처조차 뭉그적대고 있다. 특히 주당 노동시간을 최대 68시간까지 허용한 노동부의 행정 해석을 당장 폐기할 수 있는데도, 문재인은 한가하게 국회에 책임 떠넘기기나 하고 있다.

그것의 효과는 그저 한두 달 시행이 늦춰지는 게 아니다. 유감스럽게도 정부·여당의 노림수는 수년의 유예기간 두기(2019년부터 2021년까지 단계적 시행), 유연근무제 확대하기, 정규직의 임금·노동조건 저하시키기 등에 있다. 민주당은 국회에 이런 방안들을 내놓으며 "기업 부담 최소화"를 약속했다. 이쯤 되면 자연스럽게 의구심이 들 수밖에 없다. 법에 명시된 주당 52시간 상한조차 2021년까지 미루겠다면, 도대체 "임기 내 연 1800 노동시간 실현" 약속은 어찌 되는 것인가?

출처: 박설, 〈노동자 연대〉 228호(2017 11 11).

한국의 장시간 노동은 세계적으로 악명 높다. 2016년 연간 총 노동시간은 2184시간으로, OECD 평균보다 무려 420시간가량 길었다. 포괄임금제하에서 집계되지 않는 무보수 초과노동, 스마트기기를 이용해 시도 때도 없이 강요되는 연장근무 등은 빠진 수치다.

노동자들에게 "저녁과 휴식이 있는 삶"은 딴 세상 얘기다. 많은 이들이 만성 과로로 몸이 축나고 삶이 피폐해지는 것을 경험한다. 교대제 근무자들은 신체리듬이 깨져 일하지 않을 때도 쉽게 잠들지 못하는 악순환을 반복한다. 그 결과 정부 통계로도 매년 300여 명이 과로로 목숨을 잃는다. 이런 조건에서는 가족과 어울리고 문화·정치 활동을 하는 것도 쉽지 않다.

문제의 심각성 때문에, 역대 정부들도 말로는 노동시간을 줄여야 한다고 해 왔다. 일부 전문가들은 장시간 근무가 노동생산성을 떨어뜨린다고 걱정하기도 한다.

그런데도 한국의 노동시간은 좀체 줄지 않았다. 오랫동안 더딘 감소 추세였다가 최근 몇 년 새 정체(혹은 약간의 증가세) 상태다. OECD 국가들의 연평균 노동시간이 2013년 이후 증가세로 돌아선 것을 보면 비단 한국만의 현상도 아니다.

사용자들이 노동시간을 연장해 착취율을 끌어올리는 방식에 여전히 의존하기 때문이다. 노동강도를 강화하는 것만으로는 이윤을 늘리는 데 한계가 있어서다. 예컨대 자동차 기업들은 주간연속2교대제를 도입할 때 노동강도를 높였지만 생산량을 만회하기에 역부족이었다. 그래서 점심·휴게시간과 휴일을 줄이고 주말 특근을 유지하는 데 공을 들였다. 버스·화물차 운송사업주들도 차량 운행 속도, 적재화물 무게 등을 무한정 늘릴 수 없기에 초장시간 노동에 의존한다. 사용자들은 노동자들을 최대한 쥐어짜려고 장시간 노동을 조장하는 야간·휴일근무, 교대제, 낮은 기본급의 기형적 임금구조, 포괄임금제 등 다양한 제도를 발전시켜 왔다.

문재인 정부는 이런 자본의 이해관계에 진지하게 도전할 의사가 없다. 노동시간을 단축하려면 노동운동이 대중투쟁 건설에 확고히 주안점을 둬야 하는 까닭이다.

문재인 정부는 노동시간 단축의 방법으로 유연근무제 확대를 말한다. 탄력근무제의 일종인 '노동시간 저축 휴가제'를 도입하고, "일·생활의 균형"을 위해 유연근무 관행을 만들겠다는 것이다.

그러나 이는 실제 노동시간을 줄이는 것과는 거리가 멀다. 노동시간 저축 휴가제는 초과근무를 적립해 뒀다가 일감이 줄 때 휴가로 대체·활용할 수 있도록 하는 제도인데, 사용자가 필요할 때 장시간 노동을 허용하고 초과근무에 대한 인건비 부담을 피할 수 있다. 재계가 이제도 도입을 환영하는 이유다.

문재인 정부는 유연근무제가 노동자들이 "원할 때" 휴가를 사용할 수 있도록 선택권을 부여한다고 주장한다. 그러나 영국, 독일, 미국 등의 유연근무제 경험을 봐도 노동시간 선택권은 노동자가 아니라 사용자에게 있다. 반면 대다수 노동자들은 들쭉날쭉한 노동시간 때문에 일상을 계획하기가 더 어려워지고 소득 감소로 불안정성이 더 커졌다.

사용자들이 유연성을 추구하는 이유는 자신들의 필요에 노동자들을 종속시키려는 것이지, 노동자 개인(가정)의 편의를 봐주려는 것이 아니다. 그것은 "일·생활(가정)의 균형"을 더 위태롭게 할 것이다.

근로기준법 59조는 노동시간 규제를 사실상 무용지물로 만드는 별도의 영역을 두고 있다. 우편, 운송, 보건, 교육서비스, 금융·보험 등 26개 업종은 연장근로 한도가 적용되지 않는 것이다. 전체 사업장의 60퍼센트, 노동자의 48퍼센트가 여기에 해당한다.

근래 벌어진 비극적 죽음들은 그 폐해를 적나라하게 보여 준다. 2017년 들어 집배 노동자 15명이 과로사했다. 2017년 7월 사상자 18명을 낸 고속버스 연쇄 추돌사고는 하루 15~16시간씩 계속되는 장시간 노동으로 인한 졸음운전이 원인이었다.

정부가 '공익'을 위한다는 명분으로 이런 죽음들을 방치해 온 것은 위험천만한 억지가 아닐 수 없다. 보건의료 노동자들은 "장시간 노동이 의료 사고를 초래하는 경우가 있다"고 말한다(설문조사). 노동자들에게 충분한 휴식과 쾌적한 노동조건을 보장해야만 안전하고 질 좋은 공공서비스도 가능해진다.

그런데도 문재인 정부는 특례업종조차 폐지하지 못하겠다고 한다. 10개로 축소하겠다는데, 운수업, 보건업 등은 여전히 특례업종으로 남게 된다. 그러고도 "과로사 없는 사회"를 말할 수 있는가?

최근 국회 환경노동위 위원장 홍영표(민주당)는 휴일근무수당에 대한 중복 할증을 폐지해야 한다고 촉구했다. "중복 할증을 주면 노동자들이 일을 더 하려 할 수 있다"면서 말이다.

그러나 뻔히 보이듯 그 속내는 따로 있다. 기업주들에게 인건비 부담을 덜어 주려는 것이다. 노동자들이 할증 수당에 욕심을 내 초과근무를 하게 된다는 식으로 엉뚱하게 책임을 떠넘기면서 말이다. 이렇게 되면 사용자들은 저렴해진 휴일근무를 더 쉽게 사용할 수 있다.

정말로 노동자들이 초과근무의 압박에서 벗어나려면 노동시간이 줄어도 임금 저하가 없어야 한다. 임금이 줄면 그것을 만회하려고 노동자들은 연장근무나 투잡으로 내몰릴 수 있다. 어떤 사람들은 노동자들더러 '임금에 너무 연연하지 말라'지만, 가뜩이나 경제 위기로 생계가 팍팍해지고 노후 복지도 보잘것없는 상황에서 임금 삭감에 초연할 이는 거의 없을 것이다.

한편, 최근 한국개발연구원KDI은 노동시간을 줄인 만큼 생산성을 높여야 한다며 노동강도 강화와 성과 중심의 임금체계 도입을 강조했다. 그러나 금융·보험업에서 흔히 그러하듯, 성과 경쟁은 연장근무를 조장하는 구실을 한다. 또 강도 높은 노동은 사고 위험과 각종 질환을 낳아 긴 노동시간 못지 않게 삶의 질을 떨어뜨릴 것이다.

따라서 노동시간 단축이 실제 효과를 내려면, 임금·노동조건 저하가 없어야 한다.

조건 후퇴 없는 노동시간 단축은 일자리 창출을 위해서도 중요하다. 만약 노동강도 강화가 수반된다면, 노동시간이 줄어도 기존 인력으로 업무 처리를 할 수 있게 돼 신규채용의 유인이 사라질 것이다. 임금이 줄어도 마찬가지의 효과를 낸다. 그런 점에서 문재인 정부가 제시하는 '일자리 나누기'는 일자리 창출의 대안이 될 수 없다. 노동시간 단축에 임금 삭감과 고통 분담을 전제하기 때문이다.

그런데 노동운동의 일각에서는 노동시간 단축이 임금 삭감으로 귀결되는 것을 당연시하는 분위기가 있다. 제한된 개선만이 가능하다는 관점이다. 그러나 그것은 결코 필연이 아니다. 투쟁 과정에서 계급 간 힘의 크기에 따라 결과는 얼마든지 달라질 수 있다.

무엇보다 오늘날 노동시간 단축을 통한 일자리 창출은 노동계급에게 절실한 요구다. 한쪽에서는 노동자들이 장시간 노동에 시달리고, 다른 한쪽에서는 청년들이 단기 일자리나 실업으로 고통받는 현실은 매우 불합리하다.

노동운동은 문재인 정부가 추진하는 유연근무제, 임금·조건 후퇴 압박에 단호하게 반대하며, 노동부 행정 해석 즉각 폐기와 대폭적인 노동시간 단축을 걸고 진지하게 투쟁을 건설해 나아가야 한다.

탄력근로 확대 시도

노동시간 단축 무력화에 나선 문재인 정부

2018년 11월 5일 정부·여당과 보수 야당들이 올해 내에 탄력근로 확대 법 개악을 하기로 야합했다. 정의당이 반대했지만 완전히 묵살 당했다. "노동시간 단축의 새 시대"를 약속했던 문재인 정부가 보수 야당들과 손잡고 노동자들의 뒤통수를 치며 노동시간 단축 무력화에 나선 것이다.

경제 위기가 깊어지면서 정부의 노동 개악 추진 시계는 빠르게 돌아가고 있다. 문재인은 한국 자본주의 살리기, 기업주들의 이윤 지키기에 사활을 걸었다. 노동자들을 더 확실히 쥐어짜려고 최저임금을 개악한 데이어 또 개악하고, 주 52시간제 시행을 유예한 데 이어 아예 무용지물로 만들려 한다. "2021년까지 탄력근로제 확대를 논의"하겠다던 정부의 계획은 몇 달 만에 2019년 2월 추진으로, 다시 연내 개악으로 당겨졌다.

출처: 박설, 〈노동자 연대〉 266호(2018 11 10).

여야정 상설협의체 회의 이후 사흘 만에 다시 만난 여당과 보수 야당의 원내대표들은 2018년 11월 20일까지 경사노위에서 탄력근로제 확대를 합의하지 못하면 국회에서 곧바로 "실천에 착수"하기로 했다. '묻지마 개악'을 완료하겠다는 의지를 서둘러 재확인한 것이다. 이를 위한 실무 협의도 시작했다.

물론 경사노위에 합의 시한을 줬지만, 그것은 기만일 뿐이다. 탄력근로 확대라는 결론을 던져 주고 합의를 강요하는가 하면, 노동계가 반대해도 '우리 갈 길은 가겠다'니 말이다. 그러면서 "사회적 대화" 운운하는 꼴이 가증스럽다. 문재인 정부가 추구하는 사회적 대화가 노동자들을 노동 개악의 들러리로 세우기 위한 술수였음을 스스로 인정한 셈이다.

탄력근로 시간제는 사용자 마음대로 노동시간을 늘렸다 줄였다 하는 제도다. 일감이 몰릴 때는 주당 52시간을 초과해 최대 64시간까지 노동자들을 일 시킬 수 있다. 다른 날 노동시간을 좀 줄여서 법률상 정해진 단위 기간 동안의 평균만 주 52시간으로 맞추면 된다.

정부·여당과 보수 야당들은 이 단위 기간을 현행 3개월에서 최대 1년까지(6개월~1년) 연장하려 한다. 이렇게 되면, 노동자들은 1년에 절반을 주 64시간 노동에 내몰릴 수 있다. 연장근무 수당도 받지 못하면서 말이다. 탄력근로 확대가 임금 삭감 개악이기도 한 이유이다.

결국 문재인의 "노동시간 단축" 약속은 요란한 말 잔치로 끝났다. 정부는 주 52시간제를 본격 시행도 하기 전에 무력화에 나섰다. 최저임금 '줬다 뺏기' 공격의 유사품이다.

이번에도 노동자들의 고통은 이윤 논리에 밀려 외면 당했다. 한국의 노동자들은 세계 2위 최장시간 노동으로 눈 뜨면 출근하고 집에 돌아오면 지쳐 쓰러지기 바쁘다. 몸이 축 나고 삶이 피폐해져도 좀체 벗어날 수 없는 "죽도록 일하는 과로 사회"의 현실은 참담하다.

노동시간 단축, 시급하고 절박한 과제

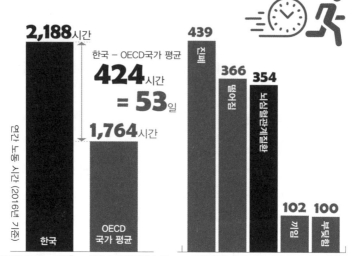

2,188시간

한국 - OECD국가 평균
424시간
= **53**일

1,764시간

연간 노동 시간 (2016년 기준)

한국

OECD
국가 평균

"죽도록 일하는 사회" — 세계 2위 장시간 노동

439 진폐

366 끼임·절단

354 뇌심혈관계질환

102 끼임

100 부딪힘

산재 사망 원인 3위 과로 (2017년 기준)

정부가 탄력근로 단위 기간을 6개월로만 늘려도 "합법 과로사"가 가능해진다(정의당 이정미 의원). 노동시간이 과로사 인정 기준을 초과하게 되기 때문이다. 노동자들이 만성 과로나 죽음에 내몰리든 말든 상관없다는 정부의 태도에 치가 떨린다.

이번 개악 추진은 여러모로 문제인 정부의 위선을 잘 보여 준다. "노동시간 단축을 통한 50만 개 일자리 창출"을 공약했지만, 이는 탄력근로 확대에 따른 '도로 장시간 노동'에 고사 당했다. 노동시간 단축의 목표로 내세웠던 "일·생활의 균형"도 공염불이 됐다. 하루 노동시간이 길어지고 출퇴근 시간이 들쭉날쭉해지면 가족을 돌보거나 안정적인 삶을 계획하기가 어려워진다. 임금이 깎여 생계의 불안정성도 커진다.

정부가 주 52시간제 도입을 유예한 수개월 동안, 이미 사용자들은 임금을 깎고, 노동강도를 높이고, 교대제를 개악하고, 유연근무제를 도입하는 등 노동자들을 공격하고 있다. 특히 정부가 관장하는 공공기관 사용자들이 이에 앞장서고 있다는 점이 의미심장하다.

항만보안공사 측은 인력 충원도 없이 교대제를 개편해 노동자들의 불만을 사고 있다. 일하기가 빡세지고 휴일이 사라졌기 때문이다. 임금은 무려 20퍼센트나 깎였다. 안 그래도 임금 수준이 낮은 사업장인 데다 최저임금을 받는 계약직도 공격을 당해 노동자들의 생계가 위협받고 있다. 2018년 7월 노사정 합의로 탄력근로제를 순차 도입하기 시작한 버스업계에서도 임금이 크게 삭감됐다. 줄어든 노동시간만큼 임금 보전도 안 된 데다, 연장근무를 해도 수당을 못 받으니 노동자들의 불만이 높다. 인천공항 보안검색 노동자들은 12조 8교대로 잘게 쪼개진 교대제 개악에 고통받고 있다. 더 적어진 조별 인원으로 변변한 휴게시간도 없이 더 빡세게 일하고, 더 불안정한 교대 패턴으로 생활 리듬이 깨졌다. 심지어 사흘 연속 하루 12~13시간씩 근무해야 하는 이들까지 생겼다. 유사 사례들이 금융·IT·제조·서비스 등 민간 부문에서도 확대되고 있다. 경총은 아예 조선·건설업 등의 일부 업무나 방송·영화 제작에는 노동시간 규제를 적용하지 말자고 한다.

경총은 특히 노조와 합의 없이 개별 노동자 동의만으로 탄력근로제를 시행할 수 있도록 법을 뜯어 고치자고 주장하고 있다. 정부 산하 기관인 한국노동연구원도 자신의 정기 간행물에서 탄력근로제 확대만이 아니라 "사업장 도입 절차(근로자대표와의 서면 합의)에 대한 현실적 대안"을 찾아야 한다고 주장했다. 미조직·비정규직 노동자들은 물론, 단체협약이 잘 구비된 조직 노동자들도 결코 안전하지 않은 것이다.

이런 공격에 제동을 걸고 당면 법 개악을 저지하기 위해서는 대중투쟁이 힘 있게 조직돼야 한다.

민주노총 지도부는 여야정의 탄력근로 확대 개악 합의를 비판하며

2018년 11월 21일 "총파업"으로 맞서겠다고 했다. 한국노총과의 공동 대응도 논의하고 있다. 그런데 그 구체적 내용을 보면, 21일 실제 파업에 나서는 곳은 드물다. 실제 행동은 파업이라기보다 지역별 총력 집회 수준에 머물러 있다.

그러나 정부·여당과 보수 야당들은 연내 개악 완성을 외치며 단호하고 신속하게 움직이고 있다. 국회에서 2018년 11월 20일 이후 본격 법 개악 절차에 돌입하면 일사천리로 통과될 가능성도 크다. 그런 만큼 민주노총 지도부는 비상한 상황에 걸맞게 대응해야 한다. 조직력을 총력 동원하는 실질적 파업을 명령해야 한다.

탄력근로제 개악 반대한다

2019년 2월 19일 경사노위는 탄력근로제 단위 기간을 현행 3개월에서 6개월로 늘리는 개악에 합의했다. 한국노총은 "탄력근로제 단위 기간을 확대할 필요성이 전혀 없다"며 강경하게 반대하는 척했지만, '광주형 일자리'에 이어 이번 개악에도 합의해 줌으로써 노동자들을 배신하고 양보를 강요하는 구실을 했다.

이번 개악으로 주 52시간제가 본격적으로 시행되기도 전에 무력화됐을 뿐 아니라 1년에 절반은 수당도 제대로 받지 못하고 연장근무를 하게 됐다. 결국 문재인의 "노동시간 단축" 약속은 요란한 말잔치로 끝났다. 최저임금에서도 '줬다 뺏기' 공격을 하더니 노동시간 단축도 마찬가지다.

첫째, 이번 개악으로 사용자는 주 52시간제와 관계없이 마음대로 노동시간을 늘렸다 줄였다 할 수 있게 됐다. 일감이 몰릴 때는 **법정 노동시**

출처: 강동훈, 〈노동자 연대〉 276호(2019 2 20).

간의 한계인 주 52시간을 초과해 최대 64시간까지 일을 시킬 수 있다. 예를 들어 각 탄력근로 기간의 앞뒤 3개월을 붙이는 식으로 6개월 연속 주당 64시간도 일을 시킬 수 있다. 노동부의 만성 과로 인정 기준인 '12주(3개월) 연속 주당 60시간 노동'을 훌쩍 뛰어넘는 것이다. 이번 개악으로 "합법 과로사"가 가능해진 것이다.

둘째, 연장근무 수당이 줄어들 수밖에 없기 때문에 임금 손실도 크다. 시급 1만 원을 받는 노동자의 경우, 단위 기간이 6개월로 늘어나면 임금이 평균 78만 원 깎일 것으로 전망된다(양대 노총). 이번 개악이 임금 삭감 공격이기도 한 것이다.

청와대는 경사노위 합의 직후 "노동자는 일과 생활의 균형을 이룰 수 있을 것"이라며 환영 논평을 내놨다. 그러나 하루 노동시간이 길어지고 사용자 마음대로 출퇴근 시간이 들쭉날쭉해지는데, 노동자들이 삶을 안정적으로 계획하거나 균형을 이룰 수 있는가? 노동시간이 줄어드는 기간에는 임금도 더 떨어져 생계를 꾸려 나가는 것도 불안정해진다.

정부와 보수 언론들은 '노동자의 건강권 보장'과 '임금 보전' 방안도 들어가 있다며, 보완책이 마련돼 있다고 미화하고 있다.

그러나 '11시간 연속 휴식시간 보장'으로 과로를 막을 수 없다. 11시간 연속 휴식시간을 보장하더라도 하루 12시간 이상 노동이 허용되는 것일 뿐 아니라, '근로자 대표와 서면 합의'로 이조차 무시할 수 있게 해 놨다.

무엇보다 심각한 것은 노동시간 확정을 일별이 아닌 주별로 늘린 점이다. 기존에는 탄력근로를 하려면 사측이 일별로 노동시간을 정해 놔야 했으나, 이번 개악으로 사측은 주별 노동시간만 정해 놓은 뒤 그때그때 일별 노동시간을 바꿀 수 있는 권한을 얻게 됐다. 게다가 '기계 고장, 예측하지 못한 업무량 급증' 등을 핑계로 사측이 주별 노동시간도 마음대로 변경할 수도 있도록 열어 놨다. '근로자 대표와 협의'해야 한다고 돼 있지만, '협의'는 합의가 아니다. 즉, 사측이 공문 한 장만 보내면 얼마든지 변경이 가능한 것이다.

임금 보전 방안도 사실상 사용자에게 백지위임했다. 임금 보전 방안을 마련해 고용노동부에 신고하도록 해 놨지만, 구체 내용과 기준이 불분명해 사용자가 대충 만들어도 된다. 설사 신고하지 않아도 과태료만 물면 된다. 이 역시 노동자 대표와 서면 합의만 하면 신고하지 않아도 된다.

특히 중소영세기업·비정규직 노동자들처럼 노조로 조직되지 않은 노동자들은 공격에 속수무책으로 당할 수 있다. 조직 노동자들을 '귀족노조'라고 비난하며 '취약 계층을 위한다'던 문재인 정부가 오히려 열악한 처지에 있는 노동자들의 조건을 위협하고 있는 것이다.

정부와 주류 언론들은 이번 합의로 '사회적 합의'가 첫발을 뗴었다며 환영하고 나섰다. 그러나 이번 개악은 이른바 '사회적 합의'가 '답정너'(답은 정해 놨으니 너는 대답만 해) 식의 강요라는 점을 분명히 보여 줬다.

2018년에 주 52시간 노동시간 제한이 결정됐을 때부터 정부와 사용자들은 탄력근로제 단위 기간 확대를 줄기차게 요구해 왔고, 정부는 2019년 2월 중으로 이를 반드시 통과시키겠다고 공언해 왔다. 시기를 정해 놓고 합의를 압박하면서 사회적 대화를 정부 정책의 추진 수단으로 이용한다는 점은 하나도 달라지지 않은 것이다.

일각에서는 민주노총이 반대만 할 게 아니라 "구체적 대안을 갖고 보완을 요구"했어야 한다고 주장한다. 그러나 이번에 나온 보완책들에서 보듯, 이런 방식은 개악은 막지 못하면서 오히려 정부와 사용자들의 개악 추진에 정당성만 주는 꼴이 됐을 것이다.

이번 합의를 발판으로 여당인 민주당뿐 아니라 자유한국당도 조만간 개악을 위한 법 통과를 추진하겠다고 밝혔다. 국회에는 이미 의원들이 내놓은 법 개악안이 올라가 있어서 절차에 돌입하면 일사천리로 통과될 가능성이 크다.

따라서 저들의 야합을 막으려면, 국회에서 개악 절차가 시작되기 전에 즉각 총파업에 돌입해야 한다.

민주노총 지도부는 탄력근로 확대 개악 합의를 비판하면서, 2019년 2월 20일 확대간부 상경 결의대회와 3월 6일 "총파업·총력투쟁"으로 맞서겠다고 했다. 그러나 하루 파업으로는 개악을 막을 수 없다. 법 개악안 처리가 임박한 현 상황은 '경고'가 아니라 실질적 '저지'를 위한 투쟁에 즉각 나서야 할 때다. 민주노총이 실질적 효과를 내는 총파업으로 제 힘을 보여 줄 때, 저들의 개악 시도에 제동을 걸 수 있다.

7장

노조 할 권리?
노동기본권을 거래 대상으로 삼다

특수고용 노동자

완전한 노동기본권을 보장하라

특수고용 노동자는 법률상 '개인사업자'로 분류돼 노동자의 권리를 보장받지 못하는 노동자들이다. 실제로는 사용주를 위해 노동력을 제공하고 그 대가로 임금을 받아 생활하는 보통의 노동자들과 같은 조건에 있다.

1990년대 불황으로 기업주들이 노동유연화를 추구하며 비정규직을 크게 늘릴 때, 특수고용 노동자들도 대거 늘어났다. 최근 경제 위기 하에서도 플랫폼 노동자들이 이 대열에 합류하고 있다. 오늘날 한국의 특수고용 노동자는 250만 명에 이른다. 전체 취업자의 9퍼센트로 11명 중 1명 꼴이다. 또한 덤프트럭, 화물차, 택배, 셔틀버스, 퀵서비스, 대리기사, 배달앱 노동자, 학습지·방과후 교사, 보험설계사, 간병사, 철도 매점 노동자, 경마기수, 재택집배원 등 다양한 직종에서 일하고 있다.

출처: 장우성, 〈노동자 연대〉 282호(2019 4 10).

기업주들은 특수고용 노동자와 근로계약이 아니라 사업자 간 계약을 맺는다. 이로써 산재·고용보험 같은 사회보험료를 부담하지 않아도 되고, 장비(건설기계, 화물차 등)의 구입·유지·보수 비용을 노동자에게 떠넘길 수 있다. 또, 일감을 놓고 노동자 사이에 경쟁을 부추겨 노동조건을 악화하는 데 이용한다. 노동자들의 노조 가입을 노골적으로 방해해도 위법이 아니고, 단체행동을 '불법'으로 몰아 탄압하기도 수월하다. 이렇게 기업주들은 노동자들의 손발을 묶은 채 열악한 노동조건을 강요해 왔다. 특수고용 노동자들이 20년 넘도록 노동기본권 보장을 요구했지만, 정부와 기업은 완강히 거부했다.

문재인 정부도 대선 공약으로 노동기본권 보장을 약속했지만 시간이 지날수록 이를 이행할 의지가 없다는 것이 분명해지고 있다.

국제노동기구ILO는 한국 정부에 교사, 공무원, 특수고용 노동자, 간접고용 노동자 들의 노동3권(단결권, 단체교섭권, 단체행동권)을 제약하지 말라고 거듭 권고했다. 그런데 문재인 정부는 경사노위에서 ILO 협약 비준을 논의하자더니, 해고자·실업자의 제한적인 노조 활동 허용 외에는 제대로 내놓은 것이 없다.

그래 놓고는 오히려 ILO 협약 비준에 준하는 '사용자 대항권'도 인정해야 한다며 노동법 개악안을 논의하고 있다. 노조의 사업장 점거 금지, 단체협약 유효기간 연장, 파업 시 대체근로 허용, 부당노동행위제도 폐지 등 하나같이 투쟁을 어렵게 만드는 것들이다. 경사노위 논의를 반영했다는 노조법 개정안(한정애 대표발의)에도 특수고용·간접고용 노동자의 노조 할 권리 보장은 간데없고, 오히려 노조 활동을 제약하는 독소조항이 포함됐다.

정부는 산재보험 특례적용 대상에 건설기계 노동자들을 포함했고, 일부 업종의 특수고용 노동자에 대해서는 고용보험 적용도 추진하겠다고 한다. 사회보험의 사각지대에 방치됐던 노동자들에겐 미약하게나마 도움이 될 것이다.

그러나 노동자성을 인정하면 당연히 뒤따르게 될 이런 조처들을 '직종에 따라 제한적으로만 적용'하겠다는 것은, 결국 노동기본권을 전면적으로 보장하지는 않겠다는 정부 방향을 보여 주는 것이다. 동시에 정부는 이처럼 선별적인 조치로 노동자들이 분열해 투쟁이 약화되기를 내심 바라고 있을 것이다.

따라서 완전한 노동기본권을 쟁취하려면 정부와 사용자에 맞선 투쟁을 더욱 확대해 나가야 한다. 현장에서 사용자에 맞선 투쟁을 강화하며, 노동기본권 쟁취를 위한 투쟁도 이어 나가야 한다.

정부 자신이 처리하면 되는 일이다

정부가 ILO 핵심협약 비준 의사를 밝혔다. 핵심협약에는 결사의 자유, 단결권, 단체교섭권 관련 협약(87, 98호)이 포함돼 있다. 이를 두고 일부 언론은 정부가 전교조와 공무원노조 합법화의 길을 열었다고 보도했다. 마치 노동계에 대단한 선물 보따리를 내놓은 양 말이다.

그러나 ILO 핵심협약은 이미 오래전에 비준했어야 마땅한 협약이다. 187개 회원국 가운데 4개 핵심협약을 비준하지 않은 나라는 한국, 중국, 마셜제도, 팔라우, 통가, 투발루 등 6개국뿐이다. 한국 정부가 국제사회에 비준을 약속한 것이 처음도 아니다. OECD 가입, 유엔 인권이사회 이사국에 출마할 때 비준 약속을 해놓고 이행하지 않았다.

문재인은 대선 전 '전교조와 공무원노조 합법화 문제 즉시 해결'을 약속했다. 그러나 당선 후 태도가 달라졌다. 법외노조 철회 대신 '대법

출처: 정원석, 〈노동자 연대〉 235호(2018 1 12).

원 판결을 지켜보겠다'고 했다. 전교조가 지도부 단식 농성, 조합원 연가 투쟁까지 벌였지만, 정부는 외면하고 있다.

공무원노조의 경우도 마찬가지다. 고용노동부는 공무원노조의 설립 관련 협의에서 규약 개정(해고자의 조합원 자격 관련)을 요구했다고 한다. 문재인 정부도 박근혜 정부와 똑같이 해직자를 배제하라는 요구를 한 것이다. 공무원노조 지도부는 이런 부당한 요구에 타협해서는 안 된다.

전교조 법외노조 철회, 공무원노조 설립 신고 인정은 정부가 의지가 있으면 당장 할 수 있는 일이다. 정부가 당장 할 수 있는 일도 하지 않으면서, ILO 협약 비준이라는 우회로를 통해 문제를 해결하겠다는 것은 무슨 뜻인가? 결국 정부의 정치적 부담은 줄이고 책임은 떠넘기는 전략이요, 문제를 당장 해결하기보다 시간을 끌겠다는 계산일 수 있다. ILO 협약 비준은 국회 비준 동의가 필요하고, 관련 국내법도 개정돼야 한다. 그런 만큼 시간이 오래 걸리고 결과도 장담할 수 없다.

따라서 ILO 협약 비준을 추진하더라도 정부는 지금 당장 전교조 법외노조 통보를 철회하고, 공무원노조 설립 신고를 받아들여야 한다. 우익의 눈치를 보며 적폐 청산과 기본권 보장의 문제를 차일피일 미룬다면 '촛불 정부'의 자격이 없다. ILO 협약 비준에 대해 정의당이 이러한 정부 태도의 모순과 무책임을 지적하지 않고 무비판적으로 환영 논평을 낸 것은 아쉽다.

우리는 문재인 정부의 개혁 정책이 말만 번지르르하지 실속은 형편없다는 점을 수차례 봤다. 비정규직 대책이 대표적 사례다. 최근에도 위안부 합의안에 대한 절충적 태도(말은 '피해자 중심' 집근이라면서도)로 피해자들을 기만하고 있다. 말로는 '노동 존중 사회'를 표방하지만, 오히려 조속한 적폐 청산을 요구하며 단식 농성을 벌이는 이영주 전 사무총장을 체포해 구속했다!

지난 역사를 돌아보면 전교조와 공무원노조의 합법화는 사회적 여론과 계급 간 이해관계가 첨예하게 부딪히는 민감한 쟁점이다. 김대중 정부는 전교조 합법화 카드를, 파견법·정리해고법 등을 민주노총에 수용하도록 요구하는 데 사용했다.

문재인 정부도 근로기준법 개악, 직무급제 도입 등 정부의 주요 노동 개혁 과제를 달성하기 위해 전교조·공무원노조 합법화 문제를 활용할 수 있음을 명심해야 한다. 박근혜 정부와 다른 점이 있다면, 노동조합(지도자)과의 대화를 통해 협력을 끌어내는 것이 더 성공적이라고 생각한다는 점이다.

따라서 노동운동 진영은 ILO 협약 비준을 마냥 환영하고 정부를 무비판적으로 지지하다가 스스로 발이 묶여서는 안 된다. 정부가 뒤통수를 칠 수 있다는 경계심을 늦추지 말고 독립적 투쟁을 벌여 나가야 한다. 전교조와 공무원노조는 '지금 당장 합법화하라, 공을 딴 데로 넘기지 말고 정부가 책임지라'고 요구하며, 투쟁을 지속·확대해 나가야 한다.

전교조는 박근혜 정부의 규약시정명령을 단호히 거부하며 투쟁했지만, 아쉽게도 법외노조 조치에까지 완강히 저항하지는 못했다. 진보 교육감과의 협상을 통해 피해를 최소화하는 방법을 택했다. 그리고 박근혜 정부는 꿈쩍도 하지 않으니 교원노조법 전면 개정이라는 (당시로서는) 우회적인 합법화 전략을 세웠다. 그러나 문재인 정부 하에서 정부와의 대결을 회피해서는 안 된다.

ILO 협약 비준과 국회 논의에 발목 잡히지 말고, 앞으로도 이런 투쟁을 더 확대해 나가야 한다. 거대한 대중운동이 박근혜 정권을 끌어내렸듯이, '촛불 정부'하에서의 진정한 개혁은 아래로부터의 대중투쟁으로 쟁취할 수 있다.

단결권조차 제대로 보장하지 못한다

2018년 11월 20일 경사노위 산하 노사관계제도관행개선위원회(이하 개선위)가 노동3권 중 '단결권'에 관한 공익위원 최종 합의안을 발표했다. 노사정 합의에 이르지는 못했지만 이 논의는 마무리하고, 이제 노동 3권 중 나머지 두 개, 즉 단체교섭·쟁의권에 관한 논의를 하겠다고 밝혔다. 2019년 1월 말까지 이 논의를 반영해 '포괄적 사회적 합의'를 추진하겠다고 한다.

개선위는 공익위원들이 만장일치로 실업자·해고자의 노조 활동 보장, 교사·공무원의 단결권 보장 등의 방안을 도출한 데 의미가 있다고 설명했다.

그러나 내용을 보면, 노조 할 권리 보장을 말하기에 턱없이 부족하다. 앞서 제출한 1·2차 안에 견줘도 나아진 것이 거의 없다.

출처: 박설, 〈노동자 연대〉 268호(2018 11 28).

해고자·실업자의 노조 가입은 허용하지만 기업별 노조 활동은 제약한다(산별노조 등의 초기업 단위 노조 활동은 법원 판례상 인정돼 왔으므로 쟁점이 아니다). "기업의 효율적인 운영을 저해하지 않도록" 해야 한다는 것이다. 특별히 해고자·실업자에게는 노조 임원이나 대의원 자격을 주지 말아야 한다는 점을 명시했다.

교원·공무원의 노동기본권 보장은 '단결권'으로만 국한한 데다, 그조차 온전한 보장이 아니다. 해고자의 조합원 자격은 보장하지만, 여기서도 노조 간부 자격 제한 등 활동에 제약을 가할 수 있다. 2019년 1월 말까지 노사정 합의를 이끌어 내겠다지만, 기업주들과 보수 야당의 반발이 커 합의가 이뤄질지도 미지수다.

최근 청와대는 전교조 법외노조 문제를 "2019년 6월 전까지 마무리하겠다"고 말했다. 정부는 공무원 해고자 복직 요구에 대해서도 신규채용 방식을 제시하고 있다. 그간의 경력을 인정하지 않겠다는 것이니 해고를 무릅쓰고 싸우지 못하도록 제재를 가하는 셈이다.

사실 정부는 당장 행정명령만으로 전교조 법외노조를 직권 취소할 수 있고, 공무원 해고자들을 원직 복직시킬 수 있다. 그런데도 시간만 질질 끌고 있는 것이다. 문재인의 의지 없음을 보여 준다.

또, 특수고용 노동자의 노조 할 권리 문제에서도 공익위원들은 사실상 내놓은 게 없다. "(노동기본권) 보호 방안을 모색"한다는 추상적인 말만 있을 뿐, 구체적 내용도 시기도 제시되지 않았다. 특수고용 노동자들의 온전한 노동기본권 요구를 또다시 무시해 버린 것이다.

요컨대, 이번 공익위원 안은 온전한 노동권은 고사하고, 그중 1권(단결권)조차 제대로 보장하지 못한다. 더구나 개선위가 2019년 1월 말까지 논의하겠다는 내용은 주로 재계가 요구한 것들이다. 단체협약 유효기간 연장, 작업장 점거 금지, 파업 시 대체근로 허용 등 단체협약·쟁의

권을 후퇴시키는 개악안들을 관철하려 한다.

그런데 민주노총 집행부는 공익위원 안의 긍정적 의의에 주목해야 한다는 논평을 냈다. 집행부는 조합원들의 반발 때문에 합의까지 해 주지는 않았지만, 부족한 점을 단계적으로 메워 나가는 것이 유리하다고 보는 듯하다. 그러나 지도부가 민주노총의 공식 요구안을 접어두고 공익위원 안으로 후퇴하는 것은 조합원들에게 실망만 주고 투쟁 동력을 약화시킬 수 있다.

더구나 정부는 오히려 개악안을 강요하기 시작했다. 최근 문성현 경사노위 위원장은 "노조의 요구와 사용자의 문제제기"에 "주고 받을 내용이 있"다고 말했다. 또, 노조 할 권리와 탄력근로제 확대 문제를 놓고 '빅딜'을 추진할 수 있다고도 시사했다. 노동기본권과 노동조건을 거래 대상으로 삼아 노동계에 양보를 압박하는 것이다.

사회적 대화를 통한 단계적 권리 확대를 기대하는 것은 어리석다. 투쟁 건설에 힘을 쏟아야 한다.

ILO 핵심협약 비준

민주노총의 선先비준 요구가 옳다

경사노위 산하 노사관계제도관행개선위원회 공익위원들이 국제노동 기구ILO 핵심협약 비준을 위한 개선안을 내놓았다. 2018년 7월 발족 후 2019년 4월까지 전체회의가 25회, 간사단회의가 6회, 공익위원회의가 11회 진행됐다. 그러나 노사 간 입장 차로 더는 사회적 합의에 이르기 힘들어 공익위원들이 별도 안을 낸 것이다.

이 안에 일부 개선안이 없는 것은 아니다 하지만 경총(한국경영자총 협회)이 "사용자 대항권"이라며 앞장서서 요구한 단체협약 유효기간 연 장, 사업장 점거 제한 같은 개악안이 담겨 있다. 그런데도 우익적인 그들 은 정부가 노동자 측만 대변했다고 강변한다. 파업시 대체근로 허용 같 은 요구를 다 담지 않았다는 것이다.

그러나 노동자들의 요구를 다 담은 것은 결코 아니다. 노동계도 ILO

출처: 김문성, 〈노동자 연대〉 283호(2019 4 18).

핵심협약 비준의 효과를 상쇄시키는 독소 조항이 포함된 것에 불만을 나타낸다.

ILO 핵심협약은 한국이 1991년 ILO 가입 때 진즉에 비준하고 국내 법에 반영했어야 했던 것들이다. 정부는 비준을 피했고, 노동자들은 스스로 정부·사용자와 싸우면서 조직을 키우고 투쟁할 권리를 법 테두리 안팎에서 확장해 왔다. 대선 후보 시절 문재인은 노동자 표를 얻으려고 전교조 인정, ILO 핵심협약 비준 등을 약속했다.

경총의 사용자 대항권 논리는 이처럼 당연히 줘야 할 것을 주면서, 노동자 스스로 얻어 낸 권리를 내놓으라는 식이다. 공익위원들이 이 논리를 수용한 것은 경총의 날강도 논리를 사실상 따른 것이다. 단순히 상호 간 권리의 맞교환이 아니다.

애초에 거래 대상이 돼서는 안 될 기본권 보장 요구를 문재인이 "사회적 대화"의 장으로 끌고 간 것부터 문제였다. 어차피 양보해야 할 것을 이용해 사회적 대화라는 형식으로 뭔가를 받아내 보려는 술책이었다. 이렇게 ILO 핵심협약은 사용자들의 볼모가 됐다.

탈핵 공약을 지키라니까 사회적 대화로 추진하자며 공론화위원회를 만든 것과 똑같다. 결국 이 공론화위원회가 핵발전소 공사를 재개하기로 했다. 문재인의 탈핵 공약 폐기에도 사회적 대화가 이용된 것이다. 당시에 공론화위원회를 활용 가능한 것으로 여겼던 엔지오들은 낭패를 겪었고, 공약 파기에 항의하지도 못했다. 정부가 ILO 핵심협약 비준을 경사노위로 끌고 간 것도 비슷한 효과를 노린 것이다.

문재인은 ILO 핵심협약 비준이 국회에서 이뤄져야 한다며 책임을 미루고 시간을 끌었다. 막상 국회에 ILO 핵심협약 비준 동의안을 낸 것도 아니다. 그리고 2018년에는 이 문제를 경사노위의 "사회적 대화" 안건으로 끌고 갔었다. 그 결과가 노동 개악인 것이다. 거의 사기꾼 수준이다.

따라서 민주노총이 정부의 그동안 태도를 비판하며 '정부의 선先비준' 요구를 분명히 한 것은 환영할 만한 변화다. 지금 문재인은 ILO 100주년 총회에서 연설할 명분(실질 개선이 아니라)을 만들고 싶어 한다. 민주노총은 이런 위선을 폭로하고 싸우려고 한다.

최근 민주노총 법률원장은 이렇게 지적했다. 대통령에게 비준 권한이 있을 뿐만 아니라 국회 비준 동의를 받아야 하는 조약은 동의 자체로 기존 법을 대체하는 효과가 난다. 따라서 입법 보완이 필요한 것도 아니다.

사실 김명환 민주노총 지도부는 ILO 협약 선비준을 주장하면서도 실천에서는 경사노위 논의를 활용 가능하다고 여기거나 선입법 논의를 묵인하는 태도를 보여 왔다. 가령 민주노총 교육원이 낸 2018년 10월 교육지는 경사노위 노사관계제도관행개선위원회에 대한 "전략적 활용"을 하자고 했다. "원칙적으로는 선비준-후입법 논리가 타당하다. 단, 협약 비준을 위해서라도 최소한의 전제조건에 관한 입법은 비준 전 연내 완료되어야 한다"는 논리도 폈다.

이렇게 정부의 시간 끌기를 사실상 용인하는 실천을 해 온 것이 정부가 개악으로 가는 길을 더 편하게 해 준 면이 있다. 이제는 입장을 분명히 한 만큼 이를 뒷받침할 단호한 실천이 필요하다.

지금 국회에는 민주당 한정애 안(사실상 정부 개악안)뿐 아니라, 경총의 "사용자 대항권" 요구를 적극 반영한 자한당 추경호의 안이 올라와 있다. 앞에서 지적했듯이, 공익위원 안은 경총의 사용자 대항권 논리를 수용하고 있다. 이를 보면, 정부안이 따로 없어도 한정애 안과 추경호 안을 하나로 병합해 개악안 심의를 시작할 수도 있을 듯하다.

이 논의를 시작할 국회 환경노동위원회의 고용노동소위가 2019년 4월 안에 두어 차례 열릴 것으로 알려져 있다. 탄력근로제 기간 확대 개악, 최저임금 추가 개악 등도 이 소위를 통과해야 한다. 민주당과 자한당

두 사용자 계급 정당은 2019년 5월 초로 예상되는 본회의에서 이것들을 통과시키려 할 것같다.

자한당은 좀 더 노골적으로 사용자 편을 드는 안을 내면서 문재인 정부를 얼토당토않게 친노동이라고 비난한다. 이것의 효과는 문재인 정부가 더욱 친사용자 행보를 하도록 압박하는 것이다. 온건파의 자충수로 노동운동이 자한당만 규탄해서는 부족한 이유다.

민주노총은 탄력근로제 개악, 최저임금 추가 개악, 노조법 개악 등에 맞선 투쟁을 만만찮게 수행해야 할 뿐 아니라, 노동 개악을 주도하는 문재인 정부에 정면으로 맞서야 한다. 국회 본회의를 앞둔 시점에서 열릴 올해 노동절 집회는 지역 분산이 아니라 서울로 집중해 청와대로 행진하는 것이 정치적 상징 면에서 일관성 있다. 이런 노동절 행진은 이후 활발한 노동쟁의의 시동을 걸 수 있다.

사회적 대화,
양보 강요하며 투쟁의 발목 잡기

노동조합은 문재인 정부의
국정 파트너가 돼야 하는가?

"문재인 시대에는 노동조합 운동이 달라져야 한다"는 주문이 많다. 이명박·박근혜 정부와 달리 문재인 정부가 "노동 존중"을 약속한 만큼 이제 노동조합도 새로운 환경에 맞는 전략을 택해야 한다는 것이다.

이는 개혁주의자들의 주문인데, 한마디로 말하면 문재인 정부의 "파트너(동반자)"가 되라는 것이다. 노동조합이 더는 "반대 투쟁에만 급급"해선 안 되고, 정부와 협력해 "개혁을 주도"해야 한다고 한다.

가령 이병훈 교수는 노동조합이 "노동정책 구체화 과정을 돕"는 "정부의 주요 파트너가 될 것을 제안"한다. 우파로부터 "정부를 엄호"하고 노동 쪽으로 "견인"하라는 것이다. 민주노총이 주최한 '1987년 노동자 대투쟁 30주년 기념 토론회'에서도 유사한 제안이 나왔다. 김공회 교수는 노동조합이 "국가기구 안의 공적 의사 결정 과정"에 안정적으로 참여하

출처: 김하영, 〈노동자 연대〉 228호(2017 11 11).

는 "노동운동의 제도화"를 더 깊게 고민해야 한다고 주장했다.

노동조합 지도자들이 "정책 개입력 강화"를 추진한 것이 한두 해 된 일은 아니다. 하지만 문재인 정부 하에서야말로 노조가 진짜 '국정 파트너'로 대접받을 수 있게 됐다고 개혁주의자들은 기대한다. 노동조합 지도자 상당수와 개혁주의자들은 이를 통해 빈곤과 양극화 등 신자유주의가 낳은 폐해를 완화하고 노동조합의 사회적 위상도 대폭 강화할 수 있다고 여긴다.

'사회적 대화'는 노동자 양보를 얻어 내기 위한 것

그러나 대통령이 직접 나서서 "노동계와 정부 사이에 국정 파트너로서의 관계를 복원하는 것이 중요하고 시급하다"고 강조하는 데에는 분명한 목적이 있다. 일자리 창출과 비정규직 문제 해결을 명분으로 노동조합의 양보를 얻어 내는 것이다. 기회가 있을 때마다 문재인은 "조금씩 양보하고 짐을 나누는" 사회적 대타협을 강조한다. 한국이 "도약할 미래"가 이것에 달려 있다면서 말이다.

처음으로 노동조합을 "동반자(파트너)"라고 부른 김대중도 IMF 경제 위기 극복이 사회적 대타협에 달렸다며 노동계의 양보(특히 정리해고와 파견 법제화)를 요구했었다. 당시 사회적 대타협 옹호자들은 '사회협약'을 통해 재벌 개혁, 노동기본권 보장, 복지 확충을 얻을 수 있었다며 노동조합 지도자들의 양보를 정당화했다. 그러나 그런 주장은 시간의 검증을 견디지 못했다. 그 뒤 재벌들은 더 부유해졌고, 비정규직과 빈곤층이 늘었다. 노동조합 조직률이 높아진 것도 아니다.

'사회협약' 변호자들은 당시는 신자유주의 광풍이 몰아치는 시절이었으므로 김대중 정부도 그로부터 자유롭지 못했다고 변명한다. 김대중 정부가 '사회협약'을 지키지 못한 것은 기반이 약해 우파의 공격에 취약했기 때문이라고도 덧붙인다.

그러나 그런 결과는 '사회적 대타협'의 예외적 사례가 아니다. 세계 여러 나라들에서 이뤄진 사회적 대타협은 거의 다 그런 결과를 낳았다. 그것은 자국 자본주의를 효율화하기 위해 노·사·정이 협력해야 한다는 사회적 파트너십 정신의 자연스런 귀결이다. 특히 경제 상황이 나쁠 때 노동자들에게 더한층의 양보가 강요되기 마련이다.

문재인 정부가 네덜란드의 사회적 대타협을 모델로 제시하는 것을 보면, 저성장이 "노멀"(정상적)이 된 시대의 문재인 호가 노동자들에게 어떤 양보를 요구할지가 잘 드러난다. '네덜란드 모델'의 핵심은 일자리 확충을 명분으로 정규직 노동자들의 실질임금을 삭감하는 것이었다. 네덜란드 노동조합 지도자들은 1982년 여성과 청년의 일자리를 늘리기 위해서라며 임금 양보를 수용하고 바세나르 협약을 맺었다. 그러나 이 협약의 결과는 시간제 일자리 폭증과 저임금 노동자 증가, 그리고 여성 빈곤 확대였다.

노동조합이 양보하면 사회적 위상이 높아질까?

상당수 노동조합 지도자들은 문재인 정부의 양보 요구에 화답할 태세인 듯하다. 그들은 정규직 노동자들의 임금을 양보해 일자리 문제 해결을 위한 재원을 보태겠다고 한다. 공공노조 지도부는 1600억 원 성과연봉제 인센티브를 반납했고, 금속노조 지도부도 일자리연대기금 2500억 원 출연을 제안했다. 보건의료노조 지도부는 인력확충과 정규직화를 위해 임금을 억제하겠다고 했다.

온건파들은 이런 선도적인 양보 전략으로 사회적 대화에 참여하면 '대기업 노조 이기주의'라는 낙인찍기와 '고립'을 극복할 수 있다고 주장한다. 또, 노동자들 사이의 격차를 줄여 계급 동질감을 회복하고, 노동조합이 (낮은 조직률을 넘어) 사회적 위상을 높일 수 있다고 주장한다.

그러나 사회적 합의를 추구해 온 서구의 많은 나라 노동조합들이 지난 30여 년 동안 조직 규모가 점점 축소되고 위상이 전만 못 해진 것만 봐도 이런 장밋빛 전망은 미덥지 못하다.

사실, 사회적 합의는 (시장 지향적) 경제 개혁을 위해 노·사·정이 협력해야 한다는 것을 전제하기 때문에, 단지 노동자 일부(대기업 정규직)뿐 아니라 노동자 전체에 희생을 요구한다. 가령 문성현 노사정위 위원장은 "[중소기업] 노조가 중소기업 지불 능력의 한계를 인정해야" 하고 "중소기업 노사가 하나가 돼야 한다"고 주장한다. 그리고 문재인은 공공부문 비정규직 노동자들에게 이렇게 말했다. "한꺼번에 다 받아내려 하지 말[라.]"

정부가 사회적 파트너십(동반자 관계, 즉 대타협)을 추구하는 목적은, 단지 정규직 노동자들의 양보로 일자리 마련과 비정규직 문제 해결의 재원을 마련하자는 것이 아니다. 사회적 파트너십의 진정한 목적은 한국 자본주의의 (효율화) 개혁을 위해 노동조합 지도자들의 협조를 얻고, 협조적인 노동조합 지도부를 통해 노동운동을 무장 해제시키는 것이다.

사회적 파트너십은 조합원들이 상층 논의를 쳐다보며 수동화되도록 만들고, 노사·노정 간 계급 협조주의를 부추겨 노동자 투쟁을 억제한다. 가장 잘 조직된 부문이 양보를 강요받으면서도 저항하지 못하면, 나머지 노동자들이 그렇게 하기는 더 어렵다. 국제노동기구[ILO]가 지적했듯이, 정규직의 '과보호'가 공격받은 곳에서는 한결같이 비정규직의 처지도 더 어려워졌다.

사회적 합의의 결과가 노동자 전체의 처지를 악화시키는 것인 한, 합의에 참가한 노동조합의 사회적 위상이 높아지기는 어려울 것이다. 그것이 기성체제의 가치관이라는 면에서 덕망을 뜻하는 것이 아니라면 말이다. 오히려 평범한 노동자들은 사용자나 기성 정치인들과 자연스럽게 마주 앉게 된 노동조합 지도자들을 의심의 눈으로 쳐다볼 것이다.

노동조합의 위상이 진정으로 강화되는 때는 노동자들이 아래로부터의 대중 행동을 통해 강력한 힘을 보여 주는 때다. 그런 때 미조직을 포함해 더 많은 노동자들이 노동조합으로 뭉쳐 노동조건을 개선하길 기대하게 된다.

노동조합이 이런 희망을 보여 주지 못하면 노동자들은 개인적 자구책에 기대게 된다. 우리는 모두 시장에서 경쟁하는 원자화된 개인들이라는 생각을 받아들이고, 제한된 파이를 놓고 동료와의 경쟁에 나서게 된다.

선도적 양보와 사회적 대화가 계급 동질감을 회복하고 연대를 강화하는 길이 결코 될 수 없는 이유다.

민주노총의 경사노위 참가를
반대해야 하는 이유

1. 문재인 정부 하의 사회적 대화는 경제 위기 시 양보를 압박하던 이전 정부들의 그것과는 다르다?

지금 한국 경제는 성장이 둔화하고 있다. 투자가 급감하고 고용 사정이 악화됐다. 경제 상황은 더 나빠질 전망이다. 중국 경제의 추락이나 트럼프의 무역전쟁처럼 한국 경제에 큰 타격을 줄 세계경제 불안정화 요인도 한두 가지가 아니다.

이처럼 국내외 경제 상황이 심상치 않게 전개되고 있는 지금, 문재인 정부 하의 사회적 대화가 경제 위기 시 양보 압박을 목적으로 했던 옛 노사정위와는 다르다고 보는 것은 안일한 판단이다. 이런 시기에 정부와 사용자들은 기업의 수익성을 높이기 위해, 전에 줬던 것도 빼앗으면

출처: 김하영, 《12문 12답: 민주노총의 경사노위 참가를 반대해야 하는 이유》, 노동자연대, 2019에서 발췌.

서 노동자들의 조건 후퇴를 강요한다. 실제로 문재인 정부는 성장률과 고용 사정이 나빠지자 급격하게 친기업, 반노동 행보를 노골화했다.

그리고 문재인 대통령은 "[한국이] 도약할 미래"가 사회적 대타협에 달려 있다면서 "대화, 타협, 양보, 고통 분담"을 공공연하게 촉구해 왔다. 얼마 전 문성현 경사노위 위원장은 아예 대놓고 "양보할 것 없으면 경사노위에 들어올 필요 없다"고 말했다. 이와 같은 "양보" 요구는 김대중 정부가 노사정위에서 얘기하던 것과 완전히 똑같다.

김대중 정부는 IMF를 불러들인 경제 위기 극복이 사회적 대타협에 달려 있다면서 노동자들에게 "고통 분담"을 강요했다. 당시에 노·사·정은 노사정위에서 정리해고, 파견근로 법제화 등에 합의했다. 당시 이 합의의 옹호자들은 이를 통해 노동계도 재벌 개혁, 노동기본권, 복지 확충을 얻었다고 정당화했다. 그러나 그런 주장은 시간의 검증을 견디지 못했다. 그 뒤 재벌들은 더 거대하고 부유해졌고, 비정규직과 빈곤층은 더 늘고 더 가난해졌다.

세계적으로도 사회적 대화는 항상 노동자들에게 양보를 요구했다. 가령 문재인 정부는 네덜란드의 사회적 대타협을 모델로 제시한다. 네덜란드 모델의 핵심은 일자리 창출을 명분으로 정규직 노동자들의 실질임금을 삭감하는 것이었다(바세나르 협약). 그러나 이 협약의 결과 시간제 일자리가 늘고, 저임금 노동자가 증가하고, 여성 빈곤이 확대됐다.

경제 상황이 나쁠 때는 노동자들에게 더한층의 양보, 일방적인 양보가 강요되기 마련이다. 그래서 사회적 협약의 출생지인 유럽에서는 지금 그것이 쇠퇴하고 있다. 1970~1980년대에는 노동조합이 양보한 대가로 알량하게나마 복지가 세공됐지만, 1990년대 들어 점점 일방적 양보만 강요됐기 때문이다. 노동조합이 양보한 대가가 공공 정책 결정에 (별로 영향도 못 미치며) 참여하는 것 정도인 경우도 있었다. 2010년 유로

존 재정 위기 이후로는 이마저 후퇴했다.

그래서 보수적 개혁을 추구하는 국제노동기구_{ILO}조차 〈ILO보고서〉(2018 10)에서 이렇게 조언할 정도다. "이러한 상황에서 노동조합은 사회적 협약 체결에서 한 걸음 떨어져서, 대신 조직이나 노동자의 이익과 권리를 방어하는 기본적 노사관계 업무에 그들의 에너지와 자원을 집중시키는 것이 차라리 현명할 수 있다."

2. 경사노위는 옛 노사정위와는 달리 그 운영과 논의 구조가 노동자 측에 불리하지 않다?

기존 법안을 전부 개정하고 사회적 대화기구를 개편한 것은 사실이다. 그러나 법안 문구가 바뀌고 구조도 변경됐음에도 지금 문제인 정부의 실천을 보면, 노동조합들이 제기해 온 핵심 불만은 전혀 개선되지 않았음을 알 수 있다.

그동안 노동조합들은 노사정위가 시한을 정해 놓고 '합의'를 압박하는 정부 정책 추진 수단이라고 비판했다. 그러면서 새로운 사회적 대화기구는 '협의' 기구(장차 사회적 교섭기구)가 돼야 한다고 주장했다.

그러나 탄력근로제 확대 문제나 ILO 기본협약 문제 등에서 보듯이, 2019년 2월 국회 일정에 맞춰 합의안을 내놓으라고 압박하기는 문재인 정부도 마찬가지다. 그때까지 합의가 안 되면 정부안을 내겠다고 협박하면서 말이다. 즉, 시한을 정해 놓고 합의를 압박하면서, 사회적 대화기구를 정부 정책 추진 수단으로 이용한다는 점은 하나도 달라지지 않은 것이다. 경사노위는 그럴듯한 대화 모양새로 구색을 맞춰 주고 정부 정책을 정당화할 뿐이다.

또한 경사노위는 여전히 기울어진 운동장이다. 노동조합 대표성은 여전히 약하다. 민주노총은 경사노위에 참가하더라도 본 위원회 18명 중

1명이 될 뿐이다. 민주노총의 대표성은 노사정위에서보다 더 축소되는 셈이다.

일각에서는 미조직 노동자를 대변해 여성, 청년, 비정규직 대표가 참여하게 된 것을 환영하고 있다. 하지만 그들에게 진정한 의미에서 대표성이 있다고 보기 어렵다. 실제로 발전비정규직연대회의, 교육공무직본부, 의료연대본부, 기아자동차비정규직지회 등 비정규직 노조들을 필두로 여러 노조들이 경사노위에 참가한 '비정규직 대표'를 인정하지 않는다는 성명을 발표했다. 게다가 부문 대표들의 일부는 문재인 정부와 흡사한 정책을 주장해 왔다.

3. 문재인 정부가 사회적 대화를 추진하는 목적은 무엇인가? 경사노위를 통해 무엇을 하려는 것인가?

문재인 정부가 민주노총을 사회적 대화에 참가시키려는 목적은 분명하다. 한국 경제가 저성장 국면에 빠져들고 있기 때문에 한국 자본주의의 생산성과 효율을 높이는 개혁에 노동자들의 협조를 얻으려는 것이다.

첫째, 임금 억제, 노동시간 유연화 등 노동조건의 양보를 얻어 내려 한다. 임금 억제와 장시간 노동은 착취율을 높여 자본가들이 수익성을 회복하기 위한 수단이다. 직무·성과 중심의 임금체계 개편, 광주형 일자리, 탄력근로제 적용 단위 기간 확대 등이 대표적 사례다. 이해찬 민주당 대표는 "임금 수준이 오르면 사회적 대타협을 해야 할 국면이 온 것"이라며 임금 억제 의도를 드러냈다.

직무급제 도입의 주된 목적은 자동 호봉 상승에 따른 임금 인상을 억제하려는 것이다. 직무급이 "동일노동 동일임금"으로 차별 시정에 도움이 된다는 것은 허울 좋은 명분일 뿐이다. 이것은 정부가 공공 부문 무기계약직 전환자들에게 적용한 직무급(표준임금모델)이 차별 해소는

커녕 저임금 고착화를 낳고 있다는 것만 봐도 잘 알 수 있다.

광주형 일자리는 임금 격차 해소 방안이라고 그럴듯하게 포장돼 왔다. 하지만 저질 일자리이자 임금 공격 모델이다. 기존 완성차 노동자 임금의 절반을 주고 소형차 생산 공장을 돌린다는 계획으로, 대공장 정규직 노동자의 임금 수준을 떨어뜨리는 정책이다.

탄력근로제 확대는 사용자들에게 노동시간 운용의 유연성을 증대시켜 주는 것이다. 사용자들이 원할 때, 별도의 연장근로 수당도 주지 않고 노동자들을 장시간 부려먹을 수 있다. 이것은 장시간 노동체제의 연장인 동시에, 임금 삭감 공격이기도 하다. 한 조사에 따르면, 탄력근로제를 확대하면 실질임금이 약 7퍼센트 감소한다.

둘째, 사회적 대화를 통해 노동자 투쟁을 억제하고 계급 협조주의를 강화하려 한다. 문성현 경사노위 위원장은 "노사갈등을 극복하지 못하면 공멸"한다면서, "노사 공동운명체 정신"을 강조했다. "노동자이지만 사용자 입장을 충분히 고려"하라는 것이다.

사회적 대화를 추진하는 기본 관점은 노·사 또는 노·사·정이 국가 경제나 지역사회의 공동 번영을 함께 추구하는 '파트너'라는 것이다. 사회적 대화의 옹호자들은 "이제 노동조합도 생산성을 고민해야 한다"는 말을 즐겨한다.

그러나 "노사 공동운명"이라는 말은 노동자들의 일방 희생을 강요하는 것으로 곧잘 사용된다. 특히 경제가 어려울 때 그렇다. 1998년 노사정위 합의 경험을 봐도, 노·사·정 협조가 노동자들에게 공동 번영을 가져다준다는 것은 거짓말이다. 그 후 오히려 빈부 격차가 더 벌어졌다.

사회적 대화는 또한 노동자들을 수동적으로 만들고 아래로부터의 투쟁을 약화시킬 수 있다. 사회적 대화의 옹호자들은 사업장 바깥에 대화(교섭)기구가 있으면, 노동현장의 갈등과 투쟁을 억제할 수 있다는 데 주목한다. 그러면 노동현장에서 노동자들을 생산성 향상에 참여시키기가 더 좋다고 말이다.

이처럼 사회적 대화(파트너십)의 중요한 목적 하나는 "노사 공동운명체 정신"으로 노동자들을 현혹하는 사이에 노동운동을 무장해제시키는 것이다.

4. 현재 경사노위에서는 어떤 논의들이 이뤄지고 있나?

첫째, 노동시간제도개선위원회에서 탄력근로제 단위 기간 확대가 논의되고 있다. 앞서 지적했듯이, 탄력근로제 확대는 사용자들에게 노동시간 운용의 유연성을 증대시켜 주는 것으로, 노동자들의 조건을 악화시키는 개악이다. 경사노위는 2019년 2월 안에 탄력근로제 확대 합의를 도출하겠다고 한다.

둘째, 노사관계제도관행개선위원회는 2019년 1월 말, 사용자들이 제기한 의제(이른바 사용자 대항권)를 논의할 예정이다. 사용자들은 파업 시 대체근로 허용, 사업장 점거 금지, 쟁의행위 찬반투표 투명성 제고, 단협 유효기간 연장 등을 요구하고 있다. 이것은 단체행동을 제약하고 무력화하는 개악 중의 개악이다. 그런데도 문성현 경사노위 위원장은 경영계로서는 이런 제안을 할 수 있는 거라고 했고, 대체근로 허용을 제외하면 합의 가능하다고도 했다. 2018년에 나온 공익위원안에 경영계 요구를 반영하겠다는 것이다.

한편 노동기본권 관련 공익위원안도 노동계 요구와는 거리가 멀다. 해고자와 실업자의 기업노조 내 활동은 제약이 크고, 특수고용 노동자의 노조 할 권리는 대통령 공약인데도 "방인 모색"이라는 말로 모호하게 처리했다. 전교조에 대한 '노조 아님' 통보 철회는 회피하고 법 개정 문제로 떠넘겼다. 이를 바탕으로 최근 민주당이 낸 노조법 개정안(한정애 의원 대표발의)은 더 후퇴해, 사내하청, 특수고용, 간접고용 노동자의 사업장 노조 활동에도 제약을 가하고 있다.

셋째, 국민연금특위에서는 노후생활 보장에 관해 논의되고 있다. 그러나 이 논의는 국민(공적)연금이 '최저' 노후생활 보장을 담당하고 '적정' 노후생활비는 민간(사적)연금에 의존하는 틀을 인정하는 속에서 이뤄지고 있다. 이런 방향은, 세계적 경험을 보면 전형적인 신자유주의적 개악인데도 말이다.

이미 문재인 정부는 이런 방향의 국민연금 개악안을 내놓았다. (1) 그대로 내고 덜 받기 (2) 그대로 내고 조금 덜 받기 (3) 더 내고 그대로 받기 (4) 훨씬 더 많이 내고 조금 더 받기라는 4개의 개편안을 내놓고 그 중 하나를 고르라고 한 것이다. 그런데 이 안들은 모두 신자유주의적 연금 삭감안에 불과하다.

넷째, 경사노위는 그동안 구조조정 문제에도 긴밀히 관여해 왔다. 예를 들어, 문성현 경사노위 위원장이 중재한 "성동조선해양 상생 협약"은 구조조정의 모범처럼 제시됐다. 이것은 정리해고를 철회시킨 협약으로 알려졌지만, 내용을 들여다보면 노동자들은 무려 28개월간 무급휴직을 하고 M&A(인수·합병)와 경영 정상화에 협력한다는 거의 백지수표에 가까운 희생을 강요당했다.

5. 민주노총이 사회적 대화에 참가해 정책 논의에 개입해야 최악이라도 막을 수 있다?

문재인 정부와 친문 인사들, 그리고 사회적 대화 옹호론자들은 민주노총이 경사노위에 참가하지 않으면 주변화되고 개악을 방치하는 결과를 낳을 것이라고 주장한다.

그러나 개악안을 내놓은 사람들이 (애초에 개악을 추진하지 않으면 될 것을) 대화해서 보완책을 논의하자고 하는 것은 속 보이는 제안일 뿐이다. 보완책은 일단 개악을 현실로 인정해야 논의할 수 있는 것이다. 그러지 않으면 대화 자체가 성립하지 않기 때문이다.

즉, 이런 제안은 민주노총을 '답정너' 식 결말로 끌고 가거나, 기껏해야 알량한 수정안(최악을 조금만 수정한)에 타협하게 만들어, 개악을 정당화하려는 것이다. 만약 민주노총이 경사노위에 참가한다면, 탄력근로제 확대와 사용자 대항권 논의에서부터 이런 조건에 처하게 될 것이다.

경사노위는 일단 사회적 대화에 참가하면 죽이 되든 밥이 되든 타협안을 마련해야 한다고 한다. 문성현 경사노위 위원장은 최근 이렇게 주장했다. "지금까지 논의 과정을 보면, 자기 얘기만 하고 안 받아들여지면 빠져나가 버린다. 이건 사회적 대화가 아니다."

그러나 최악을 막는다는 명분으로 노동조합 지도자들이 사회적 대화에 참가해 개악에 타협하면, 그것은 노동자들에게 도움이 되기는커녕 개악을 정당화해 투쟁의 발목을 잡는 걸림돌이 된다. 현장 노동자들이 사용자의 개악 실행에 맞서 저항할 때 이들은 '너희 지도자들이 동의한 것이다' 하면서, 노동자들의 투쟁을 비난하고 고립시키기가 쉬워지기 때문이다.

우리에게 (경사노위 바깥에서) 개악을 방치하는 것과 (경사노위 안에서) 개악에 합의해 주는 것, 두 나쁜 선택만이 있는 것은 아니다. 경사노위 바깥에서 민주노총 노동자들이 대규모로 싸운다면, 촛불 염원을 무시하고 보란 듯이 친기업·반노동으로 치닫는 문재인 정부를 한 발 물러서게 만들 수 있다.

김명환 집행부는 민주노총이 대안 없이 즉자적인 "반대 또는 저지 투쟁"에 머물러 있다고 비판했다. 마치 사회적 대화에 참가해 정책 논의에 개입해야 성과를 남길 수 있는 것처럼 말이다. 그러나 문재인 집권 이후만 돌아봐도, 투쟁이 필요한 수준에 못 미치며 불충분했던 게 문제이지, 그 반대는 아니었다.

가령 공공 부문 비정규직 정규직화의 자회사 방안 문제를 보자. 문재인 정부가 자회사 방안을 강력하게 고수하는 상황에서 이를 저지하려면 단위노조 차원의 투쟁에 내맡기지 말고 공공운수노조와 민주노총 차원의 투쟁으로 확대해야 했다. 노동조합 상층 지도자들이 이렇게 하지 않고 가령 잡월드 투쟁을 경사노위 중재에 의존한 것은 문제였다.

또, 자회사 방안 반대(저지)가 대안 없는 투쟁은 아니었다. 직접 고용이 대안이기 때문이다. 만약 '자회사 방안 반대'를 대안 부재로 본다면, 그것은 자회사 방안을 일단 현실로 수용하고, 어떤 자회사인가('좋은 자회사' 방안)를 협상해야 한다는 뜻일 것이다. 이것은 최악을 막는 방법이 아니라 최악으로 가는 길을 여는 방법일 뿐이다.

사실, 문재인 정부를 대화 테이블에서 설득해서 변화시키겠다는 것은 순진한 생각이다. 문재인 정부는 규제 완화와 탄력근로제 확대, 임금 억제, 연금 개악 등에 확고한 본성과 의지가 있기 때문에 노동계급의 압도적인 힘으로 굴복시키는 것만이 최악을 막을 수 있는 길이다.

6. 경사노위에 참가하더라도 대화에만 치중하지 않고 투쟁과 대화를 병행하면 문제가 없다?

물론 노동조합은 결국 협상을 하기 마련이다. 그러나 노동조합이 투쟁을 해서 사측이나 정부를 협상장으로 끌어내는 것과, 사측이나 정부와의 파트너십을 전제로 사회적 대화를 하는 것은 큰 차이가 있다.

파트너십을 전제로 한 사회적 대화는 노·사 또는 노·사·정 간의 투쟁 억제가 중요한 목적이다. 문성현 경사노위 위원장은 "노조 있는 곳의 노동자는 임금이 한껏 올라 굳이 투쟁하지 않아도 된다"면서 "경사노위는 싸움을 말리는 곳"이라고 했다. 그러면서 자신이 "싸움을 제일 잘 말릴" 것으로 기대돼 "문재인 대통령이 [자신에게] 경사노위를 맡긴 것"이라고 주장했다.

사회적 대화 참가자들은 상대가 투쟁에 나서면 대화(의 신뢰)를 깨뜨리는 행위로 이해한다. 즉, 대화를 하려면 투쟁을 접고 들어오라고 한다. 최근 문성현 경사노위 위원장은 민주노총더러 투쟁과 교섭을 병행할 생각이라면 차라리 경사노위에 참가하지 말라고 했다. 공무원연금 개혁을 위한 사회적 대타협기구가 구성됐을 때도(2015년) 노동조합더러 대화 전에 투쟁부터 중단하라고 했다.

노동조합 상층 지도자들은 투쟁과 대화를 병행하겠다고 흔히 주장한다. 하지만 이런 병행론은 그 논리상, 대화가 결렬되지 않으려면 투쟁을 너무 밀어붙이면 안 된다는 것으로 이어지기 십상이다. 그래서 그들은 노동자들의 불만 때문에 투쟁에 나섰다가도 어떤 시점에 투쟁을 중단하거나, 투쟁 수위를 하향 조정한다. 투쟁이 협상에 압력을 가하는 수단으로 자리매김(협상에 종속)되는 것이다.

협상 중인 상층 지도자는 투쟁이 자기 통제 하에 있기를 바라고, 자기 운신의 폭이 줄어들까 봐 대중의 독자적 운동을 자제시키는 경향이 있다. 그러나 투쟁은 노동조합 상층 지도자들이 언제든 쉽게 꺼내어 쓸수 있는 주머니칼이 아니다. 투쟁은 생물과도 같아, 기회를 놓치면 동력이 소진되고, 되살리려면 시간이 걸린다.

요컨대 투쟁과 대화의 병행은 동반 상승하는 시너지 효과를 쉽사리 내지 못한다. 거꾸로 대화에 연연하다 보면 투쟁을 확대하는 데 걸림돌이 된다. 2018년 6월 30일 7만 명 규모의 비정규직 철폐 전국노동자대회 직후 김명환 민주노총 위원장이 청와대 면담 등 대화 추진으로 나아가면서 투쟁이 확대되지 못했던 것이 그런 사례다. 지금 김명환 집행부가 경사노위 참가 추진에 주력하면서, 탄력근로제 확대와 최저임금 결정 체계 개악 등에 제대로 대처하지 못하고 있는 것은 또 다른 사례라고 할 수 있다.

문재인 정부가 친기업·노동개악을 예고하는 상황에서 민주노총이 경사노위에 참가한다면, 지도부가 '투쟁-대화 병행론'에 따라 투쟁 계획을 내놓더라도, 조합원들은 그것이 적절한 수위로 조절될 것임을 간파하고 적극성을 보이지 않을 것이다.

노동조합이 투쟁을 통해 현실을 변화시킨다는 전망을 추구하지 않으면, 그저 주어진 현 상황을 전제로 이해당사자들 간의 타협을 중시하는 경향이 확대된다는 점도 문제다. 노동계급 내부의 다양한 부문이 (투쟁을 통한 연대가 아니라) 서로 다른 이해당사자라는 이름으로 타협해야 한다고 보는 것이다. 그러면 노동계급 내부의 다양한 부문이 서로 반목할 수 있고, 오랫동안 차별을 겪어 온 희생자들에게 현실론이라는 이름으로 양보가 강요될 수 있다. 이것이 바로 경사노위가 공공 부문 비정규직의 정규직 전환 문제를 바라보는 관점이다.

7. 경사노위에 참가하지 않으면 민주노총의 사회적 위상이 떨어지고 주변화된다?

민주노총이 전 사회적 관심이나 기대를 한몸에 받으며 위상이 높아진 경우는 예외 없이 대규모 투쟁으로 진보 염원 대중에게 본보기를 보였을 때다. 1997년 1월 파업 직후 민주노총은 여론조사에서 영향력 있는 단체 1위로 꼽혔다. 2013년 말 철도파업이 박근혜 정부에 대한 불만의 초점을 제공하는 듯했을 때도 민주노총의 정치적 위상이 갑자기 높아졌다.

2015년 노사정위가 노동 개악 합의를 발표했을 때 거기에 참여한 한국노총의 위상이 높아졌을까, 아니면 그 합의를 거부하며 반박근혜 투쟁을 선언한 민주노총의 위상이 높아졌을까? 2016년 박근혜 퇴진 촛불운동 초기에 그 운동이 확대되도록 조직노동자들(특히 공공 부문과 철도 파업)이 크게 기여한 것도 민주노총의 위상을 높였다.

문재인 정부가 촛불 염원을 배신하면서 급속히 우경화하는 지금, 민주노총이 그에 맞서 불만의 초점을 제공하고 대안을 제시하면서 투쟁해야 정치적 위상을 높일 수 있다. 문재인 정부와 일면 협력하면서 촛불 염원에 훨씬 못 미치는 후퇴에 합의해 준다면, 민주노총은 문재인의 지지율 추락과 함께 동반 신뢰 하락의 위험을 면치 못할 것이다.

서유럽 노조들은 1990년대 이래 정치적 위상이 하락하고 특히 새 세대 청년층의 지지를 받지 못해, 조직 규모도 축소됐다. 그것은 그 노조들이 사회적 대화를 추구하면서 시간제 일자리 확대, 보호라는 미명 아래 간접고용 용인, 연금 개악 등에 합의해 준 결과였다. 그래서 다수 청년들이 노동조합을 불신한다. 민주노총은 이런 경험을 반면교사 삼아야 한다.

문재인 정부가 민주노총 지도자들을 무시하지 않고 대화하자는 것은 좋은 일이고 바로 "노동 존중" 아니냐고 생각할 수 있다. 사회적 대화 옹호자들은 문재인 정부가 민주노총 지도자들을 국가정책 논의에 참가시키려는 것을 "권력 공유"라고도 표현한다.

그러나 문재인 정부가 하려는 일은, 노동자들의 불만을 자아낼 정책을 더 원만하게 추진하기 위해 노동조합 상층 지도자들의 도움을 얻는 것이다. 사회적 대화와 다양한 수준의 교섭에 이들을 참가시켜, 개혁 후퇴 또는 개악에 합의를 이끌어 내어 정당성을 확보하고, 노동자들이 반발하지 못하도록 만들려는 것이다.

이것은 노동조합 상층 지도자들의 위상을 높여 줄지는 몰라도, 노동자들의 조건은 악화시킬 것이다. 민주노총의 위상은 상층 지도자들이 대통령과 자주 악수한다고 높아지는 게 아니다. 노동자들이 단결해 싸워 조건 개선을 이뤄 내고 이것이 다른 노동자들에게 길을 보여 줄 때 민주노총의 위상은 오른다.

노동조합에 관한 연구조사들은 노동조합 상층 지도자들이 사회적 대화에 참여할 더 큰 인센티브가 있다고 지적한다. 그 하나는 "고위급 협약에서 적극적인 역할을 함으로써 개인의 가시성과 경력 향상 측면에서 얻을 것이 더 많다"는 것이다.* 그러나 "권력 공유"의 대가가 평범한 노동자들의 조건 악화라면, 노동조합 상층 지도자들은 "노 땡큐" 해야 마땅하다.

---

* 경사노위가 발행하는 격월간지 《사회적 대화》 6호에서 인용.

친시장·반노동으로 돌아선
문재인 정부에 단호히 맞서야 한다

2018년 11월 21일 전국에서 민주노총 조합원 4만여 명이 파업 집회를 가졌다. 서울에서 6만여 명 규모의 전국노동자대회를 연 지 열흘 만이었다. 이날 파업에는 16만 명이 참가했다. 12만 8천 명이 참가한 금속노조는 올해 들어 최대 규모의 파업이었다고 밝혔다.

이것은 "노동 존중"을 표방하면서 실제로는 친기업 반노동 정책을 추진하는 문재인 정부에 대한 실망·배신감·분노가 쌓인 결과다. 배제와 저임금 고착과 자회사 전성시대로 전락한 정규직 전환 정책, 최저임금 1만 원 공약 파기, 탄력근로제 확대 추진, 광주형 일자리 추진, 기업들을 위한 각종 규제 완화와 구조조정 등에 이르기까지. 21일 집회에 참가한 노동자들은 문재인 정부가 "촛불 정부"가 아니고, "최저임금 줬다 뺏고 노동시간 줄였다 늘리는 거짓말 정부"라고 규탄했다.

출처: 김하영, 〈노동자 연대〉 268호(2018 11 28).

이처럼 노동자들의 저항이 증대하는 상황에 직면해서 문재인 정부는 노동자 투쟁의 이완과 분열을 노리는 책략을 구사하고 있다.

첫째, 21일 파업 하루 전에 경사노위 노사관계제도관행개선위원회 공익위 안을 발표해 마치 노동계의 핵심 요구를 수용한 것 같은 인상을 풍겼다. 〈한겨레〉는 "노정관계 경색을 풀 고리가 될 수 있을지 주목된다"고 측면지원을 제공했다.

그러나 공익위 안은 노동계의 바람과는 거리가 멀다. 해고자와 실업자의 기업 노조 내 활동은 여전히 제약이 크다. 특수고용 노동자의 노조 할 권리는 대통령 공약인데도 "방안 모색"이라는 말로 모호하게 처리했다. 전교조에 대한 '노조 아님' 통보 철회는 회피하고 법 개정 문제로 떠넘겼다. 특히, 장차 소위 '사용자 대항권'(작업장 점거 금지, 파업 시 대체근로 허용 등)을 논의하게 돼 있다. 맞바꾸기가 종용될 수 있는 것이다.

둘째, 21일 파업 다음날에는 경사노위를 출범시키고 민주노총에 참여를 압박했다. 경사노위는 민주노총 참여 권고문도 의결했다. 심지어 대통령이 나서서 "[민주노총이 참여를 결정하게 되는] 2019년 1월 말까지 한시적으로 각급 위원회 논의에 참여해 달라"고 촉구했다.

이것은 민주노총 대의원대회에서 경사노위 참가가 결정되지 못한 것을 무시하라는 주장인 셈이다! 경사노위 참가 결정 무산은 문재인 정부의 배신에 대한 분노 때문에 민주노총 내에서 '사회적 대화 참여'의 입지가 좁아진 결과인데도 말이다.

그렇지 않아도 민주노총 내에서는 경사노위 참가 결정이 무산됐어도 산하위원회에는 참가해야 한다는 견해가 제기돼 왔다. 정부는 이런 점을 파고들어 분열을 조장하려 한다.

셋째, 하반기 들어 분노의 초점으로 떠오른 탄력근로제 확대의 추진 시기를 뒤로 조금 미뤄 대화 모양새를 취하려 한다. 경사노위는 산하에

'노동시간제도개선위원회'를 신설했고, 대통령 자신이 나서서 "국회에 시간을 더 달라고 부탁하겠다"고 했다.

하지만 탄력근로제 확대에 관한 정부의 입장이 바뀐 것은 결코 아니다. 개악 의사를 철회하고 대화하겠다는 게 아니라, '답정너' 식 논의를 하겠다는 것일 뿐이다. 개악 추진 당사자가 '개악 보완책이라도 논의하려면 대화에 들어오라'고 하는 것은 우롱일 뿐이다.

2018년 11월 21일 민주당은 한국당, 바른미래당과 함께 정기국회 내에 탄력근로제 확대가 처리되도록 노력하겠다고 밝혔다. 이것도 여당이 대화를 요식행위로 취급하고 있음을 보여 준다.

노동운동은 문재인 정부가 위와 같은 방식으로 투쟁 동력을 이완시키고 분열을 조장하려는 것에 단호하게 맞서야 한다.

민주노총은 2018년 11월 21일 '총파업 대회 결의문'을 통해 "정부와 국회가 노동착취-규제완화 개악을 일방적으로 밀어붙일 경우 2차, 3차 총파업"을 하겠다고 발표했다. 2차, 3차 파업을 경고한 것은 옳다.

그러나 "일방적으로 밀어붙일 경우"라는 단서는 정부나 국회가 대화 방식을 취하면 투쟁을 확대하지 않겠다는 것인지 모호하다. 특히, 문재인 정부가 민주노총에 경사노위나 산하 위원회 참가를 압박하는 상황에서 이런 주장은 혼란을 초래할 수 있다.

이런 상황에서 정의당이 (경사노위가 민주노총이 불참한 채로 출범하게 된 것은 문재인 정부 탓이라고 옳게 비판하면서도) 민주노총에게 "대화의 끈을 놓아버[리지 말라]"고 권고하는 것은 노동자들의 이해득실에 도움이 되지 않는 입장이다.

노동조합이 투쟁을 해서 사측이나 정부를 협상장에 끌어 내는 것과, 사측이나 정부와의 파트너십을 전제로 사회적 대화를 하는 것은 큰 차이가 있다. 문성현 경사노위 위원장뿐 아니라 대통령이 나서서 "대화, 타협, 양보,

고통 분담"을 촉구하는 마당이다.

일각에서는 문재인 정부가 추진하는 사회적 대화는 신자유주의가 유력하던 이전 정부들과는 다르다고 주장한다. 하지만 문재인 정부가 보수 야당들과 손잡고 추진하는 규제 완화와 노동시간 유연화(탄력근로) 등이 신자유주의 정책이 아니면 도대체 무엇인가?

게다가 민주노총은 경사노위에 참가하더라도 본위원회 18명 중 1명이 될 뿐이다. 민주노총의 대표성은 노사정위에서보다 더 축소된 셈이다. 일각에서는 미조직 노동자를 대변해 여성, 청년, 비정규직 대표가 참여하게 된 것을 환영하지만, 진정한 의미에서 그들에게 대표성이 있다고 보기는 어렵다.

실제로 교육공무직본부, 의료연대본부, 발전비정규직연대회의, 현대자동차 비정규직지회, 기아자동차 화성비정규직지회 등 비정규직 노조들은 경사노위에 참가한 '비정규직 대표'를 인정하지 않는다는 성명을 발표했다. "우리는 그 누구에게도 대표성을 위임한 바 없다. 문재인 대통령은 우리의 목소리를 들어라."(2018 11 28)

무엇보다, 시기를 정해 놓고 합의를 압박하면서 사회적 대화 기구를 정부 정책의 추진 수단으로 이용한다는 점은 하나도 달라지지 않았다.

현재 문재인 정부의 정치 위기가 심해지고 있다. 문재인 정부의 우경화와 배신은 노동자들의 분노와 불만을 증폭시켰을 뿐 아니라 우파의 기를 살려 줬다. 이런 위기 상황에서 문재인 정부는 더더욱 민주노총을 경사노위로 끌어들여 양보를 이끌어 내는 면모를 지배계급에 보여 주고 싶어 할 것이다.

일각에서는 노동자들의 분노가 커져서 노동조합 지도자들이 사회적 대화를 추진하기가 어려워졌다고 관측하기도 한다. 하지만 역사를 돌아보면 국가 위기 시에 노동조합 지도자들이 국가에 통합되는 경향은 더 강화됐다.

노동조합 투사들은 경사노위 참가에 반대하고 투쟁이 확대되는 흐름을 강화시키도록 노력해야 한다. 그리고 노동조합 지도자들에게 경사노위 산하 위원회 불참과 투쟁을 아래로부터 촉구해야 한다.

다행히 공공운수노조는 2018년 11월 27일 임시 중앙집행위 회의에서 "[2019년 1월] 민주노총 대의원대회에서 경사노위 참여를 결정하기 전까지는 각종 위원회 참여를 중단해야 한다"고 결정했다. 이것은 조합원들의 불만을 고려한 것이다.

민주노총 지도부도 문재인 정부가 제시하는 각종 꼼수 방식의 경사노위 각급 위원회 참여를 거부하고 아래로부터의 대중투쟁을 고무해야 한다.

경사노위 불참으로 충분치 않다
투쟁으로 맞서야 한다

앞의 글("친시장·반노동으로 돌아선 문재인 정부에 단호히 맞서야 한다")에서 문재인 정부가 노동자 투쟁의 이완과 분열을 노리는 세 가지 책략을 구사하고 있다고 지적했다. 그중 하나는 탄력근로제 확대의 추진 시기를 조금 미뤄 대화 모양새를 취하려 한다는 것이었다.

이 책략을 경계해야 하는 이유는 탄력근로제 확대에 관한 정부의 입장이 결코 바뀐 것이 아닌 데다, 일부 쟁점에서 템포를 늦추는 척하면서도 지난 여름 이후 본격화한 우경화와 배신은 거침없이 지속되고 있기 때문이다.

최근 주목할 만한 사례만 꼽아도 한둘이 아니다. 첫째, 광주형 일자리 잠정 합의이다. 일부 공개된 잠정 합의 내용을 보면, 사실상 임금 인상과 단체협상을 5년간 하지 않는다는 내용이 포함됐다. 민주노총은 광

출처: 김하영, 〈노동자 연대〉 269호(2018 12 6).

8장 사회적 대화, 양보 강요하며 투쟁의 발목 잡기 · 467

주형 일자리가 "반값 임금 고정"으로 격차를 더 확대하는 일자리이자 "초법적 노동3권 무력화 모델"이라고 규탄했다. 광주시와 현대차의 이 같은 잠정 합의 내용이 알려지면서, '노·사·민·정 대타협' 논의에 참여해 온 한국노총마저 반발했다. 그래서 막판에 단협 유예 기간을 (5년이 아니라) '경영이 안정될 때까지'로 바꾸었다고 한다. 하지만 거기서 거기이고, "초법적 노동3권 무력화 모델"이기는 마찬가지이다.

둘째, 공공기관 직무급제 추진이다. 정부는 "직무가치·성과·능력"에 따른 직무성과급제를 주장해 왔고, 2018년 12월 10일에는 공공기관 임금체계 개편 토론회(기획재정부 후원)를 개최해 직무급제 추진에 본격 시동을 걸려 한다.

문재인 정부가 직무급제를 추진하는 이유는 임금 억제, 차별의 합리화, 노동자 이간질이다. 공공 부문의 정규직 전환 노동자들에게 적용되는 표준임금체계(정부 안)는 이미 이런 문제점을 잘 보여 준다.

지금 공공기관 노동자들은 임금 억제의 한 방편이 된 임금피크제의 폐기를 요구하고 있다. 문재인 정부는 이를 외면한 채 또 다른 임금 개악을 강행하려는 것이다.

셋째, 제주 영리병원 허가 문제다. 보건의료단체들과 노동단체들은 문재인 정부가 제주 영리병원 허가를 묵인·방조하고 있다고 규탄한다. 정부는 의료 규제 완화에서도 박근혜 정부와 다를 바 없는 정책을 추진하고 있다.

넷째, 무엇보다 경제부총리 홍남기 지명이 보여 주는 우경화 지속의 의지다. 홍남기 후보자는 최저임금 인상이나 노동시간 단축 정책 속도가 빨라 경제에 악영향을 미쳤다고 주장했다. 최저임금 인상을 늦추고 탄력근로 기간 확대를 빨리 추진하겠다는 뜻이다.

'노동 존중'과 관련된 나머지 정책들도 진척이 없거나 후퇴하는 마당이다. 가령 문재인 정부는 비정규직 사용 사유 제한 법제화도 올해 상반기까지 하겠다고 했지만 깜깜 무소식이다. ILO 기본협약 비준은커녕 노동권 제한 일자리 협약을 추진하는 판국이다. 홍남기의 주장인즉, 이 추세를 가속시키겠다는 것이다.

현 상황을 보면, 문재인 정부가 탄력근로제 확대의 추진 시기를 조금 미룬 것이 어느 정도 효과를 보고 있는 게 아닌가 싶다. 민주노총은 2018년 12월 1일 민중대회 이후 이렇다 할 투쟁 계획을 내놓고 있지 않다. 바로 이런 상황에서, 앞서 구체적 사례가 열거된 문재인 정부의 우경화와 노동 개악 추진이 굽힘 없이 진행되고 있는 것이다.

물론 민주노총 김명환 집행부는 경사노위 산하 위원회라도 들어오라는 문재인과 경사노위의 권고에 응하지 않고 있다. 당연한 일이다. 그러나 이것은 두 가지 점에서 불충분하다.

첫째, 경사노위 산하위원회에 참가하지 않는다는 명확한 방침을 밝히지 않아 산하 노조가 각개 대응할 우려가 있다. 공공운수노조 중앙집행위원회는 민주노총이 경사노위 참여를 결정하기 전까지는 각종 위원회 참여를 중단하기로 했다. 금속노조도 마찬가지 방침을 정했다고 한다. 반면, 보건의료노조는 경사노위 산하위원회 준비회의에 계속 참가하고 있는 것으로 알려졌다.

이렇게 되면 일부 노조가 경사노위 산하 위원회(준비회의)에 참여하면서, 정부와 경사노위 측의 참여 권고에 응하지 않는다는 민주노총의 대응에 균열을 낼 수 있다. 처음에는 한 개 노조만 참여하지만, 노조 간 경쟁에 밀리지 않기 위해 이내 다른 노조도 위원회 참여를 결정할 수 있다. 또, 다른 노조들은 하는데 우리 노조만 관련 쟁점(가령 연금이나 사회 안전망)에서 '뒤처지는' 노조가 될 수 없다며 더 많은 노조들이 참여를 결정할 수 있다.

결국 작은 구멍이 둑을 무너뜨릴 수 있는 것이다.

바로 이것이 앞의 글이 언급한 정부의 민주노총 '분열시켜 약화시키기' 책략이다. 정부는 이를 통해 민주노총 내 좌파의 입지를 좁히고 민주노총의 경사노위 참여 길을 넓히려 한다.

따라서 민주노총 지도부는 산하 노조들이 각개 대응하다 둑이 무너질 수도 있는 상황을 방치하지 말고 경사노위 산하위원회 불참 입장을 명확하게 천명해야 한다.

둘째, 단지 경사노위 산하 위원회 참가 권고 불응에 그치지 말고 실제로 투쟁을 해야 한다. 개악을 전제로 타협과 고통 분담을 강요하는 '사회적 대화' 기구에 들어가지 않는 것이 옳지만, 그 대안은 바깥에서 뒷짐지고 대화 구경하기가 아니다. 경사노위에 들어가지 않는 이유는 투쟁을 해서 개악을 저지하기 위해서다.

경사노위 바깥에서 투쟁을 하지 않으면 사회적 대화를 동원한 개악을 막을 수 없다. 그러면 개혁주의자들은 '거 봐라, 대화 테이블에 앉지 않으니 개악을 완화하지도 못하지 않느냐'고 말할 것이다. 일부 노동조합 지도자들이 아래로부터의 투쟁을 고무하지 않고 회피한 다음, 투쟁역량이 없다거나 투쟁해 봤자 소용없다 하면서 대화와 협상으로 기우는 식의 패턴은 이제 익숙하다.

유류세 인상에 맞서 단호하게 싸운 프랑스 노동자 민중의 투쟁이 마크롱을 후퇴시켰다. 문재인 대통령이 유독 동질감을 나타냈던 중도파 마크롱의 후퇴는 우리에게도 시사하는 바가 크다.

문재인의 후퇴와 배신으로 우파가 기세등등해지고 있지만 중도파의 위기가 낳을 수 있는 길이 그뿐인 것은 아니다. 노동자들이 단호하게, 효과적으로 싸우면 문재인을 한 발 물러서게 만들고 진정한 대안이 전진할 수 있다.

9장

기지개 펴는 노동운동

기지개 펴는 노동운동 — 쟁점과 과제

문재인 2년, 개선되지 않은 노동자들의 처지

문재인 정부는 고용 증가와 소득 주도 성장을 표방했다. 그러나 정부의 요란한 구호는 속 빈 강정으로 드러났다. 문재인 집권 2년 동안 노동자들의 소득도, 고용도 개선되지 않았다.

2018년 말 통계청이 발표한 〈가계동향조사〉를 보면, 노동대중의 소득은 증가하지 않았고 양극화는 더 심해졌다. 1분위(하위 20퍼센트) 가구의 근로소득은 무려 22.6퍼센트나 감소했다. 정부는 1분위에 비취업자들이 많아서라고 변명했다. 하지만 2분위 가구도 3.2퍼센트 감소했고, 3분위와 4분위 가구의 근로소득도 거의 정체했다(각각 고작 2.1퍼센트와 2.6퍼센트 증가). 반면, 5분위 가구의 근로소득은 11.3퍼센트 증가했다. 그간의 추세를 보면 5분위 내에서도 상위 1퍼센트의 근로소득만이

출처: 김하영, 〈노동자 연대〉 278호(2019 3 6).

대폭 증가했을 것이다.

김수현 청와대 정책실장은 "소득분배 지표 수치가 악화된 것을 보고 밤잠을 못 자고 있다"고 했다. 하지만 바닥을 끌어올려 양극화를 완화하겠다며 내놓은 최저임금 공약을 1년 전에 내던질 때 이것을 예상 못 했다는 말인가. 문재인 정부의 기초연금 정책도 '줬다 뺏기'라는 말이 나오고 있다.

최근 통계를 보면 고용률은 더 악화됐다. 문재인이 취임한 2017년 고용률은 60.8퍼센트였는데, 2019년 1월 고용률은 59.2퍼센트까지 떨어졌다. 실업률은 2017년 3.8퍼센트에서 2019년 1월 4.5퍼센트까지 올랐다. 청년 실업률은 공식 통계로도 10퍼센트인데, 1997~1998년 경제 공황 이후 최고치다. 청년 실업뿐 아니라 40~50대 실업도 증가했다. 이것은 경기후퇴와 함께 제조업 구조조정으로 노동자들이 괜찮은 일자리에서 쫓겨난 결과다.

친기업 반노동 공세로 직진하는 문재인 정부

이런 상황에서도 문재인 정부는 개혁 후퇴를 반성하지 않는다. 최저임금 '줬다 뺏기'는 한 번으로 부족하다는 듯이, 2019년 3월 임시국회에서 또다시 최저임금 개악이 예고되고 있다. 결정 구조를 이원화하겠다는 것인데, 이것은 최저임금 인상 폭을 제약하려는 것이다.

임금과 함께 노동조건의 양대 축인 노동시간 문제에서도 '줬다 뺏기'를 거듭하고 있다. 주52시간 상한제의 각종 유예에 이어 3월 임시국회에서 탄력근로제 확대를 강행하려 한다. 경사노위는 탄력근로제 단위 기간 6개월 확대에 이미 합의한 상태다.

문재인 정부는 양극화를 해소하겠다면서도 빈부 격차를 증대시킨 신자유주의 정책들을 반복하고 있다. 정부는 2019년 경제정책 방향에서 이를 분명히 했다. 최근 박차를 가하고 있는 일련의 조처들에서도 이 점이 선명히 드러난다.

(1) 규제샌드박스라는 이름의 규제 완화. 샌드박스는 모래가 채워져 있는 나무 박스로, 어린이들이 부모의 간섭 없이 자유롭게 뛰어놀 수 있는 놀이 공간이다. 규제샌드박스는 기업들이 정부의 규제 없이 맘껏 돈벌이를 하도록 특혜를 준다는 것이다. 기업의 이윤을 위해 환경이나 안전 등의 규제를 풀어 주는 것이다.

이에 따라 최근 안전성 규제 없이 원격의료 기기가 허가받을 수 있게 됐다. 이것은 '모든 정부 규제를 단두대에 올리라'던 박근혜의 정신을 사실상 실천하는 것이다. 규제샌드박스의 명분으로 흔히 미래산업 육성이 제시되는데, 문재인의 "혁신경제"는 박근혜의 "창조경제"를 이름만 바꾼 것이다.

(2) 대우조선 민영화(매각). 대우조선은 현재 산업은행이 최대주주인 국영(공)기업이다. 문재인 정부는 2015년 이후에만 13조 원에 이르는 공적 자금이 투입된 대우조선을 현대중공업에 헐값으로 매각하려 한다. 대우조선의 2018년 영업이익이 1조 원에 이를 것으로 예상되고 수주 실적도 좋아졌는데 말이다. 이런 회복은 대우조선 노동자들에게 양보를 강요하며 쥐어짠 결과이다.

위기에 처한 기업을 살려 주려고 일시 공기업화했다가 민간 대기업에 매각하는 것은 전형적인 신자유주의 조처다. 이 과정에서 노동자들에게 감원과 임금 삭감 등 각종 희생이 강요되는 것은 불을 보듯 뻔하다.

문재인 정부는 영구 공기업화로 대우조선 노동자들의 일자리와 노동조
건을 개선하기는커녕 이전 정부들의 신자유주의 민영화 정책을 계승하
고 있는 것이다.

(3) 다시 꺼내 든 노동시장 개혁. 홍남기 경제부총리는 한국 경제의 주
요 과제로 노동시장 구조 개선을 꼽는다. 정부가 경제정책 방향의 하나
로 제시하고 있는 "지속가능한 고용 모델 구축"은 노동시장의 "경직"된
임금구조를 개혁한다는 것이 핵심 내용이다. "임금체계를 연공급 위주
에서 직무급 중심으로 전환", "상생형 일자리 모델 확산" 등은 모두 임금
억제와 하락을 가리키고 있다.

정부는 2019년 공공기관들에서 직무급 도입을 추진할 예정이다. 이미
2018년에 공공 부문 무기계약직 전환자들에게 직무급제(표준임금모델)
를 적용해 저임금 고착화를 추진했다. 정부는 이를 "차별"이 아닌 "차등
처우"라고 합리화하고 있다. 상생형 일자리 모델은 "광주형 일자리" 같
은 것을 뜻하는데, "적정임금"이라는 명분으로 반값 일자리를 만드는 것
이다. 그러나 그것은 기업 이윤 보장을 위한 것일 뿐이다.

(4) 단체행동 등 노동조합 운동의 제약. 문재인 대통령이 공약한 "노동
존중"의 핵심은 노동기본권 실현이지만, 집권 2년 동안 전혀 진척이 없
었다. 그런데 지금 정부는 ILO 핵심협약 비준을 하겠다면서도 사용자들
이 요구하는 개악을 동시에 추진한다는 입장이다. 사용자 측의 요구는
점거파업 금지, 파업 시 대체근로 허용, 쟁의행위 찬반투표 유효기간 설
정, 부당노동행위 형사처벌 조항 삭제 등으로 노동기본권을 대폭 제약
하는 것인데도 말이다. 2019년 3월 초 경사노위에서 노동기본권 개악이
합의될 우려도 크다.

기지개 펴는 노동자 투쟁

이처럼 친기업 반노동 공세가 노골화되는 상황에서 노동자들의 태세는 어떨까?

2018년 노동자 투쟁은 회복 탄력성을 보여 줬다. 박근혜 정권 퇴진 운동을 처음에 주도해 우파 정권을 무너뜨린 경험 덕분에 노동자들은 문재인의 배신에도 사기 저하되지 않고 다시금 저항에 나섰다. 이것은 노무현 정부의 배신으로 환멸감이 증대하고 사기 저하했던(그래서 2008년 촛불 운동에 참가하는 둥 마는 둥 했던) 이전 경험과의 결정적 차이점이다.

2018년 많은 노동자들이 항의에 나섰다. 노동자 집회가 무려 3만 2275건이나 있었다. 이것은 그 전해보다 73퍼센트나 증가한 것으로, 매일 88건의 노동자 집회가 열린 것이다. 항의뿐 아니라 파업도 늘어났다. 파업 건수는 2018년 123건으로(11월 말 기준), 그 전해보다 91건 늘었다.

노동운동이 오랜만에 활력을 얻고 있다는 것은 노동조합의 성장으로도 확인된다. 노조 조직률은 촛불투쟁 이후 본격 증가세로 돌아섰다. 특히 민주노총 조합원의 증가가 두드러진다(그림 참조). 민주노총은 2016년 12월부터 2019년 1월까지 2년 동안 조합원 수가 무려 26만 명이 증가해, 현재 조합원이 100만 명에 육박한다(민주노총 자체 집계). 10년 넘게 정체돼 있다가 오랜만에 성장세를 맞은 것이다.

2018년에는 특히 공공 부문 비정규직 노동자들의 투쟁이 두드러졌다. 공공 부문 비정규직 제로 정책이 전환 제외와 자회사 방안 등으로 누더기가 되면서 공공 부문 비정규직 노동자들이 선진적으로 투쟁에 나섰다. 민간 부문 비정규직 노동자들도 최저임금 인상, 불법파견 문제로 투쟁에 나섰다.

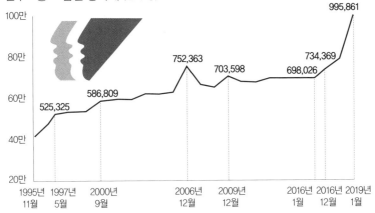

민주노총 조합원 증가세 (단위:명)

525,325 — 1995년 11월
586,809 — 2000년 9월
752,363 — 2006년 12월
703,598 — 2009년 12월
698,026 — 2016년 1월
734,369 — 2016년 12월
995,861 — 2019년 1월

새로운 노동자들이 노조를 만들고 투쟁에 나서기도 했다. 보건의료 부문의 을지병원과 대구가톨릭대병원 노동자 등, 금속 부문의 현대모비스와 포스코 노동자 등, IT 부문의 오라클노조 등등이 그런 사례다.

반면, 전통적으로 조직이 강력한 부문인 금속과 공공의 정규직 노동자들은 2018년 별로 두드러진 투쟁을 하지 않았다. 자동차와 조선업 구조조정에 직면한 노동자들은 불만과 고통이 매우 컸고 일부는 투쟁에 나서기도 했다. 하지만 온건한 노조 지도자들의 양보로 마무리된 곳이 많았다.

이처럼 2018년 노동자 투쟁은 (부문별로 불균등하기는 했지만) 비교적 활발하게 전개됐고, 특히 문재인 정부의 배신에 대한 반감이 급속히 증대한 하반기 이후 노동자들의 정서가 빠르게 변했다. 투지가 높아진 것이다.

이런 정서는 2019년 1월 민주노총 대의원대회에서 경사노위 참여가 무산된 것으로도 잘 드러났다. 민주노총 집행부가 인정했듯이, 대의원대회 결과는 "문재인 정부의 기업 편향적인 정책 행보에 따른 현장의 분노"를 보여 줬다. 물론 여기에 이렇게 덧붙여야 한다. 2019년에도 이런 정서를 좌파들이 잘 모아 내면 어떤 결실을 거둘 수 있는지도 잘 보여 줬다는 점 말이다.

2019년 노동 쟁점: 개혁 후퇴 더하기 새로운 공세

2019년에는 정부·사용자 측과 노동자들 사이의 갈등이 한층 증폭될 것이다. 노동자 투쟁이 기지개를 펴는 상황과 경제 위기 속 친기업·반노동 공세 강화가 맞물리면서, 노동자 투쟁이 상당한 수준으로 전개될 가능성이 있다. 2018년 갈등을 키웠던 쟁점들이 계속될 전망인 한편, 만만치 않은 갈등을 불러올 새로운 쟁점들이 추가될 것이다.

가령 2019년에도 공공 부문 비정규직의 정규직 전환을 둘러싼 갈등이 주목할 만하게 계속될 것이다. 기존 갈등 쟁점(전환 제외와 자회사로의 전환 등)이 지속되는 한편, 새로운 쟁점들이 더해질 것이다. 전환자 처우 개선 문제가 그중 하나다. 무기계약직으로 전환된 노동자들은 처우가 개선되지 않은 것에 불만이 크다. 2019년 초 점거파업을 벌여 승리한 서울대 시설관리 노동자들이 이런 사례에 해당한다.

정부가 '공공 부문 정규직 전환 3단계'로 예고했던 민간위탁 정규직화에 대해 최근 사실상 포기 선언을 한 것도 갈등을 증폭시킬 것이다. 이것은 문재인 정부가 표방했던 "효율성 중심이 아닌 인간 중심의 [공공 부문] 경영혁신"을 내던지고, 공공 부문에서 민간위탁(외주화)과 신자유주의적 고용정책을 유지하겠다는 선언이다.

임금 문제도 기존 불만에 새로운 쟁점이 더해지는 양상으로 갈등이 더 첨예하게 벌어질 것이다. 최저임금은 문재인 정부가 공약을 파기하고 인상 속도 조절에 나선 것이 핵심 문제다. 이를 위한 공세가 계속될 것인데, 최근 정부가 최저임금 결정 구조를 이원화하기로 한 것도 최저임금 인상 억제가 목적이다.

이와 함께 정부는 또 다른 임금 억제 정책인 공공기관 직무급제 도입을 추진하려 한다. 이것은 공공 부문 노동자들이 상당한 반감을 가지고 있는 정책으로, 큰 불만을 자아낼 것이다. 민간 부문에서도 임금체계 개편이 쟁점으로 떠오를 전망이다. 현대차 사용자 측은 이미 2018년 직무·성과에 따른 임금체계 개악안을 제시한 바 있다.

노동시간, 구조조정, 노동기본권 문제 등도 불만을 증폭시킬 쟁점들이 추가되면서 중요한 문제로 떠오를 것이다.

애초 문재인 정부는 집권 초의 개혁 추진(최저임금 인상, 주 52시간 상한제, 노사관계 안정화, 또한 북한과의 해빙 무드 조성)을 지렛대로 조직 노동자들의 양보를 얻어 낸다는 구상을 했다. 그러나 이러한 '사전 정지 작업'이 제대로 되지 않은 상황에서 직무급제 도입 등 노동자들의 반감을 살 정책들을 일정에 올리게 됐다. 기대를 모았던 개혁 정책들이 큰 실망만 자아낸 채 속도 조절에 들어감과 동시에, 본격적인 노동조건 공격을 추진하게 된 것이다.

이런 상황은 2018년 별다른 움직임을 보이지 않았던 잘 조직된 노동자 부문의 저항을 자극할 수 있다. '사전 정지 작업'이 그럭저럭 됐다면 먹혔을 수도 있을 '귀족 노조' 비난의 약발이 떨어진 것은 노동자들이 저항에 나설 자신감을 갖는 데 도움이 될 수 있다. 진보 염원 대중은 개혁 후퇴가 노동자들의 '이기주의' 때문이 아니라 문재인 자신의 배신 때문임을 모르지 않는다. 민주노총 '국민밉상'론이 잘 먹히지 않는 이유다('국민'은 실제로는 지배계급과 상층 중간계급을 가리키는 모호한 말이다).

민주노총을 경사노위에 참여시키려던 문재인 정부의 계획이 무산된 것도 앞으로 노정관계, 노사관계의 불안정을 증대시킬 수 있는 요인의 하나다. 문재인 정부는 이를 통해 개혁 후퇴 또는 개악의 정당성을 확보하고 노동자들의 반발을 억누르려 했다. 하지만 뜻을 이루지 못했다.

물론 문재인 정부는 민주노총 지도자들을 '사회적 대화'에 참여시키려는 노력을 지속할 것이다. 민주노총 지도자들도 변형된 형태로나마 '사회적 대화' 참여와 교섭 구조 안정화에 계속 힘쓸 것이다.

그럼에도 적어도 일정 기간 민주노총이 경사노위에 참가하기 어려워졌다는 사실을 되돌릴 수는 없다. 그리고 무엇보다 중요한 것은, 대의원 대회가 현장 노동자들의 정서를 보여 준 동시에, 그 결과가 노동자들의 사기를 더욱 높여 줬다는 것이다.

잠재력과 약점

이처럼 2019년 노동자 투쟁은 상당한 수준으로 전개될 가능성이 있다. 실로 오랜만에 노동자들이 활기를 회복하면서 노동조합이 성장하고 있다. 지금 같은 변화 국면에서는 무엇보다 현재의 계급 세력관계(힘의 균형)를 정확하게 아는 것이 중요하다. 전투를 벌이며 조금씩 전진해야 할 상황에서 참호에만 머물러 있으려 해서는 안 되기 때문이다. 노동조합 투사들과 좌파들은 현 상황의 잠재력을 이해하고 그것을 현실화하기 위해 애써야 한다.

적잖은 노동조합 투사들과 좌파들이 패배의 경험과, 조직 노동운동에 대한 이데올로기적 공격 속에서 위축감과 사기 저하를 겪어 왔기 때문에 이런 변화에 둔감하기 쉽다. 특히, 자기 사업장이나 소속 노동조합

부문에만 관심을 갖는 협소한 시야로는 전체 노동계급 운동의 잠재력을 보기 어렵다. 그러면 온건한 노동조합 지도자들이 소심하게 투쟁을 제한하면서, '노동운동은 투쟁할 실력이 없다'는 (책임 전가성) 말을 전처럼 되풀이할 때, 다른 (급진적) 전망 속에서 투쟁을 확대할 수 있는 대안을 자신 있게 제시하기가 어렵다.

반대로, 비현실적인 도약을 기대했다가 급 실망하는 조급함도 경계해야 한다. 일부 좌파는 박근혜 퇴진 운동의 승리 이후 1987년 7~8월 같은 노동자 대투쟁의 분출을 기대했다가 사태가 그렇게 전개되지 않자 좌절했다. 부르주아 민주주의 속에서 개혁주의적 노동조합 지도층과 개혁주의 정당이 강화된 상황을 깨닫지 못한 탓에 그릇된 전망을 내놓은 것이다. 경제 위기, 부르주아 민주주의, 노동조합 지도층 그리고 개혁주의 정당의 구실 등을 알아야 현 상황의 잠재력과 제약 요인을 다 이해할 수 있다.

노동자 투쟁이 회복되고 있지만, 잠재력을 제약할 약점도 적잖다. 2018년 투쟁을 돌아보면, 온건한 노조 지도자들의 자기 제한적 전술 때문에 개별 투쟁들이 광범한 전반적 저항으로 발전하거나 만족스런 성과를 거두지 못했다는 한계가 있었다.

이것은 한편으로 문재인 정부에 대한 기대가 남아 있거나 우파의 부상을 우려해 정부와 정면으로 맞서기를 꺼리는 태도와 관련이 있다. 온건한 노조 지도자들은 문재인 정부와 협력해 개혁을 이루길 바라고, 그보다 투쟁적인 지도자들 다수도 문재인 정부 시기 동안 각급 교섭이 안착되길 바란다. 다른 한편, 경제 위기 상황도 관련이 있다. 개혁주의적 노조 지도자들은 경제 위기 상황에서는 조건 개선이 불가능하다고 여기고, '바람직한' 산업 발전을 위해 (정부, 심지어 사용자와) 참여와 협력을 추진한다.

이런 약점은 2019년 노동운동에도 나타날 것이다. 온건한 노조 지도 자들은 민주노총이 이바지해야 할 한국 사회 개혁 과제가 문재인 정부의 개혁 과제와 일부 겹친다며 이를 위한 '광범한' 연대를 주장하고 있다. 그러나 계급을 초월한 국민적 연합은 노동계급의 독자적 투쟁을 어느 수준 이하로 억압하고, 어느 수준을 넘을 듯하면 노동운동을 마비시킬 우려가 있다.

또, '정규직 양보를 통한 격차 해소'론이 노동운동 내에서 폭넓게 수용되고 있는 것도 약점이다. 노동운동 온건파뿐 아니라 일부 좌파도 정규직 노동자들의 노동조건 방어 노력은 광범한 지지를 받기 어렵고, 노동계급 내 격차만 증대시킬 뿐이라고 주장한다. "노동시장 상위그룹인 민주노총[은] 노동조건을 지키려는 투쟁을 해서는 안 된다"는 것이다. 문재인 정부가 임금 공격, 광주형 일자리를 추진하면서 '일자리 연대', '연대임금'을 표방하는 상황에서 이런 입장은 노동자들의 투지를 떨어뜨리고 수동적으로 만들 우려가 있다.

투쟁적이고도 정치적인 노동운동

이런 상황에서 노동조합 투사들과 좌파들은 무엇을 해야 할까?

현재 노동운동의 약점을 극복하려면 단지 투쟁성만으로는 부족하다. 물론 투쟁성도 아직 불충분하다는 지적이 있을 것이다. 어쨌든 좌파들은 노동운동이 투쟁적인 동시에 정치적이 되도록 애써야 한다. 그래야 노동조합이 사회 개혁에 이바지해야 한다는 옳은 발상에서 그릇되게도 문재인 개혁(재벌 개혁, 평화, 복지)에 일면 협력하려는 민중주의 전략이 아닌 대안을 제공할 수 있다. 단순히 전략 없는 급진 조합주의로 회귀하지 않고, 진정한 좌파적 대안을 제공할 수 있다.

우파의 반사이익 얻기를 걱정하는 노동자들에게 좌파들은 이렇게 주장해야 한다. 노동자 운동이 문재인에게 저항하고 선명하게 비판하면서 정치 지형을 왼쪽으로 기울게 만들어야 한다. 그래야 문재인의 인기 하락에 따른 반사이익을 우파가 챙기지 못한다. '반反우파를 위해 문재인 측면 지지하기'는 2005년 이후 노무현에 대한 환멸로 진보가 동반 하락했던 약점을 반복하는 것일 뿐이다. 문재인 정부와의 협력은 개혁 후퇴에 직면한 노동자들에게 인내를 요구할 뿐, 복지 확대나 평화를 가져올 수 없다고 말이다.

또, 좌파는 노동운동 내에서 논란이 되는 쟁점에 관해 명확한 좌파적·계급적 입장을 제시해야 한다. 가령 비정규직·저임금 노동자들은 물론이고 정규직 노동자들의 임금과 노동조건도 방어해야 한다. 민간 부문 정규직과 공공 부문 노동자들의 조건에 대한 기업과 정부의 공격이 성공하면, 계급 간 세력관계(힘의 균형)가 불리해져서, 더 열악한 조건의 노동자들도 공격받기가 더 쉬워진다. 좌파는 정규직 노동자들이 자신의 조건을 방어하기 위해 싸우고, 그런 자신감을 가지고 비정규직 노동자 투쟁에 연대하도록 설득해야 한다. 이 밖에도 구조조정의 대안, 직무급제, 연대임금 등의 쟁점도 중요하다.

좌파들은 자신들이 제안하는 전술이 온건한 지도자들의 자기 제한적 전술보다 운동을 더욱 키우고 성과를 거두는 데 효과적임을 대중적으로 보여 줘야 한다. 그러려면 급진 조합주의의 협소함을 벗어나 사업장이나 부문 내 노사 세력관계뿐 아니라 더 넓은 정치 상황을 알고 (가능하면) 활용할 줄 알아야 한다. 또, 온건한 노조 지도자들을 그저 폭로하고 일축해 버리는 것은 전술로서 크게 부족함을 이해하고, 노조 지도부에 촉구하거나 좌파 지도부와의 간헐적인 사안별 동맹(필요하고 가능한 경우) 등을 할 줄 알아야 한다. 물론 배신적 타협이나 역효과적 동맹은 하지 않을 줄도 알아야 한다.

일부 좌파는 '사회적 합의주의에 빠진 노조 지도부' 대 '투쟁하려는 노동자' 식으로 현실을 묘사하지만, 실상은 그렇게 단순하지 않다. 박근혜 퇴진 투쟁으로 고무돼 새로 노동운동에 참여한 노동자들은 대부분 문재인 정부에 어느 정도 기대를 걸었다가 지금 당혹감을 느낄 것이다. 투쟁하는 노동자들이라고 해서 모두 경사노위 참여를 반대하는 것도 아니다.

좌파들은 이런 노동자 의식의 모순을 알고 거기에 관여할 줄 알아야 한다. 노조 지도자들에게 투쟁을 압박해 봐야 소용없다며 그런 전술이 필요하고 가능할 때조차 '아래로부터의 투쟁'만을 되뇌는 것은 노조 지도자들의 영향력 아래 있는 노동자들을 (경험과 입증을 통해) 설득할 기회를 그냥 내던지는 것이다. 자본과 노동 사이의 중재자라는 물질적 기반이 있는 노조 지도층과 달리, 보통의 노동자들은 이런 정치적 경험에 의해 의식이 진보할 수 있다.

최근 민주노총 경사노위 참여를 둘러싼 투쟁은 좌파들이 공조해서 대응하면 비교적 성과를 거둘 수 있음을 보여 줬다. 좌파들은 2018년 여름부터 경사노위 불참 운동을 주도한 결과 민주노총 집행부의 경사노위 참여를 좌절시켰다.

일부 사람들은 "그것이 좌파 실력이냐, 조건부 불참파가 도와준 결과다" 하고 주장한다. 하지만 이런 주장 자체가 그 운동이 성공적이었음을 반영한다. 즉, 모든 성공적 운동에는 '누구 덕'이라는 얘기가 뒤따르기 마련이다. 1987년 6월항쟁의 넥타이 부대 주도론이나, 박근혜 퇴진 운동에서 강남 '중산층' 주부들의 역할에 대한 주장이 그런 사례다. 그러나 "마지막 지푸라기가 당나귀를 주저앉혔다" 해서 지푸라기에게 공을 돌릴 수는 없듯이, 경사노위 불참 운동도 그렇게 볼 수 없다. 누구의 공을 칭찬하느냐에 관심이 있어서 이런 말을 하는 게 아니다. 교훈을 제대로 이끌어 내기 위해서다.

그 운동은 좌파들이 일찌감치 공동으로 문재인 정부와 경사노위를 폭로하고 정부에 대한 기층의 불만을 표현함으로써 거둔 성과다. 그 운동이 중요했던 것은 단지 노조 운동 상층의 좌우 분열을 기다리지 않고 기층의 불만을 세력화하고, 그럼으로써 경사노위를 둘러싼 노동운동 내 지형을 점점 왼쪽으로 옮겨 놓았다는 것이다. 이런 과정에서 금속노조 중앙집행위원회 수정안의 뉘앙스도 중간적 입장에서 조금씩 불참 쪽으로 기울었다. 운동의 동학을 본다면, 불참을 이끈 것이 누구였는지, 전위와 후위의 관계를 잘 알 수 있다.

좌파들이 서로 협력해서 중요한 변화를 만들어 낼 수 있었던 이번 경험의 교훈을 잘 살린다면, 노동운동이 기지개를 펴고 있는 지금, 우리 모두가 전진의 기회를 맞을 수 있을 것이다.

마지막으로, 노동조합 운동을 투쟁적이고도 정치적으로 만드는 일과 함께, 혁명적 좌파 조직을 건설하는 것이 사활적으로 중요함을 강조하지 않을 수 없다. 혁명적 좌파 조직을 단단히 구축해야만 지금 제기되는 도전 과제들을 효과적으로 수행할 수 있다.

5부

여성

1장

말로만 '페미니스트 대통령'

커다란 모순에 부닥치게 될
문재인 정부의 여성 정책

선거운동 기간에 문재인은 '페미니스트 대통령'이 되겠다고 했다. 페미니즘의 부흥 분위기 속에서, 삶이 실질적으로 개선되기를 바라는 평범한 여성들의 열망을 의식하지 않을 수 없었을 것이다.

많은 여성들은 노동자로 착취당하면서도 가족과 아이들을 돌봐야 한다. 이 이중의 굴레는 박근혜 정부 하에서 더 악화됐다. 시간제 일자리 확대와 '무상보육' 공약의 파산이 이를 단적으로 보여 준다.

전체 임금노동자의 44퍼센트가 여성일 정도로 여성의 노동시장 참가는 늘어났다. 하지만 여성 노동자의 55퍼센트가 비정규직으로 일한다. 박근혜 정부 하에서 비정규직 중에서도 가장 열악한 일자리인 시간제 일자리가 대폭 늘어났다. 그리고 시간제 노동자의 대부분이 여성이다. 여성 노동자 5명 중 1명은 최저임금도 받지 못하며 일한다. 100대 64의

출처: 이현주, 〈노동자 연대〉 207호(2017 5 10).

남녀 임금격차는 OECD 국가들 중에서도 가장 심각한 수준이다.

대부분의 노동자들은 일하면서 자녀도 돌보며 안정적인 가정생활을 유지하기를 원한다. 그러나 출산하기로 마음먹은 여성 노동자들은 일이냐 출산·육아냐 양자택일의 기로에 선다. 질 좋고 저렴한 국공립 보육 시설은 턱없이 부족하다(시설 수 기준 6퍼센트대). 저임금 비정규직 여성 노동자들에게 육아휴직 제도는 그림의 떡이다. 그래서 기혼 여성 중 절반가량이 경력 단절을 겪는다. 경력 단절 후 구할 수 있는 일자리는 대체로 저임금·비정규직이다.

따라서 문재인 정부는 여성을 옭아매는 이중의 굴레를 해결하기를 요구받을 것이다. 구체적으로 이런 요구들이 제기될 것이다. 안정적이고 고임금의 일자리 확대, 비정규직의 정규직화와 차별 철폐, 최저임금 즉각 1만 원으로 인상, 국공립 보육 시설과 직장 내 보육 시설 대폭 확충 등이 시행돼야 한다. 남녀 노동자 모두를 위해 살인적 노동시간이 대폭 줄어야 한다. 이때 임금과 노동조건이 후퇴해선 안 된다. 박근혜 정부의 대표적인 나쁜 일자리 정책인 시간제 일자리 정책을 폐기하고 양질의 일자리를 보장해야 한다. 여성들의 노동조건을 더욱 악화시킬 노동개악 지침들도 즉각 폐기해야 한다 등등.

문재인은 이런 약속을 했다. 남녀 동수 내각, 공공 부문 일자리 창출, 남녀 임금격차 해소, 육아휴직 급여 인상, 국공립 어린이집 확충(이용 아동 수 기준 40퍼센트까지), 비정규직 감축, 최저임금 1만 원 인상 등을 통해 "성평등 사회"를 만들겠다.

특히 남녀 동수 내각을 강조했다. 실제로 박근혜 정부의 내각보다 여성 비율이 크게 늘어날 가능성이 있다. 그동안 '성주류화'을 전략으로 삼아 온 페미니스트들은 여기에 큰 기대를 걸고 있는 듯하다. 다른 보수주의자들보다 여성운동가들이 국가기구에 참여해 차별적 법·제도를 개선하고 성평등 정책을 편다면 좋은 일일 것이다. 그러나 여성 지도자·관료 배출과 법·제도 개선이 자동으로 여성 대중의 삶 개선으로 이어진다고 할 수는 없다. 오히려 김대중·노무현 정부의 경험에서 보듯, 입각한 여성운동가들이 국가기구에 포섭돼 여성 차별을 개선하기 위한 투쟁에 소극적이거나 최악의 경우 배신적인 태도를 취할 위험도 있다.

사실, 문재인의 여성 정책은 온건하고 그조차 과연 실현 의지가 있는지 의심스럽다. 가령 문재인의 "공공 일자리 81만 개 창출" 공약에서 실제로 순수하게 느는 일자리는 17만 개 수준이다. 비정규직 감축을 위해 상시 공공 부문 비정규직 일자리를 정규직으로 전환하겠다고 한다. 하지만 언제, 얼마나 할지 전혀 구체적으로 제시하지 않았다. 최저임금 1만 원 공약은 2020년까지라고 명시해, 노동운동의 요구보다 2년가량 늦다. 주 52시간제라는 노동시간 단축 공약도 꾀죄죄하다(민주노총은 주 35시간으로 법정 노동시간 단축을 요구해 왔다). 노동시간 단축에 따른 임금 보전이나 노동조건 후퇴 금지도 말하지 않는다.

문재인이 남녀 임금격차 해소를 위해 가장 강조하는 것은 '임금 공시제'와 '블라인드 채용 강화'다. 있어도 나쁠 건 없지만 임금격차 해소에 실질적인 효과가 있을지는 매우 의문이다. 지금도 임금 차별이 존재한다는 사실 자체를 모르는 게 아니기 때문이다. 물론, 기업주들은 이조차 하려고 하지 않을 것이다. 그런데 동일임금 동일노동 조항을 회피하려고 온갖 방식으로 꼼수를 쓰는 기업주들을 문재인은 강력 처벌할 방안도 제시하지 않아 무기력하다.

무엇보다 문재인은 박근혜 정부의 대표 적폐인 시간제 일자리 정책을 폐기해야 한다고 말하지 않는다. 오히려 유연 근무('기업주 마음대로 유연한 일자리'를 뜻하는 코드명) 확대라는 이전 정부들의 정책을 계승하려 한다. 비정규직을 대폭 늘린 김대중·노무현 정부의 '원죄'에 대해서도 반성한 적이 없다.

이용 아동 수 기준 40퍼센트로 "국공립 어린이집[을] 확충"하겠다는 공약도 그동안 운동이 요구해 온 것(시설 수 50퍼센트)에 못 미친다. 또 문재인은 박원순 서울시장이 추진한 서울형 어린이집을 모델로 삼고 있는데, 이 모델은 위탁 계약 방식이다. 그래서 보육의 질과 보육 노동자의 처우가 직영 국공립 어린이집에 못 미친다. 재원은 늘릴 생각 없이, 그리고 민간 어린이집 소유주들의 이익을 거스르지 않는 수준에서 추진하려다 보니 생기는 근본적 한계다.

문재인이 이토록 온건한 개혁만을 약속한 것은 기업주들에게 최대한 부담을 주지 않으려 하기 때문이다. 공약 실현을 위한 문재인의 재원 마련 방안은 비어 있다. 문재인은 법인세 인상은 한사코 피하려 한다. 또 이미 선거운동 기간에 문재인은 보수주의자들과 협조할 태세가 돼 있음을 보여 줬다. 동성애에 반대한다는 말을 공공연히 하는가 하면, 차별 반대 운동이 강조해 온 차별금지법 제정과 낙태죄 폐지도 찬성하지 않았다.

경제적·지정학적 위기가 심화하는 상황에서, 문재인은 자신이 약속한 알량한 수준의 개혁조차 배신하고 여성과 남성 노동자들을 공격할 가능성이 크다. 그럴 때, 그 정부에 입각한(그리고 이를 전략으로 삼은) 페미니스트들은 큰 모순에 부딪힐 수 있다.

여성들의 삶을 실질적으로 개선하기 위해 문재인 정부로부터 독립적인 여성·남성 노동자들의 계급투쟁이 필요한 이유다.

문재인의 말뿐인 페미니즘

문재인이 대선에서 '페미니스트 대통령'이 되겠다고 해서 많은 여성들이 변화를 기대했다. 하지만 갈수록 실망이 늘어났고 많은 여성들이 문재인에게 분노하고 있다.

2018년 6월 지방선거 뒤 문재인이 급속하게 우경화하면서 지지율이 급락해 8월 말에는 53퍼센트까지 낮아졌다. 특히, 일자리 축소, 최저임금 개악 등 노동 개악과 알량한 복지 대책 등이 노동계급과 서민의 불만을 샀다. 문재인의 지지율 하락에는 말뿐인 성평등 정책에 대한 여성들의 불만도 작용했다.

문재인은 "성평등을 적극 실현하는 대통령이 되겠다"는 공언과 달리, 지금껏 상징적이거나 미미한 조처만 실행했다. 첫 내각 임명 때 외교부 장관, 고용노동부 장관, 보훈처장 등 주요 보직에 여성을 임명하며 '내각의 30퍼센트 여성 할당' 공약 달성을 공표했지만, 노동계급 여성들

출처: 정진희, 〈노동자 연대〉 258호(2018 9 5).

을 위한 조처는 미미했다. 비정규직의 정규직 전환 약속은 생색내기에 그쳤고 성별 임금격차 해소책도 거의 내놓지 않았다. 성별 임금격차가 OECD 평균 14.1퍼센트의 2배가 넘는 37퍼센트를 기록하며 OECD 1위를 19년째 차지하고 있는데도 말이다. 성별 임금격차는 여성에게 맡겨진 과중한 양육 부담, 장시간 노동 체제, 승진 차별 등 사회의 구조와 관행이 결합된 결과다. 하지만 문재인은 임금 수준을 공개하는 성별임금공시제처럼 실효성 없는 대책이나, 승진할당제처럼 소수 여성에게 혜택을 주는 대책만 제시했을 뿐이다.

반면 여성 노동자 대부분이 최저임금제의 영향을 받는데도 문재인 정부는 최저임금을 약간 올려 주다가 도로 빼앗는 개악을 자행했다. 또 박근혜 정부의 적폐로 꼽혔던 시간제 (저질) 일자리 양산 정책을 폐지하지 않고 계속 유지하고 있다. 노동 유연화 확대를 노골적으로 추진하고 있다.

'워라벨(일과 삶의 균형)' 운운하지만 노동시간 단축은 지연시키고 양육 지원은 여전히 생색내기 수준이다. 쉬운 해고, 의료보험·국민연금 개악 등도 추진하고 있다. 결국 노동계급 여성들이 직장에서 혹사당하면서도 집에서 양육, 노인 부양 등도 소홀히 하지 말라고 주문하는 셈이다.

고용 악화, 커진 소득 격차 등으로 문재인 지지율이 크게 하락하자 최근 문재인 정부는 복지 예산을 늘렸다. 하지만 이것은 자본주의 체제의 불안정 심화를 막는 게 목적이어서 찔끔 인상 수준이다. 또한 의료 영리화 등처럼 복지 증대를 상쇄시키는 정책도 동시에 추진하고 있다.

문재인에 대한 여성들의 실망은 2018년 5월에 '불법 촬영 편파 수사'에 항의하는 대규모 운동으로 분출했다. 노동정책은 정부 초기부터 노동자들에게 기대와 불만을 동시에 샀다. 최저임금 개악 등으로 문재인 정부의 친자본주의적 본색이 분명히 드러나자 노동자들의 목소리는 더욱 커졌다. 여기에는 여성 노동자들이 대거 포함됐다. 여성 노동자들은 남성 노동자들과 함께 파업, 집회 등 투쟁을 지속적으로 벌였다. 지방선 거 직후 열린 민주노총 비정규직 철폐 집회에는 무려 6만~7만 명이 모 였는데, 대열의 절반 이상이 학교 비정규직 등 여성 노동자들이었다. 이 들이 든 "사기 치지 마라"는 손 팻말은 문재인 정부의 본질을 선명하게 폭로했다.

노동정책과 성평등 정책을 분리해 별개 문제로 취급하는 경향이 운 동 내에서 강하지만, 이 둘은 결코 별개 문제가 아니다. 여성의 다수가 노동계급에 속하므로 친자본주의적 노동정책은 여성 대부분의 조건을 후퇴시킨다. 의료·국민연금 개악 등과 같은 복지 후퇴도 대다수 여성들 의 생활 조건을 악화시킨다. 문재인 정부의 '페미니즘'이 노동계급 여성 에게는 생색내기 이상이 될 수 없는 이유다.

문재인 정부는 모호한 언사를 사용하면서 지배계급과 자신을 지지하 는 진보 염원 대중 사이에서 아슬아슬한 줄타기를 해 왔다. 낙태 문제에 서 이런 줄타기가 두드러졌다. 2017년 10월 낙태죄 폐지와 임신중절 약 (미프진) 도입 청원에 23만 5000여 명이 참가했다. 청와대 민정수석 조 국은 개혁을 암시만 할 뿐 알맹이 없는 답변을 하며 헌법재판소로 공을 떠넘겼다.

2018년 문재인 정부는 낙태죄 유지 의도를 드러내기 시작했다. 최근 보건복지부는 낙태 처벌을 강화한 의료법 시행규칙 개정안 시행을 기습 공포했다. 직선제 대한산부인과의사회 의사들이 낙태 수술 거부를 선언 하며 반발하자 하루 만에 헌재 판결 때까지 시행을 유보했지만, 개정안 을 철회하지는 않았다(그래서 직선제 대한산부인과의사회는 모자보건 법 개정을 요구하며 낙태 수술 거부를 계속할 방침임을 시사했다). 보건 복지부는 2018년 10월 낙태 실태 조사 결과를 발표할 예정인데, 조사

항목이 낙태죄 찬성 쪽으로 편향돼 있음이 폭로되기도 했다. 문재인 정부가 낙태죄 존속을 원한다는 것은 2018년 5월 낙태죄 헌법 소원 공개 변론을 앞두고 법무부가 헌재에 낸 공개 변론서에서도 얼핏 드러났다. 법무부는 낙태죄 폐지를 요구하는 여성을 "성교는 하되 그에 따른 결과인 임신 및 출산을 원하지 않는" 사람이라고 비난하면서 낙태죄 폐지 반대 입장을 표명했다.

문재인 정부는 2018년 2분기 출산율이 0.97로 떨어졌다며 큰 우려를 나타냈다. 〈조선일보〉 등 보수 언론도 '세계 최저인 0.9명대 출산율 쇼크'를 대서특필했다. 여성을 아이 낳는 도구로 여기는 보수파들은 낙태죄 폐지가 세계 최저의 출산율을 더 낮출까 봐 우려한다. 헌법재판소가 낙태죄 폐지 판결을 2018년 8월에 내릴 듯하다가 다음 재판부로 기약 없이 미뤄 버린 것도 이와 관련 있다. 9월 19일 헌재 재판관 5명이 교체돼, 심리부터 다시 해야 하므로 헌재의 낙태죄 판결이 언제 나올지는 알 수 없다.

2017년 〈한겨레〉, 〈경향신문〉 등 자유주의 친정부 언론들은 2012년 낙태죄 합헌 판결 이후 헌재 구성이 더 자유주의적으로 바뀌었으므로 2018년 낙태죄 위헌 판결이 내려질 가능성이 높다며 사람들의 기대를 부추겼다. 〈노동자 연대〉는 아래로부터의 압력이 크지 않는 한, 출산률이 매우 낮은 나라에서 낙태죄 위헌 판결이 나오기는 어려울 것이라고 전망했다.* 지배계급이 출산과 양육을 위한 조건 개선에 큰 관심이 없고

---

* 〈노동자 연대〉가 헌법 불합치 가능성이 낮다고 예측한 것은, 돌아보건대 달라진 현실, 달라진 대중의 의식과 염원이 사법기관에 압력을 미칠 수 있는 여지를 다소 과소평가한 것이다. 2019년 4월 11일 헌재 판결에 대한 기사 "낙태죄 헌법 불합치 판결 환영: 여성의 자기결정권을 위한 투쟁의 성과", 〈노동자 연대〉 282호(2019 4 12)를 참고.

여전히 개별 가정의 여성들에게 떠넘겨 노동력을 값싸게 재생산하려 들기 때문이다. 지정학적 위기가 심화되는 상황도 병역을 걱정하는 한국의 지배계급이 낙태죄 폐지를 꺼리는 이유다.

따라서 낙태죄를 폐지하고 여성의 낙태권을 보장받으려면 문재인 정부와 헌재에 조금치도 기대를 걸지 말고 독립적으로 대중투쟁을 해야 한다. 향후 몇 년을 내다보며 대중운동을 건설해 지배계급과 보수파들을 압박해야 한다. 낙태권 운동이 노동계급의 여성과 남성들이 대거 동참하는 대중운동으로 발전할 때 낙태죄 폐지와 낙태 합법화가 성취될 수 있다.

문재인 정부의 성평등이 말뿐인 것에 불만을 품은 여성들은 2018년 5월부터 대중행동에 나서기 시작했고 그 규모가 갈수록 커졌다. 5~8월 불법 촬영('몰카')에 항의하는 운동은 네 차례 집회에 연인원 17만 ~18만여 명이 참가했다. 한국 역사상 최대 규모였다. 3차 집회 뒤에는 '문재인 재기해' 구호를 트집 잡아 친문 인사들과 언론들이 마녀사냥을 벌였지만, 4차 광화문 집회에는 더 많은 여성들이 참가했다(주최 측 추산 7만 명).

10대·20대의 학생과 젊은 노동계급 여성들이 참가자의 대부분을 이룬 이 운동은 기존 주류 여성운동 밖에서 일어났다. 여성들은 불법 촬영('몰카')에 대한 미온적 수사와 불충분한 정부 대책에 분노했을 뿐 아니라 성별 임금격차, 승진 차별, 기업과 국가 요직에 여성이 소수인 현실 등 사회의 성차별 전반에 대해 분노를 터뜨렸다. 연성 아나키즘 성향을 보인 집회 주최 측은 성차별에 대한 강한 분노의 일환으로 분리주의를 강하게 드러내며 문재인 정부, 입법부, 사법부 등 국가기관 전반을 거침 없이 비판했다.

엔지오가 주도하는 주류 여성운동은 '불편한 용기'가 이끈 불법 촬영 항의 운동보다 훨씬 덜 두드러지긴 했지만 올해 미투와 낙태죄 폐지 운동 등 의미 있는 집회를 조직했다. 미투시민행동이 주최한 안희정 무죄 판결 항의 집회에는 여성들이 대거 참가해 전체 참가자 규모는 2만 명이었다.

불법 촬영 항의 운동, 낙태권 운동, 미투 운동은 그 운동의 참가자 구성, 양상, 주최 측의 성향 등에서 다소 차이가 있지만, 모두 여성 천대·차별 없는 평등한 사회에 대한 여성들의 열망을 담고 있다. 차별에 저항하며 평등을 쟁취하기 위한 여성들의 투쟁은 앞으로 더 확대되고 심화돼야 한다.

2018년 차별에 맞선 여성들의 운동이 크게 성장하면서 문재인의 페미니즘도 시험대에 올랐다. 5월 이후 여성들의 분노가 폭발하자 문재인 정부는 처음에는 몇 가지 대책을 제시하며 달래려 했다. 하지만 여전히 불충분한 대책에 참가자들은 만족하지 않았고 불법 촬영 항의 운동은 계속 확대돼 왔다.

이 운동이 적당한 수준에서 멈추길 바라는 문재인은 진선미 민주당 전 원내수석부대표를 여성가족부 장관 자리에 앉혔다. 진선미는 2015년 국회에서 소라넷 폐지를 공론화해서, 소라넷 폐지 운동을 벌인 메갈리아의 공식 지지를 받은 바 있다. 그래서 문재인은 진선미가 이 운동을 잘 관리해 주기를 기대한다. 진선미가 문재인의 이런 바람을 충족시킬 수 있을지는 미지수다. 지금까지 문재인 정부가 내놓은 대책은 여전히 매우 불충분하다. 특히, 불법 촬영물 유포의 주범 중 하나인 웹하드 등과 같은 기업 규제에 열의가 전혀 없다.

문재인은 페미니스트 각료 등을 내세워 계속 '성평등 정부' 행세를 하려는 한편, 여성운동을 길들여 결국 약화시키려 할 것이다. 따라서 여성운동이 실질적 양보를 얻어 내고 큰 전진을 이루려면 문재인 정부에게서 독립적인 태도를 취하는 것이 핵심적으로 중요하다. 또한 여성운동은 더 개방적으로 연대를 건설해 운동의 저변을 더욱 확대해야 한다. 여성 차별 반대 운동은 노동계급의 여성과 남성이 대거 동참하는 더 크고 강력한 운동으로 성장해야 한다.

문재인의 성평등 정책이 모순돼 생색내기에 그치는 것은 이 정부가 '남성 권력'이어서가 아니라 자본가계급에 기반을 둔 정부이기 때문이다. 문재인은 여러 포퓰리즘적 언사를 사용하긴 하지만 기업들의 수익성 회복, 국제 경쟁력 강화가 최고 목표다. 그래서 기업들의 이윤을 침해하는 개혁은 한사코 피하려 든다. 최초의 여성 노동부 장관으로 기대를 모았던 김영주가 금융권의 성차별 채용 비리 전수조사를 "금융권 혼란"을 이유로 거부한 것이 단적인 사례다.

자본주의가 세계적으로 위기이고 한국 경제도 더 악화되고 있다. 국가들 간의 경제적 경쟁뿐 아니라 지정학적 경쟁도 심화되고 있다. 일자리 축소, 노동조건 후퇴, 복지 삭감 압력들은 더욱 커지고 있다. 따라서 아래로부터의 대중투쟁이 없다면 개혁 성취는커녕 후퇴를 막기조차 어려울 것이다.

김대중·노무현 정부 10년 동안 여성 각료들이 늘었지만 노동계급과 서민층 여성들을 위한 개혁은 미미했다. 오히려 정리 해고, 비정규직 양산, 복지 축소 등 노동계급 여성들의 삶을 후퇴시키는 공격이 훨씬 더 많았다. 당시 여성 각료들도 노동계급 여성들의 삶을 공격하는 정책에 침묵하거나 협조했다. 이것은 이들 정부의 우선순위가 자본주의 이윤율을 회복시키는 것이었기 때문이다.

불법 촬영, 낙태권 부정, 여성 고용과 임금 차별 등 여성 천대와 차별은 남성들의 본성에서 비롯한 게 아니라 자본주의의 계급 구조와 자본주의 가족제도에 뿌리를 두고 있다. 노동계급 여성이 개별 가정에서 아이를 무보수로 길러 내는 것은 자본가계급에 필요한 노동력을 안정적으로 공급하는 일이다. 노인 부양과 간병 등 가족의 돌봄 노동도 자본주의 국가의 복지 지출 비용을 줄여 줘 체제 유지에 기여한다. 대중매체, 교육기관, 국가기관 등은 여성에 대한 보수적 편견을 거듭 부추겨 이런 일들을 노동계급 여성들에게 떠넘긴다. 여성 차별은 임금 등 노동조건을 낮추고 노동계급을 분열시키는 데에도 유용하다. 그래서 자본주의 체제 하에서는 여성 차별이 결코 사라지지 않는다.

여성 차별에 맞선 운동이 효과적이 되려면 체제를 지탱하는 지배계급의 권력에 도전해야 한다. 여성 차별 반대 운동이 착취에 맞선 노동계급의 투쟁과 연결된다면 그런 도전이 가능하다. 노동계급은 자본가들의 이윤을 타격할 힘이 있기에 지배계급에 실질적 양보를 강제할 수 있고 궁극적으로는 자본주의 자체를 타도할 잠재력이 있다.

여성들의 노동시장 참가가 증대하면서 노동계급의 일부로서 여성들의 잠재력도 커지고 있다. 박근혜 정권 퇴진 운동 이후에 미조직 노동자들이 노동조합에 수만 명씩 가입했고 여성들의 노조 가입도 크게 늘었다. 2010년 이후 늘어난 노동조합원 중 여성 비중이 더 높다고 한다. 여성 노동자들은 열악한 조건 속에서 투쟁하면서 자신감을 높이고 의식과 조직을 성장시켜 왔다. 또한 미조직 여성들(대개 노동계급 여성들)도 불법 촬영 항의 운동, 낙태권 운동 등 여러 투쟁을 벌이고 있다.

여성의 대다수가 노동계급이기에 여성 차별과 착취에 맞선 운동은 연결될 수 있는 잠재력이 있다. 노동운동은 차별에 저항하는 여성들의 운동을 지지하며 운동이 확대·심화될 수 있도록 애써야 할 것이다.

2장

여전한 성차별에 항의하다

2018년을 달군
불법 촬영 항의 운동을 돌아본다

2018년 12월 22일 6차 '편파 판결, 불법 촬영 규탄 시위'가 광화문에서 열린다. 집회 사흘 전인 12월 18일 밤, 주최 측인 '불편한 용기'는 이번 집회를 마지막으로 다음 시위를 무기한 연기한다고 전격 밝혔다. '불편한 용기'가 이런 결정을 발표한 배경이 무엇인지 많은 사람들이 궁금해하고 있다.

주최 측은 "지난 5월부터, 6차를 준비하고 있는 지금까지 진보 진영, 보수 진영 할 것 없이 남성 권력의 공격을 무차별적으로 받아왔"다고 밝혔다. 그리고 "이런 상황에서 운영진은 여성이 말하는 여성 의제가 곡해되지 않고 진의를 전달하며 사회 변화를 이끌어 낼 수 있을지 의문이 들었"다고 덧붙였다. 이번 결정의 이유로 이 운동에 대한 반발('백래시')을 꼽은 것이다.

출처: 정진희, 〈노동자 연대〉 271호(2018 12 19).

그러나 이 운동은 여러 반발에도 대중적 지지를 받았다. 3차 집회 뒤 언론들과 친문 인사들의 마녀사냥이 있었지만 이 운동에 대한 지지는 더 늘어났다. 그래서 8월 4차 집회는 집회 장소를 혜화역에서 광화문으로 옮겨 정점을 찍었다.

6차 집회 구호문에 문재인 정부를 원색적으로 비난하는 구호가 있음이 미리 공개됐다. 그러자 여러 온라인 커뮤니티에서 이 집회를 비판하는 목소리가 커졌다. "대한민국 웹하드 대표이사 (청와대 청와대)", "알탕 카르텔 문재인 때려처라" 같은 문구가 특히 반발을 낳았다. 이 구호문이 공개된 직후, 불법 촬영 항의 집회 카페와 여성 이용자가 많은 온라인 카페들에서 6차 집회 구호가 "과격하다," "문재인 탄핵 요구가 들어가는 게 옳지 않다"는 등의 비판이 제기됐다. "문재인 때려처라" 같은 구호는 6차 집회에 처음 나온 것이 아니었다. 그런데도 새삼 논쟁이 됐다. 이는 최근 양진호의 검·경 로비가 사실로 확인되면서, 정부에 대한 의혹이 커지기 시작했기 때문일 것이다.

'불편한 용기'가 웹하드 카르텔과 문재인 정부를 관련지은 것은 괜한 의심이 아니라 합리적 의혹이다. 최근 양진호의 검찰과 경찰 로비 의혹이 사실로 확인됐다. 웹하드 업체들의 협회인 DCNA의 전직 간부들이 민주당원들로 밝혀졌다. 민주당의 부패 전력은 새삼스러울 게 없다. 자본가계급에 기반을 둔 민주당이 부정부패에 연루된 일은 많을 수밖에 없다.

방송통신위원회(방통위)와 방송통신심의위원회(방심위)에 대해서도 의혹이 제기됐다. 웹하드 업체들이 불법 촬영물을 대거 유통시켰는데 그동안 거의 제재받지 않았기 때문이다. 게다가 방심위는 올해 새로운 필터링 기술인 '불법 유통 촬영물 DNA 추출 시스템 개발' 사업을 불법 촬영물 유통을 방조한 것으로 의심받는 민간 필터링 업체에 맡겼다.

정부와 정치권, 웹하드 카르텔과의 관련성 의혹이 커지는데도 주류 언론은 대부분 이 문제를 다루기를 꺼렸다. 그래서 이 문제는 아직 널리 알려지지 않았다. 역설적으로 의혹은 더 커질 수밖에 없다. 그런데 주최 측은 이번 집회를 앞두고 웹하드 카르텔의 핵심으로 청와대를 정조준하는 구호를 내놓았다.

이 운동은 지난 4차 집회를 정점으로 동력이 떨어지기 시작했다(5차 집회는 수만 명 규모로 여전히 컸지만 4차에 비해 크게 줄어들었다). 주최 측은 경찰에 낸 집회 신고서에 이번 집회 규모를 5000명(5차 집회 때는 1만 5000명으로 신고했다)으로 적었다(실제 참가 규모는 신고 규모보다는 많았다).

이 운동의 동력이 떨어지기 시작했던 것은 이 집회에 대한 반대 때문이라기보다는 단일 쟁점 운동이 갖는 한계와 관련 있는 듯하다. 불법 촬영·유포 범죄 처벌·단속이라는 단일 쟁점으로 7개월째 항의 운동을 해 왔다. 단일 쟁점 운동은 어느 정도 성과를 거두면 급속도로 동력이 떨어지게 된다.

2018년 10월 6일 5차 집회를 앞두고 필자는 〈노동자 연대〉 261호에 이렇게 썼다. "이 운동은 어떤 계기를 얻으면 다시 성장할 수 있지만, 일반으로 단일 쟁점 운동(광범한 여성 차별에 대한 분노를 깔고 있지만 불법 촬영, 편파 수사라는 단일 쟁점의 항의 운동이다)은 지속 기간이 길지 않다. 대중의 분노와 싸울 자신감이 클 경우 단일 쟁점 운동은 매우 빠르게 타올랐다가도 어느 시점이 지나면 그 협소함과 정치적 전망 부재로 확장성의 한계에 봉착하게 된다. 특히, 지배자들이 그 운동을 시스템 안으로 흡수하기 위해 양보나 양보 제스처를 취하면 스멀스멀 동력이 분산되게 된다."

2018년 5월 급부상한 이 운동은 한국 역사상 최초의 대중적이고 전투적인 여성운동이었다. 이 운동이 끝날 기미가 보이지 않자, 지배자들은 이 운동에 일부 양보하기 시작했다. 문재인 정부는 5차 집회 직후인 10월 17일 주최 측과 2차 간담회를 했고, 그 뒤 '몰카 제왕' 양진호와 웹하드 업체 임원들, 헤비 업로더 등을 구속했다. 그리고 국회는 11월 29일 불법 촬영·유포 범죄 처벌 강화 법안을 통과시켰다. 12월 18일부터 이 법이 시행되기 시작했다. 물론 이런 양보는 부족하다. 불법 촬영물로 이득을 취하는 자들의 수익을 몰수하는 등 더 강력한 처벌이 필요하다.

단일 쟁점 운동이 일정한 성과를 거두어도 그 뒤 쉽게 반격에 부딪힐수 있다. 우리는 이 점을 염두에 둬야 한다.

지난 5차 집회 때 이 운동의 동력이 떨어지는 조짐이 보였지만, '불편한 용기'는 이를 극복할 대안을 내놓지 못했다. '정치 배제'라는 아나키즘적인 방침 때문에 운동이 직면한 도전을 적절히 다루지 못했다. 남성을 철저히 배제하는 주최 측의 분리적 페미니즘도 운동의 전망을 열어젖힐 수가 없었다. 남성 비하적 표현들을 거리낌 없이 쓴 것은 여성 차별에 대한 반발의 표현으로 너그럽게 이해할 만했다. 하지만 모든 남성을 잠재적 성범죄자로 적대시하는 태도는 평범한 남성들의 반발을 사기쉬웠다.

젊은 여성들이 이 운동에 대거 동참한 것은 워마드식 정치보다는 이집회의 투쟁적·급진적 분위기 때문이다. '여성계' 지도자들과 달리, 입법부·사법부·행정부를 거침없이 비판한 게 분노한 젊은 여성들의 정서와 잘 맞았다.

그러나 정세가 좋고 여성들의 자신감이 높을 때는 운동 주도자들의 정치적 약점에도 불구하고 투쟁이 한동안 성장할 수 있지만, 운동이 일정국면을 지나서 새로운 정치적 상황에 처하면 한계가 드러나는 법이다.

주최 측이 이번 집회를 앞두고 발표한 글을 보면, 여전히 기성 질서를 거침없이 비판한다. 하지만 "불법 촬영 범죄자 공범"으로 "한국 남성을 규탄한다." 만약 모든 남성들이 성범죄자고 '여성 혐오'에 한통속이라고 생각하면, 앞으로 이 운동의 전망을 찾을 수 없게 된다. 모든 남성들이 카르텔을 맺어 여성을 억누른다고 생각한다면, 여성해방은 물론 불법 촬영 근절 감소조차 가능하지 않을 것이다.

"문재인 때려쳐라"는 구호가 그냥 폭로에 그치지 않고 실질적 의미가 있으려면, 계급투쟁을 무시한 채 모든 남성을 도매금 취급하는 인식을 넘어서야 한다. 자본가들과 문재인 정부의 친기업 정책으로 피해를 입고 있는 노동계급과 서민층 남성을 입법부·사법부·행정부의 권력자들 및 자본가들과 동등한 '남성 권력'으로 치부할 수 없다. 스물넷에 비극적으로 삶을 마감한 발전 하청 노동자 김용균 씨를 과연 이 사회의 특권적 집단의 일원으로 간주할 수 있을까?

만약 노동계급 남성을 지배계급과 같은 특권적 집단으로 간주한다면 그들이 문재인 정부의 친기업적 정책과 사용자들에 반발해 싸우고 있다는 점을 놓치게 된다. 그러면 차별받는 여성들이 힘을 합쳐 싸울 수 있는 동맹 세력을 못 보게 돼, 여성운동의 전진에 큰 약점이 된다.

불편한 용기가 다음 시위를 무기한 연기했지만 이 운동의 중단을 선언하지는 않았다. 새로운 정치적 계기가 생기면 주최 측이 다시 기회를 잡을지도 모른다. 그러기를 바란다. 그러나 이 운동이 재개돼도, 운동이 직면한 정치적 문제들이 저절로 해소되지는 않을 것이다.

이 운동의 성과를 밑거름 삼아 더 전진하려면 이 운동의 약점을 극복할 정치(물론 급진적 좌파적 정치)가 필요하다. 이 정치는 의회나 국가기구와의 협력을 뜻하는 게 아니라 아래로부터 투쟁을 고무하면서 운동의 저변을 확대하고, 나아가 해방의 전망을 보여 줄 수 있는 정치를 뜻한다. 여성해방과 노동계급의 해방을 연결시키는 진정으로 급진적인 정치가 필요하다.

이 운동에 참가한 젊은 여성들의 활력과 투지는 놀라웠다. 많은 여성들이 이 운동을 통해 자신감을 얻었다. 불법 촬영 항의 운동은 한국 여성운동에 중요한 기여를 했다. 우리 모두 마지막까지 이 운동에 지지를 보내자. 그리고 이 운동의 한계를 극복하려면 앞으로 무엇이 더 필요할지를 고민해 보자.

자본주의 사회의 핵심 분단은 성별이 아니라 계급이다. 물론 모든 여성이 차별을 받는다. 하지만 여성 차별의 경험은 계급에 따라 상당히 다르고 해결책도 달라진다. 노동계급 여성들은 최저임금이 인상되고 양질의 일자리가 늘어나고 공공 보육 시설이 대폭 확대되기를 바라지만, 자본가계급과 상층 중간계급의 여성들은 최저임금을 삭감하고 비정규직을 늘리기를 원한다. 노동계급 여성들을 고용해서 양육 부담을 덜 수 있는 부유층 여성들은 공공 보육 시설 확충이 절실하지 않고 흔히 이에 반대한다.

7개월 동안의 불법 촬영 항의 운동에 참가한 수십만 여성들은 대개 학생이거나 노동계급 여성들(가령 이디야 등에 근무하는)이었다. 여성 인구의 대다수가 노동력을 팔아야만 생계를 유지할 수 있는 임금노동자 집단이다. 불법 촬영 항의 운동이 보여 준 잠재력을 향후 발전시키려면, 일자리, 임금, 복지 등 노동계급 여성들의 조건을 개선하는 요구들을 중심으로 한 여성운동이 발전해야 한다.

여성운동은 돈벌이에 혈안이 돼 수많은 김용균을 양산하는 기업주들과 국가의 정책에 항의하는 노동자 투쟁과도 연결돼야 한다. 이윤에 타격을 가할 수 있는 노동자들의 투쟁과 여성운동이 만날 때 여성운동은 큰 힘을 얻게 된다. 물론 소규모 알음알음 급진 페미니스트들만의 배타적 조직으로는 이런 대중운동을 건설하지 못할 것이다.

미투: 더는 성폭력을
감내하지 않겠다는 선언!

미투 운동으로, 권력과 지위를 이용해 여성들을 성적으로 비하하고 천대해 온 성폭력의 일부가 드러났다. 이는 자본주의 사회에 아로새겨진 여성 차별의 단면을 드러낸 것이기도 하다.

문화예술계를 넘어, 민주당의 유력 정치인이자 현 충남도지사인 안희정이 자신의 권력을 이용해 비서를 수차례 성폭행한 사실이 폭로됐다. 미투 운동 와중에 피해자를 만나 사과했다는 그날에도 성폭행을 했다니 소름이 돋는다. 피해자가 공개 폭로했을 경우 강간을 화간으로 몰고 가기 위한 술책이었을 것이다.

문재인이 미투를 응원한다고 했지만 정작 여성 비하로 악명 높은 탁현민 청와대 행정관은 경질하지 않고 있다.

물론 '돼지 발정제' 강간 미수 공범인 자유한국당 대표 홍준표는 꼭

출처: 최미진, 〈노동자 연대〉 240호(2018 3 7).

처벌받아야 한다. 그는 "[미투 운동에] 좌파들이 더 많이 걸렸으면 좋겠다" 며 천박한 정치 속셈을 밝혔다. 역겹기 짝이 없다. 성차별에 찌든 보수 우익은 미투를 입에 올릴 자격이 없다. 우파는 단지 덜 "걸린" 것일 가능성이 크다. 이들은 피해 여성을 입막음할 더 많은 수단을 가지고 있을 수 있고, 이들 주변에 미투 열풍으로부터 고무받을 만한 진보 염원 여성이 별로 없기 때문일 수도 있다.

안희정의 사례는 권력자들이 저지르는 성폭력 중 빙산의 일각일 것이다. 한 여성 국회의원 보좌관(익명)은 이렇게 말했다. "정치인들에 의해 숱한 성추행·성희롱이 일어나지만 대부분이 생계형 보좌관인 우리는 일자리를 잃을까 봐 참을 뿐이다."

그동안 피해자이면서도 혼자 자책하며 가슴앓이하던 여성들이 더는 참지 않겠다며 고발에 나서고 정의를 요구한 것은 감동적이다. 미투 운동과 그에 대한 폭넓은 지지는 성폭력과 성차별로부터의 해방 염원을 보여 준다.

미투 열풍 속에서도 여성 노동자들이 직장에서 당하는 성폭력·성희롱은 대부분 쟁점화되기 어려운 현실이 존재한다.

직장 내 성폭력·성희롱은 그 빈도와 심각성이 결코 덜하지 않다. 직장 내 성희롱은 여성 노동자의 일할 의욕을 현저히 떨어뜨릴 뿐 아니라, 자존감을 해치고, 심지어 직장을 그만두거나 심지어 목숨을 끊게도 하는 문제다. 정부 기관과 여성 단체, 노동조합 등의 실태 조사에서 여성 노동자의 직장 내 성희롱 경험률은 매우 높게 나타난다. 따라서 직장 내 성희롱은 심각한 성차별 문제이자 중요한 노동조건 문제다.

선정주의와 상업주의에 찌든 주류 언론은 가해자나 피해자가 유명인인 경우에는 관심을 보이며 앞다퉈 보도한다. 그리고 경찰도 이런 사건의 처리에는 비교적 성의를 보인다. 하지만 그렇지 않은 경우에는 주목받지 못하는 경향이 있다(물론 언론의 조명을 받은 사건들도 한때의 가십거리에 그쳐선 안 되고 철저하게 해결돼야 한다).

무엇보다, 직장 내 성희롱 대부분이 고용주나 관리자, 직장 상사에 의해 벌어지고 이들이 여성 노동자의 고용과 노동조건을 좌지우지하는 권한을 갖고 있다는 점이 커다란 걸림돌이다. 여성 노동자들에게 직장 내 성희롱 문제 제기는 온갖 불이익을 각오하거나 생계를 걸고 해야 하는 일인 것이다.

특히, 고용이 불안정한 비정규직 여성 노동자들에게 직장 내 성희롱 문제 제기는 해고를 감수해야 하는 일이다. 가령 기간제 교사들은 미투운동을 보며 "우리도 많이 겪는 일"이라고 토로했다고 한다. 그래서 최근 기간제교사노조는 조합원들이 겪은 직장 내 성희롱 문제를 얘기할 수 있는 게시판을 만들었다. 그러자 몇몇 기간제 교사가 용기를 내어 게시판에 피해를 알렸다. 그러나 마음 아프게도, 이내 스스로 삭제했다고 한다. 이는 기간제 교사의 처지를 고려하면 충분히 이해할 만한 일이다. '피해 사실을 알리면 해고되지 않을까?', '다른 학교에도 소문이 돌아 영영 일자리를 못 구하지 않을까?' 하는 두려움이 크게 다가왔을 법하다.

최근 공공운수노조 교육공무직본부는 학교 비정규직 노동자들이 겪는 직장 내 성희롱 실태를 조사하고 이를 발표하는 기자회견을 했다. 이는 훌륭한 일이다. 이 실태 조사에서 학교 비정규직 여성 노동자의 22퍼센트가 성희롱·성폭력을 경험했다고 답했다. 하지만 이 중 50퍼센트가 참고 넘어간 것으로 드러났다. "불이익이나 주변 시선이 두려웠기 때문"이다.

노동계급의 오랜 경험을 보더라도 사내 고충 기구가 오히려 사건을 무마하기 일쑤였다. 정부 기관이나 법·제도도 여성 노동자들에게 별 도움이 되지 못했다. 성희롱 문제 제기에 대한 불이익 조처는 남녀고용평등법 14조 2항에 정면 위배되는데도, 해당 기업(주)에 대한 처벌은 제대로 이뤄지지 않는다. 2017년 노동부에 접수된 성희롱 진정 건수 중 과태료가 부과된 것은 11퍼센트에 그쳤고, 실제 기소로 이어진 건수는 단 1건에 그쳤다(기소율 0.1퍼센트). 이런 조건에서는 정부가 각 부처에 신고센터를 만들어 성폭력 엄벌을 강조해도 대부분의 여성 노동자들에게 실질적 해결책으로 느껴지기는 어렵다.

그래서 개별적 폭로에 그치는 것이 아니라, 여성 노동자들의 직장 내 성희롱 문제의 집단적이고 조직적인 해결책이 필요하다. 그래야 실질적인 힘을 가진 운동이 될 수 있다. 〈노동자 연대〉가 그동안 강조해 왔듯이, 기업주들을 확실히 압박하고 성희롱 피해 여성 노동자를 사측의 불이익 조처로부터 방어할 수 있는 효과적인 방법은 노동조합이 심각하게 이를 자신의 쟁점으로 만드는 것이다. 여성과 남성 노동자들이 동참하는 노동조합의 집단적 항의 행동은 기업주에게 실질적 압박을 줄 수 있다. 또한 여성 노동자가 고립되지 않고 지지와 연대 속에서 싸울 용기를 얻을 수 있다.

민주노총은 3.8 세계 여성의 날을 맞아 성명을 발표하면서 이렇게 지적했다. "여성에겐 일터에서 일어나는 성폭력으로부터 보호하고 연대할 우산이 필요하다. 그간 일터에서 벌어진 성폭력은 피해 당사자 개인의 투쟁만으로 이겨낼 수 없었다." 그리고 민주노총이 바로 그 우산이 되겠다고 약속했다. 이런 일이 효과적으로 실행되려면 직장 내 성희롱 대응을 여성위원회 같은 한 부문 위원회만의 과제로 남겨 둘 것이 아니라 노동조합 전체의 과제로 삼아야 한다. 즉, 중앙과 각급 노동조합 조직이 자신의 과제로 여기고 노동조합의 힘을 사용해야 한다.

가장 좋기로는 직장 내 성희롱 근절을 위한 '미투 하루 행동'과 같은 집단적 항의 행동을 조직해 볼 수 있다. 이 행동이 실질적인 힘을 발휘하려면 노동조합 활동가들이 사업장들을 순회하며 직장 내 성희롱 피해 사례를 접수하고, 남녀를 불문하고 조합원들의 하루 행동 동참을 조직해야 할 것이다. 미투 열풍이 불고 있는 지금, 이런 행동이 조직된다면 언론의 조명은 물론이고 커다란 사회적 지지를 받을 수 있을 것이다. 무엇보다 지금 이 순간에도 숨죽이며 애태우고 있을 직장 내 성희롱 피해 여성 노동자들에게 큰 힘이 될 것이다. 또한 사용자와 관리자들이 함부로 여성 노동자들을 건드리지 못하게 하는 예방적 효과도 있을 것이다.

여성 노동자들은 규모와 비중 면에서 갈수록 노동계급의 중요한 부분이 되고 있다. 따라서 직장 내 성희롱과 같은 여성 노동자의 조건 문제에 심각하게 대응하는 것은 노동조합의 역량 강화 면에서도 매우 중요해졌다. 미투 운동에서 나타난 해방 염원을 노동 현장으로 심화시키자.

3장

온전한 낙태권이 보장돼야 한다

낙태죄 폐지 알맹이 빠진 청와대 답변

조국 청와대 민정수석이 '낙태죄 폐지와 자연유산 유도약(미프진) 합법화 및 도입'을 요구하는 청원에 공식 답변을 내놓았다. 청와대는 낙태죄 폐지 여론을 의식해 낙태죄가 여성에게만 책임을 전가한다는 점, 처벌 강화 위주 정책의 부작용, 현실과 법의 괴리 등을 언급했다. 또한 OECD 국가 중 낙태를 부분 합법화한 사례고 2007년 노무현 정부가 검토한 안(처벌 예외 조항에 사회경제적 사유 추가 안)을 소개했다.

'이명박근혜' 정부는 낙태 단속·처벌을 강화하려 했고 '가임기 여성의 출산 지도'나 만들었다. 그에 비해, 문재인의 청와대가 청원에 "친절한 답변"을 내놓고 '낙태 비범죄화'를 주장한 바 있는 조국이 발표자로 나선 것은 많은 여성들에게 기대를 불러일으키고 있다. 주류 여성 단체들은 정부의 답변을 긍정적 신호로 여기는 듯하다.

그러나 청와대 발표는 "전향적 태도"라기에는 알맹이가 너무 없다. 청

출처: 전주현, 〈노동자 연대〉 231호(2017 11 30).

와대는 정작 낙태죄 폐지에 관해서는 확언한 게 없다. 낙태약(미프진) 도입에 대해서도 마찬가지다. 결국 청와대가 하겠다는 것은 실태 조사뿐이다. 이를 통해 '사회적 논의'를 시작하자며 말이다. 하지만 이는 매우 모호할 뿐 아니라, 정부 자신의 책임을 흐리는 것이다. 정의당 수석대변인은 "사회적·법적 논의를 통해 판단하겠다는 유보적 태도는 아쉽다"고 옳게 논평했다.

실태 조사야 나쁠 건 없지만, 실태를 몰라서 낙태죄 폐지 여부를 결정 못하는 건 아니다. 낙태가 불법인 상황에서 여성들(특히 노동계급 여성들)이 어떤 고통을 받아 왔는지, 현실과 법의 괴리가 얼마나 큰지는 이미 세계적으로나 역사적으로나 충분히 알려져 있다. 이미 23만 명이 낙태죄 폐지 청원에 동참한 것 자체가 "실태"를 보여 준다.

실태 조사가 꼭 낙태죄 폐지에만 힘을 실어 준다는 법도 없다. 낙태 반대 운동을 벌이고 있는 천주교도 "현실을 정확히 파악해야" 낙태를 근절할 수 있다며 정부의 실태 조사 결정에 찬성했다. 이들은 실태 조사 결과를 얼마든지 아전인수격으로 해석해, 오히려 낙태하는 여성이 비도덕적이라고 공격하는 데 사용할 것이다.

조국은 "태아 vs 여성"의 대립 구도를 넘어야 한다고 했다. "태아의 생명권과 여성의 자기결정권 둘 중 하나만 택해야 하는 제로섬으로는 논의를 진전시키기 어렵[다.]" 하지만 "태아의 생명권은 소중한 권리"(조국)라고 인정하면 여성의 결정권을 온전하게 옹호하기 어렵다. 태아는 독립적 인격체가 아니라 임신한 여성 신체의 일부일 뿐이므로, 여성의 권리를 지지한다면 태아의 생명권 논리를 받아들여서는 안 된다. 또한 낙태는 태아를 인위적으로 제거하는 행위임을 부정할 수 없다. 따라서 태아의 생존이냐 여성의 낙태 결정권이냐의 대립은 피할 수 있는 것이 아니고, 여기서 여성의 낙태 결정권을 분명히 지지해야 한다.

문재인 정부가 낙태죄 폐지 운동과 낙태 반대 세력 사이에서 "균형점"을 찾는 것은 아슬아슬한 줄타기일 뿐이다. 이런 어중간한 태도는 문재인 정부가 얼마든지 우파의 압력에 타협할 수 있음을 뜻한다. 반낙태 그리스도교 우파들은 알맹이 없는 '사회적 논의'조차 반발하며 대대적인 낙태죄 폐지 반대 운동을 예고하고 있다. 이미 청와대는 천주교의 강한 반발을 달래려 조국 수석을 보내 낙태 반대 입장을 "겸허히 청취"하게 했다. 그 전에 문재인은 참모진에게 "청와대가 낙태죄 폐지를 예단하지 않는다는 점을 오해 없도록 잘 설명하라"고 당부하기도 했다.

　조국이 답변에서 OECD 상당수 국가에서의 부분 합법화 모델을 자세히 소개한 것을 보며 청와대가 낙태 합법화를 전향적으로 검토하는 것 아니냐는 기대감도 생기고 있다. 문재인 정부 일각에서는 독일식 방안을 검토하고 있는 듯하다. 독일식 방안을 "태아 vs 여성"의 대립, "전면 금지 vs 전면허용"의 대립을 넘어설 묘수로 여기는 사람들이 종종 있다. 사유나 기간 제한이 있는 부분 합법화는 현행법보다는 낫다. 하지만 낙태죄 폐지가 자동으로 이뤄지지는 않고, 여성의 온전한 결정권을 보장하지 못한다는 한계가 있다.

　낙태죄를 폐지하고, 여성의 요청만으로 합법적으로 낙태를 할 수 있도록 낙태 결정권을 조건 없이 보장해야 한다. 또한 낙태 시술에 의료보험을 적용해 무상으로 낙태를 받을 수 있어야 한다. 낙태가 합법화돼도 비용이 지원되지 않거나 시술 병원(과 의사)을 찾기 힘들면 낙태 권리는 사실상 무의미해지기 때문이다.

　한편, 조국이 부분 합법화 방안을 언급했다고 해서 청와대가 이를 추진한다는 것을 뜻하지는 않는다. 청와대는 2018년으로 예정된 헌법재판소 낙태 위헌 심판이 "새로운 공론의 장"이 될 것이라며 헌재에 떠넘기거나 공론화위원회 카드도 사용하려 한다. 여당인 더민주당은 "공론화

위원회를 구성해 낙태죄 폐지 여부를 묻는 방안을 검토하겠다"고도 했다. 이런 얘기는 정부의 부담은 피하고 헌재와 '공론화위원회' 등에 공을 떠넘기며 시간을 벌겠다는 심산으로 보인다. 정부는 헌재에, 헌재는 또다시 '공론화위원회'에 서로 눈치 보고 떠넘기며 무한정 연기될 공산도 있다.

신고리 핵 발전소 문제에서 우리는 이미 '공론화위원회'가 "소통"이라는 그럴 듯한 모양새를 앞세워 정부의 책임을 떠넘기고 개혁 약속을 뒤집는 꼼수가 될 수 있음을 경험했다. 그 일에 진보적 시민 단체들이 들러리 서는 뼈아픈 경험도 했다. 낙태죄 폐지 운동은 이런 전철을 밟아선 안 된다.

낙태 문제는 지배자들에게 매우 민감한 쟁점이다. 자본주의 체제가 굴러가는 데서 매우 중요한 노동력 재생산 문제와 긴밀하게 연관돼 있기 때문이다. 가족제도에서 경제적·이데올로기적 이득을 보는 것은 단지 우파들만은 아니다. 특히 저출산 위기에 직면한 문재인 정부가 보수 세력들의 반발을 무릅쓰고 낙태죄 폐지를 단행할 가능성은 희박해 보인다.

이진성 헌재 신임 소장과 일부 헌법재판관들이 '제한적 낙태 허용'에 우호적인 견해를 가지고 있다 하더라도, 이들은 지배자들 전체의 이해 관계를 고려하는 보수적인 국가기구 헌재의 재판관들이다. 아래로부터 압력이 막대하게 크지 않다면 헌재가 낙태죄를 폐지할 것이라고 장담하기 어렵다.

세계 낙태권 운동의 경험으로 보건대 낙태죄 폐지와 여성의 낙태 결정권을 쟁취하기 위한 손쉬운 지름길은 없다. 무엇보다 정부로부터 독립적인 대중운동을 건설해야 한다. 그리고 진정한 대중운동이 되려면 특히 노동계급 여성과 남성의 동참을 이끌어 내려 애써야 한다.

낙태 수술 처벌 강화하는 문재인 정부

보건복지부가 낙태 수술을 "비도덕적 진료 행위"에 포함해 의료진 처벌을 강화하는 '의료 관계 행정처분 규칙' 개정안을 2018년 8월 17일부터 시행한다고 당일 공포했다. 이에 따르면, "형법 270조를 위반하여 낙태"를 도운 의료인은 1개월 자격정지 처벌을 받게 된다.

기존 안은 의료인이 '비도덕적 진료 행위'를 하면 자격정지 1개월에 처하도록 돼 있는데, 이번 개정안은 자격 정지 처분 기준을 세분화하면서 불법 낙태 수술을 한 의료진의 자격정지 1개월을 명시했다. 과거에는 법원에서 실형을 선고받아야 자격정지가 이뤄졌는데 행정처분규칙 개정으로 법원 판결 없이 복지부가 산부인과 의사들에 대해 자격정지를 내릴 수 있게 된 것이다.

이 개정안은 박근혜 정부가 '원조'였다. 2016년 보건복지부가 '비도덕적 진료 행위'에 낙태 수술을 포함하고 의사 자격정지 조항을 12개월로

출처: 전주현, 〈노동자 연대〉 256호(2018 8 24).

높이려다가 거센 비판이 일었다. 박근혜 정부의 낙태 처벌 강화 시도는 한국판 '검은 시위' 등 거센 반발에 부딪혔고, 박근혜 정권 퇴진 촛불 운동의 여파로, 낙태 수술을 한 의료진의 처벌 강화 시도는 무산됐다.

이번 개정안 시행으로 문재인 정부는 스리슬쩍 낙태 처벌 강화 방침을 되살렸다. 기만적이게도, 보건복지부는 헌법재판소의 낙태죄 위헌 여부 심리 과정에서 '의견 없음' 입장을 내고는 이번 개정안 시행을 기습 발표했다. 〈경향신문〉 등 언론들에서도 2018년 8월 23일에야 이 사실이 보도됐다.

그동안 많은 여성들이 낙태죄 폐지와 낙태권 보장을 요구해 왔다. 문재인 정부 출범 뒤 23만여 명이 낙태죄 폐지와 임신중절 유도약(미프진) 도입을 요구하는 국민 청원에 동참했다. 하지만 문재인 정부는 이에 대한 분명한 입장을 회피하며 헌법재판소로 공을 떠넘겼다. 헌법재판소마저 올해 눈치를 보다가 낙태죄 위헌 심판 여부 선고를 차기 재판부로 떠넘겼다.

이번 개정안 시행은 문재인 정부가 낙태죄 폐지 문제에서 줄타기를 하다가 낙태죄 유지로 입장을 분명히 정했음을 드러낸다. 이것은 최근 문재인 정부가 규제 완화, 국민연금 개악 시도, 노동 개악 등 빠르게 우경화하는 것과 맥을 같이 한다. 낙태를 '비도덕적 행위'로 규정하며 의료진을 처벌하는 것이 '페미니스트' 대통령의 '성평등 실현'인가? 분통이 터진다.

보건복지부는 이번 의료법 시행규칙 개정안을 "국민 건강 위해 최소화" 조처라 했다. 그러나 낙태를 도운 의료진 처벌을 명시하거나 강화하면 오히려 여성들의 안전과 건강이 위협받는다. 이미 직선제 대한산부인과의사회가 보건복지부의 고시가 철회될 때까지 "낙태 수술 전면 거부"를 선언했다. 그럼에도 복지부는 개정안 시행을 강행하겠다고 한다. 이로 인한 위험과 부담은 고스란히 여성들에게 전가돼 낙태하려는 여성들을 더욱 옥죌 것이다.

낙태는 '비도덕적 행위'나 범죄가 아니다. 여성의 기본권이고 자기 결정권이다. 여성의 몸은 여성 자신의 것이지, 출산을 위한 도구가 아니다. 임신과 출산은 여성이 감당해야 하므로 오롯이 여성만이 낙태를 선택할 자격과 권리가 있다.

보건복지부의 의료법 시행규칙 개정안이 나오자 많은 여성들이 분노하고 있다. 특히, 2016년부터 임신 중단 전면 합법화 집회를 꾸준히 벌여 온 비웨이브는 어제 밤 "여성의 기본권을 탄압하는 행정부와 그 수장인 대통령을 강력히 규탄"하며 2018년 8월 25일 종각역에서 열리는 집회 참가를 적극 호소하고 있다. 이 집회는 문재인 정부의 배신적인 이번 개정안에 항의하는 첫 시위가 될 것이다.

이번 개정안은 여성 차별적일 뿐 아니라 계급 차별적이다. 낙태 진료를 거부하는 병원들이 늘어나 가뜩이나 비싼 낙태 비용이 더 솟구칠 수 있다. 부자 여성들은 자신의 재력으로 언제든지 안전하게 낙태할 수 있지만, 가난한 청소년과 청년 등 노동계급 여성들은 비위생적이고 위험한 낙태로 내몰려 고통이 가중된다. 낙태 금지가 이처럼 계급 차별적이기에 여성뿐 아니라 그들과 함께 살아가는 평범한 남성들에게도 부정적 영향을 끼친다. 따라서 여성뿐 아니라 많은 남성들도 낙태 합법화와 여성의 선택권을 충분히 지지할 수 있다.

역사적으로 성공적인 낙태권 운동은 노동계급의 여성과 남성이 함께 참가한 대중운동이었다. 노동계급이 대거 동참한 낙태권 운동은 낙태 합법화의 동력이었을 뿐 아니라 합법화 뒤 거듭 일어난 낙태 제한 시도에 맞서 여성의 권리를 지키고 확대하는 데서 결정적이었다. 따라서 '생물학적 여성'뿐 아니라 여성의 낙태권을 지지하는 모든 사람들에게 집회 참가를 개방한다면 낙태권 운동이 낙태 합법화를 성취할 수 있는 가능성이 더욱 높아질 것이다.

낙태 여성 색출하는 문재인 정부

최근 문재인 정부의 비열한 낙태 단속 행태가 드러났다. 2018년 12월 21일 〈경향신문〉은 경남 남해 경찰서가 한 산부인과를 이용한 여성 26명에게 낙태죄 참고인 조사 출석을 요구해 낙태 사실을 취조했다고 보도했다. 이는 조사받은 여성이 12월 19일 여성민우회에 제보한 내용이다. 이 사건은 단지 일개 경찰서의 우발적 행동이 아니다. 경찰은 법원이 11월 27일 발부한 건강보험심사평가원 압수수색영장을 다음날 집행해 여성 26명의 인적 사항을 얻어 냈다. 즉, 문재인 정부가 낙태 단속에 나서며 여성들을 괴롭히고 있는 것이다.

'페미니스트 대통령' 운운한 문재인의 정부는 2017년 23만 명 넘게 참가한 낙태죄 폐지 국민 청원 답변에서 알맹이 없는 답변만 내놓으며 문제를 회피했다. 2018년 들어서는 낙태죄 유지 본색을 드러내기 시작했다.

출처: 정진희, 〈노동자 연대〉 271호(2018 12 22).

2018년 5월 낙태죄 위헌 심판 공개 변론 때 법무부는 낙태죄 합헌 의견서를 냈다. 법무부는 낙태하려는 여성이 "성교는 하되 그에 따른 결과인 임신 및 출산은 원하지 않는"다고 비난했다. 8월 17일에는 보건복지부가 낙태 수술 의사 처벌을 강화하는 의료법 시행규칙을 기습 공포·시행했다. 낙태 수술을 '비도덕적 의료 행위'로 명시하고 불법 낙태 수술을 한 의료인에게 1개월 자격정지 처분을 내리는 내용이었다.

이 규칙 시행에 많은 여성들이 분노했다. 산부인과 의사들(직선제 대한산부인과의사회)도 낙태 시술 거부를 선언하며 격하게 반발했다. 이 때문에 보건복지부는 시행규칙 시행을 헌법재판소 판결 뒤로 유보했지만, 끝내 그 계획을 철회하지는 않았다.

그동안 여성들은 낙태죄로 많은 피해를 입었다. 죄책감을 느껴야 했고, 비싼 병원비를 내야 했다. 낙태 뒤 제대로 쉴 수도 없었다. 이 때문에 많은 여성들이 고통받고 건강을 해치기도 했다. 여성의 몸은 여성 자신의 것이다. 성차별적인 낙태죄는 폐지되고 낙태가 합법화돼야 한다.

2017년과 2018년에 실시된 여론조사 결과를 보면, 낙태죄 폐지 의견이 낙태죄 유지 의견보다 높다는 게 일관되게 드러났다. 2017년 11월 한 여론 조사 전문기관의 조사는 낙태죄 폐지 찬성이 51.9퍼센트, 반대가 36.2퍼센트였다. 2018년 4월 한국여성정책연구원 조사에서는 전국 만 16세~44세 여성 4명 중 3명인 77.3퍼센트가 낙태죄 폐지에 찬성했다. 12월 13일 KBS1 〈TV쇼, 시민의회〉에 참가한 200명이 숙의 기간 열흘 뒤 투표한 결과, 낙태죄 폐지 찬성이 53퍼센트, 반대가 36퍼센트였다. 전문가 패널의 발표와 모둠 토론을 한 뒤에는 낙태죄 폐지 찬성 의견이 66퍼센트로 반대 의견의 두 곱절이나 됐다.

지배자들은 여성의 삶에는 무관심하고 이윤을 위해 노동력을 충분히 공급받는 데만 관심이 있다. 문재인 정부도 마찬가지다. 최근 경찰의 낙태 단속과 수사는 지속되는 출산율 하락에 대한 지배자들의 신경질적인 반응이다. 이번 사건으로 문재인 정부의 위선이 다시 한번 드러났다.

문재인 정부는 낙태 단속을 즉각 중단하라. 헌재 핑계 그만 대고 낙태죄 폐지에 나서라. 말로만 '성평등' 운운하지 말고 여성이 안전하게 낙태할 권리를 법적으로 보장하라. 문재인 정부나 헌재 판결에 기대하기보다 아래로부터 낙태권 운동을 벌이며 운동의 저변을 확대해 나가야한다.

낙태죄 헌법 불합치 판결 이후

낙태 권리 전면 보장돼야 한다

2019년 4월 11일 헌재의 형법상 낙태죄 헌법 불합치 판결은 낙태죄 폐지를 염원했던 사람들에게 정말 기쁜 소식이었다. 이는 지난 10년간 부쩍 성장한 낙태죄 폐지 여론과 그것을 추동한 낙태죄 폐지 운동의 성과다. 보수적 가톨릭 국가 아일랜드에서마저 낙태 금지 헌법이 폐지되는 등 세계 여성운동의 부상도 영향을 미쳤다.

하지만 낙태죄 폐지 여부와 낙태 합법화의 수준은 아직 정해지지 않았다. 그러므로 이를 둘러싼 논쟁이 격화될 것이다. 낙태권 운동이 중단돼서는 안 되는 까닭이다.

이미 논쟁은 시작됐다. 우선, 낙태 허용 범위를 최대한 좁히려는 보수 진영의 압박이 시작됐다. 헌재 판결 직후 천주교주교회의는 "태아의 죽음이 아니라 생명을 선택하도록 도와줄 법과 제도의 도입을 입법부와

출처: 최미진, 〈노동자 연대〉 283호(2019 4 17).

행정부에 강력히 촉구"했다. 낙태 고발 캠페인을 벌였던 프로라이프 의사회장 차희제 등은 "의사의 낙태 시술 거부권"을 인정하라고 요구하고 있다.

반면 비웨이브와 노동자연대는 처음부터 낙태 전면 합법화를 일관되게 요구해 왔고, 모두를위한낙태죄폐지공동행동(이하 '모낙폐')도 헌재 판결 전 안전하고 합법적인 임신 중지의 권리를 요구했다.

가톨릭교회와 보수·우파들은 이번 헌재 판결이 태아의 생명권을 부정했다며 격렬히 비난했다. 헌재 판결이 원칙상 낙태죄의 위헌성을 인정한 것은 맞다. 하지만 헌재가 낙태를 전면 허용하라는 구체적 결정을 내린 것은 아니다.

낙태권이 온전히 보장되길 바라는 사람들이 잘 싸워 나가기 위해서라도 이번 헌재 결정의 구체적 요소들을 정확하게 이해해야 한다.

헌재의 헌법 불합치 결정은 현행법이 여성의 자기 결정권을 과도하게 침해하고 있음을 인정했다는 점에서 가치가 있다. 현행법이 다양한 사회경제적 사유를 전혀 포함하지 않고 있었고, 기간도 지나치게 제약하고 있었다는 것이다.

그러나 이 결정은 명백히 한계도 있다. 태아 생명권 보장을 전제하고 있어, 낙태에 대한 형사 처벌 자체는 적합하다고 명시하고 있다. 다만 제약의 범위가 문제라는 것이다. 게다가 임신 22주 이후의 낙태와 관련해서는, "태아가 모체를 떠난 상태에서 독자적으로 생존할 수 있는 시점"이라고 판시하고 있다. 후기 낙태 허용 여부나 그 조건 문제에서는 모호하게 열려 있다(따라서 이 부분은 낙태권 운동이 투쟁을 통해 여성에게 유리한 방향으로 견인해야 한다). 현행 모자보건법이 낙태 전면 금지 기준으로 정한 24주보다 오히려 더 당긴 측면도 있다.

헌재가 단순 위헌이 아닌 헌법 불합치 판결을 내린 이유는 이런 결론을 보면 알 수 있다. "[낙태죄 조항에 대해] 단순 위헌 결정을 할 경우 ⋯ 모든 낙태를 처벌할 수 없게 됨으로써 용인하기 어려운 법적 공백이 생기게 된다." 따라서 이 결정문에 따르더라도, 낙태 사유와 기간에 따른 제약이 얼마든지 가능하다. 심지어 형법상 낙태죄를 폐지하지 않고 일부만 손보는 꼼수도 가능하다.

단순 위헌 의견을 낸 재판관들은 낙태죄 즉각 폐지를 옹호했다. 그들은 임신 14주까지의 낙태는 사유 제한 없이 여성이 요청하면 허용해야 한다는 의견을 냈다. 하지만 이조차 기간에 따른 제약을 둔다는 점에서 온전한 자기 결정권 보장이라고 볼 수는 없다.

결국 헌재 결정이 임신 전숫 기간에 걸쳐 여성의 낙태권을 옹호한 것(즉, 전면 합법화를 주문한 것)이라는 일각의 해석은 확대 해석이다. 헌재 결정의 한계와 공백, 또 이를 보수 우파들이 이용할 가능성을 정확히 직시하고 경계하는 것이 향후 대응을 준비하는 데서 더 도움이 될 것이다.

낙태 반대론자들과 자유한국당, 민주당 등은 헌재 판결의 허점을 이용해 낙태 허용 범위를 제한하려 들 수 있다. 여성단체연합 대표를 역임한 남윤인순 민주당 의원은 헌재 판결 직후 이렇게 밝혔다. "태아의 생명권과 여성의 자기 결정권 ⋯ 둘을 조화롭게 충족하는 대안"을 마련하기 위해 "사회적 합의를 모아 나가[겠다.]" 이런 절충적 시도는 결국 여성의 자기 결정권을 온전히 보장하기 어려운 안을 도출할 공산이 크다.

헌재 판결 직후 정의당 안案이 맨 먼저 발의됐다. 그러나 정의당 안의 적절성을 둘러싼 논란이 낙태권 운동 내에서 진행 중이다. 정의당 안이 헌재 판결의 취지를 살리지 못하는 것이라는 지적이 있다.

물론 정의당 이정미 의원이 대표 발의한 형법·모자보건법 개정안은 낙태의 대부분을 금지한 현행법보다는 낫다. 이 안은 형법상 낙태죄를 폐지하고 "임산부의 자기 결정권은 원칙적으로 보장돼야 한다"는 점을 모자보건법 개정의 출발점으로 삼고 있다. 이에 따라 임신 14주 이내 임신중절은 사유 제한 없이 허용하고, 14~22주 임신중절의 경우 사회경제적 사유를 추가해 허용의 폭을 넓혔다.

하지만 기간·사유 제한과 허용 사유 범위 밖의 낙태에 대한 처벌 조항(의사에게 과태료 500만 원 부과)을 남겨 둔다는 점에서 한계가 있다. 이는 여성의 자기 결정권 보장을 원칙으로 삼는다는 정의당 안의 기본 취지와 모순을 빚는 것이다. 낙태죄 폐지 여론이 최근 급성장했고, 보수적인 헌재조차도 헌법불합치 판결을 내린 점을 감안하면 진보 정당인 정의당은 더 나아가야 한다.

〈노동자 연대〉는 이번 정의당 안의 골자가 낙태죄 폐지 국민 청원 직후 거론됐을 때 이미 그 한계를 염려한 바 있다(그러나 가톨릭 교회의 공격에 맞서 정의당의 낙태죄 폐지 추진을 옹호하면서 그렇게 했다).

특히, 기간과 사유의 제한을 두는 것은 결국 그 조건의 충족 여부를 국가가 판단하도록 하는 것이므로 여성의 자기 결정권을 온전히 보장하는 게 아니라고 지적했다. 또한 형법상 낙태죄를 폐지하더라도 허용 범위 밖의 낙태에 대한 처벌 조항을 모자보건법에 두면 그것은 낙태죄를 실제로 폐지하는 게 아니라고 지적했다. 징역형이 아닌 과태료, 여성이 아닌 의사에 대한 처벌이라 할지라도 낙태 시술을 위축시켜 여성을 위험과 고통에 빠뜨리기는 마찬가지라는 점도 지적했다.

낙태권 운동 내에서 이런 우려와 비판이 있었는데도 정의당이 결국 법안에서 여성의 낙태 결정권을 제약하고 의사 등에 대한 처벌 조항을 남긴 것은 크게 아쉽다. 낙태에 대한 의료보험 적용과 낙태약 합법화가 빠진 것도 아쉽다.

정의당은 사실상 이번 현재 결정이 가리키는 수준에 맞춰 개정안을 낸 듯하다. 개신교 우파와 가톨릭 교회의 반발을 무마하고, 바른미래당 의원들을 법안 발의에 동참시킬 만한 타협 수준 등도 고려한 나름의 고충의 산물이 아닌가 싶다.

하지만 그것이 결국 낙태 제한과 도로 처벌이라면 낙태권 운동 지지자들의 사기를 저하시킬 위험이 있다. '모낙폐'와 민주노총 등의 정의당 안 반대 성명은 그런 우려의 표현일 것이다. 정의당은 낙태권 지지자들의 열망에 부합하도록 재고해야만 한다.

상류층이 아닌 보통의 여성에게는 이보다 훨씬 나은 대안이 필요하다. 임신 주수와 사유 제한 없이 낙태가 허용돼야 한다. 낙태죄 폐지는 물론, 의사에게 과태료 부과 등 여성의 선택을 좌절시키는 독소 조항들도 없어져야 한다. 무엇보다 여성의 낙태를 보조해 줄 조처들이 도입돼야 한다. 경제적 부담 없이 낙태를 할 수 있도록 의료보험을 적용해, 낙태 수술과 낙태약을 무상 공급해야 한다.

앞으로 우파들은 물론 민주당도 여성의 자기 결정권을 제약하는 개정안을 제출할 가능성이 크다.

따라서 낙태권 운동은 여성의 자기 결정권 옹호 입장을 확고히 견지해 나가야 한다. '모낙폐'가 밝힌 것처럼, "어떻게 임신 중지를 제한하고 절차를 만들 것인가"가 아니라 "어떻게 여성의 건강을 더욱 보장할 것인가"가 논의의 초점이 되도록 만들어야 한다.

국회 내 세력 관계를 고려한다면 아래로부터 낙태권 운동에 좀 더 강조점을 두는 것이 필요하다. 특히, 여성과 남성 **노동계급**이 참여하는 운동으로 심화시켜야 할 것이다.

4장

성평등을 위해
문재인과 협력해야 할까

성평등을 위해 문재인과 협력해야 할까

문재인의 대선 공약인 대통령 직속 성평등위원회가 출범 준비 중인 것으로 알려져 있다. 여성가족부는 성평등위원회가 "성평등 정책의 총괄 사령탑"이 될 것이라고 홍보하고 있다. 이미 '민관 합동 출범 준비 태스크포스'가 꾸려졌는데, 여기에는 한국여성단체연합(여연) 김영순 대표와 여러 여성학자들이 참가하고 있다. 이런 구성은 문재인 정부가 성평등위원회를 통해 여성 단체들을 여성 정책 분야의 국정 운영 파트너로 끌어들이는 '젠더 거버넌스(협치)'를 추구하고 있음을 보여 준다.

문재인 정부에 친화적인 주류 여성 단체들과 여러 페미니스트들은 대통령 직속 성평등위원회 설치와 그 권한 강화를 요구하며 여기에 상당한 기대를 걸어 왔다. 이들은 성평등위원회를 자신들의 오랜 전략인 '성(젠더) 주류화 전략'과 '젠더 거버넌스'를 강화할 수단으로 여기고 있다. 성 주류화 전략은 정부 정책이 각 성별에 미치는 영향을 분석하고,

---

출처: 최미진, 〈노동자 연대〉 229호(2017 11 16).

차별의 실태를 파악하기 위해 성별을 구분해 통계를 작성하고, 국가 예산이 성평등하게 배분되도록 한다는 것이다.

주류 페미니스트들은 '젠더 감수성'이 없는 기존 국가 관료들이 이를 잘 할 수 없으므로 자신들이 국가기구에 들어가 성 주류화 정책을 실행하고 이끄는 것이 가장 실효성 있는 방법이라고 여긴다. 이미 여연 대표 출신 상당수가 여성부 장관과 민주당 비례 의원으로 공직에 진출했다. 주류 여성 단체들은 단체 간부들이 직접 입각하는 것 외에도 국가기구 내 여러 부처나 위원회에 들어가거나 다른 국가 관료들과 긴밀히 협력하며 국가의 여성 정책 입안과 실행, 평가 등을 대행해 주고 국가의 지원금을 받는 방식으로 활동해 왔다(젠더 거버넌스).

그런데 이명박·박근혜 정부 동안 젠더 거버넌스는 진보적 여성 단체들의 바람에 미치지 못했다. 여성정책 담당 부서인 여성가족부의 위상이 약화됐고, 여성 정책은 주로 '저출산' 완화를 위한 가족 정책의 일환으로 격하됐다. 심지어 그 수장은 조윤선이나 김희정처럼 성평등에는 관심 없고 박근혜(와 최순실) 꼬붕 노릇하다가 장관 자리를 얻은 자들이었다. 진보적 여성 단체들의 목소리가 국가 정책에 반영될 수 있는 통로도 민주당 정부에 비해 좁아졌다.

그런데 이제 주류 여성 단체들에 친화적인 문재인 정부가 들어서고 여연 대표 출신의 진보적 여성학자 정현백이 여성가족부 장관이 되자, 주류 페미니스트들은 성 주류화와 젠더 거버넌스 전략이 다시 잘 추진될 수 있는 기회라고 보는 듯하다.

그러나 페미니스트들이 자본주의 국가기구에 들어가 국가기구를 이용해 성평등을 이룬다는 전략은 이미 세계적으로 심각한 모순과 난점을 드러내 왔다. 한국의 여성운동에서도 노무현 정부 시절인 2000년대 중엽에 '여성운동의 제도화'에 대한 우려와 비판이 높아지면서 젠더 거버넌스에 비판적인 평가가 상당히 이뤄졌다. 우파 정부 9년 간 여성가족부의 위상이 축소되고 진보적 여성 단체들과 정부 사이의 거버넌스가 잘 이뤄지지 않다 보니 이에 대한 비판적 논의가 다소 잦아든 듯하지만, 젠더 거버넌스의 문제점이 새롭게 제기되는 문제는 아니다.

여연을 비롯한 한국의 주요 여성 단체들이 국가기구 진입 전략을 추구해 온 지 20년이 넘었고, 성 주류화 관련 법과 제도들도 이미 마련된 상태다. 특히, 김대중·노무현 정부 10년은 주류 여성 단체들에게 젠더 거버넌스의 전성기로 성 주류화가 실현되는 과정이었다. 시민 단체 출신의 여성주의 장관들이 발탁되고 여성 각료의 비율도 높아졌다. 여성 정책 입안에서 여성 단체들의 영향력이 커졌고, 성평등을 위한 여러 법과 제도들도 제정됐다. 사회의 성평등 담론을 확대시키는 등 점진적인 변화가 시작된 것 같아 보였다.

하지만 경제 위기 속에서 두 민주당 정부는 우파와 다름없는 신자유주의 정책을 추구했고, 이는 전체 노동자들의 생활 조건을 악화시켰다. 그래서 성 주류화 전략과 젠더 거버넌스의 전성기에 오히려 노동계급 여성의 조건은 악화되는 모순이 생겨났다. 여성 비정규직이 증가했고, 성별 임금격차가 좁혀지던 추세도 정체됐으며, 보육 서비스는 시장화된 방식으로 늘어나 여성 노동자들이 이중의 굴레를 져야 하는 현실은 바뀌지 않았다.

젠더 거버넌스가 성평등을 확대할 것이라는 기대와 달리, 오히려 여성운동을 함정에 빠뜨렸다. 입각한 여성운동가들은 국가기구를 책임 있게 운영해야 한다는 논리의 포로가 됐다. 여성 차별을 개선하는 데 소극적이거나, 최악의 경우 신자유주의 정책에 협력하며 배신적인 태도를 취했다. 2006년 KTX 여승무원 노동자들은 최초의 여성 국무총리이자 여연 대표 출신인 한명숙에게 문제 해결을 호소하러 갔다가 경찰에 전원 연행됐다. 이 일은 젠더 거버넌스의 난점을 단적으로 보여 주는 사례였다. 여성주의 관료에 대한 지지와 지원에 힘 쏟던 여성운동가들은 노무현 정부의 개혁 배신과 우경화 속에서 혼란과 낙담을 겪었다.

김대중·노무현 정부 때 정부의 여성 정책 입안·실행에 참여한 여성 단체들은 민주당 정부가 신자유주의 정책을 추진하며 복지를 삭감하고 여성 노동자들에게 고통을 전가할 때 침묵하거나 의도치 않게 그 정부를 정당화하는 들러리 구실을 하게 됐다. 이 시기의 경험은 성 주류화 전략의 주된 수단인 성 인지 예산의 근본적 한계도 보여 줬다. 성 인지 예산은 이미 주어진 예산의 범위 내에서 '평등'을 추구할 뿐이지, 국가의 복지 예산 자체가 축소되거나 시장 논리를 강화하는 방향 자체를 건드릴 수는 없었다.

여성 단체들의 젠더 거버넌스 전략은 주류 여성운동 리더들의 국가 관료화, 여성운동의 온건화를 강화했다. 한 여성학자는 다음과 같이 지적했다. "거버넌스에 참여하는 과정에서 엔지오는 기존 제도의 규칙에 따라야 하므로, 그들이 대변하고자 하는 대중으로부터 멀어질 수 있으며 정부의 지원을 받기 때문에 여타 정책들에 대한 비판의 목소리를 높이지 못할 수 있다. 자신의 존재 근거로부터 유리된 채 포섭되거나 사회운동 본연의 임무인 비판과 대안의 모색이 아니라 서비스 제공이나 단일 사안 중심의 개혁에 헌신하게 될 수 있다는 것이다."[*]

진보적 여성 단체들이 자본주의 국가기구를 활용할 수 있다고 보며 국가 관료나 부르주아 정치인들과 협력하다 보니 갈수록 노동계급 여성들의 관심사와 멀어지게 됐다. 국가가 노동계급 여성들의 조건을 후퇴시

---

[*] 정인경, "신자유주의 시대 젠더 거버넌스: 기회와 위험", 《국제정치논총》 제53집 4호, 2013.

켜도 투쟁을 건설하기보다 회피하거나 미온적 대응에 그쳤다.

여성 단체들도 이런 경험을 돌아보며 여성운동의 제도화와 성 주류화 전략의 난점을 자성적으로 평가하고 몇몇 개선책을 내놓기도 했다. 하지만 자본주의 국가를 성평등의 핵심 지렛대로 삼으려는 전략을 근본적으로 돌아보지 않으면 성 주류화 전략과 젠더 거버넌스가 낳은 문제점을 반복할 수밖에 없을 것이다. 이런 점에서 주류 여성 단체들이 문재인 정부 하에서 또다시 젠더 거버넌스에 적극적인 것은 우려스럽다.

물론 문재인 정부가 부르주아 개혁주의 정부이므로 페미니스트들의 관심사가 국가 정책에 반영될 여지가 우파 정부 때보다는 더 클 것이다. 특히 여성 단체들이 중시하는 '여성 대표성 제고' 영역에서는 상당한 진전이 있을 수 있다. 문재인 정부는 역대 정부 중 초기 내각에서 여성 장관(급) 비중이 가장 높다(6명, 31.6퍼센트). 장차 남녀 동수 내각을 만들고 고위급 임원에 여성 비중을 늘리겠다고 한다. 경찰대와 군 사관학교 여성 모집 비율을 10~12퍼센트로 제한한 요강도 없앨 예정이다(이것은 당연하고, 진작에 폐지됐어야 할 차별이다). 사회의 상층부로 갈수록 여성의 비율이 급격히 낮아지는 것은 구조적인 성차별의 결과이므로 여성 대표성 제고를 위한 정책들은 필요하다.

하지만 자본주의는 계급사회이므로 사회 상층부에 여성이 더 많이 편입된다 해서 대다수 여성들의 삶이 실질적으로 향상되는 게 보장되지는 않는다. 노동계급 여성들이 겪는 체계적인 차별을 실질적으로 개선하려면 양육, 양질의 일자리, 복지 확대 등에 국가가 사회의 부를 대폭 투자해야 한다.

그러나 지속되는 경제 위기와 심화하는 지정학적 위기 속에서 문재인 정부는 매우 불충분하고 미온적인 개혁만을 제공하거나 심지어 노동계급에 대한 전반적 공격의 일부로 여성 노동자들의 조건도 공격할 공산이 크다.

특히, 고질적인 남녀 임금격차는 성차별의 가장 뚜렷한 증거이자 여성운동의 가장 중요한 과제 중 하나다. 그러나 문재인 정부의 공약과 정책에서 이 부분은 사실상 비어 있다시피 하다. 정부가 최근 발표한 '일자리 정책 5년 로드맵'에는 기업의 임금격차 개선 계획 제출 의무를 신설하는 정도만이 새롭게 언급됐다. 그러나 남녀고용평등법도 무시하는 기업들이 자기들이 제출한 계획은 지킬까?

무엇보다 문재인 정부는 성별 임금격차 해소에 실질적 효과가 있는 비정규직 정규직화, 최저임금 대폭 인상, 질 좋은 여성 일자리 창출 등에서 이미 기대를 무너뜨리기 시작했다. 여성이 집중된 공공 부문의 비정규직 노동자들은 문재인 정부의 '공공 부문 비정규직 제로' 정책이 별 볼일 없음을 폭로하고 있다. 게다가 정부가 나서서 최저임금 인상을 무력화시키고 있다. 여성 노동자의 경력 단절을 막기 위한 육아 지원 계획은 너무나 불충분하다.

한편, 트럼프 집권 이후 한반도의 군사적 긴장이 고조되고 있다. 이 속에서 문재인 정부는 한미일 동맹을 강화하는 편에 섰다. 심지어 문재인은 최악의 여성·성소수자 혐오자이자 한반도 긴장 고조의 주범인 트럼프를 국빈으로 초청해 국회 연단까지 내줬다.

문재인 정부의 한미일 동맹 강화는 평범한 여성들의 삶을 위협할 것이다. 이미 문재인 정부는 사드 배치에 반대하는 소성리 할머니들을 내쳤다. 한일 위안부 합의는 문재인 정부 하에서도 파기되지 않고 있다. 강경화 외교부 장관은 한강 작가의 한반도 평화 기고문이 미국 정부와 한국 우파의 심기를 건드리자 공개적으로 비난했다. 한미일 동맹 강화 기조 속에서 국방비 증액 압력도 커질 것이다. 이미 문재인은 방한한 트럼프에게 엄청난 비용의 무기 구입을 약속했다. 그만큼 노동계급 여성과 노동자·서민의 복지는 희생될 것이다. 따라서 여성운동은 문재인 정부의 친제국주의 정책에 반대해야 마땅하다.

그러나 대부분의 여성 단체들은 트럼프 방한 때 규탄 입장조차 내지 않았다. 이런 태도는 유감스럽다. 트럼프야말로 한반도와 세계를 위험에 빠뜨리는 주범이고 역겨운 성차별주의자인데 말이다. 이번에 주류 여성 단체들이 반트럼프 활동에 거리를 둔 것은 트럼프를 초청한 문재인 정부를 의식했기 때문일 것이다. 이는 페미니스트들이 문재인 정부와 젠더 거버넌스를 추구하면 앞으로 더 큰 모순에 직면하게 될 것임을 보여 준다. 특히 한미일 동맹 정책의 수장이 여성인 강경화 외교부 장관이라는 점은 그 모순을 더 두드러지게 한다. 주류 여성 단체들, 많은 여성주의 학자들은 강경화가 여성이라는 이유로 진보라면 도저히 방어하기 어려운 부패까지 감싸며 강경화를 옹호한 바 있다.

이제 그들은 이런 입장을 반성적으로 돌아봐야 한다. 강경화의 사례는 성별보다는 계급이 핵심임을 잘 보여 준다. 여성이 국가 요직을 맡더라도 한반도 평화나 일본군 '위안부' 할머니들을 위한 정의가 자동으로 보장되는 것은 아니다.

여연 대표를 역임한 정현백 여성가족부 장관은 최근 "운동 시절의 이상주의적 입장, 당파성을 현실 정치에 관철할 순 없다."(취임 100일, 〈여성신문〉 인터뷰)고 했다. 아직 개혁을 시작해 보기도 전에 이처럼 운동의 요구와 선을 긋는 것은 애석한 일이다.

정현백 장관과 여성 단체들은 여성 비하로 악명 높은 탁현민 청와대 행정관을 경질하라고 옳게 요구했지만, 인사권자인 문재인 대통령은 여전히 이를 무시하고 있다. 문재인 정부에 독립적이지 못하면 이런 최소한의 정의조차 무기력하게 좌절될 수 있다.

따라서 문재인 정부에 비판할 것은 단호하게 비판하면서 독립적으로 투쟁하는 여성운동이 필요하다. 문재인에게 성평등 공약을 제대로 이행하라고 요구할 뿐 아니라 노동계급과 서민층 여성의 삶을 향상시키는 데 꼭 필요한 요구를 제기하며 투쟁해야 한다. 그리고 남성 노동자들과도 연대해 운동을 더 크고 효과적으로 건설해야 한다.

6부

난민·이주민·성소수자

1장

'포용 국가'에 난민과 이주민은 없다

왜 난민을 방어해야 하는가
그리고 어떻게?

유엔난민기구UNHCR 발표에 따르면 "전쟁, 폭력 그리고 박해로 인한 전 세계 강제 이주민의 수가 5년 연속 증가해 2017년에도 사상 최고치를 기록"했다. 2013년부터 매년 급격히 늘어 2017년 전 세계 강제 이주민 수는 6850만 명이다. 2017년 한 해 동안만 1620만 명이 늘었다.

이 중 국경을 넘어 자국을 떠난 난민은 2540만 명이었다. 이는 "2016년보다 290만 명 증가한 수치이며 유엔난민기구가 집계를 시작한 이래 가장 큰 폭의 연간 증가"다. 강제 이주민 중 3분의 2는 국내 실향민이다. 삶의 터전이 파괴되고 목숨을 지키기 위해 집을 떠난 사람들의 상당수는 자국 국경을 넘지 못하고 있는 것이다.

전 세계 난민 중 가장 많은 난민이 발생한 나라는 시리아다. 그 뒤를 콜롬비아, 아프가니스탄, 남수단, 이라크, 소말리아, 예멘이 잇고 있다. 전

출처: 이정원, 〈노동자 연대〉 264호(2018 10 25).

쟁, 탄압, 가난 등이 이렇게 많은 난민을 만들어 내고 있다. 대부분이 미국과 유럽 등 서방 국가들이 침략하거나 군사적·경제적으로 개입한 나라들이라는 점도 특징적이다.

그러나 서방 국가들은 모두 난민을 향해 굳게 문을 닫아 걸고 있다. 유럽은 일찌감치 '요새화된 유럽'이라 불릴 정도로 이주민·난민 유입을 통제해 왔는데, 특히 2015년 시리아 전쟁이 격화돼 난민이 대거 발생하자 이런 통제를 더 강화했다. 가령, 유럽연합은 막대한 재정을 투입해 터키와 시리아 사이에 국경 장벽을 세웠다. 또 지중해 등지에서 해군력을 동원해 난민 단속을 강화하고, 북아프리카에 난민 수용소 설립을 추진했다.

그 결과, 전 세계 난민의 85퍼센트는 개발도상국에 체류하고 있다(난민 5명 중 4명은 자국과 근접한 국가에 체류한다). 터키에만 350만 명, 파키스탄·우간다·레바논·이란에 100만~140만 명씩 난민이 있다. 방글라데시·수단·에티오피아·요르단에도 70만~93만 명씩 난민이 있다. 난민 최다 수용국 10개국 중 선진국은 독일이 유일하다. 그러나 터키 내에 시리아 난민들을 묶어 두는 조처를 이끈 것은 독일 총리 메르켈이었다.

전 세계 난민의 극히 일부가 한국으로 온다. 정부나 언론은 난민 신청 증가율을 부각해 '한국으로 난민들이 몰려오고 있다'는 인상을 주려 하지만, 이것은 터무니없는 과장이자 거짓말이다. 전 세계 (본국을 떠난) 난민의 0.17퍼센트가 한국에 왔을 뿐이다. 한국에서 난민 신청을 받기 시작한 1994년부터 2018년 6월 말 현재까지 고작 4만 2009명이 난민 지위를 신청했다. 그리고 849명이 난민 지위를 얻었다.(그런데 정부는 여기에 '인도적 체류' 지위를 받은 1550명을 더해 "난민 인정(보호)"을 받은 수가 2399명이라고 부풀린다. 그러나 인도적 체류 허가는 난민 인정을 거부한 사람들 중 명백히 강제송환을 할 수 없는 사람들에게 임시적으로 체류만 허용할 뿐이다. 대표적으로 시리아 난민 대다수가 난민 지위를 인정받지 못하고 인도적 체류 허가를 받았다. 이조차 3개월마다 체류를 연장해야 해 결코 '인도적'이지 않다.)

난민 신청자 수가 가장 많은 국적 순으로 난민 인정률을 살펴보면 파키스탄 1.91퍼센트, 중국 0.41퍼센트, 이집트 0.63퍼센트, 나이지리아 0.3퍼센트다. 7위인 시리아 난민의 경우, 2017년 기준 1153명의 심사가 종료됐는데 단 4명만 난민 지위를 인정받아 인정률은 0.34퍼센트다 (2018 난민인권센터 통계자료집).

난민 인정률이 이렇게 낮은 이유는 이들 대다수가 '가짜' 난민이기 때문이 아니다. 오히려 한국의 난민 제도가 체계적으로 난민 인정률을 낮추는 효과를 내도록 작동하기 때문이다. 난민의 입국 억제(출입 항만 사전 심사, 난민 다수 발생 국가 무사증 제도 폐지), 난민에 불리한 난민 심사 과정(부정확한 통역, 난민에게 박해의 입증 책임 지우기, '가짜' 난민 솎아 내기식 불공정한 심사, 없는 것과 다름 없는 생계 지원 등), 까다로운 체류 심사 등 전 과정이 이런 효과를 낸다.

상황이 이러한데도, "난민 반대"를 외치는 우익들은 마치 한국이 난민들의 천국이라도 되는 양, 상당수 이주민들이 한국에 거주하기 위해 난민으로 위장해 몰려들어 한국 사회를 위기에 빠트리고 있는 양 주장한다. 그러나 국내 이주민에서 차지하는 비중으로 봐도 난민은 극히 소수다. 전체 난민 신청자는 한국 이주민의 1.8퍼센트에 불과하고, 난민으로 인정받은 경우는 전체 이주민의 0.037퍼센트다(2018년 6월 현재, 전체 이주민 229만여 명).

난민 반대 목소리를 높이는 세력은 근거 없는 거짓말을 퍼뜨리며 혐오를 조장하고 나섰는데, 이들이 퍼뜨린 뉴스들은 미국의 극우 웹사이트나 유럽에서 떠도는 가짜 뉴스들이 출처였다. 최근 〈한겨레〉 신문은 유튜브 채널 100여 개, 카카오톡 채팅방 50여 개 전수조사 등을 통해 극우 기독교 세력이 혐오 확산의 핵심임을 폭로했다. '에스더기도운동'이라는 종교 단체가 진원지임을 밝혀 냈는데, 이들은 박근혜 탄핵 반대에도 적극 나선 세력이었다.

이것은 한국의 극우파 세력이 가장 취약한 소수자인 난민 문제를 이용해 우파 세력의 복원을 추진하려 한다는 점에서 위험한 징조다. 단지 온라인 상에서 활동하는 것을 넘어 시위와 행진을 벌이고 있고, 극우 기독교 세력에 기반을 두고 있을 뿐 아니라 우파 정치인들이 결합해 이 운동을 고무하고 지원한다는 점도 중요하다. 특히 이 정치인들은 집회에서 연설하고 난민법 개악 또는 폐지 법안을 발의하는 등 난민 문제를 주류 정치권으로 가져와 논란을 더 키우고 쟁점화하는 구실을 하고 있다. 이런 흐름은 우파들을 결집시키고 인종차별을 부추기는 위험한 일이다.

난민 혐오를 퍼뜨리는 자들은 '무슬림 난민'을 문제 삼는다. 무슬림들이 여성 차별적이고 성폭력이나 테러를 저지를 거라는 주장이 대표적이다. 그러나 이는 이슬람에 대한 무지에서 비롯한 편견이다. 다른 많은 종교와 마찬가지로 무슬림도 단일하지 않고 이질적이다. 이슬람과 '이라크·시리아 이슬람 국가'(ISIS, 아이시스)가 동일한 것도 아니고, 무슬림들이 대부분 이들을 지지하는 것도 아니다. 이런 편견은 서방 국가들이 자신들의 제국주의적 침략과 개입을 정당화하기 위해 퍼뜨린 거짓말에 불과하다.

사실 서구에서 이슬람 혐오는 이슬람이 위협적이어서 생겨난 것이 아니라, 인종차별의 핵심 코드로 강화돼 온 것이다. 길게는 1979년 이란 혁명이 일어나 미국이 후원하던 타락한 이란 왕정을 타도했을 때 미국은 이슬람을 악마화하기 시작했다. 이후 냉전 해체로 사라진 "외부의

적"을 이슬람으로 대체했고, 2000년대 미국 등 서방의 제국주의 전쟁 속에서 더 강화돼 왔다. 또 서방 정부들은 신자유주의 정책을 추진하면서 긴축을 추진해 복지를 삭감하고 노동계급과 빈곤층의 삶을 공격했다. 그리고 이에 대한 불만과 분노를 소수자들에게 돌리기 위한 시도로서 '내부의 적' 무슬림을 속죄양 삼아 온 것이다.

서구만큼 뿌리가 깊지는 않지만, 한국 정부도 이라크·아프가니스탄 파병 등 제국주의 전쟁을 지원하거나 이주 노동자를 공격할 때 주로 이슬람에 대한 비난과 공포를 부추겼다. 이는 우파 정부 하에서만 벌어진 일은 아니다. 이런 공격은 바로 노무현 정부 때 시작됐다. 박근혜는 테러방지법까지 제정했다.

난민 혐오자들은 "난민이 아니라 자국민이 우선"이라고 주장한다. 마치 내국인이 이익을 침해당하거나 역차별이라도 당한다는 규정이다. 그러나 한국 정부가 난민에게 지원하는 비용은 거의 없다고 볼 수 있다. 예컨대 정부의 난민 생계비 예산(난민 신청 후 취업이 금지된 6개월 동안 지급하는 최소한의 생계 지원비)은 난민 증가를 반영해 증액되지 않아, 생계비 신청자의 3.2퍼센트만이 지원을 받는 수준이다. 게다가 2017년 생계 지원비로 쓰인 비용(8억 2000여만 원)은 한국 거주 이주민들이 출입국에 낸 수수료 140억 원의 6퍼센트도 채 되지 않는다. 정부는 '수익자 부담 원칙'을 도입해 이주민 복지 등에 들어가는 비용을 이주민이 낸 수수료로 충당하기로 했고 이를 근거로 출입국 사무소 수수료를 인상했다. 또 난민 신청자들은 의료보험과 같은 최소한의 사회복지도 제공받지 못한다. 불안정한 체류 조건 때문에 상당수가 매우 열악하거나 단기 일자리를 전전하는 처지다.

사실 이런 주장들은 난민 등 이주민이 문제를 낳는다는 생각을 강화하는 논리다. 흔히 정부와 언론은 이주민이 늘어서 문제가 생긴다고 주장한다. 범죄가 늘고 일자리가 줄고, 내국인의 복지를 빼앗아 간다고 비난한다. 그러나 이런 주장은 진실이 아니다. 이주민이나 난민이 너무 많은 게 문제가 아니다. 한국에서 난민이 지금보다 대거 늘어난다고 해도 이들을 받아들이고 지원할 자원이 없는 것이 아니다. 한국은 경제 규모가 세계 11위인 나라다. 결국 국내의 빈곤층을 비롯한 사회적 취약 계층에 대한 지원 문제와 마찬가지로 자원 배분의 우선순위가 진정한 문제다. 또 난민 대부분은 머물거나 정착한 국가에서 노동을 하며 생계를 이어 간다. 독일 정부가 난민을 100만 명가량 받아들인 데는, 부분적으로 이들을 일손이 부족한 부문의 노동력으로 사용하려는 계산이 작용했다. 난민들은 정착한 국가에 기생하는 사람들이 아니라 대부분 노동자로 일하면서 사회에 기여하고 있다.

이처럼 난민을 비난하는 주장은 인종차별을 부추기고, 평범한 사람들을 잘못된 대안으로 이끌려는 것이므로 이에 반대해야 한다.

난민 혐오와 인종차별을 부추기는 이들만 문제가 아니다. 한국 정부의 대응도 심각한 문제다. 법무부는 2018년 예멘 난민들의 입국을 계기로 논란이 크게 벌어지기 전부터 '난민 신청자가 급격히 증가해 과다한 행정 비용이 들어간다'거나, "'가짜' 난민들이 제도를 악용한다'며 난민 심사 절차를 바꿀 방안을 검토해 왔다. 이미 정부는 2016년 난민 재신청자에게는 체류와 취업 제한도 강화했다. 그리고 2018년 난민 반대 주장이 거세지자, 정부는 '국민의 우려'를 이해한다며 '공정하고 엄격한 심사를 통해 악용자를 걸러 내겠다'고 거듭 강조했다.

이것의 진정한 목적은 난민 증가(인정)를 억제하려는 것이다. 이는 여당 의원들이 제출한 난민법 개악안을 비롯한 8건의 개악안과 법무부의 조처를 보면 알 수 있다. 그 내용 중에는 난민 심사 거부 사유를 확대하고, 난민 심사 기간과 행정소송 기간을 단축하며, '거짓' 서류 제출 시

처벌을 강화하는 내용 등이 포함돼 있다.

이런 내용들은 난민 신청자들의 처지(신원 증명이나 제대로 된 서류를 제출하기 어려움, 언어 문제와 열악한 경제적 처지와 거주 불안정 등의 조건)를 고려하면 난민들에게 매우 가혹하거나 불리한 조처다. 특히 '경제적 이유'를 난민 불인정 사유에 포함하는 것은 난민 불인정을 정당화하는 매우 위험한 규정이다. 난민이 대규모로 발생하는 원인 중 경제적 빈곤 문제를 떼어서 볼 수도 없는데 말이다. 심지어 난민 신청자, 인도적 체류자들에 대한 강제송환 금지 규정을 없애라는 끔찍한 내용도 있다. 난민협약은 강제송환을 금지하고 있다.

이런 개악 내용들 중에는 이미 유럽 등에서 난민 억제를 위해 도입된 조처들이 적지 않다. '박해 가능성이 없는 국가에서 왔거나 경제적 이유로 신청한 경우 난민 불인정한다'는 규정은 서방 정부들이 난민 신청을 거부하기 위해 이용하는 자의적 수단인 경우가 흔했다. 유럽 나라들은 대부분 1980년대 이후 노동 이주를 정주로 이어지게 하는 정책을 대폭 축소했고 체류 자격을 극도로 까다롭게 만들었다. 이미 정주한 이민자들에 대한 심사도 강화했다. 특히 난민 심사를 대폭 강화해 인정률을 크게 떨어뜨리고 많은 난민을 구금 시설에 가뒀다. 이런 방식으로도 난민 유입을 막지 못하자 비자를 신설해 아예 입국을 차단하고, 국경 통제를 강화하는 등 강경하게 대응하기 시작했다.

정부가 난민 반대 세력의 주장과 일부 사람들의 정서를 이유로 난민 심사를 대폭 강화하는 것은 난민들을 한층 큰 고통으로 내몰 것이 뻔하다. 또 이는 인종차별을 정당화하고 보수 우익 세력을 강화하는 결과를 낳는다. 미국과 유럽 등 서방 국가들에서 이런 과정이 거듭 반복되며 상황이 더 악화돼 왔다. 지금 한국 정부의 대응도 이런 위험한 길을 고스란히 반복하는 것이다.

정부가 이렇게 대응하는 것은 우파들에 굴복하는 어리석은 짓일 뿐 아니라, 정부 자신의 필요 때문이기도 하다는 점도 중요하다. 지금 정부는 한국 경제 위기가 장기화하고 심화하기 시작하자 미등록 이주민이 일자리 도둑이라고 비난하며 단속과 추방을 강화하고 나섰다. 이는 한국의 고용률 악화가 이주민 탓이라는 주장을 퍼뜨려 진정한 책임이 있는 정부와 사용자들에 대한 분노를 이주민에게 떠넘기는 전형적인 속죄양 삼기 정책이다. 경제 위기 시기에 특히 인종차별적 공격이 강화되는 것은 각국 정부들이 이런 위선적인 정책들을 추진하기 때문이다.

노동자들과 평범한 사람들이 이런 잘못된 표적으로 눈을 돌리면, 대중의 삶은 개선은커녕 더 악화되기 십상이다. 노동계급이 분열돼 정부나 사용자에 맞설 힘이 약화되기 때문이다.

따라서 우리는 우파들의 난민 혐오와 인종차별 부추기기에 맞서 난민을 환영하는 운동을 건설해야 한다. 동시에 정부가 이에 편승해 난민들의 처지를 악화시키는 것에도 맞서야 한다. 정부가 이주 노동자에 대한 공격도 강화하는 상황(단속 강화, 최저임금 삭감 등)이므로 이주 노동자 방어 운동과도 결합하는 것이 필요하다. 이런 운동은 최대한 광범한 대중운동이 되도록 해야 한다.

오늘날 난민과 이주민 공격, 이슬람 혐오 등과 같은 인종차별은 경제 위기 때 반짝하는 것이 아니다. 오늘날 인종차별은 모든 자본주의 국가들에서 사라지기는커녕 유지·갱신돼 왔고, 최근에는 더 강화되는 추세다. 이는 인종차별이 자본주의 체제와 연결돼 있기 때문이다.

인종차별은 단지 과거의 쓰레기 같은 편견이 남아 있거나, 갑자기 대중들이 후진적·반동적 사상에 빠져들어서 유지되는 것이 아니다. 오히려 일련의 인종차별적 정책과 제도들이 강화돼 온 것이 근본적인 문제다. 자본주의에서 이주민들은 경제에 필요한 값싼 노동력으로 이용되고,

동시에 정부나 체제에 대한 불만의 엉뚱한 표적이 되곤 하는 것이다.

또 오늘날 난민이 발생하는 나라들은 대부분 미국, 러시아, EU 등 제국주의 국가들의 경제적·군사적 개입으로 파괴되고 그 결과로 내전과 전쟁이 끊이지 않는 곳들이다. 이 역시 자본주의와 떼려야 뗄 수 없는 문제들이다. 따라서 자본주의와 제국주의의 피해자들이 더 나은 삶과 안전을 위해 이주하는 것을 문제 삼아선 안 되고, 이 체제와 지배자들의 정신 나간 우선순위를 비난해야 한다.

각국 정부들은 이주 규제를 필요로 하고 제국주의적 이해관계에 얽혀 있다. 이것은 아무리 개혁적인 정부가 들어서도 인종차별을 근본적으로 해결할 수 없음을 의미한다.

난민과 이주민을 방어하는 대중운동이 중요한 이유다. 인종차별 강화가 노동계급을 분열시키는 효과를 노리는 것이므로 이 운동에 노동계급이 동참하는 것도 중요하다. 나아가 이런 끔찍한 차별을 유지·강화하는 자본주의에도 함께 반대해야 한다.

난민법 개악 시도 중단하라

정부가 2019년 3월 중 난민법 개정안을 입법 예고하겠다고 밝혔다. 지난 몇 달간의 정부 발표를 종합해 보면, '체류 기간을 연장하기 위해 난민 제도를 악용하는 가짜 난민 걸러 내기'가 핵심 방향일 것으로 예상된다. 또 난민 신청 문턱을 높이고 일부 난민들에게는 기본적인 난민 신청 절차도 보장하지 않음으로써 난민들의 처지를 더 악화시킬 내용들일 듯하다. 현행법 하에서도 난민들은 배척적 난민 심사로 고통받는데 말이다.

한국의 난민법은 난민 협약상의 난민 규정을 따르고 있는데, 난민 협약의 난민 규정 자체가 매우 협소하다(난민 협약과 난민법에 따르면 전쟁 난민은 '난민'이 아니다). 또 현행 난민법에는 정식 여권을 제시하라는 등 불가능한 것을 요구하는 엄격한 기준이 있다. 이 때문에 법적 난민으로 인정받기는 낙타가 바늘구멍 들어가기보다 어렵다. 졸속적 엉터

출처: 이현주, 〈노동자 연대〉 278호(2019 3 13).

리 심사도 문제로 지적돼 왔다.

난민 심사 기회를 얻는 것조차 제대로 보장이 안 된다. 2018년 12월 28일부터 인천공항에 갇혀 지내는 루렌도 씨 가족은 앙골라 정부의 박해를 피해 도망 왔지만 공항에서 이뤄지는 난민 인정 회부 절차에서 '불회부' 결정을 받아 난민 심사 신청조차 못했다. 겨우 1~2시간짜리 인터뷰만으로 '명백히 난민이 아니'라고 판단돼 강제송환을 당할 뻔했다. 이는 루렌도 가족만의 문제가 아니다. 정부의 공식 발표에 따르더라도 2013년 이래 출입국항 난민 신청자 중 정식 난민 심사 기회를 보장받은 사람은 절반이 못 된다. 정부는 이런 제도를 더 확대하려 한다.

정부는 단기적으로는 난민위원회의 위원을 증원하고 상설화를 추진하는 한편, 장기적으로는 난민심판원을 설립하려고 한다. 난민 심사 소요 기간을 대폭 단축하겠다는 것이다. 그동안 극도로 부족한 인력이 졸속으로 난민 불인정 결정을 하고 있음이 문제점으로 지적돼 왔는데, 이에 대한 나름의 방안을 내놓음으로써, 사실상 이 문제점을 인정한 셈이다.

문제는 정부 계획의 목적이 난민 보호에 있지 않다는 것이다. 오히려 밀려 있는 심사를 빨리 끝내 난민 신청자들을 내쫓으려는 의도가 강하다. 난민심판원에 법원 1심 기능까지 부여하려고 하는데, 이는 난민 신청자들이 심사 결과에 이의를 제기할 기회를 한 차례 줄이는 것이다.

정부는 "난민 제도 악용 방지"를 위해 난민법을 개정해야 한다고 주장한다. '가짜 난민들이 난민 신청자 지위를 이용해 장기 체류 혜택을 누린다'는 것이다. 난민 신청자들이 국내에서 대단한 혜택을 누리고 있다는 식이다. 그러나 난민 신청자가 한국에서 몇 년이고 제약 없이 생활할 수 있다는 건 참말이 아니다. 엉뚱한 속죄양 삼기의 전형일 뿐이다.

난민 신청자가 받는 생계 지원금은 취업이 금지된 초기 6개월 동안만 지급될 뿐이고, 1인당 21만~43만 원에 지나지 않는다. 이조차 법이 그렇다는 것일 뿐, 실제로는 지원금 신청 대상자의 극소수(2017년 기준 3.2퍼센트)만이 평균 3개월 동안 지원받았을 뿐이다. 난민 신청자들은 안정된 주거지를 갖기는커녕 학교나 병원 같은 기본적인 사회 서비스 이용에도 제약이 많다. 체류 자체도 불안정하다. 난민 신청자들은 G-1 비자(이름부터가 '임시 체류 비자')를 받는다. 이 비자는 2~3개월에 한 번씩 체류 연장을 받아야만 한다.

난민들을 '일자리 도둑'으로 모는 것도 터무니없다. 한 번에 허가되는 체류 기간이 짧아 안정적인 일자리를 구하기가 어렵다. 난민 신청자의 일자리는 사실상 3D 일자리로 제한된다. 법원에서 난민 인정이 거부되면 그때부터는 취업 자체가 금지된다. 일자리 부족으로 치자면, 한국 GM과 조선소 구조조정, 대우조선 민영화 등에서 볼 수 있듯 정부 스스로 상대적으로 괜찮은 일자리를 파괴해 온 것이 진짜 문제다! 실업 문제는 경제 불황, 경제 위기의 책임을 노동자와 차별받는 사람들에게 떠넘기려는 정부와 기업주들의 정책, 계속해서 위기에 빠지는 자본주의의 생태적 속성 때문이지 난민들 때문이 아니다.

난민(신청자)들에 대한 대우가 이토록 형편없는데도 정부가 더 악화시키려는 이유는 난민 스스로 단념해 한국을 떠나도록 만들기 위함이다. 또한 본보기를 보임으로써 한국으로 오고자 하는 난민들을 차단하려는 것이다. 이는 본국에서 이미 고통받은 사람들을 사실상 처벌하는 잔인한 짓이다. 한국 정부에게는 난민을 받을 의지가 없다. 그래서 난민들의 조건을 개선하기는커녕 난민에 대한 오해와 편견을 퍼뜨리며 난민들을 더 옥죄려 하는 것이다.

세계 곳곳의 난민들은 모두 다양한 위기의 희생자들이다. '경제 난민'은 '가짜 난민'이라고들 주장하지만, 현실에서는 100퍼센트 순수한 '경제 난민'도 '정치적 난민'도 존재하지 않는다. 무엇보다 가난과 곤궁에서 벗어나 더 나은 삶을 살고자 하는 것은 죄가 아니다. 경제 파탄에서 벗어나고자 미국으로 향한 온두라스인들이 비난받아야 할 이유가 없듯이 말이다. '경제 난민 불가론'은 중국 당국이 탈북민 탄압을 정당화하는 핵심 논리였다는 점도 봐야 한다.

2013년 이후 시리아 내전과 아랍 혁명 패배로 말미암은 반혁명 등으로 세계적으로 난민 신청자가 급증했다. 최근 집단으로 난민 신청을 했던 예멘 난민들도 그중 일부다. 정부와 우익들의 과장과 달리 그 가운데 극히 일부만이 머나먼 한국까지도 오고 있다. 그런데도 정부는 한편으로는 국제적 책임 운운하면서도 실상 난민을 차단하는 데 주력하고 있다. 한국 정부가 실제로 이행하는 국제적 책임은 난민 수용을 거부하는 서방 강대국들에게 보조를 맞추는 것인 듯하다. 인종차별을 부추기는 것까지도 그들과 같다.

최근 정부는 탄력근로제 확대와 대우조선 민영화 등 노동자들에 대한 공격을 전면화하고 있다. 정부의 난민 공격은 이런 노동자 희생 강요 정책과 동전의 양면이다. 노동자들의 불만의 화살을 다른 데로 돌려 책임을 피하려는 것이다. 노동자의 조건 악화에 맞서고자 하는 이들이 난민들도 방어해야 하는 이유다. 정부는 난민들을 더 한층 벼랑 끝으로 내몰 난민법 개악 시도를 중단해야 한다.

문재인 정부의 이주민 정책

실업의 책임 떠넘기고 차별을 강화하다

정부가 2018년 3월 6일 '제3차 외국인 정책 기본 계획'(이하 기본계획)을 확정해 발표했다. 이주민에 대한 차별·억압을 유지하겠다는 내용들이다. 시행 기간(2018~2022년)이 문재인 집권 기간과 대부분 겹치기 때문에 문재인 정부의 이주민 정책이라고 볼 수 있다.

기본계획은 이주민 '선별 유입'과 통제 강화라는 기존 정책의 연장선상에 있다. 이주민의 국적·재산·학력 등에 따라 입국과 체류 여부를 차별적으로 허용하는 것이다. 돈이 많거나 선진국 출신의 이주민은 상대적으로 우대하고, 가난하거나 개발도상국 출신 이주민은 천대한다는 것이다. 명백한 인종차별, 계급 차별이다.

정부는 '선별 유입' 정책이 "국민 일자리 침해"를 방지하기 위해서라고 한다. 정부는 항상 이런 주장을 해 왔지만 기본계획에 명시된 것은 이번

출처: 임준형, 〈노동자 연대〉 242호(2018 3 24).

이 처음이다. 경제 위기와 저성장에 대한 불만을 이주 노동자에게 떠넘기는 이간질이 강화될 수 있음을 보여 준다. 정부는 2018년 1월에 미등록 체류자 단속을 강화하겠다며 '저소득층 취업 선호도가 높은 건설업종'을 특별히 언급하기도 했다. 이런 주장은 위선이다. 최근 한국GM, 중형 조선소들에서 구조조정으로 일자리가 사라지고 있지만 정부는 책임을 회피하고 있다. 일자리의 질과 양에 중요한 영향을 미치는 노동시간 단축을 제대로 하지 않았고, 최저임금도 개악하려 하고 있다.

반면 이주 노동자들은 내국인이 기피하는 열악한 곳에서 일하며 한국 경제에 기여해 왔다. 그래서 경제 위기 속에서도 이주 노동자 유입은 거의 줄지 않아 현재 100만 명을 넘었다. 또한 정부는 애초 3년이었던 고용허가제 이주 노동자들의 체류 기간을 최대 9년 8개월까지 늘렸다. 최근에는 '점수제'까지 도입해 기간을 더 연장할 수 있다(물론 체류 기간을 연장하려면 까다로운 기준을 통과해야 한다). 물론 정부가 이주 노동자들을 배려해서 그런 것은 아니다. 그보다는 임금을 올리길 한사코 꺼리면서도 저임금 노동력을 안정적으로 공급받길 원하는 고용주들의 요구에 따른 것이었다. 그래서 고용허가제의 '단기 순환 원칙'은 현실에서 무너져 왔다.

문재인은 국제노동기구ILO의 '강제 노동에 관한 협약'(제29호)과 '강제근로 폐지에 관한 협약'(제105호)을 비준하고, 국내법을 개정하겠다고도 공약했다. 이 협약들에 따르면, 사업장 이동을 원칙적으로 금지하는 현행 고용허가제는 명백히 강제 노동을 강요하는 제도다. 그러나 기본계획에는 고용허가제 폐지나 **사업장 이동 금지 폐지** 등의 내용이 전혀 없다.

또한 결혼 이주민과 그 자녀 등 한국에 장기 체류하거나 정주하는 이주민이 늘고 있다. 지난해 통계청이 15세 이상 외국인을 대상으로 한 조사 결과를 보면 총 체류 기간이 10년 이상인 이주민이 13퍼센트가 넘는다.

그러나 정부의 기본적인 방향은 이주민의 안정적인 체류를 더 어렵게 하고 정주화를 막으려는 것이다. 이미 관련 법률을 개악해 이주 노동자들은 귀화하려면 영주권을 먼저 얻어야 하고, 결혼 이주 여성 등도 영주권을 10년마다 갱신해야 한다.

기본계획은 인구 감소와 저출산·고령화에 대응하기 위해 개방적인 이민 정책이 필요하다면서도 "체류 외국인 정주화에 따른 비용[이] 증가"한다고 본다. 그래서 "재한 외국인의 자립을 촉진"해야 한다고 주장한다. "자립"은 복지를 줄일 때 정부가 사용하는 키워드로, 이주민에 대한 알량한 복지마저 늘리지 않거나 축소할 가능성을 내비친 것이다. 기본계획 내용 대부분도 결혼 이민자, 이주 청소년, 난민 인정자 등의 직업훈련을 강화한다는 것이지 지원 확대 계획은 찾아보기 어렵다. 그러나 결혼 이주자 가정의 월평균 소득이 200만 원 미만인 경우가 32.6퍼센트나 돼 복지 확대가 꼭 필요하다(2015년 전국 다문화가족 실태조사). 이주민과 결혼하는 한국인들 다수가 경제적으로 취약한 계층이기도 하다.

결혼 이주 여성들의 체류 자격 보장에 대해서는 언급조차 없다. 현재 결혼 이주 여성들은 배우자의 신원 보증이 있어야만 체류 자격을 갱신할 수 있다. 귀화할 때도 배우자의 협조가 필요하다. 그래서 가정 폭력이나 심지어 성폭력을 당해도 적극적으로 대응하지 못하는 등 고통받고 있다. 미등록 체류자였던 태국 이주 여성이 성폭행 시도에 저항하다 살해당하기도 했다.

극도로 낮은 난민 인정률(2017년 2퍼센트)을 높이겠다는 계획도 없다. 연간 난민 신청자가 1만 명에 달하면서 그로 인해 고통받는 난민 수는 빠르게 늘고 있는데도 말이다.

초안에서 언급한 '인도적 체류자의 의료보험 가입'은 확정된 안에서는 사라졌다. 문재인은 대선 때만 해도 난민들이 악명 높은 외국인 '보호소'에 자의적으로 억류되지 않도록 보장하겠다고 약속했지만, 기본계획에서 외국인 구금 기간 상한 설정은 '검토'하겠다는 수준에 그쳤다.

이처럼 이번 기본계획은 실업, 불충분한 복지 등에 대한 책임을 이주민에게 전가하고 이주민에 대한 차별과 통제 강화를 정당화한다. 또한 미흡했던 이주민 관련 공약마저 거둬들였다.

다행히도 정부의 이런 인종차별적 정책에 저항하는 이주 노동자와 이주민의 저항은 계속되고 있다. 이들의 저항과 투쟁을 고무하고 연대하는 것이야말로 인종차별에 맞서고 전체 노동계급의 단결을 강화하는 방법이다.

문재인의 '포용 국가'에 이주 노동자는 없다

경제 위기가 심화하는 상황에서 문재인 정부는 실업과 복지 부족 등에 대한 불만을 이주 노동자들에게 떠넘기는 비열한 시도를 강화하고 있다.

특히 정부는 미등록 이주 노동자 단속 추방을 강화하고 있다. 이 때문에 2018년 8월, 미얀마 출신 건설 노동자 떤저테이 씨가 단속 과정에서 8미터 아래 지하로 떨어져 사망하는 끔찍한 일이 벌어졌다. 정부 공식 통계만 보더라도 지난 10년 동안 단속 과정에서 사망한 이주 노동자가 10명이나 된다.

정부는 "건설업 등에서 국민 일자리 잠식"을 막기 위해서라며 단속 강화의 이유를 밝혔다. 그러나 건설업에서 벌어지고 있는 고용난은 이주 노동자 때문이 아니다. 악화하는 경제 상황에서 노동자에게 고통을 전가해 온 기업주와 정부에게 그 책임이 있다. 기업주들은 건설 노동자

출처: 임준형, 〈노동자 연대〉 262호(2018 10 11).

들을 임시·일용직으로 채용하는 불합리한 고용 구조를 유지시키며 일자리를 놓고 서로 경쟁시켜 왔다. 이를 위해 매일 1~2명씩 죽어 나가는 열악하고 위험천만한 노동조건을 강요해 왔다. 정부는 이를 수수방관했다. 그래서 건설 노동자들이 경기 상황에 직격탄을 맞고 있는 것이다.

또 고용주들은 올해 최저임금이 오르자 이주 노동자의 임금 상승을 억제하려는 공격도 벌이고 있다. 그중 하나는 이주 노동자들의 업무량은 줄이지 않으면서 연장 근무와 야간 근무를 최소한으로 줄이고, 더 낮은 임금을 줄 수 있는 미등록 이주 노동자들에게 연장 근무와 야간 근무를 몰아 주는 것이다.

여기서 더 나아가 이주 노동자의 최저임금을 아예 삭감하려는 시도도 벌어지고 있다. 2018년 8월 국회 환경노동위원장 김학용(자유한국당)은 이주 노동자 최저임금을 삭감하는 내용이 포함된 최저임금법 개악안을 발의했다. 최근 기획재정부 장관 김동연은 최저임금 지역별 차등 적용을 검토하고 있다고 말했다. 최저임금 삭감 시도가 이주 노동자와 내국인 노동자 모두를 겨냥하고 있는 것이다.

보건복지부는 이주민에게 더 불리한 건강보험 제도 개악도 추진하고 있다. 이주민의 건강보험 지역가입 자격 취득을 위한 체류 기간을 기존 3개월에서 6개월로 연장하는 내용이다. 아파도 건강보험 혜택을 받을 수 없는 기간을 더 늘리겠다는 것이다. 일부 이주민들은 전보다 보험료를 더 많이 내게 됐다. 정부는 이번 개악이 "도덕적 해이"를 막고 "내·외국인 간 형평성을 제고"하기 위한 것이라며 마치 이주민들이 부당하게 이득을 얻기라도 하는 것처럼 호도했다. 그러나 건강보험공단의 통계에 따르면 외국인은 2015년 2488억, 2016년 2093억, 2017년 2490억의 흑자를 안겼다. 진정으로 내국인들의 의료 복지를 위협하는 것은 규제프리존법과 제주 영리병원 개설 허용 등을 추진한 정부와 여당이다.

이와 같은 공격은 그렇지 않아도 한국 사회에서 가장 열악한 처지에 있는 이주 노동자들의 처지를 더욱 악화시킬 것이다.

이주 노동자들에 대한 이와 같은 공격에 맞서는 것은 매우 중요하다. 이주 노동자들이 열악한 노동조건을 강요받는다면, 이는 내국인 노동자들의 노동조건을 끌어내리는 압력이 될 수 있다. 단속 강화와 이주 노동자 최저임금 삭감 등에 맞서 내국인 노동자들과 노동조합이 이주 노동자를 방어하고 단결해야 하는 이유다. 또한 정부와 기업주들의 공격이 먹힐수록 노동자들의 불만과 분노가 정부와 기업이 아닌 이주 노동자를 향하도록 해 노동자들 사이에 반목과 분열을 조장한다. 이것은 현실 개선을 위해 노동자들이 더 크게 단결하며 투쟁을 진전시키는 데 걸림돌이 된다.

이런 공격에 맞서 2018년 10월 14일 전국이주노동자 대회가 열린다. 전국 집중 집회이고 집회 후 청와대로 행진할 계획이다. 이주 노동자들은 해마다 가장 중요한 요구로 사업장 이동의 자유를 제한하며 이주 노동자들의 권리를 제약하는 고용허가제 폐지를 요구해 왔다. 여기에 더해 단속 추방 중단, 최저임금 개악 반대 등 이주 노동자들에게 가해지고 있는 공격에 항의하는 목소리를 낼 계획이다. 특히 우익들은 예멘 난민들을 속죄양 삼으며 난민 혐오를 퍼트리고 있다. 그래서 이번 집회에서는 "난민법 개악 반대! 난민 혐오 중단과 생존권 보장!" 요구도 걸고 우익들의 혐오 선동에 맞설 것이다.

우익들은 난민만이 아니라 "불법체류자 추방"을 내걸고 10월 14일 이주 노동자 대회를 겨냥해 맞불 집회를 열겠다고 밝혔다. 난민뿐 아니라 미등록 이주 노동자까지 혐오 선동 대상을 삼고 있다.

정부의 공격과 우익들의 혐오 선동에 맞서 이주 노동자 대회에 더 많은 지지와 연대가 필요하다.

2018년 들어 시행 14년째인 고용허가제는 정부가 이주 노동자를 들여오는 핵심적인 제도 중 하나다. 고용허가제는 이주 노동자들을 저임금에 공급하고 통제하기 위한 제도다. 이런 목적을 위해 특히 이주 노동자의 사업장 이동을 금지한 것이 큰 고통을 낳고 있다. 이주 노동자들을 사용자에게 종속시켜 열악하고 부당한 처우를 감내하도록 강요하기 때문이다. 2017년 여름에는 이를 견디다 못한 이주 노동자 두 명이 연이어 자살하기도 했다.

정부는 고용허가제의 적용을 받고 있는 이주 노동자들의 체류 기간도 자의적으로 제한한다. 최초 3년 체류를 허용하고 고용주의 동의가 있어야만 이를 연장할 수 있다. 이런 비인간적인 통제를 유지하는 수단이 바로 미등록 이주 노동자 단속이다. 고용허가제를 벗어나지 못하도록 본보기를 보이는 것이다.

정부는 이주 노동자의 유입이 내국인 일자리를 잠식하고 사회적 비용을 낳는다며 이런 통제를 정당화한다. 그러나 이주 노동자들은 내국인 노동자들이 기피해 일손이 부족한 열악한 일자리에서 일하며 한국 경제에 기여해 왔다. 한국 사회는 이를 통해 큰 편익을 얻고 있다는 것이 진실이다.

정부는 사용자들의 필요에 반응해 애초 3년이었던 고용허가제 노동자들의 체류 기간을 극히 일부에 대해서는 점차 9년 8개월까지 늘려 왔다. 매우 까다로운 조건을 충족해야 하지만 일부에 대해서는 그 이상의 체류를 허용하는 점수제 비자 제도도 2018년부터 시행하고 있다.

이런 변화 과정은 고용허가제가 내세우고 있는 '단기 순환 원칙'과 현실의 격차가 커지고 있음을 보여 준다. 이주 노동자들이 길게는 10년에 가까운 세월을 살며 적응한 곳에서 더 오래 머물고 싶은 것은 당연하다. 통계청의 2015년 조사를 보면 전체 체류 외국인의 85.6퍼센트가 체류 기간 만료 이후 계속 체류를 원하는 것으로 나타났다.

그럼에도 정부는 2018년 2월 내놓은 '제3차 외국인정책 기본계획' (2018~2022년)에서 "정주화 방지"를 강화하겠다고 밝혔다. 단기 순환 원칙을 고수하겠다는 것이다. "[체류 기간] 만기 도래자 출국 유도 방안"을 마련하겠다고 했지만 현실성이 없으므로, 결국 정부가 기댈 수 있는 수단은 야만적인 단속 추방이 될 것이다.

일각에서는 일부 독소 조항을 제거하거나 완화하는 방향으로 고용허가제를 개정하는 것이 현실적이라고 보는 입장도 있는 듯하다. 대체로 업종 이동 제한은 그대로 둔 채 사업장 이동 제한을 완화하자는 취지다. 그러나 이런 정도로는 이주 노동자들의 처지를 개선하는 데 명백한 한계가 있다. 업종 제한을 유지하면 노동자들은 여전히 처우가 열악한 3D 업종에 머물러야 하기 때문이다. 실제로 사업장 이동 제한은 없으나 업종 제한의 구속을 받는 방문취업제H2 노동자들의 노동조건은 고용허가제의 적용을 받는 노동자들과 큰 차이가 없는 것으로 나타난다.

근본적으로 고용허가제는 '사용자들의 필요에 따라 값싼 외국인 노동력을 단기적으로 공급한다'는 전제 위에 설계돼 있다. 사업장과 업종 이동 제한, 체류 기간 제한은 이런 필요 때문에 존재하는 것이다. 따라서 이런 전제 위에서 제도를 개정하는 것에는 근본적인 한계가 있을 수밖에 없다. 고용허가제를 폐지하고 언제 어디서든 이주 노동자들이 노동할 권리를 보장해야 한다. 지난 14년 동안 이주 노동자들은 고용허가제를 '현대판 노예제'라고 비판해 왔다. 고용허가제 폐지를 분명히 하면서 운동을 건설해야 한다.

계속되는 성소수자 차별

문재인 정부에서도 계속되는
성소수자 차별

5월 17일은 국제 성소수자 혐오 반대의 날이다. 1990년 5월 17일 세계보건기구WHO가 동성애를 정신 질환 목록에서 삭제한 것을 기념해, 세계 여러 곳에서 성소수자 차별에 반대하는 행사들을 연다. 한국에서도 2018년 5월 12일, '성소수자 차별 반대 무지개행동'이 이 날을 기념해 "성소수자 레인보우 행진 대회"를 연다.

1990년대 중반 이후 한국에서 성소수자에 대한 우호적 인식이 크게 늘었지만, 여전히 성소수자들은 혐오와 차별에 크게 시달린다.

1990년에 이미 WHO가 동성애를 정신 질환 목록에서 삭제했음에도, 여전히 동성애를 '치료'하겠다는 '전환 치료'가 보수 기독교를 중심으로 횡행하고 있다. 얼마 전 〈닷페이스〉는 '전환 치료' 피해자들을 취재했다. 주로 청소년인 피해자들은 부모님에게 커밍아웃을 하고 나서 억지로 기

출처: 성지현, 〈노동자 연대〉 247호(2018 5 12).

도원에 끌려가 상담을 받아야 했다. 기도원의 목사들은 돈을 받고 "눈이 맞이 갔다", "동성애 악령을 쫓아야 한다"면서 기도하고, 때로 피해자들에게 물리적 폭력을 가했다. 그러나 어떤 형태든 동성애를 '전환'시키겠다는 '치료'는 모두 사기다. 오히려 '전환 치료'는 성소수자가 자신을 부정하게 만들어 우울증, 불안감, 자살 시도를 높인다. 미국의 10개 주에서 '전환 치료'는 법으로 금지돼 있다.

동성애자를 처벌하는 군형법 92조의6(추행)은 여전히 폐지되지 않고 있다. 2017년 5월 A대위는 사적인 공간에서 합의 하에 성관계를 했음에도 유죄를 선고받았다. 당시 많은 성소수자들이 "[한국에서 동성애자는 군대에] 가도 범죄자, 안 가도 범죄자"라며 울분을 터트렸고, 이 판결을 규탄하는 집회가 국방부 앞에서 매주 상당 규모로 열렸다.

학교는 군대처럼 성소수자들에게 특히 암울한 장소다. 2014년 국가인권위의 연구 용역 보고서 〈성적 지향, 성별 정체성에 따른 차별 실태조사〉를 보면, 청소년 성소수자 200명 중 98퍼센트가 학교에서 교사나 학생들로부터 '혐오 표현'을 접했다. 지나가는 말로 "더럽다", "비정상", "너 게이냐?", "레즈 같아" 하는 모욕적 말을 들어도, 자신이 성소수자임이 드러날까 봐 못 들은 척하거나(58퍼센트), 동의하는 척했다(33퍼센트). 그런데도 정규 학교 교육에서 성소수자는 언급마저 금기시된다.

이런 현실 때문에 2018년 4월에 한 여고생이 약물을 과다 복용해 끝내 숨진 일이 일어났다. 동성과 연애한다는 사실이 학교 친구들 사이에 알려져 주변 시선에 괴로워했다고 한다. 이 학생은 일기에 "난 사람이 좋아서 마음 가는 사람과 함께 하고 싶었을 뿐인데. 힘들다. … 내가 죽어 버려야 끝날 것 같다. … 끝내고 싶다" 하고 썼다. '학교에서 이 학생을 강력히 지지해 주는 사람이 있었더라면 …' 하는 안타까움을 금할 수 없다.

2000년대 들어 시작된 우익의 조직적 반反동성애 운동은 성소수자 권리 진전을 가로막는 큰 걸림돌 중 하나다. 이들은 사회 곳곳에서 성소수자에 대한 편견과 차별을 더욱 부추기며 '성적 지향'이 포함된 차별금지법 제정 등 성소수자 권리 진전이 "역차별"이라고 게거품을 문다.

처음에는 주로 개신교 우익들이 벌이던 동성애 혐오는 이제 주류 정치권에도 반영돼 우익 정치인들의 한 표지가 됐다. 2017년 대선에서 홍준표가 동성애에 대한 편견을 부추긴 게 대표적이다.

문재인 정부에서도 우익들은 '동성애 동성혼 개헌 반대' 운동, 성소수자들을 출연시켜 우호적으로 다룬 EBS 프로그램 〈까칠남녀〉 방영 중단 요구, 양성평등기본법에서 "성평등" 용어 삭제 요구, 문재인 정부 인사들의 '동성애' 입장 검증, 충남·증평·계룡 등 지역 인권조례 폐지, 국가인권위법에서 '성적 지향'을 삭제하는 개정안 발의, 지방선거 후보들에게 성소수자 차별 정책 요구 등 계속해서 반反동성애 운동을 벌이고 있다.

우익들의 동성애 혐오 선동이 대중의 인식을 좌우하는 건 아니다. 오히려 성소수자에 대한 우호적 인식이 크게 늘고 있고, 특히 젊은 층에서 그렇다. 물론 개신교의 신자들 사이에서는 비개신교인에 비해 '동성애가 죄'라는 인식이 크다(개신교인 53.5퍼센트, 비개신교인 18.5퍼센트). 하지만 이것은 개신교 평신도의 절반 정도는 동성애를 죄악시하지 않는다는 걸 보여 주기도 한다.*

단지 개신교 우익과 보수 야당 정치인들만이 아니라 문재인 정부도 성소수자 차별을 부추기고 있다. 문재인 정부는 유엔인권이사회의 '국가별 정례 인권 검토UPR'가 발표한 성소수자 권리 관련 권고 22가지(포괄적 차별금지법 제정 권고, 군형법 92조의6 폐지 권고, '전환 치료' 금지

---

* 한국기독교사회문제연구원, "2018 주요 사회 현안에 대한 개신교인 인식조사" 참고.

권고)를 모두 무시했다. 2018년에 문재인 정부가 발표한 3차 국가인권기본계획NAP(2018~2002) 초안에는 이전 정부가 만든 NAP에도 있었던 '성적 소수자 인권' 항목이 아예 빠졌다.

여성가족부는 양성평등기본법의 '성평등'이 동성애 허용이라는 우익들의 억지에 타협해 '성평등'을 모두 빼기로 했다. 〈까칠남녀〉 조기 종영과 이에 대한 정당화에 책임이 있는 EBS 장해랑 사장은 대표적 친親문 인사다. 또 올해 미투 운동을 계기로 문재인 정부가 그동안 뭉그적대던 학교성교육표준안 개편안을 내겠다고 했지만, 역시 '논란이 많은' 동성애 등 성소수자 관련 내용은 제외한다는 말이 들린다.

문재인 정부가 성소수자 차별 폐지 염원을 외면하는 것은 그들 역시 자본가계급에 기반을 둔 지배계급의 일부로서 자본주의 체제를 수호하기 때문이다. 이성애적 가족제도를 보호해 노동력 재생산을 안정화하고 보수적 성 관념을 유포해 노동계급을 분열·통제할 필요성을 그들 역시 공유한다. 문재인 정부와 민주당이 우익의 혐오 선동을 막고 성소수자 차별을 없앨 거라고 기대하기 어려운 이유다. 민주당은 지난 10여 년 동안 '동성애' 쟁점에서 우익들의 눈치를 보며 후퇴하거나 우익과 별 차이가 없는 보수적 행태를 보여 왔다. 특히 선거철에는 개신교 우익 세력들 앞에서 머리를 조아리고 표를 얻으려고 성소수자 권리를 제물로 삼아 왔다.

문재인 정부에 기대서는 우익들의 혐오 선동에 제대로 맞서기 어렵고 성소수자 권리도 보장받기 어렵다. 성소수자 차별을 없애고 권리를 보장받으려면 문재인 정부와 독립적으로 투쟁해야 한다.

해군은 성소수자 군인 처벌 시도 중단하라

2018년 말부터 해군 3명이 동성 간 성행위를 했다는 이유로 헌병과 군 검찰에서 수사를 받고 있다는 사실이 최근 알려졌다. 2017년 육군 성소수자 군인 색출과 유죄 판결이 있은 지 2년 만이다. 이번에도 해군은 합의한 동성 간 성행위를 '추행'으로 규정하고 처벌하는 군형법 제92조의6을 이용해 성소수자 군인을 색출하고 있다.

이 사실을 처음 알린 군인권센터에 따르면 그 과정은 이러했다. 성소수자 군인 A는 병영 생활 상담관을 찾아 성적 지향에 대한 고민을 털어놓는 과정에서 다른 군인과 합의 하에 성관계를 했다고 말했다. 상담관은 이를 소속 부대 상관에게 보고했고, 곧이어 수사가 시작됐다. 상담하러 간 사람이 졸지에 범죄 혐의자가 된 것이다. 이후 헌병은 A를 추궁하고 스마트폰을 뒤져서 성관계를 한 상대방(군인 B)을 알아냈고, B를 추궁하면서 또다시 성소수자 군인 C를 색출·입건했다.

출처: 성지현, 〈노동자 연대〉 278호(2019 3 13).

수사 과정에서 헌병은 성소수자 군인들을 위축시켜서 자백을 받아내는 위법도 서슴지 않았다. 수사관들은 미란다 원칙도 고지하지 않은 채 B와 C에게 대뜸 '성소수자냐'고 물어 당혹케 한 뒤 핸드폰을 압수했다. C는 사람이 많은 사무실에서 이런 일을 당했다. 성소수자 군인들은 또한 '동성애자냐 양성애자냐', '성관계 포지션이 뭐였냐', '사정은 했냐 안 했냐' 등의 모욕적인 질문들을 받았다. 수사관들은 성소수자 군인들에게 게이 데이팅 앱을 사용해 보라고 시킨 후 동영상을 찍기도 했다. 이 과정에서 피해자들이 얼마나 모욕감을 느끼고 위축됐을지 눈에 선하다.

2017년 육군 성소수자 색출 사건 때도 이런 비열한 짓들이 자행됐다. 불과 2년 만에 이런 경악스러운 수사가 반복된 데는 문재인 정부의 책임도 있다. 2017년 대선 기간, 문재인은 "군대 내 동성애에 대해 반대"한다고 밝혔다. A대위가 재판을 앞둔 바로 그 순간에 말이다. 성소수자 단체 등이 이에 항의하자, 문재인은 성소수자 색출 사건이 "반인권적 수사 절차"라면서 "재발 방지를 위해서 함정 수사 등이 근절"돼야 한다고 밝혔다. 그러나 군형법 제92조의6 폐지는 헌재로 공을 떠넘겼다.

그러나 그조차 말뿐이었다는 게 머지않아 드러났다. 문재인이 임명한 국방부 장관 송영무는 군형법 제92조의6 폐지에 분명히 반대했다. 성소수자 색출을 지시해 성소수자 단체 등에게서 사퇴 요구를 받은 육군참모총장 장준규와 함정 수사를 벌인 수사관들은 어떤 조사나 징계도 받지 않았다. 그래서 군 수사관들은 이전과 다를 바 없이 마음껏 성소수자 군인 탄압에 나설 수 있었다.

이번 사건이 보여 주듯 군형법 제92의6이 폐지되지 않는 한 성소수자 군인 색출 수사도 계속될 수밖에 없다. 성소수자 군인을 범죄자 취급하는 군형법 제92조의6은 폐지돼야 한다. 성폭력이냐 아니냐의 기준은 성관계 합의 여부이지 성적 지향이어서는 안 된다.

2017년에 육군 성소수자 군인 색출·처벌 사건 때, 많은 성소수자들이 이 사건을 보며 "나는 군대에 안 가도 범죄자, 가도 범죄자"라며 분통을 터트렸다. 당시 피해자들 일부는 아직도 재판을 받고 있다. 그들은 2년이 지나도록 재판에 불려 다니며 진급 불이익, 낙인 등의 피해를 겪고 있다. 반면, 얼마 전 군사법원(2심)은 해군에서 직속 상관이 여성 성소수자에게 저지른 진짜 성폭력에 대해서는 '피해자의 저항이 없었다', '피해자가 오해할 여지를 줬다' 따위의 논리로 무죄를 선고했다.

한편, 2017년 정의당 김종대 의원이 대표 발의한 군형법 제92조의6 폐지 법안은 국회 상임위를 통과하지조차 못 했다. 헌법재판소는 이 법에 대한 위헌 법률 심판 제청과 헌법 소원 평의를 계속 미루고 있다.

해군 당국은 성소수자 군인에 대한 모든 수사를 즉각 중단하고 처벌 시도를 멈춰야 한다. 군형법 제92조의6은 즉각 폐지돼야 한다.

7부

교육·안전·환경

1장

교육 공공성 확대,
시작도 안 하고 후퇴

교사 노동자들의 요구와 격차가 크다

2017년 교육부의 국가기획자문위 업무 보고 내용이 알려지면서 문재인 정부의 교육정책이 주목받고 있다. 문재인은 후보 시절 "교육의 국가 책임(을) 강화"하겠다며 여러 가지 공약을 내놨다. 집권 후 박근혜의 일부 정책들을 뒤집는 발표들을 하면서 기대감을 키우고 있다. 그러나 선거공약도 그렇지만, 당선 후 발표한 정책들도 교육 적폐 청산과 새로운 교육 체제 실현에 못 미친다.

전교조 재합법화

전교조 법외노조 조처는 박근혜의 대표적 적폐로, 박근혜 퇴진 운동

출처: 정원석, 〈노동자 연대〉 211호(2017 6 7).

이 제기한 10대 과제 중 하나였다. 문재인도 후보 시절 "(법외노조 문제를) 우선적으로 처리"하겠다고 밝혔다. 또 결사의 자유, 단결권, 단체교섭권 보장에 관련한 국제노동기구ILO 협약 87호, 98호 비준과 국내법 개정을 공약했다. 최근에는 국가인권위 권고 사항 수용률 제고를 지시하기도 했다. 국가인권위는 일찍이 전교조 법외노조 통보를 중단하고 관련 법령을 개정하라고 박근혜 정부에 권고한 바 있다.

그런데도 "촛불 혁명"을 계승했다던 문재인 정부가 전교조 법외노조 같은 중요한 민주적 권리 침해 문제에 미적대고 있다. 최근 언론에서 전교조 재합법화 추진이 보도되자, 청와대는 곧바로 "한 번도 논의하거나 구체적으로 협의한 바 없다"고 선을 그었다. 국무총리 이낙연은 "(전교조 법외노조 문제는) 대법원 판결 뒤에 판단하겠다는 것이 정부 내 분위기"라고 밝혔다. 그러나 대법원 판결은 언제 나올지 모르는데다, 1·2심 판결을 뒤집는 전향적인 판결을 기대하기도 어렵다. 무엇보다, 전교조 재합법화 문제는 '통보 철회', '시행령 폐기' 등 정부의 의지만으로도 충분하다(물론 교원노조법 개정을 통한 노동기본권·정치기본권 보장은 여전히 중요한 과제이고 이를 위해 싸울 준비도 해야 한다).

그럼에도 문재인 정부는 그럴 의지를 보이지 않고 있다. 우파의 반발도 있지만, 단지 그것만을 의식해서는 아닐 것이다. 문재인과 민주당도 교육을 지배 이데올로기 주입 수단으로 보고 이를 위해 교육 노동자들을 통제하는 데 이해관계가 있다. 또 1998년 전교조가 합법화된 경험을 돌아보면 그것이 결코 순탄한 과정이 아님을 예상할 수 있다. 당시 김대중 정부는 전교조 합법화를 민주노총 지도자들이 파견법, 정리 해고 등을 수용하는 데 이용했다. 따라서 법외노조 철회는 문재인 정부의 선의에 기댈 문제가 아니다.

교원 평가, 성과급 폐지

문재인 정부는 특권 학교 폐지, 수능 절대평가, 국공립대 네트워크 등 경쟁 교육을 다소 완화시킬 정책을 말하지만, 경쟁 교육의 핵심인 성과급과 교원 평가에 대해서는 침묵하고 있다.(물론 경쟁 교육 완화 정책을 제대로 이행할지는 두고 봐야 한다. 국공립대 네트워크 공약에서는 벌써 후퇴 조짐이 보인다.)

문재인은 교육 공약 질의서 답변에서도 성과급, 교원 평가 폐지에 동의하지 않았다. 성과급제와 교원 평가가 교사들의 임금을 억제하고 교사를 통제하는 핵심 기제이기 때문에 정부는 쉽게 양보하지 않을 것이다. 아래로부터의 대중투쟁이 꼭 필요한 이유다.

누리 과정 예산 국고 지원

교육부가 누리 과정 예산을 국고에서 지원하겠다고 밝혔다. 박근혜 정부는 누리 과정 예산을 각 시·도 교육청에 떠넘겼었다. 그 결과 보육 대란이 벌어졌고 재정 부족으로 교육 복지가 후퇴했다. 전국 시·도 교육청의 부채가 2012년 10조 원에서 2016년 21조 원으로 급증했다. 그런 상황에서 연 2조 원 지원이 당장 숨통을 트이게 할지는 모르지만, 만성적인 재정 부족을 해결하기에는 역부족이다. 게다가 교육부는 어린이집 누리 과정만 연 2조 원 지원할 계획이고, 유치원은 지원 대상에서 아예 뺐다.

한국의 초중고 예산에 대한 정부 부담률은 GDP 대비 4퍼센트로 OECD 평균인 4.5퍼센트에 못 미친다. 따라서 누리 과정 예산 전액을 국고로 지원하고, 지방 교육재정 교부금 비율을 늘려 교육재정을 대폭 확대해야 한다.

고교 무상교육

교육부는 2018년부터 고교 무상교육을 단계적으로 추진해 2020년까지 완성하겠다고 밝혔다. 고교 무상교육은 진즉에 시행됐어야 했다. 한국에서 초중고 공교육에 대한 민간 부담 비율은 GDP 대비 1.9퍼센트로 OECD 평균인 0.9퍼센트의 갑절이다.

박근혜는 대선 때 공약해 놓고도 집권 내내 예산을 한 푼도 배정하지 않았다. 경제 위기 압박으로 교육 긴축을 실시하면서 공약을 완전 무시했던 것이다. 문재인 정부의 공약을 기다려서는 안 되는 이유다.

한편, 교육비 부담을 획기적으로 줄이려면 고등학교뿐 아니라 대학을 무상화해야 하고, 사교육비 부담도 확 줄여야 한다. 고등학생 1인당 연간 교육비(수업료, 학교 운영 지원비, 교과서 대금 등)는 140만 원가량이지만, 대학 등록금은 연간 700만 원에 이른다. 게다가 학생 1인당 연평균 사교육비도 300만 원에 달한다.

교사 증원

교육부는 문재인 정부 5년간 초중고 교사를 1만 3000명가량 늘리겠다고 밝혔다. 일자리도 창출하고, 교사 1인당 학생 수를 줄여 교육 여건을 개선한다는 것이다. 박근혜 정부가 2014년 이후 교사의 증원을 억제하고 정원까지 축소한 것에 비하면 조금 개선되는 것이다.

그러나 전국의 초중고 학교 수가 1만 1500여 곳인 점을 감안하면, 한 학교에 한 명씩 늘어나는 정도다. 따라서 학급당 학생 수 감소에 의미 있는 변화를 기대하긴 어려워 보인다. 2014년에 한국의 학급당 학생 수는 초등학교 23.6명, 중학교 31.6명으로 OECD 평균(초 21.1명, 중 23.1명)보다 월등히 많다. 전교조 정책실이 분석한 보고서를 보면, OECD 평균 수준에만 맞추려 해도 교사 6만 명 이상을 증원해야 한다. 더군다나 박근혜 정부 이후 교원 법정 정원 확보율은 70퍼센트대로 떨어진 상태다.

앞에서 언급한 누리 과정 예산 국고 지원, 국공립 유치원 확대, 고교 무상교육, 교사 증원 등의 조처들은 그 자체로 보면 노동계급에 도움이 되는 개혁들이다. 그러나 이런 조처들이 실질적이려면 반드시 재원이 필요하다. 민주당은 노동자·서민의 표를 의식해 개혁과 복지를 말하지만, 근본적으로 기업주들의 이익을 옹호하는 자본가 정당이다. 문재인이 부자 증세, 법인세 인상 등 자본가계급의 이익을 건드리기를 기피하는 이유다.

고교 학점제

문재인은 후보 시절 "필수과목을 최소화하고 학생들에게 교과 선택권을 부여하는 고교 학점제를 통해 진로 맞춤형 교육을 추진하겠다"고 약속했다. 서울, 경기 등 일부 교육청도 고교 학점제 TF를 구성하는 등 대책 수립에 나섰다. 고교 학점제를 공교육 정상화의 유력한 대안으로 보는 듯하다.

물론 교육과정을 다양화하고 학생의 선택권을 강화하는 것은 필요하다. 그러자면 교사를 대폭 확충하고 교실도 더 만들어야 다양한 수업 개설이 가능하다. 교육과정·수업·평가에 대한 교사의 자율권도 보장돼야 한다.

무엇보다 성적 경쟁과 입시에 얽매이지 않고 학생이 원하는 과목을 선택할 수 있으려면 입시 경쟁을 없애야 한다. 이런 뒷받침이 없다 보니 제7차 교육과정(김대중 정부)에서부터 학생의 선택권을 강조했지만 말 뿐이었고, 현실에서는 다양화와 자율화가 위계와 차별을 의미했다.

사실 2016년 말 박근혜 정부가 발표한 '지능정보사회에 대응한 중장기 교육정책의 방향과 전략'에도 고교 학점제가 핵심 과제로 포함돼 있었다. 중학교 자유 학기제를 학생들의 "꿈과 끼"를 키운다고 포장했지만 실은 진로 조기 설정과 노동시장 진출 시기를 앞당기려는 게 본질이듯이, "흥미와 적성"을 강조하는 고교 학점제도 산업 수요에 맞춘 인재 양성이 핵심 목표인 것이다.

학교 비정규직 정규직화

문재인 정부는 "공공 부문 비정규직 제로" 시대를 열겠다면서도, 공공 부문 비정규직에서 가장 비중이 높은 학교 비정규직의 고용 안정과 처우 개선 대책은 내놓지 않고 있다. 현재 정부의 기조로 보면 (이전 정부에서도 추진돼 온) 무기 계약직 전환에 그칠 공산이 크다.

학비 노동자들은 무기 계약직이 아니라 교육공무직을 대안으로 요구하고 있다. 질 높은 교육을 위해서는 학교 비정규직 노동자들의 고용 안정뿐 아니라 저임금과 차별을 개선해야 한다.

전교조는 문재인의 개혁을 기다려서는 안 돼

진보 교육 진영 내 일각에서는 문재인 정부의 교육정책이 박근혜와 다를 뿐 아니라 신자유주의 교육의 패러다임도 바꿀 것으로 기대하고 있다.

신자유주의 교육정책의 상당수는 김대중·노무현 정부에서 본격적으로 시작돼 이명박근혜 정부가 그 강도를 강화했다. 김대중 정부는 교원 성과급을 도입하고, 국립대 등록금을 자율화했다. 노무현 정부도 교원 평가를 도입하고, 자사고 시범 운영, 국립대 법인화, 대학 구조조정 등을 추진했다. 노무현 정부는 전교조의 투쟁과 광범한 반대 여론, 인권위의 권고 등을 무시하며 학생 정보 인권을 침해하는 네이스(교육행정 정보시스템)를 밀어붙였고, 교원 평가에 저항해 연가 투쟁에 나선 전교조 교사들을 대량 징계했다.

물론 문재인 정부가 과거 민주당 정부와는 다를 거라는 기대가 조합원들 사이에서 적지 않은 것은 사실이다. 작은 개혁조차 이명박근혜 9년에 대한 환멸로 인한 기저 효과로 보인다. 박근혜 퇴진 운동을 거치며 사기가 회복되고 있지만, 법외노조 철회나 성과급 폐지 등을 위해 당장 스스로 투쟁에 나서기보다는 새 정부에 기대 섞인 관망을 하는 분위기가 우세하다.

전교조 조창익 위원장은 2017년 5월 27일 전국교사대회 대회사에서 "해고자들의 즉각적인 원상 회복과 중징계 위기에 놓인 전임 요구자들에 대한 탄압 종결은 화급한 사안"이라고 말하면서도, 법외노조 철회 "낭보"를 "광화문 광장에서 기다리겠다"고 했다.

이런 기대감 때문인지 이낙연이 인사 청문회에서 "대법원 판단이 대전제"라고 말할 때 전교조는 공식 비판 논평도 내지 않았다. 그러나 문재인 정부 개혁의 불충분함을 폭로하고 비판하지 않고 환상을 부추기는 것은 조합원 대중의 의식을 흐릿하게 함으로써 개혁의 진정한 동력인 대중행동을 어렵게 만들 것이다. 노동자들이 스스로 싸울 때 불충분하고 부분적인 개혁을 넘어 온전한 개혁을 쟁취할 수 있다.

문재인 정부가 교사 수를 줄이려 한다

2018년 4월 30일 교육부가 '중장기 교원 수급 계획'을 발표했다. "2030년까지의 학생 수 감소 추세를 반영하여 점진적으로 (교사) 선발 인원을 축소"하겠다는 것이 골자다.

문재인 정부는 대선 전 '교원 증원과 학급당 학생 수 감축'을 약속했다. 그런데 1년 새 말이 180도 바뀐 것이다. 전교조는 논평을 통해 "교원 증원을 통하여 교육 여건을 획기적으로 개선하기를 바랐던 교육 주체들의 열망을 저버린 매우 실망스러운 수준"이라면서 "역대 최악의 교원 수급 대책"을 강하게 비판했다.

정부 계획에 따르면, 초·중등 교원 신규 채용 규모가 2018년 현재 8500여 명에서 2030년 6000여 명으로 대폭 줄어든다. 2017년에도 2000명 이상 감소한 것을 고려하면, 10년 내 신규 교원 임용 규모는 반 토막 나게 생겼다. 게다가 현 정권 임기가 끝난 이후인 2023년부터는 임

출처: 정원석, 〈노동자 연대〉 248호(2018 5 17).

용 규모가 더욱 가파르게 감소해서 학생 수 감소 폭을 압도한다. 예로, 중등의 교원 선발 인원 감소율(32.5퍼센트)은 학생 수 감소율(12.1퍼센트)의 두 배가 훨씬 넘는다.

문재인 정부 들어서 임용 관문 확대를 기대한 예비 교사들에게는 날벼락이 아닐 수 없다. 역대 정부가 신규 교원을 충분히 선발하지 않아 임용 경쟁률은 지속적으로 높아졌다. 중등의 경우 2014년 7.72에서 점점 높아져 2017년 10.73까지 치솟았다. 교육부는 이번 발표를 통해 예비 교사들에게 '안정적이고 예측 가능한 미래'를 제시했다고 밝혔다. 마치 그들을 배려하는 양 말이다. 그러나 예비 교사들에게 이것은 '예측 가능한 절망'이다.

신규 임용 교사 수 감소는 예비 교사들만의 문제가 아니다. 매년 평균 교원 1만여 명이 퇴직하는데, 신규 임용을 고작 6000~7000명으로 줄이면 전체 교사 정원은 점차 감소한다.

사실 교원 구조조정은 오래전에 시작됐다. 2000년대 중반 이후 정부는 정규 교사 신규 임용을 줄이고 기간제 교사 임용을 대폭 늘려 왔다. 그 결과 10년 사이 중학교 정규 교원 수는 실제로 줄었다. 고등학교 정규 교원 수는 찔끔 증가한 반면 중·고등학교 기간제 교원은 같은 기간 3배로 늘었다(2005~2013년 교원 수급 통계). 2000년대 중반부터 교사들의 휴직과 퇴직이 급증(각각 3배와 2배)했음에도, 신규 교원 임용은 계속 정체해 왔다. 현재 기간제 교사는 4만 7000여 명에 이른다. 정부가 장기적인 교원 구조조정을 염두에 두고 언제든 해고할 수 있는 기간제 교사를 주로 채용해 온 탓이다.

정부가 정규 교사 임용을 억제해 온 결과, 법정 정원 확보율은 김대중 정부 때 84퍼센트, 노무현 정부 때 82퍼센트, 이명박 정부 때 78퍼센트로 계속 감소해 왔다.

박근혜 정부는 '지방 교육재정 효율화' 정책으로 학급 수와 교사 정원을 줄였다. 교원 정원 산정 기준도 학급 수에서 학생 수로 바꿨다. 학생 수가 줄어들면서 교사 정원도 자동으로 줄이려 한 것이다. 그럼에도 박근혜 정부는 신규 임용을 과감하게 줄이지는 못했다. 청년 실업에 대한 사회적 불만이 크기 때문이다. 그래서 2017년 기준으로 4000여 명의 임용 적체(합격하고도 발령을 못 받는 상태)가 발생했다. 지난해 '임용 대란'은 이 시한폭탄이 터진 결과이기도 하다.

문재인 정부는 이런 적폐를 청산하기는커녕 오히려 한술 더 뜨고 있다. 이번 교육부의 '중장기 교원 수급 계획'은 박근혜 정부가 추진하고 싶었지만 저항을 의식해 밀어붙이지 못했던 실질적인 교원 구조조정을 본격 추진하겠다는 뜻이기 때문이다.

정부는 이번 교원 수급 계획이 교육 여건을 개선하는 것인 양 포장했다. "정부 임기 내(2022년까지) 교사 1인당 학생 수를 OECD 국가 평균(2015년 기준) 수준에 도달"하겠다는 것이다. 그러나 이는 학령인구 '자연 감소'로 인한 결과다. 2015년 평균을 7년이 지난 2022년에서야 달성하겠다는 것도 자랑은 아니다.

게다가 정부는 교사 1인당 학생 수를 기준으로 삼고 있지만, 이는 학급당 학생 수 지표와는 달리 교육 여건을 잘 보여 주지 못한다. 학교에는 수업을 (거의 또는 전혀) 담당하지 않는 교장, 교감, 비교과 교사들이 있기 때문이다(물론 상담, 영양, 보건, 사서 등에도 인력이 턱없이 부족하기 때문에 비교과 교사들의 증원도 시급하다). 따라서 교육 여건을 가늠하려면 '학급당 학생 수'를 따져 봐야 한다.

학급당 학생 수 기준으로 보면 우리나라 교실 여건은 매우 열악하다. 2017년 OECD 통계를 보면, 2015년 초등 평균이 21.1명, 중등 23.3명인데 반해, 우리나라는 각각 23.4명, 30명으로 격차가 상당하다. 학생 수가 줄었다고 하지만, 여전히 많은 학생들이 '콩나물 교실'에서 수업을 받고 있다. 학급당 학생 수를 OECD 평균 수준에 맞추려면, 교사를 대거 늘려야 한다.

게다가 우리나라 교육 여건이 꼭 OECD 평균을 목표로 해야 할 까닭도 없다. 정부가 교육의 질 향상에 의지가 있다면, 학생 수 감소를 OECD 최상위 수준으로 학급당 학생 수를 감축하는 기회로 삼을 수도 있는 것이다.

그러나 문재인 정부는 학생 수 감소를 핑계로 오히려 교사를 대폭 감축할 작정이다. 정부의 우선순위가 교육의 질이 아니라 재정 효율화에 있다는 것을 여실히 보여 주는 사례다. 2013년 기준 GDP 대비 우리나라의 정부 부담 공교육비 비율(4.0퍼센트)은 OECD 평균(4.5퍼센트)에 한참 못 미친다. 재정 여력이 결코 문제는 아니다. 문재인은 지난해 국방비 규모를 임기 내에 GDP 대비 2.4퍼센트(약 43조 원)를 2.9퍼센트 수준(약 60조 원)까지 올리겠다고 밝혔다. 17조 원을 교육에 투자한다면, 교사 수십만 명을 채용할 수 있다!

정부는 교원 증원은 하지 않고서, 교원 양성 규모를 줄여서 임용 적체를 해소하겠다고 한다. 사실상 진입 장벽을 높이겠다는 것이다.

그런데 진보 진영 일각에서도 '교사 자격증 남발'이 문제라는 생각으로 양성 규모 감축을 교원 수급의 대안으로 지지하고 있다. 전교조는 2018년 4월 30일 자 성명에서 이렇게 말했다. "매년 2만여 장의 교원 자격증을 계속해서 남발하는 문제를 방치하는 한, 평균 10대 1의 임용 적체는 해소될 수 없다." 더 나아가 2018년 3월 27일 전교조 등이 발표한 'OECD 상위 수준의 학급당 학생 수 감축과 교원 증원 촉구 교육 주체 의견서'에는 "사범대학 정원 축소, 교직 이수 과정 제한, 교육대학원 자격증 발급 폐지"를 통해 "양성 인원 9000명 미만 유지"를 중등 교사 수급 개선 방향으로 제시했다.

이런 태도로는 교사가 '많아서'(!) 문제라는, 정부의 주장에 일관되게 맞서기 어렵다. 실제로 교육부는 이번 계획을 통해 "질 낮은 교원 양성 기관의 정원 감축과 교원 양성 체제 개편"을 예고했다. 또한 이런 접근은 예비 교사들을 사범계와 비사범계로 분열시켜 단결 투쟁을 어렵게 만든다.

정부는 기간제 교사를 정규직 전환에서 배제하면서, 교사가 청년들이 선호하는 일자리라는 점을 강조했다. 기간제 교사의 정규직화가 예비 교사들의 일자리를 빼앗는 양 이간질한 것이다. 그러나 2017년 초등 교사들의 신규 임용 교사 수를 30퍼센트나 줄여 '임용 절벽'을 만든 장본인은 바로 정부였다.

당시 교육부는 기간제 교사를 정규직 전환에서 제외하면서 "정원 외 기간제 교원의 해소를 위해 정규 교원의 정원 확대를 추진"하겠다고 밝혔다. 기간제 교사를 해고하고 그 자리에 정규 교원을 확충하겠다는 뜻이다. 실제로 2018년 기간제 교사의 해고는 현실로 나타났다. 그러나 이번 교육부의 교원 감축 계획을 보면 "정규 교원 확충"도 새빨간 거짓말이었다. 기간제 교사든, 정규 교사든 전체 교사 정원을 줄이는 것이 정부의 진정한 속셈이다. 이에 대한 교사들의 저항을 줄이려고 서로 이간질하는 것이다.

아쉽게도 지난해 전교조 지도부는 정부가 기간제 교사를 정규직 전환에서 배제하고 심지어 감축(해고)을 예고하는 상황에서 이를 비판조차 하지 않았다. 그러나 비정규직 노동자들을 공격하는 칼끝이 결국에는 정규직을 겨누기 마련이다. GM 정규직 노동자들의 경험은 가장 최근 사례 중 하나다.

기간제 교사 정규직화 투쟁은 비정규 교사들의 조건을 개선하기 위한 것이기도 하지만, 역대 정부가 추진해 온 교원 구조조정(정원 감축) 드라이브에 제동을 거는 것이기도 하다. 또한 기간제 교사의 정규직화는 그만큼 정규직 임용 교사 수를 늘리기 때문에, 예비 교사들에게도 장기적 대안을 제공할 수 있다. 만일 2017년 전교조가 정부의 이간질에 맞서 기간제 교사의 정규직화를 지지하고 함께 투쟁했다면, '기간제 정규직 전환과 교원 확충'을 함께 요구하며 정부를 상대로 진지하게 투쟁을 건설했다면, 정부가 교원 감축 계획을 대놓고 추진하기 어려웠을 수도 있다.

정규직 교사들이 비정규직 교사들의 해고에 반대하고 그들의 정규직 전환 투쟁에 지지와 연대를 보내야 한다. 이것은 자신들의 조건과 교육의 질을 방어하기 위해서도 꼭 필요하다.

교육 개혁 열망을 저버린 대입 제도 개편안

　　2018년 8월 17일 교육부는 '2022학년도 대학입학제도 개편방안 및 고교교육 혁신방향'을 발표했다. 8월 7일 대통령 직속 국가교육회의가 발표한 '2022학년도 대학 입시 개편 권고안'을 대부분 수용한 것이다.

　　핵심 내용은 수능 정시 전형을 확대하고(현재 20여 퍼센트인데 30퍼센트 이상으로), 수능 상대평가를 유지하는 것이다. 학생부를 중심으로 평가하는 수시에서도 수능 최저 학력 기준을 없애지 않고 대학이 자율적으로 정하도록 했다. 제2외국어와 한문에 절대평가를 도입하기로 했지만, 국어, 수학 등 주요 과목의 상대평가가 유지되는 상황에서 이는 생색내기에 불과하다. 이에 따라 내신·수능·논술에 수상 경력 등 학생부까지 챙겨야 하는 학생들의 무거운 어깨는 조금도 가벼워지지 않게 됐다. 오히려 수능 준비를 더 신경 써야 한다는 압력만 커졌다.

　　게다가 입시 전문가들은 수능을 통한 선발이 강화되면 수능에 강한

출처: 정선영, 〈노동자 연대〉 254호(2018 8 9).

특목고·자사고 학생들이 유리해질 것이라고 전망한다. 문재인 정부는 특목고·자사고를 일반고로 전환해 고교 서열화를 없애겠다고 공약했지만, 이번 입시 개편안대로라면 특목고·자사고 입시를 위한 경쟁은 오히려 더 커질 것이다.

실제로 교육부가 이번에 발표한 '고교교육 혁신방향'을 봐도 고교 서열화를 없애겠다는 공약은 물 건너 갔다는 것을 확인할 수 있다. 정부는 2020년까지 특목고·자사고의 "일반고로의 단계적 전환을 유도"하고, 2020년까지 안을 마련해 또다시 "사회적 합의를 거쳐" 방안을 확정하겠다고 밝혔다. 집권 기간 내내 논의만 하다 시간을 다 보내겠다는 것이다. 문재인의 핵심 공약이었던 고교 학점제(입시 경쟁이 계속되는 상황에서는 애초에 취지를 살리기 힘든 공상적인 공약이었다)도 2022년부터 부분 도입해 2025년에 본격 시행하겠다고 해 차기 정권으로 공을 넘겼다.

교육부는 공론화 과정이 민주적이었고, 이번 권고안이 시민 참여단 490명의 선택이라는 점을 강조한다. 그러나 시민 참여단은 매우 제한적으로 설정된 선택지 네 개 중 하나를 선택해야 했다. 그 선택지들은 입시 경쟁을 완화할 수 있는 진정한 대안이 아니라 수능 강화냐, 내신 강화냐, 현행 유지냐 하는 형식적인 차이만 있었다. 여론조사 결과도 절대평가 도입 보다는 수능 강화에 힘을 싣는 방향으로 편파적으로 해석됐다.

이번에 미흡한 결과가 나온 것은 문재인 정부가 공을 공론화 과정으로 넘겼을 때 사실상 예견된 것이었다. 이미 탈핵 공약을 폐기하는 데도 공론화 위원회가 활용됐듯, 이번 공론화 과정도 공약을 폐기하고 정부의 책임 회피를 정당화하는 수단일 뿐이었다. 교육처럼 계급적 이해관계에 따른 좌우 정치적 대립이 첨예한 쟁점에서 협의를 통한 해결을 추구하다 보면 어정쩡한 타협과 현상 유지로 이어질 수밖에 없다.

게다가 교육부 장관 김상곤은 최근 "민중은 개·돼지"라는 발언으로 공분을 산 전 교육부 정책기획관 나향욱을 교육부 산하 중앙교육연수원 연수지원협력과장으로 복직시키기도 했다. 해직 교사 복직은커녕 해직 교사가 조합원에 포함돼 있다는 이유로 진행된 전교조 법외노조 문제조차 외면하고 있으면서 말이다. 김상곤이 누구의 편에 서 있는지 분명히 보여 주는 사례다.

중등교육을 망가뜨리고 있는 경쟁적 입시 체제의 폐해를 없애려면 서울대를 정점으로 서열화돼 있는 대학 서열 체계를 없애야 한다. 그래서 좌파들은 대학 평준화, 입시 폐지, 수능 자격 고사화 등을 주장해 왔다. 더불어 대학 서열화는 경쟁적이고 위계적으로 조직된 자본주의 체제에 그 뿌리가 있기 때문에 체제의 경쟁 논리에 맞선 저항이 커져야 한다.

그런데 진보 교육 운동 진영의 일각에서는 당장의 실현 가능성을 중시하며 대학 서열 폐지 요구를 제기하는 것은 점점 소홀히 했다. 이번 논의 과정에서도 대학 서열 폐지 요구보다는 수능 절대평가만이 강조해서 제기됐다. 물론 일반적으로 상대평가보다 절대평가가 낫다고 할 수 있다. 그러나 대학 서열 체계가 여전하다면 절대평가가 도입되더라도 선별을 위해 시험 난이도가 높아지거나, 다른 평가 기준들이 강화되는 것으로 이어질 수밖에 없다. "밥 먹기 경쟁이 계속되는 상황이라면 숟가락을 쓰든 젓가락을 쓰든 별 차이가 없는 것"이다. 이제까지 다양한 입시 개편안이 나왔지만 모두 실패한 것은 이 때문이다.

실현 가능한 방안을 우선시해서 진정한 대안을 제기하지 않는다면 입시 경쟁에 시달리는 학생·학부모·교사들의 열망을 불러일으키지 못할 것이다. 이번 대입 제도 개편안 논의가 기층 운동으로 이어지지 않고 상층의 회의 테이블 수준에서 제한된 데는 이런 영향도 작용했을 것이다.

전교조 등 교육 운동 단체들은 이번 정부의 대입 제도 개편안을 규탄하며 "김상곤 교육부 장관 퇴진"을 요구했다. 문재인 정부의 내각에서 가장 개혁적이라는 평가를 받았던 김상곤에 대한 사퇴 요구가 나오는 것은 문 정부에 대한 개혁 염원 대중의 실망을 보여 주는 또 하나의 장면이다.

이번 결과에서 드러났듯 문재인 정부와 협의를 통한 개혁에 기댈 것이 아니라 아래로부터 대중 동력을 강화해야 한다. 프랑스에서 부분적으로나마 대학이 평준화된 것은 1968년에 거대한 대중투쟁이 있었기 때문이다. 학생들이 전투적인 투쟁을 벌이고 1000만 노동자가 한 달간 파업을 하며 체제를 뒤흔든 것을 통해 부분적인 개선을 이룰 수 있었다. 이런 전망 속에서 경쟁 교육에 맞서는 투쟁을 건설해 나가야 한다.

구조조정 대상 대학 폐쇄 말고
국공립화하라

교육부는 2018년 8월 23일 '2018년 대학 기본 역량 진단' 가결과를 발표했다. 이의신청 기간을 거쳐 8월 말 확정할 계획이다. 이름을 바꾸고 일부 수정했지만 박근혜 정부가 계획했던 2주기 대학 구조조정 정책을 그대로 이어 가는 내용이다.

교육부가 이번에 발표한 2주기 구조조정안은 상위 64퍼센트(자율 개선 대학)에게는 인원 감축에 자율권을 주지만, 하위 36퍼센트(역량 강화 대학, 진단 제외 대학, 재정 지원 제한대학1·2)에게는 7~35퍼센트에 달하는 정원 감축을 요구했다. 최하위 등급의 경우 1주기 구조조정 때는 정원의 15퍼센트를 감축해야 했는데, 이번에는 그 폭이 두 배 이상 늘어났다.

한국처럼 정부의 대학 지원이 미비하고 사립대학의 등록금 의존도가

출처: 정선영, 〈노동자 연대〉 257호(2018 8 29).

높은 상황에서 35퍼센트 정원 감축은 사실상 학교 문을 닫으라는 압박과 같다. 이미 1주기 평가 때 최하위 등급을 받은 4년제 대학의 60퍼센트가 폐교했다. 이번에는 그 압력이 더 강해질 것이다. 최하위 대학이 아니더라도 많은 대학이 재정난에 빠질 수 있다. 앞으로 몇 년 안에 대입자 수가 급격하게 감소할 전망이기 때문이다.

교육부는 학령인구 감소 때문에 2021학년도 대입자 수가 올해 정원인 48만 3000명에 비해 5만 6000명 부족해질 것이고, 38개 대학이 폐교될 것이라고 발표했다. 그러나 학령인구 감소가 곧장 대학의 존폐 위기로 이어져야 할 필연적인 이유는 없다. 상황이 이렇게 된 데는 이제까지 정부가 대학 교육을 책임지지 않고 시장주의적으로 운영해 온 탓이 크다.

한국은 고등교육에서 학생 1인당 공교육비가 9877달러로 OECD 평균(1만 5028달러)에 한참 못 미친다. 국립대 비율이 OECD 최하위 수준이라 사립대학에 다니는 학생 비율이 75퍼센트에 이른다. 게다가 정부의 재정 지원은 그나마도 절반가량이 상위 20개 대학에 집중돼 있다. 전체 대학의 3분의 1가량은 정부의 재정 지원을 전혀 받지 못한다.

이런 상황에서 정부가 대학 지원을 늘리기는커녕 퇴출을 유도하는 것은 교육 불평등을 더 심화시키고 대학 구성원들에게 큰 고통을 줄 것이다. 이제까지 교육을 무계획적으로 시장에 맡겨서 생긴 정부 정책 실패의 책임을 대학 구성원들에게 떠넘기는 것이다.

폐교되는 학교의 학생, 교·직원들의 고통은 이루 말하기 힘들다. 폐교 대학의 교·직원들은 그야말로 한순간에 해고자가 된다. 2000년부터 올해 초까지 대학 16곳이 강제 폐쇄되거나 자진 폐쇄했는데(문재인 정부 들어 벌써 4곳), 이런 대학의 교직원들이 소리 없이 잘려 나간 것이다. 등록금 내고 학교 다닌 죄밖에 없는 학생들은 '부실' 대학의 '부실' 학생이라는 낙인이 찍힌다. 편입을 보장한다고 하지만 여러 어려운 조건들 때문에 실제 편입율은 44퍼센트에 불과하다(2014년 김태년 민주당 의원 발표).

지역 경제가 어려워지고, 지방 학생들의 교육 기회가 더욱 제한되는 것도 불 보듯 뻔한 일이다. 부의 불평등이 교육의 불평등이 되는 상황에서 주로 가난한 노동계급의 자녀들이 이런 고통을 겪을 것이다.

게다가 대학 퇴출 문제는 단지 일부 대학의 문제로 그치지 않는다. 다른 대학들에서도 퇴출을 피하려면 대학의 경쟁력을 강화해야 한다는 압력이 커질 것이다. 대학 전반에 시장주의적 운영 방식이 더욱 강화될 것이다.

이미 지난 20여 년간 대학 구성원들은 시장주의 교육 정책 때문에 몸살을 앓아 왔다. 기업 맞춤형 인재 육성이 강조되면서 지난 10년간 인문·사회 계열 입학 정원은 1만 명가량 줄어들었다. 반면 공대 정원은 1만 명가량 늘었고 의약 계열은 2배로 늘었다. 인문·사회·자연·예술 계열의 학생들에게는 학과 통폐합 때문에 자신의 학과가 언제 없어질지 모른다는 불안이 일상이 돼 버렸다. 학생 선별 기준의 엄정화를 요구하는 기업들의 필요에 맞춰 상대평가가 강화되고, 재수강 기준 등도 강화됐다.

교·직원들에 대한 평가도 강화돼 성과연봉제가 도입되고, 각종 비정규직 교수와 직원이 늘어났다. 대학이 수익성을 좇다 보니 열악한 비정규직 교원들의 임금은 더욱 낮아졌다. 기업의 이름을 딴 화려한 건물들은 늘어났지만 청소 노동자들은 제대로 된 휴게실 하나 없다. 학생들의 자치 공간도 줄어 간다.

대학 당국들은 대학 순위에서 더 높은 위치에 오르려고 끊임없이 경쟁하며 기업처럼 행동해 왔다. 구성원들에게 고통을 강요하는 과정에서 학내 민주주의는 더욱 후퇴해 왔다.

이 과정에서 대학 서열화, 지역 불평등, 교육에서 계급 격차는 더욱 심화하고 있다.

정부는 청년실업이 높다며 대학 구조조정을 강요했다. 그러나 대학 구조조정이 진행된 지난 수년간 청년실업은 오히려 악화했다. 4년제 대졸자의 고용률은 2006년 76.6퍼센트에서 2015년 72퍼센트로 감소했고, 정규직 취업률도 2006년 63.1퍼센트에서 2015년 52.5퍼센트로 감소했다.

진정한 문제는 심각한 경제 위기를 낳는 자본주의 체제와, 노동자들을 공격하며 안정적 일자리를 줄여 온 기업주와 정부에게 있다. 정부의 대학 구조조정은 이런 진정한 문제를 가리는 이데올로기적인 효과를 낸다.

대학 구조조정 추진 요인에 단지 학령인구 감소만 있는 게 아니라는 점도 봐야 한다. 2008년 경제 위기 이후 정부는 열악한 저임금 일자리에는 인력이 부족한데 대졸 청년들은 '눈높이'가 너무 높다며 대학 진학률을 낮추는 정책을 추진했다. 박근혜 정부는 '선취업, 후진학'을 강조하고 고졸 취업률을 높이려 했는데, 여기에는 '청년 대다수가 대학에 진학하는 것은 낭비이므로 대학에 가지 않고 열악한 저임금 일자리에서 일할 청년을 늘려야 한다'는 생각이 반영돼 있다. 실제로 2009년 77.8퍼센트이던 대학 진학률은 2017년 68.9퍼센트로 떨어졌다. 그런데 문제인 정부도 마찬가지 정책을 추진하고 있는 것이다.

그러나 교육은 인간이라면 누구나 누려야 할 권리다. 대학은 자본주의적 기업 경쟁력, 국가 경쟁력 강화를 위한 인력 양성소가 아니라 진정한 인간 발달을 이룰 기회를 제공해야 한다. 전임 교원 1인당 학생수가 OECD 평균의 두 배나 되는 현실에서 양질의 교육을 위해서는 대학 퇴출이 아니라 정부 지원을 확대해야 한다. '부실' 운영의 책임이 있는 사립대학들을 국공립화하고, 교육재정을 대폭 확충해 교육 공공성을 강화해야 한다.

문재인은 "교육 공공성 확대"를 말했지만 뻔뻔스럽게도 공약을 파기하고 있다. 정부의 재정 지원을 대폭 강화하는 공영형 사립대학을 설립하겠다고 공약했지만 최근 발표된 내년 예산에서 관련 예산은 전액 삭감했다. 대학 지원 예산을 4500억 원가량 늘렸다고 홍보하고 있지만 턱없이 부족한 수준이다. 한국의 고등교육 재정이 OECD 평균 수준에 이르려면 4조 원 넘게 증액해야 하기 때문이다.

정부의 구조조정에 맞서며 대학 공공성을 강화하려면 정부와 독립적인 투쟁을 강화해야 한다. 대학 구조조정이 불가피하다는 정부의 논리를 효과적으로 반박하며, 대학의 위기가 심화하는 상황에서 벌어질 공격에 대비해 나가야 한다.

특권 학교,
단계적 전환 아니라 전면 폐지해야 한다

교육부가 2019학년도부터 외고·국제고·자사고의 학생 우선 선발권을 없애겠다고 발표했다. 그러면서 특권 학교의 일반고 전환은 "학교 현장의 혼란을 최소화"하기 위해 희망 학교부터 단계적으로 추진한다고 밝혔다.

우선 선발권을 없애고 일반고와 동시 전형을 한다고 해도, 특권 학교가 존재한다면 그쪽으로의 쏠림은 여전할 것이다. 벌써부터 "주요 대학 진학률이 높은 대원외고, 전주 상산고, 민족사관고 등 상위권 특목고는 살아남을 것"이라는 이야기가 흘러나오고 있다.

신자유주의 교육 정책으로 대학 서열화가 더욱 공고해지고 특권 학교로 인한 고교 서열화까지 확대되면서 교육 불평등이 커졌다. 이명박 정부의 '고교 다양화 300 프로젝트'로 자사고와 특목고는 '우선적인 학

출처: 김현옥, 〈노동자 연대〉 221호(2017 9 6).

생 선발권'과 '교육과정 편성 자율권', '특별 재정 지원'이라는 3종 선물 세트를 받았다. 특목고·자사고가 매년 11월에 일반고보다 한 달 먼저 학생을 뽑아 성적이 우수한 학생을 선점하면서 일반고 슬럼화가 진척됐다. '다양성'의 이름으로 허용된 학생 선발권과 교육과정 편성 자율권은 학교를 입시 학원으로 만들었다. 전체 수업에서 국영수가 차지하는 비율이 50퍼센트를 넘는다. 이 학교들은 법인의 교육 전입금은 별로 늘리지 않고 학부모의 고액 납부금에 의존하는데, 이런 재정 구조는 노동계급의 자식들에게는 높은 진입 장벽이다.

학교 유형별 학생 1인당 연간 학비 현황(2013)(출처: 《2015 교육비평》)

구분	국제고(7)	사립외고(17)	공립외고(14)	자사고(45)	일반고(서울)
연간 학비	8,550,902원	8,373,832원	5,387,147원	8,257,028원	1,062,275원

교육부의 '2013년 학교별 연간 학비 현황'을 보면, 일반고보다 특권 학교가 대략 8배 정도 학비가 많다(표 참조). 청심국제고는 1500만 원, 경기외고는 1200만 원을 넘는 것으로 드러났다. 그야말로 특권층을 위한 '귀족 학교'라 할 수 있다. 2009년 민주당 김춘진 의원실이 발표한 '외고생 학습 실태와 교육 만족도 조사 결과' 자료를 보면, 수도권 외고의 경우 월 평균 1000만 원 이상의 고소득 가정 출신이 16.8퍼센트에 이른다. 부모의 경제 수준이 높을수록 특권 학교에 갈 확률이 높아짐으로써 계급 차별 교육이 공고화되고 있는 것이다.

이런 상황 탓에 사교육비는 갈수록 증가하고 있다. 중학생 1인당 사교육비는 2007년 23만 4000원에서 2016년 27만 5000원으로 늘었다. 2015년 조사에서 광역 단위 자사고로 진학하길 바라는 중학생 중

91.4퍼센트가 사교육을 받았다.

이런 교육 불평등과 사교육비 증가의 고통 속에서 '촛불 정부'를 자처한 문재인 정부가 들어섰다. 문재인 대통령은 대선 후보일 때 "외고·국제고·자사고를 일반고로 전환하고 일반고와 특목고, 자사고 고교 입시 동시 실시"를 공약했다. 그러나 전환 시기, 방식, 대상 등을 구체적으로 밝히지 않아 개혁 의지에 의구심을 갖게 했다. 이번에 발표된 교육부의 안도 특권 학교의 교장·학부모들의 거센 반발을 의식해서인지 일괄 전환이 아닌 단계적 전환이다. 그조차도 보수적 반발에 직면해 있다.

그러나 특권 학교 폐지는 단계적 전환이 아닌 전면 폐지가 답이다. 2017년 7월 '좋은 교사 운동'이 외고, 자사고 전환에 대한 교사들의 인식을 조사했는데 '법적 근거 삭제를 통한 일괄 전환'(49퍼센트)을 가장 많이 선택했다.

정부 출범 초기를 흔히 개혁의 골든 타임이라고 한다. 지금 특권 학교를 전면 폐지하지 못하면 보수적 압력으로 동요하다 좌절되고 말 것이다. 조희연 서울교육감이 2014년 당선 후 "학생과 학부모의 혼란을 최소화하기 위해 신중하고 단계적인 접근이 필요하다"며 자사고 지정 취소를 1년 유예하다, 결국 한 곳도 취소시키지 못하고 완패한 경험을 떠올려 보면 알 수 있다.

진보 교육감 출신인 김상곤 교육부 장관도 벌써부터 주춤하고 있다. "2015 교육과정 개정에 따른 수능은 절대평가로 추진"하겠다는 공약에서 후퇴해 일부 과목만 절대평가 하는 안이 함께 제시됐고, 절대평가 등급도 9등급으로 설정해 그 취지를 무색하게 했다. 그러나 이런 미미한 수능 개편 조차도 눈치를 보다가 1년 유예를 했다.

무엇보다 현행 대학 서열 구조를 유지한 채, 특목고 폐지, 수능 개편, 고교 학점제, 혁신 학교 확산 등 고교 체제의 개편은 그야말로 빛 좋은 개살구에 불과하다. 대학 서열 체제를 혁파하지 않는 교육 개혁은 물거품이 되기 일쑤다. 대학을 포함해 모든 학교를 평준화하고 유아 교육부터 대학 교육까지 국가가 책임지는 무상교육이 필요하다.

여전히 저질 일자리로 내몰리는
특성화고 학생들

2017년 11월 19일, 제주도에서 이민호 학생도 김용균 씨(산재로 숨진 발전소 하청 청년 노동자)처럼 혼자 기계를 수리하다 기계에 끼여서 세상을 떠났다. 그는 특성화고 학생으로 현장 실습을 나왔다가 변을 당했다. 청소년들을 가장 위험하고 열악한 곳에서 값싸게 착취하는 제도인 현장 실습을 폐지하고 제대로 된 개선책을 마련하라는 요구가 이어졌다.

문재인도 대책 마련을 약속했다. 그러나 노동부는 유족들에게 재발 방지를 위한 조치 사항을 보고하겠다던 약속을 지키지 않았다. 노동부는 사건 원인 규명이 아니라 공장 재가동을 우선했다. 이민호 학생이 혼자서 작업한 것도, 표준 계약서와는 다르게 하루 11~12시간씩 일한 것도, 모두 규정 위반이었다. 그러나 정부는 말단 교사만 경징계하는 걸로 마무리했다. 이민호 학생 아버지의 말처럼 "사고 발생의 원인이 아직도

출처: 정선영, 〈노동자 연대〉 271호(2018 12 19).

규명되지 않았고 처벌받거나 책임진 사람이 아무도 없다".

당시 교육부 장관 김상곤은 현장 실습을 전면 폐지하겠다고 말했다. 그러나 원래 6개월이었던 현장 실습 기간이 3개월로 줄고 이름을 "학습 중심 현장 실습"으로 바뀐 채 제도는 유지되고 있다.

도리어 개악도 됐다. 노동이 아닌 교육이라는 이유로 근로기준법을 적용하지 않고, 근로계약서를 쓰지 않고, 최저임금 대신 현장 실습 수당을 지급하게 한 것이다. 그 결과 임금이 반으로 줄었다. 2016년과 2017년에는 현장 실습생 10명 중 7명이 월평균 120만 원에서 160만 원을 받았다. 그런데 올해는 10명 중 8명이 월평균 100만 원 이하 임금을 받는다(민주당 조승래 의원).

일부 진보 정당은 제도 폐지가 아니라 개선을 요구한다. 그러나 현장 실습은 근본에서 청소년을 열악한 저임금 비정규직 노동자로 쓰는 정책이다. 이를 고쳐서 사용할 수는 없다. 학생들의 상황을 개선하려면 현장 실습 폐지와 함께 진정한 개선책을 추진해야 한다.

학생들이 고등학생 때부터 열악한 저질 일자리에 매이지 않게 하려면 취업을 원하는 학생들이 제대로 된 양질의 일자리를 구할 수 있어야 한다. 이를 위해 정부가 나서서 공공 부문에 양질의 일자리를 대폭 제공해야 한다. 더 근본적으로, 지금처럼 특성화고를 저임금 노동계급을 양산하는 학교로 이용하는 정책이 바뀌어야 한다.

문재인 정부는 향후 10년간 고졸 인력은 113만 명 부족하지만 대졸자는 75만 명 초과 공급된다며 대학 교육의 기회를 확대하기보다는 고졸 취업을 유도하는 정책을 쓸 계획이다. 이를 위해 정부는 열악한 중소기업에서 6개월 이상 버티면 300만 원을 지급하겠다거나(고교 취업 연계 장려금 지원 사업) 2~3년을 근속하면 혜택을 주겠다(청년 내일 채움 공제)는 등을 시행하고 있다. 일자리의 질을 개선하는 것이 아니라 열악한 일을 참고 버텨야 당근을 주겠다는 식이다.

이런 식의 정책으로는 학생, 청년 노동자들이 꽃다운 나이부터 죽어나가는 문제를 전혀 해결할 수 없다. 기업 이윤이 아니라 진정으로 학생들이 교육받을 권리와 노동자들의 삶을 우선시하는 대안이 필요하다.

정부 비리 유치원 대책 발표에 대해

2018년 10월 25일 정부와 더불어민주당이 '유치원 공공성 강화 방안'을 발표했다. 정부는 국공립 유치원을 40퍼센트로 확충하는 계획을 애초보다 1년 당겨 2021년까지 시행하기로 했다. 이를 위해 2019년에 국공립 유치원 500개 학급을 확충하려던 계획을 1000개 학급 확충으로 수정했다. 사립 유치원에 국가 관리 회계 시스템 '에듀파인'을 단계적으로 도입하고, 감사·감시·처벌 강화 방안 등도 포함됐다.

유치원 비리에 대한 공분과 기층의 압력이 일정 부분 수용된 결과다. 2018년 10월 11일 박용진 의원이 비리 유치원 명단을 공개한 뒤 학부모들의 분노가 들끓었다. 7억 원가량을 횡령한 동탄 지역의 환희 유치원에서는 학부모 200명이 모여 원장에게 공개 사과를 받아 내고, 정부의 대책 마련을 요구하는 동탄 지역 집회도 열었다. 다른 지역에서도 이런 집회를 열자는 요구들이 나오던 참이었다.

출처: 정선영, 〈노동자 연대〉 264호(2018 10 29).

미흡한 개혁 때문에 문재인의 지지율이 추락하고 노동자들의 불만은 커지는 상황에서 여론을 달랠 필요도 있었을 것이다. 특히 교육은 문재인 정부의 가장 실망스러운 분야로 꼽혀 왔다. 유아교육의 공공성 강화를 요구해 온 사람들은 이번 발표를 대체로 환영하며 대책을 제대로 실행하라고 요구하고 있다.

그런데 정부가 과연 자신의 말을 제대로 실현할 것인지 하는 의구심도 존재한다. 이제까지 정부들은 사립 유치원들의 이윤을 보장해 주는 방식으로 보육 정책을 추진해 왔다. 그 과정에서 교육부·교육청 관료들, 정치인들과 사립 유치원들 간의 부패한 유착 의혹도 끊이지 않았다.

문재인 정부도 국공립 유치원 확대를 공약했고 국가 차원의 유치원 회계 시스템을 추진했지만, 사립 유치원들의 반발 때문에 이미 지난해 후퇴한 바 있다. 유은혜 교육부 장관도 2014년 국회 토론회에서 사립 유치원 상속세를 비과세해야 한다며 사립 유치원 원장들의 이해관계를 옹호했던 적이 있다. 경기도 교육청도 지난 몇 년간 사립 유치원들에 특정 감사를 진행했는데 2019년부터는 하지 않기로 했다가 이번 일을 계기로 번복한 바 있어 의혹을 샀다. 보수 야당뿐 아니라 여권 인사들도 사립 유치원들과 유착 의혹에서 자유롭지 않은 것이다.

그래서 이번 폭로가 나오는 데 기여한 '정치하는 엄마들'은 "정계, 교육 부처와 유아교육기관 유착 의혹"도 밝히라고 요구하며, "이번 대책이 발표로만 끝나지 않게 계속 감시할 것"이라고 했다. '정치하는 엄마들'은 장하나 민주당 전 의원 등이 주축이 돼 2017년에 결성됐는데, 정부와 교육청들에 유치원 감사 결과를 공개하라는 정보 공개 청구와 소송 등을 진행해 왔다. 이런 노력을 바탕으로 박용진 의원의 폭로가 이어진 것이었다.

정부는 이번에 국공립 유치원 확충 계획을 발표했지만 재원과 인력 확충 방안이 충분치 않다. 정부는 2019년 예산 5000억 원에 필요하면 예비비를 투입하겠다고 했다. 그러나 정부는 2017년에 국공립 유치원 확대에 2000억 원가량을 투입해 501개 학급을 늘렸지만, 국공립 유치원에 다니는 아동 수는 32명 느는 데 그쳤다. 사립 유치원들의 반발을 피하고 재정을 절감하려고 수요가 적은 곳에 국공립 유치원을 지었기 때문이다. 그래서 국공립 유치원에 다니는 아동 비율이 전국은 25.5퍼센트인 반면 대도시는 16.6퍼센트에 불과하다.

정부는 적은 비용으로 국공립 유치원을 늘리기 위해 공영형, 매입형, 장기 임대형 등으로 국공립의 형태를 다양화하겠다고 밝혔다. 그런데 공영형의 경우는 사립 유치원에 정부 지원을 강화하겠다는 것인데, 이런 형태는 또 다른 비리를 낳는 온상이 될 수 있다. 정부는 이사회에 공영이사를 파견해서 비리를 막을 수 있다고 하지만 여전히 일상적인 운영권이 민간 사업주에게 있기에 한계가 있을 수밖에 없다. 비슷한 형태인 서울형 어린이집이나 공영형 어린이집 등에서도 비리가 끊이지 않았다.

국공립 유치원 확대에 반드시 필요한 교사 확충 계획도 이번에 발표되지 않았다. 정부는 2019년 국공립 유치원 교사 신규 임용 수를 지난해의 70퍼센트 수준으로 줄인 바 있는데, 제대로 된 교사 확충 계획을 내야 한다.

장하나 '정치하는 엄마들' 공동대표는 비리를 없애기 위해 "가장 중요한 건 교사들의 고용 안전이다. 어떤 문제를 제기했을 때 불이익당하지 않는 구조가 마련돼야 한다" 하고 말했다. 실제 유치원·어린이집 교사들은 비리를 제보하거나 부당한 처우에 맞서 싸우면 해직되고 블랙리스트에 올라 일자리를 구하기 힘든 경우가 많았다. 노동자들의 권리가 보장돼 유치원 내부에서 감시하는 목소리가 힘을 받을 수 있어야 한다. 또 보육 교사 처우가 개선돼야 진정으로 보육의 질이 개선될 수 있다.

사립 유치원 사이에서 만연한 비리는 이제까지 유아교육을 시장에 의존해 온 구조가 낳은 결과였다. 비리를 없애려면 이런 구조 자체를 근본에서 바꿔야 한다. 국공립 유치원을 대폭 확충해야 한다. 그 재원은 기업과 부유층 증세를 통해 마련해야 한다. 박용진 의원은 "어린이집 비리도 지적하겠다"고 했는데 이런 폭로가 확대되길 바란다.

유아교육과 보육의 공공성 강화는 기업화한 사립 유치원, 민간 어린이집의 이윤 논리에 단호하게 도전해야 가능하다. 이를 위해 노동운동의 힘이 뒷받침돼야 한다.

끊임없는 참사, 해결된 게 없다

'세월호 판박이' 스텔라데이지호 침몰

"저희는 문재인 대통령의 당선으로 실종 선원들의 수색 재개가 조속히 이루어질 것으로 매우 기대하고 있었습니다. 그러나 대통령 당선 후 일주일이 지나도 스텔라데이지호 실종 선원의 수색 재개는 전혀 진전이 없습니다. … 제발 도와주세요." 2017년 5월 17일 기자회견에서 스텔라데이지호 선원 가족협의회 공동대표 허경주 씨(실종 선원 허재용 씨의 누나)가 한 가슴 절절한 호소다.

초대형 화물선 스텔라데이지호는 세월호가 뭍으로 올라온 2017년 3월 31일 남대서양에서 침몰했다. 한국인 8명을 포함한 선원 22명이 실종됐다. 원인은 무리한 선박 개조와 노후화에 따른 선체 균열로 추정된다. 세월호 참사 이후에도 한국선급의 허술한 선박 안전 검사가 개선되

출처: 김승주, "'세월호 판박이' 스텔라데이지 호: 선거와 정권 교체 속에서 가려진 비극", 〈노동자 연대〉 210호(2017 5 30)와 김승주, "스텔라데이지호 침몰 1년: '문재인 정부 1호 민원이었지만 진전된 것은 아무것도 없습니다'", 〈노동자 연대〉 242호(2018 3 27)를 종합.

지 않은 것이다. 평소 선원들은 스텔라데이지호를 "언제 침몰해도 이상하지 않은 '똥배'"라고 불렀다.

스텔라데이지호의 실종 선원들은 침몰 직후 구명벌(자체 동력이 없는 구조 보트)을 이용해 탈출했을 것으로 추측된다. 이 구명벌에는 3일 치 식량과 낚시 도구 등 생존에 필요한 장비가 구비돼 있다. 만약 사고 즉시 주변 해역을 수색했다면 구했을지 모른다.

그러나 선사는 사고가 발생한 지 12시간이나 지나서야 한국 해경과 외교부에 사고 사실을 알렸다. 사고의 파장을 축소하고 책임을 조금이라도 더는 데 급급해 선원들의 목숨은 뒷전에 둔 것이 아닌지 의심스럽다. 해수부와 외교부도 사고 사실을 안 뒤 당시 대통령 권한대행 황교안에게 보고하기까지 8시간을 허비했다. 그사이 수색의 골든타임은 속절없이 흘러갔다. 브라질 공군이 사고 발생 28시간 뒤에 수색을 시작했지만 남대서양 망망대해 어딘가로 휩쓸려 간 구명벌은 사고 발생 두 달 가까이 지난 현재까지 발견되지 않았다.

2017년 4월 3일 해수부 장관 김영석은 "가족들이 양해할 때까지 끝까지 수색하겠다"고 했지만, 이 약속은 금세 깨졌다. 해수부는 수색 해역을 통과하는 국가 소유 선박을 수색에 투입하지 않았다. "우리나라 국토 면적 정도 되는 바다를 선박 3~4척이 수색하는 꼴이다. 산꼭대기에서 산 아래에 있는 가방 찾기와 다르지 않다. 위성도, 심해 수색 장비도 갖추고 있지만 사용하지 않는다."(실종자 가족)

비상대책반 담당 부서인 외교부는 실종자 가족에게 정례 브리핑을 제공하겠다고 했지만, 어느 날 갑자기 '특이 사항이 있을 때 하겠다'고 통보해 왔다. 실종자 수색 상황실 공간도 정부가 아니라 선사가 마련하도록 했다. 그나마도 선사는 5월 초 사무실 임대 계약이 끝났다며 퇴거를 통지했다.

결국 새 대통령이 당선한 2017년 5월 9일, 외교부는 카카오톡 메시지로 실종자 가족 대표에게 수색 종료를 일방적으로 통보했다.

선사는 회사 경영을 이유로 수색에 투입했던 자사 선박들을 일방으로 철수시켰다. 그러면서 실종자 가족들에게는 "특별 위로금"을 꺼내 들었다. 아직 실종자들의 생존 가능성에 희망을 걸고 있는 가족들을 '유가족' 취급하며, 수색을 중단하는 대신 보상금 협상을 하자는 것이었다. 세월호 유가족들이 외쳤던 "생명보다 돈이 먼저냐"는 절규가 또다시 스텔라데이지호 실종자 가족들의 입에서 터져 나왔다.

"잘못이 있다면 처음부터 정부를 믿은 거겠죠. 책임지려는 사람은 아무도 없고 피해자만 있어요." 황교안 정부에게 잔인하게 버림받은 실종자 가족들은, 문재인이 대통령 후보 시절 "당선하면 스텔라데이지호 문제를 최우선 과제로 다루겠다"고 한 약속에 기대를 걸었다. 그러나 2017년 5월 26일 대통령 면담 요청 민원을 전달하려고 청와대를 찾은 실종자 가족들은 경찰 100여 명에게 가로막혔다.

이날 기자회견에서 스텔라데이지호 선원 가족협의회 공동대표 허경주 씨는 분통을 터뜨렸다. "저희는 (정부의 관계 부처 합동 브리핑에서) 실종자 가족들의 [요구] 사항 10가지를 제출했지만 정부 부처들은 단 한 개의 답변도 준비해 오지 않았[습니다.] … [그런데도] 정부는 집중 수색은 커녕 선사에 대한 압수수색을 진행하면서 초점 흐리기를 시도하고 있습니다."

4·16가족협의회 심리생계지원분과장 '재욱 엄마' 홍영미 씨가 연대 발언을 했다. "세월호 참사의 교훈을 배우지 못했기 때문에 스텔라데이지호 사고가 발생했다고 생각합니다. … 박근혜와는 다르리라고 믿는 현 정부에게 요구합니다. 지금이라도 조속히 구조 수색 작업의 책임을 다하십시오. 피해자의 목소리에 귀를 기울여야 합니다."

경찰들 앞에 가로막히자 한 실종자 가족이 오열했다. "문재인 대통령을 만나게 해 주세요. 김정숙 여사라도 만나게 해 주세요. 여사도 아들을 키우시니 제 마음을 알 거잖아요. 내 아들은 26살밖에 안 됐습니다. 내 목숨을 내놓을 테니 아들 좀 찾아 주세요."

침몰 1년을 맞아 열린 2018년 3월 26일 기자 간담회에서 스텔라데이지호 가족대책위원회 공동대표 허경주 씨는 "1호 민원이라는 타이틀과는 다르게 아무것도 진전하지 못했다"고 비판했다. 가족들은 심해 수색으로 블랙박스를 회수해서 참사 당시의 상황을 정확히 파악해야 한다고 요구해 왔다. 그래야 선사인 폴라리스쉬핑을 처벌하고 재발 방지 대책을 세울 수 있기 때문이다.

그런데 2018년 예산안 통과 과정에서 스텔라데이지호 심해 수색 장비 투입 예산은 제외됐다. "선례가 없다"는 이유였다. 가족대책위 공동대표 허영주 씨는 "국회의원 100명을 일일이 만나 설득했을 때는 다들 동의했는데 막상 예결산위원회가 열리자 제대로 된 이유 없이 예산이 없어졌다"며 울분을 터트렸다.

예산 삭제 결정에는 자유한국당뿐 아니라 민주당 의원들도 동의했다. 허영주 씨는 이렇게 말했다. "[정부는] 선례를 안 남기려고 한다. [해상] 사고가 날 때마다 심해 수색 장비 투입 요청이 계속 들어올 수 있다. 정부에게는 앞으로 안전사고가 안 날 거라는 자신이 없다. 스텔라데이지호랑 똑같이 위험한 배가 한국에 27척 더 있고 관리도 안 되고 있[기 때문이]다."

실제로 2017년 6월 30일 해수부는 폴라리스쉬핑이 소유한 노후 선박들을 검사했지만 '아무 문제 없다'는 결론만 내놨다. 그런데 3개월 뒤 폴라리스쉬핑은 노후 선박 3척을 알아서 폐선했다. 그만큼 선박들의 상태가 심각했다는 증거다.

2013~2016년에 스텔라데이지호처럼 유조선을 광석선으로 개조한 배 52척에서 총 1088건의 결함이 신고됐고, 이 중 43.1퍼센트가 폴라리스 쉬핑이 소유한 개조 노후선 19척에서 발생했다는 보도도 나왔다(영국 〈로이드 해사일보〉).

예산 삭제 결정 후 가족들이 항의한 끝에, 정부는 예비비 범위 내에서 심해 수색 장비를 투입하는 방안을 논의 중이다. 그런데 정부는 장비 투입의 목적을 "침몰 선박의 위치 및 상태 확인"으로 제한하고 있다. 가족들이 핵심적으로 요구해 온 블랙박스 회수가 빠져 있다.

허경주 씨는 부실한 조사 결과가 '최종 해결'처럼 알려질까 봐 우려한다. "배 마크를 사진 찍어서 올라오는 게 무슨 의미가 있나? 정부가 대단한 걸 해 주는 것처럼 언론 보도가 나가겠지만 현실은 가족들과 조율이 안 된 것이고, 가족들이 피땀 흘려 싸워야 한다."

문재인 정부는 재난 대처와 안전 문제를 최우선 과제로 삼겠다고 했다. 그러나 눈앞의 피해자들을 외면하면서 어떻게 안전한 사회를 만들 수 있다는 말인가? 수색 성공 가능성이 낮다고 여겨, 수색에 투입될 돈과 행정적 노력을 아까워하는 것은 아닌가?

문재인 정부는 말로만 '안전 사회', '세월호 참사의 교훈' 운운하지 말고 스텔라데이지호 실종 선원 가족들의 목소리부터 들어야 한다. 정확한 침몰 원인을 밝혀 선사를 처벌하고, 안전 규제를 대폭 강화해 노후한 개조 선박들의 운항을 지금 당장 금지해야 한다. 그것이 선사의 이윤을 침해하는 것일지라도 말이다. 또 실종자 수색 재개에 필요한 예산은 물론 평범한 다수를 위한 공공 투자를 대폭 늘려야 한다.

2018년 2월 말에는 스텔라데이지호 침몰 주변 해역에서, 스텔라데이지호보다 예전에 침몰했던 다른 배의 구명보트가 온전하게 발견된 바 있다. 보트 안에 가벼운 페트병이나 구명조끼가 그대로 남아 있을 정도였다. 가족들은 같은 해역을 표류하고 있을 스텔라데이지호 구명정도 이런 온전한 상태일 수 있다며, 즉각 재수색을 촉구하고 있다.

가족이 살아 있을지도 모른다는 "0.1퍼센트의 가능성"을 간절히 기다리고 있는 실종 선원 가족들은 하루하루가 끔찍하게 아까울 것이다. 정부는 가족들의 간절한 바람을 더는 외면하지 말라.

이윤 논리에 노동자 안전은 뒷전

세월호 참사, 메르스 사태 등 박근혜 정부가 안전 문제에서 보인 무관심과 무능 때문에 문재인은 대선 때부터 안전 문제를 부각했다. 집권 후에도 문재인은 "그 어떤 것도 노동자의 생명과 안전보다 우선될 수 없다"며 "2020년까지 산재 사망자를 절반으로 줄이겠다"고 말했다. 그러나 현실은 조금도 개선되지 않았다.

2018년 2월 고용노동부가 28년 만에 산업안전보건법(이하 '산안법') 전부 개정안을 입법 예고 했다. 그러나 노동자들은 매우 미흡하다며 '언 발에 오줌 누기'라고 평한다. 건설기계, 화물 노동자 등 특수고용 노동자는 여전히 적용 대상에서 빠져 있고, 노동자의 작업 중지권 발동은 제대로 보장하지 않는 등 곳곳에 허점이 있기 때문이다.

2018년 4월 25일 광화문에서 "NO! 위험의 외주화, YES! 중대 재해 기업 처벌법 제정, OUT! 과로사·장시간 노동: 4·28 산재사망 노동자

출처: 장우성, 〈노동자 연대〉 246호(2018 4 29).

추모 민주노총 결의대회"가 열렸다. 이 자리에 모인 노동자들은 이윤 논리에 생명과 안전을 위협받고 있는 현실을 개선해야 한다고 목소리를 높였다.

산재 사망 사고가 발생하면 고용노동부는 해당 작업장에서 원인 규명과 재발 방지 대책이 마련될 때까지 작업을 중지시킬 수 있다. 그러나 현실에서 작업 중지 명령은 요식행위에 불과하다.

2017년 10월 한국타이어 공장에서 30대 노동자가 기계 협착으로 목숨을 잃었다. 이 사고로 발동된 작업 중지 명령은 5일 뒤 사측의 작업 재개 요청이 접수되자 불과 3~4시간 만에 해제됐다. 절차상 노동자들과 면담을 통해 위험 요소 제거 여부를 확인하도록 돼 있지만, 현장 관리자인 팀장들과의 면담만 했을 뿐이다. 이런 일은 드물지 않다. 2018년 3월 2일 노동자 4명의 목숨을 앗아간 부산 엘시티 추락 사고 현장도 재발 방지 대책이 충분히 마련되지 않았지만 결국 35일 만에 노조의 반발을 무시한 채 작업 중지 명령이 해제됐다.

작업 중지와 해제의 권한은 고용노동부와 기업주에게만 실질적으로 부여돼 있다. 현행 '산안법'상 노동자에게도 작업 중지권이 있지만, 나중에 회사가 작업을 중지한 노동자를 징계하거나 심지어 수억 원대 손해배상까지 청구하는 현실에서 사실상 무용지물이다. 산재 사고가 잦은 건설업, 조선업의 노동자들이 대부분 고용이 불안한 비정규직이라는 점을 감안하면 작업 중지권이 잘 발동되지 않는 이유를 짐작하는 것은 어렵지 않다.

고용노동부 통계를 보면, 2017년 산업재해 사망자 수는 1957명으로 전년 대비 10.1퍼센트(180명) 증가했다. 사고로 인한 사망자 수는 964명으로 비슷한 수준이고, 업무상 질병으로 인한 사망자는 185명이 증가한 993명이었다. 유해한 작업환경 속에서 건강과 목숨을 잃는 노동자들은 꾸준히 늘어나고 있다. 그러나 기업주들은 비용 절감을 위해 진실을 은폐하는 데 급급하고 정부는 이런 현실을 외면하고 있다.

금속노조 박세민 노동안전보건실장은 이렇게 말한다. "금속노조가 현장에서 다량 사용되고 있는 여섯 개 안전 장갑을 검사해 보니, 모든 검사 대상 장갑에서 디메틸포름아미드DMF 잔존량이 독일 안전기준을 초과했고, 심지어 독일 기준의 80배가 넘는 장갑도 있었다. 한국은 최종 제품에 남은 DMF 잔존량에 대해 아무 기준이 없다. 이 장갑을 물에 8시간만 담가 두면 독성 물질이 제거되지만, 제조업체들은 생산 비용을 이유로 세척을 하지 않는다. 노동부에 대책 마련을 요구했더니 안전 장비가 아니라 자신들의 소관이 아니라며 외면했다."

삼성반도체 공장에서 일하다 백혈병에 걸려 11년 전에 세상을 떠난 고 황유미 씨의 아버지 황상기 씨도 책임을 회피하고자 거짓말로 일관하는 삼성의 행태를 폭로했다. "내 딸 유미가 반도체 공장에서 반도체를 화학약품에 담갔다 뺐다 하는 일을 하다가 골수성 백혈병에 걸렸습니다. 그러나 삼성은 처음에는 반도체 공장에서 화학약품을 쓰지 않는다고 거짓말하다가, 사실이 드러나자 안전한 화학약품만 쓰니 문제가 없다고 했습니다. 얼마 뒤에 또 유해 물질이 나오니까 이제는 영업 비밀이라 말을 할 수 없다며 거짓말을 하고 있습니다. 삼성반도체와 삼성사업장에서 일하다 각종 암에 걸렸다고 '반올림'[반도체 노동자의 건강과 인권 지킴이]에 알린 사람만 320명을 넘어서고 있고, 이 중에서 118명은 이미 돌아가셨습니다. 이런 엄중한 상황에도 삼성은 여전히 거짓말만 늘어놓고 있습니다."

삼성 측은 최근에도 백혈병, 림프종에 걸린 노동자와 유족들이 작업장 유해 환경을 확인하기 위해 '작업환경 측정 보고서'를 요구하자 영업 비밀이라며 공개를 거부했다. 산업통상자원부는 '국가 기밀'이라며 삼성을 편들고 나섰다. 2017년에 이 보고서를 공개하라는 대전고등법원의 판결이 있었음에도 말이다. 당시 법원은 '삼성전자 반도체 공장의 작업 환경 측정 보고서는 영업 비밀에 해당하지 않고 산재 노동자와 나아가 지역 주민의 생명과 건강을 위해 공개해야 한다'고 판결했다.

산재를 예방하는 가장 효과적인 방법은 노동자들이 안전 관리에 주도적으로 참가할 수 있도록 보장하는 것이다. 생명 안전 지속 업무의 정규직화도 그 일환이다. 그러나 위험의 외주화를 중단하겠다는 정부와 더불어민주당의 약속은 물거품처럼 사라지고 있다.

산재 사고가 빈번한 건설업과 조선업에서는 여전히 다단계 하도급이 만연해 있다.

"건설 현장에서 여전히 해마다 노동자 500~600명이 죽어 나가고 있지만, 산재가 발생해도 원청과 하청이 서로 책임을 떠넘기기에 급급하고 안전은 찾아볼 수 없다."(강한수 건설노조 부산울산경남건설지부 교선부장)

"2017년 5월 1일 삼성중공업 크레인 사고를 목격한 노동자 수백 명이 여전히 사고의 트라우마로 고통받고 있다. 해양플랜트 위 좁은 공간에 수십 명이 움직일 틈조차 없이 위험한 혼재 작업을 진행한 것이 피해를 키웠다. 다단계 하도급 구조가 이런 열악한 환경을 만들었다."(이김춘택 거제·통영·고성 조선하청지회 사무장)

"화력발전소에서 5년간 340여 건의 안전사고가 발생했고, 40건의 사망 사고가 발생했다. 사고 피해자는 90퍼센트 이상이 비정규직 노동자다. 발전소에서 일하는 간접 고용 비정규직 노동자 7600명은 모두 필수 유지, 생명 안전 업무를 도맡아 하고 있지만, 정부의 정규직 전환 대상에는 이 중 20퍼센트만 포함됐다."(최규철 공공운수노조 한전산업개발지부 태안화력지회장)

과로, 장시간 노동도 노동자들을 건강과 목숨을 위협하는 유해 환경이다.

발전소 비정규직 노동자들은 "한 달에 무려 100시간이 넘는 연장 근무"로 과로에 시달리며 안전 사각지대로 내몰리고 있다. 학교급식 노동자들도 "높은 노동강도에 시달리면서도 대체 인력 부족으로 휴식조차 제대로 취할 수 없다 보니 골병은 자연스러운 일"이라고 말한다.

서울대병원 노동자들은 "환자를 돌봐야 할 병원 노동자들이 아픕니다"는 팻말을 들고 행진했다. 보건업은 2018년 2월 노동시간 관련 근로기준법 개정 시 특례업종으로 주당 52시간 근로 규정에서 제외됐다.

최근 노동자 두 명이 연달아 목숨을 잃은 이마트에서도 사측이 노동시간을 단축한다며 노동강도를 높인 탓에 과로가 누적돼 왔다. 하루 2번 30분씩 있는 휴식 시간이 20분으로 짧아져 스트레스가 부쩍 높아졌다. 그 시간에 진행하던 중간 정산을 할 시간조차 부족해졌다.

정부가 말로는 '안전 사회'를 외쳐도, 실상은 기업의 이윤을 우선순위에 두고 있기 때문에 현실에서 산업재해가 획기적으로 줄어들 것을 기대하기는 어렵다. 안전한 일터를 만들기 위한 가장 효과적인 대안은 노동자들이 강력한 투쟁으로 이런 정신 나간 우선순위를 뒤흔드는 것이다.

청년 비정규직 노동자 김용균 씨 사망 한 달

말로만 위로하고 정작 책임은 외면하다

태안발전소 청년 비정규직 노동자 김용균 씨가 석탄을 이송하는 컨베이어 벨트에 끼어 사망한 지 한 달이 됐다. 그는 2018년 12월 11일 새벽에 주검으로 발견됐다.

김용균 씨 사망 소식이 알려진 것은 비정규직 100인 대표단의 정규직 전환 요구 기자회견에서였다. 그의 주검이 발견되고 8시간이 흐른 뒤였다. 김용균 씨가 든 손 팻말에 적힌 "문재인 대통령, 비정규직 노동자와 만납시다" 구호가 비정규직 100인 대표단의 대표 구호였다. 이를 지지하며 동참한 인증샷이 애석하게도 고인의 유언이 되고 말았다. 동료의 억울한 죽음 소식을 전하며, 이태성 발전비정규직연대회의 간사는 이렇게 울부짖었다. "대통령은 올[2018년] 초, 국민 생명·안전 지키기 3대 프로젝트를 발표했습니다. 하청 노동자지만, 우리도 국민입니다. 죽지 않

출처: 신정환, 〈노동자 연대〉 272호(2019 1 10).

게 해 주십시오. 그 길은 위험의 외주화를 중단하는 것입니다."

김용균 씨 죽음에 대한 추모와 분노가 확산됐다. 정부에 재발 방지와 해결책을 촉구하기 위해 민주노총과 공공운수노조 등을 중심으로 고故 김용균 시민 대책위(이하 시민대책위)가 신속히 구성됐다. 하나뿐인 자식을 잃은 슬픔 속에서도, 김용균 씨의 유가족들은 고인의 억울한 죽음을 규명하고 고인의 유언을 이루고자 적극 나섰다.

김용균 씨의 죽음은 지난 20여 년간 지속돼 온 발전소 민영화·외주화 정책과 문재인의 '공공 부문 비정규직 제로' 약속 파기에서 비롯한 '사회적 타살'이다. 체제의 냉정한 이윤 경쟁 논리와 이를 수호해 온 역대 정부가 합작한 '구조적 살인'이다. "대통령에게 이 사태의 책임을 묻습니다. 공기업에서 어떻게 이토록 무지막지한 일이 벌어지고 있는지 책임을 져야 합니다."(김용균 씨 어머니)

그런데 김용균 씨가 사망한 지 한 달이 지났는데도 달라진 것이 없다. 문재인 정부가 실질적인 대책(외주화 중단, 정규직 전환)을 내놓고 있지 않기 때문이다.

정부·여당이 한 일이라곤, 산업안전보건법(산안법) 개정안을 기업주들도 수용할 만한 수준으로 통과시킨 것이 전부다. 자유한국당의 반대가 알리바이가 됐다. 문재인은 2019년 1월 8일 산안법 개정 공포안을 의결하면서 "개정 산업안전보건법은 열악한 환경에서 일하는 노동자들의 안전을 위한 법률"이라고 했는데, 가당찮다. 위험 작업의 외주화가 금지되지 않았고, 고故 김용균 씨를 포함한 발전 비정규직 노동자들은 여전히 하청 노동자다. 그래서 발전 비정규직 노동자들은 "외주화 금지와 정규직 전환이 법안에 포함되지 않은 것에 대한 실망과 불만이 크다." 이 개정안을 어떻게 '김용균 법'이라고 부를 수 있는가.

산안법 개정안이 통과되자 문재인은 김용균 씨 유가족을 만나겠다고 밝혔다. 상이한 사회 세력으로부터 협공을 받아 압착을 당한 처지에서 벗어나고자 한 꼼수로 보였다. 산안법 통과 이전부터 유족과 시민대책위의 요구는 명확했는데, 청와대는 지금도 이 요구를 실질적으로 수용하지도, 책임있는 답변을 내놓지도 않고 있다. 따라서 유가족과 시민대책위가 진상 규명과 책임자 처벌, 정규직 전환에 대한 대통령의 책임 있는 조치가 있어야만, 문재인을 만난다고 한 것은 옳다.

문재인 정부가 문제 해결에 진지하다면 행동으로 보여 줄 일이다. 그러나 김용균 씨 사망 이후 문재인이 한 것은 '말로 때우기'뿐이다. "법적 안전장치를 마련하고 재발 방지 조치를 철저히 하는 것이 그의 희생을 헛되이 하지 않는 것"이라고 했지만, 동시에 친기업 규제 완화가 올해 정부의 중점 방향이라고 강조했다. 유체 이탈 화법이 전임자 못지않다.

집권 1년 8개월간 문재인 정부는 말로는 개혁을 떠들었지만 실천에서는 대중의 진보적 개혁 염원을 배신했다. 공공 부문 비정규직 제로, 최저임금 1만 원, 의료 영리화 반대 공약 파기 등등. 문재인이 약속한 개혁 중, 제대로 이행된 것이 뭐가 있을까? 이것이 문재인의 지지율이 하락하고 우파가 세를 만회하고 있는 원인이다.

문재인은 2018년에 공공 부문 정규직화가 엉망진창이 되고 있는데도, 공공 기관장들을 불러 모아 놓고선 '정규직화가 순조롭게 진행되고 있다'고 격려했다. 그러면서 공공 부문 민간 투자 확대, 규제 완화 추진 등 역대 정부들의 공공 부문 민영화·외주화 정책을 유지·확산시키고 있다. 박근혜 퇴진 후 집권한 정부가 박근혜의 친기업 정책들을 계승하는 것이다. 문재인의 방향과 실천이 우경화·친기업으로 가고 있는데, 어떤 부처 장관과 공공 기관장들이 노동을 '존중'할까? 발전 비정규직 노동자들은 현 정부에서도 산업통상자원부가 발전 정비 산업의 민간 경쟁 확대 정책을 철회하지 않는 것이, 발전사 사장들이 정규직화를 거부해 온 배경이라고 한결같이 지적해 왔다.

그러므로 김용균 씨 어머니의 회한 서린 외침대로 문재인에게 책임을 물어야 한다. 많은 사람들이 문재인의 '공공 부문 비정규직 제로' 약속이 지켜졌다면 김용균 씨가 죽지 않았을 것이라고 말한다. 김용균 씨 사망 항의 운동은 문재인 정부를 정조준해야 한다.

김용균 씨의 죽음은 노동운동이 오랫동안 요구하며 투쟁해 온 비정규직 문제와 직결해 있다. 최근 3년간 많은 비정규직 노동자들이 스스로 노동조합을 만들며 싸웠는데, 그 대부분이 민주노총에 가입했다. 따라서 민주노총을 위시한 노동운동은 김용균 씨 사망 항의 운동의 최전선에서 주력 부대 구실을 해야 한다. 노동자들 자신의 문제이다.

우파가 문재인의 지지율 하락을 이용해 공세를 강화하고 있는 상황 때문에 노동운동이 문재인을 타깃 삼기를 주저해서는 안 된다. 노동계 지도부들이 지난해 연말 산안법 개정안 처리 과정에서 우파 야당은 규탄하면서 정부·여당에 대해서는 비판을 누그러뜨렸는데, 이 과정에서 정의당·민중당이 제출한 더 나은 법안은 논의도 되지 못했다. 그러나 우파가 아닌 왼쪽의 대안이 있어야 문재인의 개혁 포기에 대한 대중의 배신감과 환멸감이 사기 저하로 이어지지 않을 것이다.

민주노총과 공공운수노조 등이 2019년 1월 19일 전국노동자대회 개최를 결정했다. 당사자인 발전 비정규직 노동자들은 매주 서울 범국민 추모제에 참가해 왔고, 1월 12일엔 청와대 앞에서 집중 상경 집회를 진행한다. 공공운수노조는 "대통령의 위로 표명이 아닌 실질적 문제 해결이 될 때 대통령과의 면담[이] 가능[하다]"고 밝혔다.

지금 정부는 시민대책위의 요구들 중 어느 것 하나 진지하게 다루지 않고 있다. 시민대책위가 제시한 진상조사위원회(제대로 된 진상 규명과 강력한 책임자 처벌을 위한 기구) 구성도 진척이 더디고, 비정규직의 정규직 전환은 '기다리라'는 말뿐이다. 정부에 "실질적 문제 해결"을 압박하려면, 조합원들이 대거 참가하는 투쟁이 필요하다. 전국노동자대회가 조합원 동원의 초점 구실을 해야 한다.

이 와중에 정부는 최저임금위원회에서 인상 자체를 제약할 기구 이원화 방안을 내놓았다. 탄력근로제 확대 개악의 2월 국회 통과 방침도 여전하다. 김용균 씨 사망 항의 운동은 비정규직 정규직 전환 투쟁, 탄력근로제 확대 같은 노동조건 공격 반대 투쟁 등과 연결돼야 한다.

민주노총 지도부는 경제사회노동위원회에 기웃거리지 말고, 전국노동자대회를 그 위상에 걸맞게 조직하고 정부에 맞선 저항 구축에 실질적인 힘을 기울여야 한다. 그래야 미조직 대중과 다른 사회집단의 동참을 이끌어 낼 수 있다. 프랑스 '노란 조끼' 운동처럼 크고 단호하게 투쟁을 건설해야 한다.

개정 산업안전보건법은 '김용균 법' 아님!

정부가 제출한 산업안전보건법(산안법) 개정안이 민주당과 우파 야당들의 합의로 국회에서 통과된 지 한 달이 지났다. 산안법 개정안 통과 직후, 정부와 언론들은 개정 산안법을 '김용균 법'이라 불렀고 지금도 그렇게 부르고 있다.

잠자던 산안법 개정안이 주목받은 계기가 발전소 하청 비정규직 청년 노동자 고 김용균 씨 사망이긴 하나, 개정 산안법으론 제2의 김용균을 막을 수 없다. 외주화 금지 범위가 극히 제한(독성·위험 물질 취급 업무 등으로 한정)적이기 때문이다. 고 김용균 씨 동료들은 여전히 비정규직인 하청 노동자일 뿐이다. 발전 비정규직 노동자들이 '김용균 없는 김용균 법'이라고 부르는 까닭이다. 고 김용균 씨 어머니도 "[개정 산안법이] 왜 김용균 법으로 들어가 있는지 정말 어처구니없습니다" 하고 한탄했다.

출처: 신정환, 〈노동자 연대〉 274호(2019 1 31).

정부와 언론이 개정 산안법을 '김용균 법'이라고 부르는 데는 나름 의도가 있다. 고 김용균 씨 사망 문제가 해결된 양 여론을 호도하기 위함이다. 산안법 개정으로 '위험의 외주화'가 금지된 양 착각 효과를 주고 싶어서이기도 하다. 문재인은 2019년 1월 8일 바뀐 산안법을 공포하면서 "개정 산업안전보건법은 열악한 환경에서 일하는 노동자들의 안전을 위한 법률"이라고 거짓말을 했다.

그러나 개정 산안법이 기존 법보다 원청의 책임 범위를 좀 더 넓히고 처벌을 좀 더 강화하고 산재 보호 대상이 조금 는 건 사실이나, 개선 수준이 너무 쬐쬐해 노동자를 보호할 수 없다. 위험 작업의 외주화가 금지되지 않았고 원청의 책임 범위(작업 과정과 장소)도 여전히 협소하다. 작업 전반에 걸친 책임과 재해 발생 후 책임이라도 강력하게 규율해야 하는데, 그조차도 매우 불충분하다. 노동계가 사업주 책임 강화를 위해 요구한 처벌의 하한형 도입은 또다시 없던 일이 됐다. 그래서 법원의 솜방망이 처벌도 여전하다.

2019년 1월 28일, 2017년 제주도에 있는 음료 공장 현장 실습 중 사망한 고 이민호 군이 일한 업체 대표에 대해 법원은 징역 2년에 집행유예 2년과 벌금 500만 원이라는 솜방망이 처벌을 판결했다. 고 이민호 군의 아버지는 판결 결과에 분통을 터트렸다. "세금으로 수십 억을 지원한 업체에서 안전조치를 제대로 하지 않아 애가 죽었는데 집행유예라니 말이 안 된다. 유전무죄, 무전유죄 판결[이다.] 다시는 이런 사고가 없도록 하기 위해 끝까지 싸울 것[이다.]"

개정 산안법의 미미함은 국가기구인 국가인권위원회도 인정할 정도다. 2019년 1월 28일 최영애 국가인권위원장은 성명을 통해, "도급[외주화] 금지 범위가 협소하"다며 "노동자의 생명·건강에 직결된 위해·위험 작업으로 도급 금지 범위를 확대하고, 산재 위험 상황에서의 노동자 작업 중지권 실효성 확보 등을 추가로 검토할 필요가 있[다]"고 밝혔다.

그런데도 기업주들은 개정 산안법으로 기업 [이윤] 활동이 위축된다며 아우성이다. "외주를 주지 못하게 한 위험 작업의 경우 외부에 더 전문적인 기업이 있을 수도 있다. 도급 작업자의 사고를 원청자가 전부 책임지도록 한 건 지나치다."(경총회장 손경식)

문재인은 기업주들의 민원에 적극 화답하고 있다. 산안법 개정안 공포 1주일 뒤 대자본가 130여 명을 청와대로 초청하여 기업 경쟁력 확보에 "정부가 적극 협력하겠다"고 약속했다. 기업주들은 신속한 규제 완화를 요구했고, 문재인과 경제부총리 홍남기는 정부 지원을 확약했다. 정부는 올해 공공 부문에 민간 투자를 확대하겠다는 방침이다.

심지어 교육부는 연이은 현장 실습 학생들의 사망 사고에도 현장 실습 기업을 확대하는 개악안을 최근 내놓았다. 지난해 교육부가 조기 취업 형태의 현장 실습을 폐지하겠다고 밝힌 것을 1년 만에 뒤집겠다는 것이다. 전교조, 금속노조, 청소년노동인권네트워크 등으로 구성된 현장실습대응회의는 '교육부의 직업계고 현장 실습 제도 개악안 당장 중단'을 요구하고 나섰다.

문재인 정부는 보잘것없는 산안법 개정으로 고 김용균 씨 사망 문제를 통치려 하지 말고, 외주화를 즉각 중단하고 약속대로 공공 부문 비정규직을 제대로 정규직으로 전환하라.

현대제철 서른다섯 번의 죽음,
그 이유를 묻다

2007년 이후 현대제철 당진 공장에서만 35번의 죽음이 있었다. 기계에 끼이고, 가스에 질식하고, 철재에 깔리고, 추락하고, 감전되고, 열기 속에 과로하고, 암에 걸렸다(그림 참조). 2019년 2월 20일에도 컨베이어 벨트 협착 사고로 노동자가 목숨을 잃었다. 하지만 그의 죽음은 언론의 반짝 관심조차 별로 받지 못했다.

현대제철에서 중대 재해가 반복되는 구조적 원인이 무엇인지 심층 취재하려고 당진으로 향했다.

전국 5곳에 위치한 현대제철 공장 중 핵심인 당진 공장은 쇳물부터 최종 철강 제품까지 만들 수 있는 일관제철소로, 여의도 면적의 2.5배에 이르는 엄청난 규모를 자랑한다. 끝없이 이어지는 공장 담벼락을 따라가다 보면 해변가에 인접한 공장 지대가 나온다. 철광석 등 원료가 들어

출처: 김승주, 〈노동자 연대〉 279호(2019 3 20).

현대제철 당진 공장 산재 사망 사고들
2007년 이후 12년간 무려 35건!

...

2012년 9월 5일 : 쓰러지는 철 구조물에 깔림

2012년 10월 9일 : 고압전선에 감전·추락

2012년 10월 25일 : 기계 설치 작업 중 추락

2012년 11월 2일 : 작업 발판 붕괴로 추락

2012년 11월 8일 : 추락과 감전

2012년 11월 9일 : 기계 협착 후 늦은 구조

...

2013년 5월 10일 : 아르곤 가스 누출, 25세 노동자 비롯 5명 사망

...

2013년 10월 29일 : 진공배관 설치 중 추락

2013년 11월 26일 : 공장 내 화력발전소 건설 중 가스 누출

2013년 12월 2일 : 60미터 높이에서 추락

2013년 12월 6일 : 고로(용광로) 보수 작업 중 과로사

...

2016년 11월 28일 : 설비 점검 중 기계 협착. 1시간에 걸친 늦은 구조

2016년 12월 5일 : 크레인 점검 중 32미터 높이에서 추락

...

2017년 12월 13일 : 28세 노동자 예기치 못한 기계 작동으로 협착

...

2019년 2월 20일 : 컨베이어 벨트 협착

오는 곳이다. "1급 보안"이라고 적힌 표지판이 이 공장으로 향하는 길목을 일찌감치 막아선다. 비교적 인적이 드문 이 곳이 2월 20일 사망 사고가 발생한 곳이다.

사망한 노동자는 외주 업체 소속이었다. 컨베이어 벨트 아랫면에 있

는 커다란 도르래(풀리)에서 벨트를 멈춘 채 작업하고 있었다. 2미터 남 짓한 간격을 두고 바로 옆에는 벨트 4개가 빠르게 돌아가고 있었다. 원료가 지나갈 때마다 발생한 분진이 가득했다. 바닥 어떤 곳은 분진이 발목 높이까지 쌓여 있을 정도였다. 공기 중에도 많아서 안 그래도 조명이 약해 어두운 시야를 한층 더 가렸다.

노동자는 부품을 가지러 갔다가 돌아오지 않았다. 그리고 이내 작업 중이던 벨트가 아닌 바로 옆 벨트 풀리에 협착돼 쓰러진 채 발견됐다. 풀리는 머리카락이나 옷 자락만 끼어도 협착될 수 있는 위험한 설비임에도, 접근을 막아 주는 펜스망(방호울) 없이 드러나 있다.

지회 사무실을 방문해 더 자세한 얘기를 들었다. 홍승완 지회장, 김한성 부지회장 그리고 이 문제에 관심이 많은 한 정규직 노동자가 함께 했다.

홍승완 지회장은 공장 설계부터 노동자들의 안전이 고려되지 않은 것 같다고 말했다. 만약을 대비하는 안전 투자는 회사 처지에서 최대한 아껴야 할 '비용'에 불과하기 때문이다.

"컨베이어 벨트들 사이 사이에 '안전 통로'가 있어요. 제 키가 1미터 75센티미터인데도 고개를 숙이고 지나가야 해요. 자칫 머리가 부딪히면 몸이 휘청하더라고요. 바로 옆에서는 컨베이어 벨트가 쿠구궁 소리를 내면서 빠르게 돌아가요. … 난간이 있긴 한데 법적 기준은 1미터 20센티미터예요. 근데 워낙 바닥에 분진이 많이 쌓여 있다 보니까 [분진을] 밟고 서면 안 그래도 낮은 난간 높이가 소용이 없어져요. 요즘 젊은 사람들은 키도 크잖아요. 옆에서 툭 치면 벨트 쪽으로 얼마든지 쉽게 넘어질 수 있어요. … 벨트 아래 쪽도 난간이 촘촘하게 막힌 형태가 아니라 뚫려 있어서 잘못 넘어지면 밑으로도 기계에 끼일 수 있죠. … 통로 바닥에 분진이 워낙 많아서 어디가 삭아 있는지도 알 수 없어요. 잘못 밟으면 추락사죠. 이게 무슨 '안전 통로'인가 싶어요. 다 비용 절감을 위해서죠. 모든 게 다 돈이니까."

비상 정지 장치인 풀코드 스위치는 고故 김용균 씨가 사망했던 태안 화력 현장처럼 축 늘어져 있었다. 풀코드 스위치는 컨베이어 벨트를 따라 군데군데 고리를 걸어 길게 연결한 줄이다. 이 줄이 느슨할수록 멀리 잡아당겨야 스위치가 반응한다. "위급 상황에 풀코드 스위치가 쓸모 있으려면 줄을 순간적으로 탁 당겨야 하는데, 회사는 줄이 팽팽하면 기계가 오작동할 수 있다면서 황당한 변명을 해요."

노사 합동 안전 점검 결과를 보면, 조명등 중 절반에서 3분의 1가량이 켜지지 않았고 사고 현장의 조도(밝기)는 30럭스에 불과했다. 산업 안전보건기준 제21조(통로의 조명)에 규정된 조도는 75럭스다.

이곳은 컨베이어 벨트가 돌아가는 위험한 환경인데도 주변이 어둡고 분진이 많아서 중대 재해가 반복되는 장소다. "같은 원료 이송 공장 컨베이어 벨트에서만 벌써 세 번째 사망이에요. 2010년에 돌아가는 컨베이어 벨트 위로 노동자가 추락해 협착되는 사고가 있었어요. [위층 통로에서] 점검 작업을 하다가 아래 개구부가 열려 있는 걸 못 본 거죠. 현장에는 분진이 많아 앞이 잘 보이지 않는데 조명도 없었어요."

김한성 부지회장이 얘기를 이어받았다. "11시 28분쯤 야간[에] 출근해서 사고 난 거였거든요. 당시에 구조한다고 사다리차가 왔는데 거기 계단이 엄청 좁아요. 들 것을 가지고 오르락내리락하는 게 잘 안 되는 거예요. 그 과정에서 두 시간 정도 지체됐죠. 원래는 조명이 없었는데 다음 날 노동부에서 들어온다고 해서 회사 조명팀이 아침에 조명을 달더라고요. 노동부가 조사 나왔을 때 이러는 거죠. '여기 밝은데 왜 빠졌냐'고. 저는 당시에 입사한 지 얼마 안 된 신입이었는데 정말 황당했어요."

옆에 있던 정규직 노동자가 공감했다. 원료 검사 업무를 하는 그는 원료 이송 공장인 사고 현장을 자주 방문한다. "안 그래도 어두운데, 시간이 흐르면서 분진이 조명등에 들러붙어서 점점 더 어두워져요. 특히 석탄이 지나가면 시커먼 분진이 나면서 앞이 안 보이는 상황이 허다하죠. 바깥에서 현장을 볼 수 있게 해 주는 안전 카메라도 똑같아요. 벨트 위에 지나가는 게 석탄인지 철광석인지 알 수 없을 정도인데 사람이 보이겠어요? 저희[정규직 노동자들]도 현장에서 카메라를 주기적으로 닦아야 한다고 요구해요. 안전과 직결되니까."

홍 지회장과 김 부지회장은 2016년 같은 공정에서 발생한 사망 사고를 이어서 설명했다. "당시 사망한 노동자는 1인 1조로 작업하고 있었어요. 그러다가 뒤에서 설비가 오는 걸 못 보고 기계에 쓸려 들어간 거죠. 그 노동자는 작은 공간에 몸이 낀 채로 무전기를 꺼내 살려 달라고 구조 요청을 했습니다. … 사내 구조대가 처음에는 들 것만 가져 왔어요. 장비를 부랴부랴 가져왔는데 이번에는 차량용으로 달랑 하나 가져와서 설비를 뜯어낼 수 없었죠. 나중에 산소로 절단해서 꺼냈어요. 그 노동자는 한 시간 동안 기계에 낀 채 서서히 의식을 잃어 사망했어요."

비정규직지회의 통계에 따르면 2017~2018년 2년간 당진 공장 비정규직 노동자들의 산업재해는 총 137건 발생했다. 기계 끼임(협착)이 38건으로 가장 많았고 충돌이 31건, 넘어짐이 29건, 추락 13건, 고온 접촉이 10건 등이었다. 그러나 이 중 절반은 산재가 아니라 공상(회사 비용으로 보상하는 것) 처리됐다.

"현대제철 비정규직 노동자들은 직접적인 생산 라인을 담당하고 있어 위험 작업도 많이 할 수밖에 없어요. 그런데 비정규직은 산재를 당하면 평균 임금의 70퍼센트밖에 못 받아요[정규직은 100퍼센트]. 안 그래도 정규직 대비 임금이 60퍼센트고 복리 후생도 없는데 말이에요. … 예전에는 산재 은폐가 많았어요. 노조가 생기고 나서는 많이 없어졌죠. 근데 노동자들이 새끼 손가락에 금 가는 정도로는 산재 신청을 잘 안 하려고 해요. 산재 신청을 하면 하청 업체가 무재해 포상금을 못 받거든요. … 산재 신청을 한다고 다 쉽게 처리되는 것도 아닙니다. 흔히 '골병'이라고 하는 근골격계 질환처럼 눈에 잘 보이지 않는 재해는 산재 판정이 잘 안 나요. … 산재를 신청하고 인정받으면 뭐해요. 현실이 바뀌지 않는데. 산재 신청을 하고 하청 업체랑 산업안전보건위원회(산보위)를 꾸려 봤자 설비에 대한 권한을 가진 원청이 없기 때문에 소용이 없어요. … 안전 사고 예방을 위해 설비나 시스템을 개선해야 하는데 개선 요청서를 보내면 1년이 지나도 그대로입니다. 문의를 하면 '언제 신청서를 보내셨죠?', '서류가 없어졌어요'라고 해요. 그렇게 신청서를 또 보내고 두 달 후에 물어 보면 '검토 중입니다' 하고. 또 2년이 지나가고. … 저희는 원하청 공동 산보위 구성을 요구하고 있어요. 하지만 사측은 불법 파견을 인정하는 꼴이 될까 봐 극구 거부하죠."

2013년 아르곤 가스 누출 사고를 계기로 만들어진 금속노조 현대제철 내화조업정비지회 신승희 지회장은 원청이 하청 업체와 재계약을 할 때 보는 기준 중 하나가 안전 사고 빈도인데, 산재가 발생하지 않은 것으로 보고하면 하청 업체가 인센티브를 받는다고 말한다. 그러나 원청의 근본적인 안전 투자 없이 산재 발생이 줄어들 리 없다. 하청 업체는 산재 은폐를 시도한다.

이번 사고 현장에는 3월 18일부터 천안노동지청의 특별근로감독이 진행되고 있다. 사고가 발생한 지 한 달만이다. 비정규직지회는 이번 특별근로감독도 요식 행위에 그칠까 우려한다. 당진 공장에는 이미 수차례의 특별근로감독과 수십 차례 정기·수시 감독이 이뤄진 바 있다. 2013년 아르곤 가스 누출 사고 직후에는 1123건의 산업안전보건법 위반이 적발되기도 했다. 하지만 현장은 크게 달라지지 않았다.

상대적으로 빈도가 적긴 하지만 정규직 노동자들도 결코 중대 재해로부터 자유롭지 않다. 2007년 이래 사망한 노동자 5명 중 1명은 정규직 노동자였다.

특히 2017년 12월 사고로 사망한 노동자는 28살 젊은 청년이었다. 당시 그의 아내는 첫 아이를 임신 중이었다. 이 노동자는 기계 점검 작업을 마무리하던 중, 아무도 작동 버튼을 누르지 않은 상태에서 갑자기 움직인 기계에 두 차례나 끼어 사망했다.

당시 현장 조사에 참여했던 김유정 변호사(민주노총 금속노조법률원 충남사무소)는 사고의 원인이 기계 오작동일 수 있다고 추정했다. 만약 기계 오작동이 원인이라면 다른 설비에서 언제 어떻게 재발할지 모를 심각한 문제다.

당시 노조는 같은 설비를 사용하는 전체 공장의 작업을 중지하고 원인을 규명하라고 요구했다. 그러나 천안노동지청은 제대로 된 원인 규명과 대책 마련 없이 작업 중지를 해제해 버렸다. '특별근로감독에 준하는 정기 감독'을 실시하겠다고 했지만 실제로는 일부 공정에 대해서 5일 동안 부실하게 점검하고 끝나 버렸다.

문재인은 2017년 7월 산업안전보건의 날 기념식에서 "사망 사고 발생 시 작업을 중지한 뒤 현장 노동자들의 의견을 들어 안전 확보 여부를 확인하겠다"고 했다. 노동부는 '중대 재해 발생 시 작업 중지 명령·해제 운영 기준' 지침을 발표해서 현장 노동자들이 "안전[이] 확보됐다"고 해야 작업을 재개하겠다고 했다.

그러나 현실에서는 빛 좋은 개살구였다. 노동부의 직접 작업 중지 명령은 이전 정부에서 흔히 볼 수 없었던 일이긴 하지만, 각 노동지청들은 충분한 안전 실태 점검과 대책 마련 없이 금세 작업 중지를 해제해 버리기 일쑤였다. 그러는 사이 문재인 정부가 2022년까지 절반으로 줄이겠다던 산업재해는 매해 늘었다.

2017년 12월 당진 공장에서도 이런 보여 주기식 작업 중지가 반복됐던 것이다. 노동자들은 불안한 일터로 다시 발길을 옮겨야 했다. 안타깝게도 당시 좌파 지회장이 이끌고 있던 정규직노조 집행부도 이 문제로 더는 투쟁하지 않았다.

현대제철이 만든 홍보 영상에는 "안전을 최우선의 가치로 무재해 100년 제철소를 만들어 가고 있다"는 멘트가 뻔뻔스럽게 흘러 나온다. 영상 속 시뻘건 쇳물에서 산재로 죽어나간 노동자들의 피와 눈물이 보이는 것만 같다.

제철소에서는 뜨거운 쇳물이나 최대 몇 백 톤에 이르는 철강을 다뤄야 하기 때문에 어디 하나 안 위험한 곳이 없다. 노동자들은 용광로에서 흘러 나오는 쇳물을 밀어 넣거나, 한 삽에 10킬로그램 정도 되는 쇳가루를 퍼 올린다.

사측은 용광로를 식히지 않으려고 공장을 24시간 불철주야로 돌리는데, 야간 노동은 산재 위험을 높일 수밖에 없다. 2004년에 인수한 옛 한보철강 공장 설비는 많이 낡기도 했다.

현대제철은 1970년대부터 시장을 독점해 온 포스코에 비해 뒤늦게 뛰어들었음에도 현대그룹 계열사라는 이점을 이용해 성장했다. 특히 2008년 미국발 경제 위기로 세계경제가 휘청이던 속에서도 2011~2013년 당진 공장 일관제철소 건설과 2015년 현대하이스코 합병 등을 거치면서 덩치를 급속도로 키웠다. 그 치열한 이윤 경쟁 속에서 노동자들의 안전과 생명은 내팽개쳐진 것이다. 비정규직 노동자의 수도 2007년에서 2013년 사이에만 10배 늘었다.

2012년 9월 5일부터 11월 9일까지 일관제철소 건설 현장에서는 짧게는 하루에서 길게는 한 달 간격으로 사망 사고가 발생해 두 달 사이에

6명이 사망했다. 당시 하청 노동자들은 부족한 인력에 공사 기한을 맞춰야 한다는 압력에 시달렸다.

2013년에는 아르곤 가스 누출 사고를 비롯해 12명이 사망했다. 회사는 1200억 원을 안전에 투자하겠다고 했다가 사고가 반복되자 이를 5000억 원으로 늘리겠다고 했다. 하지만 그 돈이 다 어디로 간 건지 현장은 달라진 게 없었다.

그해 12월 정부는 당진 공장을 "안전 관리 위기 사업장"으로 선정했다. 그러나 특별관리감독 첫날부터 노동자가 추락사했다. 현대제철은 일간지에 대국민 사과를 실었다. 하지만 바로 다음날 고열 속에 용광로 보수 작업을 하던 노동자가 "나 너무 힘들어" 한 마디를 남기고 쓰러져 사망했다.

150여 년 전 마르크스가 《자본론》에서 공장 노동에 대해 묘사한 부분은 2019년 당진 공장의 모습과 매우 비슷하다. "빈틈 없이 설치한 기계들은 계절처럼 규칙적으로 사망자와 부상자의 명단을 제공하고 있[다.] 인위적으로 만든 높은 온도, 원료의 먼지로 가득 찬 공기, 고막을 찢는 소음 등등으로 말미암아 모든 감각기관이 손상된다. … 자본의 수중에서 [공장은] 작업 중 노동자의 생명에 필요한 것들을 체계적으로 빼앗아 가며, 생명에 위험하고 건강에 해로운 부수물로부터 노동자를 보호하는 모든 수단을 체계적으로 빼앗아 가는 것으로 변한다. … 공장을 '완화된 감옥'이라고 부르는 것이 과연 부당하겠는가?"

자본주의 하에서는 철강 노동자들이 목숨을 걸고 만든 기계가 노동자들을 잡아먹는 괴물이 돼 돌아온다. 공장은 어딘가 사람이 죽고 다쳐야 그 자리라도 찔끔 개선이 된다. 이런 식이라면 그 드넓은 당진 공장에 얼마나 더 많은 사람이 죽어야, 회사가 입에 달고 사는 "안전 100년"이 올까?

'죽지 않고 일하고 싶다'는 노동자들의 소박한 바람을 진정으로 실현하려면 자본가들의 무한 이윤 경쟁에 따라 돌아가는 현 체제의 우선순위에 도전해야 한다. 철강 시장의 지분을 놓고 현대제철·포스코 등 국내외 자본가들이 끝없이 경쟁하는 한, 각 공장 노동자들의 생명이 마모되고 위험으로 내몰리는 일 또한 반복될 것이다.

위험의 외주화를 뿌리 뽑고, 안전 대책과 처벌을 강화해서 현장에 적용하려는 노동자들의 투쟁은 그 도전의 중요한 일부다. 더는 동료의 죽음에 익숙해지고 싶지 않다는, 위험한 작업 환경에서 장시간·야간 노동에 휘청거리다가 죽고 싶지 않다는 노동자들의 지극히 당연한 요구에 현대제철 사측과 문재인 정부는 즉각 응답해야 할 것이다.

세월호 참사 5년, 수사·처벌은 제자리걸음

다시 4월이 왔다. 304명의 희생자들을 끌어안고 속절없이 침몰하는 배에서 많은 사람들이 "침몰하는 국가"를 봤다. 그리고 희생자들에게 돈이 아니라 생명이 우선인 안전 사회를 꼭 만들어 보이리라 약속했었다. 그 약속을 지키기 위한 여정에서 우리는 어디쯤 와 있을까?

세월호 참사는 이윤 우선주의의 야만과 냉혹함, 부패한 우익 정권이 노동계급의 목숨을 얼마나 천대하는지 등을 집약해 보여 준 사건이었다. 그뿐 아니라, 세월호는 미국 제국주의의 패권을 돕기 위해 제주 해군기지 건설용 철근을 대량 실어 나르던 배였다.

박근혜는 이런 체제를 유지하는 데 누구보다 충실했던 사악한 지배자였다. 박근혜는 참사 이후에도 제2의 참사를 낳을 신자유주의 정책들을 강행했고, 유가족을 끊임없이 멸시·탄압했다. 무엇보다 "돈보다 생명"을 자꾸만 상기시키는 세월호 참사를 사람들의 기억 속에서 지우려

출처: 김승주, 〈노동자 연대〉 281호(2019 4 4).

안간힘을 썼다. 최근 사회적참사특별조사위원회(이하 특조위)가 발표한 CCTV 녹화 기록 조작 의혹은 이와 연관 있을 수 있다.

이런 악행들은 부메랑으로 돌아왔다. 세월호 참사 항의는 박근혜 정권 퇴진 운동에서 가장 큰 부분 중 하나였다.

그런 점에서 대표적인 박근혜 측근이자 '세월호 적폐'인 황교안과 자유한국당이 되살아나 날뛰고 있는 현실이 분노스럽기 그지없다.

박근혜 정권이 무너지면서 세월호는 뭍으로 올라왔고, 덕분에 진상 규명이 한 걸음 진전했고, 일부 미수습자의 유해가 발견됐다. '세월호 7시간'의 윤곽이 드러났고, 박근혜를 비롯한 '인간 적폐'들이 구속되거나 정치적으로 몰락했다. 세월호 유가족은 바뀐 정부한테서 더는 모욕당하지 않았고, 집회도 방해받지 않았다.

그러나 유의미한 변화는 안타깝게도 거기서 멈춘 듯하다. 문재인 정부는 전 정부와는 달리 유가족을 대했지만 세월호 약속은 제대로 지키지 않았다.

문재인은 당선 직전이던 세월호 참사 3주기 추모식에서 국회 동의 없이 정부가 직접 진상 규명 기구를 가동하겠다고 약속했지만, 당선한 뒤에는 은근슬쩍 "국회를 믿는다"며 약속을 물렀다. 결국 자유한국당과 민주당, 국민의당은 국회에서 사회적참사특별법(2기 특조위법)을 원안에서 대폭 후퇴시켰다.

결국 지금 활동 중인 사회적참사특조위(2기 특조위)는 권한 면에서 1기 특조위와 별로 다를 게 없게 됐다. 그래서 세월호 유가족들은 검찰 내 특별 수사단 설치를 요구하고 있다. 사실 검찰 수사는 정부가 마음먹으면 곧장 진행될 수 있는 문제다.

책임자 처벌도 더 전진하지 못하고 있다. 오히려 해경 내 참사 책임자들 중 문재인 정부 하에서 고위직으로 복귀한 자들도 있다.

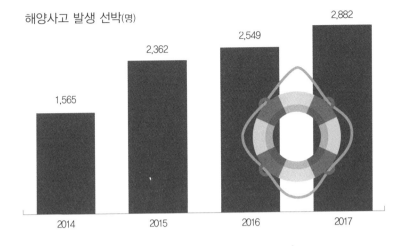

해양사고 발생 선박(명)

2014: 1,565
2015: 2,362
2016: 2,549
2017: 2,882

무엇보다 세월호 참사의 악몽을 떠올리게 하는 안전사고들이 끊이지 않았다.

해상 사고부터가 더 늘었는데(그림 참조), 언제 침몰해도 이상하지 않을 만큼 낡고 기형인 배들이 여전히 바다 위를 떠다니고 있고 있기 때문이다. 문재인 정부 1호 민원이자 '제2의 세월호'라고 불렸던 스텔라데이지호 침몰 실종자 가족들은 선사가 여전히 운항하고 있는 개조 선박 27척을 폐선하라고 요구하고 있다.

수십 명의 생명을 앗아 간 대형 참사(제천 스포츠센터와 밀양 세종병원 화재)가 계속됐고 산업재해도 도리어 늘었다.

특히 많은 사람들을 충격에 빠트린 것은 문재인 정부가 "비정규직 제로"를 약속했던 공공 기관 작업장에서 비정규직으로 일하던 24살 청년 고 김용균 씨가 컨베이어 벨트에 끼어 처참한 모습으로 사망한 사건이었다. 이후 산업안전보건법이 하청 노동자를 더 잘 보호하기 위해 개정됐다지만 곧바로 태안 화력에서 또다시 컨베이어 벨트 협착 사고가 발생했고, '죽음의 공장' 현대제철 당진 공장에서도 산재 사망 행렬이 계속됐다.

수많은 사람들이 세월호 문제를 해결하고 안전한 사회가 되길 바라며 정권을 교체했다. 그러나 문재인 집권 2년 동안 그 염원과 기대는 번번이 뒤통수만 맞았다. 유가족을 대하는 대통령의 태도는 좀더 온화해졌지만, 문재인 정부 아래서도 결국 박근혜가 지키고자 했던 그 체제의 우선순위 문제가 별반 달라지지 않았던 것이다. 대형 참사를 줄일 수 있는 실질적 조처를 실행하려면 정부의 '대형' 투자가 필요하다. 그러나 역대 정부와 마찬가지로 문재인 정부는 기업주의 방향을 거슬러 이런 결정을 할 뜻이 전혀 없다.

세월호 참사 5년, 문재인 정부 2년을 돌아보며 얻어야 할 교훈은 304명 희생자들에게 약속했던 사회를 향해 나아갈 수 있는 유의미한 변화는 민주당 정부나 국회로부터 선사되는 것이 아니라 아래로부터의 힘으로 쟁취해야 한다는 것이다. 그런 점에서 세월호 투쟁의 정치적 상징물이었던 광화문 천막과 분향소가 철거된 것은 매우 아쉽다. 세월호 투쟁은 '이제는 기억 속에 남을 과거'가 아니라 현재 진행형이기 때문이다.

세월호 참사의 교훈은 여전히 반복되고 있는 다른 참사들과 연결돼야 한다. 특히 최근 들어 활력을 되찾기 시작한 노동운동과 연결돼 "이윤보다 사람이 우선"인 사회를 향한 투쟁을 강화시켜야 한다.

3장

미세먼지와 탈핵, 무능과 배신

문재인의 미세먼지 대책
상징적 조처를 넘어설 수 있을까?

문재인은 당선 6일 뒤 미세먼지 대책을 발표했다. 일단 30년 이상 된 석탄 화력 발전소 8기를 6월 한 달 동안 '셧다운'(정지) 한다는 것이다. 2018년부터는 미세먼지 발생이 많은 봄에 4개월씩 노후 발전소 가동을 중단하겠다고 밝혔다. 미세먼지 때문에 각종 호흡기 질환으로 고생하던 사람들에게 그야말로 가뭄에 단비 같은 느낌이었을 것이다. 실제 이 발표 이후(아직 정지하기도 전인데!) 때마침 미세먼지 농도가 낮아져 새 정부 입장에서 홍보 효과는 그야말로 대단했다. 하지만 6월은 원래 미세먼지가 가장 많이 줄어드는 때다(그림 1). 생색 내기에는 적기인 것이다.

문재인은 선거운동 당시 "임기 내에 미세먼지 배출량을 30퍼센트까지 감축하겠다"고 밝힌 바 있다. 이를 위해 "석탄 화력 발전소의 신규 건

출처: 장호종, 〈노동자 연대〉 209호(2017 5 23).

그림 1 | 월별 미세먼지 농도 추이 (㎍/㎥)

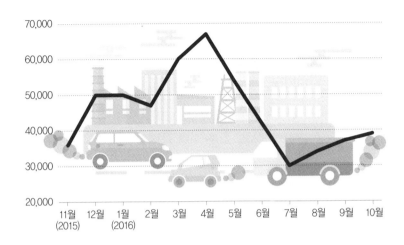

그림 2 | 월별 판매전력량 (TWh)

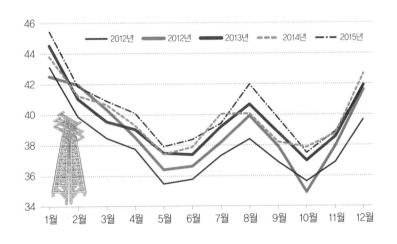

설은 전면 중단", "가동 30년이 지난 노후 석탄 발전기 10기 조기 폐쇄",
"건설 공정률이 10퍼센트 미만인 9기는 원점 재검토" 등을 약속했다.

그런데 단비 같은 '느낌'과 달리 이번 조처로 줄어드는 미세먼지는 고작 "1~2퍼센트"밖에 안 될 것이다(청와대 사회수석 김수현). 먼저 노후 석탄 화력 발전소 8기의 발전량이 전체의 4퍼센트 정도밖에 안 된다 (2015년 기준). 지난 10여 년 사이에 실제 전력 소비량에 비해 발전 설비 용량이 크게 늘어 이 정도 발전량을 줄이는 것은 전혀 어려운 일이 아니다. 실제로 이전에도 화력 발전소들은 1년 중 전력 소비량이 가장 낮은 5~6월에는 정비를 위해 가동을 일시 중단해 왔다(그림 2). 그래서 심지어 박근혜 정부 하에서도 노후 석탄 화력 발전소를 조기 폐쇄하는 방안이 발표됐었다(물론 폐쇄 시기가 명시되지 않고 시행도 되지 않았다).

게다가 정부는 발전소 가동률과 미세먼지 농도 사이의 연관성을 정확히 파악하지 못하고 있다. 그동안 미세먼지 발생을 줄이기 위한 투자가 너무 적었기 때문이다. 정부는 여전히 미세먼지의 핵심 원인이 무엇인지(중국인지 한국인지, 경유차인지 휘발유차인지 발전소인지 등) 제대로 된 진단조차 내놓지 못하고 있다. 녹색당은 문재인 정부의 미세먼지 대책을 "환영한다"면서도 정확한 진단을 함께 요구했다.

물론 화력 발전소가 주요 원인 중 하나고 특히 다른 연료에 견줘 석탄을 태울 때 미세먼지 발생량이 크게 늘어난다는 사실은 어느 정도 알려져 있다. 석탄은 미세먼지 배출량이 가스보다 272~2910배나 많다. 그런데 한국의 전체 발전량에서 석탄 화력 발전이 차지하는 비중은 2015년 기준으로 40퍼센트나 된다. 가스 발전은 2013년 25퍼센트였다가 2015년에는 19퍼센트도 안 될 정도로 줄었는데(그림 3), 이는 발전 민영화 정책과 연관이 있다. 1998년부터 시작된 민영화의 일환으로 발전소들이 분할돼 각각의 발전 자회사들이 서로 수익 경쟁을 벌여야 했다. 발전 자회사들은 자연스레 원료비가 가장 적게 드는 석탄 발전 비중을 크게 늘렸다.

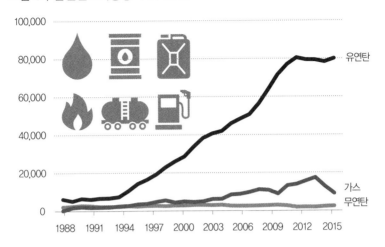

그림 3 | 발전연료사용량 추이 (천 톤)

다른 한편, 정부가 시장을 '개방'해 민간 기업의 발전 사업 진출도 늘었는데, 이들은 건설비 등 초기 투자 비용이 적게 들고 상대적으로 가동과 중단을 신속하게 전환할 수 있는 가스LNG 발전 분야에 진출했다. 2000년대 초 가스 가격 하락도 민간 기업들이 주로 가스 발전에 뛰어든 요인 중 하나였다.

그런데 최근 정부의 예측에 비해 실제 전기 사용량이 줄어들고 석탄 화력 가동률조차 떨어지자 전력 거래소는 비싼 가스로 만든 전기를 구입하지 않았다. 가스 발전 기업들은 발전을 멈춰 버렸다. 그럼에도 지난 10년 사이 전체 발전량은 크게 늘었는데 결과적으로 석탄 화력 발전의 비중만 크게 늘어난 셈이 됐다. 정확한 진단이 아니더라도 미세먼지 발생이 크게 늘어날 수밖에 없어 보인다.

따라서 앞으로 문제는 실질적으로, 즉 남아도는 전력량 이상으로 석탄 화력 발전을 획기적으로 줄일 수 있는지, 있다면 그 비용은 누가 책임져야 하는지다.

문재인 정부는 장차 석탄 화력 발전을 줄이는 한편, 가스 발전 비중을 높이고 신재생에너지 사용도 늘리겠다고 발표했다. 그런데 이를 민간에 맡겨 둔다면 전기 요금 인상은 불 보듯 뻔한 일이다.

예컨대 전력 거래소에서 구입되는 전기는 모두 발전 '원가'와 관계없이 가격이 같다. 발전 사업자들이 가격 경쟁을 벌이라는 시장 논리의 일환이다. 그런데 몇 해 전 정전 사태에서 보듯 전력은 전체 사용량보다 공급량이 조금만 적어져도 시스템이 마비된다. 그래서 생산되는 전력 중 가장 비싼 전기가 기준 가격을 형성한다. 여름과 겨울 전기 소비량이 늘고 가스 발전 등 상대적으로 비싼 발전소가 가동되면 전체 전기 가격이 크게 오르고 석탄 등 원가가 적게 드는 발전소들은 폭리를 얻는 것이다.

그런데 정부가 가스 민영화를 추진하려고 가스 수입 계약 시기를 미루다가 가격이 많이 오른 시점에 계약을 체결했고, 세계 경기 침체로 유가와 석탄 가격은 하락해 가스 발전과 석탄 발전의 생산 원가 차이가 더 커진 것이다. 한국전력공사가 최근 몇 해 동안 큰 수익을 거둬 온 배경이다.

이처럼 시장 논리 탓에 실제로는 전기 가격이 치솟고 발전사들만(한전 포함) 배를 불려 왔다. 특히 산업용 전기 요금을 할인해 주고 가정용 전기 요금에는 누진제를 적용하는 정책 때문에 기업주들은 특혜를 받고 평범한 노동계급 가정의 부담이 크게 늘었다.

최근 들어 민간 기업들도 원가가 싼 석탄 발전으로 발길을 옮기고 있다. 이들은 문재인 정부의 석탄 화력 발전소 신규 건설 중단과 건설 중인 발전소 재검토 정책에 반발하고 있다. 문재인 정부가 이들의 반발에 밀려 후퇴한다면 추가 석탄 화력 감축은 불가능해질 것이다.

다른 한편, 민간 가스 발전 사업자들은 석탄 화력 발전 감축 정책으로 "LNG 발전사들의 조기 실적 회복"을 기대하고 있다. 석탄 화력 발전 감축 계획은 일부 자본가들에게는 기회이기도 한 것이다. 아마도 문재인 정부는 다양한 발전 사업자들 사이에서 좌충우돌할 공산이 크다.

문재인 정부는 이번 조처로 전기 공급이 부족해지면 LNG 발전소의 발전량을 늘려 보완하고 LNG 발전소 발전 확대로 생기는 생산 비용 인상분은 한국전력공사가 충당할 예정이라고 밝혔다. 그러나 지금의 상징적인 조처에서 더 나아가 석탄 화력 발전을 획기적으로 줄이려면 어떻게 할 것인가.

정부가 발전 민영화를 중단하고 정부 통제를 강화해 수익이 적더라도 친환경적인 발전을 확대해 나간다면 어느 정도 효과가 있을 것이다. 그동안 값싼 전기 요금 덕에 천문학적인 이윤을 거둬 온 기업주들에게서 세금을 거둬 비용을 충당한다면 합리적일 것이다.

그러나 기업주들의 이익에 민감한 민주당이 이런 조처를 취할 것이라 기대하기는 어렵다. 사실 발전 민영화 조처는 이들이 집권한 시절에 추진된 정책이다. 설사 개과천선했다 하더라도 지금처럼 '협치'를 강조하며 '박근혜 경제 교사' 출신의 김광두 같은 인물까지 중용하는 상황에서 얼마나 나아갈 수 있을지도 의문이다.

전기 요금 인상으로 인한 실질소득 감소와 미세먼지 피해 둘 다를 막으려면 문재인 정부에 박수 치며 기다리고만 있어서는 안 된다. 실질적 조처를 요구하는 독립적 운동이 필요하다.

정부의 실효성 없는 미세먼지 대책들

미세먼지가 '국가적 재난' 수준으로 악화됐지만 문재인 정부의 미세먼지 대책은 실제 효과가 없었다. 2019년 3월 초 최악의 미세먼지가 장기간 한반도에 머물면서 사상 처음으로 7일 연속 비상저감조치가 내려졌다. 그러나 미세먼지 발생에 별 영향을 끼치지 못했다.

비상저감조치에 따라 국가 및 공공 차량 사용 제한과 국가 및 관급 건설공사 전면 중단 조처가 취해졌다. 그러나 전체 자동차 대수와 건설공사 규모를 고려하면 그 효과가 거의 없어 보인다. 차량 2부제를 민간 부문까지 확대하더라도 그 효과가 얼마나 클지는 미지수다. 그것조차 일회성에 그칠 공산이 크다. 더욱이 차량 2부제나 경유차 제한은 생계를 걱정해야 하는 서민들을 전혀 고려하지 않은 조치이기도 하다.

인공강우도 효과적인 수단이 아닌 듯하다. 성공률이 낮은데다가 성공해도 미세먼지 저감 효과가 매우 낮다. 이 분야에서 기술 발전을 이루었

출처: 이정구, 〈노동자 연대〉 279호(2019 3 20).

다는 중국에서도 인공강우로 미세먼지를 줄였다는 보고는 아직 나오지 않았다. 게다가 환경오염을 유발할 가능성도 지적되고 있다. 도로 살수 차나 공기정화기 등도 임시방편에 지나지 않는다.

미세먼지 배출이 가장 많은 곳은 제조업 사업장, 석탄 발전소, 그리고 경유차를 포함한 자동차 등이다. 그런데 이런 곳에서 미세먼지 배출량을 줄이는 대책은 찾기 힘들다.

무엇보다 고농도 미세먼지 발생을 막으려면 미세먼지 농도가 높아지기 전에 조치가 시행돼야 한다. 따라서 차량을 생산하는 자동차 기업들이 배기가스를 대폭 줄이는 장치를 달아 판매하도록 해야 한다. 기존에 판매한 차도 무상 리콜해 저감 장치를 달도록 하면 더욱 효과적일 것이다. 하지만 이런 조치는 자동차 생산자들의 이윤에 타격을 주기 때문에 실시되지 않고 있다.

기업의 수익성 악화를 최우선으로 고려하는 문재인 정부가 미세먼지를 많이 배출하는 제조업 기업을 단속하리라 기대하기도 어렵다.

석탄 발전을 줄이는 것도 꼭 필요한 조처다. 환경운동연합은 보령화력 1-2호기 등 30년이 넘은 석탄 발전소를 기존 일정보다 앞당겨 폐쇄하고 가동한 지 20년 넘고 오염 물질 배출량이 많은 석탄 발전소도 폐쇄 일정을 마련해야 한다고 주장한다. 옳은 말이다.

그러나 이 정도로는 거의 효과를 내지 못할 것이다. 문재인 정부는 2022년 완공을 목표로 신규 화력 발전소 7기를 건설하고 있는데 그 규모는 폐쇄될 석탄 화력 설비의 세 갑절 가까이 된다. 문재인 정부가 확정한 제8차 전력수급기본계획에 따르면 2030년이 돼도 화력발전은 지금보다 늘어날 것이다. 심지어 발전공기업은 최근 설비 성능을 개선해 30년 넘은 석탄발전소를 10~20년 더 가동하려는 계획을 추진 중이다.

전기차 보급이 미세먼지 대책이 되려면 전기 생산 방식을 바꿔야 한다. 그러지 않으면 도시의 미세먼지를 발전소가 있는 지역으로 옮기는 것에 불과할 뿐이다.

한국에서 중국발 미세먼지의 영향이 없는 것은 아니지만 미세먼지를 모두 '중국탓'으로만 돌리는 것은 문제가 있다. 베이징 등 수도권의 공장들이 산둥성으로 이전해 미세먼지가 한반도에 많이 유입된다는 주장도 여전히 과학적으로 입증되지 않았다.

오히려 최근 발표되는 연구 성과들은 국내 제조업과 석탄 발전소 등에서 배출하는 미세먼지가 한국의 수도권에서 생기는 고농도 미세먼지의 주범이라고 지적하고 있다. 미세먼지의 '중국탓'은 한국 정부와 기업주들, 석탄 발전소 그리고 자동차 업체들에게 면죄부를 주는 효과를 낼 뿐이다.

지구온난화로 인한 기후변화와 대기 정체가 특정 지역의 미세먼지를 이동시키지 않고 더욱 심각하게 만들고 있다. 이를 고려하면 석탄 발전과 경유차 외에 온실가스 배출도 강력히 규제해야 한다.

값싼 화석연료를 에너지원으로 하고 있는 자본주의 체제에서 미세먼지 문제를 해결하려면 시장 논리에 도전하는 강력한 규제가 도입돼야 한다. 그러나 이런 조처는 경제 위기 시기에 기업 이윤에 타격을 주기 때문에 문제인 정부는 쉽게 추진하지 못한다. 제조업 기업들의 이윤과 가격 경쟁력을 위해서는 값싼 전기를 공급해야 한다고 여기는 것이다. '탈석탄' 공약이 사실상 백지화된 이유다.

경유차 규제는 자동차 기업의 이윤을 갉아먹을 것이다. 결국 문제인 정부는 기업 이윤을 위해 수천만 명의 삶과 건강을 희생시키고 있는 셈이다.

근본에서는 화석연료가 아닌 재생 에너지를 개발하고, 지구 환경이 감당할 수 있는 지속 가능한 에너지를 사용해야 한다. 이를 위해 이윤 논리에 강력하게 도전해야 한다. 자본주의 체제를 뛰어넘는 대안이 필요하다.

탈핵 공약 폐기, 문재인 정부 규탄한다

　문재인 정부가 신고리 5·6호기 공사를 재개하기로 결정했다. '공론화 위원회'의 권고를 받아들이는 형식을 취했지만 사실상 자신의 대선 공약을 180도 뒤집은 것이다.

　문재인은 후쿠시마 핵 발전소 사고 이후 높아진 핵 발전소 반대 여론을 신경 써 스스로 "탈핵 시대로 가겠다"고 천명한 바 있다. 그러나 핵 발전소 반대 운동의 상징적 표현인 '탈핵'이라는 단어를 사용한 것 말고는 어떤 식으로도 구체적인 의지를 분명히 밝히지 않았다. 대선 당시에도 "원전 중심의 발전 정책을 전면 재검토"한다거나 "탈핵에너지 전환 로드맵 수립" 등 기약 없이 모호한 말만 했을 뿐이다. 무엇보다 문재인은 이미 집권 한 달 만에 이런 공약에서도 슬금슬금 물러서느라 바빴다.

　문재인은 고리 1호기가 영구 폐쇄된 날 현장에 참가해 생색을 냈지만 이는 박근혜 정부 때 결정된 일로 문재인 정부 자신은 이를 위해 한

출처: 장호종, 〈노동자 연대〉 225호(2017 10 20).

일이 없다. 이명박근혜 정부 하에서 고리 1호기 수명 연장을 막기 위해 싸워 온 사람들의 공을 힘 하나 안 들이고 가로챈 것이다.

게다가 바로 그날 문재인은 신고리 5·6호기 폐쇄 결정을 자신이 아니라 '공론화 위원회'에 맡기겠다고 발표했다. 이는 겉보기에 여론을 수용하는 듯한 형식을 취하면서도 사실상 책임을 회피하는 얄팍한 꼼수에 지나지 않았다. 자신을 대통령으로 당선시킨 1342만 명의 견해를 뒤집고 고작 수백 명의 의견을 물어 결정하겠다는 꼴이니 말이다.

심지어 이는 핵 산업계와 핵 발전 친화적인 인사들에게 기회를 줌으로써 사실상 탈핵 공약을 뒤집을 것임을 예고하는 것과 마찬가지였다. 핵 발전을 미화하고 사실을 왜곡하는 광고에만 매년 수백억 원을 쓰는 자들이 현실에서 훨씬 유리한 위치에 있기 때문이다.

또 신규 핵 발전소 건설을 중단하겠다고 했지만, 신고리 4호기와 신한울 1·2호기에 대해서는 아예 언급조차 없었다. 공사가 거의 완료됐지만 아직 가동되고 있지는 않은 이 핵 발전소 세 기의 용량은 폐쇄된 고리 1호기의 7배가 넘는다. 문재인 정부 임기 동안에도 핵 발전은 큰 폭으로 늘어나는 것이다.

문재인은 핵잠수함 배치 등 군사적 핵 이용 계획도 내놓은 바 있는데 이것만 보더라도 그에게 '탈핵'을 기대하기 어렵다는 사실은 비교적 분명했다. 보수 언론들은 '핵 발전소 포기는 군사적 핵 이용 기술 포기를 뜻한다'며 입에 거품을 물고 반대했는데 이는 문재인 '탈핵' 공약의 모순을 날카롭게 파고든 것이었다. 특히, 점증하는 동북아 위기 상황에서 확실하게 미국 편을 들기로 선택한 문재인 정부 입장에서 이는 결코 간단한 문제가 아니었을 것이다. 기업의 이윤을 최우선으로 여기는 자본주의 체제의 수호자인 국가의 집행권자로서 '탈핵' 과정에서 생길 경제적 부담을 기업들에게 지우기 부담스럽다는 점도 영향을 끼쳤을 것이다.

결국 문재인은 60년 뒤인 2079년(!)에 탈핵이 실현될 것이라며 사실상 자신의 공약을 거둬들였다. 따라서 이처럼 문재인의 배신이 분명해지던 시점에 탈핵 운동의 리더들이 문재인을 비판하며 운동 건설에 매진했더라면 좋았을 것이다.

형식적 민주주의의 탈을 쓴 공론화 위원회의 결정은 '존중'받을 대상이 아니다. 오히려 이제라도 문재인 정부의 위선과 배신을 직시하고 대중적 탈핵 운동을 건설해 나아가야 한다. 문재인의 핵 발전소 공사 재개 결정은 사드 배치 강행에 이은 또 하나의 배신으로 기록될 것이다.

안전한 핵은 어디에도 없다. 저렴한 핵에너지도 없다. 탈핵을 위한 비용은 평범한 대중이 아니라 값싼 전기 요금으로 환경을 파괴하고 이윤을 거둬 온 기업주들이 져야 한다.

결론

진정한 진보를 위하여

진정한 진보를 위한 투쟁

세계경제는 지금 10년째 슬럼프에서 벗어나지 못하고 있다. 그 사이에 회복되는 조짐이 두 차례쯤 있었지만 대단찮고 뒷심이 부족해 회복이라고 부를 수도 없었다.

지난 2년 사이에 선진 산업국의 지배계급은 주요한 정치적 타격을 입었다. 가혹한 긴축 정책과 빈부 격차 증대에 대한 반감 때문에 서구의 중도 세력은 대중의 신임을 잃었다(한국 정치 얘기는 나중에 하겠다).

중도가 거의 몰락한 대신에 영국 국민투표에서 유럽연합 탈퇴가 다수표를 얻고, 미국 대통령 선거에서 트럼프가 당선되는 결과가 나타났다. 또 독일과 프랑스, 이탈리아 등 유럽 중심국들에서 우익, 심지어 극우 세력이 크게 전진하고 있다.

우익도 성장했지만 좌파도 전보다 지지가 늘어났다. 미국 대선을 위한 민주당 경선에서 민주주의적 사회주의를 표방한 버니 샌더스 후보가

출처: 최일붕, 〈노동자 연대〉 253호(2018 7 25)의 일부.

꽤 많은 지지를 받았다. 비록 민주당 대선 후보가 되지는 못했어도 말이다. 샌더스 지지는 민주당 바깥에서 훨씬 두드러졌다. 영국도 노동당 대표로 제러미 코빈이 선출되고 당 대의원대회에서도 좌파 측이 다수가 돼, 당이 전보다 왼쪽으로 이동했다.

물론 선진 산업국에서 좌파는 우익에 비해 취약하다. 매우 취약해서 수십 년 이래 가장 취약한 상태라고 한다. 그래서 미국의 경우, 요즘 미국 청년들은 좌파 사상에 관심이 많다는데도 당분간 민주당이 이 새로운 좌파 청년 세대 등장의 수혜자가 될 것 같다.

어쨌든 정치적 좌우 양극화가 격심해졌다. 그래서 기존 정치 체제가 불안정해졌다. 그동안 중도 우파와 중도 좌파가 서로 번갈아 가면서 선진 산업국들의 지배계급에 안정적인 완충장치가 돼 주었는데, 그만 그들에게 당혹스런 상황이 발생한 것이다. 그리고 정치적 불안정의 시대가 열린 것이다.

자유 시장경제 정책들은 선진 산업국들의 대중 속에서뿐 아니라 지배계급에게서도 신뢰를 잃기 시작했다. 자유 시장경제 정책들로 자본주의 경제를 살릴 수 있다는 희망을 잃기 시작한 것이다. 하지만 지배자들은 자유 시장경제 정책들뿐 아니라 공적 자금 투입과 구제금융, 양적 완화 같은 경기 부양책들도 믿지 못하게 됐다.

전에 그들은 시장경제 정책과 국가 개입 정책을 잘 버무려 사용하면 경제의 장기 침체는 겪지 않고 그저 일시적인 경기순환만을 겪을 것으로 생각했다. 그러나 이제는 이 둘 다를 못 믿게 된 것이다.

그래서 일부 지배자들, 특히 트럼프와 그를 지지하는 일부 미국 지배자들은 무역 보호주의를 강화해, 서유럽과 중국을 겨냥해 관세를 대폭 올리고, 수입 할당량을 대폭 줄이고, 수입 금지 품목을 늘리기로 했다. 무역 전쟁인 것이다. 이렇게 되면 서유럽 정부들과 중국 정부도 무역 전쟁을 하지 않을 수 없다.

특히 미중 무역 전쟁은 최근 격화돼 온 두 국가 간 제국주의적 경쟁의 맥락 속에서 봐야 한다. 미국과 서유럽의 관계는 제국주의적 경쟁 관계가 아니라는 뜻은 아니다. 그저 미국과 중국의 경쟁이 좀 더 중요한 양상이라는 점을 강조하는 것이다.

냉전 종식 이래로 미국은 유일 초강대국 지위를 누려 왔지만, 이면에서는 다른 열강에 비해 그 지위가 상대적으로 약화돼 왔다. 여전히 미국의 경제력이 1위이지만 그 뒤를 중국과 독일, 일본 등이 추격하고 있다. 그 가운데 중국을 미국은 가장 위협적인 경쟁자로 보고 있다.

그래서 특히 첨단 기술 분야 보호 정책은 이 분야에서 중국이 전진하는 것을 막는 것을 목적으로 하는데, 특히 군사 장비와 관련된 기술이 그렇다. 첨단 기술 분야의 보호 문제라면 트럼프는 공화당과 민주당 모두를 자기 편으로 끌어들일 수 있다.

앞에서도 말했듯이, 선진 산업국들의 정치는 **양극화와 불안정성**이 특징이 돼 있다. 강경 우익은 기성 보수 정당 안팎에서 중요한 세력이 됐다.

좌파 세력의 처지는 뭐라고 한마디로 요약하기가 어려운데, 일부는 그리스의 현 여당인 시리자처럼 스스로 신임을 실추한 경우도 있고, 영국 노동당이나 스페인 포데모스처럼 아직 검증되지 않은 경우도 있다.

신임을 잃은 중도 정당들은 우익의 정책 중 일부를 베껴 쓰고 있다. 특히 이민자·난민·무슬림·안보 문제 등에서 수치스럽게도 그러고 있다. 중도 정당 중에는 영국 노동당만이 제러미 코빈의 지도력 아래 진로를 좌경화시켜 앞으로 나아가고 있다.

지금까지 선진 산업국들의 상황을 훑어봤는데, 신흥국 한국의 상황은 그와 사뭇 다른 것처럼 보인다. 그러나 꼭 그런 것만은 아니라는 걸 알게 될 것이다. 공통점과 차이점이 다 있다.

먼저, 문재인 대통령이 후보 시절 가장 역점을 두고 다른 후보와 토론한 문제가 사실은 경제 문제였다는 사실을 환기하고자 한다. 적폐 청산 문제가 아니었다는 말이다. 게다가 주류 정치인들은 기업인들과 자산가들의 이익 문제를 경제 문제, 민생 문제라고 부른다.

물론 문재인 대통령 후보는 나머지 대선 후보들과, 10퍼센트가량이나 되는 청년 실업 문제도 토론했다. 청년들은 대부분 시스템이 자기들에게 불리하게끔 부당하게 돌아간다고 생각한다. 그리고 그 시스템의 혜택을 부패한 대기업들이 보고 있다고 생각한다.

문재인 대통령은 몇몇 재벌 총수들을 속죄양으로 제사상에 올려 놓았다. 분노한 청년들을 달래기 위해서다. 그래 놓고는 이재용과 지금 악수하고 있다. 사실 이미 2017년 12월 5일 국회에서 법인세법 개정안이 통과될 때 정부·여당은 애당초 연간 순이익 2000억 원 이상 기업에 25퍼센트의(기존 22퍼센트) 세율을 적용하는 개정안을 제출했었다. 그러나 기업인들의 눈치를 보느라 연간 순이익 3000억 원 이상 기업에만 적용하는 것으로 후퇴했다.

또한 문재인 정부의 청년·저소득층 세입자 관련 공약 32개 중 온전히 이행된 것은 1개밖에 되지 않는다(경실련 보고). 매사가 이런 식이다. 뭔가 강력한 조처를 취할 것처럼 제스처를 취했다가 슬그머니 용두사미로 끝나는 것이다.

2017년에는 임금과 정부 공공 지출을 늘리는 듯했다. 그러나 2018년에 임금 상승을 상쇄시키는 조처들을 취하고, 공공 지출 증액을 생색내기 수준으로 만드는 조처를 취했다. 가령 2018년 예산에 대해 〈한겨레〉는 1면 제목으로 정부가 복지에 많은 재정을 투입하는 것처럼 뽑았지만, 안쪽 면 제목은 정부가 "속도 조절"을 하고 있다고 비판했다(에두르는 비판이었지만). 한국은 아동·가족 복지 공공 지출 비중이 경제협력개발기구OECD 회원국 평균의 절반으로, 35개국 가운데 31위에 그친 수준이다. 이런 나라에서 생색내기 짓을 하면 안 된다.

그동안 문재인 정부가 대중의 불만과 볼멘소리를 들은 이슈는 주요한 것만 꼽아도 이렇다. 혜화역 몰카 반대 집회에서 나온 항의, 최저임금 개악, 노동시간 단축 유예, 노동 유연화, 공공 기관 호봉제 폐지, 전교조 법외노조화 유지, 교원 성과급, 교원 평가, 대입 제도 개선 약속 파기, 공공 기관 비정규직 정규직화 생색내기 수준, 조선업 구조조정으로 인한 노동자 해고 또는 비정규직화, 사드 배치, 위안부 합의 유지, 호전적 제국주의자 트럼프 국빈 초청, 대북 제재 지속 등.

특히 지방선거 후 문재인은 우경화하고 있다. 적어도 노동정책에 관한 한 그렇다. 국민 통합이 우경화의 명분이다. 그동안 좌경적이었다는 생각을 반영한다. 그런데 우경화는 이미 지방선거 전에 예고됐다. 영남 지방에서 자유한국당 출신자들을 대거 공천했을 때 알아봤다. 이렇게 보수 정치인들을 영입한 데는 경제가 여전히 어려운 것이 한몫했다.

이렇게 경제 전망이 어둡다 보니 한국도 선진 산업국들과 마찬가지로 정치의 양극화와 불안정이 특징이다. 그렇기에 바로 2016년 말에 대통령을 몰아내겠다며 절정기에 230만 명이 거리로 쏟아져 나온 것이다.

물론 선진 산업국들과 달리 지금 한국에선 중도 세력이 집권하고 있고(터무니없게도 언론은 이들을 '진보'라고 부르고 있다), 중도 세력이 보수 세력보다 강력하다.

그러나 한국에서도 중도 세력은 자기 지지자들을 배신할 것이다. 아니, 벌써 배신하고 있다. 그러기에 문재인 대통령과 더불어민주당(이하 민주당)의 지지율이 4주째 하락하고 있다는 여론조사 결과가 보도되고 있다. 이 상황은 이미 2017년 하반기에도 전개되고 있었다. 다만 2018년 초 남북·북미 정상회담 국면이 새로 전개돼 지방선거에서 정부·여당 지지율이 정점을 찍었을 뿐이다.

이렇게 중도 세력이 지지자들을 배신해 선진 산업국들처럼 "극단적 중도" 세력이 되면, 그때는 어떻게 될까? 우리는 노무현 집권 후반부를 상기하게 된다. 2003년 초 천대받는 대중의 기대와 희망을 한 몸에 안고 취임한 노무현은 배신에 배신을 거듭한 끝에 결국 집권 후반부에 접어들면서는 대중에게 쓰라린 환멸을 안겨 준다. 이때 좌파의 정치가 매우 중요하다.

물론 선진 산업국들에서처럼 우리나라에서도 좌파의 세력은 약세다. 하지만 좌파가 중도파로부터 정치적 독립성을 확고히 유지하면서도, 중도파를 지지하던 개혁주의자들과 공동 투쟁을 펼친다면 우리는 곧 회생할 수 있다.

최근에 정의당의 지지가 늘어나고 있다. 정부·여당 지지가 줄면서 그쪽으로 옮겨가고 있는 모양이다. 좋은 일이다. 하지만 우리는 민주노동당과 통합진보당의 운명도 상기해야 한다. 통합진보당은 당내 경선 부정 문제를 놓고 분열했다. 그리고 오래지 않아 당 핵심 간부들인 경기동부계의 전쟁 대비책을 내란 음모로 몰아 국가가 강제 해산을 시켰다. 하지만 진정한 쟁점은 당내 자민통계의 친북 사상을 유시민·심상정·노회찬 씨들이 싫어하고 우려했다는 점이다.

그러나 동북아시아에서 제국주의적 갈등 문제가 중요해진 2010년대 상황에서 북핵 문제는 진정한 쟁점이 아니다. 이 점을 통합진보당 지도자들은 몰랐다. 만약 그들이 북핵이 아니라 미·중 갈등이 진정한 쟁점이라는 것을 이해하고, 한국의 좌파는 미·중 간에 어느 쪽 편도 들지 않은 채 독립적으로 제국주의와 자본주의에 반대하기로 했다면 괜스레 분열하지 않아도 됐을 것이다. 국가의 공격에도 훨씬 잘 저항할 수 있었을 테고 말이다.

지금 정의당은 북핵을 반대하는 입장으로 대체로 통일돼 있다. 이제 북한 문제로 분열하지는 않을 것도 같다. 하지만 정의당이 민주당 지지 하락의 반사이익을 얻는 것은 결코 무한정 지속되지 않을 것이다. 우파 정치 세력도 민주당 지지 하락의 반사이익을 얻고자 분투할 것이다. 그리고 민주당 안에는 정의당보다는 우파 정당들을 명백히 선호하는 자들이 명백히 더 많다.

결국 우파는 어쨌거나 세력을 꽤 되찾을 것이다. 그들이 지배계급의 제1 선호 정당임을 명심해야 한다. 이에 대항해 정의당은 자기보다 왼쪽에 있는 세력과 함께 저항해야 함을 깨닫게 될 것이다. 정의당의 성장은 제러미 코빈의 선례를 따를지 포데모스 지도자 파블로 이글레시아스의 선례를 따를지 하는 선택지에도 달려 있는 것이다.

결론을 맺어야겠다. 민주당의 배신과 그 지지자들의 환멸은 거의 예정돼 있다. 그 당의 기반이 자본가계급이고 자본가들은 장기 침체 속에서 수익성 방어에 여념이 없기 때문이다. 그러나 사람들의 의식 변화는 그저 객관적 상황에 수동적으로 반응하는 것이 아니다. 객관적 상황 못지않게 사람들 자신의 능동적인 투쟁 경험이 중요한 요인이다. 우리는 민주당 지지 하락이 천대받는 대중에게 좋지 못한 결과로 떠안기지 않도록 대중 속에서, 특히 노동계급 속에서 공동 투쟁을 준비해야 한다.

세계 상황과 한국 노동운동의 전망

1. 2008년 9월 세계경제에 공황이 들이닥친 이래 10년이 지났다. 그러나 10년이 지났어도 당시 공황이 드러낸 모순들은 해결되기는커녕 완화되지도 않았다

2008년 9월 공황은 1929년 10월 대공황 이래 가장 파괴적이고 가장 광범한 영향을 미치는 것이었다. 월스트리트의 거대 투자은행 리먼 브러더스가 파산하고, 세계 최대 보험회사 AIG도 파산 위기에 처했다. 세계 금융 시스템은 서로 긴밀하게 연결돼 있다. 그래서 공황은 전 세계 금융시장으로 급속하게 확산됐다. 한국도 예외가 아니었다.

당시에 미국 연방준비제도이사회 등 주요국 중앙은행들은 금융 시스템의 붕괴를 막는다며 수조 달러 규모의 돈을 지출했다. 물론 다른 경기 부양책들도 시행됐다. 하지만 백약이 무효였다. 미국 연방준비제도이사회 의장을 거의 20년간(1987~2006) 지낸 앨런 그린스펀은 당시 의회

출처: 최일붕, 〈노동자 연대〉 267호(2018 11 20).

에 출석해 이렇게 말했다. "시장이 내 이론적 모델대로 작동하지 않아 혼란스럽다."

당시 주요국 정부들은 '구제금융'이라는 허울 좋은 이름의 정책들을 시행했다. 그러나 그 정책들은 금융 투기자들의 손실을 보상해 주는 데 맞춰졌다. 그자들의 투기와 범죄 행위들이 금융 공황을 촉발시켰는데도 말이다.

금융 기업 경영인들이 여전히 천문학적 액수의 연봉과 보너스를 계속 챙기는 동안 수많은 노동계급 가족들은 거리로 나앉는 등 빈곤으로 내몰렸다. 특히, 유럽 정부들은 긴축 재정 정책을 실행했다. 복지와 공공 서비스 지출이 대폭 삭감됐다.

그러나 이 모든 정책들은 지난 10년간 경제를 회복시키지 못했다. 주요 경제들의 생산·고용·소득은 모두 2007년 수준을 회복하지 못했다. 2015년 통계로, 선진국 클럽 OECD 소속 나라들의 전체 가정 중 3분의 2가 2005년보다 생활수준이 낮다. 또한 당시 공황의 전야인 2007년에 비해 지금 부채 비율은 40퍼센트가 더 늘었다. 그래서 지금 세계 부채는 세계 총생산의 217퍼센트나 된다.

2. 트럼프 '무역 전쟁'은 세계 제국주의 체제라는 맥락 속에서 봐야 한다

이제 미국 지배계급은 트럼프 정부를 통해 무역 보호 정책을 강화하고 있다. 미국의 '무역 전쟁'은 단지 무역 적자를 줄이는 데 초점이 맞춰져 있지 않다. 중국 측이 미국으로부터의 수입을 늘리겠다고 제안했는데도 그 제안을 거절한 것을 보면 말이다. 미국의 요구는 특히 첨단 기술(하이테크) 산업 분야에 초점이 맞춰져 있다.

중국 측이 미국 측의 요구를 실제로 받아들일 리는 없다. 미국 측의 요구가 중국의 무기 현대화는 물론, 지금 추진하고 있는 경제 개발 계획을 전면 포기하라는 것이나 다름없기 때문이다. 요컨대 미국의 무역 전쟁은 중국더러 경제적 및 군사적 열위劣位를 감수하라는 압력이다.

게다가 미국의 무역 전쟁은 중국뿐 아니라 전통적 동맹들인 유럽과 일본도 표적으로 삼고 있다. 이 점은 다섯 달 전 미국이 유럽연합을 "적"이라고 부른 것에서 드러났다. 또 그 직후에 열린 G7 회의, 즉 서방 선진 7개국 회의에서 미국 측이 다른 참석자들에게 관세율 대폭 인상을 선포한 데서도 드러났다.

따라서 미국의 무역 전쟁은 경제 규모 1위인 국가가 경제 규모 2위인 몇 개 국가들에 미국을 따라잡을 생각은 감히 엄두도 내지 말라는 경고이자 압박인 것이다.

여기서 1등이 2등들한테 추격 포기를 호령하고 위협하는 것이 국가 안보를 이유로 들어 행해지고 있다는 점에 주목해야 한다. 2위 국가들도 마찬가지로 국가 안보를 얘기한다. 요컨대 열강의 제국주의가 진정한 쟁점인 것이다. 세계경제 문제는 반드시 제국주의 문제로 연결돼야 한다.

3. 이윤율이 근본 문제다. 그러나 "구조적 모순들"이 해결되지 않아, 이윤율은 회복되지 않고 있다

지금까지 얘기한 일들은 모두 자본주의의 이윤율이 회복되지 못해서 일어나고 있는 일들이다. 이윤율이 높고 또 올라가고 있으면, 자본주의 경제는 비교적 건강한 상태를 누릴 수 있다. 그러나 이윤율이 높지 않고 또 증가하지도 않고 있으면, 경제 공황과 불황은 점점 더 자주 발생하고 점점 더 가혹해진다. 그리고 제국주의 열강의 군국주의도 점점 더 노골적이 되고 점점 더 가차 없어진다.

자본주의가 이윤율을 회복하려면 수익성 없는 자본들이 파괴돼야 한다. 즉, 더는 충분한 이익을 내지 못하는 기업들이 파산해야 하는 것이다. 그러나 이 일은 쉽지 않다. 축적으로 자본의 규모가 커지고 그 수가 적어지는 것, 즉 소수 대기업들이 경제를 지배하는 것 때문이다. 앞에서 주요국 정부들이 파산 위기에 처한 은행들을 구제했다고 했는데, 이 일도 수익성 없는 자본의 파괴를 막는 것이다. 그러나 시스템 붕괴를 막으려면 지배자들로서는 어쩔 수 없이 구제를 해야 한다.

이윤율 회복을 위해서는 또한 부채도 없애거나 대폭 줄여야 한다. 특히, 기업들이 이자 부담을 덜어야 한다. 그러나 이 일도 쉽지 않다. 애초에 기업들이 대출을 많이 한 건 수익성이 떨어져서였다. 체제 전반의 이윤율 수준이 올라가지 않는 한 기업들이 수익성 상승을 바라기는 쉽지 않다. 수익성이 증가하지 않으니 부채 감축도 쉽지 않다.

또한 이윤율을 올리려고 로봇, 인공지능, 인터넷 등 기술 진보가 촉진된다(소위 "제4차 산업혁명"). 하지만 기술 진보는 자본의 유기적 구성을 증대시킨다. 그러면 다시금 이윤율이 낮아지는 경향이 있게 된다.

결국 경제 불황은 지속될 것이다. 위에서 언급된 "구조적 모순들"로 말미암은 "유기적 위기"(그람시)이기 때문이다.

4. 낮은 수익성과 불황 지속 전망 때문에 지배자들은 임금 억제에 계속 열을 올릴 것이다

임금 억제는 개별 자본들의 이윤 증대에 **직접적 효과**가 있기 때문에 사용자들이 가장 선호하는 방책이다. 또한 지배자들(사용자들과 국가 관료)은 신자유주의에 계속 집착할 것이다. 우리는 문재인이 겨우 집권 1년 만에 규제 완화 등 (전임자들이 시행했거나 시행하려 했던 것과 같은) 신자유주의 정책들로 돌아간 것을 봤다.

5. 신자유주의의 지속은 여러 나라들에서 포퓰리즘을 자극했다

포퓰리즘이 지지를 얻게 되는 것은, 믿었던 권력자들이 자신들을 배신했다고 서민들이 느끼는 때다.

그 권력자들이 박근혜 같은 우익이면 중도파와 진보파(중도좌파)가 반사이익을 얻을 수 있다. 반면 그 권력자들이 진보파나 중도파이면 보수 우익이 반사이익을 얻을 수 있다.

미국과 유럽에서는 우익이 포퓰리즘의 등장을 주도해 득을 보고 있다. 트럼프의 등장이 대표 사례다. 하지만 유럽에서 다양한 극우 정당들이 성장하는 것도 서민층의 포퓰리즘 정서를 이용(악용)한 것이다.

반면 한국에서는 박근혜 퇴진 운동이 포퓰리즘의 분출을 대표했다(이하에서 좌파적 포퓰리즘은 특별히 민중주의로 일컬을 것임). 그리고 그 덕분에 중도 포퓰리스트 세력인 문재인 정부가 등장했다(한국 포퓰리즘의 핵심 관심사는 남북한 관계 문제와 재벌 문제다).

그러나 문재인 정부와 여당은 임금 억제를 비롯한 (신)자유주의 정책들을 추진하고 있다. 그러므로 정치적 양극화가 급발전하고, 조만간 공식 정치 영역에서 수혜 세력은 우파 정당들이 될 수 있다.

게다가 알렉스 캘리니코스가 최근 논문에서 지적했듯이, 2015년경부터 시작된 포퓰리즘의 세계적 부상은 결코 반짝 성공이 아닌 듯하다.* 이 점은 무엇보다 트럼프 집권이 증명하고 있다. 그는 무역 보호 정책과 대중국 무역 전쟁을 본격화하고 있을 뿐 아니라 중도 세력의 아성인 독일의 중도 우파 정부를 무역 문제, 나토 문제, 이민 문제 등 다방면에서 공격하고 있다. 포퓰리즘의 성공이 일시적인 것이 아님은 여러 나라에서 우익 포퓰리스트 정당들이 전진하고 있는 것에서도 드러난다.

---

* http://isj.org.uk/legends-of-the-fall/

최근 특히 한국 노동운동 활동가들이 엄중한 경고로 여겨야 할 사례는 브라질이다. 브라질 노동자당 PT는 1970년대 말과 1980년대 초에 발전한 투쟁적 노동조합 운동으로부터 출현했다. 그런 PT였건만 그들의 정치도 민중주의 사상이 강력히 득세했다. 민중주의는 한줌 엘리트만 제외하고는 계급을 가로질러 협력하자는 사상이다. 계급 협력주의가 내재적 논리가 된다. 따라서 개량(이하 개혁)주의가 필연적으로 수반된다. 개혁주의는 자본주의의 부패에 대한 면역력이 없다. 개혁주의 정부의 일부 관료와 정치인들이 부패하는 건 자본주의의 부수적 산물이다. 2003년 집권한 PT 정부가 부패로 2016년 몰락한 건 바로 이런 개혁주의 논리를 따른 결과의 일부다. 그리고 급기야 2018년에 매우 우익적인 자본가계급 정치인(비록 파시스트는 아니지만)이 집권한 건 이런 역사적 전개의 연장인 것이다.

6. 극우의 부상은 전쟁 위험을 높인다

우익 포퓰리스트들이 전진하면 파시스트들이 득을 본다. 파시즘은 단순한 극우가 아니라 매우 특별한 극우, 즉 중간계급 서민층의 포퓰리즘적·인종차별적·민족주의적 대중운동을 기반으로 대의제 민주주의와 모든 노동자 조직을 파괴할 목적을 가진 극우다.

이 점을 안다면, 주요국 중 하나에서 파시즘이 집권하는 상황이 세계 정세에 얼마나 위험한지도 알 수 있다. G7, 즉 서방 선진 7개국의 하나에서 파시즘이 집권하면 그것은 대규모 전쟁 위험을 지금보다 한 단계 더 높이는 일이 될 것이다.

화약고는 중동일 수도 있고, 동유럽일 수도 있고, 남중국해나 대만해협일 수도 있고, 한반도일 수도 있다. 이 화약고들은 모두 뿌리(제국주의)가 같으므로 서로 연결돼 있다. 하나가 발화되면 다른 곳도 조만간 발화될 개연성이 있다.

7. 한국 노동운동은 여전히 탄력성을 보이고 있다

인상에 치우치는 경험주의자들은 외형적 전투성만으로 노동운동을 판단하려 드는 경향이 있는 데다 그들의 잣대는 우리나라 일국에 한정돼 있다. 그러나 다른 OECD 나라들에 견줘 우리나라는 노동계급 운동이 비교적 강력하다. 해마다 세계노동절과 전국노동자대회에 수만 명씩 모이는 것만 봐도 서구 노동운동과 달리 탄력적임을 알 수 있다.

노동조합 정치 면에서도 그렇다. 바로 직전에 집행권을 행사한 한상균 지도부가 민주노총 좌파들의 지지를 받았다는 점은 제쳐놓더라도 2017년 연말에 치러진 민주노총 임원 선거 1차 투표 결과를 보면, 대정부 협상을 강조한 윤해모 후보조는 겨우 11.5퍼센트만을 득표했다. 협상과 투쟁을 동시에 얘기한 김명환 후보조가 46.5퍼센트를 득표했다. 투쟁을 비교적 강조한 이호동 후보조는 17.6퍼센트를 득표했다. 16.6퍼센트를 득표한 조상수 후보조도 전통적인 좌파 기반으로부터 나온 선본이었음을 감안하면 민주노총 좌파는 여전히 조합원의 3분의 1가량 되는 기반을 유지하고 있는 셈이다.

미국이나 일본 같은 나라에서는 윤해모 후보 같은 매우 온건한 노조 관료가 가뿐하게 과반을 얻고, 좌파 후보는 5분의 1도 못 넘기기 일쑤다.

2018년 초, 문재인 정부 초기인데도 사회적 대화 참여 반대가 민주노총 대의원 30퍼센트가량의 지지를 얻었다. 그 밖의 다른 주요 의사 결정 회의에서도 좌파적 성격의 동의안은 30퍼센트 안팎의 지지를 얻었다. 10월에 열린 민주노총 대의원대회가 무산된 것도 지도부의 사회적 대화 참여 방침에 반감을 가진 대의원의 일부가 불참하면서 빚어진 일이다(그렇지 않다고 강변하는 김명환 위원장님에게는 미안하게도 말이다). 11월, 다소 아쉬운 임금 협약 잠정 합의안을 놓고 실시된 철도노조 투표에서도 서울 지역에서는 47퍼센트가 반대표를 던지거나 기권했다 (철도 노동자들은 매우 지방 분산적임을 감안해야 한다).

무엇보다 확실한 증거는 2018년 여름부터는 노동자들이 항의 수준을 넘는 형태의 투쟁을 하기 시작했다는 사실이다. 문재인 취임 직후 몇 달 동안은 노동자들이 지켜봤던 듯하다. 그 뒤로는 항의하기 시작했고, 2018년 여름부터는 실제로 싸우기 시작했다. 특히 파업이 늘어났다.

아직 대규모 사업장 노동자들이 파업을 하지 않았으므로 파업 참가자 수나 파업 손실액이 현저하게 증가하지는 않았을 성싶다. 하지만 사회주의자는 시기의 징후를 읽을 줄 알아야 한다.

8. 급진 노동조합주의와 민중주의 사이의 동요와 결합으로부터 개혁주의적 경향이 부상하다

노동운동이 상당히 회복될 것 같다는 전망보다 더 중요한 점은 노동자들의 의식을 주의 깊게 관찰해야 한다는 것이다.

남아프리카공화국과 브라질에서처럼 한국에서도 노동자 운동은 '급진 노동조합주의'와 '민중주의' 사이에서 갈피를 못 잡고 갈팡질팡 동요하는 경향이 있다. 남아공에서는 급진 노동조합주의를 '노동자주의'라고 (부적절하게) 불렀다. 필자는 위에서 좌파적 포퓰리즘을 '민중주의'라고 부르겠다고 했다.

노동조합들은 어떤 때는 김대중·노무현·문재인 같은 포퓰리스트 개혁파 정치인들의 영향을 매우 크게 받는다. 그러다가 노동조합들은 이들에게 배신당하고 반발한다. 그러나 본질적으로 노동조합 쟁점들에만 집중하고 더 폭넓은 정치 활동은 피하는 급진 노동조합주의에 따라 행동한다. 그러다가 그들은 다시 포퓰리스트 개혁파 정치인들의 영향을 크게 받는다. 그리고 또다시 배신당하고 반발한다.

1990년대 초반 전국노동조합대표자회의와 전국노동조합협의회의 구분, 1990년대 후반 국민파와 현장파의 구분, 2000년대 '(민주노총)우파'와 '(민주노총)좌파'의 구분 등으로 호칭이 달라졌기는 해도 이런 구분들은 본질적으로 민중주의와 급진 노동조합주의의 구분을 반영한다.

민중주의와 급진 노동조합주의 사이의 이런 동요 또는 결합(최근 '사회운동 노동조합주의'가 이런 결합을 반영한다)은 한국 사회의 특성들이 반영된 것이다. 산업 노동계급이 급속히 형성됐지만, 다른 중요한 역사적 요인들이 있다. 제국주의(일본에 이어 미국)에 의한 오랜 민족자결 침해의 역사, 노동계급에 대한 천대와 매우 심한 억압, 해결되지 않은 민주적·민족적 문제들(가령 분단의 지속과 빈번한 대북 적대 정책, 친북 좌파 탄압 등) 등의 요인들 말이다. 이런 요인들 때문에 남아공과 브라질처럼 한국의 노동계급은 민중주의 정치를 잘 수용하는 경향이 있다.

그 흔한 결과는 노동자들이 포퓰리즘 정치를 수용했다가(민중주의), 포퓰리스트 정치인들이 아무것도 가져다주는 게 없자 그에 반발해 다시 급진 노동조합주의 방향으로 선회하는 것이다. 그때 노동자들의 반응은 정치 운동·활동을 피하는 것이다. 정의당 같은 대중 정당에 민주노총 조합원들이 적은 것도 그렇지만, 특히 소수 급진적 조합원들이 (소위 '현장 조직'과는 구분되는) 혁명적 정치조직을 구축해 혁명적 정치를 해야 한다는 생각이 불충분하고 사실상 결여돼 있다. 심지어 혁명적 조직의 회원인 조직 노동자도 종종 사업장 바깥에서는 혁명적 토론을 해도 사업장 안에서 조합 동료들과 혁명적 토론과 활동, 조직을 해야 한다는 인식은 대체로 불충분하거나 결여돼 있다.

그러나 문제는 한국 같은 신흥국들의 특성상 노동자들이 정치 운동·활동을 그냥 피할 수 없다는 것이다. 민감한 문제(가령 안보 위기)에 부딪힐수록 더욱 그렇다. 그래서 노동자들은 다시 민중주의 정치 쪽으로 견인된다.

김대중이 공약을 어기고 국제통화기금IMF의 조건들을 다 받아들였을 때 급진 노동조합주의가 다시 분출하면서, 1998년 2월 정리 해고제를 수용한 배석범 민주노총 위원장직무대행을 자리에서 끌어내렸다. 몇 달 후 급진 노동조합주의는 이갑용 전 현대중공업 노조위원장을 민주노총 위원장 자리에 앉혔다. 후임인 단병호 위원장도 재임 중 급진 노동조합주의 경향을 대표했다고 말할 수 있지만, 사실 그의 발밑에서 그의 기반은 현장파와 중앙파로 분화되고 있었다. 그리고 당시 단병호 위원장은 사실 중앙파에 가까워지고 있었다. 그가 개혁 입법의 필요성을 느껴 당시 민주노동당과 가까워졌기 때문이다.

급진 노동조합주의는 2014년 말에야 비로소 민주노총 집행권을 다시 되찾는다. 당시 노동전선과 노동자계급정당추진위원회(현 변혁당), 노동자연대 세 조직이 한상균·이영주·최종진 선본을 구성해 선거에 참여했다. 그러나 2017년 말 치른 선거는 박근혜 퇴진 운동 성공과 문재인 정부의 취임으로 다시 강화된 민중주의에 힘입어 김명환 집행부가 등장했다.

그러나 문재인에게 기대를 걸었던 민주노총 노동자들이 (불균등하게) 이반하기 시작했다. 이것도 민중주의, 급진 노동조합주의 패턴의 재연을 알리는 것이다. 문재인 집권 1년간 정부에 항의하다가 최근 쟁의로 나아간 노동자들은 대부분 비정규직 노동자들이고 2019년에는 다른 직종, 다른 부문 노동자들도 가세할 것 같다.

남아공·브라질처럼 한국의 노동운동도 급진 노동조합주의와 민중주의 사이의 이런 동요를 끝내지 못하는 것은 조직 노동계급 속에서 혁명적 조직이 약하기 때문이다. 만일 혁명적 조직이 강력하면 혁명가들은 노동자들의 경제투쟁 및 경제적 불만을 국가 권력 문제와 연결시킬 수 있을 것이다.

가령 2008년 촛불 집회가 한창일 때 노동조합들은 대부분 이를 '패싱' 했다. 2018년 6월 30일에도 민주노총 주최로 열린 8만 집회 참가자들은 지도부로부터 아무 지시도 받지 못해, 바로 옆에서 열린 난민 방어 집회 현장을 그냥 지나쳤다. 이런 사례는 부지기수다. 특히, 낙태 권리 문제는 노동자 운동이 만만찮게 달려들어야 할 노동계급 쟁점인데도 말이다.

아쉽게도 남아공·브라질처럼 한국의 정치적 좌파도(특히 혁명적 좌파가 조직 노동자들 사이에서 약하면 약할수록) 노동운동이 민중주의와 급진 노동조합주의 사이에서 갈팡질팡 갈피를 못 잡고 동요하는 양상을 끝장내기보다는 오히려 그것을 강화하는 경향이 있다.

민중주의와 급진 노동조합주의의 이런 동요와 결합은 개혁주의 정치의 발전을 촉진할 수 있다. 사회 개혁 운동(또한 주로 그 운동을 하는 정당)도, 민중주의와 급진 노동조합주의 사이에서 왔다 갔다 하는 것에 내포돼 있는 경제적 투쟁과 정치적 투쟁의 분리를 전제로 하고 있기 때문이다.

현재 민중당도 시스템 개혁 운동과 민중주의 전략을 추구하고 있다. 물론 민중당은 사회민주주의 정당이 아니라 스탈린주의 정당이다. 하지만 1980년대와 달리(당시 명칭 'NL'이 민족해방 인민민주주의 혁명의 줄임말이었던 것에서 알 수 있듯이), 민중당은 혁명이 아니라 개혁 노선을 걷고 있다. 자본주의적 계급 관계가 발전하고 국가 형태가 자본주의적 민주주의인 조건에서 민족해방 '혁명'은 실천에서는 개혁주의로 나타난다.

그러나 세계경제와 한국 경제가 모두 장기 불황이어서 개혁 노선은 운신의 폭이 매우 제한돼 있으므로, 제대로 된 해결책을 제시하지 못한다.

9. 지난 30년은 한국 노동계급의 기초 학습 기간

우리는 1987년 이래 한국에서 전개된 대중적 노동운동을 일종의 학습 과정으로서, 즉 노동계급이 자신의 힘을 보여 주고 자신의 힘을 느끼고 상이한 해결책들을 시험해 본 기초 학습 과정으로 봐야 한다.

한국 노동자들이 배운 잠정적 교훈은 김대중·노무현·문재인으로 대표되는 포퓰리스트 개혁파 부르주아 정치인들에 대한 환상이 점점 더 깨지기 시작했다는 것이다.

이때 혁명가들이 영향력을 획득하려면 노동자 의식의 모순과 자본주의 내 개혁 노선에 대한 명료한 인식을 가져야 한다. 그럴 때만 시스템 개혁 운동의 허를 찌를 수 있다.

10. 리더십의 위기와 혁명적 리더십의 사활적 필요성

개혁주의의 대안으로, 혁명가들이 기층 노동자와 청년·학생 속에서 성장하지 못하는 동안 노동운동은 계속 민중주의와 급진 노동조합주의 사이에서 동요할 것이다.

또한 공식 정치 영역에서도 정의당 등 개혁주의 군소 정당들이 원기를 회복한 한국당 등 우파 정당들에 맞서 힘겹게 저항하는 싱황이 전개될 것이다(민주당은 최소 저항만을 하고).

1920년 레닌은 자본주의의 위기가 아무리 심각해도 지배계급에게 "절대적으로 절망적인" 상황이란 존재하지 않는다고 강조했다. 그는 그런 생각이 공허한 현학이거나 말장난일 뿐이라며 이렇게 말했다. "부르주아적 질서는 지금 세계적으로 이례적인 혁명적 위기를 겪고 있다. 우리가 증명해야 하는 것은 지배계급의 절대적으로 절망적인 상황 같은 게 아니라 혁명적 당의 실천을 통해 당이 충분히 의식적이라는 것을 증명하는 것이다. 즉, 당이 피착취 대중과 연관 맺는 조직화 사업이 충분하며 이 위기를 이용해 혁명을 성공시키고 승리로 이끌 투지와 이해력이 있는지를 실천을 통해 증명해야 한다."

레닌의 경고는 그의 사후 스탈린주의의 등장, 중국 혁명의 실패, 독일 반나치 공동전선의 좌절과 히틀러의 집권 등을 생각해 보면 지금도 뼈아프게 느껴진다.

1930년대 후반에도 트로츠키는 "리더십의 위기"에 대해 얘기해야 했다. 더 구체적으로 말하면 혁명적 리더십의 부재가 문제였다. 그때는 1938년으로, 1929년 대공황이 10년째 대불황으로 이어지고, 세계대전이 재발될 위험이 공공연하게 거론되던 때였다.

혁명적 리더십, 즉 혁명적 정치조직의 건설이 사활적으로 필요한 상황이다. 다행히 오늘날의 상황은 트로츠키가 부심하던 1930년대 후반보다 혁명가들에게 덜 불리하다. 당시 소련은 각국 노동운동 투사들에게 거의 신적 존재였다. 각국 공산당은 자국의 노동자혁명을 위해 고민하기보다는 '신'의 주권과 영광을 위해 노력하고 있었다. 그리고 공산당 자신도 '신'의 후광을 업고 '신'의 대행자로 여겨지고 있었다. 오늘날에는 소련도, 그 대행자인 이른바 '국제 공산당 운동'도 없다. 북한이 핵무기를 가지고 있지만, 오직 믿음만이 북한을 미국과 대등한 반열에 올려놓을 수 있다.

오늘날 사회민주주의는 심지어 트로츠키 때보다도 취약하다. 1990년대 후반부터 바로 얼마 전까지 거의 20년간 서유럽 전역에서 집권하면서 사회민주주의 정부들은 '사회자유주의' 또는 '극단적 중도파'라는 오명을 뒤집어쓰며 몰락했다.

물론 좌파적 사회민주주의가 주류 사회민주주의가 물러난 자리를 메우려 애쓰고 있다. 시리자의 선례는 그다지 좋은 본보기가 되지 못했고, 제러미 코빈 대표가 이끄는 영국 노동당이 선진 자본주의 나라의 수많은 노동자들에게 기대주이자 유망주로 떠올랐다. 영국 노동당이 순항하면 정의당 좌파, 노동당, 변혁당 등을 비롯한 좌파적 개혁주의 정당들이 고무될 것이다. 혁명적 좌파인 우리도 고무되고 있지만 말이다.

그러나 영국 노동당의 앞길이 그저 창창하기만 한 건 아니다. 당내 우파의 비방과 모략이 심각하게 야비해서 보수당의 대리인들 같다는 생각이 들 정도다. 반면 당내 코빈 지지자 그룹인 '모멘텀'은 당 안팎 오른쪽으로부터의 공격에 직면해 비굴하리만큼 기회주의적이다. 아마도 최대 장애물은 자본가들이다. 그들은 벌써부터 자본 도피를 통해 코빈을 위협하고 그에게 압력을 가하고 있다.

한국에서는 2010년대에야 비로소 90년 전의 서구처럼 사회민주주의 정당과 스탈린주의 정당이 분화된 진보·좌파 정치 지형이 형성됐다. 그러나 그런 정당들이 부상해서 집권까지 해야만 노동계급이 학습을 완료하는 건 아니다. 이제 자본주의적 민주주의가 진전되고, 세계화로 인해 경제적으로뿐 아니라 문화적으로도 통합 수준이 매우 높아진 상황에서는 개혁주의에 대한 환상이 깨지는 데 가속이 붙을 것이다.

한국 같은 신흥국들은 여전히 레닌이 말한 "자본주의 사슬의 약한 고리"다. 이런 상황은 앞으로도 오랜 기간 격동으로 점철될 수밖에 없다. 그리고 노동계급의 새 세대도 거기서 많이 배울 것이다. 그 학습 과정을 혁명가들과 함께하면 어쩌면 전 세대보다 더 잘 배울 수 있을 것이다.

세계 경제와 한국 노동운동

〈노동자 연대〉는 2019년 경제 상황이 나빠질 것이라는 전망을 거듭 내놓았다. 친자본주의 애널리스트, 경제 평론가 대부분도 2019년 경제 상황이 위기(자칫 경제공황이 닥칠지도 모르는 위험한 고비)라는 데 동의하는 듯하다.

1929년 대공황 직후 트로츠키는 경제공황과 노동자 투쟁의 관계에 대해 매우 뛰어난 견해를 제시했다. 먼저, 트로츠키는 공황이 닥치면 계급투쟁이 자동으로 고양된다는 생각이 기계적인 사고일 뿐임을 강조했다. 물론 공황으로 노동자 투쟁이 불붙을 수도 있다. 그러나 경제 위기 상황에서 노동계급의 운동이 자동으로 혁명적이 되는 것은 아니다.

트로츠키는 순차적으로 고찰해야 할 두 가지 핵심 논점을 제시했다. 먼저, 경제의 장기적 추세를 염두에 두고 경기순환(호황/불황 주기)을 봐야 하고, 그다음 폭넓은 정치적 맥락 속에서 경제 불황을 봐야 한다.

출처: 최일붕, 〈노동자 연대〉 276호(2019 2 20).

그래서 제국주의, 정치체제, 정당 정치의 위기, 특히 노동계급 의식과 투쟁성이 경제 불황과 관련되는 방식을 봐야 한다. 위 요점을 차례차례 살펴보자.

추세와 순환의 구별, 그리고 합성

자본주의 경제의 장기적 추세와 단기적 순환(불황/호황 사이클)을 구별해야 한다. 트로츠키는 자신이 직면한 1920년대 호황을 마르크스가 《자본론》 집필 구상 초기에 경험한 1850년대 호황과 비교하며 분석했다. 1850년대의 호황은 장기적 호황의 출발점이었다. 당시 자본주의 호황은 1873년까지 지속됐다. 그러나 1920년대는 자본주의 경제의 쇠퇴기였다. 그러므로 호황은 잠깐이었고, 불황은 시간이 갈수록 길어지고 더 깊어졌다.

이런 분석 틀로 우리 시대를 살펴보자. 제2차세계대전 이후 자본주의는 두 번의 장기적 발전 단계를 경험했다. 1940~1973년 자본주의는 사상 최장의 지속적 경제성장을 경험했다. 불황은 단기간이었고, 심각하지도 않았다. 반면 견실한 경제성장이 지속됐다. 이윤율이 일정 수준을 유지할 수 있었을 뿐 아니라 노동계급의 생활수준도 향상됐다.

그러나 1973년 이후 성장률은 꾸준히 낮아졌고 불황은 갈수록 심각해졌다. 노동계급의 생활수준을 공격해야 비로소 이윤율이 일정 수준을 유지할 수 있었다. 심각성의 정도는 서로 달랐지만, 1973~1974년, 1979~1981년, 1991~1992년, 1998년, 2001년, 2008~2009년 공황을 경험했다. 2008년 이래로는 경제 침체가 지속됐다. 이 침체는 오랜 저성장 끝에 닥친 것이다.

경제와 정치의 상호작용

이제 경제 침체 상황과 정치 상황의 상호작용을 살펴보자. 전후 장기 호황이 1973년에 끝나면서 정치도 크게 변했다.

점점 취약해지고 있던 경제는 설상가상으로, 1989/91년 옛 소련 블록의 몰락과 냉전 종식 이후로는 점점 더 불안정해지고 점점 더 자주 전쟁이 일어나는 제국주의 체제를 떠받쳐야 했다. 경제 침체는 이런 제국주의적 갈등을 점점 더 악화시켰다. 특히, 미국이 경제적 지위의 상대적 하락을 만회하기 위해 여전히 우월한 군사력을 사용하기 때문에 더욱 그렇다.

서구의 경우, 생활수준이 올라가고 복지국가가 확장되던 호시절은 1970년대 후반 이후 종말을 맞이했다. 한국의 경우 그런 호시절은 1997년 이후 끝났다.

서구에서 케인스주의를, 한국에서 발전주의를 대신해 신자유주의가 지배적 경제 이데올로기가 됐다. 그리고 복지국가와 노동조합에 대한 공격이 대폭 강화됐다. 그래서 오늘날 한국의 우리는 20년간 규제 완화, 민영화(사영화), 노조 억제 정책들이 노동자들의 심리에 큰 영향을 미친 상황에서 새로운 경제 위기를 맞이하게 됐다.

경제 침체의 영향으로 정치인과 정치제도 전반에 대한 회의론도 확산됐다. 더불어민주당(이하 민주당)이 군사독재 후신 정당(여러 차례 당명을 바꾼)과 실천상으로 그다지 다르지 않다는 회의론을 포함해서 말이다. 이런 정서는 특히 최근 문재인에 대한 실망을 뚫고 노동운동이 고양된 덕분에 널리 확산됐다. 이 점은 김명환 민주노총 집행부의 경사노위 참가 시도가 노동자 다수의 반대에 부딪혀 있는 것에서 드러난다.

물론 경제 위기에 직면해 정치 상황 전개가 언제나 좌경화로 나타나지는 않는다. 자유한국당의 소생은 경제 침체기 노동계급의 태도가 양극화함(일부는 시스템을 비판하고, 일부는 시스템의 희생자를 비난한다)을 보여 준다. 경제 위기 때마다 시스템에 대한 대중의 분노를 누가 더 효과적으로 표현하고 대안적 해결책을 내놓는지를 둘러싸고 좌파와 우파 사이의 경쟁이 벌어진다.

이번 경제 위기는 노동계급의 대부분이 현 경제·정치 체제에 불만을 가진 상황에서 다가오고 있는 것이다. 그래서 우리는 자본주의 체제의 성격에 대한 명료한 정치적 견해를 내놓는 동시에, 불황의 해악에서 자신을 지키기 위한 노동자들의 저항에도 정치적으로 헌신하는 모습을 보여야 한다.

포퓰리즘 — 좌와 우

필자가 2015년 말 민중대회로 드러난 한국의 포퓰리즘에 대해 기사를 쓰고 있을 때 세계 곳곳에서도 포퓰리즘이 부상하고 있었다. 요즘에는 대부분의 논자들이 포퓰리즘의 부상을 기정 사실로 언급하고 있을 만큼 포퓰리즘은 보편적으로 인지되고 있는 현상이다. 최근에는 스페인 좌파 포퓰리즘 정당 포데모스의 이데올로기를 이론적으로 뒷받침하는 책이 우리말로도 번역 출판됐다.*

어떤 영영사전에 따르면 포퓰리즘은 이렇게 정의된다. "보통 사람들의 관심사와 편견에 계획적으로 호소하는 것을 바탕으로 하는 전략." 여기에 마르크스주의적으로 예각을 가하면 이렇게 정의할 수 있을 것이다.

---

* 샹탈 무페, 《좌파 포퓰리즘을 위하여》, 문학세계사, 2019.

국민 중 부패한 최상위 계층을 제외한 나머지 국민이 계급을 가로질러 (여러 계급을 포함해) 단결해 집권한다는 전략.

2016년 영국 국민투표에서 브렉시트[유럽연합에서 탈퇴하기]를 찬성한 다수 표심에도 포퓰리즘 정당들이 큰 영향을 미쳤다. 독일의 '독일을 위한 대안'AfD, 프랑스의 국민전선FN, 이탈리아의 동맹당Liga과 오성운동M5S, 네덜란드의 자유당PVV, 스웨덴의 스웨덴민주당SD, 오스트리아의 자유당FPÖ, 헝가리의 요빅당Jobbik, 폴란드의 법과정의당PiS 등도 포퓰리즘 정당들이다. 이들은 모두 우익 정당들이다(그중 프랑스의 국민전선과 오스트리아의 자유당, 헝가리의 요빅당은 아예 파시즘 정당이다).

이 우익 정당들은 2008년 이후 지속돼 온 세계경제 침체와 중도파 정당들의 배신의 수혜자로서 성장했다. 미국에서 트럼프의 부상, 브라질에서 보우소나루의 부상, 그리고 베네수엘라에서 과이도의 부상도 마찬가지 맥락 속에서 일어난 일이다. 한국에서 박근혜를 퇴진시킨 운동이 일어난 지 겨우 두 해 만에 우익이 부상하고 있는 것도 경제 위기와 중도파 정치인 문재인의 배신이라는 같은 맥락 속에서 일어나고 있는 일이다.

좌파가 아니라 우익이 수혜자인 건 불편한 진실이 아닐 수 없다. 사실 노동계급은 2008년 공황이 들이닥치고 처음에는 공황에 대한 설명과 해결을 조직 노동자 운동과 좌파에 의지했다. 실제로 2010년과 2011년은 곳곳에서 광장 점거와 거리 시위로 점철됐고, 영국과 몇몇 유럽 나라에서는 공공 부문 파업도 있었다. 아랍에서는 혁명이 일어나 일부 독재자들이 타도됐다. 이런 일들로 좌파가 상당한 소득을 얻을 수도 있었다. 실제로 미국과 영국, 스페인 등지에서 각각 버니 샌더스, 제러미 코빈, 파블로 이글레시아스(포데모스 당대표)가 부상했다. 하지만 방금 언급한 나라들을 포함한 자본주의 주요국들에서 더 큰 수혜자는 대개 우익이었다.

그 이유로는 첫째, 노동계급의 투쟁이 우익 반동을 제압할 만큼 강력하지 않았다. 이것이 가장 중요하고 근본적인 이유다.

둘째, 노동 정치가 1930년대와 다르다. 1930년대에는 공산당과 사회민주당이 이데올로기의 약점에도 불구하고 선거에서 노동계급으로부터 계속 대중적 지지를 받았다. 그래서 파시스트들이 이들 노동계급 정당들로부터 표를 빼앗아 가는 것이 제한될 수 있었다. 반면 오늘날 공산당은 몇몇 예외를 제외하면 거의 존재하지 않다시피 하고, 사회민주당 주류는 신자유주의를 수용한 데다 개혁을 위해 한 일이 거의 없었던 탓에 대중의 분노와 불신을 받고 있다. 덕분에 파시스트들을 포함한 우익 정당들이, 기득권층에 반대한다고 사람들을 포퓰리즘으로 기만하면서 선거에서 지지를 얻을 수 있다.

셋째, 강화된 제국주의다. 심각한 경제 위기는 양극화를 낳고, 정치 체계의 개편을 압박할 뿐 아니라 제국주의도 강화한다. 이미 이라크 전쟁으로 강화된 제국주의를 더한층 강화하고 있는 것이다. 오늘날 시리아와 예멘의 비극은 그저 직접적으로 아랍 혁명의 패배에서 비롯한 것만은 아니다. 이라크 전쟁으로 거슬러 올라가 더 큰 맥락 속에서 보는 것이 세계 상황을 읽는 데 도움이 된다. 게다가 이라크 전쟁은 이슬람 혐오를 조장했고, 이슬람 혐오는 서구의 우익 정당들을 포퓰리즘 이데올로기로 결속시키는 구실도 하고 있다.

한국은 이런 세계 상황과는 꽤 다르게 돌아가는 것처럼 보이지만, 실은 원칙을 입증하는 예외일 뿐이다. 한국에서는 1996년 말 노동법 파업 이래 20년 만에 노동계급이 부패한 정부의 퇴진을 요구하는 포퓰리즘적 운동의 추진력이 됐다. 그 덕분에 그 운동이 진보성을 띠었고(진보적 포퓰리즘, 즉 민중주의), 노동계급도 그 운동에 의해 고무돼, 노동조합이 성장하고 있다.

물론 새로 노동운동에 참여하는 노동자들도 한국의 역사적 현실을 반영해, 애초에 진보적 포퓰리즘인 민중주의에서 출발했을 것이다. 즉, 박근혜와 당시 새누리당으로 대표되는 부패한 패거리를 제외한 국민(민중)이 계급을 가로질러 단결해, 그 부패한 패거리를 권좌에서 몰아내고, '국민'(민중)의 이익과 정서에 민감한 정부를 세우고자 했을 것이다. 그리고 문재인과 민주당이 그런 수권 정당이 되기를 기대했을 것이다.

그러나 새로 노동운동에 참여한 노동자들은 문재인과 민주당에 실망했을 것이다. 그러나 엊그제까지 문재인에게 기대를 걸었던 그들이 하루아침에 문재인을 적으로 돌리지는 않고 있을 것이다. 그들은 당혹스러워하고 있을 것이다.

이는 그들의 의식이 진보적이기는 해도 아직 좌파적이라고까지 하기에는 불충분함을 반영한다. 노동조합이 그들이 손쉽게 접근할 수 있는 조직 형태일 뿐 아니라, 그들의 의식이 현재 도달한 수위가 노동조합적이기(급진 노동조합주의) 때문이다.

민중주의와 급진 노동조합주의의 상호작용

민중주의와 급진 노동조합주의 사이의 이런 동요 또는 결합에 대해서는 필자의 앞선 글("세계 상황과 한국 노동운동의 전망")에서 논의한 바 있다. 가장 최근에 우리가 목격한 이 현상은 바로 김용균 씨 사망 추모 집회에서 드러난 김용균대책위 활동가들의 방침이었다.

필자는 앞선 글에서 한국 등 신흥국 노동운동가들이 민중주의와 급진 노동조합주의의 변증법적 상호작용 속에서 흔히 개혁주의로 기울어진다고 지적했다. 그 글에서 필자가 언급하지 않은 점 하나는 남아공이나 브라질의 혁명가들도 자주 민중주의 대對 급진 노동조합주의 프레임에 갇혀 번번이 기회를 놓쳤다는 사실이다. 김용균 씨의 비극은 조직 노동자만이 겪는 문제가 아니다. 세월호 참사가 알려 주듯이, 위기에 처한 자본주의는 노동계급 사람들과 서민층 전체를 위태로운 환경 속에 놓이게 한다. 그러므로 우리의 사회주의적 전술은 이윤 시스템과 차별(단지 비정규직뿐 아니라)에 반대하는 사람들을 모두 항의 운동으로 동원할 구호와 조직 방법을 포함해야 했다.

김용균 씨 사망 추모 집회의 주도권은 처음에 '자연스럽게'(조직 노동계급의 성원이라는 김용균 씨의 신분과 사망 원인에 비춰 보면 그렇다는 말이다) 노동조합 지도자들과 노동조합 활동가들에게 떨어졌다.

노동조합 지도자들의 대부분이 개혁주의적이라는 점은 혁명가들이 두루 아는 사실이다. 하지만 현장 활동가들조차 정치 영역에서는 자주 지도자들과 함께 개혁주의로 기울어진다. 우리는 왜 노동조합에 그런 경향이 있는지 그 구체적 방식을 알아야 한다. 그래야 적절한 주장과 제안을 내놓을 수 있기 때문이다.

노조 지도자들은 파업만큼 항의 집회에도 큰 부담감을 느끼지는 않는다. 또한 그들이 모두 문재인 정부를 우파 정당들로부터 지키는 데 연연한다는 것은 참말이 아니다. 이 점은 민주노총 중앙집행위원회 내에서 경사노위 문제를 놓고 다수 성원들이 격렬하게 참가 반대 목소리를 내고 있는 것만 봐도 알 수 있다.

그러나 노조 지도자들은 노동조합의 약점인 경제주의와 부문주의를 극복하려고 애쓰기보다는 오히려 스스로 구현한다. 경제주의는 산업안전보건법(산안법) 개정 같은 개혁 입법은 법률가 출신 진보계 국회의원(불행히도 민주당도 진보계로 여겨지고 있다)이 해야 할 몫이고 노조 지도자들 자신은 사용자와의 협상을 담당한다는 접근법으로 나타났다. 그리고 부문주의는 김용균 씨 사망이 전체 노동계급 문제로 다뤄지기보다는 그의 소속 노조인 공공 부문(나중엔 더 축소돼 발전 부문으로, 심지어 그중 연료·환경 설비 운전 부문)의 문제로 다뤄지는 것으로 나타나고 있다.

경제주의와 부문주의 못지 않은 노조 지도자들의 문제는 민중주의다. 이는 민중주의가 노동자와 자본가 사이를 중재하는 협상 전문가로서 그들의 사회적 지위를 반영하는 중간계급 지향적 전략이기 때문이다. 또한 이 때문에 노조 지도자들은 자연히 주요 NGO 지도자들에 우호적이 된다. 공공운수노조와 민주노총 지도자들이 이태호 시민사회단체연대회의 운영위원장을 김용균대책위의 공동집행위원장으로 추대한 것에는 이런 맥락이 있다. 더구나 참여연대가 현 정부의 주요 지지 세력임에도 말이다.

민중주의의 핵심 문제점은 '민중 연대'(요즘은 '사회적 연대'라고도 한다)가 중간계급(특히, 자영업자층)을 반드시 포함한 여러 계급에 걸쳐야 한다는 생각이다. 이런 생각 속에서는 노동계급의 헤게모니(다른 계급을 향한 지배적 영향력)와 이것의 전제 조건인 노동계급의 정치적 독립성이 실종된다. 이는 처음에 산안법이 개정됐을 때 유족이 개정의 '진보성'을 착각한 이유를 설명해 준다. 노조 지도자들이 율사 출신 '진보계' 의원들로부터 독립적으로 개정안을 분석해서 비판하지 않았던 것이다.

경제주의와 부문주의와 민중주의는 모두 결국에는 개혁주의로 수렴되는 경향이 있다. 이는 김용균대책위 공동대표단이 산안법 개정을 서둘러 처리하고 정규직화 문제와 책임 소재 규명, 책임자 처벌 문제는 후순위로 돌린 이유를 설명해 준다. 또한 아래로부터 운동을 더 키우는 데 충분한 열의를 보이지 않은 이유도 설명해 준다.

맺음말

필자는 우리나라 노동운동 활동가들이 브라질의 상황을 보면서 자신들의 사명을 철저하게 의식하게 되기를 염원한다. 우리가 잘 알고 있듯이, 브라질에서 극우적인 보우소나루 정부가 들어선 것은 압도적으로 전임 대통령 룰라와 호세프의 노동자당PT 정부가 책임져야 한다. 룰라·호세프의 노동자당 정부는 신자유주의 정책들을 시행한 주제에 뇌물 수수 등 부패 범죄를 저질러 브라질 사회를 총체적인 냉소와 사기 저하, 이기주의, 무법천지로 만들어 버렸다. 브라질의 살인 사건은 대개 마약과 관련된 건데, 연평균 피살자 수가 시리아 내전 연평균 사망자 수와 거의 같다. 이런 혼돈의 상황에서는 보우소나루 같은 극우파가 충분한 기회를 잡을 수 있다.

보우소나루는 1964년부터 1985년까지 브라질을 강권 통치한 군부독재 정권을 노골적으로 찬양할 뿐 아니라 좌익에 대한 고문과 노동자 권리 유린, 투쟁적 노동조합의 탄압을 옹호하고 있다.

비록 보우소나루와 그가 이끄는 사회자유당이 파시스트 정당은 아니지만 브라질 노동계급의 적잖은 소수도 이 극우파를 지지했다는 사실이 중요하다. 특히, 브라질이 경제 규모 세계 8위, 군사력 순위 세계 14위인 준강국인 점에 비춰 보면 이 사실은 가벼이 보아 넘길 일이 아니다.

그러나 우리에게 가장 중요한 교훈은 호세프 사임부터 보우소나루 집권까지 미셰우 테메르가 대통령으로 있던 2년 반의 과도기에 노동자당 왼쪽의 브라질 좌익은 뭘 했는지이고, 이 문제는 그들이 노동자당 집권기에 뭘 하고 있었는지로 연결된다. 필자가 2005년 포르투 알레그리에서 열린 세계사회포럼에 참가했을 때 눈여겨본 노동자당 왼쪽의 좌파들은 종파주의나 중간주의 경향을 드러내면서 노동자당의 민중주의(진보 포퓰리즘)를 어떻게 다룰지 모르고 있었다.

노동자당의 진보 포퓰리즘은 2010년 브라질 대통령 선거에서 중도 포퓰리스트인 테메르가 노동자당 후보 호세프의 러닝 메이트로 활동해 2011년 1월 1일 부통령으로 취임했고, 2016년 8월 31일 호세프가 브라질 상원에서 탄핵을 당하면서 정식으로 대통령직을 물려받은 일로도 잘 드러난다.

우리는 2005년 이후 노무현에 대한 환멸이 노무현과 비슷한 부류로 비쳐지고 있던 민주노동당에도 좋지 못한 결과를 안겨 줘, 노무현 환멸의 반사이익을 2007년 이명박이 챙겼음을 기억하고 있다.

문재인에 대한 환멸을 황교안, 오세훈, 김진태, 홍준표 따위의 우파 정치인들이 활용하지 못하도록 하려면 노동자 운동이 문재인을 선명하게 비판하면서 정치 지형을 왼쪽으로 기울게 만들어야 한다.

그러려면 노동자 운동이 **투쟁적인 동시에 정치적이** 돼야 한다. 민중주의 전략과 급진 노동조합주의 운동(전략이 부재한 단순한 운동일 뿐임)의 변증법으로는 현재의 노동운동을 이런 노동운동으로 발전시킬 수 없다. 민주노총의 경사노위 참여를 둘러싼 투쟁이 시사하듯이 좌파가 강력해야 노동조합 운동도 좌파적이 될 수 있다.

민주노총과 그 조직들을 포기하라는 게 아니다. 노동조합 외에 정치 조직이 필요하다는 것이고, 정의당과 민중당이 그런 구실을 할 수 없다는 것이다. 정의당과 민중당이 필요 없다는 뜻이 아니고, 그 정당들보다 나은 (혁명적) 정치조직이 건설돼 그 정당들과 적절하고 효과적인 관계(공동전선을 포함해)를 맺어야 한다는 뜻이다. 노동조합 운동을 급진적·투쟁적으로 만드는 일과 혁명적 좌파 조직을 건설하는 것은 전혀 모순되지 않는다.

이 일이 쉽사리, 또 하루아침에 이뤄질 수는 없을 것이다. 하지만 글로벌 경제 위기와 주요국들의 정치 위기, 그리고 트로츠키가 말한 "노동운동 리더십의 위기" 상황을 고려하면 무한정 먼 미래의 일은 아닐 것이다.

문재인 정부와 노동운동 그리고 좌파의 과제

2019년 한국 경제의 주변 환경

2019년 세계경제 전망은 상당히 어둡다. 지난 몇 년간 잘나가는 것으로 인식됐던 미국 경제를 포함해 주요국들의 경제 성장률이 하강하고 있다. 최근 얼마 동안의 미국 경제 회복이 본격적인 상승 전환이 아니고 일시적인 반등에 불과했음이 드러난 것이다.

2008년 이후 세계경제 침체 속에서 선진 자본주의 세계의 각국 정부들이 경기를 부양하려고 이런저런 정책을 썼지만 효과가 없었다. 세계적인 이윤율이 회복되지 못한 탓에, 경기가 일시적으로 나아지는 듯하다가도 침체에 빠지는 악순환이 반복돼 왔다. 또, 낮은 이윤율이라는 근본 문제를 해결하지 못한 채 (저금리 같은 경기 부양책으로) 부채를 증

출처: 김하영, 〈노동자 연대〉 272호(2019 1 13).

대시킨 결과, 세계경제의 불안정 요인으로 작용하고 있다.

저금리 상황에서 부채가 증대해 온 신흥국들은 세계경제 둔화와 미국의 금리 인상으로 더 격심한 외환 위기를 연쇄적으로 겪을 수 있다. 1997년에도 타이 바트화 폭락을 시작으로 이런 일이 일어났다. 현재 터키, 아르헨티나, 브라질, 남아공, 인도 등이 위험국으로 분류된다. 그러나 이런 심각한 위기가 벌어진다면 그것은 단지 신흥국들에서 끝나지 않고 신흥국에 돈을 빌려준 선진국으로 번질 수 있다.

중국 경제가 급속히 둔화하고 있다. 2019년 1월 6일 자 〈뉴욕타임스〉는 "글로벌 경제의 고통이 중국에서 무르익고 있다"고 했다. 중국 경제가 더는 세계경제를 떠받치는 활력이 되지 못할 뿐 아니라 위기의 진원지가 될 수 있는 것이다. 언제 터질지 모르는 중국의 막대한 부채는 세계경제의 위험 요인의 하나다. 중국 부채는 지난 15년간 15배로 증가했다. 2018년 부채 감축을 시도했던 중국은 성장이 둔화하자 다시 돈을 풀고 있는데, 이는 모순을 키울 뿐이다. 특히, 부동산 시장이 급락할 경우 심각한 위기가 닥칠 수 있다.

이번 세계 경기 하강 속에서 트럼프의 무역 전쟁은 더 격화될 수 있다. 트럼프는 미국에게 유리한 방식으로 무역 협정을 재조정하고 있는데, 일종의 '근린 궁핍화'(이웃 나라 거지 만들기) 정책이다. 다른 나라 경제의 희생 위에서 자국 번영을 도모하는 것으로, 낮아진 세계적 이윤율 속에서 조금이라도 이윤을 더 차지하려는 국가 간 경쟁이 치열해지고 있음을 보여 준다.

트럼프의 대중 무역 전쟁은 단지 무역 적자 해소에만 관심이 있는 것이 아니다. 중국의 첨단산업 성장을 견제하려는 것으로 중국 정부의 산업 정책("중국제조 2025")을 중단하라는 요구다. 그러나 첨단산업의 경제적 의미로 보나 군사적 의미로 보나 중국 정부가 이를 순순히 받아들일 리 없다. 미국 정계에서도 이참에 중국 경제에 타격을 줘야 한다는 생각이 초당적 지지를 얻고 있다고 하므로 미중 무역 전쟁은 결코 쉽게 끝나지 않을 것이다.

트럼프의 무역 전쟁은 전통적인 동맹국들인 독일·일본·한국 등에게도 향하고 있다. 트럼프는 동맹국들이 미국을 "등 처먹는다"고 비난한다. 미국의 제일 강대국 지위를 지키려는 트럼프 정부의 무역 전쟁은 경제적 경쟁뿐 아니라 지정학적 갈등과 불안정도 가중시키고 있다.

이런 맥락에서 보면 한반도 평화 프로세스가 계속 전진할 것이라는 전망은 희망이 앞선 관측일 것 같다. 북미 관계는 미국과 중국 간 갈등과 불안정의 결정적인 영향을 받을 수밖에 없기 때문이다.

문재인 정부의 친기업 본색과 노동 배신 드러나다

위에서 보았듯이, 세계경제 상황의 악화는 한국 경제에 큰 영향을 미치고 있다. 2018년부터 투자가 급감하고 고용 사정이 나빠졌고, 올해 경제성장률은 하강할 것으로 예상되고 있다. 위에서 다룬 세계경제 불안정화 요인들은 하나같이 한국 경제에도 심각한 악영향을 미칠 것이다. 주로 미국과 중국으로의 수출에 크게 의존해 온 한국 경제는 미국·중국 경제의 둔화, 중미 간 무역 갈등의 심화 등으로부터 직격탄을 맞을 수밖에 없다. 트럼프 정부가 수입 자동차에 25퍼센트 관세 폭탄을 부과하거나, 신흥국들이 더 심각한 연쇄 외환 위기에 빠지거나, 중국 경제가 경착륙하는 경우에 한국 경제가 입을 타격은 막대할 것이다.

이처럼 성장률이 둔화하고 고용 상황이 악화한 데다 경제 전망이 어두워지자 문재인 정부는 지난 몇 개월 동안 기업 투자에 도움을 주려고 친기업 행보를 더 노골화했다. 2018년 9월, 민주당 스스로 박근혜 정부의 적폐이자 '대기업 청부 입법'이라 불렀던 규제프리존법을 통과시켰다. 10월에는 〈최근 고용·경제 상황에 따른 혁신 성장과 일자리 창출 지원 방안〉에서 기업들에 금융·세제 지원과 규제 완화를 약속했다. 〈2019년 경제 정책 방향〉에서도 경제 활력을 위한 기업 지원을 거듭 밝혔고, 2019년 대통령 신년 기자회견 연설에서도 이 점을 재확인했다. 혁신, 4차 산업혁명, 신산업 육성 등이 규제 완화의 명분이 되고 있다.

"노동 존중" 하겠다며 제시했던 노동정책들은 후퇴했거나, 실체가 드러나면서 실망과 배신감을 줬다. 최저임금과 공공 부문 비정규직 제로 정책이 대표적이다. 문재인 정부는 2018년에 최저임금 1만 원 공약 폐기를 선언하고, 산입 범위 확대 법제화부터 결정 구조 이원화까지 개악을 거듭했다. 공공 부문 비정규직 제로 정책은 전환 제외, 자회사 상용직 전환 방식, 전환자 노동조건 개선 미비 등으로 엄청난 불만과 만만치 않은 저항을 불러일으켰다. 노동기본권 문제조차 문재인 정부 3분의 1이 지나도록 전혀 진척이 없다.

문재인 정부의 개혁이 그럴듯한 말로 포장돼 있지만 실제로는 속 빈 강정이라는 것이 지난 반년 새 대다수 노동자들에게 드러났다. 최저임금과 공공 부문 비정규직 제로 정책의 실상은 문재인 정부가 저임금 노동자들의 조건을 개선할 의지가 없음을 보여 줬다. 제조업 구조조정은 문재인 정부가 일자리를 창출하기는커녕 기업 이윤을 위해 노동자들을 괜찮은 일자리에서 쫓아내고 있음을 보여 줬다.

문재인 정부는 소득 주도 성장론을 설파했지만, 소비 증가가 경제성장을 이끌 수 있다는 이론이 틀렸음은 제쳐두고라도(한국 경제의 저성장은 과소소비 때문이 아니라 세계경제의 이윤율 하락 경향 때문이다), 노동자들의 소득을 전혀 증대시키지 않았다. 문재인 정부의 (말이 아니

라) 실천은 기업 투자를 지원하는 것이다.

문재인 정부가 말하는 "포용", "공정"의 대상도 중소기업과 자영업자들이지, 노동자들이 아니다. 문재인 정부는 한국 자본주의의 문제점을 자본주의 축적의 특정 형태, 즉 박정희식 개발독재에서 찾으면서 재벌 개혁과 공정 경제를 대안으로 제시한다. 이것은 민주당의 지지 기반인 비재벌 기업들을 고려한 것이기도 하다. 그렇다고 해서 문재인 정부가 재벌에 덜 친화적인 것은 결코 아니다. 자본의 집적과 집중이라는 축적 법칙 때문에 자본주의 정부는 친대기업으로 기울게 돼 있다. 김대중 정부도 벤처 중소기업 육성을 강조했지만, 도도한 실제 흐름은 자본의 대규모화였다.

2019년 노동계급에 대한 공격 거세질 것

한국 자본주의를 효율화하려는 문재인 정부는 특히 지금처럼 경제가 안 좋은 상황에서 노동자들을 만족시킬 만한 개혁을 제공하기 어렵고 그럴 의사도 없다.

최근 의료 영리화나 민영화 추진 뜻을 밝히고, 국민연금 개악안을 내놓은 것에서도 이 점이 잘 드러난다. 문재인 정부는 사회 양극화를 노동계급 내부의 격차 문제로 치환하면서 저임금 해소, 사회 안전망 구축, 일자리 창출의 재원 마련을 명분으로 대기업, 공공 부문, 정규직 노동자들의 임금 삭감을 강요하려 한다. 낮은 수익성에 직면한 사용자들은 임금 억제, 노동비용 감소를 무엇보다 바란다.

2019년에는 이런 정책들이 더 본격화할 것이다. 최저임금 후퇴에 이어 임금체계 개편이 예고되고 있다. 직무급 중심의 공공 기관 보수 체계 전환이 그것이다. 직무급제 도입의 주된 목적은 연공에 따라 임금이 자동 상승하는 호봉제를 없애 임금 상승 폭을 제한하는 것이다. 직무급제가 동일노동 동일임금으로 차별 시정에 도움이 된다는 것은 허울 좋은 명분일 뿐이다. 무기계약직이 된 노동자들은 대부분 정규직과 똑같은 호봉제를 원한다. 정부가 이를 외면하고 무기계약직 전환자에 적용되는 직무급제(임금 표준 모델)를 서둘러 마련한 것은 기존 정규직과 같은 임금 인상을 꿈도 꾸지 못하게 하려는 것이었다.

광주형 일자리는 임금격차 해소 방안으로 그럴듯하게 포장되고 있지만, 저질 일자리이자 임금 공격 모델이다. 기존 완성차 노동자 임금의 절반을 주고 소형차 생산 공장을 돌린다는 계획으로, 대공장 정규직 노동자의 임금 수준을 떨어뜨리려는 정책이다. 2019년 정부는 탄력근로제 적용 단위 기간의 확장을 추진하려 하는데, 이는 장시간 노동 체제의 연장인 동시에 임금 삭감 공격이기도 하다. 한국노총은 탄력근로제를 도입하면 실질임금이 약 7퍼센트 감소한다고 계산했다.[*]

그런데 문재인 정부는 불만을 자아낼 만한 위와 같은 정책을 추진하고 노동생산성을 향상시키는 데서 노동조합 지도자들의 도움을 받으려 한다. 사회적 대화와 다양한 수준의 교섭에 그들을 참여시켜, 불충분한 개혁 또는 개악에 합의를 이끌어 내어 정당성을 확보하고, 노동자들이 반발하지 못하도록 만들려는 것이다. 문재인 정부의 이런 구상이 아직까지 성공적이지 못했음은 경제사회노동위원회(이하 경사노위)에 아직 민주노총을 참가시키지 못한 데서 잘 드러난다. 물론 민주노총 김명환 집행부는 2018년 9월 정책대대 유회 이후에도 경사노위 참가 의지를 거듭 천명하고 있고, 이 의지는 집요할 것이라고 봐야 한다.

---

[*] "한국노총 노동정책이슈페이퍼", 2018 11 16.

민주노총 집행부가 내놓은 사회 대개혁 프로그램의 문제점

촛불 덕분에 집권한 문재인이 촛불의 진보·개혁 염원을 저버리면서 그의 지지율은 1년 반 만에 두 동강 났다. 그러자 우파가 사기를 회복했고, 공식 정치 영역에서 우파 정당들이 반사이익을 얻고 있다. 이런 상황은 진보 염원 정서를 가지고 있는 대중에게 당혹감을 주고 있고, 문재인 정부는 오히려 이를 이용해, 자신에 대한 불만을 여야 대결 프레임 안으로 흡수하려 들고 있다. 그러나 애초 문재인 지지율 하락이 진보 염원을 저버린 탓임을 생각하면, 문재인 정부를 우파로부터 보호해야 한다는 생각은 대중을 무장 해제시키는 일일 뿐이다.

문재인 정부에 대한 지지가 추락하면서 공식 정치 영역에서 우파 정당들이 수혜를 얻고 있지만, 이것이 정치 현실의 전부는 아니다. 진정한 개혁을 제공할 의지도 능력도 없는 문재인 정부에 대한 노동자들의 불만이 증가하고 그중 일부는 투쟁에 나섰다. 특히, 2018년 여름 이후 공공 부문 비정규직 노동자들을 비롯해 적잖은 노동자들이 파업에 나서는 등 노동운동의 회복 탄력성을 보여 주고 있다. 박근혜 퇴진 투쟁을 통해 우파 정권을 무너뜨린 경험 덕분에, 노동자들은 문재인의 배신에도 사기 저하되지 않고 저항을 시작하고 있는 것이다.

이런 상황에서 좌파들은 문재인을 유보 없이 비판하고 아래로부터의 투쟁을 확대하려 해야 한다. 우파가 반사이익을 얻을까 봐 노동운동이 문재인 비판을 삼간다면 오히려 우파의 사기 진작을 도울 뿐이다. 노동운동이 문재인을 독자적으로 비판하고 그에 맞서 싸워야 문재인 지지 이탈층의 다수라는 20대 청년층 다수의 지지를 얻을 수 있다.

안타깝게도, 민주노총 김명환 집행부가 2019년 계획으로 내놓은 방향은 문재인 정부와 협력(개입)해 사회 대개혁을 이룬다는 것이다. 노동조합이 사업장 수준의 경제 쟁점에만 관심을 갖지 않고 사회와 국가 수준의 변화를 위해 나선다는 것은 좋은 일이다. 문제는 추구하는 변화(사회 대개혁)의 내용이 무엇이고, 어떤 수단으로 그것을 쟁취하는지다. 김명환 집행부는 이렇게 주장한다. "한국 사회 대개혁 과제는 문재인 정부의 소득 주도 성장 정책 과제와 부분적으로 공존한다." 또 "민주주의 진전 및 한반도 평화 체제 진입 과제도 문재인 정부의 국정 과제와 부분적으로 공존한다." 복지, 민주주의, 평화 문제에서 공통점이 있다는 것이다. "재벌 체제 개혁"도 마찬가지라고 할 수 있다.

이것은 진보 포퓰리즘, 즉 민중주의의 개혁 프로그램이다. 그 요체는 민주주의, 한반도 평화, 반재벌(반독점)을 목표로 한줌밖에 안 되는 기득권 세력에 맞서 모든 계급·계층의 연대를 추구하는 것이다. 요즘 말로는 '을들의 연대'다. 그러나 이와 같은, 계급을 가로지르는 국민적 연합은 노동계급의 독자적인 이익을 그 연합에 종속시킨다. 그리하여 아래로부터의 투쟁적 노동운동을 마비시키기 십상이다. 최저임금 인상을 둘러싼 노동자들과 중소상공인 간의 이해 갈등을 생각해 볼 수 있다. 2000년 6·15공동선언 직후 김대중 정부가 좌파적·전투적 노동운동을 억제한 전략도 민중주의였다.

민주노총 김명환 집행부는 사회 대개혁을 위한 광범한 연대를 추동하겠다고 한다. 그러면서 전체 운동이 "[문재인] 정부에 대한 기대냐 규탄이냐를 넘어" 한국 사회 대개혁 실천 전략을 정립해야 한다고 주장한다. 그러나 지금 문재인 정부에 기대와 규탄을 모호하게 흐리는 것은 운동을 확대하는 데 장애가 된다. 온건한 개혁 운동가들은 문재인 정부를 지지하기 때문에, 노동운동이 문재인 정부의 공격에 대한 광범한 저항으로 발전하는 것을 가로막는 경향이 있다. 민주노총의 사회 대개혁 안을 (문재인 정부를 사실상 지지하고 있는) 시민 단체들과 함께 만든다는 계획도 마찬가지로 문제다.

경사노위 참가: 소심하고 결함투성이인 전략

김명환 집행부는 또한 "방관보다는 주체적이고 능동적인 개입"이 필요하다면서 경사노위 참가를 강조한다. 대안을 제시해서 문재인 정부를 견인하겠다는 것이다. 그러나 문재인 정부를 대화 테이블에서 설득해서 변화시키겠다는 것은 순진한 생각이다. 위에서 봤듯이, 문재인 정부는 규제 완화나 탄력근로제 추진 등에 확고한 본성과 의지가 있기 때문에 노동계급의 압도적인 힘으로 굴복시키지 않으면 안 된다. 김명환 집행부는 그동안 노동운동이 대안을 제시하지 못하고 "반대(저지) 투쟁 또는 규탄 투쟁"만 한 것이 문제라고 주장한다. 그러나 투쟁이 필요한 수준에 못 미치며 불충분했던 게 문제이지, 그 반대는 아니었다.

가령 공공 부문 비정규직 정규직화의 자회사 방안이나 최저임금 개악 문제를 보자. 문재인 정부가 자회사 방안을 강력하게 고수하는 상황에서 이를 저지하려면 단위 노조 차원의 투쟁에 내맡기지 말고 공공운수노조와 민주노총 차원의 투쟁으로 확대돼야 했다. 노조 지도자들이 이렇게 하지 않고 잡월드 투쟁을 경사노위 중재에 의존한 것은 문제였다. 그런데도 '투쟁해 봤자 성과를 거두지 못한다'고 일반화하는 것은 오류다. 게다가 '자회사 방안 반대'가 대안 없음을 뜻하는 것은 결코 아니다. 직접 고용이 대안이기 때문이다. '자회사 방안 반대'를 대안 부재로 본다면, 그것은 자회사 방안을 일단 수용하고 어떤 자회사인지를 협상해야 한다는 뜻일 것이다. 실제로 최근 민주노총은 '좋은 자회사 방안'

에 관해 노정 협의를 한 것으로 알려졌다. 최저임금 개악 저지도 대안 부재가 문제는 아니었다. 최저임금 1만 원은 문재인 후보는 물론 우파 야당들조차 공약한 정책이었다.

김명환 집행부는 경사노위를 산업 정책 등 정부 정책에 개입해 사회 대개혁을 이루는 수단으로 본다. 김명환 위원장은 경사노위가 양보 압박을 목적으로 했던 옛 노사정위와는 다르다고 주장해 왔다. 그러나 국내외 경제 상황이 심상치 않게 전개되고 정부가 친기업 행보를 노골화하고 있는 지금 이렇게 말하기는 어렵다. 국제적 경험을 봐도 사회적 협약이 체결되게 하는 추진력은 언제나 경제 위기였다. 그런 때 정부는 임금과 복지 삭감 등 인기 없는 정책에 대한 합의를 끌어내고자 사회적 대화를 추진했다.

문재인 정부도 사회적 대화의 추진 목적을 (비교적 솔직하게) 드러내 왔다. 경제 위기에 직면한 한국 자본주의를 (생산성과 효율 지향적으로) 개혁하는 데 노동자들이 협조하게 만드는 것이다. 첫째, 임금 억제 등 조건 삭감 양보를 얻어 내려 한다. 둘째, 노사 갈등을 줄이고 '산업 평화'를 이루고자 한다. 실제로, 이해찬 민주당 대표는 "임금 수준이 오르면 사회적 대타협을 해야 할 국면이 온 것"이라고 강조했다. 문성현 경사노위 위원장도 "임금 스펙트럼 가운데 중간 어디쯤으로 사회적 합의를 해야 한다"고 했다. 또 그는 "노사 갈등을 극복하지 못하면 공멸"한다면서 계급협조주의를 촉구했다.

국제적으로 보자면, 특히 그 출생지인 유럽에서 사회적 협약은 쇠퇴하고 있다. 1970~1980년대에는 노동조합이 협력한 대가로 알량하게나마 복지가 제공됐지만, 1990년대 들어 점점 일방적 양보만 강요됐기 때문이다. 노동조합이 협력한 대가가 공공 정책 결정에 (별로 영향도 못미치며) 참여하는 것 정도인 경우도 있었다. 2010년 유로존 재정 위기 이후로는 이마저 후퇴했다.

그래서 보수적 개혁을 추구하는 국제노동기구ILO의 〈ILO보고서〉 (2018 10)조차 이렇게 조언할 정도다. "이런 상황에서 노동조합은 사회적 협약 체결에서 한 걸음 떨어져서, 대신 조직이나 노동자의 이익과 권리를 방어하는 기본적인 노사 관계 업무에 그들의 에너지와 자원을 집중시키는 것이 차라리 현명할 수 있다."

문재인 정부가 경제 회복을 위해 친기업·반노동 방향을 분명히 하고 있고, 2019년 2월 탄력근로제 강행마저 예고되는 상황에서 민주노총은 마땅히 경사노위 불참을 결정하고 투쟁에 나서야 한다. 이런 개악이 예고된 상황에서 민주노총이 경사노위에 참여한다면, 설사 김명환 지도부가 투쟁·대화 병행론에 따라 투쟁 계획을 내놓아도 그 목적이 협상을 위한 압박용임을 아는 조합원들은 투쟁에 적극성을 보이지 않을 것이다. 협상 중인 지도부는 투쟁이 자기 통제 하에 있기를 바라고, 자기 운신의 폭이 줄어들까 봐 대중의 독자적인 운동을 자제시키는 경향이 있다.

민주노총의 일부 중앙집행위원들은 경사노위 조건부 참가를 주장하기도 한다. 탄력근로제 추진 중단, 최저임금 개악 중단, ILO 핵심 협약 비준 등이 그 조건으로 제시되고 있다. 그러나 최저임금이나 노동시간 문제 등은 지난 수개월 동안 경사노위 참여 판단의 기준으로 언급돼 왔지만, 바로 그 기간에 문재인 정부는 이를 완전히 무시하며 보란듯이 최저임금과 노동시간 관련 개악을 거듭해 왔다. 이처럼 문재인 정부의 최저임금 개악과 탄력근로제 강행 입장이 확고한 상황에서, 경사노위 참가를 대가로 개악 중단을 요구하는 것은 완전히 무망한 일이다.

게다가 조건부 참가론은 지도부가 싸우겠다는 것인지 경사노위에 들어가려는 것인지 모호해서 노동자들에게 혼란을 줄 뿐이다. 김명환 위원장도 처음에 노사정대표자회의 참여의 잣대로 최저임금과 근로기준

법(노동시간)을 제시했지만, 둘 모두 누더기가 된 상황에서도 노사정대
표자회의로 직진했었다.

한편, 문재인 정부와 경사노위는 민주노총의 조건부 참가 입장을 이
용해 온갖 책략을 부리면서 노동운동 진영에 혼란과 분열을 일으킬 수
있다. 이런 혼란은 탄력근로제 개악 등에 맞서 싸워야 할 때 시간을 허
비하는 나쁜 효과를 낼 수 있다.

그런데 민주노총이 경사노위 불참을 결정하는 것이 마땅하지만 거기
에 그쳐서는 안 된다. 경사노위에 들어가지 않는 목적을 분명히 해야 한
다. 투쟁을 해서 개악을 저지하기 위해서라는 목적이다. 경사노위 바깥
에서 뒷짐 지고 있는다면 사회적 대화를 내세운 개악을 막을 수 없다.
좌파들은 민주노총이 경사노위에 불참할 뿐 아니라 더 나아가 (탄력근
로제 등 개악에 맞서) 투쟁을 명령하라고 촉구해야 한다.

노동운동의 전진을 위한 좌파의 몫

앞서 지적했듯이, 노동운동은 회복 탄력성을 보이고 있다. 박근혜 퇴
진 운동에서 얻은 자신감 덕분에 노동자들은 문재인 정부의 배신에 절
망하지 않고 투쟁하고 있다. 이런 상황은 경제 위기가 악화하는 조건에
서도 2019년 노동자 투쟁이 꽤 역동적으로 전개될 수 있음을 시사한다.
좌파는 (위에서 다룬 것 외에) 노동자 운동이 전진할 수 있도록 아래와
같은 구실을 해야 한다.

첫째, 좌파는 문재인 정부와 협력(또는 타협)해 사회 개혁을 이룬다
는 전략의 비현실성과 치명적 약점을 드러내고 그 대안을 제시해야 한
다. 가령, 운동 내 온건파 지도자들이 개별 투쟁들을 문재인 정부에 대

한 광범한 저항으로 발전시키지 않으려는 것에 맞서서 그런 확대의 방향을 제시하고 그것이 더 효과적인 방법임을 설득해야 한다.

그러려면 좌파는 온건파 지도자들과 공동전선을 구축할 줄 알아야 한다. 이를 통해 운동을 크게 키울 뿐 아니라 좌파의 방법이 더 효과적임을 보여 줘야 한다. 단지 온건파들의 배신과 비효과적 전략을 폭로하는 것만으로는 그들의 지도와 영향력 아래 있는 사람들을 설득하고 대중적으로 입증할 수 없다.

또 반재벌, 한반도 평화, 민주주의를 위해 계급을 가로질러 동맹을 추구하는 민중주의에 대해서도 좌파적 대안을 내놓아야 한다. 한국 경제의 문제를 자본주의의 특정 조직 형태(재벌 체제)에서 찾는 것이 아니라 자본주의 체제 자체에서 찾는 반자본주의적 대안을 제시해야 하고, 한반도 불안정을 미국과 중국 간 제국주의적 갈등 문제로 보는 반제국주의적 대안을 제시해야 한다. 이것은 문재인 정부(와의 협력을 통한 개혁)에 기대를 걸었다가 실망한 노동자들이 단순히 급진 노동조합주의로 기울지 않고 좌파적 정치 대안을 찾도록 하기 위해서도 중요하다.

온건파들은 기업 수준의 경제적 이슈와 사회 대개혁과 관련된 정치적 이슈를 분리시키는 경향이 있다. 이와 달리 좌파는 노동자들의 경제적 불만을 정치적 이슈와 연결시켜야 하고, 정치 투쟁에서도 노동자들이 경제 투쟁에서 사용하는 산업적 힘(파업)을 사용하는 것이 효과적임을 주장해야 한다.

둘째, 좌파는 경제 위기 상황에서 노동자들의 조건 방어에 일관되게 나서야 한다. 2019년, 특히 조선소나 자동차 부품 기업들이 구조조정에 직면할 수 있다. 이미 2018년에도 GM 군산 공장 폐쇄와 조선업 구조조정이 있었다. 당시 문재인 정부는 이해 당사자의 고통 분담을 강요하며 노동자들을 내쫓고 임금을 삭감했다. 경사노위가 중재한 '성동조선해양상생 협약'은 2년 반 무급 휴직에 더해 인수 합병과 경영 정상화를 위해 협력한다는 거의 백지 위임에 가까운 희생을 노동자들에게 강요했다.

2018년 구조조정 투쟁에서 민주노총과 산하 노조들의 대응은 너무 미흡했다. 민주노총은 '좀더 지켜보자'면서 정부에 맞선 투쟁을 피한 채 시간을 허비했다. 이처럼 노동자들이 구조조정에 직면한 경우, 노동운동 좌파는 대안을 제시해야 한다. 대안은 정부가 노동자들의 일자리와 노동조건을 지키기 위해 재정지출을 하라는 것이다. 공장폐쇄나 대량 해고가 예고될 때는 일자리 보호를 위해 해당 기업의 국유화를 요구해야 한다. 경제 위기 상황에서 정부가 할 수 있는 게 없다는 것은 신자유주의가 퍼뜨린 대표적인 거짓말이다. 실제로, 많은 정부들이 전면적인 불황을 막고자 경제에 개입했고 기업들에 보조금을 지원했다. 이런 돈을 노동자들의 일자리 보호를 위해 쓰라고 해야 한다.

셋째, 좌파는 비정규직 노동자들은 물론이고 정규직 노동자들의 임금과 노동조건도 방어해야 한다. 노동운동 내 온건파들은 민간 부문 정규직 노동자들, 공공 부문의 정규직과 비정규직 노동자들은 고용이 상대적으로 안정되고 임금도 높다며, 이들의 노동조건 방어 노력은 국민적 지지를 받기 어렵다고 한다. 또, 이런 투쟁은 임금격차만 증대시킬 수 있다면서 오히려 격차 축소를 위한 요구가 필요하다고 한다. 심지어 임금을 양보하고 노동이사제나 경영 참가를 얻는 게 낫다고 주장하기도 한다.

그러나 많은 정규직 노동자들이 임금 삭감(수당 공격과 임금체계 개편), 탄력근로제 확대 같은 공격에 직면해 있다. 만일 대공장 정규직과 공공 부문 노동자들이 자기 조건을 방어하는 것이 부적절하다고 본다면, 기업과 정부의 각종 삭감 공격을 방관할 수 있다. 그러나 민간 부문 정규직과 공공 부문 노동자들에 대한 기업과 정부의 삭감 공격이 성공하면, 계급 간 세력 관계가 불리해져서 다른 노동자들도 공격받기가 더 쉽다.

기업과 정부는 대공장 정규직과 공공 부문 노동자들이 임금 양보를 해야 한다고 주장하지만, 이것은 저임금 노동자들을 위해서가 아니다. 공무원의 낮은 기본급 인상률(2.6%)을 근거로 교육청이 학교 비정규직 노동자들의 임금 인상을 거부했던 사례에서 드러나듯이 말이다. '광주형 일자리'는 임금격차 해소 방안으로 그럴듯하게 포장되고 있지만, 대공장 정규직 노동자 임금 삭감 정책일 뿐이다. 노동계급의 가장 잘 조직된 부분들이 양보를 강요받으면서도 제대로 저항하지 못하면, 나머지 노동자들이 그렇게 하기는 더 어렵다. ILO가 지적했듯이, 정규직의 '과보호'가 공격받은 곳에서는 한결같이 비정규직의 처지도 더 어려워졌다.

노동운동 좌파는 정규직 노동자들이 자신의 조건을 방어하기 위해 싸우고 그런 자신감을 가지고 비정규직 노동자 투쟁에 연대하도록 해야 한다.

넷째, 좌파는 조직 노동자와 차별받는 사람들의 연대를 중시해야 한다. 남녀 노동계급의 단결, 성소수자 방어, 이주 노동자와 난민 방어 등이 그것이다.

지난해 몰카에 항의하는 대규모 여성 시위(불편한용기)가 벌어졌다. 조직 노동운동은 여성 차별에 대한 분노에 공감해 이런 운동을 지지하고, 노동조합 안에서도 임금 차별, 보육 시설 제공 등이 의제가 될 수 있도록 노력해야 한다. 그런데 급진적 페미니즘이 대유행을 하면서 노동운동 안에서도 '여성 대 남성' 젠더 이분법이 지배적인 경향이 됐다. 노동운동 좌파는 여성 차별과 해방의 문제들을 일부 급진 페미니스트들이 분리주의적으로 다루도록 놔둔 채 노조 쟁점들(임금과 노동조건)에만 관심을 기울여서는 안 된다. 남녀 노동계급의 단결을 추구하면서 노동자 투쟁과 차별 반대 투쟁을 하나로 통일시키려 해야 한다.

일자리 부족이 심각해지면 지배자들은 이주 노동자들이 국내 노동자들의 일자리를 빼앗는다고 책임을 전가한다. 2018년 가을에는 난민 공격이 중요한 정치적 쟁점이 됐다. 출입국관리소의 미등록 이주 노동자 단속도 더 심해졌다. 이런 상황에서 정말 우려할 일은 민주노총 산하 일부 조직이 출입국관리소의 미등록 이주 노동자 단속에 협조하거나 이주 노동자의 현장 출입을 막는 것이다. 고용이 악화되면 이런 일은 더 빈번히 일어날 수 있다. 그러나 체제의 희생자일 뿐인 이주 노동자들을 비난하지 말고 체제를 비난해야 한다. 노동자들 사이의 분열과 반목은 노동자 전체의 힘을 약화시킬 뿐이다. 건설노조가 건설업체와의 교섭에서 우위를 차지하겠다면서 미등록 이주 노동자 공격을 이용하는 것이 심각한 실수인 이유다. 노동운동 좌파는 여기에 타협하지 말아야 하고, 아무리 인기 없는 주장일지라도, 이주 노동자들을 방어하라고 내국인 노동자들을 설득해야 한다.

마지막으로, 2020년 총선을 앞두고 노동운동 좌파는 진보파 노동자들에게 선거 대안을 제공하는 방안도 모색해야 한다. 물론 대중 투쟁을 가장 중시해야 하고, 투쟁을 선거에 종속시켜서는 안 되지만, 선거 정치를 간단히 일축해서도 안 된다. 그동안 노동운동 내 정치 세력들은 후보 단일화 논의를 통해 선거에 대응해 왔다. 그러나 2018년 지방선거에서 드러났듯이 정의당이 압도적 우위이므로 이런 노력이 (주로 정의당 측의 이해할 만한 무관심으로) 잘 되지 않을 공산이 크다. 이런 상황에서는 좌파 선거 연합을 시도해 보는 것도 의미가 있을 것이다. 노동당과 변혁당이 1~2명이라도 후보를 내고 좌파들이 힘을 모아서 반자본주의적 선거운동을 한다면, 진보파 노동자들에게 관심을 불러일으킬 수 있을 것이다.